新体系经济管理系列教材

社会保障学
（第3版）

许　琳 ◎ 主　编
翟绍果　唐丽娜 ◎ 副主编

清華大学出版社
北京

内 容 简 介

本书从经济学、社会学、管理学、政治学、法学、人口学等学科的结合点入手,力求全面系统地阐述社会保障制度与结构、社会保障制度的产生与发展、社会保障思想流派、社会保障学科理论、社会保险、社会救助、社会福利、社会优抚与慈善事业、福利年金与健康管理、社会保障管理监督、社会保障基金管理、社会保障服务、社会保障法律制度、社会保障制度改革与社会保障发展趋势。本书不仅体系完整、结构严谨、内容新颖、语言简练、通俗易懂,而且特点突出,在体例安排上有导读案例、延伸阅读材料,案例鲜活,深浅适当,还有各章自测题及案例讨论,形式多样,可以满足立体教学需求。

本书可用作普通高等学校经济类、管理类、社会学类各专业本科生的教材,也可用作社会保障专业本科生、研究生的参考教材,以及从事人力资源管理、社会保障、社会工作等实际工作的在职人员的培训教材,还适合对社会保障有兴趣的其他人士阅读。

图书在版编目(CIP)数据

社会保障学/许琳主编. —3 版. —北京:清华大学出版社,2018(2023.8重印)
(新体系经济管理系列教材)
ISBN 978-7-302-48632-9

Ⅰ. ①社… Ⅱ. ①许… Ⅲ. ①社会保障－高等学校－教材 Ⅳ. ①C913.7

中国版本图书馆 CIP 数据核字(2017)第 260188 号

责任编辑:王 青
封面设计:汉风唐韵
责任校对:宋玉莲
责任印制:沈 露

出版发行:清华大学出版社
    网 址:http://www.tup.com.cn,http://www.wqbook.com
    地 址:北京清华大学学研大厦 A 座   邮 编:100084
    社 总 机:010-83470000   邮 购:010-62786544
    投稿与读者服务:010-62776969,c-service@tup.tsinghua.edu.cn
    质量反馈:010-62772015,zhiliang@tup.tsinghua.edu.cn
印 装 者:北京嘉实印刷有限公司
经 销:全国新华书店
开 本:185mm×260mm   印 张:30   字 数:689 千字
版 次:2005 年 2 月第 1 版 2018 年 1 月第 3 版   印 次:2023 年 8 月第 8 次印刷
定 价:89.00 元

产品编号:073698-03

FOREWORD

第3版 前言

　　人类个体抵抗风险能力的脆弱性以及市场失灵,决定了社会保障是化解生活风险和进行国家治理的必要手段和重要工具。社会保障作为维护社会公平正义、化解国民生活风险、共享发展成果的基本的不可替代的制度安排,是社会发展和进步的产物,也是现代社会文明的标志。社会保障前所未有地引起全社会高度的关注,日益成为各国经济社会发展中的政策实践和社会经济制度的重要组成部分。社会保障学是一门研究人类社会保障实践活动及其发展规律的科学。面对社会发展的需要,社会保障学已成为高等院校经济类、管理类、社会学类相关专业普遍开设的重要课程。西北大学是西北地区较早设置劳动和社会保障本科专业和最早设置社会保障硕士专业的高校,为了适应社会保障教学的需求,我们开展了"西北大学 211 工程教学改革研究项目"——"社会保障学"重点课程(2001 年)和精品课程(2004 年)建设的研究工作,并于 2005 年由清华大学出版社出版了《社会保障学》教材,2012 年由清华大学出版社出版了《社会保障学》(第 2 版)。随着社会保障制度改革的推进,社会保障学科的内容和知识体系有了新的发展,为了满足广大读者的需求,体现与时俱进,我们重新组织了《社会保障学》(第 3 版)的编写工作。

　　《社会保障学》(第 3 版)从经济学、社会学、管理学、政治学、法学、人口学等学科的结合点入手,在全书五篇(总论、基础理论、制度体系、管理服务、改革发展)15 章中力求全面系统地阐述社会保障制度与结构、社会保障制度的产生与发展、社会保障思想流派、社会保障学科理论、社会保险、社会救助、社会福利、社会优抚与慈善事业、福利年金与健康管理、社会保障管理监督、社会保障基金管理、社会保障服务、社会保障法律制度、社会保障制度改革与社会保障发展趋势,试图在构建社会保障学科体系上进行一些新的探索。本书体系完整、结构严谨、内容新颖、语言简练、通俗易懂。第 3 版在内容编排、篇幅分配、编写角度和深度以及编写体例等方面都比前两版有明显改进,相对于前两版而言,《社会保障学》(第 3 版)体现出如下特点:

　　一、本书结合学科发展趋势和专业应用需求,增加了社会保障思想流派、社会保障服务和社会保障制度改革、社会保障发展趋势、职业年金、照护保险和健康管理等内容,使教材内容更为丰富;在社会保障理论基础部分增加了社会保障的社会学、管理学、政治学、法学、人口学理论等内容,更好地体现了社会保障学的交叉学科特征,避免了仅单一从经济学的视角进行分析带来的局限性。其他各章也进行了重新撰写。

　　二、为实现培养精通社会保障理论及专业知识、熟悉社会保障运作的复合型应用人才的目标,本书在注重系统阐述社会保障理论和社会保障制度的同时,在内容安排上注重社会保障应用知识的介绍,注重对学生综合素质、创新能力、实际工作能力的培养;在教材体例安排上增加了导读案例和延伸阅读材料，案例鲜活，深浅适当，注重实务，还有各章自测题及案例讨论，形式多样，可以满足立体化教学需求。

三、本书内容尽可能吸收了社会保障理论发展的最新研究成果和体现社会保障制度建设最新成就的资料，力求全面准确地体现社会保障学科的整体发展，以传递给读者最多最新的信息。

四、本书对全书 15 章内容作了分篇，分为总论、基础理论、制度体系、管理服务和改革发展五篇，使全书 15 章内容有分有合，既分类清晰又浑然一体，便于读者在清晰的框架下系统把握社会保障学的内容。

本书作者有着经济学、社会学、管理学、哲学等不同学科的教育背景，这正好与社会保障学的交叉学科的性质要求相吻合。本书作者均为长期从事社会保障专业教学和研究的教授、副教授，在阐述社会保障学基本原理的基础上，融入了作者教学实践的心得和学术研究的成果。在本书的编写过程中，我们尽可能参考和吸收了社会保障研究领域最新的研究成果，在此我们向相关作者表示真诚的感谢！

本书由许琳教授担任主编，翟绍果副教授、唐丽娜副教授担任副主编。书稿写作的具体分工为：许琳：第一章、第二章、第四章、第十四章；翟绍果：第三章，第五章第三、第六节，第八章，第九章，第十一章，第十二章，第十五章；唐丽娜：第五章第一、第二、第四、第五节，第六章，第七章，第十章，第十三章。全书最后由许琳统稿、总纂和定稿。

第 3 版的 3 位作者均为第 2 版作者，第 3 版教材吸收保留了第 2 版的精华，特向第 2 版的另一位作者张盈华致谢！另外，赵明星、刘亚文、苗倩、王美琪、药荣乐、王扬笛、王睿、魏娇娇、王昭茜、张星、严锦航、王春祥、周清旭、何兰、刘晓、袁晔、马丽、谌基东等研究生承担了本书的资料收集整理等工作，在此一并表示感谢！

本书可用作高等院校教材，也可用作社会保障理论工作者和实际工作者研究和学习的参考书。由于我们水平有限，书中难免存在某些不足，真诚欢迎学界同仁与广大读者不吝赐教，以期不断修订完善。

许　琳

2017 年 11 月于西北大学

CONTENTS

第三篇　制度体系

第四篇　管 理 服 务

第五篇 改 革 发 展

第一篇

总　论

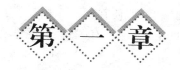

第一章

社会保障绪论

【学习目标】

通过本章的学习,读者可以从社会保障的概念,社会保障制度的体系结构,社会保障制度的功能、模式、原则等维度对现代社会保障制度有一个基本的认识。理解现代社会保障制度是当代各国社会经济制度的重要组成部分,是维护社会公平正义、化解国民生活风险、共享社会经济发展成果的基本的不可替代的制度安排。

第一节　社会保障的概念

一、社会保障的内涵

社会保障制度是工业革命和社会化大生产的产物,是社会发展和进步的产物,也是现代社会文明的标志。20 世纪人类社会的重大发展之一就是社会保障制度的普及。"社会保障"的概念已被人们广泛使用,但各国对社会保障的概念存在不同的理解。

(一)国际社会对社会保障内涵的解释

"社会保障"一词源于英文"Social Security",原意是指"社会安全",最初使用于美国1935 年的《社会保障法》。1941 年的《大西洋公约》中也两次使用了这一概念。其后,国际劳工组织在其一系列的公约、建议书等文件中沿用了这一概念。1944 年,第 26 届国际劳工大会发表《费城宣言》,表示国际组织正式采纳社会保障一词。1952 年 6 月在日内瓦召开的第 35 届国际劳工大会上通过了第 102 号文件即《社会保障最低标准公约》,该公约作为社会保障的国际性文件,被视为社会保障制度建立的里程碑文件,并成为解释社会保障制度规定的基本依据。尽管该公约无任何法律约束力,只是建议成员国根据本国具体情况参照执行,但公约一经成员国立法批准,就须制定与公约相应的政策加以实施,并接受国际劳工组织的监督。例如,《社会保障最低标准公约》将社会保险划分为医疗、疾病、残疾、老年、遗属、工伤、失业、生育和家庭津贴九个项目,有三个方面的最低标准:要求每个批准该公约的国家必须至少实行上述九项中的三项;规定了每个保险项目最低限度的人员范围及比例;规定了每一项目最低限度的津贴标准。该公约首次规定了适用于各国的一般社会保障标准,可以适应不同发展程度国家的经济和社会条件。

关于社会保障的概念,世界各国理论界有着不同的理解和解释,即使在同一个国家,不同的学者也有不同的看法。在社会保障制度出现的一个多世纪中,国际有关组织和各国的专家学者对"社会保障"作了下列不同的表述。

英国《牛津法律大词典》中"社会保障"的定义是:社会保障是对一系列相互联系的、旨在保护个人免除因年老、疾病、残疾或失业而遭受损失的法律的总称。

英国《简明不列颠百科全书》指出:社会保障是一种公共福利计划,是保护个人及其家庭免除因失业、年老、疾病或死亡而在收入上所受的损失,并通过公益服务(如免费医疗)和家庭生活补助,以提高其福利。社会保障可包括社会保险计划、保健、福利事业和各种维持收入的计划。

德国学者的定义是:社会保障旨在使竞争中失败的人不致遭受灭顶之灾,并能获得重新参与竞争的机会,并为那些由于失去劳动能力或遭受意外困难而不能参加竞争的人提供生活保障。他们认为,自由放任的市场经济不能保证公正的收入分配,因此,需要政府加以干预。社会市场经济应包括两个不可分割的领域:一是能带来经济效率的市场;二是能带来社会"公正""安全"的社会保障制度。战后德国在实施社会市场经济时,就是把社会保障理解成社会公正和社会安全,把社会保障制度理解成为在市场竞争中不幸失败者或失去竞争能力的人提供基本生活保障的、具有互助性质的安全制度。在这里,"公正"是指它可以缩小社会成员收入水平的差距;"安全"是指它可以为遭受不测的社会成员提供基本的生活保障。

美国《社会保障法》对社会保障的具体的理解是:"根据社会保障法制定的社会保险计划,对于老年、长期残废、死亡或失业而失掉工资收入者提供保障;同时对老年和残废期间的医疗费用提供保障。老年、遗属、残废和健康保险计划对受保险的退休者、残废者和他们的家属以及受保险者的遗属,按月提供现金保险待遇。"美国在罗斯福新政时期通过的《社会保障法》,是美国历史上第一个全国性的,并由联邦政府承担义务的、主要用以解决失业和老年问题的社会保障立法,为战后美国社会保障制度的发展奠定了基础,以此为依据也形成了美国人对社会保障制度的一般理解,即社会保障是一种"社会安全网",是对国民可能遭遇的各种风险(如疾病、年老、失业等)加以防护的社会安全网。

美国学者认为,社会保障是根据立法建立的,为人们提供因年老、疾病、失业、伤残等原因中断或丧失劳动能力的经济保护,因结婚、生育和死亡带来的特殊开支以及抚育子女的家庭津贴的保障体系。美国社会保障总署编写的《全球社会保障制度》(1985年版)这样阐述:"社会保障计划对受保人及其家属的保护,通常是通过下述方法中的一种或两种而实现的:第一种是以现金支付的形式对年老、伤残或死亡、疾病和生育、工伤或失业而造成的收入减少,至少提供一部分补偿;第二种是以服务的形式提供的保护,主要是住院治疗、医疗服务和康复服务。"其中第一种针对收入损失提供现金补助的措施,通常称作"收入保障"计划;第二种对受保人提供资助或直接服务的计划,通常称作"实物补助"计划。

日本学术界对社会保障的概念界定有广义和狭义之分。广义的社会保障被看成政府关于解决各种社会问题的社会政策的统称,而狭义的社会保障则被看成国民在生活上蒙受诸如失业、伤病、高龄及各种事故,而使这些国民的生活源泉——所得出现中断或减少,给国民生活带来困难时,通过社会保障机制进行国民再分配,保障其最低限度的收入所得,由国家来救济国民生活的缺损的制度。在这里,把社会保障作为包括社会保险、国家救助、社会福利、公共卫生等内容的统称。

国际劳工组织对社会保障的定义也有一个不断发展和深化的过程。

1942年国际劳工组织对社会保障的定义为:通过一定的组织对这个组织的成员所面临的某种风险提供保障,为公民提供保险金、预防或治疗疾病、失业时资助并帮助其找到工作。

1985年国际劳工局亚太地区局给社会保障的定义是:社会保障可以被理解为一个社会在出现规定的事件或在规定的情况下向其成员提供的保护,其目的是:①尽可能防止使收入丧失或收入锐减的意外出现;②当意外确实发生时,尽可能提供医疗并对引起的经济后果提供财政保护;③尽可能为遭受意外者的身体康复和职业恢复提供便利;④尽可能为抚养儿童提供福利待遇。

1989年,国际劳工局社会保障司把社会保障的定义概括为:社会通过一系列的公共措施来为其成员提供保护,以便与由于疾病、生育、工伤、失业、伤残、年老和死亡等原因造成停薪或大幅度减少工资而引起的经济和社会贫困进行斗争,并提供医疗和对有子女的家庭实行补贴。[①] 这一定义包含以下几层意思。

第一,社会是举办和实施社会保障的主体。

第二,社会保障必须通过建立一系列的公共设施来实现。

第三,社会保障的对象是社会全体成员。

第四,社会保障的目标是防止因疾病等原因导致的工作停止或大量减少收入造成经济和社会困难,并为其提供医疗,以及为有子女的家庭提供补助金等。其实质是为社会提供一种稳定机制。

从总体上说,社会保障除了现金的资助和补偿,越来越需要广泛的医疗和社会服务。对这种社会保障含义的理解,已得到国际社会的广泛认同。

(二)我国对社会保障内涵的解释

我国在1986年六届人大四次会议通过的第七个五年计划中首次使用"社会保障"一词。在我国,关于社会保障的概念大致有以下几种意见。

一是将社会保障定义为国家和社会通过国民收入分配和再分配,依法对社会成员的基本生活权利予以保障的社会安全制度。或者表述为,社会保障是国家对公民在年老、疾病、伤残、失业、生育、死亡、遭遇灾害、面临生活困难时,由政府和社会依法给予物质帮助,以保障公民的基本生活需要的制度。

二是将社会保障定义为以社会的力量保证社会全体成员至少达到最低生活水平而形成的分配关系。

三是认为社会保障是国家和社会根据一定的法律和规定,通过国民收入再分配,对社

---

① 国际劳工局社会保障司.社会保障导论[M].北京:劳动人事出版社,1989.

会成员的基本生活权利予以保障的一项重大社会政策；如"社会保障是现代国家社会政策和社会立法的重要内容，是国家和社会为补偿现代化过程中被削弱的家庭保障功能，帮助全体社会成员对付现代社会中的社会经济风险，运用社会化的保障手段，依法保障全体社会成员基本生活的经济福利制度"。[①]

四是认为社会保障是各种具有经济福利性的、社会化的国民生活保障系统的统称。[②]

在我国香港地区，官方界定的社会保障是以政府为责任主体并通过向有需要人士直接发放款项的方式提供的福利，包括综合保障援助计划、公共福利金计划、暴力及执法伤亡赔偿计划、交通意外伤亡援助计划、灾民紧急救济。香港有学者认为，社会保障可以理解为一个政府设立的制度，运用大众的财富，给予需要的人最基本或应得的援助，借以维持生活需要，以及配合社会发展，增加国民福利。

我国台湾地区对社会保障的界定是，社会保障是以社会救助、社会保险和公共服务等各种方式，对于民众中遭遇危险事故，以至失能、失依，因而生活受损的人，提供各项生活需求，给其以健康保障、职业保障及收入保障，从而促进民族健康、全民就业及民生均足。

不同的国家和地区，不同的学者，基于不同的认识角度，对社会保障的概念进行了不同的表述。

我们将社会保障定义为：社会保障是国家和社会通过立法实施的，以国民收入再分配为手段，对社会成员的基本生活权利提供安全保障的社会行为及其机制、制度和事业的总称。

这一定义包括以下几层含义。

第一，社会保障的首要责任主体是国家或政府。

国家是对社会进行管理的最高权力机关，政府是具体执行国家权力的行政机构，对社会成员的基本生活实施保障是国家和政府不可推卸的职责。也只有国家才能通过国民收入再分配对全社会实行生活保障。同时，社会稳定与经济增长是社会的根本目标，政府有运用社会保障实现社会稳定和经济增长的内在动力。在现代社会，国家为公民提供社会保障是其义不容辞的责任，公民享受社会保障是法律赋予的权利。这里，没有施舍与怜悯，不需要感恩戴德。

第二，社会保障的对象是全体社会成员。

完善的社会保障制度应该把全体社会成员列为保障的对象。社会保障应该使所有社会成员都有可能成为受益者。社会保障制度的出现和存在是以风险的存在为前提的，而风险是社会上每个人都会遇到的。每个人和家庭，出于健康与幸福的需要，有权得到衣、食、住、医疗及其他必需的社会服务设施供给的保障。特别是由于失业、疾病、残疾、寡居、老年等情况以及由个人不可抵抗力遭遇生活危机，无法为生，社会成员有权通过保障体系得到基本生活的保障。但是，在各国的社会保障制度中，大部分国家尚未对全体社会成员实施全面的社会保障项目，只是对部分成员或部分项目实施了保障措施。这显然是由经

① 唐钧.市场经济与社会保障[M].哈尔滨：黑龙江人民出版社，1995.
② 郑功成.社会保障学[M].北京：商务印书馆，2000.

济、政治、文化等多重因素造成的。

第三,社会保障的目标是满足公民的基本生活需要,从而实现社会稳定和社会公平。

现代社会保障是基于生存权这一人的基本权利对处于困境中的社会成员给予生活保障,以保障其基本生活需求为目标,通过物质利益的调节来使各种社会关系处于一种稳定和谐的状态,避免因社会成员收入差距过大而引起社会动荡。所以,社会保障应能使社会的每个成员达到维持生存所需的生活标准。从这一点来看,社会保障是现代国家的一种安全制度。它在宏观上是以政府干预来消除市场失灵所产生的社会不安定因素及其所产生的社会风险,保证社会经济的协调稳定运行和发展;在微观上是为全体社会成员的基本生活权利提供安全保护,以保障社会成员基本生活需求为目标,以确保社会成员不因遇到暂时或永久的困难而陷入孤立无援的境地。社会保障制度的这一目标是基于生存权这一人的基本权利,遵循效率优先兼顾公平的原则。

应该指出的是,"基本生活需求"是一个社会历史性概念,它所包含的内容以及水平在社会历史的不同阶段、不同经济发展水平、不同社会文化、不同民族习惯条件下是不同的。例如,在经济发展水平较低的阶段,基本生活需求一般仅指物质生活达到温饱水平,而在经济发展达到较高水平时,社会保障不仅要满足物质生活上较高的需求,而且会把精神文化生活等也纳入社会保障体系中。

第四,社会保障的手段是对国民收入进行再分配,它是解决社会经济问题的杠杆之一。

市场分配是社会保障分配的前提。市场分配是以生产要素所有权的分配为前提,按照商品交易和市场价格的方式进行的。市场分配必然导致财富和收入在社会成员之间分配不公,造成两极分化,从而不仅危及社会稳定,还影响市场机制本身的健康有序运行和效率的提高,因而需要政府对市场分配的结果进行调节和修正。社会保障正是通过国民收入再分配的手段,从全社会筹集社会保障基金,对遭遇各种风险的社会成员提供基本生活保障,以缩小贫富差距,弥补市场分配的缺陷。市场的初次分配是为了实现效率,拉开收入差距。而社会保障属于再分配,是为了缩小收入差距,实现公平。建立健全社会保障制度关系到经济的可持续发展和社会的长治久安。

第五,社会保障的实施依据是国家立法。

由于社会保障是一种以稳定社会关系为目的的利益调节行为,它的资金提供者与直接受益者往往是分离的,其实施必须借助强制性的法律和行政手段,否则社会保障的运作就会失去其自身的保障。在这里,国家立法和行政措施是社会保障得以进行的重要条件。现代社会是法治社会,市场经济是法治经济,现代社会保障是以健全的法律体系为支撑的,必须以法律形式规范国家在社会保障中的责任,规范国家、企业和个人在社会保障中的权利与义务,规范社会保障的行政管理、基金管理和对象管理,从而使社会保障运作制度化、规范化。

第六,社会保障既是一种社会行为、一种社会政策,也是一项社会事业,还是一种社会经济制度。在现代社会,社会保障同时还是政府调控社会经济运行的重要手段。

社会保障首先是一种社会行为或行为过程,是国家和社会通过立法实施的、以国民收入再分配为手段,对社会成员的基本生活权利提供安全保障的社会行为。社会保障制度则应该是规范这种行为的法律法规、政策及其实施办法的总称。社会公共政策是由具有合法地位的政府,为了协调人们的行为,实现公众的利益,以一定的价值判断为基础,运用一定的资源对社会公私行为所做的强制性的规范与引导。作为社会政策组成部分的社会保障政策,除了具有引导、协调、控制和分配的一般政策功能外,其特征突出表现为公共性、整体性、超前性和合法性几个方面。更多的时候,人们提到的社会保障,是指社会保障制度。

二、社会保障的外延

关于社会保障的外延,国际劳工组织认为,社会保障主要承担九个方面的风险,即疾病、生育、年老、残疾、死亡、失业、工伤、职业病和家庭。对这九个方面的保障可以满足社会成员一生的基本生活需求,从而促进社会稳定和经济发展。如果把社会保障看成社会保障制度的话,社会保障的外延其实就是社会保障制度的体系构成。

国际劳工组织在 1952—1982 年间,归并到社会保障制度中的内容包括:

- 社会保险(social insurance);
- 社会援助(social assistance)或社会救助;
- 由国家财政收入资助的补助金(benefits);
- 家庭补助金(family benefits);
- 储备基金(provident funds);
- 雇主规定的补助年金以及围绕社会保障而发展的辅助性或补充性计划。

其中,社会保险是以国家为主体,通过立法手段设立保险基金,当劳动者在老年、患病、生育、伤残、死亡等暂时或永久丧失劳动能力,以及失业中断劳动而失去收入来源时,由社会给予物质帮助和补偿的一种社会保障制度。社会保险是由雇主、劳动者以及国家三方共同筹资、以建立保险基金为基础、以国家立法为依据、以劳动者为保障对象的一种社会保障项目。社会保险是社会保障的核心内容,主要包括养老社会保险、医疗社会保险、失业社会保险、生育社会保险、工伤社会保险等。

社会救助是在公民不能维持最低生活水平时,由国家和社会按照法定的标准满足其最低生活需求的物质援助的社会保障制度。

社会福利是以国家或社会为主体,向全体社会成员或社会弱者提供旨在保证一定的生活水平和尽可能提高生活质量的资金和服务的社会保障制度。

社会保障的内容和范围,由于世界各国的政治制度、经济发展、社会背景、文化传统、价值取向、民族特点、实行社会保障制度的时间长短、执政党和政府所持的态度不同,各国社会保障制度的内容差异很大。发达国家的社会保障涉及公民从生活到遇到任何事故的一切方面,西方学者把它概括为"从摇篮到坟墓"或"从胎儿到天堂"。

归纳起来,社会保障一般包括社会保险、社会救助、社会福利等几个方面。社会保险是现代社会保障的核心内容。

随着社会经济的发展,社会保障还将在增进基本人权,特别是福利权方面不断为提高全体社会成员的生活水平和生活质量做出更大的贡献。

　　值得注意的是,在我国被称为社会保障的制度,在欧洲国家则被称为福利制度。在我国,社会保障是一个包含了社会保险、社会救助、社会福利、社会优抚及补充保障等各种福利性保障措施和制度在内的统称,它与西方国家的大社会福利概念基本相当。

　　在我国,1993年中国共产党的十四届三中全会通过的《中共中央关于建立社会主义市场经济体制若干问题的决定》把社会保障制度纳入社会主义市场经济体制中,并明确指出:"建立多层次的社会保障体系……社会保障体系包括社会保险、社会救济、社会福利、优抚安置和社会互助、个人储蓄积累保障。"

　　中国共产党十七大报告明确提出"以社会保险、社会救助、社会福利为基础,以基本养老、基本医疗、最低生活保障制度为重点,以慈善事业、商业保险为补充,加快完善覆盖城乡居民的社会保障体系""努力使全体人民学有所教、劳有所得、病有所医、老有所养、住有所居,推动建设和谐社会"。党的十七大报告对社会保障制度的外延作了非常清晰且科学、合理的描述,主次分明、重点突出,有基础、有重点、有补充。

　　党的十八大报告提出,要统筹推进城乡社会保障体系建设,坚持全覆盖、保基本、多层次、可持续方针。

　　另外,在社会保障体系中,经济保障、服务保障和精神慰藉三个层次任何一个层次都不可或缺,且存在一个递进的关系。除了资金保障,服务保障也非常重要,它是实现制度目标的载体。包括养老服务、健康服务、护理服务、福利服务、救助服务、就业服务在内的服务保障做得好,可以为社会保障体系增效,而如果没有服务保障,资金保障的实际效益就会大打折扣。现在,我国的资金保障水平总体较低,提高资金保障水平在许多情况下(特别是在广大农村地区)仍是当前的主要任务,所以服务保障的重要性被掩盖了。但如果不及早注重服务保障体系的建设,会使社会保障的功能得不到充分发挥。

三、社会保障的特点

　　社会保障是一种保障每一位社会成员基本生存权利的"按需分配",是对"按劳分配"和"按生产要素分配"的必不可少的补充。这种特殊的分配形式具有以下几个特点。

(一)强制性

　　社会保障制度是由国家立法建立的,并依法强制实施,因而具有强制性。每一位社会成员都应依法参加社会保障,依法履行义务,并依法享受权利;社会成员在参加保障项目、享受保障待遇方面没有自由选择权,社会保障机构也不能拒绝给予社会成员应该享受的权益,随意改变保障项目和保障标准;社会保障基金依法强制筹集,任何单位和个人都应该依法按规定的时间和数额缴纳,否则将追究其法律责任;社会保障的权利方和义务方、社会保障机构和参加者,如不遵守有关法律法规,可以诉诸法律求得解决。强制性是实施社会保障的组织保证。这里不存在自愿的原则。

(二)社会性

　　社会保障作为强制实施的具有普遍性的社会"安全网",是社会大生产的产物,是典型

9

的社会行为。社会保障的保障对象不是社会的少数人，而是覆盖全体社会成员。各行各业的劳动者及无业者，一旦遇到生存危机，都是社会保障的受益者，都应得到基本的生活保障。社会成员之间只存在保障项目、标准等方面的不同，而不应该在能否享有相应的社会保障待遇方面存在差异。社会保障的社会性主要表现在三个方面。一是实施范围的社会性，即社会保障是国家在全社会范围内统一实施的社会经济制度，其保障对象应该是全体社会成员，是面向全社会符合保障条件的公民普遍实施的制度。社会保障制度的覆盖面越大，筹集到的社会保障基金规模也就越大，其抵御风险的能力越强，也就会有更多的社会成员从社会保障制度中获益。二是资金来源和使用上的社会性。即社会保障基金的主要部分是由国家在全社会范围内统一筹集的，国家通过征收社会保障税或社会保障费的形式从全社会的各个方面筹集社会保障基金。同时，社会保障基金的使用同样具有社会性，它是由国家按照全社会统一的标准和方式安排的。其中社会保障基金中的社会统筹部分是由国家按照社会需要统一调剂使用的。三是制度目标的社会性。国家代表社会的共同利益制定社会保障制度，其实施目标是通过社会保障来满足社会成员的基本生活需要，促进社会的稳定与和谐，促进社会公平目标的最终实现。

（三）福利性

社会保障的福利性表现为社会保障事业是一种社会福利事业，社会保障的各环节不以盈利为目的，它不仅对被保障人给予资金给付，而且提供医疗护理、伤残康复、教育培训、职业介绍以及各种社会服务。受保障的个人一般不直接交付全部保障费用，而是由实施的社会保障部门统一筹集经费，既有政府财政的部分，也有企业和个人缴纳的部分，还包括社会各方面的捐赠。

（四）互济性

社会保障有以丰补歉、同舟共济的特点，即通过所有成员的互助共济实现对少数遭遇风险成员的收入损失等的补偿。社会保障是按照社会成员共担风险的原则组织进行的，它通过国民收入的分配和再分配调节个人收入，实现社会成员经济上的互助互济。在市场经济条件下，社会成员在社会机会、劳动能力、家庭负担等方面是不尽相同的，有较富裕的，也有较贫困的；有家庭负担轻的，也有家庭负担重的，从而使不同的社会成员对社会保障项目的需求产生差异。社会保障制度通过社会保障基金的筹集和分配，在一定程度上矫正了这一社会缺陷，保证了每个社会成员的基本生活需求，充分体现了人类互助互济的精神。

（五）保障性

社会保障是国家按照经济发展水平和承受能力，对社会成员给予基本生活保障的一种社会经济制度。在社会生活中，当面临各种社会经济风险时，安全感曾是社会成员中少数人长期享有的特权。然而社会保障制度却能使全体社会成员，或至少是绝大多数人有可能从中获益，为他们提供安全的保障，不论何种社会意外事故发生都能维持其生活方式和生活水准。这种保障性通常由国家立法加以确定，由政府和社会组织加以保证。如《中华人民共和国宪法》第 44 条、第 45 条规定："退休人员的生活受到国家和社会的保障""中华人民共和国公民在年老、疾病或者丧失劳动能力的情况下,有从国家和社会获得物质帮助的权利。国家发展为享受这些权利所需要的社会保险、社会救济和医疗卫生事业。""国家和社会帮助安排盲、聋、哑和其他有残疾的公民的劳动、生活和教育"。2004 年新修订的《中华人民共和国宪法》在第一章总纲中明确提出"国家建立健全同经济发展水平相适应的社会保障制度"。

在现代市场经济条件下,社会成员在其生命周期的各个阶段,会受生老病死等自然规律的制约,会遭遇自然和社会各种意外事故的袭击,因而在生活上会发生各种困难和风险,影响其正常生活。社会保障制度作为社会的"安全网",适时有效地对社会成员提供各种物质帮助和服务,满足其基本生活需要,从而保证其正常的劳动和生活。

(六)公平性

实现公平分配,是社会保障追求的目标。社会保障的公平性主要体现在社会成员享受社会保障待遇的权利和机会是均等的。任何一位社会成员,当其基本生活发生危机时,都能均等地获得社会保障的机会和权利。而社会保障的目标和作用,最终也在于促进社会公平目标的实现。对于市场经济带来的收入分配两极分化的后果而言,如果没有社会保障制度来加以调节,就会对市场经济本身的正常运转产生消极的影响,甚至会产生危机。而社会保障的实施,对于弥补市场分配的缺陷、缩小社会成员之间的收入差距、保证社会公平目标的实现,是不可替代的。

第二节　社会保障的结构

一、社会保障的正式制度安排

社会保障制度是一个庞大的社会政策和立法体系,其结构项目、内容特征在不同国家具有不同的表现形式,呈现出不同的结构分类。

按照受益人是否履行缴费的义务,社会保障可分为两大类：费税制度(contribution scheme)和非费税制度(non-contribution scheme)。前者需以缴费(税)为受益前提,如各项社会保险项目;后者则无须以缴费(税)为受益前提,如社会救助和福利项目[①]。

费税制度下,由于社会保障费(税)是以工资为对象的,所以又称就业关联制度(employment related scheme)。社会保险就是就业关联的制度。社会保险受益人所能获得的给付与他们的工作年限、终身收入的高低等因素有直接或间接的关系。①受益与就业有直接关系。例如,失业保险金的获得通常要求若干年的就业经历;退休金的获得不仅要达到一定的法定退休年龄,而且要求终身累计达到一定的工作年限,而退休金的水平不仅取决于工作年限还取决于个人在职时的工资水平。②受益与就业发生间接联系。在许多工业化国家,养老保险还为退休人口的无就业经历或就业不足的配偶及被抚养家庭

---

① 李珍.社会保障理论：第 3 版[M].北京：中国劳动社会保障出版社,2013.

成员提供退休金（pension，即年金），但必须以户主有退休金资格为前提。

非费税制度下，受益人的受益与就业无关。按照保障的对象，这一制度又可分为普享制度和收入调查制度（means-tested）。这两种制度都由政府一般税收支持。普享制度接近社会福利制度，一般用于家庭津贴等项目。基于收入状况调查的制度一般是针对低收入人口或贫困人口的社会保障制度，近似于社会救助制度，保障对象是特定的人群，保障水平比较低。由于这一方法有控制社会保障支出的作用，它被越来越多地引入社会保险领域。

按项目保障的风险及提供的需求，国际劳工组织将社会保障分为九类：老年、遗属、残障、工伤、疾病及健康、家庭、失业、住房、公共救助及其他。一般成员国会按此类来记录和统计社会保障支出。在统计社会保障支出时，为了简便，也可能分为三大类：退休金（pension）、健康照顾（health care）、福利及其他（welfare and others）。

按保障的水平，中国习惯将社会保障分为社会保险、社会救助、社会福利以及针对特殊人口的特殊保障。社会救助、社会保险、社会福利的保障水平由低而高。

（一）社会保险

社会保险是国家通过立法强制征集社会保险税（费），并形成社会保险基金，当劳动者及其亲属因劳动者年老、疾病、工伤、残疾、生育、死亡、失业等风险引起经济损失、收入中断或减少时以社会保险给付支付给受益人，保证其基本生活需求的社会保障制度。按照风险的不同，社会保险有不同的项目，主要包括养老保险、健康保险、失业保险、工伤保险、生育保险、残障保险、死亡保险（遗属保险）和护理保险。在各种保险中，就其对社会和经济的影响而言，养老保险和健康保险最重要。因为养老保险涉及的人口最多，保险给付的金额也最多，尤其是在人口老龄化速度加快的情况下更显其重要性。在各种保险中，医疗保险最复杂，涉及医、保、患等多方利益关系，人口老龄化也极大地增加了健康保险支出的需求。养老保险和健康保险成为社会保障中最重要的两个险种。

与社会保障的其他制度相比，社会保险制度有以下特点。

第一，社会保险制度在一定程度上强调权利与义务的对等关系。社会保险制度是与就业相关联的制度，它的保障对象享受社会保障的资格和保障的水平直接或间接与工龄的长短、工资水平等因素相联系。

第二，社会保险既强调社会性又强调风险分散机制[①]。它借鉴了商业保险的机制和法则。商业保险的机制是在大数法则基础上分散同质风险。社会保险的技术基础与商业保险是相通的，它的有效运行要求有足够数量的同质风险。

第三，社会保险具有强制性。它不同于商业保险的自愿参保，社会保险的项目、保障的对象、内容、形式、应尽的义务、享受标准及运作程序等都是由国家法律明确规定的，法律要求符合条件者必须参加社会保险。只有强制参保，才能实现社会保险的社会性、公平性和制度的可持续性。

第四，它的保障对象是全体劳动者。

---

① 李珍. 社会保障理论：第 3 版［M］. 北京：中国劳动社会保障出版社，2013.

第五,社会保险支付的标准是维持基本生活水平。

社会保险的具体内容详见本书第五章。

(二) 社会福利

社会福利的内涵和外延较为复杂,可以从三个层次上理解:在最广泛的意义上,它是指一切改善和提高人民物质生活和精神生活的社会措施;而中义的社会福利基本上是社会保障的同义词,是西欧国家普遍用来替代社会保障的一个概念;狭义的社会福利是作为社会保障的一个组成部分,比如在中国就使用狭义的社会福利概念。

社会福利是国家或政府为立法或政策范围内所有对象普遍提供在一定的生活水平上尽可能提高生活质量的资金和服务的社会保障制度。社会福利为立法或政策范围内的所有公民普遍提供福利保障,带有普遍性原则;同时,社会福利是社会保障体系中的最高层次,其目的是提高受益者的生活质量。因此,社会福利计划在制订和实施时往往容易偏离既定的目标,造成"福利陷阱"。

在中国,社会福利主要包括公共福利、特殊人群福利、职业福利、社会津贴、社会福利服务等内容。社会津贴是国家为了实现其总路线、总方针而对立法或政策范围内的公民提供保证一定生活水平的资金的社会福利项目。社会福利服务指国家和社会通过福利机构、社区组织为解决居民生活中的实际困难,提高人民的生活质量而有针对性地提供服务和设施的社会福利项目。职业福利是与就业相关的,以工作单位为实体,以本单位职工生活质量提高为目的而组织实施的福利设施或福利补贴的总称。特殊人群福利是指政府和社会向老人、儿童、残疾人等社会中需要关怀的人群提供必要的社会援助,以提高其生活水平和自立能力,主要包括老年人福利、妇女福利、儿童福利、青少年福利、残疾人福利等。从中国经济发展的水平看,针对全体人口的社会福利服务发展不足,成为短板。

从发展趋势来看,社会福利呈现如下特点:①保障对象的普遍性和特殊性。社会福利是向立法或政策范围内的所有公民普遍提供的福利保障,虽然社会成员享受的福利项目或水平存在差异,但从总体上看,社会福利的享受者是全体社会成员。只要是符合享受社会福利待遇条件的社会成员,就有权享受社会福利待遇。同时,社会福利又要满足某些特殊群体的特殊需求,如老年人、残疾人、妇女儿童等,从而形成老年人福利、残疾人福利、妇女福利和儿童福利。②保障水平的高层次性和发展性。社会福利在社会保障体系中处于最高层次,其目的是满足受益者的发展需求,不断提高受益者的生活质量。③举办主体多元化。社会福利包括政府举办的国民教育福利、住房福利等,企业举办的职业福利,民间举办的社区福利和慈善福利事业,民办公助的社会福利等。这样可以动员包括政府在内的全社会资源用于社会福利水平的提高,促进福利提供的多元化。④福利服务化。与其他保障项目相比,社会福利突出表现在服务化上。除各种福利性补贴外,社会福利还非常重视通过各种社会福利机构、社会福利设施以及专职和志愿人员,向社会成员提供全面的福利服务。

社会福利的具体内容详见本书第七章。

13

（三）社会救助

社会救助又称社会救济，是指当公民难以维持最低生活需求时，由国家和社会按照法定的程序和标准向其提供保证最低生活需求的物质援助的社会保障制度[①]。社会救助是社会保障的最低层次，包括贫困救助、灾害救助与专项救助等。贫困救助是公民因各种原因陷入贫困时由国家和社会提供维持最低生活水平资金和物质的社会救助项目。灾害救助则是公民在遭受自然灾害而面临生存困难时，由国家和社会紧急提供的维持最低生活水平的资金和物质的社会救助项目。专项救助是满足救助对象特殊需求的社会救助项目，如医疗救助、教育救助、住房救助等。

社会救助具有以下特点：权利义务的单向性，资金来源的单一性，对付贫困的应急性，享受对象的特殊性，保障获取的自愿性[②]。①公民的生存权是现代国家，尤其是工业化国家法律所赋予的，当公民生活无以为继时有权获得国家和社会的帮助。中国宪法明确规定：“中华人民共和国公民在年老、疾病或者丧失劳动能力的情况下，有从国家和社会获得物质帮助的权利。”社会救助是每一个公民应该享受的权利；对于国家和社会来说，则是其应尽的社会义务。因此，享受救助者无须直接为此缴纳任何费用，无偿救助帮助暂时或者长期处于极弱势的社会成员是社会救助的基本原则。②社会救助的资金来源于财政拨款，或通过税收减免进行间接补助。③社会救助是一种须经家庭经济调查的社会保障制度。它不是一种普遍的福利制度，只有在公民因某种社会的或生理、心理的原因而无力维持最低生活水平时才能获得社会救助制度的给付，因而必须有一套严格的制度和程序确定申请救助的公民生活状况是否真是难以为继。④社会救助的对象通常是无权享受社会保险的人，包括城乡居民中的灾民、生活发生严重困难的人或在享受社会保险之后仍然生活在贫困线以下的人和家庭。⑤社会救助提供满足最低生活需要的物质保障，要兼顾公平与效率。由于社会救助是纯公共产品，它不强调权利与义务的对等，为了防止和减少“搭便车”的问题和依赖社会救助制度的问题，其保障水平低于社会保险，只提供最低生活保障。科学制定最低生活标准是社会救助制度得以正常运行的基本前提，最低生活标准需要随物价进行动态调整。⑥救济期限为临时的短期补助，需要救助者应依法提出申请，经批准后即可获得帮助。

社会救助的具体内容详见本书第六章.

（四）社会优抚

社会优抚是国家和社会依照法律规定，对军人及其家属提供各种优待、抚恤、就业安置等待遇和服务的社会保障制度。保障优抚对象的生活是国家和社会的责任。社会优抚对象是指为维护国家和社会安全稳定而做出牺牲和贡献的特殊社会群体，由国家对他们的牺牲和贡献给予补偿和褒扬。社会优抚的目标是为优抚对象提供现金补贴和服务帮助，保障他们的基本生活，具有经济保障功能。社会优抚与社会保险、社会救助和

---

① 李珍.社会保障理论：第 3 版[M].北京：中国劳动社会保障出版社,2013.
② 齐海鹏.社会保障教程[M].大连：东北财经大学出版社,2006.

社会福利不同,它是特别针对某一特殊身份的人所设立的,内容涉及社会保险、社会救助和社会福利等,包括抚恤、优待、养老、就业安置等多方面的内容,是一种综合性的项目。

二、社会保障的非正式制度安排

就广义的社会保障制度的体系结构而言,应由正式的制度安排与非正式的制度安排两部分共同构成。正式制度安排的社会保障应该包括社会救助、社会保险、社会福利、社会优抚等,它强调了政府的主导作用;非正式制度安排的社会保障,也可以称作补充保障,它强调的是政府之外的社会、市场及家庭的作用,它应该包括企业年金、员工福利、慈善事业、互助保障、商业保险、个人储蓄和家庭保障等。非正式制度安排的社会保障作为基本社会保障制度的补充,与基本社会保障共同构筑了多层次的社会保障体系框架。

（一）企业年金与职业年金

企业年金,又称补充养老保险、职业养老金、私人退休金等,是企业为员工提供的在基本养老保险之外的养老金福利。在员工工作期间,通过缴纳一定的保险费和投资运营进行资金积累,直到老年时才可以享用,因此它是一笔延期支付的工资收入。在实行现代社会保险制度的国家中,企业年金已经成为一种较为普遍实行的企业补充养老金计划,是基本养老保险的重要补充。西方国家职业年金制度的萌芽和产生要早于国家基本养老保险制度,首先适用于公务人员然后才扩展到企业,因此,国外的职业年金覆盖各类职业人群。随着各国职业年金制度的不断建立与完善,职业年金的覆盖人数逐步增长,基金规模不断扩大,职业年金制度在整个养老保险体系中的重要性日益增长。职业年金具有强制性、延期支付性、补充性和激励性的特征。职业年金已成为许多国家老年人收入来源的重要渠道。职业年金是社会养老保障体系的重要组成部分,对于完善养老保障体系、确保养老保障水平、有效应对老龄化社会的到来具有重要意义。

（二）员工福利

员工福利是企业基于雇佣关系,依据国家的强制性法令及相关规定,以企业自身的支付能力为依托,向员工所提供的、用以改善其本人和家庭生活质量的各种以非货币工资和延期支付形式为主的补充性报酬与服务。员工福利主要由国家立法强制实施的法定福利和企业自主实施的非法定福利构成。法定福利是国家通过立法强制实施的对员工的福利保护政策,包括社会保险、法定假期和住房福利等;非法定福利是企业自主建立的,为满足员工的生活和工作需要,在工资收入之外,向员工本人及其家属提供的一系列福利项目,包括货币津贴、实物和服务等形式,具体有企业安全和健康福利(企业年金、人寿保险、健康保险、住房援助计划等)、企业设施性福利、企业文娱性福利、企业培训性福利、企业服务性福利（雇员援助计划、雇员咨询计划、家庭援助计划、家庭生活安排计划）等。[①] 员工福利是企业或用人单位招揽人才和激励员工并借此赢得竞争胜利的一种重要手段，是企业人力资源管理的重要组成部分。

（三）慈善事业

慈善事业是指众多的社会成员建立在志愿基础上所从事的一种无偿的、对不幸无助人群的救助行为，是建立在捐献基础之上的民营社会性救助事业。它通过合法的社会中介组织，以社会捐献的方式，按特定的需要，把可汇聚的财富集中起来，再通过合法途径，用于无力自行摆脱危难的受助者。它属于社会第三次分配的一种形式，是社会保障的必要补充。许多发达国家和地区的经验表明，发展民间慈善事业是现代社会化解诸多社会问题、促进社会经济协调发展的一条重要而有效的途径。慈善事业不仅能有效地弥补政府社会保障的不足，对处于困境而无力自行摆脱危难的社会脆弱群体提供更多的来自社会的援助和关爱，促进社会的安定，减少社会贫困现象，缓和社会各阶层矛盾，而且能直接弘扬优良的社会道德，净化社会风气，推动全社会道德文明建设，从而最终推动社会的文明与进步。

（四）互助保障

互助保障是指社会成员之间通过一定的机制提供物质帮助的一种生活保障系统，它不同于个人、家庭和亲友的自我保障，已经从单一的家庭发展到一定范围内的社会人群互相分担风险。互助保障是基本社会保障制度的有益补充，是现代社会保障体系的延伸和有益组成部分。互助保障是一种社会化的生活保障体制，通过社会化的手段来筹集资金，按照社会化的原则与规律运行。互助保障是一种综合性的生活保障机制，它不仅对社会保险的项目进行补充，还可以增设互助项目满足参与者的多种社会性保障需求，可以弥补社会保险、社会救助等基本保障制度的不足。互助保障体现了社会成员之间的相互帮助，参与互助保障的社会成员能够在互助中实现自助并获得他助。但互助保障机制的运行具有封闭性，互助保障的运行机制所覆盖的对象仅限于参与互助保障的成员，且有明确的身份限制。按照保障的对象和范围划分，互助保障可以分为家庭互助、社区互助保障、职工互助保障、特殊群体互助等。

（五）商业保险

商业保险是指通过订立保险合同运营，以营利为目的的保险形式，由专门的保险企业经营。商业保险关系是由当事人自愿缔结的合同关系，投保人根据合同约定，向保险公司支付保险费，保险公司根据合同约定的可能发生的事故因其发生所造成的财产损失承担赔偿保险金责任，或者当被保险人死亡、伤残、疾病或达到约定的年龄、期限时承担给付保险金责任。商业保险是市场经济条件下风险管理的基本手段之一，是对社会保险的有益补充，是多层次社会保险体系的一个重要组成部分。

---

① 仇雨临.员工福利管理：第 2 版［M］.上海：复旦大学出版社，2010：15-25.

第三节　社会保障制度

一、社会保障制度的模式

导读案例：福利国家能否守住自己的"良心"？

（一）社会保障制度模式的内涵

社会保障制度模式是指在不同的社会保障理念及不同国家的国情影响下,各国社会保障制度内容、水平、运行机制具有的不同特点。由于社会保障理念受到各国经济、政治、社会、历史文化的影响,因此,社会保障制度模式事实上是由经济、政治、社会、历史文化发展等综合因素决定的。一般意义上的社会保障制度模式,在关注各国社会保障制度国别特色的同时,强调不同类型国家社会保障制度内容、水平与运行机制方面的共同特征。

社会保障制度模式是历史发展的产物。当19世纪末以社会保险制度为核心内容的现代社会保障制度出现时,尽管各国的社会保障制度存在一些不同特点,如一些国家实行了强制性社会保险,一些国家实行了自愿性社会保险,社会保险项目在各个国家也存在一定差别,但是各国在社会保障理念及其影响下所形成的社会保障制度内容构成、水平与运行机制方面的差别尚未体现明显的类型性。二战后,社会保障制度无论在广度上还是在深度上,都取得了很大的进展。西方发达国家都把恢复、重建和发展社会保障制度作为缓解战后社会危机、促进国民经济恢复和发展的重要手段,亚洲、非洲、拉丁美洲国家也都广泛地建立了社会保障制度。随着社会保障制度进入全面发展阶段,基于不同经济、政治、社会和历史文化背景的社会保障理念差别的类型性逐渐明显,在此基础上,社会保障制度逐步形成了不同的发展模式。

按照政府、企业和个人在社会保障制度中承担的不同责任,社会保障权利与义务的对等关系,社会保障给付水平的高低,社会保障财务制度的形式等标准,可以将世界上曾经产生过的社会保障制度划分为四类：社会保险型社会保障制度、福利国家型社会保障制度、强制储蓄型社会保障制度和国家保险型社会保障制度。这四类社会保障制度模式的内涵各不相同,其制度重点也各不相同：社会保险型模式强调保险的机制,福利国家型模式强调国家的义务,强制储蓄型模式强调个人的责任,国家保险型模式强调国家的责任[①]。

（二）社会保障制度模式的形成因素

每一种社会保障制度模式都是在一定的社会、经济、文化、历史背景下形成的,其存在与发展都有其客观性[②]。

社会保险型模式最早起源于德国,后为西欧、日本所仿效。实行社会保险型社会保障制度的前提条件必须是工业化已经取得一定的成就。工业化使人们面对更多、更大的风

---

①　丁建定.社会保障概论[M].上海：华东师范大学出版社,2005：96-97.

②　丁建定.社会保障概论[M].上海：华东师范大学出版社,2005：97-98.

险,单靠个人和家庭已经无法预防和抵御这些风险,需要借助外界的力量来化解风险。同时,工业化使社会积累了大量的财富,社会具有一定的经济实力。这时,国家有能力也有条件为其社会成员统筹安排防范风险的各种保障措施,于是产生了社会保险型社会保障制度。社会保险型模式的根本目标是国家为社会成员提供基本的经济安全保障,以维护公民必要的生活条件。社会保险型社会保障制度实施初期,其所提供的保障水平不会太高,个人需要与国家共同承担防范风险的责任。因此,这种模式强调个人、企业和国家三方在社会保障制度中共担责任。

福利国家型模式是在福利经济学收入均等化思想和《贝弗里奇报告》的基础上形成的。这种模式更多注重政府的责任,认为每个人都有享受社会保障的权利,国家有义务为其国民提供各种保障和福利。实施福利国家型社会保障制度的国家,其保障项目齐全,并具有普遍性和统一性,政府对其国民的社会保障负有无限的责任。因此,实行福利国家型社会保障制度的国家必须具有雄厚的经济实力。英国和瑞典都具有实行福利国家型社会保障制度的经济条件;同时,这两个国家的社会民主主义社会福利思想为福利国家的建立提供了思想基础,极力倡导国家对经济与社会生活实施强有力的干预,主张应该由国家出面为其国民建立全方位的社会福利。因此,英国和瑞典成为福利国家型社会保障制度的典型国家。

20世纪70年代兴起的强制储蓄型模式是在经济滞胀和经济自由化思潮影响下产生的。长期以来,凯恩斯主义在西方经济领域占据统治地位,国家干预思潮盛行,社会保险型模式和福利国家型模式风靡一时。但是,随着70年代经济滞胀的出现,凯恩斯主义无法阐释现实,其统治地位逐渐被新保守主义所取代。随后,人口老龄化危机出现,社会保险型和福利国家型两种模式缺乏基金积累的弊端日渐凸显。于是,80年代掀起了一场社会保障制度私营化的改革浪潮,以智利为代表的拉美国家走在了改革的前列。

国家保险型模式是在计划经济体制下产生的社会保障制度模式,它是历史的产物,并将随着历史的发展而逐渐退出历史舞台。在计划经济体制下,国家决定一切社会经济活动,社会保障自然而然也由国家来决定,由国家来保证。该模式是与计划经济相适应的,充分就业的政策取向使社会保障项目缺乏失业保险,配给制使社会成员无须承担任何社会保障责任。但是,随着原来实行计划经济的国家经济体制的改革,计划经济逐步转向市场经济,国家保险型模式也逐步转向其他社会保障模式。

（三）社会保障制度模式的分类

1. 社会保险型模式

社会保险型模式也称俾斯麦型社会保障模式、"传统型"社会保障模式,是最早出现的社会保障模式。它起源于19世纪80年代的德国,后来被世界许多国家引进,包括欧洲大陆、美国、日本在内的许多发达资本主义国家和部分发展中国家采用这种模式。这种模式以社会保险为核心,社会保障费用由雇员、雇主和国家三方负担,主要以雇员和雇主承担为主,社会保障的给付与雇员的收入和社会保险缴费相联系。在这一模式中,企业、个人和政府都是责任主体,在不同的项目中各有不同的角色。在社会保险中,主要缴税（费）人为企业和个人,政府只扮演最后责任人的角色;在社会救助、社会福利制度中,政府是最主要的责任人。在这一模式中,普惠的项目较少,许多项目具有"选择性",即对那些收入低下的人群提供保护[①]。

社会保险型模式的社会保障制度作为工业化的产物,是在工业化取得一定成就并有较雄厚的经济基础,以及单位和个人都具有一定经济承受能力的情况下实行的。它的目标是以劳动者为核心,通过提供一系列的基本生活保障,使社会成员在疾病、失业、年老、伤残以及由于婚姻关系、生育或死亡而需要特别援助的情况下得到经济补偿和保障。

社会保险型模式的社会保障制度的特点主要表现在以下几个方面。[②]

（1）以劳动者为核心

社会保障制度面向劳动者,且主要是工薪劳动者,围绕劳动者在年老、疾病、工伤、失业等方面的风险设置保险项目,用以保障劳动者在遭遇这些事件时的基本生活。在某些情形下,劳动保险制度还通过劳动者惠及其家庭成员。

（2）责任分担

社会保障强调雇主与劳动者个人分担劳动保险缴费责任,国家财政给予适当支持,从而是一种风险共担和责任分担的社会保障机制。

（3）权利与义务有机结合

社会保障强调劳动者享受劳动保险的权利与缴纳劳动保险费的义务相联系,劳动者享有的社会保障待遇水平亦常常与缴纳劳动保险费的多少和个人收入情况相联系,不参加社会保障或者未缴纳社会保障费是不能享受社会保障待遇的。

（4）互助共济

雇主与劳动者个人缴纳的社会保障费形成养老、医疗、失业、工伤、生育等社会保障基金,当劳动者遭遇保险事件时,享受相应的社会保障待遇,社会保障基金在受保成员之间调剂使用,充分体现互助互济、共担风险的原则。

（5）现收现付

社会保障基金的筹集以现收现付方式为主。社会保险型模式非常重视权利与义务的对等关系,强化责任分担意识,在追求公平的同时亦体现了效率原则。不仅如此,社会保障基金在社会成员之间统筹使用,符合风险管理中的大数法则,体现了社会保障的互助互济宗旨。不过,采取现收现付方式筹集社会保障基金时,保险费率受人口年龄结构与人口就业比例的影响较大,难以应付人口老龄化导致的养老金支付高峰,进而可能因基金积累不足而造成财务危机。因此,有必要对此保持警惕。

2. 福利国家型模式

福利国家型模式是政府为居民提供"从摇篮到坟墓"的高水平保护的社会保障体系,也称为福利型社会保障模式。它源于英国,始于贝弗里奇计划,其理论基础是庇古的福利经济学。1920年,英国剑桥学派主要代表人物之一的庇古出版了《福利经济学》,为确立

---

① 李珍.社会保障理论:第3版[M].北京:中国劳动社会保障出版社,2013.
② 郑功成.社会保障学[M].北京:中国劳动社会保障出版社,2005:170-172.

福利国家奠定了相应的理论基础。1942 年英国著名经济学家贝弗里奇完成了一份社会保障改革的研究报告《社会保险及相关服务》。1948 年,英国基于该报告的指导原则重新设计了社会保险制度,在通过一系列的有关劳动保险的法律并加以实施后,正式宣布建成福利国家。贝弗里奇也被称为"福利国家之父"。在英国之后,西欧、北欧等地的一些国家也纷纷宣布建立福利国家,加拿大、澳大利亚等国家也跻身福利国家之列。福利国家作为经济社会发展水平达到高层次和社会文明进步的象征,在世界上风靡一时,在 20 世纪 60 年代达到鼎盛时期。

具体而言,福利国家模式及其所推行政策的主要特征如下。[①]

（1）累进税制与高税收

国家通过确立累进税制对国民收入所得进行再分配,使社会财富不再集中于少数人手里;同时,为维持福利国家高水平的福利支出,也必然需要高税收来支撑。因此,高税收不仅充当着福利国家的财政基础,而且构成了福利国家的重要特征。

（2）普遍覆盖与全民共享

"普遍性"和"全民性"构成福利国家型社会保障的基本原则,其目标不仅是使公民免遭贫困、疾病、愚昧、肮脏和失业之苦,而且在于维持社会成员一定标准的生活质量,加强个人安全感。各种保障制度,不限于被保险人一人,而是推及其家属;不是限定于某一保险项目,而是推及凡维持合理生活水平有困难和经济不稳定的所有事件,以最适当的方法给予保障。

（3）政府负责与保障全面

在福利国家,政府是社会保障的当然责任主体,不仅承担着直接的财政责任,而且承担着实施、管理与监督社会保障的责任。同时,福利国家的社会保障项目众多,待遇标准也较高,保障项目设置涵盖了每个社会成员"从摇篮到坟墓"的一切福利保障需求,而个人通常不需缴纳或只需低标准缴纳社会保障费用,福利开支主要由政府和企业负担。

（4）法制健全

各种社会保障制度均依法实行,并设有多层次的社会保障法律监督体系。例如,英国在《贝弗里奇报告》的基础上,先后制定了《国民保险法》《社会保险法》《国民健康服务法》《家庭补助法》《国民保险法(工业受伤)》《国民救济法》,这些法律的颁布使英国成为第一个"福利国家"。

（5）充分就业

国家采取各种措施促使人人都能有就业的机会,通过国家政权的力量,强制性消灭各种导致失业的因素来实现充分就业的目标。

3. 强制储蓄型模式

强制储蓄型模式是指只依靠个人缴费,居民个人对自己的风险负责,最后的责任人才是政府的社会保障制度。这一模式以新加坡和智利为代表。新加坡的中央公积金制度强制雇主和雇员共同供款,并以职工个人名义存入公积金,由公积金集中管理和经营,职工

---

① 郑功成.社会保障学[M].北京:中国劳动社会保障出版社,2005:174-175.

在符合某些条件的情况下可以动用个人账户的基金用于特定的用途。制度设计之初只为养老的目的,随着制度的发展,又增加了医疗保险、子女教育、住房公积金等内容。到20世纪末,当个人账户积累到一定数量时,雇员还可动用一定数量的基金对政府指定的工具和对象进行投资。

智利模式与新加坡模式不同,它强制雇员个人将工资的10%积累于养老账户,并由个人任意选择基金管理人进行投资,达到退休年龄后可以连本带利取回,或继续留在某个基金管理公司,也可以选择从商业保险公司购买年金。当个人账户积累不足以保障退休后最低生活水平时,政府将对此负责。可见,第一,智利模式只是养老保险模式;第二,智利模式不要求企业供款;第三,在管理上智利是分散管理;第四,政府在养老保险方面仍然扮演着最后责任人的角色。

强制储蓄型模式的社会保障制度曾长期不被国际社会保障界认可,因为它缺乏传统社会保障制度的互济功能。不过,自新加坡建立公积金制度以来,随着人口老龄化的加剧,在以往的社会保障模式未能很好地解决养老等问题时,强制储蓄型模式从效果上看还是在很大程度上发挥了分散风险的作用,因此,该模式也逐渐得到了国际社会的重视,一些国家在改革或建立自己的社会保障制度时亦考虑借鉴和吸收强制储蓄型模式的优点。

强制储蓄型模式除具备国家立法规范、政府严格监督等特点外,还具有如下鲜明的特点[①]。

（1）强调自我责任,缺乏互济性

强制储蓄型模式是在国家立法的规范内,采取强制手段扣除劳动者的一部分工资储存起来,完全用于劳动者自己养老等。它不存在劳动者之间的互助互济功能,从而也无法让风险在群体中分散。可见,这种制度强调的是自我负责而不是追求互助共济,这一点与其他社会保障模式所追求的目标是相悖的。

（2）建立个人账户,实行完全积累

在强制储蓄型模式下,每个参与其中的劳动者均拥有一个账户,雇主与劳动者自己缴纳的费用均直接计入该账户,并逐年累积,直到劳动者年老退休时才领取。因此,这种模式实现的其实是劳动者自己一生中的收入与负担的纵向平衡。

（3）与资本市场相结合

由于强制储蓄型模式是完全积累的财务机制,每个劳动者在劳动期间积累在个人账户上的资金是不断增长的,从参加强制储蓄到领取相应待遇,往往间隔数十年,其间必然遭遇通货膨胀导致基金贬值的风险。因此,强制储蓄型模式的最大压力在于如何使个人账户积累的基金实现保值增值,这就必然要求积累基金与资本市场相结合,才可以在参与社会财富创造的过程中避免贬值的风险。

（4）在保障内容上主要是养老保险

从当代世界采取强制型模式的国家来看,这一模式主要适用于具有长期积累性的养老保险。因此,所谓的强制储蓄型模式并不等于采取这一模式国家的整个社会保障制度,而只是整个社会保障制度中的一部分。

---

① 郑功成.社会保障学[M].北京:中国劳动社会保障出版社,2005:178-179.

（5）政府承担责任的方式特殊

在强制储蓄型模式下，政府通常并非直接分担缴费责任，而是扮演监督者的角色，对个人账户上积累基金的投资运营的监督是重点。同时，不同国家政府承担的责任亦是有区别的，如新加坡是设立中央公积金局来集中运营公积金并由政府确保相应的收益率；智利则采取私营化办法，政府仅仅承担监管责任。

4. 国家保险型模式

国家保险型模式是以公有制为基础，与高度集中的计划经济体制相适应，由政府包揽向国民提供的政府统包型社会保障模式。以苏联、东欧和改革前的中国等社会主义国家为代表的国家保险型社会保障制度，强调的是国家的责任。它的社会保险对象是公有经济部门的雇员，保险费由单位负担，各种社会保险项目由统一的组织机构——工会经办，并和工人共同管理。中华人民共和国成立后就是按这一模式建立社会保险制度的。虽然缴费的是企业（或单位），但最终的所有权人仍然是国家，最终的责任人仍然是国家，保障的对象也是公有部门的雇员，所以我们称之为国家型社会保障制度[1]。

国家保险型模式主要有下面几个特征。[2]

（1）宪法保证

国家通过宪法将社会保障确定为国家制度，公民所享有的社会保障权利由生产资料公有制保证，并通过相应的社会经济政策的实施取得。

（2）政府与企业承担责任

社会保障支出由政府和企业承担，其资金由全社会的公共资金无偿提供。由于国家已事先做了社会保障费的预留与扣除，个人不需要缴纳社会保障费。

（3）保障对象是全体公民

每一个有劳动能力的人都必须积极参加社会劳动并在劳动中获得相应的社会保障，国家对无劳动能力的社会成员也提供物质保障。

（4）工会参与社会保障事业的决策与管理

国家保险制度作为社会主义国家普遍采用过的社会保障模式，曾经造福亿万人民，但因这种保险超越了现阶段的承受能力，经过半个多世纪的实践，逐渐随着苏联的解体与东欧国家的剧变而被摒弃。即使是仍然坚持社会主义的中国，也从20世纪80年代开始改革这套制度，并代之以能够适应市场经济体制的社会化社会保障制度。

（四）社会保障制度模式的国别特色

1. 社会保障制度基本模式的相对性

社会保障制度基本模式的相对性是指不同社会保障模式的不同国家之间的社会保障制度的差别。依据社会保障制度模式划分的标准，社会保险型、福利国家型、强制储蓄型和国家保险型四种社会保障制度模式具有不同的特点与内涵。

---

[1]　李珍.社会保障理论[M].北京：中国劳动社会保障出版社,2007：15-16.

[2]　郑功成.社会保障学[M].北京：中国劳动社会保障出版社,2005：181-182.

　　首先,从社会保障责任来看:这四种社会保障模式中,无论采取哪种模式,政府总是承担最后兜底的责任,当社会保障资金收不抵支时,政府作为最后责任人要负责到底。但是,在不同的社会保障模式中,政府所承担的责任大小不同。按照政府承担的责任由小到大,四种社会保障模式的排序依次为:强制储蓄型模式、社会保险型模式、福利国家型模式、国家保险型模式。强制储蓄型模式十分强调个人的责任,缴费完全由个人承担,每个人为自己的保障承担全部责任。社会保险型模式中,缴费大部分由雇主和雇员承担。福利国家型模式中,个人缴费较少,相应所承担的责任也小。国家保险型模式中,缴费由企业承担,企业的负担重,但实质上是由国家完全负担,该模式中个人根本不承担任何缴费责任。

　　其次,从权利与义务的关系来看:这四种社会保障模式中,强制储蓄型模式完全强调个人权利与义务的对等,个人享有保障的多少完全取决于个人缴费的多少。社会保险型模式也强调权利与义务的对应性,但弱于强制储蓄型模式,在该模式中,个人保障给付水平的高低与个人缴费有关,但不是一一对等。福利国家型模式和国家保险型模式所提供的社会保障都具有普遍性,完全不强调权利与义务的统一性,社会成员只要被社会保障制度覆盖就能够享有一份保障,而且社会保障制度内个体间的保障差异不大,个人享有的社会保障与个人贡献关联不大。

　　最后,从社会保障给付水平的高低来看:福利国家型模式给社会成员提供的保障给付水平较高,而且成员之间的保障差异不大,该模式提供保障的目的不仅仅是缓解和预防贫困,更多的是提高全体人民的生活质量。国家保险型模式给该制度内社会成员所提供的保障水平较高,且超出当地当时的经济发展水平,然而该制度外公民的社会保障水平很低或者几乎没有保障。因此,整个社会成员之间的社会保障水平差异极大。社会保险型模式的保障给付水平高低与个人和企业的缴费有很大的关系,各国所提供的保障水平高低不等。

　　上述三种模式的给付方式一般采取既定给付制度(defined benefit,DB)。而强制储蓄型模式的给付方式采取既定供款制度(defined contribution,DC),保障给付水平完全取决于个人的缴费,完全取决于个人账户的积累。因此,实行这种模式的国家,社会贫富差距很大。最后,从社会保障财务制度所采取的形式来看:强制储蓄型模式的社会保障基金筹集方式采用完全基金积累制(funded plan),由供款和投资收益的积累决定给付水平。这种社会保障基金筹资方式能够形成庞大的基金积累,缴费率相对比较稳定。

2. 社会保障制度国别特色的绝对性

　　社会保障制度国别特色的绝对性是指同一社会保障模式的不同国家之间的社会保障制度的差别。这种国别特色既与各国社会经济和历史文化传统密切相关,也与各国社会保障制度自身的发展演变直接相关。

　　德国与美国都是实行社会保险型社会保障制度的国家,但是这两个国家的社会保障制度存在一定的差异。第一,德国最初建立社会保障制度的目的是缓和阶级矛盾,调节劳资关系,其政策中极力主张劳资合作,带有明显的政治色彩;而美国社会保障制度的建立是为了缓和经济危机,是作为政府干预经济、调节经济的有力手段之一。第二,德国社会保障的给付水平较高,尽管是在个人自助的基础上,但是该国的社会保障制度却为民众提供了较高的福利,贫富差距较小,社会较为公平;而美国社会保障的给付水平较低,特别强调商业保险的作用,是西方国家中唯一一个没有全民医疗社会保险的国家,因此,美国社会保障的再分配力度较小,社会的贫富差距较大。

英国与瑞典都是实行福利国家型社会保障制度的国家,但是这两个国家的社会保障制度也存在一定的差异。第一,英国经历了两次世界大战,许多战争遗留问题亟须解决,英国政府对国民的数量和质量更加关注,英国人民更加团结,当时具备了建立福利国家的社会条件;而瑞典几乎没有遭受到战争的破坏,经济实力更为强大,具备建立福利国家的经济条件。第二,英国社会保障制度的再分配力度相对较弱,社会贫富差距相对较大;而瑞典社会保障制度的再分配力度相对较强,社会贫富差距相对较小,社会更显公平。此外,英国虽最早建立福利国家,但瑞典福利国家的建立则更为彻底与完善。

新加坡与智利都是实行强制储蓄型社会保障制度的国家,但是这两个国家的社会保障制度同样存在一定的差异。第一,新加坡的中央公积金制度是多功能的,不仅具有养老功能,还具有医疗、教育、住房等功能;而智利的强制储蓄制度仅仅是一个养老保险制度,其功能比较单一。第二,新加坡的中央公积金制度要求企业和个人一起供款;而智利的强制储蓄型模式只要求个人供款,企业不需要供款。第三,新加坡是国营强制储蓄型社会保障模式,会员缴纳的基金统一由中央公积金局管理与经营;而智利是民营强制储蓄型社会保障模式,实行分散管理,个人账户基金交给各个基金管理公司分散管理与经营。

原先实行国家保险型模式的社会主义国家,其社会保障制度是模仿苏联的社会保障制度建立的,这些国家的经济体制与政治体制基本相同,因此,它们所实施的社会保障模式也相差不大。

二、社会保障制度的功能

社会保障制度的功能是指社会保障包括其各个子系统及其具体项目在实施过程中发挥的实际效能和作用。传统的社会保障理论一般只承认社会保障事后救助的单一功能,然而范围广泛、项目齐全、形式多样的现代社会保障体系早已远非历史上单一的救灾济贫可以比拟。在国家社会经济发展进程中,社会保障通常发挥着稳定、调节、促进、互助等多重功能。这些功能并不因为某些人对社会保障制度安排的批评甚至完全否定而被抹杀,而是在实践中作为事实而客观存在。当然,也应当承认,社会保障制度的功能是否充分地得到了发挥或是否全部表现为正面效能,通常不是取决于社会保障制度本身,而是取决于社会保障制度的设计者与执行者。[①]

（一）稳定功能

从社会学角度出发,任何一个社会都需要有动力机制与稳定机制,市场机制即是现代各国经济发展的首选动力机制,而社会保障则充当着首选的稳定机制。社会经济的发展

---

① 郑功成.社会保障学[M].北京:中国劳动社会保障出版社,2005:15-20.

进步,任何时代都离不开稳定的社会秩序和社会环境,而各种特殊事件的客观存在,又往往给社会成员造成群体性的生存危机,如人口老龄化、自然灾害、工业事故与职业病、疾病及市场经济条件下的失业现象等,均不以人的主观意志为转移,且会导致一部分社会成员丧失收入和失去有效的生活保障。如果国家不能妥善地解决这些问题,这一部分社会成员因其生活危机便可能构成社会不稳定的因素,社会秩序可能因此而失去控制,进而破坏整个社会经济的正常发展。中国历史上的历次农民起义及其导致的朝代更迭,工业化国家因经济衰退导致大批工人失业进而出现大罢工而带来的社会震荡等,均表明建立社会保障制度在现代社会所具有的必要性与必然性。

社会保障制度的稳定功能主要表现在以下几个方面。①

1．人民生活的安全网

社会保障的直接目的是保障国民的基本生活,使劳动者在年老、失业、患病、工伤、残疾、生育时,基本收入不受影响;无收入、低收入以及遭受各种意外灾害的人们有生活来源,无后顾之忧,摆脱生存危机,从而为人们架起一道生存的安全网,一道维护社会安全的防线。

2．社会矛盾的调节器

市场经济的自发作用必然使社会成员的经济收入产生差距,形成不同阶层以及他们之间的矛盾。社会保障具有收入再分配的功能,能调节中高收入群体的部分收入,提高最低收入人群的保障标准,适当缩小不同社会成员之间的收入差别,起到化解矛盾、实现共享发展成果、促进社会关系和谐的作用。

3．社会政治的稳定剂

社会保障通过各种措施,为社会成员提供经济保障,调节社会矛盾,避免人们由于生存危机、心理失衡而导致社会冲突,造成社会震荡,具有社会减震器的功能,是预防政治动荡的稳定剂。此外,社会保障对社会的文化发展、精神文明建设具有推动作用。社会保障通过文化福利设施普及文化教育,特别是通过"文化救助"使那些低收入、无经济能力享有文化生活的社会成员得到一定程度的文化滋养。同时,社会保障与生俱来的互助共济、分担风险的原则在其实践中必然鼓励和培养团结友爱精神,树立良好风尚,从而推动社会的文化发展和精神文明建设。

（二）调节功能

社会保障的调节功能表现在政治、经济与社会发展等广泛领域。

1．政治调节功能

在政治上,社会保障既是各种利益集团相互较量的结果,同时也是调整不同利益集

---

① 孙光德,董克用.社会保障概论:第 4 版[M].北京:中国人民大学出版社,2012.

团、群体或社会阶层利益的必要手段,并在不同的社会制度下表现出不同的政治功能。在社会主义制度下,社会保障除具有一般的政治调节功能外,还特别促进了社会成员在国家和社会生活中的主人翁地位。在资本主义制度下,社会保障亦强化了国民对现存制度的依赖意识,同时对调节不同社会阶层的政治冲突和促进政治秩序的长期稳定并维持其整体正常运营发挥着特别重要的政治作用。现代社会保障之所以在工业化国家中成为党派斗争和政党政治、民主竞选中的重要议题,正是社会保障具有不容忽略的巨大政治功能的体现。

2. 经济调节功能

经济的调节功能主要体现在以下几个方面。

（1）调节投融资功能

社会保障的调节投融资功能,是指社会保障通过其基金运营调节社会资金余缺,以满足社会投资需求。社会保障基金是直接来自保险费、财政补贴及资金运用增值的收入,具有较高的稳定性,尤其经过几十年的积累,会形成规模较大的社会保障储备基金。这些基金参与投融资虽然是社会保障基金保值增值的措施,但客观上通过这种活动调节资金的余缺,可以促进国家的经济建设和民众的生活改善。

在发达国家,规模庞大的养老基金往往被用于其基础产业的投资,成为对其经济实行调控的有效手段。在发展中国家,社会保障调节投融资的功能也很明显,这些国家的社会保障基金往往通过向国家基础设施和重点项目投融资的方式,不仅支持了国家建设,而且保障了基金本身的快速增值。此外,许多发展中国家还利用社会保障基金向成员个人融资,既有效地利用了基金,又解决了成员个人购买住宅等资金不足的困难。总之,调节投融资是社会保障的经济性功能之一。

（2）平衡需求功能

社会保障的平衡需求功能,是指利用社会保障基金收支对社会总求求进行调节,使之趋向平衡。当经济衰退、失业增加时,由于失业给付和社会救助抑制了个人收入减少的趋势,给失去职业和生活困难的人们以购买力,从而具有刺激有效需求的作用,在一定程度上促进了经济复苏。反之,当经济增长、失业率下降时,社会保障基金支出相应缩减,从而减缓了社会需求的急剧膨胀,最终又促使社会的总需求与总供给达到平衡。可见,社会保障支出自动地随着国民经济运行变化情况呈现反方向增减变动,这就是社会保障支出的"内在稳定器"功能,以支出为手段,调节社会总供求关系,自动地平抑经济过热或过冷的现象,维持社会安定,促进和保持国民经济良性循环。

（3）国民收入再分配功能

社会保障的国民收入再分配功能,是指通过社会保障制度安排实现国民收入在不同利益阶层之间的再分配。社会保障对低收入阶层给予生活所需要的给付,或者在老年、失业、伤病、残疾等情况发生时,实施必要的收入给付,对市场经济活动所造成的收入分配不公平进行了再分配,可以说这是社会保障最主要的功能。社会保障对收入再分配有"垂直性再分配"和"水平性再分配"两种方式。前者是进行从高收入阶层向低收入阶层的收入转移,后者是在劳动时段与非劳动时段、健康时段与伤残时段之间进行的所得转移。社会保障正是通过上述两种再分配手段实现对国民收入的再调节,尽量缩小贫富差距,缓和社会矛盾。

（4）保护和配置劳动力功能

社会保障的保护和配置劳动力的功能,是指通过社会保障制度安排,保护劳动力再生产和促进劳动力合理流动及有效配置。一方面,在市场竞争中,受优胜劣汰规律的支配,必然造成部分劳动者退出劳动力市场,这部分劳动者及其家属因失去收入而陷入生存危机,社会保障通过提供各种帮助使这部分社会成员维持基本生活需要,从而保护劳动力的生产和再生产;另一方面,通过建立全社会统一的社会保障网络,打破了靠血缘维持的家庭保障格局,超越了企业保障的局限,劳动者在变换工作和迁徙时无后顾之忧,从而促进了劳动力的合理流动,实现了劳动力要素的有效配置。

3．社会发展调节功能

在社会发展领域,社会保障亦有效地调节着社会成员的协调发展。在社会保障制度健全的国家,社会保障构成了调节"社会成员中高收入阶层（富人）与低收入阶层（穷人）、劳动者与退休者、就业者与失业者、健康者与疾患者、幸运者与不幸者、有子女家庭与无家庭负担者之间利益关系的基本杠杆"。不同社会阶层之间的利益冲突因社会保障制度调节功能的发挥而得到了有效缓和,社会因收入分配差距等导致的非公正性、非公平性在一定的程度上得到了调节。

（三）促进发展功能

学术界对社会保障的稳定功能与调节功能往往容易达成共识,而对社会保障是否具有促进发展的功能还存在分歧。其实,社会保障制度在产生初期或许主要体现了稳定与调节功能,但发展到现在则已明显地具备了促进发展的功能。

首先,现代社会保障制度已经由一种被动的、消极的、事后的补救性机制,转变为一种主动的、积极的、事前与事后相结合的保障机制,从而为促进发展提供了制度基础。其次,社会保障范围的持续扩大和基金积累规模的日益庞大,又使社会保障具备了促进社会经济发展的相应的影响力与实力。最后,则是当代社会经济的发展,客观上要求社会保障发挥促进发展的功能,如社会文明的进步和市场经济的发展就均需要社会保障发挥推动与促进作用。

社会保障的促进发展功能,表现在社会发展领域有如下几个方面:一是能够促进社会成员之间及其与整个社会的协调发展,使社会生活实现良性循环;二是能够促进遭受特殊事件的社会成员重新认识发展变化中的社会环境,适应社会生活的发展变化;三是能够促使社会成员的物质与精神生活水平的提高,使其更加努力地为社会工作;四是能够促进政府有关社会政策的实施,如社会保障对象通常不分性别的做法就极大地促进了男女平等,教育福利有助于义务教育的普及,养老保险与家庭津贴等有利于生育政策的实施等;五是能够促进社会文明的发展,如社会保障为社会成员提供了安全保障,有助于消除其对不幸事件或特殊事件的恐惧感,增强自信心,进而破除封建迷信观念,树立互助互济、自我负责、积极向上的新观念。可见,社会保障在社会成员与社会发展中的促进作用是十分明显的。

在经济领域,社会保障通过营造稳定的社会环境促进着经济的发展,同时通过社会保障基金的运营直接促进着某些产业的发展。此外,社会保障对劳动力再生产的保障与劳动力市场的维系,又促进着劳动力资源的高效配置和生产效率的提高。因此,社会保障对市场经济并非只有单纯的维系、润滑作用,而是有着促进作用。

（四）互助功能

社会保障资金来源于税收、缴费、财政拨款、捐献等多个渠道,又被支付给受保障者与有需要者,这种分配机制其实是一种风险分散或责任共担机制,风险分散与责任共担本身即是以互助为基石并在互助中使风险得到化解的。同时,构成社会保障体系重要组成部分的社会福利与社会服务,无论在国内还是在国外,几乎均以社区为基础,以社会成员之间相互提供劳务为主要表现形态,从而实质上体现了互惠互助以及在互惠互助中的他助与自助。资金的互助、物的互助和劳务服务的互助,表明社会保障制度不仅是一种社会稳定机制,而且是一种社会互助机制。

在当代社会,生产的社会化与生活方式的社会化,使完全形态的自助成为不可能,而市场机制的作用和人类的私欲,又使完全形态的他助成为不可能。因此,那种希望社会保障完全自助化(完全自我负责)或完全他助化(完全劫富济贫)都是不现实的,也是无法实现的,而强调以互惠为基础,充分发挥社会保障的互助功能,同时发挥社会成员自助与他助的作用,将不仅有利于正确理解社会保障制度的真实面目,更有利于社会保障制度得到持续、健康的发展。

（五）其他功能

除稳定功能、调节功能、促进功能与互助功能四大基本功能外,社会保障事实上还有着诸如防控风险等其他功能。例如,社会保障尤其是养老、失业、医疗、工伤等社会保险制度,即是事先筹集保障资金,用以防范劳动者可能发生的上述风险,从而具有预防风险的功能;救灾济贫措施多用来解决社会成员遇到的即期生存危机,从而具有及时控制风险的功能。

在西方国家,有的经济学者还认为社会保障有资本积累功能,并把它作为现代垄断资本主义经济的重要组成部分。因此,不能低估社会保障的功能,否则便不符合社会保障制度自产生以来的客观情形,便无法理解社会保障制度在遇到许多非议的条件下为什么还能够在发达国家与发展中国家获得如此普遍的发展。

需要指出的是,在肯定社会保障具有多重功能的同时,也要警惕将社会保障功能泛化。如强调社会保障对经济发展与经济增长做出重要贡献,或者过分突出社会保障对效率的追求,以及将社会保障的政治功能夸大甚至被当成政治竞争工具,必然损害社会保障的正常功能的发挥。

三、社会保障制度的原则

社会保障制度的原则是建立这一制度必须遵守的准则,具体包括公平原则、与社会经济发展相适应原则、责任分担原则、普遍性与选择性相结合原则及其他原则。[①]

（一）公平原则

社会保障制度安排属于公共产品、公共资源在公共领域中的分配，因此，缩小社会贫富差距，创造并维护社会公平，是社会保障制度的基本出发点，也是社会保障政策实践的归宿。尽管不同的国家与不同模式的社会保障制度安排在公平方面存在程度不同的差异，但现代社会保障制度的产生与发展却普遍遵循着公平原则。

根据公平原则，在社会保障制度设计中，必须打破各种身份限制，公平地对待每个国民并确保其享受相应的社会保障权益；在社会保障实践中，必须更多地维护好弱势群体的利益，以此达到缩小贫富差距，促进整个社会健康、和谐发展的目标。公平原则的最充分体现，是建立覆盖全民的社会保障体系，让全体国民普遍享受社会保障。然而，由于每一个社会保障项目均需要有相应的财力支撑，在物质财富尚未达到十分丰富的阶段时，公平原则亦只能循序渐进地加以推进。在社会保障制度建设与发展进程中，它通常表现为项目建设日益健全、覆盖范围持续扩大、保障水平逐渐提高这样的规律，项目的增长促使社会保障体系最终形成没有漏洞的社会安全保护网，覆盖范围的扩大最终会使全体国民普遍享受社会保障，而保障水平的提高则意味着国民福利的不断增进，社会公平程度进一步提升。

当一个国家只有少数人能够享受社会保障时，则社会保障的公平原则只在享受者中得到了体现；只有当全体国民普遍享受到社会保障并通过社会保障制度使生活水平与生活质量获得改善与提升时，社会保障的公平原则才真正得到全面贯彻。尽管公平原则的落实需要循序渐进，但社会保障制度的发展进程即是这一原则日益得到落实的过程。

（二）与社会经济发展相适应原则

社会保障是国家用经济手段来解决社会问题，进而达到特定政治目标的制度安排。因此，社会保障的发展亦必须坚持与社会经济发展相适应的原则。

一方面，社会发展变化决定着社会保障制度的结构变化。例如，工业化带来机器大生产，产生了工人阶级，也就很自然地需要建立相应的社会保险制度，如果工业化国家仍然只有农牧社会中的救灾济贫政策，则工业社会所带来的各种职业风险与社会风险便不可能得到化解；再如，人口老龄化高峰的到来，不仅需要建立相应的养老金制度，亦需要有发达的老年福利事业，如果没有养老金保障和相应的老年服务体系，则长寿将不会是幸福的事情。可见，社会发展客观上决定着社会成员对社会保障的需求。如果社会保障制度不能满足这种需求，国家或社会便会因风险的发生而形成社会问题与社会危机。另一方面，社会保障制度的确立无一例外地需要相应的财力支撑。如果没有相应的财力，社会保障制度就会变成无源之水、无本之木，即使建立起来也无法持续下去。因此，经济发展是社会保障制度的物质基础，它事实上决定着社会保障的发展水平。

中外社会保障制度的发展实践表明，社会保障制度只有与社会经济发展相适应，才可

① 郑功成.社会保障学[M].北京：中国劳动社会保障出版社，2005：27-32.

能在解决相关社会问题的同时获得健康、持续的发展。如果滞后于社会经济的发展，其功能便难以充分发挥，社会问题将持续恶化，进而妨碍整个社会经济的健康发展。因此，与社会经济发展相适应的原则是各国建立社会保障制度的基本原则。需要指出的是，在坚持这一原则时，应当全面理解这一原则的含义，既不能单纯强调社会发展的需要，也不能单纯强调与经济水平发展相适应，而是需要综合考虑社会发展需要与经济发展的承受能力，否则，便会顾此失彼，使社会保障制度在实践中陷入被动。

（三）责任分担原则

社会保障制度在国内外的改革与发展，揭示出这一制度有必要确立责任分担原则。因为政府包办或者企业与个人承担过重的责任，都会损害这一制度的健康发展，并无助于解决那些需要通过社会保障才能解决的社会问题，只有确立责任分担原则并按照这一原则来让政府、企业、个人乃至社会等合理分担社会保障责任，这一制度才可能获得持续发展并有利于整个社会的和谐发展。

在政府改革向小政府、大社会格局和有限责任政府迈进的潮流中，社会保障制度亦日益呈现政府主导和社会分责的发展趋势。一方面，在正式制度安排中，政府虽然承担着主导责任但已经不再是全部责任，企业与个人均参与其中；另一方面，正式制度安排与非正式制度安排的结合正日益构成现阶段社会保障制度建设的新特色，而非正式制度安排的社会保障措施通常都是企业、社会乃至个人承担着更多责任，政府只起支持与鼓励的作用。例如，政府负责的基本养老保险制度的保障水平在很多国家得到了控制，而由企业负责的非正式制度型的企业年金却在许多国家得到了前所未有的发展；救助贫困人口被国际社会公认为政府的责任，但在政府的正式社会救助制度之外，许多国家或地区的非正式制度型的慈善公益事业却很发达并同样发挥着有益的补充作用，等等。

坚持责任分担原则，实现正式制度安排与非正式制度安排的有机结合，既是政府无法包办社会保障事务和正式制度安排难以满足国民日益增长的福利需求的现实使然，也是提高社会保障公共资源的效率并充分调动民间与社会力量共同促进社会保障事业发展的必由之路，最终目的则是在确保社会保障制度可持续发展的条件下不断增进国民的福利。

需要指出的是，国家虽然不能将非正式的社会保障纳入正式的制度安排，却应当积极引导并发挥各种非正式制度安排的作用，正式制度安排与非正式制度安排的有机结合，将放大整个社会保障体系的效能。此外，对中国等具有家庭保障传统的国家而言，社会保障与家庭保障相结合亦应当成为责任分担原则的具体体现，将家庭保障作为整个社会保障制度安排的基础，将有利于促使整个社会保障制度步入稳定、健康、良性的发展轨道。正如前国际劳工局局长弗朗西斯·勃朗夏指出的："在支持家庭作为其成员的代理人享受保障方面，社会保障的重要性是不容忽略的。就其固有的目标而言，社会保障应有助于加强家庭关系的稳定性，这种稳定性本身就是社会保障系统保护受益人的先决条件。"

（四）普遍性与选择性相结合原则

社会保障的普遍性原则是 1942 年贝弗里奇起草的《社会保险及相关服务》政策研究报告中提出的一项基本原则。它要求国家在确立社会保障制度时，其对象、范围不能局限于贫困阶层,而应当使全体国民均能够享受到相应的社会保障与福利。普遍性原则符合社会保障制度对社会公平、公正的追求,体现了人类社会的终极目标,从而被许多工业化国家所认可,并成为西方福利国家在社会保障制度安排中普遍遵循的一项原则。福利国家能够风靡一时,普遍性原则的应用及其所带来的效果确实起到了非常特别的作用,贝弗里奇显然功不可没。

选择性原则是一些强调效率优先的国家与发展中国家在社会保障制度安排中遵循的一项原则,其含义在于根据国家财政的承受能力和受保障者的经济收入状况及对社会保障的需求程度,有区别地安排社会保障的项目、对象范围、筹资方式和待遇水平等。与普遍性原则相比,选择性原则下的社会保障显然不可能是全民保障,因为人们对社会保障的需求客观上存在差异,国家的财政实力亦有强弱之分,尤其是一些发展中国家的地区发展很不平衡,这些条件极大地制约了普遍性原则的实践,而遵循选择性原则既能够满足社会成员不同的社会保障需求,亦不会超越社会经济发展水平而构成沉重包袱。因此,选择性原则的实践其实为普遍性原则的落实创造了条件。

客观而论,普遍性原则与选择性原则在许多国家其实是相伴而行的。因此,在肯定普遍性原则并尽可能地推进社会保障制度的公平性与公正性的同时,不能将选择性原则与普遍性原则对立起来,而是应当承认发展中国家按照选择性原则或普遍性与选择性相结合的原则来建立社会保障制度的合理性与过渡性。

（五）其他原则

除上述四大基本原则之外,社会保障制度建设还需要遵循互济性、法治性等原则。互济性原则既是社会保障制度赖以生存与发展的基础,也是增进整个社会协调发展的重要条件。在理论与实践中,互济性原则其实是以互惠制为基础的,即我为他人做贡献,他人也为我做贡献,两者互为条件、互相促进。互济或互惠制最早应当出现在家庭,家庭成员之间即是一种互惠与互助的关系,"养儿防老"道出了家庭成员之间经济关系的真谛;由家庭而家族,由家族扩展到邻里与社区,再由社区扩展到整个社会,便构成了社会保障潜在的思想基础与群体意识。社会保障制度安排正是这种互助或互惠制的强制化、固定化和规范化。

法治性原则强调的是社会保障制度必须以立法为依据,以社会保障法律作为制度确立的标志,以社会保障法律作为实施社会保障项目的依据,以社会保障法律作为政府管理与监督社会保障事务的依据。不仅企业与个人需要依法承担相应的社会保障义务或享受相应的社会保障权益,政府管理与监督社会保障事务亦必须依法行政而不能越权行事。

本 章 小 结

本章主要介绍了社会保障的概念、社会保障制度结构、社会保障制度的模式、社会保障制度的功能、社会保障制度的原则等内容。

自 测 题

一、判断题

1. 社会福利的广义概念包括了社会保障。　　　　　　　　　　　　　　　（　　　）
2. 社会保障模式没有共同性可言。　　　　　　　　　　　　　　　　　　（　　　）
3. 社会保险型模式就是国家保险型模式。　　　　　　　　　　　　　　　（　　　）

二、单项选择题

1. 社会保险制度中最复杂的险种是（　　　）。
   A. 养老保险　　　　　　B. 医疗保险　　　　　C. 失业保险　　　　D. 工伤保险
2. 下列不属于社会保障制度原则的是（　　　）。
   A. 公平原则　　　　　　　　　　　　　　　　B. 责任分担原则
   C. 与社会经济发展相适应原则　　　　　　　　D. 自愿性原则
3. 下列哪种社会保障模式中个人承担的责任最大（　　　）。
   A. 社会保险型　　　　B. 福利国家型　　　　C. 强制储蓄型　　　　D. 国家保险型

三、多项选择题

1. 社会保障制度的结构包括（　　　）。
   A. 社会保险　　　　B. 社会救助　　　　C. 社会福利　　　　D. 社会优抚
2. 社会保障制度的模式有（　　　）。
   A. 社会保险型　　　　B. 福利国家型　　　　C. 强制储蓄型　　　　D. 国家保险型
3. 社会保障制度的功能包括（　　　）。
   A. 稳定功能　　　　B. 调节功能　　　　C. 促进功能　　　　D. 互助功能

案例：实现社保全民覆盖的三个不同路径：国际比较

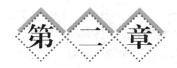

第二章

社会保障制度的产生与发展

【学习目标】

通过本章的学习,读者应当了解现代社会保障制度产生的背景、客观必然性及该制度产生发展过程中经历的不同阶段,了解现代社会保障制度的萌芽、产生、发展、完善与繁荣,明确现代社会保障制度是工业化的产物,是社会经济、政治发展到一定阶段的产物,是社会化生产、市场经济正常运行的客观需要,社会保障制度是当代各国社会经济制度的重要组成部分。同时,还要了解我国社会保障制度产生与发展的历史沿革,从而更为准确地把握我国社会保障制度发展的制度渊源及发展脉络。

第一节　现代社会保障制度的萌芽——英国《济贫法》

一、济贫法的背景与内容

(一)济贫法的背景

包括家庭保障、慈善救济保障和互助保障等在内的人类社会早期的保障方式只能算是社会保障的前史,它们是工业革命以前,在漫长的农业社会中人类自发地或有组织地采取的不确定的、零星分散的应对风险的保障行为。它们的保障主体是分散的个人、家庭或民间的社会团体,以局部的个人、家庭或人群为保障对象,没有法定意义上的统一的保障制度和保障标准,保障的提供者和受益者双方是不平等的。我们把人类社会早期的这些保障方式称为传统的保障方式。

传统的保障方式产生于现代社会保障制度之前。当传统的保障方式难以满足社会成员的基本生存需要时,便有了现代社会保障制度产生的必要性,而社会生产力的发展又为这种必要性转变为现实提供了可能。

在现代社会保障制度产生之前,最早出现的是济贫制度。

英国《伊丽莎白济贫法》的颁布就是现代社会保障制度萌芽阶段的标志。

在自然经济占主导地位的传统农业社会中,作为社会细胞的家庭成为这一时期的基本保障单位。但由于它建立在生产力水平低下的小生产基础上,保障能力很弱,难以抵御严重的风险。在这种情况下,政府为了维护其统治,保证社会稳定,往往会出台一些救济措施。到封建社会的农业经济成熟发展时期,国家的救济保障与社会的救助活动相互结合和补充,并逐步走上立法化的道路。英国伊丽莎白一世在 1601 年颁布了《济贫法》,史称旧《济贫法》或《伊丽莎白济贫法》。该法将已有的宗教或社会救助活动惯例用法律的形式固定下来,首次由官方划定一条贫困线,对有需要的孤、老、病人进行收容,同时,为失业者、贫民小孩提供有限的帮助。

（二）济贫法的内容

《伊丽莎白济贫法》的主要内容如下。

（1）全国普遍设立收容贫民的济贫院,强调对贫民实施救济是每个济贫区的责任,并通过委任贫民救济官的方式建立全国范围的地方济贫行政体系。

（2）建立贫民救济院、贫民习艺所、教养院,对丧失劳动能力的穷人（包括老人和病残的人）实行救济,组织有劳动能力的贫民和孤儿通过劳动和习艺而自立,对具有劳动能力却逃避劳动的懒人进行惩罚。

（3）征收济贫税,并确定了从富裕地区征税补贴贫困地区的转移支付方式。

（4）对无劳动能力的老弱病残者,通过院内收容和院外救助两种方式进行救助。

（5）对失依儿童,以孤儿院收养、家庭补助、家庭寄养等方式进行抚养。

从内容及其实施效果看,旧《济贫法》具有以下特点。

（1）兼有强迫劳动与福利救济双重性质。在强迫劳动与福利救济的双重措施之间,更多的是强调对不劳动者的惩罚,而对有需求者的帮助却相对忽略。

（2）旧《济贫法》的基础是社会权利的不平等。统治阶级在履行保障其臣民的基本生存条件的社会责任的同时,享有按自己的意志支配臣民行动的社会权利。

由此可见,这种保障形式是与前工业化社会结构及当时的生产力发展水平相适应的。在西方社会由农业社会向工业社会的过渡时期,济贫制度是一种主要的社会保障模式。

1834 年,英国政府又颁布了著名的《济贫法修正案》（史称新《济贫法》）。新《济贫法》的主要原则是:保障公民生存的义务,首次强调了需要救济是公民的一项权利,认为救济不是消极行动,国家和社会对公民救济是其应尽的义务,是一项积极的福利举措,并由经过专门训练的社会工作人员从事这类工作。新《济贫法》是对旧《济贫法》的修订,二者使社会慈善救济事业转化为以国家为责任主体的政府救济,确立了国家承担社会保障责任的使命,第一次把社会救济以国家立法的形式确定下来,从而使社会救济成为一种制度。它为欧洲其他工业化国家建立类似的社会保障制度提供了制度借鉴。

新《济贫法》对贫民实行社会救济,安定了社会秩序,对英国在 19 世纪的大发展做出了贡献,也为欧洲其他工业化国家建立社会保障制度提供了制度借鉴。其他欧洲国家在土地革命后,也都实行了与英国类似的贫民救济计划,如瑞士在 1847 年和 1871 年制定了《济贫法》,丹麦于 1803 年颁布了《济贫法》,挪威于 1845 年通过了《济贫法》,法国则发布了一些济贫法令。

二、济贫法的历史意义

1601 年英国《伊丽莎白济贫法》的颁布使社会保障开始逐步走上立法化的道路,标志着国家开始通过立法的形式来介入济贫事务。1601 年英国颁布的《伊丽莎白济贫法》被学者们认为是现代社会保障制度的萌芽形态,是政府介入社会救济的开始,是低层次社会保障建立的象征,而成为社会保障发展史上的一个里程碑。

1601 年《伊丽莎白济贫法》被看作现代社会保障制度萌芽,其原因包括:一是政府首次以立法的方式对全国的贫民实施生活救济制度;二是其救济经费的一部分来源于富有阶层,即国家强制征收的济贫税。这种为缓解贫困问题而立法建立的社会保障制度是一种初级形式。

欧洲的济贫法采取了由政府出面强迫贫民劳动与救济相结合的原则,使社会团体实施的慈善救济转化为以国家为责任主体的政府救济,其实质是慈善救济的发展,是宗教团体区域慈善救济的扩大化,是国家对全国范围内的普遍慈善济贫。国家被推进了承担社会保障责任的历史阶段,并为社会保障制度确立了国家承担最终责任的原则。

尽管依据《济贫法》确定的济贫制度还不能与现代社会保障制度相提并论,但它毕竟是通过法律的形式将当时的社会保障活动固定了下来,因而,它仍是一个历史的进步。

第二节　现代社会保障制度的产生——德国《疾病社会保险法》

一、社会保障制度产生的标志及产生的条件

(一)社会保障制度产生的标志

真正现代意义上的社会保障制度,是伴随着工业革命后生产社会化的发展和市场经济的建立而产生并不断发展起来的。

在学术界,对于社会保障制度产生的具体时间和产生标志存在三种不同的观点。

第一种观点认为,社会保障制度的产生应以 1601 年英国颁布《伊丽莎白济贫法》为标志,因为《伊丽莎白济贫法》是世界历史上第一部涉及社会保障的法典,它的颁布标志着以法律形式规范的社会保障制度的产生。

第二种观点认为,应以 1883 年德国俾斯麦政府颁布的世界上第一部社会保险法《疾病社会保险法》为社会保障制度产生的标志。

第三种观点则把 1935 年美国罗斯福政府颁布的《社会保障法》视为社会保障制度产生的标志,因为在这部法案中第一次使用了"社会保障"一词。

在以上不同的观点中,主流观点是第二种。大部分学者认为,尽管《伊丽莎白济贫法》是历史上第一部涉及社会保障的法典,但由于历史的局限,其立法基础是封建专制制度,更多地体现了封建统治者的利益,在法典中附加了很多带有侮辱性的惩戒条款,甚至惩戒多于救济。因此,尽管《伊丽莎白济贫法》在社会保障制度的形成中有着重要的历史意义,但它却不能作为社会保障制度产生的标志。

而在 1935 年罗斯福推行"新政"的条件下美国政府颁布的《社会保障法》是美国第一部社会保障法案,也是国际社会第一次使用"社会保障"一词,它对完善社会保障体系有着重要意义,但在此之前,1883 年德国俾斯麦政府颁布的《疾病社会保险法》所涉及的内容

已经具备了社会保障的含义和特征,因而应被视为现代社会保障制度产生的标志。

(二) 社会保障制度产生的条件

社会保障是进行社会化大生产、保障社会安定的客观要求,同时也是社会经济发展的必然结果。社会保障制度的产生基于两个前提:一是社会保障产生的经济条件;二是社会保障产生的社会条件。

1. 社会保障制度产生的经济条件

(1) 现代社会保障制度是工业化发展的必然产物。18世纪的欧洲工业革命敲开了人类社会由农业社会进入工业社会的大门。工业革命使社会生产形式发生了巨大变化,即实现了生产的社会化。工业革命不仅带来了技术上的飞跃,而且将市场经济体制引入了人类社会。它在为人们带来无限机遇的同时,也带来了更多的风险。生产的社会化和市场经济的发展引起了经济、社会、家庭等各方面的一系列变化。

由于机械化程度的提高、劳动方式的变化、化学工业的发展、劳动组织方式的变化等,工人的伤残、事故、职业病等事件时有发生。

由于技术的进步和机器的普遍使用以及资本有机构成的提高,对劳动力的需求相对减少,产生了劳动力相对过剩,造成工人失业,使劳动者暂时失去生活来源。

上述由工业化带来的新的社会风险对工业劳动者造成极大的威胁,处理不好就会导致严重的社会动荡。而这些风险靠工人个人的力量是无法抵御的,因此,对社会性保障制度提出了迫切的需求。

(2) 家庭结构的变化也对社会保障提出了迫切需求。社会化大生产逐步打破了农业社会人身依附的主从关系,家庭的生产职能和保障职能开始退化,并使家庭规模变小,核心家庭越来越多。这些都使传统的家庭亲属保障在不同程度上失去了存在的基础。工业社会中的家庭主要靠工资收入为生,一旦由于各种原因减少了甚至中断了工资收入,家庭便无保障可言,将会面临极大的生存风险。

(3) 社会化生产的发展,也意味着劳动力的再生产必须社会化,生活社会化的程度也在逐步提高,教育、卫生、城乡生活服务等都成为社会的公共事业,走上了社会化发展的进程,社会成员的个人需求往往成为一种社会的需求,传统的主从保障和家庭保障的形式越来越不适应生产、生活社会化发展的需要。于是,便产生了保障社会化的要求。

(4) 市场经济发展的周期性要求实行社会保障。现代工业化的进程伴随着市场经济的发展。市场经济是按照价值规律运行的,在价值规律的作用下,一方面促进了经济的发展,社会生产力水平大大提高;另一方面又必然扩大分配上的差距,造成两极分化,同时,由于市场机制和竞争规律的作用,部分企业破产,工人失业。因此,价值规律的要求、效率目标与社会保护公共利益的公平原则相矛盾。为了缓和矛盾,缓解市场经济所产生的不利影响,采取社会保障这种补充性分配机制有其特殊作用。

(5) 随着生产力水平的提高,人们对生活水平和生活质量也越来越重视,对健康和环境的要求越来越高,对提高生活质量的需求不断上升。

(6) 生产社会化和市场经济的发展有力地促进了社会生产力的发展,使社会财富大量增加,这就为社会保障提供了物质基础,使国家和社会实施社会保障成为可能。

2. 社会保障制度产生的社会条件

社会保障制度的产生,从社会因素来分析,也是无产阶级长期斗争的结果。

社会生产力的发展和生产社会化程度的提高,只是产生社会保障制度的经济条件。有了这些条件,社会保障制度并不会自发产生。经济利益的分配和社会权利的分配,都取决于社会各阶级、各集团的力量的对比。历史的经验证明,工人阶级的觉醒及工人阶级的坚决斗争、社会主义运动的兴起以及马克思主义思想的影响等多种因素,是把社会保障制度产生的可能性变为现实性的决定性因素。

总之,社会保障制度的产生是经济条件和社会条件综合作用的结果。

二、社会保障制度产生的过程

(一)《疾病社会保险法》的颁布

现代社会保障制度以 1883 年德国颁布《疾病社会保险法》为诞生标志,到 1935 年美国颁布世界上第一部《社会保障法》,经历了几十年的形成阶段。

欧洲是现代社会保障制度的发源地,而德国是世界上最早建立社会保障制度的国家。德国并非当时世界上最发达、最先进的国家,其最早建立社会保障制度是基于其他因素的推动。德国的社会保障制度是为了满足政治斗争的需要自上而下产生的,是国家统一、社会安定的需要,同时,也是顺应历史潮流,为调和无产阶级和资产阶级的冲突,巩固政治统治而建立的。19 世纪下半叶,德国阶级关系复杂,社会矛盾激化,无产阶级力量强大,工人运动日益高涨,新历史学派的理论盛行。面对如此复杂的社会环境,俾斯麦实行的政策是"胡萝卜加大棒",强调安抚与镇压同样重要。一方面,他通过 1878 年颁布的反社会主义法令,对工人运动及其工人阶级政党进行血腥镇压,企图扑灭在德国蓬勃兴起的社会主义运动;另一方面,他认为,镇压不是唯一的途径,还应同时积极改进工人的福利,改革社会的弊端。俾斯麦政府希望通过社会保险立法来安抚工人,以缓和社会矛盾。虽然俾斯麦把实行社会保险看成"一种消除革命的投资",这体现了他建立社会保险的阶级实质,但从客观效果上看,它对改善劳资关系、消除劳动者对各种风险的担忧、促进经济发展,确实起到了一定的积极作用。

1881 年德皇威廉一世向国会发布了一个阐述社会保险和社会援助的必要性的诏书,这个诏书被称为德国社会政策的"大宪章"。在"社会改革"的旗号下,德国于 1883 年制定并颁布了世界上第一部《疾病社会保险法》。此后,1884 年又颁布了《工伤事故保险法》,1889 年颁布了《老年、残疾、死亡保险法》。并于 1911 年将上述三个法律确定为德意志帝国统一的法律文本,另增《孤儿寡妇保险法》,而成为著名的《社会保险法典》,史称"帝国社会保险法典"。

1923 年和 1927 年,德国又先后制定了《帝国矿工保险法》和《职业介绍和失业保险法》。

(二)社会保险制度诞生

以 1883 年德国颁布《疾病社会保险法》为起点,一系列单项的社会保险法令的颁布标志着世界上第一个完整的社会保险体系的建立,社会保险制度由此诞生。

从此,社会保障进入了国家立法阶段,力图通过国家直接干预和调节社会再分配,通过实行社会保障制度来消除社会问题,缓和社会矛盾。社会保险制度的产生成为现代社会保障制度产生的标志。

从德国最初推出的社会保险法案看,它为当今大多数国家实行的投保资助型社会保险制度奠定了基础,提供了基本原则。这些原则是:劳动者因风险失去的收入必须获得一定程度的补偿;以缴费为条件的保险原则;雇主负担工伤社会保险的全部资金来源;社会保险实行强制推行的投保原则;国家、工人、雇主三方对绝大多数社会保险项目分摊保险资金;投保费比例实行等比制或级差制;退休金按退休前工资计发;医疗服务一律免费;社会保险制度只覆盖从事经济活动的劳动者;劳动者必须达到一定的劳动年限;享受社会保险待遇需具备一定的条件。这些原则为以后很多国家建立和发展社会保险制度奠定了基础;在全社会范围内推行社会保障,使之第一次确定为正式的公共社会保障计划;由政府组织构建社会保障体系,提高了社会保障制度的效率。

上述原则归纳起来显示了四个方面的特点:一是强调劳动的重要性,劳动者的劳动权利受宪法保护;二是保障对象不是全体国民或需救济的贫困者,而是劳动者;三是强调权利与义务相对应,即缴纳保险费与所得待遇标准是相联系的,也就是说劳动者能得到多少保险金,与其劳动时间的长短及缴纳费用的多少和时间长短有关,但并非完全对等;四是强调国家立法强制实施,体现法律的强制性。

继德国之后,英国、法国、西班牙、罗马尼亚、瑞典、丹麦等欧洲国家也相继颁布了社会保险法令,实行了某个方面或几个方面的社会保险制度,社会保险制度在欧洲得到广泛推行。

随后,社会保险又向美洲、大洋洲、亚洲发展(见表 2.1)。

表 2.1　世界上早期建立社会保险体系的国家[①]

国家	颁布第一个险种法令的年份	实施各主要险种的年份			
		工伤保险	养老保险	疾病保险	失业保险
德国	1883	1884	1889	1883	1927
奥地利	1887	1887	1906	1888	1920
丹麦	1891	1898	1891	1892	1907
瑞典	1891	1901	1913	1891	1934
挪威	1895	1895	1936	1909	1906
芬兰	1895	1895	1937	1963	1917
英国	1897	1897	1908	1911	1911
意大利	1898	1898	1919	1943	1919
法国	1898	1898	1910	1928	1905

---

① 林闽钢,鲁全,童文莹.现代社会保障通论[M].北京:中国社会科学出版社,2014:37-38.

国家	颁布第一个险种法令的年份	实施各主要险种的年份			
		工伤保险	养老保险	疾病保险	失业保险
荷兰	1901	1901	1913	1913	1916
澳大利亚	1902	1902	1908	1944	1944
比利时	1903	1903	1924	1944	1920
加拿大	1908	1908	1927	1966	1940
瑞士	1911	1911	1946	1914	1924
日本	1911	1911	1941	1922	1947

三、社会保险制度产生的意义

社会保险制度适应了工业化社会的需要,对工业社会劳动者可能遭遇的种种社会风险用制度化的手段加以化解,对于解除劳动者的后顾之忧和稳定社会发展发挥了很好的作用。

学界普遍认同以社会保险制度的出现作为现代社会保障制度产生的标志,其理由主要在于:第一,社会保险属于制度化的社会保障机制,从而完成了由济贫时代的不确定性、临时性到稳定性、经常性的转变;第二,由雇员、雇主共同供款和国家资助建立起来的社会保险制度,真正确立了社会责任与风险的共同分担机制;第三,受保障者无须以牺牲人格尊严和接受惩戒为受益条件,免去了济贫制度下的经济状况调查和济贫院的奚落。[①]

社会保险制度具有强调权利与义务的结合,其根本目的是解除社会成员的后顾之忧,保障水平是基本保障型,保障过程是规范化、强制性等显著特征。

以社会保险制度的产生为起点,现代社会保障制度从此诞生了。

第三节　现代社会保障制度的发展——美国《社会保障法》

一、社会保障法案出台的背景

社会保障制度进入发展阶段的标志是 1935 年美国通过了历史上第一部《社会保障法案》(The Social Security Act)。

20 世纪 30 年代,资本主义世界发生了严重的经济危机。经济危机沉重打击了美国的经济,1929 年经济进入最为严重的萧条,到 1933 年达到顶点。其间,企业破产,银行倒闭,工厂停工,失业人口猛增,人民生活水平下降到最低点,恐慌席卷全国。到 1933 年失业工人达 1 500 万,占全国工人总数的 1/3,1/6 的家庭靠救济金度日。而时任总统胡佛

---

① 郑功成.社会保障学[M].北京:中国劳动社会保障出版社,2005:52-53.

声望一落千丈，被人们称为"饥饿总统"。胡佛宣称救济失业工人纯粹是私人慈善机构和地方政府的事，更是激起了失业工人的愤怒。125 万名失业工人举行示威游行，1931 年和 1932 年还两次向华盛顿进军，向国会提出立即救济失业工人和制定社会保险法等要求。美国社会保障法就是这样在工人阶级斗争的逼迫下出台的。

为稳定资本主义经济，风靡一时的主张国家干预、实现充分就业的凯恩斯主义应运而生。资本主义国家陆续进入了国家干预经济的时代。国家不仅把经济干预和调节的范围扩大到再生产的许多领域，而且扩大到国民收入再分配领域，实行社会保障制度就是国家干预国民收入再分配的一种形式。

二、社会保障法案的内容及历史意义

1932 年 11 月罗斯福作为民主党总统候选人参加竞选，提出了实行"新政"和振兴经济的纲领。罗斯福于 1933 年以绝对优势击败胡佛，成为美国总统。罗斯福上任后，对内积极推行以救济、改革和复兴为主要内容的"罗斯福新政"。"新政"抛弃了传统的自由放任主义，加强政府对经济领域的干预，实行赤字财政，大力发展公共事业来刺激经济。罗斯福新政体现了凯恩斯主义，其主要手段就是刺激总需求。建立社会保障制度为退休人口和贫困人口提供收入是增加总需求的重要方法，因而社会保障制度成为新政的一个重要组成部分。1935 年在罗斯福的领导和主持下，美国通过了历史上第一部《社会保障法案》，在历史上第一次提出"社会保障"的概念，在美国建立了社会保障制度。该法确定了联邦政府有责任向老年人、遗属、儿童、残疾人等贫困对象提供福利援助和康复服务，建立以解决老年和失业问题为主体的全国性的社会保障体系。美国推行的社会保障法，是在罗斯福的社会保障思想指导下形成的。这一社会保障制度包括五个保障项目：老年社会保险，失业社会保险，盲人救济金，老年人救济金，未成年人救济金。其制度内容既有社会保险，又有社会救助。《社会保障法案》颁布后经过多次修改，逐步增加了社会保障项目，提高了社会保障支付水平。但美国社会保障制度强调个人责任的特征至今依然保持。

美国社会保障有以下几个特点。

第一，强调社会保障制度的整体性。当年德国建立的是单项社会保险项目，而此时美国则是整体建成了包括社会保险和社会救助在内的"一揽子"社会保障制度。

第二，它是以老年保障为主体，即 OASDHI（老年 OA，遗属 S，伤残 D，健康 HI），对于在职雇员的医疗保险则很少关注。后者更多的是交由商业保险来解决。

第三，方案着眼于解决贫穷问题。为此，政府严格规定并调整贫穷线标准，还承担其所需的全部经费。

第四，在管理上，美国社会保障制度采取统一集中和分散管理相结合的灵活方式。例如，老年保险和对穷人的援助计划，由联邦政府集中管理；工伤和失业保险，则由各州因地制宜地安排。

第五，美国的社会保障是根据需要与可能，逐步地、缓慢地发展起来的。

第六，美国建立的以社会保险和社会救助为核心的社会保障制度，其目的是提高个人消费能力，刺激社会总需求，它是在反经济危机的背景下建立的，更多地把社会保障制度作为政府调控经济的手段。

从德国社会保险制度的建立,到美国《社会保障法》的颁布实施,形成了由国家财政出资的济贫和由受益人缴费的互助自保相结合的社会保障体系。它奠定了美国当代社会保障体系的基本框架和基础,标志着现代社会保障制度由社会保险制度朝着综合性社会保障制度发展迈出了一大步。

第四节　现代社会保障制度的成熟与完善——福利国家

社会保障制度进入成熟和完善阶段的标志是"普遍福利"政策的广泛实施和"福利国家"的纷纷出现。

一、福利国家产生的背景

(一)二战后经济的大发展

二战后资本主义各国的经济发展进入了一个"黄金时期"。在这一阶段,资本主义各国政府把政策的重点由原来的"一切为了战争"转向恢复本国经济、治愈战争创伤,战后的和平也为各国大力发展国民经济创造了良好的外部环境。发达国家迅速发展起来的经济和以前所未有的速度积累起来的社会财富,为战后发达国家福利国家的构建奠定了雄厚的物质基础。

(二)《贝弗里奇报告》的影响

在英国,被称为"福利国家之父"的威廉·亨利·贝弗里奇在二战期间就着手勾画战后英国社会保障的蓝图,并于1942年11月提出《社会保险及相关服务》的研究报告(史称《贝弗里奇报告》)。报告继承了新历史学派理论有关福利国家的思想,指出贫困、疾病、愚昧、肮脏和懒惰是影响英国社会进步、经济发展和人民生活的五大障碍,并提出政府要统一管理社会保障工作、通过社会保障实现国民收入再分配的建议。

《贝弗里奇报告》设计了一整套从摇篮到坟墓的社会福利制度,提出国家为每个公民提供九种社会保险待遇,提供全方位的医疗和康复服务,并根据个人经济状况提供国民救助。社会福利制度的基本结构由三部分组成:满足国民基本需要的社会保险;对特殊情况国民的社会救助;遇到超过基本生存需要的自愿保险。社会保险和社会救助应由国家组织,目的是当个人遇到收入中断、丧失劳动能力以及额外支出时为其提供维持生存水平的保障,即保证每个人的生活水平不能低于国家最低生活水准。至于有些阶层需求的保障超出了最低生活的需要,可以通过参加私人举办的自愿保险计划去解决。

报告提出应在以下四个基本原则基础上建立从"摇篮到坟墓"的社会福利制度:一是普遍性原则,即社会保障应满足全体居民不同的社会保障需求;二是保障基本生活原则,即社会保障只能确保每一个公民最基本的生活需求;三是统一原则,即社会保障的缴费标准、待遇支付和行政管理必须统一;四是权利与义务对等原则,即享受社会保障必须以劳动和缴纳社会保险费为条件。报告建议国家为公民提供九项社会保险待遇以及全方位的医疗和康复服务,并根据需要为贫困人口提供国民救助。

这一报告战后成为英国工党政府社会立法的白皮书。这份报告对英国、西方乃至世界社会保障产生了深远影响。

二、福利国家的建成

1948 年，英国在《贝弗里奇报告》原则的基础上，重新设计其社会保险制度。英国政府以实现充分就业和社会福利为纲领，先后通过了一系列重要立法，其中主要有《国民保险法》（1946 年）、《国民健康服务法》（1946 年）、《家庭津贴法》（1945 年）、《工业伤害法》（1946 年）、《国民救济法》（1948 年）等。此后，英国的社会保障在原有基础上全面发展，1948 年英国首相艾德礼宣布英国第一个建成了福利国家。所谓"福利国家"，按照英国工党在 1945 年竞选宣言中所表述的就是：使公民普遍地享有福利，使国家承担起保障公民福利的责任。英国建成的是一个包括社会保险制度、国民卫生保健服务、住房保障制度和国民救济制度在内的"从摇篮到坟墓"的全面保障的社会福利制度。在此影响下，西欧、北欧、北美洲和大洋洲的发达国家和地区先后宣布实施"普遍福利"的政策，并宣布建成了福利国家。社会保障进入了完善阶段。

1952 年，国际劳工组织制定并通过了《社会保障（最低标准）公约》，对劳工的医疗服务、收入扶持、伤残保护、老年保护、遗属收入扶持、生育保护、儿童抚养责任保护、失业保护、工伤保护九个方面的最低保障标准做了规定，这表明社会保障制度已经是一个全球化的事业。

三、社会保障制度成熟阶段的主要特征

这一时期，随着发达国家生产的全面社会化，社会生产力得到了极大提高，国家对经济和社会生活的干预日益强化，社会保障成为国家和政府的重要职能，同时也成为资本主义政治和经济生活的"稳定器"。

这一时期社会保障制度得到了充分的发展，不断走向成熟和完善。其特点主要有以下几个。

一是国家主管的社会保障项目得到了长足的发展，国家政权在社会经济生活中占据决定性的地位。例如，《贝弗里奇报告》强调了政府统一管理保障项目的原则，并建议政府通过国民收入再分配来实施社会保障措施。政府的社会保障支出大幅度增长。

二是社会保障计划不同程度地向全民化、普及化方向发展。二战后各主要工业国的生产力水平迅速提高，社会保障由为少数确实贫困的人提供急需的援助，变为向社会每个成员提供预防意外损失的手段，生活质量向更高的层次发展，除了保证每个人在任何情况下都能体面地生活外，还包括教育、健康、居民住宅和城市环境等诸多方面的内容。例如，1946 年英国的《国民保险法》包括失业、疾病、生育、死亡、孤寡、退休等方面的保障，几乎每个公民都可享受保障。

三是社会保障的项目也在逐渐增多，保障范围不断拓宽，保障水平不断提高。1940年，世界上已有 135 种保障项目，到 1979 年已增加到 494 项。从保障的层次上看，也逐渐从救济型、保险型向福利型转化。特别是在社会保障历史悠久的欧洲国家，更是推行普遍

的福利政策,形成了福利国家,社会保障达到了很高的水平,极大地提高了社会成员的生活质量。

四是社会保障的管理更趋于法治化和规范化。这一时期,社会保障经历了从分项目管理到统一集中管理的过程,社会保障的对象、标准、项目、形式等都以法律和制度的形式加以规定,并由政府有关机关统一执行;社会保障基金也纳入政府预算,甚至形成单独的政府预算科目,这些都标志着社会保障管理制度趋于成熟。

五是实行社会保障制度的区域不断扩大,从欧洲扩大到美洲,再到亚洲,乃至全世界,社会保障成为世界范围内普遍实行的社会经济制度和社会政策。

四、20 世纪 70 年代末社会保障进入改革阶段

20 世纪 70 年代末社会保障的发展进入了改革阶段,具体内容详见本书第十四章。

第五节　中国社会保障制度的产生与发展

1949 年中华人民共和国成立后,我国的社会保障制度经历了计划经济体制下的制度初步建立和发展时期、"文革"期间的停滞与倒退时期以及改革开放后市场经济体制下制度重建与完善三个阶段。它们既有历史上的联系,又有诸多重大的区别。

一、中国社会保障制度的建立

中华人民共和国成立至改革开放前,我国建立的是国家—单位保障制的社会保障制度。这种传统的社会保障制度是基于当时计划经济以及公有制经济的特点而建立的,适应了当时的经济社会发展需要,其城乡二元结构特征十分明显。

（一）城镇企业职工的劳动保险制度的建立

1951 年 2 月 26 日政务院公布了《中华人民共和国劳动保险条例》(以下简称《劳动保险条例》),规定了雇佣劳动力在百人以上及铁路、航运、邮电等行业企业的劳动保险办法。劳动保险金由企业按照职工工资总额的 3% 按月缴纳,其中 70% 进入各企业的劳动保险基金,用于直接支付,30% 通过全国总工会进入总劳动保险基金,用于统筹调剂,用于各种劳动保险待遇的支付,包括工人职员的抚恤费、补助费与救济费,以及其供养直系亲属的部分医疗和补助费;同时规定了伤残、死亡、疾病、生育、养老以及供养直系亲属待遇,还涵盖了集体劳动保险事业和享受劳动保险待遇等方面。《劳动保险条例》是中华人民共和国成立后正式颁布的第一部劳动保险立法,后于 1953 年和 1956 年两次修订,拓宽了劳动保险覆盖范围,对待遇标准也进行了较宽泛的调整,初步形成了适用于中国城镇企业职工的劳动保险制度。1955 年 4 月,国务院发布《关于女工作人员生产假期的通知》,标志着我国妇女劳动者保障制度初步建立。1957 年 2 月,卫生部发布《关于职业病范围和职业病患者处理办法的规定》,标志着我国职业病预防和补偿制度建立。

根据《劳动保险条例》的规定,企业除了为职工提供伤残、死亡、疾病、生育、养老等劳

43

动保险之外,还为本单位职工提供职工福利,其内容包括福利设施、职工住房、福利补贴、文化体育设施等。

据统计,1956 年享受劳动保险待遇的职工人数相当于当年国营、私营企业职工总数的 94%。

（二）机关事业单位工作人员社会保障制度的建立

中华人民共和国成立之初,机关事业单位工作人员社会保险与企业职工社会保险是分开实施的,各自单独制定政策,单独管理。1955 年 12 月 29 日,国务院发布《关于颁发国家机关工作人员退休、退职、病假期间待遇等暂行办法和计算工作年限暂行规定的命令》等四部法规文件,明确了国家机关工作人员退职、退休、病假及工作年限等问题的基本制度规范。据此,机关事业单位工作人员社会保险制度建立起来了。

1958 年 3 月和 4 月,我国相继出台并实施《关于工人、职员退职处理的暂行规定》和《关于工人、职员退休处理的暂行规定实施细则》,将企业职工、机关事业单位工作人员的退休退职制度进行了合并,放宽了退职条件,提高了退职待遇标准。

（三）城镇社会救济与社会福利制度的建立

中华人民共和国成立初期,城市的社会救济的主要任务是医治战争创伤,安定人民生活,稳定社会秩序,其救济对象主要包括贫民、失业者、无业者以及孤老残幼。到 50 年代中期,原有的社会救济对象大部分人的基本生活问题得到解决,救济对象主要是孤老残幼,社会救济分为定量、定期救济和临时救济两种,救济水平很低。

中华人民共和国成立后建立的社会福利制度,其实施范围主要包括老年人、儿童、残疾人等特殊困难人群,国家建立了儿童福利院、社会福利院、养老院等社会福利设施。

（四）优抚制度的建立

优抚制度以照顾和优待军人及其烈军属为主要内容。中华人民共和国成立之初,颁布了一系列优抚优待的法规,如 1950 年颁布了《革命军人牺牲病故褒恤暂行条例》《民兵民工伤亡褒恤暂行条例》《革命残废军人优待抚恤暂行条例》等五个规定,建立了以军人及其家属为对象的优抚制度。当时的规定主要涉及优待和抚恤问题,后来逐步扩展到安置、养老等措施和服务上。优抚制度内容涉及社会保险、社会救助和社会福利等,包括抚恤、优待、养老、就业安置等多方面的内容,是一个综合性的项目。

（五）农村社会保障的建立

在计划经济体制下,相对于城镇企业职工和机关事业单位工作人员所享受的社会保障,农村居民所享有的社会保障极其有限。

1."五保供养"制度

早在农业合作化时期,党和政府就十分重视妥善安排和照顾无依无靠的鳏寡孤独残疾人的生活。《1956 年到 1967 年全国农业发展纲要》明确提出:"农业合作社对于社内缺乏劳动力、生活没有依靠的鳏寡孤独的社员,应当统一筹划……在生活上给予适当照顾,做到保吃、保穿、保烧(燃料)、保教(儿童和少年)、保葬,使他们生养死葬都有指靠。"以此建立了吃、穿、烧、教、葬等独具中国特色的农村"五保供养"制度的雏形,并逐步形成了集中供养和分散供养相结合的五保供养模式。享受这种照顾的人被人们称为"五保户",有关这方面的政策也就称为五保政策。从此,五保制度就载入了中国的史册,成了党和政府在广大农村地区的一项长期政策和经常性的工作。在安排和照顾五保对象的生产生活方面,集体所采取的主要办法有:一是对有一定劳动能力的五保对象,安排照顾他们从事力所能及的生产劳动,如养猪、放羊、看场院等,并适当照顾工分,保障他们的生活标准不低于一般群众的生活水平;二是补助劳动日,对丧失劳动能力的五保对象,按全社、队每人的平均劳动日数,补助给五保户,同其他社员一样参与分配;三是补助款物,按五保内容规定的吃、穿、烧、教等标准,计算出所需的款物数,直接分配给五保户现款和实物;四是对日常生活自理有一定困难的年老体弱病残人员,安排专人照料他们的日常生活。[①]

2. 社会救济

农业生产合作化以后,随着农村集体经济的产生和发展,我国农村社会救济工作逐步走上了一条坚持依靠集体、开展社会互助互济和扶持生产自救、辅之以国家必要救济的新路子。1958年后农村人民公社时期国家曾多次规定:对生活发生困难的社员,经社员群众讨论和同意给予补助。享受补助的贫困户主要是全年收入不能维持基本生活的农户。而对那些集体经济比较薄弱的、集体无力补助的贫困户,则由国家给予适当救济。

3. 合作医疗制度

我国的农村合作医疗制度是农民群众依靠集体力量在自愿和互助互济的原则下建立起来的一种具有社会保险性质的医疗制度。它的基本特点是:农民个人和农村集体经济在一定范围内共同筹集合作医疗基金,参加合作医疗的农民患病时所需的医疗费用由合作医疗基金组织和个人按一定比例共同负担。20世纪50年代,随着农业合作化和人民公社运动的开展,有的地区的农民为了解决看不上病、看不起病的问题,自己组织起来,实行互助互济。当时有的叫"集体保健医疗",有的叫"合作医疗",也有的叫"统筹医疗"。1959年11月,卫生部在山西省稷山县召开的全国农村卫生工作会议对农村合作医疗形式给予了肯定。1966年湖北长阳县乐园公社杜家村卫生室首创农村合作医疗保险,从此我国开始了农村合作医疗保险制度的探索和改革。合作医疗已经成为我国农民健康保障的基本形式,它对于缓解农村的因病致贫、因病返贫以及提高农村居民的健康卫生水平都起到了非常重要的作用。

我国的农村集体保障制度是以农村社队作为责任主体,以社队收益为经济基础,对其成员提供满足温饱为水准的基本生活需要为基本内容。

中国农村社会保障制度的显著特点是确立了与计划经济相适应的服从工业化积累资金需要的,以集体经济为基础、以集体保障为主体的复合型社会保障制度框架。

---

① 方青. 从"集体保障"到"社会保障"——中国农村社会保障1949—2000 [J]. 当代中国史研究,2002 (1).

二、计划经济体制下中国社会保障制度的特征

（一）计划经济体制下中国社会保障制度的基本框架

计划经济体制下中国社会保障制度的基本框架是城乡二元结构下的国家—单位保障制，社会保障由国家保障、城镇单位保障、农村集体保障三大板块组成。其中，城镇单位保障因其保障全面、保障水平较高而成了整个社会保障制度的主体，国家保障和农村集体保障成为整个社会保障制度的两翼。[①] 国家保障板块是以政府财政拨款为基础，由政府主管部门直接实施的保障项目，主要包括机关事业单位工作人员社会保障、城镇居民价格补贴、军人保障、民政福利、农村救灾救济等。

城镇单位保障板块是由企业从收益中直接提取经费并自行组织实施，封闭式运行的保障项目。该板块覆盖了绝大多数城镇居民，其内容主要包括职工劳动保险、职工集体福利等。它事实上成为中国社会保障制度的主体。

农村集体保障板块是以社队集体为单位，农村居民通过所在的社队集体获得有关社会保障，其经费来源于社队集体单位统一核算中的统一提留，其主要保障内容包括合作医疗、五保户供养等。

这一时期，我国社会保障制度框架初步形成，这一制度适应了计划经济体制独有的"低工资、高福利"的劳动报酬结构特征，为工人、职员乃至其直系亲属提供了必要的生活保障，城镇职工享受到了除失业保险之外的各项劳动保险和福利，极大地调动了其投入生产建设的积极性，为促进社会主义建设发挥了积极的作用。

（二）计划经济体制下中国社会保障制度的特征

1. 板块分割与封闭运行

在计划经济体制下，所有社会成员因自己的身份、户籍的不同而被分割在国家保障板块、城镇单位保障板块或农村集体保障板块中，三大板块的实施各自是封闭的，各个单位只对本单位的成员负责，它不仅导致了单位负担不公平，而且造成了社会成员的畸形福利观念，阻碍了社会经济的协调发展。

2. 国家负责与单位包办

国家—单位保障制的本质特征就是国家负责、单位包办，国家保障板块由国家财政拨款承担其保障的经费来源，城镇单位保障板块和农村集体保障板块分别由企业单位和农村集体来为保障提供经费。国家—单位保障制就是单位包办的社会保障制度，单位不仅承担实施保障项目的责任，还要承担保障筹集经费的责任。在国家—单位保障制下，公民个人不用承担缴费责任。

---

① 郑功成.社会保障学[M].北京：中国劳动社会保障出版社，2005：70-71.

3．实施范围有限而且保障水平低

在国家—单位保障制下,保障的人群主要是机关事业单位工作人员、城镇企业职工(有的保障项目也会包括职工家属),而农村社会保障的项目极其有限。不仅如此,国家—单位保障制下的社会保障待遇水平也很低。

4．制度不公

国家—单位保障制带来了一系列制度不公现象:一是城乡居民之间的社会保障权益不公平,由于劳动保险覆盖面小,绝大多数农民没有被纳入社会保障体系中,形成了城乡分割的社会保障制度形态,给日后劳动力流动和统筹城乡社会保障留下了巨大难题;二是有固定职业的劳动者与没有固定职业的普通居民之间的社会保障权益不公平,劳动保险和社会福利制度主要覆盖的都是有固定职业的劳动者,普通居民除了国家统一给予城镇全体居民的物价补贴之外几乎没有任何社会保障待遇;三是不同所有制的劳动者社会保障待遇之间的不公平,国有部门的劳动者社会保障待遇明显高于非国有部门的劳动者。

三、社会保障制度的停滞与恢复时期(1966—1985 年)

(一)"文革"期间中国社会保障制度的停滞与倒退时期

"文革"期间,中国社会保障事业发展受到了严重的冲击,社会保障制度发展陷入停滞,甚至出现了倒退。

1968 年 12 月国家撤销了负责救灾救济、社会福利等事务的内务部,许多基层机构被解散,救灾救济、社会福利等事务无法正常进行。据统计,到 1978 年全国社会福利事业单位只有 728 所,收养人员仅 5.74 万人,与"文革"前的 1964 年相比,社会福利事业单位减少了 52%,收养人员数量减少了 60%。"文革"开始后,负责劳动保险事务的工会也陷入瘫痪状态,工会组织机构遭到严重破坏。1969 年财政部《关于国营企业财务工作中几项制度的改革意见(草案)》颁布,规定"国营企业一律停止提取劳动保险金,原在劳动保险金开支的劳保费用,改在营业外列支"。中国劳动保险基金由工会在全国范围统筹调剂18 年之后,转为由企业自行支付劳动保险,原来的社会保险走向彻底的企业保险制度,职工的各类保障彻底由各个企业自行负担,严重扭曲了社会保障制度,使我国的社会保障制度产生了巨大的倒退。

尽管劳动保险事业遭遇寒冰,但我国农村合作医疗制度通过不断探索,取得了显著成效,到 1976 年,参合率已达到 90%以上。农村基本实现"小病不出队,中病不出社,大病不出县",看病问题得到有效解决,其合作医疗模式被世界卫生组织誉为"发展中国家解决卫生经费的唯一范例""低收入发展中国家举世无双的成就"。[①] 在"文革"期间,农村"五

---

① 黄清峰,石静,蔡霞.建国 60 年中国社会保障制度变迁路径分析——基于新制度经济学视角[J].社会保障研究,2010(3):60-68.

保"工作受到了严重的冲击，据统计，到 1978 年年底，全国敬老院仅存 7 175 所，在院老人仅有 10 余万人，且生活水平很低，"五保"工作陷入极大困境。

从整体上看，这一时期，由于受到"文革"的冲击，各种保险设施、管理机构被取消，基金制度被废除，职工正常的退休、退职工作被迫停止，社会保险的组织基础和财政基础被破坏殆尽，整个保险工作陷入瘫痪，出现停滞甚至倒退的情况。

（二）1978—1985 年中国社会保障制度的恢复与重建时期

1978 年中国共产党十一届三中全会的召开，结束了"文革"带来的动乱，中国进入社会主义发展的新阶段。1978—1985 年，社会保障制度得到恢复和发展，各项社会保障工作陆续展开。1978 年国家重设民政部门，恢复其职能。同年 6 月，国务院发布《关于安置老弱病残干部的暂行办法》和《关于工人退休、退职的暂行办法》，标志着国家以恢复重建退休制度为起点，开始社会保障制度的恢复与重建时期。1980 年 10 月国务院发布《关于老干部离职休养的暂行规定》，规定了长期参加革命工作，具有一定行政级别的老干部的离休制度。1980 年 3 月，国家劳动总局、全国总工会联合发布《关于整顿和加强劳动保险工作的通知》，国营企业和集体企业开始依照通知的相关规定对由于"文革"中断的企业社会保险工作进行了全面整顿和恢复。1984 年，广东、四川、江苏、辽宁等省份部分城市开始退休费用社会统筹的试点，为我国养老保险制度改革做了前期准备。

在社会福利、优抚和救济方面，1984 年 3 月，中国残疾人福利基金在北京成立，筹集、管理和使用残疾人福利基金，推动残疾人福利事业发展。1984 年 9 月 30 日，中共中央、国务院发出《关于帮助贫困地区尽快改变面貌的通知》，扶贫工作列入了国家的最高议事日程。

这一时期所做的工作主要是为了解决历史遗留问题和恢复正常的社会保障制度，对"文革"时期造成的某些后果进行挽救性的修补。

20 世纪 80 年代中后期，随着国有企业改革的深入以及市场机制的引入，劳动保险社会化要求凸显，对社会保障制度进行改革的呼声越来越高。国家开始了建立国家、企业、个人共同负担的社会保障制度的新探索。

中国社会保障制度改革的内容详见本书第十四章。

本 章 小 结

本章主要介绍了现代社会保障制度产生与发展的各个阶段，包括社会救助制度的产生、社会保险制度的产生、社会保障制度的发展、社会福利制度的发展，还介绍了我国社会保障制度产生发展的历史沿革、计划经济体制下中国社会保障制度的框架与特征等内容。

自　测　题

一、判断题

1. 社会保障制度产生的标志是《伊丽莎白济贫法》的颁布。　　　　　　（　　　）
2. 现代社会中社会保障完全取代了家庭保障。　　　　　　　　　　　（　　　）
3. 社会保障是由国家立法建立并强制实施的一项社会制度。　　　　　（　　　）
4. 中华人民共和国的社会保险制度产生于 1951 年。　　　　　　　　（　　　）

二、单项选择题

1. 现代社会保障制度最早诞生于（　　　）。
   A. 英国　　　　　　　B. 美国　　　　　　　C. 德国　　　　　　　D. 荷兰
2. 各国正式的社会保障制度一般包括（　　　）。
   A. 养老社会保险、医疗社会保险、失业社会保险、生育社会保险、工伤社会保险等
   B. 养老社会保险、医疗社会保险、失业社会保险、生育社会保险、工伤社会保险、遗属保险等
   C. 社会保险、社会救助、社会福利、商业保险等
   D. 社会保险、社会救助、社会福利等
3. 《社会保障法》最早诞生于（　　　）。
   A. 英国　　　　　　　B. 美国　　　　　　　C. 德国　　　　　　　D. 荷兰
4. 我国的第一部社会保险立法是（　　　）。
   A.《中华人民共和国劳动保险条例》　　　　B.《失业保险条例》
   C.《工伤保险条例》　　　　　　　　　　　D.《中华人民共和国社会保险法》

三、多项选择题

1. 国际劳工组织认为,社会保障主要承担九个方面的风险,即（　　　）。
   A. 疾病、生育　　　　　　　　　　B. 老年、残疾
   C. 死亡、失业　　　　　　　　　　D. 工伤、职业病和家庭
   E. 贫困
2. 二战后发达国家的社会保障制度得到了充分的发展,不断走向成熟和完善。其特点主要有（　　　）。
   A. 国家主管的社会保障项目得到了长足的发展
   B. 社会保障计划不同程度地向全民化、普及化方向发展
   C. 社会保障的项目也在逐渐增多,保障范围不断拓宽,保障水平不断提高
   D. 社会保障的管理更趋于法治化和规范化
   E. 实行社会保障制度的区域不断扩大,从欧洲扩大到美洲、亚洲,乃至全世界
3. 中国计划经济时代社会保障制度的主要特征包括（　　　）。

A. 国家保障、城镇单位保障与农村集体保障三大板块相互分割

B. 以国家—单位保障制为基本特点

C. 单位保障、封闭运行

D. 国家负责

E. 个人负责

4. 我国计划经济体制下农村社会保障制度的主要内容包括(　　)。

A. 农村居民养老保险　　　　　　　B. 农村合作医疗

C. 五保供养　　　　　　　　　　　D. 救灾救济

E. 最低社会保障

第二篇

基础理论

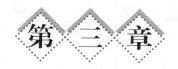

全球社会保障思想流派

【学习目标】

通过本章的学习,读者应当了解全球主要社会保障思想流派的内涵、核心观点与代表人物;对不同思想流派在实践中的具体应用有所思考;运用比较视角对主要思想流派的理论与实践进行总结;明确当代社会保障制度设计应有的指导思想。

【导读案例】

大同社会论的核心内容不仅涉及社会制度,还蕴含丰富的社会保障思想,反映了当时的社会问题和人们希望解决这些问题的愿望。《礼记·礼运》的大同理想中包含的社会保障思想有以下几点。

第一,"天下为公",这是大同理想的核心。在大同社会里,共同劳动,共同消费,财富共有,"货"不"藏于己",即不私人占有,没有贫富差别,人人都有一定的衣食保障。人人爱惜公共财物,"恶其弃于地",反对浪费。

第二,大同理想要求对老、幼、鳏、寡、孤、独、废疾等社会弱势群体给予必要的社会救助,"使老有所终,壮有所用,幼有所长"。老人的赡养、儿童的教育和培养,由全社会共同承担。鳏、寡、孤、独、废疾等丧失劳动能力的人"皆有所养",由社会共同抚养,使他们的生活有可靠的保障。

第三,"壮有所用""男有分,女有归",人人都有自己的职业,各尽其能,努力工作,各得其所,不存在失业的威胁。

第四,关爱互助,"人不独亲其亲,不独子其子",天下一家。人与人乃至国与国都坦诚相待,讲信修睦,扶危济困,崇尚和平,没有战争和尔虞我诈。"谋闭不兴""盗窃乱贼不作""外户而不闭"。一切都是那么公正、和谐、安定,不必担心有战乱的发生。

由此可见,大同理想涵盖了中国传统社会保障思想的诸多层面,是关于社会保障思想的一幅完整勾画,也是比较古老、完备的社会保障思想。

(案例来源:王文涛."大同理想"中的社会保障思想[J].社会保障评论,2017(1):114-124.)

人类社会保障的演变历史蕴含了全球社会保障的思想丛林。综观社会科学思想流派,经济自由主义、国家干预主义和中间道路学派是社会保障发展中永恒的思想争论,社会契约、社会权利与社会政策是社会保障发展中基本的思想主张,政党政治、福利国家与福利体制是社会保障发展中主要的思想实践,道德宗教、文化模式与价值理念是社会保障发展中本质的思想理念。契约、权利与社会政策的思想主张体现了不同的社会保障思想理念,其对社会保障的自由、干预与中间之思想争论给予了回应,并由此延伸了各种福利体制的思想实践。

第一节 经济自由主义、国家干预主义与中间道路学派

社会保障思想自诞生至今,一个不可回避的问题就是社会保障制度中政府应扮演怎样的角色。围绕这一问题,产生了经济自由主义、国家干预主义和中间道路学派等代表性思想流派,这些思想流派同经济学中关于政府与市场关系的讨论相伴而行。

一、经济自由主义

经济自由主义是强调以自由作为主要社会价值取向的一系列思想流派的集合。自由主义以人的本性和权利要求为出发点看待社会和秩序,反对对于个人自由及权利的干预,反对专制,主张既以法律保护个人权利和自由,也以法律限制政府权力的运用[1]。经济自由主义思想大致经历了四个阶段。第一阶段是古典经济学以前的自由主义经济思想;第二阶段是古典经济学时期的自由主义经济思想;第三阶段是新古典经济学时期的自由主义经济思想;第四阶段是当代新自由主义经济思想。

(一)古典经济学以前的自由主义经济思想

主张放任自由、充分发挥市场的作用是古典经济学以前的自由主义经济思想的理论特征,也是重农学派重要的理论基础。这一时期的代表人物是魁奈,他是法国重农学派的代表之一。1758年魁奈发表著作《经济表》,书中指出国家应该取消对生产阶级和不生产阶级的干预政策,废除行会制度,放弃工业法规,倡导实施自由竞争和自由对外贸易的制度。魁奈的主张明显地反映了早期资产阶级经济学说的反封建特点。(马克思在《资本论》中就曾指出,重农学派名为重农,其实是为资本主义工商业鸣锣开道的)。魁奈提出的不干预工商业的理论,其实就是经济自由原则,这正是当时资产阶级发展经济所追求的理想,他的经济思想是古典自由主义经济思想的萌芽状态。

(二)古典经济学时期的自由主义经济思想

17~18世纪以主张自由、限制政府权力和反对专制为特征的早期自由主义也被称为古典自由主义,这一时期的代表人物有亚当·斯密、大卫·李嘉图和让·巴蒂斯特·萨伊[2]。

古典经济自由主义有两个基本的出发点,从而形成了内部的两个分支。其一是出于完全自发的个人自由活动所产生的经济秩序。这种经济自由主义后来被称作"原教旨的"经济自由主义,进一步演化为"自由至上主义的"经济自由主义,或者"极端的"经济自由主

---

① 王志伟.论经济自由主义的意义与局限[J].人民论坛·学术前沿,2015(4).

② 刘旭蕊.西方自由主义经济思想的演进及对经济发展的影响[D].昆明:云南财经大学,2011:10-11.

义。其二是出于个人理性建构的自由主义经济秩序。英国古典经济自由主义被认为是前一种,欧洲大陆特别是以法国为代表的经济自由主义是第二种,强调合乎个人理性而建立的社会秩序,这也被哈耶克称作"建构主义的"经济自由主义①。

1. 英国古典自由主义经济思想

亚当·斯密是英国古典自由主义的奠基者,他的自由主义经济思想核心是重视自由竞争和价值规律对市场的作用,反对国家对经济的干预,主张自由贸易、自由生产和自由经营。他的这些思想在 1776 年出版的《国富论》中得到体现。在《国富论》中,他论证了人对个人利益的追求是社会财富的根源,经济秩序是由上帝的"看不见的手"来安排的。他认为在商品经济中,每个人都以追求自己的利益为目的。市场是万能的,通过市场机制自发作用的调节,个人为追求自己利益最大化作出选择,最终会达到社会利益最大化及社会资源的最有效配置。他的市场完全自由化理论虽然有点偏激,但是他重视市场机制与经济规律相结合,可以促进经济的发展。这一点对后世经济的发展影响深远。

大卫·李嘉图是英国古典自由主义的完成者,他采纳了边沁的功利主义哲学,认为每个人都受利己心的支配,都会极力追求快乐同时避免痛苦。李嘉图认为边沁的功利主义在经济中同样适用,每个人在对己对他人对国家都是最有利的情况下,不受任何约束运行其所拥有的资本和劳动,自然会促进社会财富的增长。因此,他极力反对国家对经济的干预。在对外贸易方面,他也主张自由的贸易政策,并认为自由的对外贸易政策是一国经济增长的发动机。李嘉图在继承斯密的自由主义经济思想的基础上有所创新,1817 年他在《政治经济学及赋税原理》一书中首次提出了"比较优势理论",即在充分自由贸易的制度下,每个国家自然会将其资本和劳动投入那些对它来说最为有利可图的行业,进口对于他们不利的行业的产品。他的国际间贸易的思想是建立在经济自由主义基础之上的,他的理论核心就是鼓励、赞美国际间的自由贸易,反对国家对经济的干预,强调市场机制的重要性。李嘉图被称为他那个时代的经济秩序的建筑师,他的比较优势理论为当今的国际自由贸易提供了理论参考。可以看出,大卫·李嘉图的自由主义思想在经济思想史上占有重要地位。

2. 法国古典自由主义经济思想

法国资产阶级经济学家让·巴蒂斯特·萨伊是古典自由主义的另一重要的代表人物,他继承并发扬了亚当·斯密的自由主义经济思想。萨伊在生产论中提出的"生产三要素论"和"萨伊市场定理"、在分析商品买与卖的过程中提出的有名的供给创造需求的"萨伊定律",均集中表现了他的经济自由主义的思想。1803 年,萨伊在《政治经济学概论》中论述了"供给创造需求"这一经济学中著名的"萨伊定律",主张重视供给、自由放任,认为市场不需要国家的干预会自动达到供需平衡。萨伊本人认为商品的供给会自动创造需求,社会上的总供给与总需求必定相等,即使某个部门某一时间会出现供求脱节,在价格机制的调节作用下,暂时、局部的供求失衡会逐渐消失。"萨伊定律"旨在论证资本主义市

---

① 王志伟. 论经济自由主义的意义与局限[J]. 人民论坛·学术前沿,2015(4).

场经济内部具有的稳定性和自我均衡的调节性，从而反对国家对经济的干预。"萨伊定律"符合资产阶级的利益要求，与当时的经济发展规律也相一致。这是"萨伊定律"得以传播的重要原因。后来的实践也充分证明，"萨伊定律"成为 19 世纪经济自由主义者反对国家干预、主张自由放任、否认经济危机的有力武器和理论支柱。

（三）新古典经济学时期的自由主义经济思想

19 世纪末 20 世纪初，新古典经济学派诞生并发展起来。新古典经济学派是一个使传统经济学经过改造而折中的经济学，它既继承了古典经济学的经济自由主义的理论，又吸收了边际学派的主张，并以供求为载体，使自由主义经济形态得到发展。马歇尔是这一时期自由主义经济学的代表。以马歇尔为代表的新古典经济学派的全部理论分析均是建立在经济自由主义之上的。马歇尔的自由主义经济体系由消费者行为理论、市场理论、生产者行为理论、均衡价格理论、分配理论组成。1890 年马歇尔在其代表作《经济学原理》一书中，充分表达了自由主义的经济思想。他提倡自由竞争的原则，认为自由竞争可以使社会各阶层达到经济利益最大化，排除经济危机的可能性。马歇尔同样强调市场机制和经济自由主义的作用，他认为只有经济的自由发展和市场的自由运行，才能保证要素贡献和所有者的支出均衡，才符合经济人追求利益最大化的假设。至于经济增长和经济发展，那也是人们在市场机制的引导下自由从事各种经济活动的结果，因此，经济自由是经济发展、社会和谐的基础。

（四）当代新自由主义经济思想

20 世纪 30 年代，由于美国经济危机的爆发，自由主义经济思想受到一定的影响，其主导地位被凯恩斯的国家干预主义思想所取代。但凯恩斯的国家干预主义其实是新自由主义的一个变体。凯恩斯提出的国家干预的经济思想并没有完全排除自由的成分而是允许自由主义成分存在，是在自由基础上进行的国家干预，由国家宏观调控政策指导市场的自由运行。这一时期，仍然有相当一部分学者积极地研究自由主义经济思想。这一时期的学派众多，与自由主义相关的著作也颇多。自由主义经济思想进入了一个新的时代，在这一时期产生的自由主义经济思想则被称为新自由主义经济思想。

新自由主义有狭义和广义之分。狭义的新自由主义只包括以哈耶克为代表的伦敦学派。广义的新自由主义包括以米塞尔为代表的奥地利学派、以哈耶克为代表的伦敦学派、以布坎南为代表的公共选择学派、以费尔德斯坦为代表的供给学派、以弗里德曼为代表的货币学派和以卢卡斯为代表的理性预期学派。下面主要对奥地利学派、伦敦学派、现代货币学派、理性预期学派、供给学派进行说明[①]。

1. 奥地利学派的新自由主义思想

奥地利学派提倡自由放任的经济政策，路德维希·冯·米塞斯是奥地利学派的代表，他于 1927 年出版了《自由主义》，并以此为标志开创了新自由主义。他主张私有制以及建

---

① 刘旭蕊.西方自由主义经济思想的演进及对经济发展的影响[D].昆明：云南财经大学,2011：12-13.

立在劳动分工基础之上的互利互惠的商品交换是经济繁荣和人类幸福的基础。政府的唯一职能是保护私有财产、私人产权以及市场经济的正常运行,政府既不能干预和"纠正"市场上自然形成的收入分配关系,也不能干预和纠正教育事业,政府的权力应该被限制,不能随时以大欺小、以强凌弱,必须贯彻实行自由贸易的主张。他的弟子哈耶克用毕生的精力来诠释米塞斯的自由主义思想。

2. 伦敦学派的新自由主义思想

弗里德里希·奥古斯特·冯·哈耶克是伦敦学派的代表,他有多重身份,既是主张经济自由的伦敦学派的主要代表,又是芝加哥学派的核心成员,同时也是奥地利学派的骨干。他的新自由主义理论为其他所有新自由主义者提供了理论基础。他在 1944 年出版的《通往奴役之路》标志着新自由主义的完全确立,其中心思想是实行国家干预或计划经济必然导致国家权力的专制和奴役,这反映了他对社会主义的偏见和阶级的偏见。因此,哈耶克主张自由化,强调自由生产、自由市场、自由经营,私有制是自由的根本前提。他反对任何形式的经济计划和社会主义,认为计划、国家干预和垄断都不利于经济有效率地发展。除此之外,他主张将货币的发行权交给私人,因为靠私人发行货币可以抑制通货膨胀,可以由私人通过竞争解决货币供给的问题。总之,哈耶克对新自由主义的发展和崛起功不可没。

3. 现代货币学派的新自由主义思想

米尔顿·弗里德曼是现代货币学派的代表,他在其 1962 年的著作《资本主义与自由》中表达了自由主义的思想。以他为首的货币主义学派认为政府的任何干预都可能加剧而不是缓和经济的动荡,政府的真正作用不在于短期内试图影响市场,而是首先要保证货币总量能有规律地、定期地增加,货币总量的稳定将带来价格的稳定,价格体制的稳定可以保证各经济主体的预期稳定,最终经济体制将变得更为稳定。现代货币主义学派认为有效的货币政策应该是政府稳定经济的唯一手段,政府货币政策的目标应该是控制货币的供给量,而不是控制利息率、物价水平和失业率,稳定的货币政策能促进经济自由快速地发展。

4. 理性预期学派的新自由主义思想

罗伯特·卢卡斯是理性预期学派的代表人物,他于 1972 年出版的《预期和货币中性》一书集中表达了他的自由主义的经济思想。理性预期学派的学者认为,保持经济繁荣唯一有效的办法就是尽量减少政府对经济的干预,充分发挥市场机制的调节作用。政府的重要作用就是为私人活动提供一个稳定的社会环境,政府干预得越少,经济效率就越高[①]。因此,以罗伯特·卢卡斯、托马斯·萨金特等人为代表的理性预期学派的经济自由主义的政策主张包括:①保持政策的连续性和稳定性,反对政府用随机不规则的政策手段来欺骗公众以暂时达到某种政策目标,进而带来更大的经济波动和社会动乱;②主张

---

① 刘旭蕊.西方自由主义经济思想的演进及对经济发展的影响[D].昆明:云南财经大学,2011:13-14.

政府以追求经济发展的自然水平为政策目标，反对政府通过财政、货币扩张来人为地刺激就业水平和产量的增加；③崇尚市场自由运行，反对政府对经济的过多干预。市场机制、自由竞争能够充分地利用各种资源以克服经济危机，保证资本主义经济长期稳定地发展。

5. 供给学派的自由主义思想

供给学派的代表人物是美国哥伦比亚大学的加拿大籍教授芒德尔，他主张降低税率以鼓励生产，认为劳动与资本的配置效率决定经济增长。后来拉弗、万尼斯基、罗伯茨、吉尔德和费尔德斯坦等学者也赞同政府应激励供给而不是需求的观点，反对政府干预过多，应放松管理以增强市场活力，主张降低所得税，尤其是边际税率，鼓励人们努力工作，从而增加产出、提高就业。由于他们肯定"供给决定需求"的萨伊定律，并主张减少抑制供给的政策干预，所以被称为"供给学派"。

拉弗提出最适宜税率的理论，并描绘了税率与税收关系的"拉弗曲线"。拉弗曲线是供给学派的重要分析工具，表明税收规模具有随着税率的提高先增加后减少的规律。供给学派依据拉弗曲线，提出降低税率可以刺激储蓄和生产。随着经济总产量的增加，新的税源能够带来更多的税收，所以减税能够促进经济长期稳定。供给学派认为社会福利金就像是对就业者征的税，而且是高边际税率。一个领取福利金的家庭，就业后的劳动收入会减少福利金，同时还要纳税。在抵补福利金减少额和扣除纳税额之后，实际净收入并未增加。因此，供给学派认为社会福利制度就是对社会中最贫穷的成员课征的没收式的税赋，使这些社会成员想改善生活的意愿化为泡影。又因为穷人依靠工作为生，而富人可以依靠财富为生，因此对劳动收入按照累进税率征税，并不能有效地将富人的财富转向穷人，而高的边际税率会阻止企业资本的积累，使企业失去创新动力。

供给学派减税的政策主张被里根政府采纳。里根就任后即开始着手社会保障改革，严格各种津贴的领取标准，将退休年龄向后延长，甚至削减包括抚养未成年子女家庭补助等在内的社会保障项目。里根削减社会福利开支的政策，促使福利事业走向私人经营的轨道，同时加大了地方政府提供福利项目的责任。例如，医疗补助责任由原来的联邦政府与地方政府分担，改为由地方政府一方承担。

综上所述，自由主义经济思想在200多年的发展历程中虽然出现了不同的派别，但不同派别的经济思想家的理论核心基本是一致的，即信赖市场机制的自发作用，反对国家干预经济，认为社会保障制度破坏了市场机制的功能，严重影响了自由竞争的市场秩序，因而反对"福利国家"，主张社会保障的市场化、私人化和多元化。

二、国家干预主义

国家干预经济思想是伴随着经济自由主义思想的发展而发展的，它与经济自由主义思想一起构成了完整的西方经济学。在其演变历程中，较为典型的主要有以下思想。

（一）重商主义的国家干预思想

在西方，国家干预主义最早的萌芽是重商主义。重商主义诞生于资本主义原始积累时期，体现了资本原始积累的经济要求。它源于欧洲各国的政治家、商人、牧师和哲学家各自对商业实践的观察与思考,大多是一些基于经验主义的政策主张。尽管这些政策主张建立在重商主义理论体系的基础上,但是这些理论体系幼稚且漏洞百出,因而我们说重商主义是国家干预主义的萌芽,或者说是一种原始的国家干预主义[①]。

　　重商主义认为货币的数量是财富的唯一衡量标准,推动一个国家经济发展的根本动力是它拥有的货币量。所以重商主义者积极主张一国应该尽可能地持有大量的货币,来达到使国家强大的目的。重商主义分为早期和晚期两个不同的阶段。早期的重商主义认为一切购买都会使货币减少,一切销售都会使货币增加。他们坚持多卖少买或不买,要求以储藏货币的形式将货币储存起来。晚期的重商主义者虽然在财富观和货币观方面与早期重商主义者相同,但在方法上却主张国家可以输出一定量的货币,只需要保证在对外贸易上总体出超即可。由于国际市场已经形成,而国内手工业也有进一步的发展,所以晚期的重商主义者不仅在对外贸易方面有干预政策,在国内经济方面也有干预政策[②]。

　　托马斯·孟是英国晚期重商主义的重要代表,他开创了强调国家全面干预的先河。和其他重商主义者一样,他也认为国家财富的增加主要在于货币量的增加,所以必须进行顺差的对外贸易,这就需要国家全面干预经济以保护对外贸易的顺利进行。根据这一基调,托马斯·孟提出了一系列观点,主要包括由国家提倡节约以限制外国产品的进口;对本国出口品的保护以及质量监督;对进出口产品的不同赋税原则等。实际上,他当时并未发现市场机制的调节作用,只是简单地认为国家财富的增加在于货币量的增加,因此国家应全面干预经济以确保这一目的的达成。其研究也只局限于流通领域。正是因为这样,他的理论带有极大的局限性[③]。

(二)德国新历史学派的国家干预思想

　　19世纪初,德国出现了与古典自由主义相对的"国家经济学"思潮,其认为国家应在经济活动中发挥更大作用,可以在必须时直接干预和控制经济生活,执行经济管理职能。19世纪70年代,这些观点逐渐汇集起来,形成了在经济发展史上具有重要地位的新历史学派。该学派主张国家干预经济,通过制定劳动保险法等社会政策来缓解劳资矛盾。

　　新历史学派又被称为"讲坛社会主义"。传统经济学认为,国家的职能就是维护社会秩序和国家安全,而不是干预经济。但新历史学派认为,国家除了维护社会秩序和国家安全外,还有一个文化和福利的目的。国家是集体经济的最高形式,在进步的文明社会中,国家的公共职能应不断扩大和增加,凡是个人努力所不能达到或不能顺利达到的目标,均应由国家实现。他们从改良社会主义观点出发,提出要增进社会福利,实行社会改革,并通过工会组织来调解劳资之间的矛盾,主张由国家来制定劳动保险法、孤寡救济法等。这些主张成为德国政府实行社会保障制度的依据。新历史学派的社会改良政策有两个支撑点。一是他们从伦理道德出发,认为劳资冲突不是经济利益上的对立,而是因感情、教养和思想上存在差异而引起的对立。因此,在他们看来,劳资问题是一个伦理道德问题,不

---

① 石娅.国家干预主义:理论与实践[D].成都:西南财经大学,2006.
② 王毓槐.国家干预主义理论的发展演进[J].当代经理人,2006(21).
③ 惠康,任保平.西方经济学国家干预理论的述评[J].西安邮电学院学报,2007(7).

需要通过社会改革来解决，而只要对工人进行教育，改变其心理和伦理道德的观点，便可以解决。二是他们的国家观。该学派主张国家至上，国家直接干预经济活动，负起"文明和福利"的职责。他们认为，当时年轻的德意志帝国所面临的最严重的社会经济问题就是"劳工问题"。如何缓解劳资间的矛盾，填平两者在理想、精神和世界观方面的"深渊"，关系着帝国的前途和命运。正是在这种背景下，新历史学派的社会改良主张被俾斯麦政府所接受，从而成为德国率先实施社会保险的理论依据。1883 年德国推出了世界上第一部《疾病社会保险法》，随后又颁布实施了一系列重要的社会保险法律。

（三）费边社会主义

费边社会主义因其理论来自费边社的基本主张而得名，其集体主义思想是 19 世纪末 20 世纪初资本主义开始从自由竞争向垄断过渡时期的阶级矛盾急剧尖锐化的产物，它试图用温和的、渐进的改良政策实现它所向往的"社会主义"。其价值观念是英国在二战后实施"普遍福利"政策的理论基础。"费边社"是英国社会主义运动中心以研究和教育宣传为主要目的的组织，成立于 1884 年，其成员包括一批关心社会问题的中产阶级知识分子，如著名的文学家伯纳德·萧伯纳（Bernard Shaw）、社会理论家西德尼·韦布（Sidney Webb）和比阿特丽丝·韦布（Beatrice Webb）夫妇等。费边社会主义的思想比较庞杂，总的来说，主要包括以下几个方面：①在政治上，它主张循序渐进地靠近社会民主主义，而达到这个目标的途径有两条：一是渐进，这是其最具特色的主张；二是渗透，即通过教育和宣传让大众普遍接受相关政策。②在经济上，他们主张生产资料和交换资料的公有，追求集体利益。在其内部，对公有制有两种不同的观点：以韦布为代表的成员主张市和郡的公有，提出"市区社会主义"的概念；以戴维斯为代表的成员主张国家所有制，提出"国家社会主义"的概念。两者本质一样，区别仅在公有的层级上。③在社会方面，他们将社会看成一个有机体，社会的生命在有机体中比其任何一个成员的生命都要长，个人是社会有机体的组成部分。此外，社会有机体中的各个体活动紧密相连，个人的活动和生存都离不开这个有机体，个体的至高目标是使社会有机体继续存在，因而，在个体利益与社会有机体利益发生冲突时，个体利益应让位于社会有机体的利益，即我们通常所说的集体利益大于个人利益。费边社会主义者认为："和我们自己个人的完满发展比较起来，我们必须更加注意去改善我们作为一个组成部分的这个社会有机体……我们必须放弃那种认为我们是独立的个体的自高自大的幻想，并把我们的那种只注意自己的修养的嫉妒心转变过来去服从那个更高的目的，那就是服从公共福利。"[①]而要实现这一目标，社会有机体的责任便是提高每个个体的素质，即个人必须为社会有机体的进步而努力，社会有机体也必须为个人提供健康发展的必要条件。因此，有关社会福利与建立有效的社会保障制度的理论，成为费边社会主义社会思想的主要内容[②]。

---

① 萧伯纳. 费边论丛[M]. 上海：上海三联书店，1958：114-116.
② 丁建定，魏科科. 社会福利思想[M]. 武汉：华中科技大学出版社，2005：182-183.

（四）瑞典学派的国家干预思想

瑞典学派，又称北欧学派或斯德哥尔摩学派，产生于 19 世纪末 20 世纪初的斯德哥尔摩大学，其奠基人是维克赛尔等人。瑞典学派是当代西方经济学的重要流派之一。

瑞典学派关于国家调节经济生活的政策主张和关于"自由社会民主主义"的经济制度理论，在西方经济学界有着重大影响，是瑞典福利制度的理论基础。瑞典学派的理论和政策有两个基本点：一是依靠国家干预平抑经济周期的波动。他们提出了货币均衡论，对经济周期波动进行了解释，提出通过调节利息率以克服周期波动。二是主张用收入再分配的方法实现收入均等化。用收入再分配的方法，主要是利用累进所得税以及转移性支付，举办社会福利设施，使社会各阶级、集团之间的收入和消费水平通过再分配趋于均等化，从而实现收入的平等。瑞典学派不仅在理论上为福利制度奠定了基础，其政策主张在实践上也得到了应用。由此，瑞典成为世界上第一个走上积极稳定政策道路的国家，开创了通过国家干预实现"充分就业"和"收入均等"的瑞典福利模式，成为独特的"混合经济"下的"福利国家"。

这里的"福利国家"，主要是指国家实行收入再分配政策，同时主张由政府来稳定经济，提供公共服务。收入再分配的主张早在维克赛尔的著作中就已经被提出。维克赛尔认为，资本主义经济中各阶层的利益并不总是和谐一致的，而是会发生抵触，财产分配的不公平就很能说明这一点。维克赛尔主张改革当时的瑞典经济制度，改善无产阶级的状况，增进全社会的福利。例如，他提出要扩大公共经济成分，由国家执行收入再分配政策，以弥补初次分配造成的收入不平等。瑞典学派强调收入和财富分配均等化，主张用累进税率来解决分配问题。他们认为，一个理想的社会应当把福利普遍给予社会的成员，使人人得到幸福。为此，国家应当担负起环境保护、公共产品和劳务的供应、经济稳定、收入和财富的分配等方面的责任。

（五）福利经济学思想

福利经济学作为经济学的一个分支，其研究领域和内容极为广泛。经济学界一般将福利经济学的发展划分为新旧两派，并认为阿瑟·赛米尔·庇古是旧福利经济学的创始人，他最早运用经济学对社会保障问题进行了研究。他在自己的奠基之作《福利经济学》中声称要用经济学"作为改善人们生活的工具""要制止环绕我们的贫困和肮脏、富有家庭有害的奢侈以及笼罩许多穷苦家庭朝不保夕的命运等罪恶"。他根据功利主义和边际效用原理，提出了一套较为完整的福利经济学说。其福利经济学的主要观点如下。

1. 福利、社会福利、经济福利等概念

福利是指个人获得的某种效用或满足，它可以由于对财物的占有而产生，也可以由于对知识、情感、欲望的占有而产生。所有社会成员的这些满足或效用的总和便构成社会福利。只以货币计量的那部分社会福利叫作经济福利，它是由效用构成的。

2. 国家干预

庀古认为经济福利和国民收入有密切的关系,国民收入是一国国民个人福利的总和,经济福利的增大又取决于国民收入总量的增大和分配的平均程度。"在很大程度上,影响经济福利的是:第一,国民收入的大小;第二,国民收入在社会成员中的分配状况。"因此,国家应当关注贫困问题,致力于福利的增加。

3. 收入均等化

庀古在《福利经济学的几个方面》一文中把福利经济学归纳为两个命题:"第一,对于一个人的实际收入的任何增加,会使满足增大;第二,转移富人的货币收入于穷人会使满足增大。"从这两个命题出发,他就如何增加福利,提出了"收入均等化"观点。他认为要增加福利,社会应在两个方面做出努力:一是必须增加国民收入量,而要增加国民收入量就必须使生产资源在各个生产部门中的配置能够达到最优状态;二是政府通过税收机制把富人的收入一部分转移给穷人,社会福利就会增大。他的基本依据是边际效用递减规律。他认为,一个人收入越多,货币收入的边际效用就越小;反之,货币收入的边际效用就越大。

4. 收入转移支付方式

庀古提出收入转移的措施,即"自愿转移"(资本家自愿拿出一部分剩余价值举办娱乐、教育、保健等福利事业)和"强制转移"(国家通过征收累进所得税和遗产税,把集中的一部分国民收入再补贴给穷人)。

5. 收入转移支付方式选择原则

庀古认为如何转移支付,应从以下几个方面考虑:第一,福利措施应当以不损害资本增值和资本积累为宗旨,否则就会减少国民收入和社会福利,因此,从富人那里转移收入,"自愿转移"要比"强制转移"好;第二,不论实行直接转移收入的措施还是间接转移收入的措施,都要防止懒惰和浪费,以使投资于福利事业的收益大于投资于机器的收益;第三,反对实行无条件的补贴,最好的补贴是那种"能够激励工作和储蓄"的补贴。庀古的理论将社会保障的发展与国民经济的发展联系在一起,对于西方福利国家的建立具有很大的影响。

（六）凯恩斯的国家干预思想

1929—1933 年横扫世界各大资本主义国家的经济危机爆发,人们意识到"看不见的手"不能解决一切经济问题。在这种情况下,政府就必须对经济进行干预。而在当时主要资本主义国家深陷经济危机中不能自拔的时候,苏联却通过高度集中的计划经济创造了经济增长的奇迹,也使西方世界开始重新认识国家干预主义。在这种背景下,凯恩斯于1936 年发表了《就业、利息和货币通论》,主张只有通过国家对经济生活的干预,才能摆脱资本主义社会的经济危机。因此,为了解决经济危机,就必须通过国家对需求的干预来解决市场失灵的问题。财政政策和货币政策就是国家干预经济的两大主要政策,财政政策是政府变动税收和支出以影响总需求进而影响就业和国民收入的政策,货币政策是政府货币当局即中央银行通过银行体系变动货币供给量来调节总需求的政策。

凯恩斯的《就业、利息和货币通论》发表的背景是 20 世纪 30 年代的资本主义经济危机,这场经济危机造成了资本主义世界生产力的极大破坏,大批工人失业,所以《就业、利息和货币通论》解决的主要问题是失业问题。而罗斯福通过运用凯恩斯主义实施"新政",在美国国内通过政府的赤字政策,大量兴建公共工程,成功地引领美国摆脱了经济危机,为凯恩斯的国家干预理论提供了很好的证据。凯恩斯主义的产生,也为西方经济学开创了一个新的领域——宏观经济学。这是经济史上的一次重大转折,被西方经济学家称为"凯恩斯革命"[1]。

凯恩斯学派在社会保障理论方面具有里程碑意义,对 20 世纪 30 年代后的资本主义经济社会政策产生了重要影响。其主张有两个立足点:一是充分就业理论。他认为资本主义国家失业的根本原因是有效需求的不足,能否达到充分就业取决于有效需求的大小。二是有效需求管理理论。他认为失业源于有效需求不足,有效需求不足又源于消费和投资不足,要解决这一问题必须通过两个途径:通过收入分配政策提高消费倾向和通过财政政策刺激消费。这两种途径主要都是依靠国家的政府干预。这些主张为西方资本主义国家干预政策的广泛实施提供了理论基础,直接推动了美国社会保障制度的建立。同时,它也直接推动了二战后社会保障制度在全世界范围内的建立[2]。

(七)新剑桥学派的国家干预思想

新剑桥学派以维护"凯恩斯革命"的理论正统为己任,企图根据凯恩斯关于社会哲学的论述,建立并发展新的收入分配理论。这一学派的代表人物为琼·罗宾逊、卡尔多等学者。新剑桥学派把改善资本主义社会收入分配结构、实现收入均等化作为经济政策的首要的、绝对的目标,其他目标均处于从属地位。要实行收入均等化,主要依靠社会政策,而且有必要依靠社会的政治力量。他们坚决主张通过政府干预来改善收入分配失调的弊端。他们既反对新型自由经济论者那种听任市场机制充分发挥作用的观点,也反对新古典综合派关于调节总需求和实行工资—物价管制的收入政策。他们相信,现实社会中收入分配不合理、不公平的格局,不可能用传统办法或新古典综合派的那些主张来打破,而必须采取以收入再分配为中心目标的社会政策。

在收入分配调节政策中,他们主张实行累进的税收制度来改变社会各阶层收入分配不均等的状况;实行高额的遗产税与赠与税,以便消除私人财产的大量集中,政府还可以通过这一税收方式将所得到的财产用于社会公共目标和改善低收入贫困阶层的状况;通过政府的财政拨款对失业者进行培训,提高他们的文化程度和技术水平,以便他们能有更多的就业机会,并能从事收入较高的技术性工作,从而拉平一些收入上的不均等状况;制定适应经济稳定增长的财政政策,减少财政赤字,逐步平衡财政预算;并根据经济增长率

63

---

①　王毓槐.国家干预主义理论的发展演进[J].当代经理人,2006(21).

②　方菲.从极端到理性的回归——西方社会保障理念嬗变及其道路选择[J].天府新论,2009(1).

来制定实际工资增长率政策，以改变劳动者在经济增长过程中收入分配的相对份额向不利方向变化的趋势，从而在经济增长过程中逐渐扭转分配的不合理；实行进出口管制政策，利用国内资源优势，发展出口产品的生产，以便为国内提供较多的工作岗位，增加国内的就业机会，降低失业率，提高劳动者的收入。

（八）新凯恩斯主义的国家干预思想

20世纪80年代，为回应所谓"凯恩斯主义理论危机"，曼昆、克鲁格曼和斯蒂格利茨等一些经济学家基于新古典主义经济学的理论模式，强调市场的不完全性，强调政府对市场的适度干预，同时在一些基本理念上赞同凯恩斯学说，因此学界把这些经济学家的思想宽泛地称为"新凯恩斯主义"①。

新凯恩斯主义在坚持传统凯恩斯主义的同时，逐渐吸收了货币学派、理性预期学派的一些思想，开始从微观的角度解释自己的观点。新凯恩斯主义在市场是不完全竞争和不完善的、存在不完全信息、价格和工资具有刚性特征等理论的基础上，提出了为消除市场失灵，政府应该对经济进行适度干预②。国家的干预宜缓不宜急，过急过猛都会与经济缓慢的变动过程脱节，从而造成社会经济秩序混乱。新凯恩斯主义的国家干预思想对90年代美国克林顿政府的施政方案产生了巨大影响，最典型的表现就是"第三条道路"的形成。克林顿政府的"第三条道路"以新凯恩斯主义的主张为理论依据，既反对自由放任，又反对过分干预。强调政府调节经济和社会事务的作用，即该政府干预的地方绝不任市场放纵，该让市场自由操作的地方政府决不插手。在经济调节政策方面，强调供求调节并重③。

综上所述，国家干预主义思想强调政府干预经济社会事务的作用，主要强调自由市场机制的缺陷必须通过国家干预来弥补，认为国家需要通过设计与执行包括社会保障在内的社会政策负起"文明和福利"的职责，肯定政府在社会财富再分配中占有的重要地位，其客观上促进了社会公平与社会福利，是促进社会保障制度特别是现代意义上的社会保障制度发展的巨大推动力。

延伸阅读：历史上最经典的经济学决斗之起源与遗产

三、中间道路学派

"中间道路学派"力图在左翼与右翼、保守主义与激进主义、社会主义与资本主义之间找到一条融合的中间道路④。吉登斯在1994年出版的《超越左与右——激进政治的未来》及其后出版的《第三条道路：社会民主主义的复兴》中，对"第三条道路"思想做了全面阐述。

在政治上，"第三条道路"的理论和政策基于这样一种认识，即"随着工人阶级队伍的

---

① 刘灿.经济自由主义和国家干预：一个基于经济思想史的理论回顾[J].福建论坛（人社版），2009(12).
② 陈景庆.国家干预主义与经济自由主义：理论、实践及影响[J].辽宁行政学院学报，2011(3).
③ 林伟星.国家干预与经济自由：基于美国经济史的考察[J].东岳论丛，2008(1).
④ 安东尼·吉登斯.超越左与右——激进政治的未来[M].李慧斌，杨雪东，译.北京：社会科学文献出版社，2000.

快速萎缩和两极世界的消失,阶级政治的突出地位和左右的传统划分已经削弱了"。因此,"第三条道路"主张在政治上突破对立的、以阶级为基础的政治观念,团结和吸收以中间力量为核心的各种政治力量。"它在接受社会正义这一社会主义核心价值的同时,抛弃了阶级政治,追求跨阶级的支持,反对威权主义和排外主义。"社群主义成为第三条道路的政治哲学基础。

在经济上,主张建立"新的混合经济"。较之民主社会主义,更为重视市场作用;而较之新自由主义,国家作用更为显著。"第三条道路"认为创造财富和就业的是私营部门而不是政府,但政府在促进市场竞争、鼓励长期研究和投资、帮助公民在现代经济中取得成功方面可以发挥极其重要的作用。

在责任机制上,"第三条道路"坚持国家责任的基本理念,但其认为在经济全球化时代,国家调控作用下降,政府应为经济发展提供条件而不是指挥经济,且应利用市场的力量服务于公共利益。在国家与社会的关系上,要求建立强大的公民社会,主张政府与非官方部门建立新的伙伴关系,以"治理"代替"统治",实行一种"广泛包容"的政策,以实现机会平等和公共参与决策。

作为"第三条道路"的倡导者,吉登斯对福利国家从观念到结构提出一系列的更新,提出了社会投资福利战略和积极福利制度、福利社会等概念,即建设一种能增强社会包容性,但又不限制个人对自己风险的责任,鼓励个人积极创造的积极性福利制度。这种积极福利不是要取消福利国家的开支,而是要改变开支的方向。具体表现为,在观念上,重新界定并全面调整政府与个人之间的契约关系,从个人争取政府的保护转变为个人寻求"自主与自我发展";在福利结构上,改"福利国家"为"社会投资型国家",从福利消费支出改为教育、培训、创造就业机会、鼓励风险投资、弹性的工作制度等社会投资支出;在责任分担上,主张用"福利社会"的概念取代"福利国家",即福利不应仅仅由中央政府提供,而应该调动地方政府、社会第三部门、企业和个人等共同承担社会福利责任①。

综上所述,第三条道路是资本主义国家在现实背景条件下做出的选择,它既不鼓吹完全依赖市场机制,也不提倡完全依赖政府的作用,旨在将市场与政府相结合,既反冒进又反保守,试图找一条自由主义与干预主义都能接受的"第三条道路"。它提倡向"社会投资型国家"转变,主张改变国家开支方向的积极福利,建立责任共担的社会福利机制,意在取得经济目标与社会目标的双赢。

第二节　社会契约、社会权利与社会政策

社会契约、社会权利与社会政策作为现代社会民主意识发展的产物,是一个民主国家最基础的社会追求。维护社会契约、保障社会权利,需要社会政策的引导和规范。这些思想流派的代表观点为社会保障的诞生和最终目标提供了社会理论基础。

---

① 张伟兵.发展型社会政策理论与实践——西方社会福利思想的重大转型及其对中国社会政策的启示[J].世界经济与政治论坛,2007(1).

一、社会契约

到 17 世纪为止，经过众多思想家和政治家的论述，社会契约观念深入人心：只有通过个人意志才能构成社会，社会是由人通过深思熟虑的行为创造的，人进入社会必须通过社会契约来实现，必须诉诸社会契约原则。到 17～18 世纪时，社会契约不再被简单地视为政治协议，而主要以理论论证的方式被用于说明法与国家制度的合法性。政治社会的意义在于克服自然状态的无序和不便，为人们实现个人权利提供保障。由全体个人的结合所形成的道德与集体的共同体就是国家或者政府，至于结合者则称为公民，同时，每个结合者及其自身的一切权利全部都转让给这个共同体，由这个所谓最高的"公意"来支配个体的意见①。

卢梭是 18 世纪欧洲政治思想舞台上一个非常独特的人物。他是个人主义者、联邦主义者，也是极权民主的倡导者。卢梭与霍布斯及洛克不一样，他不是一个哲学家，而是一个天才的文人。他敏感、充满激情，并借助敏锐的直觉而不是理性来洞察社会，因此他的政治理论充满了矛盾和悖论。他的《社会契约论》就是力图在一个体现"公意"的社会群体里，追求个人自由和国家权力之间的平衡。在他的社会契约中，人们交出的是全部自然的权利，最终得到的是在政治状态下"服从自己本人"的自由。这个社会群体来源于自由和平等的个人之间的契约关系，从而体现了人的平等和自主权，并且为所有人都提供了一个真正的归宿。

卢梭的契约理论同样根植于自然法则的思想。然而有趣的是，卢梭对待自然法则的态度却始终是暧昧的。一方面他需要自然法则的思想，如果不存在一个界定合约内容的自然法则，又哪里谈得上社会契约这样一个法律概念呢？另一方面他又不喜欢自然法则。他相信是国家创造了法律，而不是法律创造了国家。可以这样说，卢梭的契约思想是由开始的个人主义发展到后来的集体主义。最终意义上的自主权已经不再是个人的，而是一个"道德的人"和这个"人"的"公意"。卢梭的契约思想和霍布斯的契约思想有相同也有不同的地方。相同之处在于他们都认为个体的人在达成契约的瞬间将他们的一切都让渡了；不同之处在于卢梭认为个人将权利让渡给了社会群体，而不是霍布斯所讲的统治者。另外，卢梭的社会群体仅仅是一个立法者；而在霍布斯看来，立法者和执行者是合而为一的。由此，卢梭认为政府只是一个执行法律的中介，它只是暂时地并且有条件地存在的。

从社会契约理论出发，我们似乎找到了国家为公民提供保障的权力与义务来源。从权力来看，公民让渡出一部分的权利给国家，让其管理社会公共事务，为民众谋福利，意即公民赋予国家权力提供服务及公共产品，以保障公民生活不陷于困境；从义务来看，公民与国家之间达成社会的契约，国家在拥有权力的同时，也就有义务为公民服务，生活保障应是其最核心的契约内容。从社会契约理论审视社会保障制度，我们也不难发现，社会保障制度本身也是一种契约。它企图建立一种由国家主导的国家与民众之间的契约，其典型表现为社会保险制度，只不过这种契约多了一点市场的味道。

---

① 卢梭.社会契约论[M].何兆武，译.北京：商务印书馆，2003：18-21.

二、社会权利

社会权利是马歇尔的公民资格理论中的关键部分。马歇尔虽然不是第一个提出社会权利的学者[①]，但他是第一个把社会权利提高到与公民权利、政治权利并列的高度的人，即并非一切公民资格的权利都是在逻辑上从公民权利特别是财产权利衍生出来的，社会权利可直接而独立地隶属于公民资格本身[②]。20世纪是福利制度突飞猛进的世纪，社会权利越来越得到人们的重视。英国学术界对公民资格的探讨经历了三次高峰，有趣的是三次高峰都与对于适当福利制度的活跃而热切的争论结合在了一起，它们分别集中于新自由主义的社会立法、战后社会民主福利国家的实施以及80年代末90年代初撒切尔主义的彻底改造。最近一次高峰的学者通常把马歇尔的公民理论作为其研究的出发点，研究兴趣也几乎都是集中于他提出的社会权利。

马歇尔认为，社会权利包括：最起码的经济福利；完全享有社会遗产；生活在一个普遍标准的文明生存条件里。从马歇尔的论文本身来看，他对社会权利包括的内容语焉不详，只是模糊地说社会权利创造了"一种取得实际收入的普遍权利，这种实际收入是与权利要求者的市场价值不成比例的"，此外还包括了国家应该提供的社会服务，国家必须保障某些必需品和服务（如医疗机构、药品供应、收容所和教育）的最低供应或者国家必须在这方面投入基本的货币岁入，如养老退休金、保险收益和家庭津贴、住房、国民教育等[③]。二战后西方各国纷纷建立福利国家为国民提供社会保障，因此，马歇尔认为福利国家的演进是社会权利扩展的过程，公民社会权利的正式取得可以资本主义福利国家的普遍建立为显著标志。吉登斯也认为，福利国家是一个长期的公民权演进过程所达到的最高峰。而用最简单的威伦斯基所下的定义来说，福利国家就是"政府保障每一个公民的最低所得、营养、健康、住宅、教育之水平，对国民来说，这是一种政治权利，而非慈善"。

社会权利与社会平等之间的关系是马歇尔关注的重点。在他看来，社会权利对资本主义社会的阶层结构具有直接的影响，并通过社会立法成为对抗资本主义社会不平等的有效途径。因为社会权利是一种福利要求权，人们可以据此要求获得实际收入，以共享某种标准之文明生活方式[④]。价格补贴、最低生活保障、累进制的个人所得税、社会保险制度和公共性的社会服务体系，通过财富再分配或转移支付，提高了低收入阶层的实际收入，缩小了不同阶层之间的收入差距，促进了经济地位的平等化[⑤]。

社会权利的出现使平等参与公民资格的地位与在经济保障中遭到不平等的排斥之间的对峙得到调整。马歇尔认为，社会权利作为一种分享"社会遗产"的权利，使公民能够由

[①]　曾与马歇尔同在伦敦经济学院任教的霍布豪斯在其著作《社会进化与政治理论》中提出公民资格由三部分组成，同时指出了"国家对个人的责任""共同体对个人的责任在于为人们提供足以维持最低生活的需要"等。他对马歇尔的影响已经得到学界公认。

[②]　巴巴利特.公民资格[M].台北：台湾桂冠图书公司，1991.

[③]　马歇尔.公民资格与社会阶级[J].刘继同，译.国外社会学，2003(1).

[④]　马歇尔.公民资格与社会阶级[J].刘继同，译.国外社会学，2003(1).

[⑤]　胡杰容.公民身份与社会平等——T.H.马歇尔论公民权[J].比较法研究，2015(2).

于自己的地位——隶属于共同体的一分子——而取得社会服务和各种福利保障,从而有能力参与国家共同体。只有公民权利和政治权利的公民资格是不完整的,那样的公民仅仅是一个"抽象的选民",而社会权利使公民成了有具体需要的有血有肉的个体。作为一名公民,在被剥夺劳动能力或残疾的情况下,他有权利希望社会满足其基本生活需要。足够的经济资源、适当的教育、相称的医疗服务以及住宅,是一个国家保障国民公民权利与政治权利必要的条件。如果缺乏社会权利的保障,公民权利和政治权利也无法真正落实①。这些理念为社会保障的发展提供了社会基础。

三、社会政策

作为英国社会政策的鼻祖和现代社会政策理论的创始人,蒂特马斯对社会政策有深刻的见解与分析。首先在弄清楚什么是社会政策的时候,他认为不能逃避道德与政治价值的问题,并且应注意,政策的概念只有在我们(社会、群体或组织)相信自己有能力促成某些变化的时候才有意义。例如,我们没有天气政策,因为我们对天气至今都无能为力。

学界对社会政策是什么有很大的争议,但蒂特马斯认为,我们不应轻率地推断,以为运用这个方法(或其他方法)所理解的社会政策必然是行善的,或者以福利为本,必然为贫民、所谓劳动阶级、高龄年金领受人、妇女、受剥削的儿童以及列进社会贫穷人士范畴内的其他人士提供更多的福利和更多的利益。一种含有再分配性质的社会政策可以把物质和非物质资源的拥有权从富人转移到穷人,从某个民族集团转移到另一个民族集团,或在同一收入组别和社会阶级内,从工作生活时期转移到老年时期(如中产阶级退休年金或其他办法)。总之,在他看来,不论是狭隘还是广泛,对社会政策的定义都应包含以下三个目标与价值判断:第一,其宗旨皆为行善——政策指向为市民提供福利;第二,兼有经济和非经济的目标,如最低工资、最低收入保障标准等;第三,涉及某些进步的资源再分配手段,劫富济贫②。

蒂特马斯从国家的作用、优先考虑的事项、接受者的地位和政治立场等方面将福利国家模式划分为三种,即制度化的再分配模式、工业成就模式和剩余模式。社会政策的制度化再分配模式主张将社会福利视为社会里主要的统合机制,它在市场外,按照需要的原则,提供普惠性的服务。其基础部分为关于社会变迁及经济制度的多重效果的理论,部分为社会平等的原则。基本上,这个模型统摄了"权时调用资源的各种再分配系统"。瑞典等福利国家是典型的这种模式。社会政策的工作成绩模式认为社会福利设施是经济的附属品,应论功行赏,按照个人的优点、工作表现和生产能力来满足其社会需要。这一模型衍生自关切激励、勤奋与报酬、阶级与群体归属的形成等经济学和心理学理论,也被称为"婢女模型"。德国是这一模式的典型代表。蒂特马斯认为社会政策的剩余模式基于这样一个前提:私有市场和家庭是两个"自然的"(或社会赋予的)渠道,个人的需要可以通过它们而获得适当的满足。只有当它们崩溃的时候,社会福利设施才应该介入运作,并且只

① 吴水洁.析马歇尔的社会权利与公民权利矛盾[J].争鸣与探讨,2007(4).
② 蒂特马斯.社会政策十讲[M].江绍康,译.长春:吉林出版集团,2011:9-13.

应该是暂时的。这个模型的理论基础可以追溯到早年英国的济贫法,并可以从斯宾塞和拉德克利夫-布朗等社会学家,弗里德曼、哈耶克和伦敦经济事务学会的创办者及其追随者等经济学家所主张的机体—机械—生物的社会理论中得到支持①。

推荐阅读:社会思想理论相关著作

第三节　政党政治、福利国家与福利体制

政党政治作为现代政治社会的一种重要组织形式,表现为政党参与社会公共权力的管理。为维护政党的统治,社会福利作为人民福祉的重要体现成为政党的关注点。在此基础上,以英国为代表的早期政党政治国家在福利国家的理论上建立了完整的福利国家政策,最终在全世界范围内产生了几种福利体制。这方面的理论研究构成了社会保障思想的政治基础。

一、政党政治

所谓政党政治,从狭义上讲,是指一个国家的政权通过政党来行使。从广义上理解,则是指政党掌握或参与国家政权,并在国家政治生活和国家事务及其体制的运行中处于中心地位的政治现象②。英国是现代政党政治的发源地,也是实行两党制的典型国家,目前英国的政党政治比较发达和成熟,政党政治运行也较为公开和规范。塞缪尔·亨廷顿曾经说:"一个没有政党的国家也就没有产生持久变革和化解变革所带来的冲击的制度化手段,其在推行政治、经济、社会现代化方面也就受到极大限制。"③

在西方两党制或多党制的众多国家中,各政党之间的斗争经常围绕各种各样的政策问题,当然以社会保障为主要内容的问题更是其中一个难以回避的重要问题,所以国家每一次的政治变革中,以失业、养老、健康服务、教育和住房等一些社会保障问题为主要内容的福利制度往往就会成为政党之间政治辩论的一大焦点。当某一个福利制度由于其覆盖面广泛,能够使很多贫困的人、失业的人、难以度过老年生活的人、无法接受教育的人得到救助的时候,它就能够用这种政策的吸引力去得到更多的支持,以它为政策标榜的党派就能够执政,作为人民的代表来管理国家事务。当然这不仅仅是政党之间的这种行为导致的社会福利的提升,也不仅仅是好的社会福利政策使政党得到好处,这是一种使国家发展、人民生活得到更多保障的互利行为。

政治对社会保障的影响表面上是通过立法机关与行政组织产生的,实际上在某种程度上却是政党、各利益集团乃至政治家操纵的结果④。政党对福利的看法客观上对社会

①　蒂特马斯.社会政策十讲[M].江绍康,译.长春:吉林出版集团,2011:14-15.
②　梁琴,钟德涛.中外政党制度比较[M].北京:商务印书馆,2000.
③　塞缪尔·亨廷顿.变化社会中的政治秩序[M].上海:上海人民出版社,2008:237.
④　郑功成.社会保障学[M].北京:中国劳动社会保障出版社,2005.

保障制度的发展起很大的作用。政党作为某一阶级或阶层利益的代表,通过介入国家的政治生活来发挥自己的作用。在政党提出的政治宣言中,社会保障作为社会政策中的主体内容通常占有相当重要的地位,但社会保障的主张却并不一定会引起所有选民的注意,因为选民的关注倾向不仅与自己所处的经济、政治地位有关,而且与自己的偏好有关。不过,以工业化国家的经验来看,社会保障或许是能够引起广泛关注的政治敏感点之一,因为低收入阶层与劳工阶层希望获得更加公平的、全面的保障,而富裕阶层或资本家阶层却可能更多地考虑效率与成本问题。因此,任何政党在讨论国内政治经济问题时均难以回避社会保障或社会福利问题。

政党政治通过议会或控制政府来实现自己的政治主张和社会政策,其对社会保障的看法直接影响社会保障政策的制定与实施[1]。例如,美国有两大政党即民主党和共和党,民主党人认为,社会成员的生活困境是社会环境欠佳或制度的不完善造成的,政府应当努力改善环境、提供机会,同时负起照顾人民生活的责任,故设立社会保障制度是完全必要的;而且随着各种社会问题的出现,政府还应该不断改善社会服务来配合人民的需要。共和党是保守党,它的政纲与民主党的政纲有很大差别,在经济上反对政府干预,在福利上较民主党明显保守。由于两大政党对福利问题的看法存在很大分歧,每次不同的政党执政,美国的社会保障政策便会有一番变动。因此,美国今天的社会保障制度,既有罗斯福、杜鲁门、肯尼迪、约翰逊、克林顿等民主党政府不断扩大社会保障的影子,也有艾森豪威尔、尼克松、福特、里根、布什、小布什等共和党政府收缩社会保障的影子。

二、福利国家

"福利国家"这一概念最早由威廉·坦普尔于 1941 年提出,他将福利国家的宗旨确定为一种为普通平民服务的国家,用来区别以纳粹德国为例的、为统治者服务的"权利国家"[2]。

关于福利国家的制度构成,阿萨·布里格斯(Asa Briggs)认为福利国家是直接通过政治运作和行政手段对市场规制进行以下三方面修正的国家:不以个人的工作和财产的市场价值为决定因素,保证个人和家庭一定的基本所得;控制社会偶然事故(如疾病、老龄、失业等)给个人和家庭带来的不安全性的范围;保证所有公民享有可能提供的最好的社会服务,提供服务的对象和所商定的一定服务范围不以公民的社会地位和阶级归属而定[3]。戴维·米勒(David Miller)认为福利国家包含一系列将货币和必需品以及服务分配给公民的不以市场运作为基础的制度和政策[4]。

(一)福利国家思想

福利国家思想经历了古典自由主义、中间道路学派、新右派自由主义和社会民主主义

[1] 郑功成.社会保障学[M].北京:中国劳动社会保障出版社,2005:111-112.

[2] 尼古拉斯·巴尔,大卫·怀恩斯.福利经济学前沿问题[M].北京:中国税务出版社,2000.

[3] BRIGGS A. "The Welfare State in Historical Perspective"[J]. European Journal of Sociology,1961(2):221-258.

[4] MILLER D. "What's Left of the Welfare State?" [J]. Social Philosophy and Policy,2003,20(1):92-112.

"第三条道路"四个阶段的演变。伴随着理论的变迁,欧洲各国的社会政策也经历了不断调整的过程①。

1. 古典自由主义福利国家

古典自由主义的创始人是亚当·斯密,他认为市场经济活动具有一定的能动性,可以自动调节个人利益与社会利益的关系,不需要政府的干预和管理;政府的责任在于维护自由和公平的交换制度,而不在于去救助处于贫困之中的人;穷人要想追求财富与福利,改变自己的命运,个人必须提高劳动意愿②。

2. 中间道路学派福利国家

中间道路学派的思想主张是福利国家理论基础的集中体现,其基本特征是反对古典自由主义。1938 年英国前首相麦克米兰出版了《中间道路》一书,系统阐述了中间道路的主要思想,中间学派也因此得名。该理论首先肯定了资本主义市场制度的优越性,同时也认识到自由市场经济在带来经济繁荣的同时也会引发很多社会问题,如拉大贫富差距、提高失业率等。与古典自由主义不同,它强调了国家和政府在这些问题的解决上能够而且应该发挥的积极作用。中间道路学派其实是一种平衡主义和实用主义相结合的理论。它的平衡性表现在,它认为真正适合社会发展需要的是介于集体主义和极端的个人主义之间的一种温和的社会政策,这种温和的社会政策强调经济发展与调节社会矛盾冲突方面的平衡,两个社会目标相辅相成、相互依托,政府在这一过程中应具有一定的调节作用。中间道路学派的实用性在于提倡国家的存在价值是解决实际的社会问题,即在现有的条件下不断提高人们的生活水平,减少或消除社会中的不公正现象,为人们提供社会生活基本的公平感和安全感,并且通过教育等一系列措施为人们参与社会竞争提供必要的能力和机会。由于中间道路学派肯定了资本主义市场经济的优越性,同时适应当时欧洲的社会发展现实,有利于社会的稳定发展,因此该理论的思想主张迅速为各国所采用,并转化为具体的社会政策。这些政策的颁布执行构筑了现代福利国家制度的基本框架。英国最早通过立法手段建成了福利国家,1946—1948 年,工党艾德礼政府提出并实行了一系列重要的社会立法,包括《国民保险法》《国民医疗保健法》《住房法》《国民救济法》及《家庭补助法》等,来保证福利国家政策的实施。法国、瑞典、挪威、丹麦、联邦德国、意大利等紧随其后,纷纷效仿,也建立了福利国家制度。20 世纪五六十年代,资本主义正处于经济复苏阶段,经济增长势头强劲,雄厚的经济基础和物质保证为福利国家推行全方位、"从摇篮到坟墓"的社会保障提供了坚实的后盾。福利国家是欧洲中间道路学派价值理念的制度化体现,其最大的贡献在于发挥了社会一体化的作用,在很大程度上增强了生产力高度发达的市场经济社会的凝聚力,因此成为战后资本主义国家得以稳定发展的不可或缺的缓冲器。

①　王彩波,李艳霞.西欧福利国家的理论演变与政策调整[J].教学与研究,2003(11).
②　罗杰·汉森.地区一体化:十年理论努力的回顾[Z].欧洲共同体资料,1989(3).

3. 新右派自由主义福利国家

20 世纪 70 年代中期，随着世界石油危机的爆发，西方福利国家经济发展缓慢、失业率高等问题逐渐暴露了出来，国家难以承受庞大的福利支出。在这种情况下，新右派自由主义福利国家应运而生。

"新右派"（The New Right）思想的代表人物为哈耶克与弗里德曼。这种思想在本质上是对亚当·斯密为代表的古典自由主义的继承和发展，他们积极主张市场自由竞争，反对国家对经济和社会生活的干预。新右派认为国家福利的发展会侵犯个人的自由，导致极权主义的滋生，因此它是一件非常不幸的事情。在这种思想的指导下，新右派强烈反对制度化的福利制度，主张剩余式的社会福利模式，极力推行志愿主义，并大力突出市场和职业福利的作用。为适应社会发展需要，英国撒切尔政府率先以"新右派"的政治主张为指导思想，实行了一系列的福利改革政策。在经济方面，撒切尔政府主张减少国家对经济的干预，强调市场自身对经济的调节作用，大规模实施私有化；在社会保障制度方面，撒切尔政府主张降低社会福利支出，以减轻英国政府所承受的社会保障负担。强调个人在社会保障中应该承担的义务与责任，提倡国家责任与个人责任的基本平衡。撒切尔政府的福利改革方针新颖、目标明确、措施激进、行动果断，对英国社会的发展产生了良好的效果，不仅有效减少了福利国家的财政支出，而且激活了市场、增强了经济活力。但是随着改革的进一步深入，一系列新的问题又浮现出来，如贫富差距逐渐拉大、失业率增加、社会排斥现象严重、工薪阶层无保障感、社会安全和稳定性降低。这些问题的出现促使欧洲各国为福利国家的改革尝试新的思路与方法。

4. 社会民主主义"第三条道路"福利国家

"第三条道路"是一种新的尝试，它试图将国家社会主义与新右派自由主义相融合，但同时超越这两种传统政治意识和政治模式。这一过程中需要解决的核心问题依然是社会公正与资本主义的市场能否结合以及如何结合的问题。作为一种新的中左政治主张，"第三条道路"试图在抛弃这两种传统模式的弊端的同时，将两者的优势结合起来，一方面试图继承传统社会民主主义的社会公正、自由和机会平等、相互责任和国际主义等基本价值观念，另一方面吸收自由主义市场原则的积极成分，既让社会团结一致，又让经济富有活力。"第三条道路"力图寻找解决资本主义社会经济问题的整体方案，其改革重点和难点是社会保障政策的调整和社会保障体制的改革。由于其温和的特性和灵活务实的主张，"第三条道路"理论一经提出，便深得处于困境中的欧洲福利国家的重视，它们纷纷以这一理论为基础，从各国的实际问题出发制订了新的福利改革计划。

新旧世纪之交，"第三条道路"在西方国家受到广泛的关注。继美国民主党之后，英国首相布莱尔大力倡导"第三条道路"，西欧其他多数国家执政的中左政党也纷纷以"第三条道路"为指导思想制定了政治纲领和策略。"第三条道路"实际上是资本主义社会内部出现的一种社会改良主义，它是各国社会民主党为了摆脱困境而提出的一套提高竞争力和就业能力、限制和削减消极与不稳定因素的政策体系，是对传统民主社会主义价值观念、政治纲领、经济政策等进行的调整和修正。

（二）福利国家实践

1．济贫法

福利国家的雏形萌芽于西方近代一些国家的社会政策和一些思想家的思想中。英国是最早实施福利政策的国家。伊丽莎白一世面对资本主义的兴起所造成的农业的不稳定，认识到"是整个社会而不是专门的宗教团体应该救济年迈、生病或无法抗拒灾难而致贫困的人"[①]，于是英国便产生了以伊丽莎白一世时期的《济贫法》为开端的一系列社会保护法律，如 1897 年颁布的《工伤赔偿法》、1908 年颁布的《养老金法》、1934 年颁布的《失业保险法》等。

英国 1601 年颁布的旧《济贫法》，是世界范围内首次出现的国家在社会保障方面的立法。济贫法制度作为英国政府很长一段时间内解决社会问题的主要对策，在其后的三百余年的发展过程中，逐渐形成了济贫法传统，并对英国和欧洲范围内其他国家的社会保障制度的产生和发展产生了重要的影响。济贫法是一种比较早期的政府以积极作为的姿态直接干预和应对此类社会危机的尝试，有其合理的一面，但是也具有很多缺陷。同时，英国政府在发展和调整的进程中，由于每个问题的孤立性，很少或根本没有考虑其他的相关问题[②]。

2．新济贫法

1834 年，英国政府出台了《济贫法修正案》，即所谓的"新济贫法"。新济贫法克服了旧济贫法中的一些流弊，如滥施救济、管理不善等。英国从 18 世纪后半叶开始工业革命的进程，深刻而持久的社会经济变动日益加速，一系列巨大的社会风险和阻力决定了该时期济贫法的调整主要以缓和矛盾、化解风险的社会安全取向为主。从吉尔伯特法颁布到对斯皮纳姆兰制的实际认可，英国社会对贫民的严酷救济逐渐放宽。这是政府在面临严峻社会问题时出于实用主义的妥协和退让，也反映了随着工业化的开展以及人道主义等"伟大伤感思潮"的影响，包括统治阶级成员在内的许多人对贫民和贫困问题有了更深刻的认识。

3．《贝弗里奇报告》

在二战时期，基于当时的福利背景，为巩固战后的统治，影响整个社会保障制度发展的英国福利国家社会保障体系——《贝弗里奇报告》应运而生，它表达了二战中广大的英国人民对战后建立一个平等博爱的国家的理想。1941 年著名经济学家贝弗里奇应英国财政部长阿瑟·格林伍德的邀请，于 1942 年向内阁提交了一份报告，即《贝弗里奇报告——社会保险和相关服务》。报告提出了建立"从摇篮到坟墓"的一系列社会保障制度，即战后英国的福利国家社会保障体系，这也是英国成为第一个福利国家的理论基础。随后，在英国福利国家模式的影响下，瑞典、芬兰、挪威等国也相继建成了福利国家。贝弗里

[①]　伊·勒·伍德沃德.英国简史[M].上海：上海外语教育出版社,1990.

[②]　贝弗里奇.贝弗里奇报告——社会保险和相关服务[M].北京：中国劳动社会保障出版社,2008.

奇提出全面实施社会保障计划,该计划的主要特征是:它是一个抵御因谋生能力中断或丧失而造成的风险,或覆盖因出生、婚嫁、死亡而产生的特殊支出的社会保险方案。

《贝弗里奇报告》的全文包括六个部分,分别为导言和概论、主要改革建议及理由、三个特殊问题、社会保障预算、社会保障计划、社会保障和社会政策。以下内容参见《贝弗里奇报告》。

第一部分概括介绍了贝弗里奇委员会的工作过程和《贝弗里奇报告》的主要内容。①在当时的英国,社会保障制度的缺陷。②报告提出建议的三条指导性原则,即在规划未来的时候既要充分利用过去积累的丰富经验,又不要被这些经验积累过程中形成的部门利益所限制;应当把社会保险看成促进社会进步的系列政策之一;社会保障需要国家和个人的合作。③如何消除贫困。要消除贫困,首先要改进国家保险,为中断或丧失谋生能力的人提供生活保障。其次要根据家庭需求调整收入,也就是根据家长是否有收入及收入多少对儿童提供某种形式的补助。《贝弗里奇报告》根据事实诊断贫困,并找出解决办法。如在文中基于英国当时人口状况的问题,超出工作年龄的人口比重大、生育率低,制定了推迟退休年龄、维护母婴权利的制度。④对社会保障计划的概述。⑤社会保险的性质。⑥临时费率和待遇标准。⑦统一的社会保障计划及涉及的改革。⑧委员会工作过程与报告的签名。

第二部分审视了英国社会保障制度存在的各种问题并详细论述了 23 项改革建议及具体原因。在统一社会保险缴费、改革工伤赔偿、设置特殊群体保险、扩大伤残保险范围、统一失业和伤残人员等一系列待遇方面做出改革计划。

第三部分讨论了待遇标准和房租问题、老年问题以及赔偿途径三个特殊问题。

第四部分研究了社会保障预算问题,在分析社会保险支出状况及各方的缴费能力和缴费意愿的基础上,提出了由政府、雇主和参保人三方共同出资的方案。

第五部分论述了社会保障计划,社会保障体系框架中提出在社会保险、国民救助和自愿保险三个层面满足不同人群的需要。在这个规模宏大的社会保障框架中,《贝弗里奇报告》为人们勾画了"从摇篮到坟墓"的全程社会保障的福利国家思想和实施方案。其中提出了构建福利国家社会保险计划的六项原则:一是基本社会待遇标准统一;二是缴费率统一;三是行政管理职责统一;四是待遇标准适当;五是广泛保障;六是分门别类,适合不同人群。这六项原则集中表达了福利国家思想的社会保障政策主张。

第六部分为社会保障政策,详细讨论了子女补贴全方位医疗康复服务和维持就业问题,并把消除贫困定位为战后的基本目标,明确提出社会保障计划的目标是确保每个公民只要各尽其能,在任何时候都有足够的收入尽自己的抚养责任以满足人们的基本生活需要。

尽管《贝弗里奇报告》的发表距今已有七十多年,但它所标示的社会保障思想的统一性所建立的这一整套社会保障制度,以及它所倡导的理念、原则和方法,连同它对美好生活的憧憬,使其到现在都能够以它很强的生命力影响很多国家的社会保障措施。福利国家的福利政策增加了国家与社会、政府与个人的互动意愿,并且在操作层面上与具体政策实施过程中采用了多种手段和弥补措施,目的是使福利国家更加符合社会发展的时代要求。

同时,《贝弗里奇报告》认为福利国家思想的社会保障政策要遵循四项重要的原则,即普遍性原则和类别性原则、保障基本生活原则、统一性原则、权利和义务对等原则。普遍性原则和类别性原则,是指社会保障应该满足全体公民不同的社会保障需求;保障基本生活原则,是指社会保障只能确保每个公民基本的社会生活需要;统一性原则,是指社会保障的缴费标准支付待遇和行政管理必须统一;权利和义务对等原则,即强调社会保障中政府责任和公民义务的统一。总之,福利国家思想的社会保障政策应以保障居民拥有维持基本生活所需要的生活资料为出发点,同时惠及全体居民并实行全民的全面保障。

但是,任何一种思想,包括福利国家思想的发展,在其发展过程中必定会因为一些难以提前预测的实际情况,而产生一些难以预计的困难,福利国家的发展历程正向我们说明了这种逻辑。如果它自身缺乏持续发展的能力,那么它就不能维持制度制定者和执行者在公众心目中的形象,从而无法维持政府在公共事务中的信誉及其权威地位。面对这一系列的困境,我们并不能找出一种普适的办法去解决福利国家带来的问题,但是每个国家可以根据本国的实际状况制订自己的应对计划,建构适合本国国情的福利规划。

三、福利体制

《贝弗里奇报告》提出后,英国建立了福利国家。福利国家这一概念被不同国家以不同的理解加以应用后,就产生了福利国家体制。其中安德森关于福利国家体制的三种模式分类影响最为深刻。此外,东亚福利体制是第四种独特的福利体制。

(一)安德森的三种福利国家体制

在《福利资本主义的三个世界》这本书里,安德森用"福利国家体制"统摄了全书内容,有如下几点原因:首先,福利国家这一概念被过分狭隘地与传统的社会改良政策联系在一起;其次,我们所要说明的是,对当代发达国家进行分类的依据,不仅仅是传统社会福利政策的构建,而且是从这些政策对就业和一般社会结构影响的角度来说明。谈论一种"体制"就意味着这样的事实:在国家和经济的关系中,二者构成了一个复杂的结合体,其法律的和组织的特征有系统地交织在一起。

安德森认为现有的针对福利国家的理论模型还是不充分的,只有比较实证研究才能充分揭示把现在福利国家统一或分隔开的根本性特点[①]。1990年,艾斯平·安德森使用"福利体制"这一概念,给出了三种福利体制类型,每一种都是围绕其自身的组织、分层和社会一体化的逻辑组织起来的。安德森提出非商品化、社会分层和就业三要素是判定一个福利国家性质的关键,他基于这一标准把发达资本主义国家分为三种不同体制类型的福利国家,即自由的、保守的和社会民主的福利国家。

第一种是自由主义的福利体制,这种模式以美国、加拿大、澳大利亚为原型。它以资历审查式的社会救助,辅以少量的普遍性转移支付或作用有限的社会保险计划为主导。这种模式中公共福利主要针对低收入的人,如工人阶级、对国家有依赖的人。在这项模式

---

① 埃斯平·安德森.福利资本主义的三个世界[M].北京:商务印书馆,2010.

中,有严格的"对福利的限制相当于选择福利而不工作的边际倾向"的伦理标准。第二种是保守主义的福利体制,这种模式以奥地利、法国、德国和意大利等国家为原型。该制度类型的前提是就业和贡献相关联的公共社会保险计划。社会权利的资格以工作业绩为计算基础,即以参与劳动市场和社保缴费记录为前提条件,带有保险的精算性质。在此种模式下,家庭承担了很多福利责任。这类制度最初发生在德国并得到长期发展,然后扩展到整个欧洲大陆。第三种是社会民主主义的福利体制,以瑞典等国家为原型。这种体制不允许国家与市场之间以及工人阶级与中产阶级之间的二元分化,是追求最高水平实现平等的福利国家,在这类国家中,社会民主是其社会改革背后的主导力量,在这种体制下,体力劳动者也能享有同工薪白领或公务员相等的权利,所有社会阶层均纳入普遍的保险体系,福利根据设定的收入累进,而且是要能在家庭的救助能力消失之前先将家庭关系的成本社会化,还有能够融合福利与工作的特征[①]。

(二)东亚福利体制

在安德森的三种福利体制之外,在有关福利制度的研究中又产生了以日本、韩国、新加坡等国家及我国台湾、香港地区等为原型的东亚福利体制。学者们起初的研究是试图将东亚福利体制纳入埃斯平·安德森的三种福利体制类型中,但是却发现东亚福利体制是不同于埃斯平·安德森的三种体制之中的任何一种的。

1985年迪克逊(Dixon)和金(Kim)的《亚洲社会福利》、1986年罗斯(Rose)和希拉托里(Shiratori)的《福利国家:东方和西方》的发表标志着东亚福利研究的开始。这一时期学者们对东亚福利体系的研究大多采取的是在平行的不同国家之间考察的方法,注重与西方福利国家模式相比较。在之后的90年代才上升到所谓的"福利体制"层面进行探讨,才把东亚福利作为一种独特的模式进行分析,如1993年琼斯提出了"儒教福利国家"(Confucian welfare state),1996年古德曼和彭提出了"日本型福利国家"(Japan-focused welfare states),2000年霍利德提出了"生产主义福利资本主义"(Productivist Welfare Capitalism)等。

东亚福利体制受到东亚独特的政治、经济、文化等方面的影响,其独特之处随着研究的逐步深入显现出来,我们可以分别从以下三个视角来解读东亚福利体制。

首先,从东亚文化的比较角度来解读。这可追溯到1986年罗斯和希拉托里的《福利国家:东方和西方》,这一研究超越了国别研究的范围,从而开辟了从跨国文化角度讨论东亚福利体制的先例。从文化角度来研究福利体制最有影响的成果是琼斯的"儒家福利国家"[②]。2005年沃克在对东亚福利的研究中,也十分强调东方文化因素对东方社会福利产生的影响[③]。

其次,从东西方福利体制比较角度来解读。怀特及古德曼指出了两者的差异:①相

---

① 埃斯平·安德森.福利资本主义的三个世界[M].北京:商务印书馆,2010:37-40.

② JONES C. The Pacific Challenge: Confucian Welfare States[M]// JONES C. Perspectives on the Welfare State in Europe. London and New York: Routledge,1993.

③ WALKER A,WONG C K. East Asian Welfare Regimes in Transition: From Confuciansism to Globalisation[M]. Bristol: The Policy Press,2005.

比西方,东亚国家的福利开支相对较少;②在西方,一般视福利为社会公民权利,但在东亚国家很少会接受这一概念,它们倾向于以社区、雇主、家庭等非国家机构来应付福利的需要;③东亚国家倾向于以选择性及社会保险的形式来提供福利服务,而不像西方社会的普及主义(universalism)以赋税为基础的福利。怀丁则指出东亚福利体制的社会政策有九个共同的特征:①低的政府福利支出;②聚焦经济成长的积极性福利政策;③政府对福利的敌视态度;④强烈的残补概念;⑤以家庭为中心;⑥政府扮演规范及鼓励的角色;⑦片断、零散方案的福利发展;⑧借助福利来支持及建立政权的稳定与合法性;⑨对福利权的有限承诺[①]。

再者,从东亚发展模式角度来解读。霍利德提出东亚是生产主义的福利资本主义,认为东亚的福利体制是生产性的,社会政策是服务于经济发展与促进经济发展的。主要的体制特点是:经济政策目标中压倒一切的是经济增长,其中心概念是成长导向的政府,国家的决策者借着辅助的手段追求经济成长。同时,他认为在生产主义的福利体制国家中,东亚国家占了1/4。

迄今为止我们所看到的自由主义的福利体制、保守主义的福利体制、社会民主主义的福利体制以及东亚福利体制的研究,其学术意义重大。因为一种体制的形成,总是能追根溯源,找到其形成的路径。这样的研究有助于揭示各类福利体制国家社会政策的基本特点、发展动力和各类主体的交互作用,从而为分析政策制度、确定发展方向提供一定的启示。而且,考察各类福利体制的社会政策发展和社会保障体系,并进行比较,不仅有助于我们认识历史进程、文化背景等因素对福利体制的影响,还能够检验社会政策发展的不同路径及其效应。

延伸阅读:威伦斯基和莱博的福利国家的模式分类

第四节　道德宗教、文化模式与价值理念

社会保障思想在其形成与发展过程中,受到道德宗教、文化模式和价值理念的影响。宗教、文化与价值理念作为影响人类生活的基础性理念,贯穿社会保障的原始形态至当代,可以称之为不同社会保障思想流派的理论渊源。

一、道德宗教

道德宗教是其信仰追随者的普世价值观,从根源上影响人们的生活和思维习惯,也是一些传统社会保障的思想源起。不同的道德宗教虽然教义有所差别,但其共同追求的"奉献、互助"的精神成为社会保障思想产生、发展的源泉。例如,"佛教教人慈悲为怀,强调以深度的爱护之心予众生以快乐幸福,以深切的同情怜悯之心拔除众生的痛苦""基督教强

①　GOODMAN R,PENG I. The East Asian Welfare States: Peripatetic Learning, Adaptive Change, and National Building[M]// ESPING A G. Welfare States in Transition: National Adaptations in Global Economics. London: Sage,1996.

调爱人如己，将行善作为《圣经》的基本内容来约束教徒"[1]"伊斯兰教将慈善作为信徒的五种义务之一，犹太教强调'什一捐'"[2]。此外，儒教倡导"五十者可以衣帛""七十者可以食肉""黎民不饥不寒"等使大家都有基本生活保障的仁政思想。

社会保障最初以慈善救助的形态出现，而"公益善心与慈善动机是慈善事业的道德基础"[3]。慈善心是公益慈善的原始冲动，更是慈善行为的初始动机，以慈善心为基础而形成的人道思想，成为慈善事业的灵魂。中国历史上慈善事业就是在父慈子孝、兄友弟恭、"老吾老以及人之老，幼吾幼以及人之幼"等以"仁慈"道德情感为核心的价值牵引下，不断向前发展，如一些乡绅、官吏举办的慈善救助。在西方社会中，教会主办的慈善事业救助也是因为受到宗教、道德的影响。可以说，人们的道德同情以及宗教的相关教义为社会救助的出现奠定了伦理基础，也为现代社会保障制度的出现与发展提供了肥沃的土壤。

世界上几大宗教共同的慈爱、奉献、互助的教义，对信仰者和统治者都是一种道德的规范和引领，也曾在当时的社会事务中起到重要作用，如扶危济困、慈善救助，而社会保障的伦理基础正是互助。可见，道德与宗教教义在灵魂理念上深刻影响着社会保障思想的产生、发展以及制度的演进。

二、文化模式

人的行为、观念传统以及社会、经济、政治结构均深深地植根于早期文化设定和文明起源进程。对于一种受社会、文化等诸多因素制约的制度的植入，最重要的还要看是否存在植入的社会经济条件[4]。从历史发展看，社会保障正式诞生于工业革命之后，"从家庭保障到社会保障的演变体现了农业文明向工业文明的变异与超越"[5]。从当前现状看，全球社会保障发展模式呈现的多样化和差异性，体现了不同国家和地区文化的多元性。例如，东亚社会保障模式深受儒家文化的影响，西欧社会保障模式留下了基督文化的烙印。文化模式是指一定区域、民族或国家的人们长期形成的自己的文化，包括文化观念、文化习俗等方面，文化模式长期影响人们的生活价值观进而影响人们对于社会保障的看法，最终导致不同社会保障思想流派相似或相异的观点产生。

首先，不同背景的文化模式反映了人们对社会保障的共同诉求。中国传统文化中的"世外桃源""大同社会"、西方的"理想国""乌托邦"，这些关于假想社会的思想共同反映了人们对平等社会的憧憬与向往，而这也勾勒出社会保障发展的最终目标图景，即人人平等、共享社会成果、不受外界制约。

其次，社会保障文化是解释不同社会保障制度（模式）差异的一个关键变量，是影响和

① 郑功成.社会保障概论[M].上海：复旦大学出版社,2005：37.
② 郑功成.社会保障学——理念、制度、实践与思辨[M].北京：商务印书馆,2008：27.
③ 翟绍果,许琳,张玉琼.慈善事业的体系要素与治理机制研究[J].中国民政,2015(3).
④ 林义.社会保险制度分析引论[M].成都：西南财经大学出版社,1997：96-97.
⑤ 翟绍果,杨竹莉.乡土文化变迁与农村养老保障演进思考——以来自关中 C 村的质性研究为例[J].社会保障研究(京),2014(1).

"塑造"社会保障制度的一个重要参数[①]，不同文化模式在很大程度上导致了社会保障思想流派的差异性。例如，以海洋文明为主的西方社会强调自由、竞争、民主、平等，基督教文化则一直渗透于西方社会并产生重大影响，宗教慈善事业在历史上承担了救济的主要责任。这一社会文化传统致使一些思想流派的诞生，并影响其核心观点。西方民主文化的发展也使社会力量尤其是第三部门在社会保障中依然扮演着重要角色。例如，英美发达国家在政府变革浪潮中将一部分社会事务交给第三部门来处理，这既减轻了政府的负担，同时在某种程度上也提高了效率。而以土地文明为主的东方社会向来重视家庭保障、集体主义。东方社会主要受到了儒家文化圈以及佛教教义的影响。儒家文化追崇"仁政""民本"的思想，要求集体保障、互助以及国家在社会事务中承担主要责任，因此直至今天东方国家的社会保障大多仍以国家政府为主要力量。例如，新加坡的全民强制公积金计划、中国政府统一管理的社会保障体制都体现了这一文化理念。

79

世界上几个经济条件、社会制度相似的国家迥异的福利制度也进一步解释了文化对于社会保障制度的关键性影响。日本和美国同样是经济发达的大国，但两国的社会保障制度差异较大，美国注重市场的调节，而日本则注重对家庭的保障，这无疑是两种文化差异对社会保障制度影响的典范。美国、英国与瑞典虽然社会制度相同、经济发展水平相当，却有着截然不同的社会保障制度。美国的主要文化价值观念是崇尚自由，强调劳动主义，认同个人通过劳动奋斗来谋取财富，经常使用良知、道德、同情心来论证社会福利。社会保障受益者基本上是根据其本人对社会经济的贡献程度来考虑其生活保障，因此，美国的社会基本保障虽不发达，但作为补充养老保险的企业年金却异常普及，这也是劳动至上的表现。英国的主要文化价值观念是所谓的"经济性平等"，倡导社会福利是公民与生俱有的权利，其鲜明特征是把保障社会个体成员（不管其有无所得）的最低国民生活水准作为国家的义务，维持所谓平等的市民社会。瑞典的主要文化价值观念是所谓的"社会性平等"，也就是把平等的价值观渗透到整个社会之中，不仅仅限于机会的平等，而且十分强调结果的平等，因此是一种特别重视消除社会差别的社会性平等。它完全不同于英国仅保障最低生活水准线上的平等，而是在所得分配领域内实现收入平等化。

总而言之，"道德文化与社会保障的关系是多维的，建设与发展现代社会保障制度不能忽略对道德文化因素影响的估量，否则，社会保障制度的建立与国家或民族的道德文化不相吻合，最终可能付出苦涩的代价"[②]。正可谓文化乃制度之母，不同社会保障思想流派的诞生离不开地域文化的影响，而社会保障制度的设计必然需要立足实际的文化模式，方能显示制度的适应性与实效性，也只有适应本民族文化的制度才能被接受，才能持久发展。

三、公平正义

"正义是一切社会制度的首要价值"[③]，也就是说评价任何社会制度，设计上的有效率

---

① 翟绍果，王佩.社会保障科学发展的文化阐释[C]//第三届中国社会保障论坛论文集.北京：中国劳动社会保障出版社，2008：1288-1301.

② 郑功成.社会保障学——理念、制度、实践与思辨[M].北京：商务印书馆，2008：245.

③ 罗尔斯.正义论[M].北京：中国社会科学出版社，2009：3.

和有条理只是一个考量方面，首要前提是正义。只要它们不正义，那么再有效率和条理的制度也应予以废除。而对于社会保障这种以维护社会公平稳定为天然宗旨的制度，这一价值导向在制度设计方面显得至关重要。

正义这一价值理念具体体现在两个方面的原则上：首先是自由平等的原则，即"每个人对其他人所拥有的最广泛的基本自由体系相容的类似自由体系都应有一种平等的权利"[1]，即在一个正义的社会里，每一个人所拥有的基本权利和自由都是平等的，这些基本权利包括参与政治、思想言论、财产保障等方面的自由公平不被剥夺。其次是差异原则，是指"社会的和经济的不平等应这样安排，使它们被合理地期望适合每一个人的利益；并且依系于地位和职务向所有人开放"[2]，即在收入和分配中，社会的和经济的不平等是现实存在的，但要注意调节利益分配的差别，使每个人都获益，合乎每个人的利益。虽然这两个原则体现在公平权利和利益分配两个不同领域，但其地位并非是平等的，公平的原则应优先于共同获益的原则，即共同获益是以基本权利的平等享有为前提。这两个原则说明了社会保障制度存在的价值意义，即维护社会正义：一方面通过制度保障弱势群体不因生活生产的变革而被淘汰，保障他们公平地享有基本权利；另一方面通过收入的再分配削减高收入者的收益使低收入的弱势群体获益，实现全社会的共同获益。

总的来说，正义既是人们社会理想的组成部分，又是调节社会利益冲突的重要手段。由于生产力的大发展，现代社会市场竞争的经济理念深入人心，道德伦理的规范已经难以真正实现利益共享的制度约束。因此稳定的利益共享社会不仅依靠道德伦理的规范制度，更需要社会基本制度的公平正义安排以及这一基本制度结构所建立起来的公正秩序来维护，而这一制度安排的实践操作便是社会保障制度。

四、自由发展

自由发展的理念源于阿玛蒂亚·森《以自由看待发展》著作中的论述，这是一种聚焦人类自由的发展观，核心观点即"发展可以看作是扩展人民享有的真实自由的一个过程"[3]。自由是发展的目的，发展是为了人民自由的拥有而非权利的剥夺，发展的目的就是消除剥夺人民自由的那些因素最终实现自由。不自由的形式多种多样，全世界许多人在经受各种各样的不自由，具体表现在基本生存的自由、享有医疗保健和卫生设施的自由、教育的自由、就业的自由、长寿的自由等，剥夺这些自由的形式包括饥荒、强权政治、灾害、疾病等。同时，自由也是发展的一种手段，以帮助人们更自由地生活并提高整体能力，这就是工具性自由，包括"政治自由、经济条件、社会机会、透明性保证和防护性保障"。其中，防护性保障是为了给在物质条件对生活产生不利影响进而处于损害的边缘或实际落入贫困的境地的人提供社会安全网的保护，防止受到损害的人遭受痛苦、饥饿甚至死亡，这种防护性保障实质就是社会救助的一种重要体现。而在这一价值导向下，社会保障的目标便是通过发展各项正式制度以减少自由剥夺的因素，为人们提供获取各种自由的机会。

① 罗尔斯.正义论[M].北京：中国社会科学出版社，2009：60-61.
② 罗尔斯.正义论[M].北京：中国社会科学出版社，2009：61.
③ 阿玛蒂亚·森.以自由看待发展[M].北京：中国人民大学出版社，2002.

自由发展的价值理念从非单一经济的角度论证发展的目标进而为社会保障的发展提供观念上的更新。例如,贫困问题往往被视为经济收入问题,许多贫困或经济平等的测量指标如基尼系数,都是以人们的收入作为衡量标准。自由发展则将贫困论证为不仅仅是收入低下而是人类基本能力和权利的剥夺。其中基本能力具体指一个人生存、健康、获取知识教育、保持健康的能力,而基本权利的剥夺则表现为饥饿、营养不良、疾病、过早死亡、不能接受能够识字算数的教育、不能享受政治参与等。因此,自由发展的理论证明了社会保障的构成不仅包括物质方面,还包括精神文化、政治参与、社会机会和社会交往等方面。这一理念绘制了社会保障的发展目标,即不应只局限于经济物质方面的满足,还需要综合考虑政治参与、教育等方面的自由发展,避免这些保障自由发展的权利被剥夺。在这一理念的导向下,人们现在更加注重从个体能力、社会权利、生活质量等角度对社会保障问题进行研究,从强调经济增长和收入再分配,到倡导增强人的可行能力和拓展实质自由,社会保障理念发生了质的变化。

延伸阅读:经济学家对贫困问题的研究

第五节　社会保障思想流派比较

综观上述社会保障思想流派,我们不难发现,各个学派虽然都有自己的主张,但对于社会保障制度,其共同点和争议点主要体现在责任主体和价值追求两个方面。政府、市场、社会与家庭是社会保障的重要参与者,政府对公平的向往、市场对自由的追求、社会对正义的倡导以及家庭伦理成为不同主体参与社会保障的价值诉求,而基于此形成的各类社会保障思想流派均离不开特定道德文化的影响,也拥有其各自倡导的价值理念与政治制度。

一、政府、市场、社会与家庭

与经济学相关的思想流派集中体现了社会保障责任主体方面的讨论。经济自由主义强调自由市场的万能作用,认为市场是第一性的,为了效率必须牺牲公平,反对政府对市场和社会的干预,在社会保障方面强调个人和家庭的责任。国家干预主义则看重政府对经济和社会生活的调节功能,强调社会公正和公民的社会福利权利。第三条道路等中间道路学派试图在政府与市场、公平与效率、权利与责任之间取得某种平衡。除去不同派别之间的差异,即使在同一派别内部,具体理论之间仍有差异。例如,在国家干预主义理论中,重商主义强调国家对经济的干预是为了保证财富的积累,其提倡的干预政策也主要是货币政策,局限在流通领域,更强调对经济本身的影响,并且重商主义当时对市场经济的认识还很欠缺,可以说,该学派的国家干预思想具有很大的局限性,但它萌发了国家干预的种子,为后来国家干预主义的发展奠定了一定的基础;德国历史学派中的国家干预思想则在很大程度上奠定了国家在社保制度中应尽的义务,特别是在劳动领域,推动了国家社会福利政策的实施,德国新历史学派的政策主张直接推动了现代意义上的社保制度的建立;瑞典学派的干预思想为瑞典的福利制度提供了理论基础,它不仅强调国家对经济的宏观调控,更注重国家在分配领域的作为,追求社会公平;凯恩斯的国家干预主义理论在社保理论中具有里程碑式的意义,对社会政策产生了重要的影响,他主张充分就业和有效需求,这需要通过收入分配政策和财政政策来实现,而这又需要国家的干预。凯恩斯的主张为西方资本主义国家干预政策的广泛实施提供了理论基础,直接推动了美国社会保障制度的建立,罗斯福时期的社会保障制度是凯恩斯理论的实践。同时,它还直接推动了二战后社会保障制度在全世界范围内的建立[①];费边社会主义主张政府提供积极福利,更加注重政府干预对整个社会的作用;新凯恩斯主义则强调政府的适度性干预。

强调市场作用的主要是自由主义。自由主义学派最初强调市场的作用也纯粹是基于经济自身的发展考虑,而在其后的演化中,尤其是随着大工业化时代的到来,劳资矛盾的激化、风险的社会化等问题的出现,使市场也逐渐在社会事务中承担社会责任,特别是在社会政策的执行过程中。对于社会保障而言,商业保险是其重要的补充保障,社会保障基金的投资运营也依赖完善的市场机制。其学派之间思想的比较大致如下:奥地利学派主张限制政府的权力,发挥市场作用,政府不应干预和"纠正"市场自由形成的分配关系,也不应干预教育等国民事业;以弗里德曼为代表的货币学派认为政府的干预会加剧经济的动荡,政府只应控制货币的供给量,而不应干涉利率、物价和失业率等,这些应是由市场自由配置;理性预期学派更是认为政府也不应控制货币的流通量,政府要做的是保证政策的连续性和稳定性,认为市场机制、自由竞争能保证经济的长期稳定发展;供给学派主张降低所得税,鼓励人们努力工作,反对政府干预过多,并主张减少抑制供给的政策干预。而基于发挥市场作用的各思想学派,自然地认为个人应对自己的生活保障负责,政府只对陷入窘迫的人负一定的责任。美国的社会保障制度则很明显地体现了这样的思想。

随着各学派的发展,学者们发现不论是市场还是政府,在社保领域都有不可或缺的作用,并且在各种风险社会化尤其是老龄风险日益加剧的今天,不仅要发挥市场和政府的作用,同时也要注重发挥社会的力量。"第三条道路"思想的出现、西方福利多元主义的兴起以及我国提出的社会保障社会化的思想,都体现了参与主体的多元化,试图在权利与义务、公平与效率、政府、市场、社会以及家庭之间寻求一个平衡。

家庭作为社会最小的细胞,在未建立社会化保障的时期,发挥着重大的作用。这一点在东方国家显得尤为突出。中国古代的家族承担着整个家族成员的生活保障重任,当成员陷入窘迫时,家庭是其首要的求助来源,其次是来自家族的帮助。在我国以及一些社会化保障措施不发达的国家,家庭仍然是最重要的保障来源。家庭的首要保障功能在西方社会也是普遍存在的。如今,日本的社会保障制度依旧是以保障家庭为主,从而保障家庭中的成员。总而言之,在当今社会,为应对巨大的社会风险,政府、市场、社会以及家庭等四大主体缺一不可,这在各个社会保障思想流派的核心观点中都逐渐得以显现,福利多元主义理论便是该思想的典型体现。

二、公平、自由、正义与伦理

关于不同的社会保障参与主体尤其各自的价值追求的研究几乎渗透到各种社会保障

---

① 方菲.从极端到理性的回归——西方社会保障理念嬗变及其道路选择[J].天府新论,2009(1).

思想流派之中。公平、自由、正义与伦理是社会保障最终的价值追求,而各具特色的思想流派对于不同的价值追求有着各自的研究与倡导,在每一个思想领域总有其独特的发展。

就公平与社会保障而言,在经济学思想下,市场在配置资源的时候往往会导致两极分化,这就需要国家干预以保障其公平性。国家的干预思想经历了从重商主义下的经验主义的政策主张,到西斯蒙第极力主张国家保证"全民的利益",保证所有的人都获得所期待的利益,到瑞典学派的理论和政策中主张用收入再分配的方法实现收入均等化,到凯恩斯学派的失业问题,再到新剑桥学派把改善资本主义社会收入分配结构、实现收入均等化作为经济政策的首要的、绝对的目标,再到新凯恩斯主义的"第三条道路"不至于过度自由与过度干预的思想,其趋势就是维护社会保障的公平。

就自由与社会保障而言,在福利经济学角度的社会资源最优配置问题上,著名旧福利经济学家代表人物庇古指出,实现最优配置的基本机制是私人的自由竞争,国家干预局限于征税与补贴。相对福利经济学说对倡导自由竞争的传统经济理论形成了强有力的挑战,个人追求自身利益的自由往往会给他人造成损害,一个人的获益将导致另一个人的损失。阿玛蒂亚·森的自由发展观包括"免受困苦——诸如饥饿、营养不良、可避免的疾病、过早死亡之类——基本的可行能力,以及能够识字算数、享受政治参与等的自由",还包括各种"政治权益"。他眼中的福利构成不仅包括物质方面,还包括精神文化、政治参与、社会机会和社会交往等方面。从自由主义经济角度而言,如古典经济学以前的自由主义经济思想主张放任自由、充分发挥市场的作用;古典经济学时期的自由经济思想主张自由、限制政府权力和反对专制为特征的早期自由主义;新古典经济学时期的自由主义经济思想认为经济自由是经济发展、社会和谐的基础;新自由主义经济思想主张在自由基础上进行国家干预,让国家宏观调控政策指导市场的自由运行。

就正义与社会保障而言,在社会契约理论思想下,早期社会契约思想指出个人权利先于国家权力,并且是国家权力的来源,有效维护个人权利是国家行使权力的唯一正当性凭证。这种社会正义导向下的个人自由、平等理念始终贯穿后来的社会契约理论中,奠定了社会契约理论的基本格调。以权力合法性为核心的统治契约论指出,人民赋权于某人,使之将正义实行于每一个人,保障每个人的权益。以人创设国家为核心的古典契约论的基本假设是人们从自然状态进入社会状态(国家)。政治社会的意义在于克服自然状态的无序和不便,为人们实现个人权利提供保障。由全体个人的结合所形成的道德与集体的共同体就是国家或者政府,至于结合者则称为公民,同时,每个结合者及其自身的一切权利全部都转让给这个共同体,由这个所谓最高的"公意"来支配个体的意见①。新社会契约理论代表人罗尔斯认为,任何社会制度都必须以正义作为其道德基础,"一种理论,无论它多么精致和简洁,只要它不真实,就必须加以拒绝或修正;同样,某些法律和制度,不管它们如何有效率和有条理,只要它们不正义,就必须加以改造或废除"②。

就伦理与社会保障而言,伦理约束着个人、家庭、社会等各方的行为。以家庭成员之间的帮助来说,父母有养育子女的伦理约束,子女有为父母养老的伦理约束,若家庭成员

---

① 卢梭.社会契约论[M].北京:商务印书馆,2003:18-21.
② 罗尔斯.正义论[M].北京:中国社会科学出版社,2009:3.

之间不能互相依靠、社会成员之间见死不救就会受到谴责。目前的家庭结构与功能的变化与社会保障的发展密切相关,社会保障不可能也不可以代替伦理上的这种相互依偎关系,而这种关系正是社会保障发展的强大依靠与动力。因此,通过增进社会成员之间的关系、保障困难家庭的生活来维护伦理进而起到配合、支撑社会保障发展的作用,是我们所有社会成员期待并应该努力去做的。

更多情况下,社会保障的公平、自由、正义与伦理是很难截然分开的,如在公平正义理论下的社会保障,卢梭认为给予人民的福利应该适可而止,应该保护有势有财之人和贫穷需要帮助的人,不让他们任何一方不公正地占优势,应该制定法律,不分贵贱,一视同仁。在自由主义的正义观下,各个学者的关注重点是不同的,如罗尔斯主张差别原则的结果正义,兼顾平等与自由,强调再分配的必要性;诺齐克主张权利正义;哈耶克关注规则正义,主张有限度的保障和限制政府的作用方式,即政府只能提供防止严重的物质匮乏供给及市场机制无法提供的某些公共物品,来保障每个人维持最低生活的需求。再如安德森在《福利资本主义的三个世界》中指出,保守主义福利体制中"法团主义"色彩很浓,往往致力于维护家庭关系。只有家庭对其成员不再有服务能力时,国家才会给予干预①。由此可见,社会保障的公平、自由、正义与伦理的发展是密不可分的。

三、权利、制度、价值与文化

不同社会保障思想流派的核心观点多能溯源于理念性的价值导向,影响至实践的制度操作,比较的共同点与差异化具体表现在公民权利的保障、制度框架的设计、价值观念的倡导以及特定文化的影响等方面。

首先,不同的社会保障思想流派共同追求对公民权利的保障。马歇尔将社会权利提高到与公民权利、政治权利并列的高度,认为公民权利和政治权利得到落实的前提是社会权利得到保障,提出社会需要通过经济、教育、医疗服务、住宅等保障公民基本的社会权利。蒂特马斯在关于社会政策的讨论中提出社会政策的宗旨是行善,其指向是为市民提供福利。此外,福利国家的思想产生的目的正是保障公民的社会权利,而阿玛蒂亚·森自由发展的观念追求保障公民权利,消除不自由的影响因素,最终促进个体和社会的自由。公平地保障每个公民的社会权利则是正义论的第一原则。因此,保障公民权利是不同社会保障思想流派的共同追求。

其次,不同的社会保障思想流派影响不同的制度框架设计。一方面,不同思想流派的价值追求影响不同的制度体系。例如,经济自由主义、国家干预主义和第三条道路关于政府与市场作用认知的分歧使各国社会保障在筹资、管理、给付上显示出差异化特征。另一方面,不同思想流派划分社会保障制度模式的出发点也有差别。例如,蒂特马斯从国家的作用、优先考虑的事项、接受者的地位和政治立场等方面将福利国家模式划分为制度化的再分配模式、工业成就模式和剩余模式;安德森以非商品化、社会分层化和就业三要素为标准把发达资本主义国家分为保守主义的、自由主义的和社会民主主义的福利国家三种

---

① 安德森.福利资本主义的三个世界[M].北京:商务印书馆,2010:38.

不同体制类型的福利国家。

再次,不同的社会保障思想流派各有其特有的价值倡导。不同的社会保障思想流派对于一些关键问题的认知差别导致了各自核心观点的不同,最终使其思想流派具有各自特有的价值倡导。例如,对于社会保障中国家与市场关系的不同认知形成了自由主义、国家干预主义和第三条道路几种思想流派,它们分别倡导自由至上、国家控制和合作治理的观念。关于社会发展目标的认知差异形成了以实现纯经济增长为唯一目标的传统福利观,以保障公民在经济、社会参与、文化教育等方面自由的自由发展福利观和以实现差别化公平、共同获益的正义理念,形成了各自关于经济至上、自由发展和公平正义的价值倡导。

最后,不同的社会保障思想流派根源于特定文化的影响。自由主义、国家干预主义的思想根源于以英国为代表的自由竞争的文化传统和以德国为代表的集体统治的文化传统,而第三条道路则诞生于这两组极端思想文化的斗争之中。社会契约思想产生在西方近代文艺复兴和启蒙运动的思想解放浪潮中,而福利体制的完善又大大提高了公民意识,这种文化意识抽象成思想流派便是社会权利与社会政策的理论以及福利国家普遍公民权的原则。最终,东西方的宗教教义和主流文化价值观影响了各自关于社会保障的理念和看法,这一点对于当地社会保障思想和制度的发展至关重要。

本 章 小 结

本章围绕全书的基础理论——全球社会保障思想流派,从全球社会保障思想流派划分、全球社会保障思想流派的具体观点、全球社会保障思想流派的对比等方面作介绍,主要包括五小节内容。

第一节以经济学思想为主要出发点,以对社会保障中政府与市场责任的讨论为标准,介绍了经济自由主义、国家干预主义和中间道路学派的历史发展、代表人物及观点以及关于社会保障的思想主张,这是社会保障发展中永恒的思想争论。

第二节以社会理论为出发点,介绍了社会契约、社会权利和社会政策理论在社会理论方面的核心观点及其对社会保障的作用体现,是社会保障发展中基本的思想主张。

第三节以政治实践为出发点,介绍了政党政治、福利国家和福利体制的具体内容,这是社会保障发展中主要的思想实践。

第四节以文化价值为出发点,介绍了历史上道德宗教、文化模式和道德理念的具体表现及其对社会保障制度与理论的影响,这是社会保障发展中的思想理念。

第五节基于社会保障的自由、干预与中间的思想争论,契约、权利与社会政策的思想回应,各种福利体制的思想实践,不同的社会保障思想理念的具体介绍,从责任主体、价值诉求和理念影响三个方面对全球社会保障思想流派进行比较。

自 测 题

1. 你认为当代社会保障制度设计应有的价值理念指导是什么?

2. 本章中是基于怎样的视角比较全球社会保障思想流派的? 你认为还可以从其他

什么视角进行比较？

3. 请思考社会保障思想理论丛林对于我国现阶段的经济运行社会发展有何可供借鉴的理论和政策，可选择任意一种理论具体说明。

案例

第四章

社会保障学科理论

【学习目标】

通过本章的学习,读者应当了解社会保障产生的学科理论基础,掌握社会保障学的经济学、政治学、法学、社会学、人口学和管理学基础,掌握社会保障学的学科体系及研究方法,充分认识社会保障学的多学科、综合性、交叉性、实践性等特征。

第一节　社会保障的经济学理论

经济学采取实证分析与规范分析相结合的方法。一方面运用历史资料进行归纳,对事物进行客观描述,并揭示其发展规律,回答事物及其发展"是什么"的问题;另一方面运用演绎方法进行规范研究,判断事物应有的走向,回答事物及其发展"应该是什么"的问题。经济学的研究包括宏观经济分析、微观经济分析和制度结构分析。经济学研究的核心问题就是资源配置。自经济学诞生以来,围绕自由竞争与国家干预的话题一直未停止。社会保障学科的发展与经济学的发展密不可分,经济学为社会保障学提供了深厚的理论基础。

一、国家干预主义的社会保障理论

(一)新历史学派

19 世纪初德国出现了与古典学派经济自由主义相抗衡的"国家经济学"思潮,认为国家应在经济活动中发挥更大作用,可以在必要时直接干预和控制经济生活,执行经济管理职能。19 世纪 70 年代,这些观点逐渐汇集起来,形成了在经济学发展史上具有重要地位的新历史学派。该学派主张国家干预经济,通过制定劳动保险法等社会政策来缓解劳资矛盾。

新历史学派又被称为"讲坛社会主义",其主要代表人物有施穆勒(Gustav Schmoller)、布伦坦诺(Lujo Brentano)等人。传统经济学认为,国家的职能就是维护社会秩序和国家安全,而不是干预经济。但新历史学派认为,国家除了维护社会秩序和国家安全外,还有一个文化和福利的目的。国家是集体经济的最高形式,在进步的文明社会中,国家的公共职能应不断扩大和增加,凡是个人努力所不能达到或不能顺利达到的目标,都应由国家实现。他们从改良社会主义观点出发,提出要增进社会福利,实行社会改革,并通过工会组织来调解劳资之间的矛盾,主张由国家来制定劳动保险法、孤寡救济法等。这些主张成为德国政府实行社会保障制度的依据。新历史学派的社会改良政策有两个支撑点。一是他们从伦理道德出发,认为劳资冲突不是经济利益上的对立,而是感情、教养和思想上存在差异而引起的对立。因此,在他们看来,劳资问题是一个伦理道德问题,不需要通过社会改革来解决,而只要对工人进行教育,改变其心理和伦理道德的观点,便可以解决。二是他们的国家观。该学派主张国家至上,国家直接干预经济活动,负起"文明和福利"的职责。他们认为,当时年轻的德意志帝国所面临的最严重的社会经济问题就是"劳工问题"。如何缓和劳资间的矛盾,填平两者在理想、精神和世界观方面的"深渊",关系着帝国的前途和命运。正是在这种背景下,1883 年德国推出了世界上第一部《疾病社会保险法》,并随之颁布实施了一系列重要的社会保险法律。新历史学派的社会改良主张被俾斯麦政府所接受,从而成为德国率先实施社会保险的理论依据。

（二）福利经济理论

A. C. 庇古(1877—1959)是英国著名的经济学家,英国剑桥经济学派的主要代表人物之一,因研究社会福利经济而声名鹊起,被称为"福利经济学之父"。1912 年,庇古出版了《财富和福利》一书,1920 年又把该书扩展为《福利经济学》,该书系统地论述了福利经济学理论。福利经济学是寻求最大社会经济福利的西方经济理论体系,它主要研究如何进行资源配置以提高效率、如何进行收入分配以实现公平,以及如何进行集体选择以增进社会福利。作为现代经济学的一个重要分支,福利经济学不仅在发展过程中衍生出公共选择经济学和产权经济学,而且对社会保障理论的发展起着特别重要的作用。

庇古认为,"福利"是指个人获得的某种效用或满足,但只有可以直接用货币来计算的那部分福利,才可称为经济福利。经济福利的增大取决于两个因素:国民收入总量的增大和国民收入分配的平均程度。这是检验社会福利的两个标准。

庇古认为,为增加国民收入,从而增加经济福利,就必须解决生产资料在各生产部门之间如何配置的问题。如果这种配置达到最适宜的程度,各生产部门生产出来的国民收入也就能达到最大的数量。

庇古关于国民收入分配越平均,福利越大的论点,是基于边际效用递减规律。这个规律称,一个人拥有的收入越多,其收入效用就越小。也就是说,随着货币收入的增加,货币对持有者的边际效用是递减的。他说,任何人在任何时候享受的经济福利是来源于他所消费的那部分收入,而不是来源于他的全部收入。一个人越富裕,他用作消费的收入在全部收入中所占的比重就越小。相对富裕的人失去一定数量的收入,从满足本身需要的角度来说,对他只是比较微弱的牺牲;而相对贫困的人,如果获得同样数量的收入,就能够满足他比较迫切的需要。因此,他认为,把收入从相对富裕的人转移给相对贫穷的人,从整体来说,就一定能够得到更大的满足。他得出结论说,在不减少国民收入总量的前提下,"提高穷人所获得的实际收入的绝对份额,一般来说,将增加经济福利"。同时,他提出由国家采取征收累进税、举办社会福利设施、失业津贴、社会救济等措施,实现财富由富人向穷人的转移,以达到收入的均等化。

在资本主义制度下是不可能真正实现"收入均等化"的,但庇古提出转移性支付以及一些改革社会福利的理论几经演变并广为流传,为社会保障制度的建立奠定了理论基础。

二战结束后,福利经济学进入了一个新的发展时期,一大批著名的福利经济学家的出现和大量的福利经济学文献的出版,极大地拓宽了福利经济学的研究领域与内容。因此,经济学界一般将福利经济学的发展划分为两个阶段,或者将福利经济学分为新旧两派:旧派(亦称第一阶段)以英国经济学家庇古为代表;新派(即第二阶段)则以意大利的帕累托,英国的卡尔多、希克斯,美国的勒纳、萨缪尔森等著名经济学家为代表。

旧派福利经济学认为个人主观心理评价的效用可以用货币计量,效用在个人之间可以进行比较,当社会上所有个人收入的效用综合最大时,社会经济福利就是最大;同时,还从收入的边际效用递减规律出发,断言国民收入的总量越大,其中归于贫者的比例越大;进而主张国家采取适当的干预经济的措施和财政政策,以调节生产资源和国民收入的分配。

新派福利经济学则以序数效用论和一般均衡论为理论基础,从每个消费者购入商品的所谓"交换的最适度条件"和各个企业使用生产资源的所谓"生产最适度条件"来论述达到最大社会经济福利的条件;有的认为听任完全自由竞争,有的认为国家采取适当的调节措施,就可以达到最大的社会经济福利。新福利经济学的贡献主要在于:一是提出了社会福利函数理论;二是提出了社会选择理论;三是对市场失效与政府作用进行了研究。

阿马蒂亚·森是新福利经济学发展进程中的重要人物之一,他因为对福利经济学的突出贡献而获得1998年的诺贝尔经济学奖。阿马蒂亚·森的研究领域包括社会选择与福利分配、个人价值观与集体决定、福利指数与贫穷指数、最贫穷人士的福利,以及死亡率与经济成败等,尤其长期致力于社会最贫穷人口的福利问题研究。其研究成果涉及世界上的穷人和各国政府能够借以帮助穷人的新途径。阿马蒂亚·森认为,GDP的增长与人民生活水平提高并没有必然的关系,人均GDP增加并不等于人民生活水平的提高,主张政府在追求经济增长的同时要注意改善贫富悬殊现象,等等。

(三) 瑞典学派

瑞典学派,又称北欧学派或斯德哥尔摩学派,它产生于19世纪末20世纪初的斯德哥尔摩大学,其奠基人是维克塞尔等人。瑞典学派是当代西方经济学的重要流派之一。

瑞典学派关于国家调节经济生活的政策主张和关于"自由社会民主主义"的经济制度理论,在西方经济学界有着重大影响,成为瑞典福利制度的理论基础。瑞典学派的理论和政策有两个基本点:一是依靠国家干预平抑经济周期的波动;二是主张用收入再分配的方法实现收入均等化。主要是利用累进所得税以及转移性支付,举办社会福利设施,使社会各阶级、集团之间的收入和消费水平通过再分配趋于均等化,从而实现收入的平等。瑞典学派不仅在理论上为福利制度奠定了基础,而且其政策主张在实践上也得到了应用。由此,瑞典开创了以国家干预实现"充分就业"和"收入均等"的瑞典福利模式,建立了一套从"摇篮到坟墓"的"普享型"社会保障制度,成为世界"福利国家"的典范。[①]

---

① 李珍.社会保障理论:第3版[M].北京:中国劳动社会保障出版社,2013.

（四）凯恩斯的有效需求理论

1929—1933 年的资本主义世界经济大危机给资本主义经济以沉重打击,也使以市场自由经济论为中心内容的传统经济学的统治地位发生动摇。在此背景下,提倡国家干预的凯恩斯经济理论应运而生。凯恩斯(1883—1946)是英国著名的经济学家。凯恩斯本人并不是社会改良派,但他的理论对福利国家影响极大。人们把他的《就业、利息和货币通论》(以下简称《通论》)称誉为经济学中的"凯恩斯革命",有人甚至把凯恩斯说成是"经济学领域的哥白尼"。凯恩斯经济学成了西方经济学的正统,并被作为宏观经济学教科书流行于西方许多大学。凯恩斯在《通论》中提出了一套应对资本主义经济危机的理论和政策主张,成为战后资本主义国家制定经济政策和社会保障制度的主要理论依据。

凯恩斯在《通论》中提出了"有效需求"不足理论,认为资本主义制度下存在的生产过剩和失业是"有效需求"不足造成的。凯恩斯的所谓"有效需求"是指商品的总供给价格和总需求价格达到均衡状态时的总需求,它直接表现为有货币支付的需求和能力。凯恩斯认为资本主义国家经常面临的情况是总需求小于总供给,即有效需求不足,因而往往造成生产过剩和失业。

为解决"有效需求"不足的问题,他主张确定经济政策的目标时要刺激需求,才能使资本主义经济实现充分就业。他认为,在经济危机期间,资本家对未来丧失信心,而借贷投资又需支付利息,所以货币政策对刺激需求的作用不大。他提出,政府要积极干预经济,推行扩张性的财政政策,扩大政府支出,实行赤字财政。除了通过税收政策鼓励资本家投资外,政府要直接兴办公共工程,扩大社会福利设施,增加消费倾向,实现足够的总需求和充分就业,消除和缓解危机。

在凯恩斯的国家干预思想中,社会保障占有相当重要的地位,他主张通过累进税和社会福利等办法重新调节国民收入分配。他还提出消除贫民窟、最低工资法、限制工时立法等主张。他倡导积极国家,反对自由主义的消极国家,强调维护资产阶级民主制度。二战以后,凯恩斯宏观经济理论占绝对主导地位,成为建立国家的重要思想基础和资本主义各国制定公共政策的主要理论依据。他的有效需求理论对西方国家的社会保障政策产生了重要影响,成为当时和后来相当时期内西方福利国家社会保障制度的理论依据。

罗斯福在 1933—1945 年的 13 年间连任美国总统。为摆脱经济危机,罗斯福积极推行新政,新政的内容其中之一就是制定了一套反危机的社会保障政策。大萧条的现实,使政府和公众都认识到,失业等社会问题不仅给劳动者阶层带来伤害,同时也使经济和社会陷入难以摆脱的困境中,只有政府作为组织者才有能力实行广泛的社会保障,扩大社会需求,使国家摆脱持久的经济危机和社会动荡。所有这些促使罗斯福决定大力干预经济活动。正是在他的提倡和努力下,美国于 1935 年通过《社会保障法》,开始建立正式的社会保障体系。在社会保障领域,罗斯福反对保守政策,主张政府干预,把充分就业当作新政的首要目标,以扩大政府支出刺激经济复苏。罗斯福在论述社会保障制度时,提出了一系列原则和主张,其中一些思想至今仍为各国政府所推崇。比如他提出,应当把消极的社会救助与积极的社会救助结合起来,在失业保险中,把消极的失业救济和积极的以工代赈即营建大规模的工程结合起来;社会保险不同于社会福利,也不同于社会救济,因而应当带有自我保障的性质,社会保障制度应与国民的自我保障意识相辅相成,互相促进;社会保障是社会化大生产的客观需要,政府必须通过对全社会的关心来增强每个人的安全保障。

20世纪80年代中期,以工资、价格刚性和非市场出清假设为前提的新凯恩斯主义诞生,弥补了传统凯恩斯主义缺乏微观基础的不足,继续提倡政府干预经济。克林顿当选美国总统后,受新凯恩斯主义经济思想的影响,提出政府应通过财政干预实现充分就业和经济增长目标的政策主张。克林顿在任时,尽管在增税、减支、削减财政赤字方面取得显著成效,但实行全民保健制度的医疗保险制度改革却因来自各方的阻挠而最终流产。

（五）新剑桥学派

新剑桥学派以维护"凯恩斯革命"的理论正统为己任,企图根据凯恩斯关于社会哲学的论述,建立并发展新的收入分配理论。新剑桥学派把改善资本主义社会收入分配结构、实行收入均等化,作为经济政策的首要的、绝对的目标,其他目标均处于从属地位。要实行收入均等化,主要依靠社会政策,而且有必要依靠社会的政治力量。他们坚决主张通过政府干预来改善收入分配失调的弊端。他们既反对新型自由经济论者那种听任市场机制充分发挥作用的观点,也反对新古典综合派关于调节总需求和实行工资—物价管制的收入政策。他们确信,现实社会中收入分配不合理、不公平的格局,不可能用传统办法或新古典综合派的那些主张来打破,而必须采取以收入再分配为中心目标的社会政策。

在收入分配调节政策中,他们主张实行累进的税收制度来改变社会各阶层收入分配不均等的状况;实行高额的遗产税与赠与税,以便消除私人财产的大量集中,政府还可以通过这一税收方式将所得到的财产用于社会公共目标和改善低收入贫困阶层的状况;通过政府的财政拨款对失业者进行培训,提高他们的文化程度和技术水平,以便使他们有更多的就业机会,并能从事收入较高的技术性工作,从而拉平一些收入上的不均等状况;制定适应经济稳定增长的财政政策,减少财政赤字,逐步平衡财政预算;根据经济增长率制定实际工资增长率政策,以改变劳动者在经济增长过程中收入分配的相对份额向不利方向变化的趋势,从而在经济增长过程中逐渐扭转分配的不合理;实行进出口管制政策,利用国内资源优势,发展出口产品的生产,以便为国内提供更多的工作岗位,增加国内的就业机会,降低失业率,提高劳动者的收入。

（六）贝弗里奇福利计划

二战期间,英国决定在战后调整其社会经济政策,对社会保障制度进行重新定位和调整。1941年,英国社会保险和相关服务部际协调委员会委托时任伦敦经济学院院长的贝弗里奇爵士,负责对社会保险及相关服务进行全面调查。第二年,贝弗里奇爵士提交了题为《社会保险及相关服务》的调研报告,即《贝弗里奇报告》。这份报告对西方乃至世界社会保障产生了深远影响。1948年,英国在该报告指导原则基础上,重新设计其社会保障制度,并在世界范围内建立了第一个"福利国家",贝弗里奇爵士也因此被称为"福利国家之父"。

《贝弗里奇报告》提出三个假设前提和三个基本原则。三个假设前提分别是建立家庭津贴计划、建立广泛的卫生保健制度和国家保持充分就业。三个基本原则是既要充分运用过去积累的丰富经验,又不拘泥于这些经验,而被经验积累过程中形成的部门利益所限制和驱动;把社会保险作为提供收入保障、消除贫困的一项基本社会政策内容;确定了国家提供福利的原则是基于国家利益而不是某些群体的局部利益,社会保障必须由国家和个人共同承担责任,通过国家和个人共同的合作来实现。这些原则指出了个人在社会保障中应当承担一定责任以及国家提供的保障水平不宜过高等新理念,对后来英国及世界许多国家的社会保障制度改革产生了深远影响。

《贝弗里奇报告》就英国当时的社会制度提出了 23 项改革的建议,其中最重要的是改变原有的家计调查做法,取而代之的是向全社会提供最基本的保障。除此之外,《贝弗里奇报告》还有以下创新:提出由政府、雇主和雇员三方负担社会保险费的缴费方案;提出工伤附加费的原则和比例;提出子女补贴;提出社会保险、国民救助和自愿保险的三层次保障体系;提出社会保障覆盖全体国民,包括雇员、从事有酬工作者、家庭妇女、其他有酬工作群体、老年人及低于工作年龄的子女等,设计这些群体的缴费和待遇方案;提出为孕妇、遗孀和孤儿提供补贴;实行强制性、普遍性的保险计划;提出社会保障的目标是确保每个公民只要尽其所能,在任何时候都有足够的收入尽自己的抚养责任,满足基本的生活需要。

《贝弗里奇报告》为福利国家制度提供了基本原则:普遍性、基本性、统一性以及权利与义务对等性。普遍性原则是指社会保障覆盖所有社会成员,改变原有的只为特定群体提供保障的做法;基本性原则是指只为社会成员提供最基本的生活需求保障,补贴标准定在贫困线或者贫困线之上,并且不再对受益人进行家计调查;统一性原则是社会保障的缴费标准、待遇支付和行政管理必须统一;权利与义务对等性原则是指个人有缴费义务,享受社会保障待遇应以劳动和缴费为前提。

英国政府采纳了《贝弗里奇报告》中的绝大多数建议,颁布了一系列社会政策。这些社会政策包括 1944 年出台的《教育法》,1945 年通过实施的《家庭津贴法》,1946 年颁布的《国民健康服务法案》《国民保险法》和《工伤保险法》,以及 1948 年颁布的《国民救济法》。这些政策法规为英国国民提供了范围广泛的、免费的医疗服务计划;为每个有两个以上孩子的家庭提供财政补贴;建立了从初等教育到中等教育再到继续教育的覆盖全国的教育体系,为适龄儿童提供免费的初、中等教育;为每一个受雇者建立失业补贴、产妇补贴、疾病津贴、遗孀补贴、退休津贴和死亡丧葬补贴等定额费率的津贴,前提是工作和按时缴费;为在工作中受伤的员工提供高于疾病类的补助;为收入不足以维持基本生活、无全职工作的人提供救济金。

这些政策为工党赢得了议会多数支持,并促成了英国社会制度改革。1948 年,英国首相艾德礼宣布英国第一个建成了福利国家,瑞典、芬兰、挪威、法国、意大利等国也纷纷效仿英国,致力于建设福利国家。

二、经济自由主义的社会保障理论

二战至 20 世纪 70 年代,凯恩斯主义在西方经济学中占据统治地位,许多国家依据凯恩斯的需求管理理论制定经济政策,推动了经济增长。但是,到了 20 世纪 70 年代,扩大需求的政策带来了通货膨胀,加之石油危机造成经济停滞,西方国家普遍遇到"滞涨"困境。经济学家们也纷纷挑战凯恩斯主义,新自由主义得以兴盛,其中著名的经济学派有供给学派和货币主义学派。他们信赖市场机制的自发作用,反对国家干预经济,反对"福利国家",主张社会保障的市场化、私人化、多元化,推崇自由竞争的主张。新自由主义的理论及政策主张对社会保障发展带来了重要影响。

(一)弗里德曼现代货币学派的社会保障理论

现代货币学派是 20 世纪五六十年代在美国出现的一个经济学流派,亦称货币主义,其创始人和最主要的代表人物是美国芝加哥大学教授弗里德曼。货币学派在理论上和政策主张方面,强调货币供应量的变动是引起经济活动和物价水平发生变动的根本的和起支配作用的原因。经济体系本质上是稳定的,只要让市场机制充分发挥其调节经济的作用,经济将能在一个可以接受的失业水平下稳定发展。在经济发展过程中,市场机制的作用是最重要的。他们坚持自由市场和竞争是资源和收入合理分配的最有效方法,是实现个人和社会最大福利的最佳途径,如果政府干预经济,就会破坏市场机制的作用,阻碍经济发展,甚至造成或加剧经济的动乱。弗里德曼强烈反对国家干预经济,主张实行一种"单一规则"的货币政策。这就是把货币存量作为唯一的政策工具,由政府公开宣布一个长期固定不变的货币增长率,这个增长率(如每年增加 3%~5%)应该是在保证物价水平稳定不变的条件下与预计的实际国民收入在长时期内会有的平均增长率相一致。

负所得税是政府对于低收入者,按照其实际收入与维持一定社会生活水平需要的差额,运用税收形式,依率计算给予其补助的一种方案。其计算公式为

$$负所得税 = 收入保障数 - (个人实际收入 \times 负所得税率)$$
$$个人可支配收入 = 个人实际收入 + 负所得税$$

负所得税是货币学派的主要代表人物弗里德曼提出的用以代替现行的对低收入者补助制度的一种方案。这一思路实际上是试图将现行的所得税的累进税率结构进一步扩展到最低的收入阶层。通过负所得税对那些纳税所得低于某一标准的人提供补助,补助的依据是被补助人的收入水平,补助的程度取决于被补助人的所得低到何种程度,补助的数额会随着其收入的增加而逐步减少。实行负所得税可以通过收入或享受上的差别来鼓励低收入者的工作积极性。负所得税将确保最低收入,而与此同时又避免了现行福利计划的大部分缺陷。尽管负所得税方案引起了许多经济学家的重视,但从未付诸实施。

(二)哈耶克的社会保障理论

弗里德里希·哈耶克(1899—1992)是奥地利出生的英国知名经济学家和政治哲学家,英国科学院院士。他以坚持自由市场资本主义,反对社会主义、凯恩斯主义和集体主义而著称。他被广泛视为奥地利经济学派最重要的成员之一。哈耶克在 1974 年和纲纳·缪达尔(Gunnar Myrdal)一同获得了诺贝尔经济学奖。他提出,国家对经济生活的干预是多余的,甚至是有弊无利的。哈耶克一直反对社会主义,反对计划经济。他认为,经济效率来自利己的动力,有效的决策来自充分的市场信息。但在社会主义条件下,由于利己的动力受到限制,计划经济中的集中决策不能像自由市场的分散决策那样灵活,所以社会主义不可能有高效率。他甚至反对西欧社会民主党和英国工党理论家所主张的"收

入均等化""福利国家"之类的社会改良主义措施,认为这种措施不仅损害效率,而且最终仍会导致政治的极权化。正因为如此,西方经济学界把他的理论称为"保守的""右翼的"理论。

哈耶克倡导以个人责任和有限保障相结合的社会保障思想。他把保障分为有限保障和绝对保障。有限保障并不是特权,而是大家可以期望和获得的正当目标,这种保障可以分为三类:其一,是确保每一个人维持生计的某种最低需要、防止严重的资源匮乏的保障;其二,是一种最低限度的收入的保障;其三,是为一切独立在市场体系以外和补充市场体系的人提供的保障。在哈耶克看来,有限保障是政府应该对社会成员提供的基本保证。对于绝对保障,哈耶克认为,与有限保障相比,绝对保障具有以下特征:第一,它是某种生活水平的保障,是一个人或集团与其他人或集团相比较的相对地位的保障;第二,绝对保障只为一部分人提供,是一部分人相对于大多数人的一种特权;第三,绝对保障被认为是个人应有的特定收入的保障。

基于有限保障和自由论断,哈耶克对西方国家的社会保障制度进行了猛烈的批判。哈耶克还对社会保障制度的内容进行了分项解读。对于养老保险制度,哈耶克指出,通货膨胀造成的养老金贬值是政府不可推卸的责任,一方面,养老问题会成为政客拉拢选民的工具;另一方面,退休金同样会促使老年人提前退休,从而滋生懒惰。对于医疗保险,哈耶克否定免费的医疗服务,他认为,个人所需要的医疗服务是没有客观标准来衡量的,对所有人提供医疗服务只能造成资源的浪费和服务水平的低下。另外,哈耶克反对强制性保险,因为它产生于国家控制的集权垄断。

哈耶克强调个人和国家之间的责任平衡,强调社会保障制度的有限性。哈耶克指出,社会保障制度的发展由于国家威权强行推动必然导致其低效运行。由于缺乏市场自由机制的介入,社会保障制度的发展无法根据社会现实进行及时性变更,最终会阻碍更多有效制度的产生和发展。[①]

（三）供给学派的社会保障理论

供给学派的代表人物是美国哥伦比亚大学加拿大籍教授芒德尔,他主张降低税率以鼓励生产,认为劳动与资本的配置效率决定经济增长。后来的拉弗、万尼斯基、罗伯茨、吉尔德和费尔德斯坦等,也赞同政府应激励供给而不是需求的观点,反对政府干预过多,认为应放松管理以增强市场活力,主张降低所得税,尤其是边际税率,鼓励人们努力工作,从而增加产出、提高就业。由于他们肯定"供给决定需求"的萨伊定律,并主张减少抑制供给的政策干预,所以被称为"供给学派"。

拉弗提出最适宜税率的理论,并描绘出税率与税收关系的"拉弗曲线"。拉弗曲线是供给学派的重要分析工具,表明税收规模随着税率的提高先增加后减少的趋势。供给学派依据拉弗曲线,提出通过降低税率,可以刺激储蓄和生产,随着经济总产量的增加,新的税源能够带来更多的税收,所以减税能够促进经济长期稳定。

供给学派认为社会福利金就像是对就业者征的税,而且是高边际税率。一个领取福

---

①　汪连杰.哈耶克的社会保障思想及其当代价值研究[J].经济与管理评论,2017(7):146-152.

利金的家庭,就业后的劳动收入会减少福利金,同时还要纳税。在抵补福利金减少额和扣除纳税额之后,实际净收入并未增加。供给学派认为社会福利制度就是对社会中最贫穷的成员课征的没收式的税赋,使这些社会成员想改善生活的意愿化为泡影。又因为穷人依靠工作为生,而富人可以依靠财富为生,因此对劳动收入按照累进税率征税,并不能有效地将富人的财富转向穷人。而高的边际税率会阻止企业资本的积累,使企业失去创新动力。

供给学派减税的政策主张被里根政府采纳。里根就任后即着手社会保障改革,严格各种津贴的领取标准,将退休年龄向后延长,甚至削减抚养未成年子女家庭补助等社会保障项目。里根削减社会福利开支的政策促使福利事业走向私人经营的轨道,同时加大了地方政府提供福利项目的责任。例如,医疗补助责任由原来的联邦政府与地方政府分担,改为由地方政府一方承担。

三、其他经济理论

(一)"第三条道路"理论

英国社会学家吉登斯在 1994 年出版的《超越左与右——激进政治的未来》及后来出版的《第三条道路:社会民主主义的复兴》中,对第三条道路思想作了全面阐述。20 世纪 90 年代,苏联解体使世界两极格局结束,社会民主主义和新自由主义两种思潮难以阐释纷繁复杂的世界政治经济新格局,需要新的理论解释和指导各国政治走向。

1994 年英国工党在竞选中失利,随即抛弃传统的社会民主主义,用"第三条道路"理论重新制定政治战略,提出在左翼与右翼、保守主义与激进主义、社会主义与资本主义之间找到融合的中间道路。随着 1997 年英国工党大选获胜,"第三条道路"理论被广泛传播,美国克林顿、德国默克尔等政府都采纳"第三条道路"理念制定政策。

"第三条道路"在福利国家中的运用,主要体现在将社会保障的重心由救济补贴转为提高能力,采取积极的社会保障政策,把"包下来"的福利政策改为政府的"人力资本投资",实现"可能性"平等与人的潜能开发,变社会福利国家为社会投资国家。福利既是社会成员的权利,也是每个人要尽的义务;提供福利的主体由原来的国家或个人,扩大到国家、社区、第三部门、家庭等多元主体;社会保障不再是通过救济补贴提供"输血"功能,更要通过就业培训和人力资本投资提供"造血"机制。

吉登斯的"第三条道路"为福利国家社会保障制度改革提供了理论依据,国家的财政支出不仅仅用于补贴风险发生后的生活所需,重点转移到劳动培训,促进劳动力就业,为福利国家经济发展注入新的活力。"积极福利"思想更是转变了人们对福利的惯性思维,也使社会保障不再是仅仅依靠国家财力支撑的消费性事业,而成为促进劳动力供给和人力资本积累的生产性事业。

(二)消费理论

20 世纪 50 年代,弗里德曼的持久收入假说以及莫迪利安尼的生命周期假说为现代消费理论奠定了基础。

1. 生命周期假说

1954 年莫迪利安尼等人提出生命周期假说,分析了个人平滑一生消费以获得生命周期效用最大化的储蓄行为。

生命周期假说的出发点是,一个典型的理性消费者追求的是其生命周期内一生效用的最大化,而其预算约束为生命期内的收入与消费支出的持平。因此,个人的消费支出在其生命期的各个年龄上,都要选择一个稳定的、接近它所预期的平均消费率进行消费。这样的消费行为导致了个人储蓄和财富在其生命周期内的驼峰形分布(如图 4-1 所示)。由于就业人口进行的是正储蓄,退休人口进行的是负储蓄,就业人口数和退休人口数直接影响社会的总储蓄。如果就业人口数大于退休人口数,则社会总储蓄为正;如果就业人口数小于退休人口数,则社会总储蓄为负。生命周期假说具有三个基本假定:第一,消费者个人是充分理性的,能够预见到自己的一生,因而不存在短视问题;第二,消费者个人追求个人一生效用的最大化,因而没有利他的遗赠行为;第三,存在一个完善的资本市场,因此不会有流动性约束。

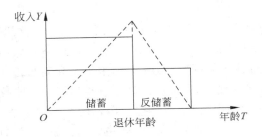

图 4-1　个人储蓄的驼峰分布图

2. 交叠世代模型

交叠世代模型由萨缪尔森(1958 年)提出并经戴蒙德(1965 年)扩展完善,引入个人生命周期效用函数,研究处于相同时点上不同代际人相互影响的经济行为。交叠世代模型是假设人的一生可以被分为两个时期:年轻时工作获得收入,年老时不工作只消费。每个时点上都存在两代人。第一个时期的储蓄全部转化为投资,与第二个时期的劳动力结合从事生产,用来满足两代人的消费需求。

由于涉及代际之间的经济联系,交叠世代模型被广泛应用于养老保险问题的研究之中。在没有社会保障制度的情况下,个人生命周期总储蓄等于个人自愿储蓄总额。引入现收现付的社会保障制度后,人们在第一时期的工资收入被用于当期消费、个人自愿储蓄和社会保障缴费,这种缴费为年老一代提供养老金,也为年轻一代"储蓄"了养老金权益。生命周期的总储蓄便由个人自愿储蓄和社会保障缴费(在量上等于当期年老一代的养老金;也可以用于衡量年轻一代"储蓄"的养老金权益)两部分构成。可以看出,在生命周期总储蓄不变的情况下,现收现付制对个人储蓄有一对一的"挤出效应"。

生命周期假说把一代人的寿命分为两个时期,即就业期和退休期,不涉及两代人之间的关系;而交叠世代模型的出发点则是,在任何一个时刻都有不同代人活着,每一代人在其生命的不同时期都可以和不同代的人进行交易。这比生命周期假说更进一步。

3. 艾伦条件

交叠世代模型是在一定的假定前提下的现收现付制公共养老体系的运行机制,其基本理论是在一个纯粹储蓄型(即不存在生产和投资)的经济中,养老储蓄的利率等于人口增长率(萨缪尔森,1958)。艾伦(Aaron,1996)在叠代模型中引进生产和投资,通过劳动生产率的增长因素来修正萨缪尔森的模型。

在艾伦的叠代模型中,养老金的增长取决于两个因素:人口的增长率和劳动生产率的增长率,即当养老金的收益率小于人口增长率与劳动生产率的增长率之和时,现收现付制仍有帕累托效率,此即"艾伦条件"。艾伦在萨缪尔森的生物收益率(biological rate of return)基础上发展得到的艾伦条件(Aaron condition),讨论社会保障制度由现收现付制转向基金制的条件:当人口增长率与工资实际的增长率之和小于实际利率时,转向基金制是具有帕累托效率的。

后来的学者进一步证明,不管"艾伦条件"是否存在,只要时间是无限的,基金制就不可能达到帕累托改进,而现收现付制的融资总是能够达到代际的帕累托效率。当未来某个时期以后的各个时期"艾伦条件"都得不到满足时,基金制才是帕累托改进的。

(三)贫困理论

社会保障在一定意义上可以说是对贫困人群采取的援助措施,是全社会反贫困的一项重要制度安排。贫困理论在社会保障理论中占有重要的地位。

1. 贫困的定义

从经济学角度来看,贫困是因经济收入不足而不能达到最低生活水平或可接受生活标准的状况。经济学上对贫困的界定常常借助贫困线的概念。贫困线是人类用来维持健康活动所必需的食品、衣着、住房的货币数量,因此贫困线常用一定的货币量来表示,人均收入低于贫困线即为贫困。

2. 贫困的类型

人们为了从不同的角度描述和理解贫困,将贫困区分成了不同的类型,如绝对贫困与相对贫困。绝对贫困是指个人或家庭缺乏起码的资源,以维持最低的生活需求,甚至难以生存。相对贫困是指个人或家庭所拥有的资源,虽然可以满足其基本的生活需要,但是不足以使其达到一个社会的平均生活水平,通常只能维持远远低于平均生活水平的状况。因此,相对贫困可以反映财富或收入在不同社会成员之间的分配状态。

3. 贫困的测度

洛伦兹曲线和基尼系数是考察居民收入分配差别时常用的两个指标。

(1)洛伦兹曲线

洛伦兹曲线是国际上用来衡量社会收入分配(或财产分配)平均程度的曲线。社会收入分配主要是收入分配是否平等的问题。收入分配越不平等,贫富差距越大,贫困问题越严重,见图 4-2。

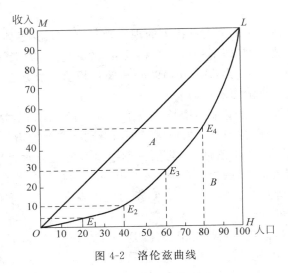

图 4-2 洛伦兹曲线

图 4-2 中,横轴 OH 代表人口百分比,纵轴 OM 代表收入百分比。OL 为 $45°$ 线,在这条线上,一定比例的人口得到相同比例的收入,表明收入分配绝对平等,称为绝对平等线。OHL 表示收入绝对不平等,是绝对不平等线。反映实际收入分配状况的洛伦兹曲线介于这两条线之间。洛伦兹曲线与 OL 越接近,收入分配越平等;洛伦兹曲线与 OHL 越接近,收入分配越不平等。如果把收入改为财产,洛伦兹曲线反映的就是财产分配的平均程度。

（2）基尼系数

基尼系数是意大利统计学家基尼在 20 世纪初提出的测度居民收入分配差异程度的指标。基尼系数用于测定洛伦兹曲线背离完全平均状况的程度,表明不平等的比率。

如果我们把图 4-2 中实际收入线与绝对平等线之间的面积用 A 来表示,把实际收入线与绝对不平等线之间的面积用 B 来表示,则计算基尼系数的公式为:基尼系数＝$A/(A+B)$。

实际基尼系数总是大于零而小于 1。基尼系数越小,收入分配越平等;基尼系数越大,收入分配越不平等。按国际上通用的标准,基尼系数小于 0.2 表示绝对平等,0.2~0.3 表示比较平等,0.3~0.4 表示基本合理,0.4~0.5 表示差距较大,0.5 以上表示收入差距悬殊。

运用洛伦兹曲线与基尼系数可以对各国收入分配的平等程度进行对比,也可以对各种政策的收入效应进行比较。作为一种分析工具,洛伦兹曲线与基尼系数对研究贫困问题和收入分配问题是很有用的。

（四）保险理论

保险是依照合同约定,由投保人向保险人交纳保险费,保险人对合同约定可能发生的事故承担保险金赔偿责任,或者当被保险人达到领取条件时(疾病、伤残、年老、死亡等)提供保险金的行为。在保险市场中,存在投保人与保险人之间因信息不对称而导致的逆向选择问题,造成保险市场失灵。社会保险向被保险人提供基础保障,实现稳定社会和发展经济的社会目标,需要政府介入以消除保险市场的失灵问题。保险理论认为政府应设计社会保险计划,为那些因为疾病、伤残、年老、死亡等原因暂时或永久失去劳动能力的公民提供基本保障的生活条件,可以有效解决保险市场上的逆向选择问题。

相对于商业保险的市场性和自愿性,社会保险是由政府组织并强制实施的,具有计划性和强制性。社会保险的计划性弥补了商业保险供给者在某些项目上不愿或者无力提供保障的缺陷,保障公民的生存权和发展权;社会保险的强制性,打破了风险补偿与保费支付之间的必然联系,通过社会互济和政府支持,为全体公民建立基本保障。

（五）马克思主义的社会保障理论

社会保障制度是社会发展到一定阶段的必然产物和共生现象。由于社会主义社会的社会保障实践仍然不够充分,用于指导社会主义实践的马克思主义理论体系中关于社会保障的理论尚不能说已经形成体系。但从散见于经典作家和理论家的论述中,可以概括出以下一些基本观点。

1. 总产品"扣除理论"

马克思关于社会产品再分配的基本原理,明确了社会保障基金需要通过国民收入的分配与再分配来建立。马克思在《哥达纲领批判》中指出:社会产品在分配给劳动者个人时,应首先扣除以下几项:第一,用来补偿消费掉的生产资料部分;第二,用来扩大生产的追加的部分;第三,用来偿付不幸事故、自然灾害等的后备基金或保险基金。剩下来的社会总产品中的其他部分是用来作为消费资料的。在把这部分进行个人分配之前,还得从中扣除几项:第一,和生产没有关系的一般管理费用;第二,用来满足共同需要的部分,如学校、保险设施等;第三,为丧失劳动能力的人设定的基金,如官办济贫事业。马克思在《资本论》中也曾论述过社会保障基金的必要性:可变资本在再生产过程中,从物质方面来看,总是处在各种会使它遭受损失的意外和危险中。因此,利润的一部分,即剩余价值的一部分,必须充当保险基金。

2. 人的需要理论

以人的存在作为社会第一存在就包含着保障人的基本需要的思想。马克思无情地批判资本主义,揭露资本主义的罪恶,他在《共产党宣言》中庄严宣布:共产党人可以用一句话把自己的理论概括起来:消灭私有制。这一努力都是为了一个崇高的理想:解放人,解放全人类。我们从马克思主义著作中看到,人——是马克思主义的出发点。马克思主义者始终关心和反复讨论的,是如何实现人的自由、人的解放、人的全面发展。他们追求的共产主义理想,就是要使现代的奴隶得到与人相称的地位,要为所有的人创造生活条件,以促使每个人都能自由地发展他的才能,过真正人的生活。

马克思关于人的需要有重要论述:任何社会中总是能够区分出劳动的两个部分,一部分用于个人的消费,另一部分即剩余劳动的那部分总是用来满足一般的社会需要。它包含"保险金和准备金"。满足人的需要理论是社会生产活动的基本动力。马克思说过,"在现实世界中,个人有许多需要""他们的需要即他们的本性""人类的特性恰恰就是自由的自觉活动""人的本质并不是单个人所固有的抽象物,实际上,它是一切社会关系的总和"。这里,"自由的自觉活动"就是满足人的需要的实践活动,其中劳动是最基本的活动。人的需要是人的实践活动的内在动因,人的需要和满足人的需要的自由自觉的实践活动,把人们必然地联系在一起,形成人的社会关系,铸成人的社会本质或本性。人的需要是在一定的社会关系条件下,通过人的自由自觉的实践活动得到的。

不断满足人民日益增长的物质文化需要,是社会主义生产的根本目的。只有满足人民的需要,才能充分发挥劳动者在社会主义生产中的积极性和创造性。社会保障的需要是一种最基本的需要,也是"合理需要"。社会保障的对象,不仅仅是消费者、享受者和接受者,同时也是生产者、创造者和供给者。在人民当家做主的社会主义社会,社会保障是人民自己对自己的保障,是政府的社会政策,也是人民在履行义务过程中所享有的生活权利。

第二节　社会保障的政治学、法学理论

一、社会保障的政治学基础

(一)社会保障的理论基础包含了政治学研究成果

社会保障与政治学有着密不可分的关系。政治学在一定程度上就是对众人之事的管理的研究,人与人组成了国家,国家具有化解人与人矛盾的功能,随着社会分工的不断细化和发展,人与人同质性下降,异质性增加,矛盾也不断累加和激化。合理的社会保障制度通过培养和强化社会互济与社会公平理念,尽可能地化解人们之间的这种矛盾,促进社会和谐。这是由于社会保障是国家通过法律强制实施的社会政策,其直接目的是为社会稳定发展服务;社会保障更多的是政府行为,其责任主体是国家。而政治学作为一门研究一定经济基础之上的公共权力的活动、形式和关系及其发展规律的科学,或者说是一门研究政府和公共政策的形成和实施的科学,显然应当把社会保障纳入自己的研究范围。政治学所揭示的人与社会的关系,以及对人的发展与社会进步的追求,对社会保障理论研究与政策选择无疑具有重要的基础性的影响[①]。

社会保障与政治学的核心领域紧密关联。政治学关注的核心领域是国家与社会、民主与法治、人权与主权、政党与政权、政府与市场、中央与地方、决策与行政、权力与腐败、发展与稳定等,几乎均与社会保障有着密切的联系。例如,现代社会保障制度就是以国家与社会承担责任的面孔出现的,而民主不仅帮助许多国家选择了自己的社会保障制度,而

---

① 郑功成.社会保障学[M].北京:中国劳动社会保障出版社,2005:108.

且使这一制度更加符合人民的意愿;在世界各国,现代社会保障制度安排不仅属于法治建设的内容,而且是被法治化的事业;社会保障的最主要的功能在于保障人的生存权与发展权,而社会保障制度在世界各国的多样化发展又与主权及主权所涉及的人权联系在一起;不同的政党与政权对社会保障的不同主张,表明了推进或者改良社会保障制度是政党与政权的重要使命;而包括中国在内的许多国家改革社会保障制度的核心问题,则是重新处理政府与市场、中央与地方、发展与稳定的关系。

101

西方世界政治哲学的经典著作《正义论》[①]对社会保障理论的发展有重要影响。约翰·罗尔斯在《正义论》中强调"正义是社会制度的首要价值",并提出两条社会公正原则:一是平等原则,即每个人应该在社会中享有平等的社会权利;二是差别原则,即如果不得不产生某种不平等的话,这种不平等应该有利于境遇最差的人们的最大利益。他主张"所有社会价值……都将被均等地分配,但针对每个人的优势而进行的各种不均等分配除外",认为社会应当将优先权交给平等,要求政府与公共政策都不得有违社会公正精神。《正义论》体现了对弱势群体的保护和对实质平等的强烈关怀,而这正是现代社会保障制度的重要理论基础。公平正义作为和谐社会的首要价值规范和前提保障,是改善处于社会不利地位的成员的处境、促进社会发展走向均衡与协调的理念基石和行为准则。

由此可见,政治学研究的核心领域几乎均是与社会保障有关的基础性理论问题,关于这些问题的研究成果毫无疑问地可以作为研究与解决现实社会保障问题的重要理论基石。从这个意义上讲,政治学与经济学、社会学对社会保障具有同等重要的基础性理论价值,社会保障理论与政策实践的发展,需要高度重视并汲取政治学的研究成果。[②]

(二)社会保障的历史发展体现着政治功能

社会保障与政治存在密不可分的关系。政治属于上层建筑范畴,其最重要的目的是社会控制,而能够减低甚至消除社会成员生存危机的社会保障则具有社会控制的意义,因此,政治需要社会保障作为实现目标的工具和手段,社会保障的发展离不开政治的推动,并对政治产生相当的影响。从中国古代国家的救灾济贫,到英国济贫制度的确立、德国社会保险制度的兴起,以及美国现代社会保障制度、英国等福利国家的建立,均隐含着政治的需要与政治的目标;同时,社会保障制度一旦建立,便会沿着自身发展规律发展,当它的发展与政治不相吻合时,不是令政治陷入困境,便是使改革甚至重建社会保障制度成为必要。因此,政治与社会保障相互需要,在一定的条件下,是政治决定着社会保障的发展;而在另外的条件下,却可能是社会保障影响着政治。[③]

不论是英国 1601 年实施的《济贫法》,还是 1883 年德国俾斯麦政权实施的"社会保险",以及 1935 年美国罗斯福总统推出的《社会保障法案》,其根本出发点都是为了缓和当时的社会矛盾,这使得社会保障从一开始就与政治结缘,是统治阶级为了缓解当时社会矛盾的一种政治手段,体现着政治功能。虽然各国由于经济社会文化的差异在社会保障制

---

①　[美]约翰·罗尔斯.正义论[M].北京:中国社会科学出版社,1988.
②　郑功成.社会保障学[M].北京:中国劳动社会保障出版社,2005:108-109.
③　郑功成.社会保障学——理念、制度、实践与思辨[M].北京:商务印书馆,2000:232-233.

度方面具有明显的国别特色，但是各国社会保障的目的都是一致的，都是为了维护统治阶级的统治，但客观上也在保障普通民众的基本生活、维护社会安定、促进社会发展等方面发挥了重要作用。[①] 正是由于社会保障在缓和社会矛盾、稳定社会秩序方面的显著作用，它被称为社会的"安全阀"和"稳定器"。当代世界各国政府从缓和社会矛盾出发，加大对社会保障的介入，在保障政策和内容上采取有效措施，使政府介入社会保障的范围和程度大大加强；把社会保障的发展作为己任，从中起着主导作用，充分体现统治阶级的愿望。

（三）社会保障的政策议题反映了政党政治

亚里士多德曾说过"人是天生的政治动物"，这表明人类的一切社会活动都与政治具有密不可分的关系。作为国家制度安排的社会保障当然与政治具有天然的内在关联性，并且这种联系从根本上决定了社会保障的性质理念及其运作[②]。在现代社会，市场和政治决定着一国财富和资源的配置，市场决定着第一次分配，而作为再次分配重要手段的社会保障深受该国的政治影响。现代社会保障制度建立既是一国不同群体之间力量作用的结果，也是作用的过程，只有通过各种社会力量充分表达自己群体的利益，并且相互妥协才能产生相对符合各方群体利益的制度。当这种利益达成共识后，通过国家法律上升为国家意志，并且通过国家的强制力保障实施。如果说资本主义国家的社会保障是劳动人民经过长期斗争而取得的权利，那么社会主义国家的社会保障制度则是劳动人民当家做主的产物[③]。

政治对社会保障的影响表面上是通过立法机关与行政组织进行的，实际上在某种程度上却是政党、各利益集团乃至政治家操纵的结果。[④] 政党对福利的看法客观上对社会保障制度的发展起很大的作用。政党作为某一阶级或阶层利益的代表，通过介入国家的政治生活来发挥自己的作用。在政党提出的政治宣言中，社会保障作为社会政策中的主体内容通常占有相当重要的地位，但社会保障的主张却并不一定会引起所有选民的注意，因为选民的关注倾向不仅与自己所处的经济、政治地位有关，而且和自己的偏好有关。不过，从工业化国家的经验来看，社会保障或许是能够引起广泛关注的政治敏感点之一，因为低收入阶层与劳工阶层希望获得更加公平的、全面的保障，而富裕阶层或资本家阶层却可能更多地考虑效率与成本问题。因此，任何政党在讨论国内政治经济问题时均难以回避社会保障或社会福利问题。

政党政治通过议会或控制政府来实现自己的政治主张和社会政策，其对社会保障的看法直接影响社会保障政策的制定与实施。[⑤] 例如，美国有两大政党即民主党和共和党，民主党人认为，社会成员的生活困境是社会环境欠佳或制度的不完善造成的，政府应当努力改善环境、提供机会，同时负起照顾人民生活的责任，因此设立社会保障制度是完全必要的；而且随着各种社会问题的出现，政府还应该不断改善社会服务来配合人民的需要。

---

① 刘晓玲. 社会保障的政治学分析[J]. 特区实践与理论，2008(2).

② 邵长茂. 政治学视野中的社会保障制度[J]. 中国社会保障，2005(2).

③ 袁寅生，吴鹏森. 现代社会保障制度的政治学分析[J]. 中国社会工作，1997(4).

④ 郑功成. 社会保障学[M]. 北京：中国劳动社会保障出版社，2005：111.

⑤ 郑功成. 社会保障学[M]. 北京：中国劳动社会保障出版社，2005：111-112.

共和党是保守党,其政纲与民主党的政纲有很大差别,在经济上反对政府干预,在福利上较民主党明显保守。由于两大政党对福利问题的看法存在很大分歧,每次不同的政党执政,美国的社会保障政策便会有一番变动。因此,美国今天的社会保障制度,既有罗斯福、杜鲁门、肯尼迪、约翰逊、克林顿等民主党政府不断扩大社会保障的影子;也有艾森豪威尔、尼克松、福特、里根、布什、小布什等共和党政府收缩社会保障的影子。

延伸阅读：美国社会保障政策中的政党政治

（四）社会保障的制度实践表现出政治管理

政治学是研究如何进行政治统治实现政治稳定的学科,社会保障为现代国家维持社会稳定提供了一套系统有效的工具。合理地设计社会保障制度能够最大限度地化解社会成员面临的风险,使社会劳动力得到再生产,进而保证一国能够持续地发展。因此,社会保障是实现政治管理的重要手段。

政治管理的经常性任务是：维护现存的基本政治规范,维护现存政治权力的权威性和合法性,缓解现实社会的利益矛盾,保障正常的社会生活和社会秩序。社会保障的功能就在于它有助于协调各种社会利益关系,缓解不同利益群体之间的冲突与矛盾,创造一个稳定和谐的社会环境,从而实现政府的有效治理。[①]

首先,社会保障有一套正式的法律系统,能在政治上发挥作用,给社会提供一种安全感,从而促进社会稳定。社会保障的社会功能是安定生活和调节分配,都涉及社会的公平与和谐。安定生活是社会保障的基本功能,它形成有序的济贫、防贫和提高生活质量三个渐进层次的作用,为不同的社会成员筑起层次不同、对象不同、待遇不同和作用不同的社会生活保护网;调节分配则是使国民收入重新分配,因为在市场经济中由于优胜劣汰规律及效率优先原则而成为失败者和社会弱者的社会成员,由于收入距离而拉开生活差距,社会分配不公日渐严重,而社会保障则能弥补市场机制带来的缺陷,缩小和平衡国民收入的差距,使社会弱者也能分享社会经济的发展成果,保障所有社会成员的必要所得,最终达成社会的公平分配。

其次,社会保障能提供和谐稳定的社会环境。由于社会保障的广泛覆盖,以及涉及众多的生活保障内容,社会保障成为社会的稳定阀和维持社会稳定的安全网。广大社会成员即使遇到各种风险,也能借助社会保障获得必要帮助而顺利渡过难关。同时,社会也因此能保持相对稳定,从而给经济增长提供外部支持条件。实际上市场机制引起的收入差距不管有多大,只要在已经分化了的两极之间安装上一个平衡器——社会保障制度,使失业者和老年人等弱势人群能过上现存生产力允许的体面生活,没有后顾之忧,社会就能维持和谐状态。

由此可见,社会保障作为一种有力的社会管理机制,能够满足社会发展所需的一些重要支撑,这包括社会保障所能提供的稳定的社会基础和和谐的社会关系,健全的抗风险系统,以及社会成员不断提高的生活质量要求等,从而促进社会公平分配,减少社会贫富差

---

① 刘晓玲.社会保障的政治学分析[J].特区实践与理论,2008(2).

距；提高社会成员的抗风险能力，减低生活危机的威胁；推进社会关系的和谐，减少社会各主体之间的摩擦。正因为社会保障的特有功能，使其成为社会发展过程中不可或缺的重要支柱。

总之，社会保障的理论基础包含了政治学研究成果，社会保障的形成和实施是一种政治过程，体现出政治功能，反映出政党政治，表现出政治管理。伴随着社会保障的理性发展和升级完善，政治民主也会日益彰显。虽然社会保障与政治密不可分，但是值得注意的是，社会保障并不是为政治服务的，社会保障的根本目标应当而且只能是为了社会成员的协调发展和整个社会的发展进步，促进人的自由全面发展和社会的文明理性。理智的社会与理性的政治应当避免社会保障的政治化或泛政治化。

二、社会保障的法学基础

社会保障政策是以社会公平为核心价值，以促进社会和谐与人的可持续发展为基本目的，以政府和其他公共机构为主体，主要运用立法或者制定规则的制度化手段，推动公共资源的合理配置，通过组织和提供社会公共物品与社会服务的方式，调整社会现行的生产与分配关系。不管社会保障是以法律法规的形式表现出来，还是其本身体现的社会保障权的内涵，都说明社会保障与法学具有千丝万缕的联系。

首先，社会保障的产生发展是以立法形式为标志的。1601 年英国《伊丽莎白济贫法》的颁布是现代社会保障制度萌芽阶段的标志，该法将已有的宗教或社会救助活动惯例用法律的形式固定下来，这一法典的颁布使社会保障开始逐步走上立法化的道路。1883 年德国俾斯麦政府颁布《疾病社会保险法》，紧接着于 1884 年、1889 年又颁布了《伤残保险法》《老年保险法》，其涉及的内容已经具备了社会保险的含义和特征，从而第一个建立起了现代意义上的社会保险体系。1935 年美国总统罗斯福颁布的《社会保障法》第一次以"社会保障"来命名，从而出现了完整意义上的社会保障法律。1942 年的《贝弗里奇报告》成为战后英国工党政府社会立法的白皮书。根据《贝弗里奇报告》的精神，英国政府以实现充分就业和社会福利为纲领，先后通过了一系列重要立法。可见，社会保障的产生和发展都与法律密不可分。

其次，社会保障的价值理念与法学理念是一致的。从两者追求的社会公平价值取向来说，社会保障和法学更是犹如孪生，现代社会保障天然具有关心弱者和保障社会公平的价值理念，实践中更是处处体现着对社会公平的追求。法学同样体现着对社会公平的执着追求。另外，社会保障体现出来的社会连带和团结互助理念，在社会法上也具有广泛的体现。因此，不管是从法学角度研究社会保障，还是从社会保障角度认识法学，都能够促进两者的长远发展，甚至能够帮助彼此进入一个更高的境界。

再次，社会保障的主要内容是以权利义务形式出现的。社会保障的主要内容是缴费筹资和待遇发放，这涉及参保者的权利义务关系。法学以权利义务为研究的核心内容，而社会保障正是体现着参与社会保障的各主体的权利与义务，尤其是社会保险，对劳动者既有享受社会保险权益的规定，也有对其履行社会保险义务的要求。从法学角度研究界定各个主体的权利义务边界，充实权利义务内容，合理分配各主体权利义务，能够从本源上帮助社会保障沿着可持续的方向发展。由于社会保障本身的复杂性决定了其调整关系的复杂性,社会保障包括的主体有国家、社会、企业、劳动者、社会保险经办机构等,一部合理的社会保障法需要妥善处理每一对关系,而如何调整每一对关系正是法学研究的重要内容。需要特别注意的是,社会保障主体围绕或通过社会保障财产而建立和形成的经济权利关系,主要包括社会保障财产所有权、占有权、使用权、收益权和处置权,由主体、内容、客体、性质以及合法性依据等权利要素组成,未来关于社会保障财产权保护的问题会日益重要。[①] 因此,只有通过法学研究理顺了不同主体之间的关系,并通过合理的制度规则加以约束,才能促进社会保障的发展,反之则会阻碍社会保障的发展。

最后,社会保障的持续发展需要法律的强制规范。社会保障的强制性需要以法律法规的形式实现,而法律的强制性特征正是社会保障所必需的。社会保障的强制性不仅要求符合条件的社会成员参加,同样强调国家对其责任的履行,法律正是通过一个强制性的框架把各方行为约束在可控的范围内。社会保障只有通过法律的形式规定下来其作用才能真正得以发挥,也只有这样才能获得社会成员的信任与积极参与。从 1601 年英国颁布的《伊丽莎白济贫法》,到 1883 年德国的《疾病社会保险法》以及 1935 年美国的《社会保障法》,表明社会保障的产生和发展都与法律密不可分。我国《宪法》第四十五条明确规定了"中华人民共和国公民在年老、疾病或者丧失劳动能力的情况下,有从国家和社会获得物质帮助的权利"。因此,国家需要发展为公民享受这些权利所需的社会保险、社会救济、社会福利和医疗卫生事业。2010 年 10 月颁布的具有里程碑意义的《中华人民共和国社会保险法》标志着我国社会保障制度建设开始从长期改革实验走向定型、稳定、可持续发展。[②] 需要注意的是,我国社会保障的定型、稳定和可持续发展,还急需更多立法来明晰主体各方的社会保障责任;社会保障中的各种关系迫切需要社会保障法律制度予以调整。因此,社会保障的持续发展需要法律的强制规范。

第三节　社会保障的社会学、人口学理论

一、社会保障的社会学基础

(一) 从社会保障的目标和社会学的研究对象来看,社会学是社会保障最重要的理论基础之一

社会学是关于社会良性运行和协调发展的条件和机制的综合性具体社会科学。它用科学的态度、实际社会调查的各种方法对社会现象、社会生活、社会关系和各种社会问题进行观察、分析和研究,从而揭示出人类各个历史阶段的各种社会形态、社会结构和社会发展的过程和规律。在社会学看来,社会的运行和发展可以分成三种类型,即良性运行、中性运行和恶性运行,以及协调发展、模糊发展和畸形发展。所谓社会的良性运行和协调发展,是指特定社会的经济、政治和思想文化三大系统之间以及各系统内不同部分、不同

---

① 翟绍果.社会保障财产权的性质及保护研究[D].西安:西北大学,2006:17-34.
② 郑功成.《社会保险法》:我国社会保障法制建设的里程碑[J].中国劳动,2011(1).

层次之间的相互促进,而社会障碍、失调等因素被控制在最小的限度和最小的范围之内。

社会学与其他社会科学相比,一个重要的特点就是以社会诊断与治疗为己任。社会是在一系列矛盾过程中运行的,各种各样的社会问题此起彼伏,社会学通过其特有的理论与研究方法对各类社会问题进行诊断,并通过政策研究和途径探讨,寻求解决社会问题的对策措施。

社会学可分为理论社会学和应用社会学。

理论社会学的内容大体可以分为三类:第一,有关着重从正向探讨社会良性运行的条件和机制的内容;第二,有关着重从反向探讨有效地消除妨碍社会良性运行和协调发展的因素的内容;第三,有关研究社会良性运行和协调发展,避免恶性运行和畸形发展的方法和手段的内容。

应用社会学,由众多的分科社会学,如政治社会学、经济社会学、教育社会学、法律社会学、劳动社会学、人口社会学、福利社会学、医学社会学、体育社会学等构成。

不论是理论社会学,还是众多的分科社会学,贯穿的都是社会良性运行和协调发展的条件和机制这根主线。社会运行和发展,特别是社会良性运行和协调发展的条件和机制,构成了社会学独特的研究对象。

而社会保障作为国家和社会通过立法实施的,以国民收入再分配为手段,对社会成员的基本生活权利提供安全保障的基本社会经济制度,其作为社会制度的目标是实现社会安定、和谐发展和良性运行;其作为经济制度的目标是保证劳动力再生产,促进经济实现稳定增长。

显而易见,社会保障的制度目标与社会学的研究对象二者之间存在巨大的内在关联性。社会稳定、社会和谐发展和良性运行既是社会保障制度追求的目标,社会良性运行和协调发展的条件和机制又构成了社会学独特的研究对象。社会学很自然就成为社会保障最重要的理论基础之一。

（二）从社会学研究的内容来看,社会学为社会保障提供了有力的理论支撑

社会组织、社会结构、社会功能、社会问题、社会变迁等构成社会学研究的重要内容,社会学通过研究社会运行的条件和机制、人的社会化、社会互动、社会群体、社会组织、社会分层与社会流动、社会设置、社区、城市化、社会变迁与社会现代化、社会控制等,对科学地管理社会和制定正确的社会政策提供有根据的、经过论证的实际建议,为促进社会的良性运行和协调发展提供科学依据。

在人类发展的两大内容——经济发展与社会发展中,社会保障往往被纳入社会发展的范畴,社会保障被看作人类社会进步和人类发展的产物,社会保障水平也构成了社会发展水平的重要标志之一。社会保障作为以经济手段解决社会问题从而实现特定政治目标的制度安排,为了化解各种社会风险而要着力解决的社会问题,如老年人问题、失业问题、医疗问题、贫困问题、灾害救助问题、社会福利问题等,同时也正是社会学所要研究的重要问题。在研究问题上的诸多重合性,使社会保障能够从社会学中获得更多的理论支撑。

当前社会学研究的社会结构变迁与社会分层研究、和谐社会研究、社会组织与社会政策研究、社会建设与社会质量研究等热点和前沿问题,也与社会保障密不可分。

例如,和谐社会必须用具体的指标体系来反映,社会发展与社会公平指标、社会保障制度健全与否、社会保障制度覆盖的人数及比例、对收入再分配的调控力度,以及国民的安全感、幸福指数等,都应该是和谐社会最重要的衡量指标。实际上,社会保障制度与和谐社会构成了正相关关系,社会保障体系是构建和谐社会的核心指标。构建和谐社会在很大程度上需要依靠社会保障制度,社会保障是解决各种社会问题不可替代的重要工具之一。

社会建设是为适应国家由农业、农村的传统社会向工业化、城市化的现代社会的转变,适应人们的生产方式、生活方式和人际关系发生了深刻变化,积极面对由此产生的各种社会问题,有组织、有目的、有计划进行的各种有利于改善民生、建立新的社会秩序、促进社会进步的社会行动与过程。[①] 无论是从广义还是狭义来看,以保障和改善民生为主要内容的社会保障都是社会建设的重要内涵之一。围绕“民生”二字,社会和谐、社会建设、社会保障被紧密地、有逻辑地联系在一起。

(三) 社会学研究方法为社会保障研究提供了支撑

社会学家将社会视为一个整体,从整体的角度通过社会关系和社会行为来研究社会的结构、功能、发生、发展规律及各种社会现象。社会学研究方法通常包括定量研究和定性研究。社会学家常用定量研究的方法从数量上描述一个社会的总体结构,以此来研究可以预见社会变迁和人们对社会变迁反应的定量模型。社会学研究的另外一种方法是定性研究方法,包括参与观察、深度访谈、专题小组讨论等收集资料的方法,以及基于扎根理论、内容分析等定性资料的分析方法,以期对社会运作有更深入的理解。社会学研究用各种方法收集经验资料,操作化的方法主要包括问卷法、访谈、观察法及统计研究。定量和定性这两种研究方式是互补的,而不是矛盾的。

由于社会学在研究对象和研究内容上都与社会保障存在内在的关联,社会学的研究方法同样也为社会保障研究提供了巨大的支撑。无论是研究社会成员对社会保障的需求,还是研究全社会对社会保障的制度供给,无论是研究社会保障制度,还是研究社会保障政策,都需要进行定量研究和定性研究。社会学研究中的整体观,对于研究社会保障也极具指导意义,社会保障在对各种社会风险的产生及风险化解机制的研究中,需要借鉴社会学将社会看成一个整体的独特研究视角,综合考虑社会、经济、政治、文化、法律、道德、社会心理、民俗、历史等多种因素,避免视野过于狭窄。

总之,在研究方法方面,社会学的研究方法如调查研究、实验研究、文献研究、实地研究都是社会保障研究中不可或缺的。

(四) 社会学理论成为社会保障最主要的理论基石之一

1. 帕森斯的结构功能论

塔尔科特·帕森斯(1902—1979)是美国社会学家,美国现代社会学的奠基人,结构功

---

① 陆学艺.当代中国社会结构变动中的社会建设[J].甘肃社会科学,2010(6).

能主义的创始人和代表人物,主要代表作有《社会行动的结构》(1937 年)、《社会系统》(1951)。他早期的主要理论倾向是建构关于社会价值如何引导个人行动的志愿行动论,后期逐渐关注个人、社会与文化三个系统的整合问题,转向更为宏观的社会系统论。帕森斯总结了前人的行动理论,提出了自己的意志论行动理论。他认为社会行动的基本单位是单元行动,由目的、手段、条件、规范等要素构成,每一种行动都涉及主观目的,并构成行动中的意志自主因素。社会行动是一个庞大的系统,由行为有机体系统、人格系统、社会系统和文化系统四个子系统构成,每个子系统都有自己的维持和生存边界,但又相互依存、相互作用,共同形成层次控制系统。社会的运行好比是一个活的有机体的运转。总的来说,社会的各个组成部分是为了社会整体的利益而协同工作。社会系统是一种行动者互动过程的系统,行动者之间的关系结构就是社会系统的一种基本结构。社会系统中的行动者通过社会身份和社会角色与社会发生联系,制度化了的身份与角色复合体就是社会制度。社会系统必须满足四种基本功能,即适应、目标达成、整合、潜在模式维系,在组织上产生功能分化,由经济、政治、社会共同体和文化意义上的模式托管系统分别执行。在社会系统与其他系统之间,在社会系统的各子系统之间,存在多种多样的输入—输出的交换关系,形成社会系统的过程。通过交换,社会秩序得以结构化,并构成社会系统的动态平衡。对于社会保障制度,结构功能论认为该制度对于社会有功能上的重要性和必要性,它将社会保障视为社会整体中的一个必要组成部分并具有独特的社会功能,从社会整合的视角认识社会保障,这显然是有助于认识社会保障在现代社会发展中的地位和作用。

2．威廉斯基与黎鲍克斯对社会福利类型的划分

美国著名的社会学者威廉斯基与黎鲍克斯在其出版的《工业社会与社会福利》一书中首次提出了著名的社会福利两分法,即"补缺型"社会福利和"制度型"社会福利。"补缺型"社会福利重视家庭和市场的作用,强调依靠家庭和市场来提供个人所需的福利待遇,即只有当家庭和市场的作用失灵而难以提供个人所需的福利待遇时,国家和政府才会承担相应的责任。与此相对,"制度型"社会福利则重视国家和政府的作用,认为国家对于个人的福利需求负有不可推卸的责任,主张依靠国家和政府通过一整套完善的法规制度体系,提供个人所需的社会福利。"制度型"模式确认每一个社会成员和群体都获得发展的机会;将社会福利看成是一个社会所必需的重要社会职责和社会功能,主张以制度化的社会福利体系为全体社会成员和群体服务。由此,政府不但被纳入常规的社会机制之内,而且被放在最先责任者和主要责任者的高度。

与此同时,英国学者蒂特马斯也提出类似的划分标准,强调"普惠型"社会福利是一种面向全民的社会政策,旨在提升全民的福利水平。

3．贝克和吉登斯的风险社会论

德国社会学家乌尔里希·贝克就风险和全球化进行了广泛的研究,他认为这些风险促进了全球风险社会的形成。随着技术变革的进程加快,新的风险形式随之产生,我们必须不断依据这些变革作出回应和调整。风险社会并非仅限于环境和健康风险,而且包含

当代社会生活中一系列相互交织的变革：职业模式的转换、工作危险度的提高、传统和习俗对自我认同影响的不断减弱、传统家庭模式的衰落和个人关系的民主化。因为个人的未来比在传统社会中更不确定，所以现在个人的所有决策都要冒风险。贝克认为，风险社会的一个重要方面就是其危险不受时空和社会的限制。今天的风险会影响所有国家以及所有的社会阶层；其后果具有全球性而非个人性。

英国著名的社会学家安东尼·吉登斯继德国学者乌尔里希·贝克之后，对现代性进行了深刻的反思和总结。他睿智地认识到了现代性和全球化进程带给人们的不仅仅是福音与光明，还会有无数突出或潜在的危机和风险。他的风险社会理论具有积极的现实意义，对当前中国社会主义和谐社会的构建具有深刻的启示。

4. 福利社会学成为社会保障学的直接理论依据

福利社会学作为社会学的一个重要分支，运用社会学的理论和方法，研究近代以来社会学家的社会福利理想、当代社会福利思潮、社会福利问题的产生与发展过程、社会福利对象、社会福利制度、社会福利实现方式和社会福利组织等社会福利发展中的基本问题；分析蕴含在这些问题中的人与社会的关系、社会结构、社会体制、社会平等与社会公平、资源分配等深层问题。这些理论研究为社会保障提供了直接的理论依据。

二、社会保障的人口学基础

（一）从人口学的研究对象看人口学与社会保障的关系

人口学的研究对象是人口变化及其规律。它可以分为两个层次：人口本身的发展变化规律；人口与制约它的发展变化的各方面外在因素的相关关系及其变化规律。第一层次形成狭义的人口学；第二层次形成交叉人口学（如人口经济学、人口社会学、数理人口学等）。人口学是一门综合性的社会科学，涵盖了人口理论、人口统计学、人口学分支学科等。

社会保障是依法对人的基本生存权益提供的保障，社会保障的客体是全体社会成员，一国的人口状况特别是人口数量、人口质量、人口结构和人口分布变化直接影响社会保障制度的建立、健全、运行及发展，影响社会保障的待遇水平及模式的选择。从这个角度来说，社会保障的理论与实践必须依托人口学对人口规律的科学认识，建立在这样的科学基础之上的社会保障才能走上健康发展的道路。

（二）人口学研究的内容与社会保障有很大的交叉点

人口学研究的范围极为广泛，包括人口理论、人口统计和人口问题等。人口学研究的主要内容包括人口再生产，人口质量，人口构成，人口流动，人口分布与迁移，人口城市化，人口规律，人口和经济发展，人口、资源、环境和可持续发展，人口政策等。人口学研究的内容与社会保障有很大的交叉点，特别是人口学对人口再生产、人口结构、人口流动、人口分布与迁移的研究直接为社会保障提供了理论基础。

人口是一个不断运动、不断自我更新的群体。在这一群体中，老一代陆续死亡，新一代不断出生,这种世代更替、繁衍的过程称为人口再生产。它是人类社会得以延续和发展的条件。在当代社会,社会保障不仅是一种安全保障机制,而且是一种社会调节和促进机制,良好的社会保障制度可以在一定程度上影响人口的出生率和死亡率,其实质就是对人口再生产过程的一种有力促进。

人口结构是人口理论研究的重点问题之一。人口结构是指人口的构成,即从不同的方面和层次,按照不同的规定性和标志来分析人口内部组合状况和比例关系。社会保障与人口结构关系极为密切,除了人口的年龄结构之外,收入分配结构、城乡结构、婚姻家庭结构等对社会保障的影响也很重要。

人口的年龄结构即各个年龄组人口在总人口中所占的比重,是长期以来人口出生率、死亡率以及人口迁移变动的结果,又是今后人口再生产变动的基础和起点。一国的人口年龄结构直接影响社会保障项目结构安排,影响老年保障、医疗保障、家庭津贴等在整个社会保障制度中的规模及比重。就养老保险制度而言,抚养比、养老保险缴费率、养老金平均替代率之间的数量关系都与人口年龄结构有着密不可分的关联。此外,年龄结构还会影响社会保障基金筹资方式的选择及养老负担代际转移。人口老龄化作为人口学研究的重要问题之一,也是社会保障面临的严峻挑战。人口学对人口老龄化的研究构成了社会保障对这一挑战认识的学理基础。人口的地区结构、社会经济结构同样对社会保障的制度特征、保障的覆盖面、保障项目、待遇水平及管理产生着影响。

人口学对人口流动、人口迁移和分布的研究同样为社会保障领域诸如社会保险关系转移接续的问题、农村与城市社会保障制度衔接问题及人口城市化过程中失地农民的社会保障问题的研究提供了研究前提及理论基础。

(三)人口学的研究方法为社会保障学提供了重要的方法论和技术支撑

人口学与社会保障学同属社会科学的组成部分,在研究内容上具有交叉性,因此人口学中的研究方法同样适用于社会保障学的研究,如抽象法、宏观分析法、微观分析法、统计方法等。人口学注重量化分析、实证分析,强调人口调查以及积累与应用人口资料等研究方法方面的特点与社会保障学研究有相似之处,从而为社会保障学的研究提供了重要的方法论支撑。

第四节　社会保障学的管理学理论

管理是指运用一定的手段,使用一定的资源以实现组织的既定目标。管理学是系统研究管理活动的基本规律和一般方法的科学,它是适应现代社会化大生产的需要而产生的。管理学最为独特之处是它抛开了学科分类上的"主体标准",其目的只有一个,即研究在现有的条件下如何通过合理地组织和配置人、财、物等因素,提高生产力的水平,实现组织的既定目标。所以管理学其实是一门工具类性质的学科。

社会保障的实施以及目标的实现同样需要经历这样的过程。社会保障需要国家和经济发展的支持,需要人力、物力、财力等的支撑,以实现保障社会成员基本生活权益的目标,进而促进整个社会的良性发展。管理的基本过程是计划、组织、领导、控制等,基于管理的基本流程,社会保障的制度设计也应遵循这一形式,以保证规范性和科学性,实现社会保障的常态稳定的发展。

一、管理学和社会保障学有共通之处

(一)二者的研究对象

从研究的对象来看,社会保障学和管理学所研究的领域是有重叠的,或者说社会保障是公共利益的一部分,因而也就自然而然地成为公共问题,进而成为管理学特别是公共管理学的研究对象之一。社会保障为社会成员提供的保障是一种公共资源,实际上,也就是一种公共产品,具有非竞争、非排他的特性,它所维护的是公共利益,所满足的是公共需求,同时任何人无论付费与否都能从中受益,增加一个人对该物的消费,不会妨碍和减少别人对其消费的效用值。通过市场方式无法解决其供给问题,但它又是不可或缺的部分,因此政府部门对其管理与干预就非常必要,而公共管理,特别是行政管理的知识体系就显得尤为重要。

同时应当看到,社会保障对象是一个庞大而又复杂的群体,他们从事(或曾经从事)不同的职业,属于不同的阶层,持有不同的价值观念。因此,政府部门不可能仅仅凭借其行政资源完成好社会保障对象管理工作。这实际上又是一个公共管理问题。政府必须坚守其协调人的角色,积极借助其他潜在公共管理者和公共管理组织(如志愿者、社区自治机构、行业协会、工会等)的力量。从公共管理学的角度来看,这可以被认为是公共组织的管理,因为上述机构符合公共组织的基本特性:以追求公共利益为价值取向;活动受法律法规限制并具法律权威;具有政治因素的考虑;独占性和行为的强制性。这就必然决定了管理学将作为社会保障学的重要基础。

(二)二者的研究目的

从社会保障的目的来讲,它主要是为了"化解个人与社会风险,维护社会安定""调节社会供求,促进经济增长""实现社会公平,促进社会发展",这也是公共管理目标的体现。众所周知,公共管理的目的是实现公共利益,它旨在维护社会成员的共同利益,并维持社会的良好运行,同时提供充足的公共产品和公共服务。公共管理亦强调公平和平等。社会保障的发展能够有效地缓解社会弱势群体的境况,对于现有资源的分配机制是一种有效的补充,同时,对于弱势群体的扶助不仅能够体现公平的原则,而且对于保持社会的稳定运行有着重要的作用,这都符合公共管理的要求。从更深层次的角度讲,无论是社会保障还是公共管理,都是为了让有限的资源得到尽可能的合理配置和运用,最终维持社会公平和平稳。因此,从本质上讲,社会保障与公共管理的目标是一致的。

(三)二者的研究内容

从内容来看,社会保障主要是为了解决社会成员的民生问题,尤其是对由于各种原因造成的社会弱势群体的一种扶助和救济行为,它是一种对社会资源的再分配的过程。而管理是对组织的有限资源进行有效整合,以达成组织既定目标与责任的动态创造性活动。

111

因此，从内容上看，它们都是对有限资源的一种分配活动。同时，二者都有自己的特定主体和客体。社会保障的主体是比较广泛的，包括国家、各级政府以及各种具有社会保障性质的组织；社会保障的客体则是全体公民。社会保障和管理同样具有协调和优化的作用：社会保障的实施能够有效地协调社会各阶层的关系，缓解社会矛盾；而管理能够协调人力、物力、财力及信息以达到组织的目标。因此，从内容上看，社会保障与管理学是密切相关的。

（四）二者的运行机制

管理是对组织的资源进行有效整合以达到组织既定目标与责任的动态性、创造性活动。管理的核心就是资源，管理的三大基础是资源和资源配置、管理人性假设以及环境变动与管理模式选择。管理包括计划、组织、指挥、协调和控制五个行为活动。社会保障是对社会成员的一种管理活动，社会保障实施机构也是一种管理组织。既然是组织，就存在管理者的领导方式、组织目标、组织结构、组织决策、组织领导与激励等一系列管理学问题，包括管理原则、管理体制和管理的监督体系。它的内容有社会保障的行政管理、社会保障的基金管理和社会保障的对象管理等。这就必定意味着需要运用管理学中的相关管理理论作为支撑。也就是说，社会保障的实施过程也就是管理的具体实施过程。

（五）社会保障的开展离不开管理学的支持

社会保障管理是管理学尤其是公共管理的重要组成部分，也就是说，社会保障的开展离不开管理学的支持。传统的社会保障理论认为，社会保障管理包括三个方面：第一，社会保障政策法规管理，是指政府制定社会保障的政策法规及运用政策法规实行管理和监督的过程，这通常被认为是社会保障管理的第一个环节；第二，社会保障基金管理，包括筹集社会保障基金、支付社会保障待遇以及运营和管理社会保障基金；第三，社会保障对象管理，也就是对社会保障享受对象进行一系列日常服务。这三个环节都属于公共管理的范畴。社会保障的公共政策主体是各级政府和主管部门，一般先由中央政府制定基本法律法规，然后由下级各部门制定相应的实施细则，并运用政策法规对其执行过程进行监督和管理。从公共管理学角度看，这是一个典型的自上而下的公共政策执行模式。从某种程度上讲，管理是社会保障一切活动的手段和基础，也是社会保障活动进行的前提，社会保障是公共管理的内容之一。

二、管理学为社会保障学提供了理论基础

（一）马斯洛的需要层次论

需要层次论是美国人本主义心理学家马斯洛提出的有广泛影响力的管理学理论。马斯洛在《激励与个人》一书中，发展了亨利·默里关于人的需要的思想，把人的需要按发生顺序由低级到高级分为五个层次，即生理需要—安全需要—社交需要—尊重需要—自我实现需要（如图4-3所示）。[①]

---

① 郑功成.社会保障学[M].北京：商务印书馆，2000.

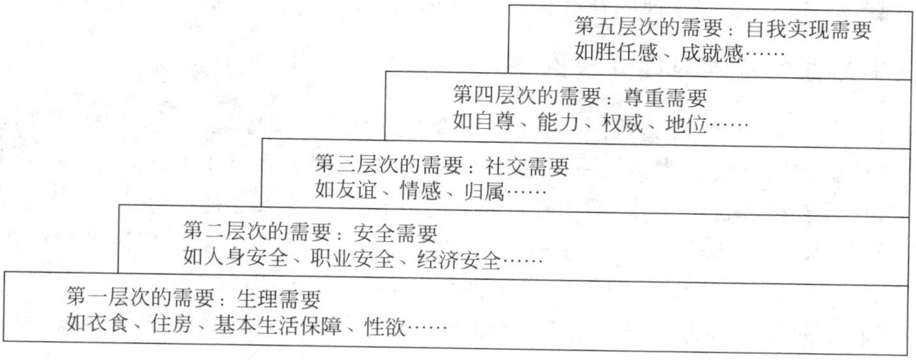

```
第五层次的需要：自我实现需要
        如胜任感、成就感……

第四层次的需要：尊重需要
      如自尊、能力、权威、地位……

第三层次的需要：社交需要
    如友谊、情感、归属……

第二层次的需要：安全需要
  如人身安全、职业安全、经济安全……

第一层次的需要：生理需要
如衣食、住房、基本生活保障、性欲……
```

图 4-3　马斯洛的需要层次论

马斯洛的需要层次论尽管有缺陷，但反映了绝大多数人的一般需求规律，而这种规律揭示了社会保障的重要性。社会保障所划分出的体系内容，正是根据人不同层次的需要而表现出来的，其中社会救助满足的多是人们第一层次的需要，社会保险满足的是基本层次的需要，社会福利等则更多地满足人们更高层次的需要。例如，食物救济、交通津贴和住房福利等属于生理需要；疾病医疗保险、失业保险等属于安全需要；社会保障工作者提供的物质和精神方面的服务属于社交需要；教育福利等属于尊重需要。社会保障制度的建立，正是促使社会成员的需要获得满足并由低级向高级转移的良好的社会机制。在现代社会里，社会成员的需要的满足，客观上离不开社会保障制度的保障；越是低层次的需要，就越是离不开社会保障。

（二）登哈特的新公共服务理论

20 世纪 70 年代末，以登哈特为代表的新公共服务理论为社会保障学提供了一定的时代指向。新公共服务理论是指关于公共行政在以公民为中心的治理系统中所扮演的角色的一套理念，它主要认为政府的职能是服务而不是掌舵，公共利益是目标而非副产品，重视人而不只是生产效率，有效率地提供公共产品，集中精力与公民以及公民之间建立信任与合作关系，关注公民的需要和利益。在登哈特看来，公共利益超越了个人自身利益的聚集，新公共服务通过广泛的对话和公民参与来追求共同的价值观和共同的利益。在政府职能的界定和划分上，这一理论提出将社会公共服务职能作为政府的一项基本职能，通过引进私营部门的管理方法对现行政府管理体制进行改革，以适应社会的发展需要。新公共服务理论认为，社会保障事业是政府行使社会公共服务职能的一个重要领域，是服务型政府理念的集中体现。这一理论要求政府并不直接提供社会保障产品，而是引进多种机制，将社会保障看作政府的一项基本服务，而不是管理职能，注重政府在社会保障方面的绩效，从而提升社会保障的总体水平。社会保障通过各种保障制度的建立和政策的实行向社会提供民众切实需要的服务，化解个人和社会风险，维护社会的稳定，创造更大的平等，实现社会公平，缓解社会矛盾，保障社会民众的公共利益，追求全社会的发展。有效的社会保障管理是对社会事务进行计划、组织、协调、控制和监督的过程。要改变传统的官僚机构和科层制度，实现政府、市场、社会力量多元主体的参与，同时也要促进社会保障制度的规范与完善，设置合理的社会保障管理体系，以实现社会保障的管理效率。

（三）赫兹伯格的双因素理论

赫兹伯格的双因素理论是针对马斯洛需要层次论的一种修改。他认为，影响员工对工作的满意度的因素有两大类：一类是激励因素，即能够导致员工对工作满意的因素，如成就、赏识、具有挑战性的工作、晋升、工作中的成长等；另一类是保健因素，如公司的政策和管理、工作条件、人际关系、薪金、地位、职业安定及个人生活等。所谓的保健因素，也叫"维持因素"，这类因素起不到激励员工的作用，但必须处理好，否则员工会产生不满。社会保障制度的建立将为劳动者乃至其他社会成员提供基本的物质条件保障，可将其看作为劳动者提供保健因素，从而提升劳动者对组织的认同感和满意度。所以从某种程度上讲，社会保障就成为组织中激励员工的主要手段之一，是对人力资源的投资。通过社会保障可以减轻损失，分散风险，保护生产和再生产。人力资源是民生发展的动力之源，社会保障则是通过制度保障利用好人力资源，弱势群体也可以转化为人力资本。胡鞍钢教授认为：社会救助不仅是一种社会公平，也是一项有长远收益的人力投资，它可能暂时牺牲一些眼前资源，却能增长未来的生产力。

（四）人本原理

管理学认为人在管理系统内部诸要素中处于主导地位，是决定管理成败的主要因素。其中，人既包括管理者，也包括被管理者，还包括用户、合作伙伴和社会大众。在公共管理中，对人的重视更加明显。社会保障作为社会的一种有效安全机制和刺激手段，体现了人本理论的核心思想。社会保障的对象是全体社会成员，社会保障应该使所有社会成员都有可能成为受益者。除此之外，社会保障的目标是满足公民的基本生活需要，从而实现社会稳定和社会公平。这些体现了管理学中的人本原理。人本原理是指管理者要达到组织目标，一切管理活动都必须以人及人的积极性为核心和动力来进行。管理过程中的许多环节都需要人去掌握和推动，同时人也是管理对象的重要组成部分，在管理过程中必须重视处理好人与人之间的关系。社会保障的整个过程都离不开人的参与，无论是制度的制定、执行还是它的对象都与人密切相关。可以说，人本原理为社会保障理论提供了理论基础。

（五）分类管理思想

管理学中的分类管理思想在社会保障制度和实施中体现得尤为鲜明。为了对需要进行社会保障的人们进行更有针对性和有效性的管理，政府对社会保障的对象进行了基本的分类，其具体的保障范围有因年老、失业、患病、工伤、生育而减少或丧失劳动收入时，能从社会获得经济补偿和物质帮助，保障基本生活。从贡献的程度讲，这些人也是对国家的发展做出了基本贡献的，从而社会保障也体现了这种回报性的权利，进而提高了国家管理的人性化。人的存在意味着劳动力的存在，就意味着经济的长足发展动力。

管理推动了社会保障的规范性的发展。2011 年年初，人力资源和社会保障部部长尹蔚民讲到应从五个方面构建覆盖城乡的社会保障制度体系：从无到有，优先解决制度缺失问题；从窄到宽，逐步扩大覆盖面；从低到高，稳步提高保障水平；从分到合，积极推进城乡社会保险制度统筹；实现精确管理，提高社会保障经办能力和水平等。可以看到，在实际的操作中，管理使社会保障的工作更加有秩序和合理推进，将一个不断推进的事业目标化，提高了具体实施管理的水平。

第五节　社会保障学的学科体系及研究方法

一、社会保障学的研究对象及内容

（一）社会保障学的研究对象

社会保障学作为新兴的边缘学科，是一门研究人类社会保障实践活动及其发展规律的科学。它是一门相对独立的学科，是在经济学、社会学、政治学、管理学、法学、人口学等多学科的基础上发展起来的一门独立的、交叉的、处于应用层次的社会科学。社会保障的实践活动就是社会保障政策的制定、执行及其结果，就是社会保障制度的构建及其运行，而社会保障学的研究对象本身不应该仅仅是社会保障政策和社会保障制度本身，而应该是比它更高一级的东西，即制定社会保障政策、构建社会保障制度的客观依据。

（二）社会保障学的研究内容

一门学科的内容是由它所研究的对象的内容所决定的。社会保障学是以人类的社会保障实践活动及其发展规律为研究对象的科学，因此社会保障学的研究内容应该包括以下几个方面。

1. 社会保障基本理论

社会保障基本理论应研究社会保障的本质及其与社会经济之间的内在联系和相互关系，包括：社会保障的概念、特征；社会保障产生的原因及条件；社会保障的功能；社会保障与财政的关系；社会保障与经济、政治、社会、文化、伦理道德的辩证关系；社会保障在社会进步和经济发展中的作用；社会保障的思想渊源、理论基础及其演变；社会保障的发展规律；社会保障所引起的国民收入再分配对社会公平和经济效率的影响；社会保障的公平与效率；等等。

2. 社会保障制度与政策

这部分应该包括如下内容。其一是研究社会保障制度的构成，研究社会保险、社会福利、社会救助等子系统与社会保障体系的关系，分别研究包括养老社会保险、失业社会保险、医疗社会保险、生育社会保险、工伤社会保险、死亡保险、遗属保险在内的社会保险，研究包括灾害救助、贫困救助和专项救助在内的社会救助，研究包括公共福利、特殊福利、职业福利、社会津贴、社区服务在内的社会福利。社会保障学不仅要研究社会保障体系中各子系统的组成，而且要研究子系统与系统的关系以及彼此的相互影响和相互作用。其二是研究社会保障制度的国际比较，比较国际社会不同社会保障的模式，不同社会保障模式产生的背景以及理论依据，不同社会保障模式下的社会保障水平及对公平和效率的影响。其三是研究社会保障政策，研究各项社会保障政策的制定、实施、结果，评估社会保障政策的效果。其四是研究社会保障的水平。

3. 社会保障运行

这部分应该包括如下内容。其一是研究社会保障法律体系，社会保障立法是社会保障制度建立和发展的法律依据，是制度的必要条件。其二是研究社会保障运行的机制、运行方式和方法。其三是研究社会保障基金的筹集、运营、支付和管理。它是从动态过程研究社会保障运行的规律性。

4. 社会保障管理

这部分内容包括社会保障管理体制、社会保障法制、社会保障信息系统管理、社会保障的监督与控制等。理顺社会保障管理关系，完善社会保障管理体制，提升社会保障管理能力，是发展社会保障事业、完善社会保障制度的重要举措。而对社会保障管理进行全面的总结、科学的研究和理论的升华，是社会保障学研究的主要内容之一。

二、社会保障学的研究任务

由于社会保障学有着自己特有的研究对象，因而也有本身特有的研究任务。社会保障学的研究任务，总的来说是要揭示社会保障实践活动、社会保障关系、社会保障制度形成的条件、表现的形式及其实质内涵，阐明社会保障发生、发展和变化的客观规律，为正确认识和处理社会保障关系提供理论依据，以促进社会保障事业的发展和社会保障制度的完善。

具体来说，社会保障学的研究任务可概括为以下几个方面。

（一）构建并不断完善社会保障学理论体系

社会保障是一个很古老的问题，自古以来，人类就面临各种各样的生存危机，各国政府为了维护社会稳定、缓和社会矛盾，在很早以前就制定并实施过救灾济贫的社会政策。例如，早在 1601 年英国就颁布了《伊丽莎白济贫法》，1834 年又颁布了《伊丽莎白济贫法修正案》，进入工业社会以后，德国于 1883 年颁布了《疾病社会保险法》，在全球率先建立了现代社会保险制度，从而使人类社会开始进入以制度化的方式解决社会成员面临的生存危机的新的历史时期。到今天，现代社会保障制度已走过了 100 多年的历程，相比之下，社会保障学的历史却很短很短。甚至不同国家、不同的学者对社会保障的概念的界定至今都无法统一，对究竟什么是社会保障争论不休。因此，建立和完善社会保障理论体系已成为社会保障学研究的首要任务。

（二）研究社会保障政策的客观依据，总结社会保障实践中的经验，探寻社会保障自身的客观规律

通过对社会保障关系，社会保障制度产生、发展和变化的规律性的揭示，为社会保障政策的制定和制度的建立提供理论依据。社会保障活动涉及的面广，关系到社会成员的切身利益，社会保障关系极其复杂，政策性很强，处理不好就会造成严重的社会问题，危及社会的安定。这就需要加强决策的科学性。而决策的科学性需要有科学的理论做指导，社会保障学就是在科学的理论指导下，在总结实践经验的基础上揭示社会保障实践活动及其客观规律的科学。有了社会保障学的理论指导，就可以克服决策中的盲目性，提高决策的科学性；就可以发现现行社会保障制度中的弊病，明确改革的方向。社会保障学的基本原理及社会保障学的发展，可以为改革和完善社会保障制度、健全社会保障体系提供充分的理论依据，使社会保障理论具有前瞻性和指导性。

三、社会保障学的学科特点

1. 内容上的交叉性与综合性

社会保障是以经济手段解决基本民生问题进而实现特定政治目标的一种制度安排。社会保障学既要研究社会保障基本理论，又要研究社会保障制度和社会保障政策，还要研究社会保障运行及社会保障管理，内容极其丰富和广泛，综合性极强，所涉及的学科也具有很强的交叉性。

社会保障从基金的筹集到支付的过程实质上是国民收入的分配与再分配过程，其本身是一种利益调节行为，涉及一系列的经济问题，如财政、税收、储蓄、投资、消费、劳动力供求、经济增长等。而在社会保障理论发展中，庇古、凯恩斯等经济学家对社会保障理论做出了突出贡献，经济学不仅为社会保障学提供了丰富的理论基础，还为社会保障学提供了科学的方法。因此经济学与社会保障学有着密切的关系。

不仅如此，社会保障行为也是一种社会控制，其内容和任务是解决各种特定的社会问题，从而实现社会的有序运行和良性发展。此外，社会保障是国家通过法律强制实施的社会政策，其直接目的是为社会稳定发展服务，社会保障更多的是政府行为，社会保障以政府为首要责任主体，它面向全体社会成员提供保障，可供分配的资源是一种公共资源。社会保障涉及公共资源的分配、公共利益的维护和公共需要的满足，涉及国家与社会、公民权利、政党与政治、政府与市场、中央与地方、决策与行政等，这些问题分别涉及社会学、政治学、伦理学、法学、管理学等学科，可以说，社会保障学是在经济学、社会学、政治学、法学、管理学等多学科基础上发展起来的一门独立的极具综合性、交叉性的新兴学科。

国内也有学者明确提出，社会保障学应该作为一个相对独立的学科存在和发展，它所探究的是别的学科无法包容或无法完全包容的理论范畴。

20 世纪 90 年代末，国家教委颁布的高等学校专业目录中，把新增加的"劳动和社会保障"本科专业划入管理学门类下的公共管理一级学科。而在我国，社会科学研究的国家标准是将社会保障列入社会学范畴，并归入应用社会学领域。在各类国家级研究课题申

报中,社会保障类课题按照研究视角的不同分属经济学、管理学、社会学、人口学、政治学、法学、统计学、史学、心理学等不同学科。在西方发达国家,社会保障通常不是一个独立的学科,研究社会保障的人士即社会保障专业人才的培养并不限于经济学科或社会学科,而是来自多个学科。与社会保障相关的社会政策、社会福利、福祉学、社会工作等是发达国家和地区特别重视的学科和专业。

2. 注重定量分析

在社会保障学的研究和社会保障实践中,无论是社会保障基金的筹集、支付、投资,还是公民对社会保险、社会福利、社会救助的需求与制度供给,都涉及大量的社会保障相关数据,定量分析成为社会保障学的一个突出特点,它可以为政府的社会保障政策提供科学的客观的依据。

3. 较强的实践性

社会保障本身就是现代社会各国社会经济制度的组成部分,是各国社会政策的重要内容,其实践性极强。社会保障学科属于理论性与实践性结合极为紧密的应用学科。这一特点要求本学科的学者和学生既要注重社会保障理论的研究,更要高度关注社会保障实践的进展及问题。专业建设也应更多注意对学生实践环节的培养和训练。

四、社会保障学的研究方法

社会保障学与其他任何一门学科一样,不仅有自己的研究对象,而且必须有正确的研究方法。社会保障学在其发展过程中形成了一整套适合自身研究的方法体系,该方法体系是由以下两个层次构成的。

(一)社会保障学研究的方法论

第一个层次是社会保障学研究的方法论。这个层次由辩证唯物主义和历史唯物主义、逻辑方法、系统方法、实证分析和规范分析相结合及社会保障的学科方法论等组成。

马克思主义哲学方法论是运用马克思主义哲学理论观察和处理问题的根本方法的理论体系,辩证唯物主义和历史唯物主义是马克思主义哲学的精髓,它反映了自然、社会和思维发展的最一般规律,是世界观和方法论的统一。在社会领域,辩证唯物主义和历史唯物主义,从生产力和生产关系、经济基础和上层建筑之间的相互关系去观察、分析社会生活,从而给人们提供了研究社会生活的基本观点、基本方法,为一切社会科学研究提供了方法论基础。这种方法就是运用对立统一规律、量变质变规律和否定之否定规律,来分析社会现象及社会运动过程中的矛盾运动,分析其变化发展过程,从而揭示社会现象及社会运动过程的本质及其发展运动的客观规律性。社会保障学是研究国家在国民收入分配与再分配的基础上,如何通过立法保证全体社会成员的基本生活权利,达到调适人们社会关系的社会科学,它只有在辩证唯物主义和历史唯物主义指导下,才能变成科学。辩证唯物主义和历史唯物主义从哲学世界观和方法论的高度指明了社会保障学研究的方向和道路,构成社会保障学研究方法体系的基础。因此,辩证唯物主义和历史唯物主义是社会保障研究方法论的核心。

运用对立统一规律来研究社会保障学,就是要在研究社会保障现象和社会保障制度运行过程中,分析其所包含的内在矛盾,揭示矛盾双方所处的状况,寻求矛盾解决的途径和方法。只有这样,才能揭示社会保障这一内涵丰富的社会现象发展的状况、发展的动力和进一步发展的趋势,掌握社会保障与经济、社会、政治、文化、伦理道德等方面的内在联系及运动发展的规律性。

运用否定之否定规律来研究社会保障学,则要揭示出社会保障的发展绝不会停留在某一阶段上,而是经历着由低级阶段向高级阶段发展的过程。

运用辩证唯物主义和历史唯物主义的方法研究社会保障学,必须坚持一切从实际出发、理论研究和社会实践相结合的原则,从各国的国情出发,以实践作为检验真理的唯一标准,勇于突破那些已被实践证明是不正确的或不适合变化了的情况的判断和结论,而不是用僵化的观念来裁判生活。研究社会保障问题,不能把自己关在书斋里,要想得到科学、完整、系统的社会知识,必须到群众中去,到火热的社会实践中去,收集大量的第一手资料。同时,要把丰富的实际材料上升到理论高度,还必须进行扎实的科学研究,否则就无法从中发现和认识客观事物的发展规律。坚持社会实践与理论研究相结合的原则,是避免社会保障研究过程中出现经验主义和教条主义错误的有效途径。

逻辑方法是在研究社会经济现象时所采用的思维推理法,即依照思维逻辑的进程,按照社会经济范畴的逻辑联系,从比较简单的关系和范畴,逐步上升到比较复杂的具体的关系和范畴,阐明某种社会现象及其发展进程。社会保障学的研究方法,要坚持逻辑方法和历史方法的统一。运用历史方法来研究社会保障现象和社会保障制度时,必须排除对历史发展起干扰作用的偶然因素,排除历史发展中的各种曲折过程,从复杂的、变化的、曲折的历史材料中,揭示社会保障发展的规律性。人们的思维进程要符合和反映社会经济现象的历史发展过程,使人们的思维逻辑进程与历史的进程相一致。

系统方法就是把所要研究的对象作为具有相互联系和相互制约的各种要素的有机系统进行考察。任何社会经济关系都是由各种要素的复合体所构成的总系统,总系统又包括若干分系统。研究某种社会经济关系时,要剖析这种社会经济关系作为一个总系统的内部结构,其内部的各种要素如何构成社会经济关系总系统的各个分系统,每个分系统又如何相互联系,以及这种社会经济关系与其外部的各种要素的相互作用与关联。通过对系统的这种研究,说明各种社会经济关系如何在动态变化中保持其整体性和发挥其整体功能,以及各种社会经济关系更替的内在原因,从而揭示社会经济关系运动的规律性。社会保障是社会运行这个大系统中的一个子系统,社会保障这个子系统和其他有关的子系统之间是相互联系、相互制约的。而在社会保障这个系统中,各个因素、各个环节之间也是密切联系、相互作用的。社会保障学的研究运用系统的方法,就是把社会保障学所要研究的各种社会保障关系作为具有相互联系和相互制约的各种要素的有机系统进行考察。

实证分析和规范分析相结合是科学研究的基本方法之一。所谓实证分析,就是按事物的本来面目描述事物,说明研究对象"是什么",它着重刻画现象的来龙去脉,概括出若干可以通过经验证明正确或不正确的基本结论。它要求进行大量的实际调查,了解事物的真实情况、基本数据、历史背景、一事物与他事物的矛盾和联系,是为了给科学抽象和逻辑加工奠定事实、材料、数据、信息等实践基础。

所谓规范分析要回答的问题是"应当是什么",即确定若干准则,并据以判断研究对象目前所具有的状态是否符合这些准则,如果存在偏离,应当如何调整。

社会保障学无论是原理、概念、公式、图表的确定,还是计量模型与结构体系的建立,都离不开大量的历史与现实的资料和数据的支撑。因此,社会保障学要通过实证分析,进行深入的社会调查,全面收集和整理古今中外资料和正反两个方面的经验教训,并进行理论推敲、升华和科学的总结分析。离开了实证分析的理论分析,社会保障学的研究就是无源之水、无本之木。

社会保障的学科方法论是指各种社会保障专门理论在社会保障研究中的指导地位和作用。在社会保障专门理论的指导下,可以使社会保障的理论概念过渡到具体社会保障研究运用的概念,从而确定研究对象的范围,制定各种测量指标。

(二)社会保障研究的具体方法及各种专门技术和工具

第二个层次是社会保障研究的具体方法及各种专门技术及工具。具体方法由一般方法和特殊方法组成。一般方法主要有比较法、分类法、类比法、归纳法、综合法、演绎法、分析法等。特殊方法主要有个案法、典型法、抽样法、问卷法、统计法等。社会保障研究的专门技术包括观察、访问、定量分析和定性分析等方面。其中,观察和访问属于收集资料方面的技术,而定量分析和定性分析则属于分析资料方面的技术。社会保障研究的工具包括观察记录表、问卷表、测验表、统计表等。

社会保障研究方法体系的这两个层次是相互联系、相互制约的。社会保障研究的方法论是整个社会保障研究方法体系的基础,它决定着人们在具体的社会保障研究过程中采取什么具体的方法和专门技术、工具。社会保障研究方法体系正是在这种相互影响、相互制约的过程中不断地完善。

在现代科学技术发展日新月异的今天,社会保障的研究方法也在不断创新。现代社会保障研究方法的突出特点表现为定量化、整体性和技术性。

定量化研究是现代社会保障研究方法的一个重要特点,它是指用数学方法对社会保障进行科学分析的方法。近代数学的发展,尤其是新的数学工具和方法的出现及电子计算机的产生,打破了那种无法对错综复杂、变幻莫测的社会现象进行运用研究的局限,为现代数学方法的运用开拓了全新的领域,数学方法逐步成为社会科学研究的重要方法。同样,在社会保障的研究领域,如果没有数学方法的应用,就不可能对复杂的社会保障活动进行科学、精确的研究。在社会保障研究中运用定量分析方法,可以使人们对社会保障的认识趋于精确化。同时,从量上对各种社会保障活动、社会保障关系进行分析,是准确把握社会保障发展内在规律性的必要途径,对人们正确认识和把握各种类型的社会保障,也具有一定的预见性和指导性。我们既要看到数学方法的发展,尤其是电子计算机的发展,使定量研究成为社会保障研究的重要方法,同时也要看到,定量研究同样具有其自身的局限性,它必须与定性研究有机结合起来,才能达到对社会保障深刻、全面、准确、科学的认识,才能正确认识社会保障,准确把握社会保障发展的客观规律性。

整体性研究是社会保障研究方法的又一重要特点。社会保障活动和社会保障现象不是用单一的经济因素或单一的政治因素就可以解释的,无论是考察社会保障活动的起源,还是研究现代社会保障制度的实践的发展,我们都可以发现,影响和制约社会保障的因素是多方面的,包括经济因素、政治因素、社会因素、道德因素、文化因素等。要科学地研究人类的社会保障活动和社会保障现象,就不能孤立地就社会保障而研究社会保障,而应从多方面、多角度去研究这一社会现象,毕竟,社会保障的产生、变化和发展是与纷繁复杂的社会有机网络联系在一起的。只有对社会保障进行多方面、多角度、多学科的整体性研究和把握,才能保证社会保障学研究本身的科学性。

　　技术性也是社会保障研究方法的重要特点之一。在对错综复杂的社会保障活动和社会保障现象的研究过程中,如何确保真实、有效地收集资料,正确无误地进行资料分析,及时、准确地对研究成果做出科学的评价,是社会保障研究中的一个重要问题,为了避免在研究过程中失真,同时在失真的情况下能及时地加以纠正,社会保障研究在其发展过程中不断吸收、引进并形成一套科学的研究技术,如统计分析、抽样调查、基本测量等。这些技术的正确使用,对于社会保障研究的深入开展,发挥了重要作用。社会保障研究技术的不断完善和发展,是保证社会保障研究顺利进行的重要手段,也使社会保障研究形成了自己的特点。社会保障的研究已经证明,要想在社会保障领域中科学地进行研究和探索,认真掌握这一系列行之有效的技术手段是必不可少的。

本章小结

　　本章主要介绍了社会保障学的经济学、政治学、法学、社会学、人口学和管理学基础、社会保障学的学科体系及研究方法等内容。

自测题

一、判断题

1. 新历史学派的社会改良主张属于新自由主义的范畴。　　　　　　　　　　（　　）
2. 定量分析是社会保障学的主要特点之一。　　　　　　　　　　　　　　　（　　）
3. 庇古、凯恩斯等经济学家对社会保障理论做出了突出贡献。　　　　　　　（　　）
4. "第三条道路"理论奠定了福利国家的理论基础。　　　　　　　　　　　（　　）

二、单项选择题

1. 社会保障制度的政治学基础不包括（　　）。
   A. 政治功能　　　　　B. 政党政治　　　　　C. 政治管理　　　　　D. 政府政策
2. 社会保障制度的产生发展是以（　　）形式为标志的。
   A. 立法　　　　　　　B. 制度　　　　　　　C. 管理　　　　　　　D. 实践
3. 诠释生命周期理论的是（　　）。
   A. 基尼系数　　　　　　　　　　　　B. 洛伦兹曲线

C. 个人储蓄的驼峰分布图　　　　　　D. 贫困线

三、多项选择题

1. 为社会保障学提供理论基础的包括（　　　）。

  A. 经济学　　　　　　B. 社会学　　　　　C. 政治学　　　　　D. 法学

  E. 管理学

2. 社会保障学的学科特征包括（　　　）。

  A. 实践性强　　　　　　　　　　　　B. 注重定量分析

  C. 学科交叉性强　　　　　　　　　　D. 学科综合性强

  E. 它属于经济学范畴

3. 社会保障学的研究内容包括（　　　）。

  A. 社会保障理论　　　　　　　　　　B. 社会保障制度

  C. 社会保障政策　　　　　　　　　　D. 社会保障运行

  E. 社会保障管理

4.《贝弗里奇报告》为福利国家提出的基本原则有（　　　）。

  A. 普遍性原则　　　B. 基本性原则　　　C. 统一性原则　　　D. 自愿性原则

  E. 权利与义务对等原则

第三篇

制度体系

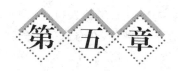

第五章

社会保险

【学习目标】

通过本章的学习,了解社会保险的概念、内容、特点、功能和分类,熟悉社会保险的发展历程,掌握养老保险、医疗保险、失业保险、工伤保险、生育保险、照护保险六大社会保险险种的基本概念、内容以及设立这些社会保险项目的基本原则。

第一节　社会保险概述

一、社会保险的定义

社会保险是以国家或社会为主体,在劳动者遇到年老、疾病、伤残、失业、死亡等特殊事件时,运用法律手段,动员社会力量,给劳动者提供一定程度的收入损失补偿,以保证劳动者及其家庭维持基本生活的一种社会保障制度。

社会保险的责任主体是国家,通过立法形式作保证,采用的方式是强制实施,保障的对象是全体劳动者,分担的风险包括年老、疾病、伤残、失业、生育、死亡等劳动者一生可能遇到的所有风险,保障的水平是维持基本生活需要,目的是解除劳动者的后顾之忧,维持劳动力的生产和再生产,维护社会的安定,保证国家和社会、经济的稳定协调发展。

社会保险的内涵是:①社会保险是国家通过立法形式强制实施的一种社会保障制度,是采取保险形式的国民收入再分配手段;②社会保险是一种有效的收入保障手段,它的保障水平是满足劳动者及其家属的基本生活需要;③社会保险是一种社会政策,以解决社会问题、确保社会安定为目的;④社会保险同其他保险一样,也是一种风险损失的分散机制。

社会保险是社会保障制度的重要组成部分。社会保险和社会保障制度的其他项目的目标基本相同,都是为了保障社会成员的基本生活需要,维护经济的稳定与发展,确保社会稳定。

二、社会保险的地位

社会保险是社会保障制度的核心,在社会保障制度中居主体地位。

首先,这一主体地位是由其保障对象决定的。社会保险以全体劳动者为保障对象。

这里的劳动者主要是指劳动年龄人口,国际上一般把15～64岁列为劳动年龄人口,我国界定为16～59周岁(不含60周岁)。劳动者是人口中最多、最重要的部分,在总人口中劳动者所占的比例较大。例如,国家统计局数据显示,截至2016年年末,我国16～59周岁的劳动年龄人口有90 747万,占总人口的65.6%。[①] 同时,劳动者是社会的主体和中坚力量,是社会财富的主要创造者,是各个家庭的主要收入获取者,虽然社会保险是以劳动者为对象,但是它与全体社会成员有密切的关系。从个人的生命历程来看,除了极少数全部丧失劳动能力的人之外,绝大部分人在一生中都要经历参与社会劳动的时期。

其次,社会保险承担的风险最多。从社会保险的保障内容来看,包括劳动者的年老、疾病、伤残、失业、死亡等事件,形成了养老、医疗、工伤、失业、生育、照护保险等较为完善的体系,为劳动者一生可能遇到的所有风险提供保障。对劳动者而言,社会保险已经是一个较为牢固的"安全网",能保障劳动者维持基本生活需要。

与社会保障相比较,社会保险的不同之处在于:①它的覆盖面比社会保障窄,保障对象仅仅是劳动者,而社会保障制度的对象为全体社会成员;②社会保险有严格的权利义务对等关系,社会保险的对象享受保障权利之前,要先履行缴费(税)义务,社会保障制度的其他项目则没有严格的权利义务对等关系;③从资金来源来看,社会保险资金来源于雇主、雇员和国家,或者是其中的两方,社会保障制度其他项目的资金主要来源于国家各级财政和社会;④从保障水平来看,社会保险满足劳动者及其家庭成员的基本生活需要,保障水平高于各类社会救助项目,低于各类社会福利项目;⑤从实施方式与管理形式来看,社会保险一般由国家或政府管理机构统一管理和实施,而社会救助及社会福利的提供者除了国家之外,还包括民间慈善团体及宗教组织等各种社会力量。

三、社会保险的发展历程

(一)社会保险的萌芽

社会保险制度是工业社会的产物,并且随着工业化的发展而逐步完善。现代意义上的社会保险制度是由德国于19世纪后期创立的,但是社会保险形成产生的历史更悠久。例如:早在公元前4000多年的古埃及修建金字塔的石匠自发组织的互助会;古巴比伦国王命令僧侣、法官、市长向管辖区内的居民征税,作为救灾补助之用;古代希腊由信奉相同政治哲学或宗教信仰的人组成的团体;古罗马的丧葬互助会;罗马军队中的士兵组织等。人类社会进入封建社会后,社会保险的形式得到了发展。最为典型的是13～16世纪欧洲盛行的基尔特,包括英国的友谊社(Friendly Society)、德国的救助金库及火灾互助会等。

上述社会保险形式,是与当时的生产力发展水平相适应的。在自给自足的经济条件下,生产规模和流通范围较小,要求保障的范围很窄,因此在这种条件下产生的社会保险形式是简单的、原始的,还没有形成一种真正的现代意义上的社会保险制度。

---

① 国家统计局.中华人民共和国2016年国民经济和社会发展统计公报[EB/OL].国家统计局网站,http://www.stats.gov.cn/tjsj/zxfb/201702/t20170228_1467424.html.

在我国,社会保险思想及其形式早在夏代就存在了。例如,当时的积谷防饥、居安思危思想,《礼记·礼运篇》中的"大同"社会理想,周朝及战国时设置的后备仓储,汉朝设置的"常平仓"等,都称得上是我国古代社会保险思想及其形式的萌芽。

工业革命之后,欧洲国家进入工业社会,社会化大生产的工厂取代了手工作坊,传统小农经济被资本经济所取代。工业化带来的城市化,促使更多的人从农村聚集到城市,原有的土地保障、家庭保障模式难以发挥应有的作用,由社会化大生产带来的工伤、疾病、年老及失业的风险又高于以往任何时期。人口的聚集及普遍的低收入导致生活环境恶化,卫生保健水平低,增大了疾病的风险。传统的慈善救济事业远远不能满足人们抵御风险的需求,需要寻求新的方式来解决这一问题。于是出现了产业工人为了抵御资本原始积累阶段的各种风险而自发组织的互助基金会,如各种"友谊会""工会俱乐部"。会员大多数是某一行业的工人,会员定期缴纳一定的会费,在会员遇到伤残、疾病、失业、年老、死亡时,由基金会提供一定的救济帮助。这种互助组织以会员的共同利益为出发点,共同集资,共担风险,以会员的伤残、疾病、失业、年老、死亡为互助项目,在实际运作中创立了多种管理形式。这种不以营利为目的的互助基金组织是社会保险的雏形。互助组织的原则和方法被吸收到社会保险制度中,社会保险依据互助项目分别设立了养老、医疗、工伤、失业等保险项目。互助基金会为社会保险奠定了组织基础。

此外,商业保险特别是寿险精算技术的发展为社会保险奠定了技术基础。

(二) 社会保险的形成阶段

社会保险制度于19世纪80年代诞生在德国是有其特殊的政治、经济和社会背景的。当时德国刚完成了统一,国内局势尚不稳定,德国首相俾斯麦为了巩固其统治地位,缓和国内阶级矛盾,希望通过社会保险立法来拉拢工人阶级并借此扑灭蓬勃兴起的工人运动,在这一政治背景下,社会保险制度首先在德国确立。1881年,德意志帝国国会开始讨论《工伤社会保险法(草案)》;1882年德意志帝国政府提出《疾病社会保险法(草案)》;1883年,经过多次辩论,出台了世界上第一部《疾病社会保险法》,标志着社会保险制度的形成,也标志着现代社会保障制度的正式建立。1884年,帝国国会两次辩论之后,世界上第一部《工伤社会保险法》在德国范围内颁布并实施。1888年之后,德国又通过了《老年和残障社会保险法》。

社会保险制度的建立改变了以往慈善济贫的临时性和不确定性,形成了经常性的稳定措施,它的雇主、雇员、国家三方共担的供款方式体现了社会风险分散共担的责任机制,享受社会保险是劳动者的合法权利,无须对任何个人或团体感恩戴德。德国的社会保险法律为投保资助型社会保险制度的国家奠定了基础,提供了基本原则,其中包括:

- 危险造成的收入损失补偿;
- 雇主负担职业伤害社会保险的资金来源;
- 社会保险实行强制推行的投保原则;
- 国家、工人、雇主三方分摊保险资金;
- 投保比例或实行等比例,或实行级差制;
- 退休金按退休前工资计发;

- 医疗服务一律免费；
- 社会保险制度只覆盖从事经济活动的劳动者；
- 劳动者投保有年限规定；
- 享受保险待遇需具备一定的条件。

继德国之后,20 世纪初期,比利时(1901)、丹麦(1907)、挪威(1906)、英国(1908)、法国(1905)等其他欧洲国家也纷纷建立了本国的社会保险制度。到了二三十年代,社会保险进一步完善和发展。这一时期,举办疾病保险的国家增加了日本、古巴、希腊等 10 国,举办失业保险的增加了奥地利、南斯拉夫等 8 国,举办老年、残障和遗属保险的增加了智利、波兰、巴西等 12 国,举办因工伤害保险的增加了约旦、保加利亚、赞比亚、几内亚、印度等 37 国。

（三）社会保险的发展时期

20 世纪 30 年代是美国历史上的罗斯福总统"新政"时期,以 1935 年颁布的《社会保障法》为标志,建立了老年社会保险、失业社会保险等社会保障制度,随后阿根廷、巴拿马、墨西哥等美洲国家也先后建立了社会保险制度。

（四）社会保险的成熟阶段

二战结束后到 20 世纪 70 年代,西方国家以建立"福利国家"为政策目标,英国、瑞典等国建立了"从摇篮到坟墓"的较为完备的社会保障体系,同时,战后西方经济的稳定持续增长为社会保险制度奠定了经济基础。第三世界国家也纷纷建立了以社会保险为主体的社会保障制度。到 70 年代中期,办理或增办疾病、生育保险的有 61 个国家,办理或增办失业保险的有 17 个国家,办理或增办老年、残障和遗属保险的有 63 个国家,办理或增办工伤保险的有 41 个国家,办理或增办家庭津贴的有 52 个国家。

（五）社会保险改革阶段

经过一个多世纪的发展,截至 1995 年,全世界已有 165 个国家(地区)建立了社会保险制度,再次印证了社会保险制度在社会保障制度中的主体地位。但是全球社会保险事业,尤其是发达国家的社会保险事业的发展,并不是一帆风顺的。随着失业队伍扩大、人口年龄结构老化,需要救济的贫困家庭和单亲家庭增加,社会保险支出迅速增长,并远远超过经济增长的速度,给各国政府财政造成了沉重的负担。西方经济受到 1973 年"石油危机"的影响,陷入滞胀状态,社会保险"入不敷出"的局面日益严重。为了摆脱困境,各国纷纷开始对社会保险制度进行改革。从 20 世纪 70 年代起,社会保险进入改革阶段。改革措施包括:

- 设法增大社会保险基金,同时控制社会保险给付；
- 建立国家基本保险、企业补充保险和个人商业性储蓄保险等；
- 建立高效、统一、专门化的社会保险管理机构；
- 改革社会保险模式单一和大一统的保险格局等。

四、社会保险的特点

与社会保障制度的其他项目（如社会福利、社会救助、社会优抚）相比，社会保险具有以下特点。

（一）资金来源多样性

从社会保险制度的财务安排来看，社会保险的资金来源于国家、雇主及个人，在不同国家的不同社会保险项目上，三方所占的比例不同。社会保障制度的其他项目的资金没有严格对等性，不要求个人缴费（税），资金主要来源于国家财政拨款或社会捐赠。

（二）权利义务对等性

社会保险制度强调权利和义务的严格对等，即享受补偿的权利以先尽缴费（税）义务为前提，如果不缴纳社会保险费（税），即使风险发生了也不能得到补偿。享受其他社会保障项目时，不要求考察对象是否缴费（税），只要是符合条件的对象即可享受。

（三）社会保险的确定性

与其他社会保障项目相比，社会保险具有一定的确定性。虽然对于每一个劳动者来说，疾病、死亡、工伤风险是不确定的，对于劳动者整体来说，上述风险就具有确定性。参加者按照规定缴纳一定费（税），相当于为自己储存了一笔资金，对社会整体而言，形成了社会储备基金，以供遭遇风险者使用，因而社会保险项目的支付就具有确定性。

（四）社会保险的互济性

社会保险在风险发生之后的补偿与参保人之前的社保缴费（税）有关联，但不是绝对对等，在每一个险种的保障对象之间，资金可以互相调剂。根据不同的社会保险形式采取代际调剂或同一代人在不同生命周期的资金调剂，资金在年轻者与年老者、健康者与疾病者、在业者与失业者之间调剂使用。

（五）参加社会保险的强制性

社会保险的风险分担、互助共济功能都要求参加社会保险的人数足够多。与社会保障的其他项目相比，社会保险通过法律手段，强制要求符合条件的劳动者必须参加。

（六）社会保险的补偿性

社会保险对各项目的风险分担是补偿性的，补偿金额与风险发生前的工资收入及缴费（税）期限都有关联，但不是完全对等的赔偿关系，补偿标准以维持劳动者及其家属的基本生活为标准。如果保障水平过低，就不能达到社会保险的目的，发挥不了保障基本生活、稳定社会、刺激经济增长的作用；如果保障水平过高，则会造成滥用社会保险资源，导致社会保险支出压力过大，道德风险增加等。

五、社会保险的功能

作为社会保障制度的组成部分,社会保险的功能具体表现为以下几个方面。

（一）保障劳动者及其家庭的基本生活

在市场经济中,劳动报酬是劳动者家庭的主要收入来源,一旦劳动者因为失业、伤残、疾病等失去了工资收入,整个家庭生活都有可能陷入困境。社会保险为这些风险提供了分担机制,风险一旦发生,通过社会保险提供的补偿,保证劳动者及其家庭成员维持基本生活。

（二）保证社会劳动力的生产与再生产

社会生产包括物质资料的生产与再生产和劳动力的生产与再生产,两者缺一不可,劳动力的生产与再生产是在家庭中完成的,社会保险保证了劳动者及其家庭成员的基本生活,也就保证了社会劳动力的生产与再生产。

（三）稳定社会的"减震器"

市场经济是竞争经济,竞争中必然有失败者,对于以劳动报酬作为收入来源的劳动者来说,就有可能因为一些非个人因素而失去劳动报酬收入,例如,因为经济不景气或产业结构调整而失业,工伤和疾病也可能使劳动者暂时或永久脱离工作岗位。在因非个人原因失去生活来源的情况下,假如基本生活得不到保证,个人极易产生对社会的怨恨心理甚至作出报复行为,从而引发社会危机。社会保险为劳动者提供基本生活保障,可以避免矛盾激化,促进社会稳定。

（四）调节收入差距

社会保险通过缴费(税)和补偿的不完全对等性,使资金在不同收入阶层之间重新分配,所以社会保险是一种国民收入再分配的手段,具有调节收入差距的作用。

（五）促进经济发展和社会进步

从市场经济的竞争性来说,社会保险提供了最后的保障,有利于安定人心,鼓励生产要素所有者积极参与竞争,有利于效率的提高,在国民收入的再分配领域促进了公平目标的实现,通过这两方面的作用,促进了经济的发展。对中国而言,社会保险的发展和完善有利于现代企业制度的建立和市场经济的发展,促进社会的文明进步。

六、社会保险的分类

通过研究社会保险的分类,可以深入了解社会保险的目的、功能和作用。社会保险有以下几种分类。

（一）按照风险项目分类

社会保险是对劳动者在其生命周期中可能遇到的收入损失风险进行一定程度的补偿，所以依照风险类别对社会保险进行分类是一种重要的分类方式。劳动者可能遇到的收入损失风险主要有疾病、生育、失业、伤残、年老、死亡等，所以，社会保险按照项目可以分为医疗保险、生育保险、失业保险、工伤保险、养老保险、死亡（遗属）保险等。

（二）按照社会保险基金的积累方式分类

1. 现收现付模式

这是以近期横向收支平衡原则为指导的基金筹集模式。它先测算出当年或近一两年内社会保险项目所需支付的费用，然后按照一定比例分摊到参加社会保险的单位和个人，当年提取，当年支付，以支定收，预先不留出储备金，完全靠当年的收入来满足当年的支出，并争取略有节余。

2. 完全积累制

完全积累制又称基金制或预筹积累制，是一种以远期纵向收支平衡为指导原则的基金筹资模式。它首先对有关人口平均预期寿命和社会经济发展状况进行较长期的宏观预测，然后在此基础上预测社会成员在享受保险待遇期间所需支付的保险费用总量，将其按一定比例分摊到劳动者整个就业期间或投保期间。完全积累制强调劳动者个人不同生命周期的收入再分配，将劳动者就业期间的部分收入转移到退休期间使用，将健康期间的部分收入转移到患病期间使用，将在业时的部分收入转移到失业期间使用。

3. 部分积累制

这种模式是一种介于现收现付制和完全积累制模式之间的混合模式。在社会保险基金的筹集中，一部分采取现收现付制，保证当前的支出需要，另一部分采取完全积累制，满足未来支付需求的不断增长。

（三）按缴费责任分类

从社会保险的缴费（税）来看，社会保险的资金由政府、雇主和雇员三方共同出资或其中的两方出资，大多数社会保险项目由雇员自己缴费（税）为自己投保，享受的补偿待遇与缴费（税）有关联。在大多数国家，养老、医疗、失业等主要社会保险项目都是这种缴费形式。工伤保险除外，在工伤保险项目上，雇员自己不缴费（税），主要费用来自雇主。社会保险由雇员、雇主和政府三方分担费用，体现了社会保险风险共担的基本原则。

（四）按照补贴形式分类

社会保险提供补贴的形式主要有现金补贴、服务补贴和实物补贴三种。社会保险就是为劳动者遭遇风险时提供适当的补偿，所以，现金补贴是社会保险的主要补贴形式，大多数的社会保险项目以提供现金补贴为主。服务补贴作为现金补贴的补充,在社会保险项目中发挥着不可替代的重要作用。一些国家的医疗保险直接以提供服务的方式出现,工伤保险中的康复治疗以及失业保险中的培训都是以服务的形式出现的。这些服务项目与现金补贴共同发挥对劳动者的保障作用。实物补贴在社会保险中并不多见,仅在一些国家的某些保险项目中有实物补贴,例如,生育保险中对婴儿的营养补贴。

（五）按照领取时间分类

按照领取的时间将社会保险分为短期补助保险和长期补助保险。短期补助保险是指领取保险津贴时间较短的保险项目,主要包括医疗保险、生育保险、失业保险及工伤保险中的一部分。长期补助保险是指领取保险津贴时间较长的保险项目,主要是养老保险及工伤保险中的伤残补贴。

第二节　养老保险

老年风险是每个人都可能遇到的确定性风险,由年老而导致的劳动能力逐渐丧失,从而失去收入,是一个不可逆转的过程。老年人面临健康和经济问题,需要获得支持和帮助。虽然养老是人类社会的一个老问题,可以说随着人类社会的产生就存在了,但是它从来没有像今天这样对人们产生如此重要的影响。这是因为,过去养老功能都是由家庭承担的,但是现代社会家庭规模日益缩小,而且人类社会从来没有过如此众多的老年人。长寿一直是人们追求的目标,长期以来,人们只知道个体老龄化,当人类的寿命随着社会经济的发展和医疗卫生事业的普及而大大提高时,身边的老年人越来越多,人们才意识到长寿带来的并不都是欢乐,群体老龄化也给人类社会带来了无尽的烦恼,社会从来没有像今天这样为老年人的生活承担如此多的责任。

全球人口老龄化的高峰正在到来,未来的 20 多年将是世界老年人口数量急剧增长的时期,我们的社会经济正面临巨大的养老问题的挑战。1999 年在 172 个已建立不同社会保障制度的国家或地区中,建立了养老社会保障制度的有 167 个,占统计总数的 97.1%,可见国际社会对养老问题的重视。

一、养老保险的原则

养老保险是依照国家法律规定,要求符合条件的公民必须参加,由国家、雇主和个人共同出资建立基金,为达到法定年龄并退出劳动领域的劳动者提供补偿以保障劳动者个人及其家庭基本生活需要的一项社会保险制度。

由于世界各国的社会、经济、文化背景的差异,养老保险有不同的种类,并呈现各个国家的特色,但是,以下原则是共同遵守的。

（一）享受老年社会保险待遇同时解除劳动义务的原则

享受老年社会保险的老年人是指劳动到法定年龄后退出工作岗位的人。劳动者达到法定退休年龄以后,依据退休制度,无论其实际劳动能力是否丧失,都必须按规定退休。一方面退出原来的工作岗位,这是他们取得养老社会保险必须履行的义务;另一方面他们有获得社会的物质帮助和社会服务的权利。根据这一对等原则,确定老年社会保险的条件和待遇水平时,必须以劳动者退休前为社会所做的劳动贡献的时间和贡献的大小为依据。

（二）保证基本生活水平的原则

当劳动者退出劳动生涯之后,养老保险金是退休者主要的甚至唯一的生活来源。因此,养老保险金水平应能满足退休人员的基本生活需要。由于养老保险金往往采取终身、定期给付的形式,在给付期间不可避免会出现物价上涨或通货膨胀的情况。为保障退休者的实际生活水平与整个社会消费水平相适应,国家应根据物价指数或通货膨胀率的变动情况,不断调整养老金的水平。

（三）分享社会经济发展成果的原则

随着社会经济的发展,社会平均消费水平总是不断提高,因此老年人的社会保障水平也必须随其他社会成员收入和生活水平的提高而提高。因为老一代人过去的努力为当前经济发展奠定了基础,他们为当今的经济成果创造了条件,做出过贡献,因而他们有理由分享经济发展成果。如果退休者与在业者之间的收入差距过于悬殊,就会产生大量的老年低收入人群,从而违背社会发展的公平原则。因此,必须使老年人的养老保险金收入水平和社会经济发展水平相适应。

二、养老保险的分类

按照养老保险基金的筹措方式,可以将各国养老保险分为以下几种模式。

（一）国家统筹模式

养老保险所需资金源自国家财政拨款,养老保险资金的筹集、给付均由政府组织,个人无须缴纳养老保险金,对于符合条件的公民由政府发给养老津贴来保障其不低于最低生活水平。北欧各国以及英国、澳大利亚、新西兰等国均采用这种养老保障模式,苏联、东欧各国、改革前的中国也采用这种模式。

在社会主义国家实施的国家统筹模式随着苏联和东欧各国的转型而不复存在。在西欧和澳大利亚、新西兰等资本主义国家实施的国家保障模式具有显著优点:覆盖面广,不仅覆盖全体国民,甚至覆盖在本国侨居一定年限的外国居民;透明度高;便于实施;能够体现社会公平原则。但是由于它提供的保障仅仅满足最低生活需求,而且资金主要来源于国家财政,从而使国家财政负担过重,这些国家不得不通过鼓励发展企业补充养老保险计划和其他类型的补充计划来保障老年人的基本生活水平,以更好地体现社会保险的政策目标。因而,这种养老保险模式虽然在不少国家还保留其基本形态,体现国家普遍保障的社会政策目标,但由于各种补充养老保险计划的作用日益突出,普遍保障的养老保险模式已逐步向以普遍保障为核心的多层次养老保险模式过渡。

（二）投保资助的养老保险模式

投保资助的养老保险模式是指通过社会保险机制为劳动者建立的退休收入保险计划。它强调缴费(税)与收入、退休待遇相关联,并建立在严格的保险运行机制基础之上。世界上大多数国家采取投保资助的养老保险模式,代表国家是德国。这种模式在筹资方式上实施雇主、个人和国家三方负担的财务机制,是社会保险筹资方式的典型形式,较好地体现了养老保险的社会政策目标。通过特定的技术机制,实现高收入阶层向低收入阶层进行某种程度的收入转移,具有较强的互济性。实行集中统一管理,社会化程度很高。

（三）强制储蓄的养老保险模式

强制储蓄的养老保险模式是指通过建立个人养老金账户的方式积累养老保险基金,当劳动者达到法定退休年龄时,将个人账户积累的基金、利息及其他投资收入一次性或逐月返还给本人作为养老保险金。

这种模式主要在20多个亚非国家和一些拉美国家推行。强制储蓄的养老保险模式以新加坡中央公积金制度和智利商业化管理的个人账户最为典型。公积金制度的典型代表是新加坡,它的特色不仅表现在雇主与雇员分担供款责任等方面,也表现在由公营的中央公积金局统一管理并垄断经营。政府承担着给予受保障者以固定收益回报的责任,其使用范围也由养老扩展到医疗、住房开支等。

也有学者指出,这种模式没有体现出社会保险的共济性和互助性原则,因而不能算作社会保险,尤其是智利的个人账户只是国家强制实施的个人养老储蓄。

（四）多层次养老保险模式

多层次养老保险模式是国家根据不同的经济保障目标,综合运用各种养老保险形式而形成的老年经济保障制度。较为典型的多层次养老保险模式是指瑞士等国在20世纪80年代中期重大结构性改革后形成的三个层次的保障模式:第一个层次,由国家建立强制参加的国民年金保险制度,提供最基本的老年经济保障;第二个层次,建立法定的企业补充养老保险计划;第三个层次,建立个人储蓄性养老保险,旨在提供较高收入保障。并且,各个层次的保障及其协调都纳入国家的总体经济保障计划之中。

20世纪90年代以来,世界银行、国际货币基金组织的专家在总结一些国家多层次养老保险模式经验的基础上,提出通过四个层次构建新的养老保险模式。即在上述三个层次的基础上增加一个由国家举办的、以强制储蓄计划为特征的养老保险计划,强调和鼓励劳动者的自我保障意识,在劳动期间为日后的退休生活提供资金积累和准备。

上述几个层次构成多层次养老保险模式的基本内容。因为每一层次的保障结构服务于各自不同的养老保险目标,各国政府根据本国基本国情和自身发展条件,有效地组合或合理配合,发挥各层次的长处,克服其不利之处,动员各种资源和力量,以解决日趋复杂的老年经济保障问题,共同度过老龄化危机,所以多层次养老保险模式更易于分散风险、提高效率,也更适合日新月异的经济、人口因素的变化,从而成为21世纪许多国家养老保险改革发展的目标模式。

中国在社会保障制度改革初期就借鉴了世界银行建议的三支柱养老保险体系，目前实行的多层次养老保险体系包括社会统筹与个人账户相结合的基本养老保险制度、职业年金、企业年金，以及个人储蓄性养老保险和商业保险。

三、养老保险的内容

养老保险是社会保险的重要组成部分，也是世界范围内覆盖人群最广的社会保险项目。养老保险主要包括以下内容。

（一）养老保险的覆盖群体

养老保险面向劳动者，使劳动者因年老在丧失劳动能力时有权获得经济帮助。作为一项社会保险，养老保险要求参保者先履行缴费（税）责任（在国家统筹模式下须履行劳动责任）。这一给付条件决定了养老保险覆盖群体是已履行缴费（税）责任（劳动责任）的劳动者群体。1944年，国际劳工组织在《费城宣言》中提出享受经济保障应当是所有人的权利。但是许多国家仍然保障范围狭窄、保障水平低下。在非洲，养老保险覆盖面很小，乍得、冈比亚和尼日尔仅占劳动力的1%，埃及为22%，突尼斯为24%；在拉丁美洲，哥伦比亚、厄瓜多尔、喀麦隆、秘鲁等覆盖面不足1/3，玻利维亚、萨尔瓦多、洪都拉斯、巴拉圭低于15%；在亚洲，印度养老保险覆盖群体仅占劳动力总人数的8%，泰国为10%，印度尼西亚为12%[1]；许多国家的养老保险制度不覆盖私营部门就业者。在中国，城镇职工基本养老保险制度在20世纪90年代后期开始吸纳非正规部门就业者及城镇与农村居民。

对于未缴费（税）（未就业）者，其年老时可以从国家和社会获得物质帮助，但这并不属于养老保险。值得讨论的是，中国政府于2009年和2011年开始分别实施新型农村社会养老保险和城镇居民社会养老保险，并于2014年起合并实施，对于制度实施时已经年满60周岁的人免去缴费（税）责任，在其家庭成员履行缴费（税）责任的基础上，可以直接领取基础养老金。从严格意义上讲，这种养老金给付不属于养老保险范畴，应该属于老年人福利。

（二）养老保险的筹资

养老保险的筹资包括资金来源、分担方式、筹资方式与筹资模式。

养老保险的资金来源主要有参保人及其雇主的缴费（税）、财政补助、社会捐助及养老保险基金投资收益。费（税）基一般为工资和个人收入，并设有缴费（税）上、下限，大多数OECD国家缴费（税）上限为平均工资的100%～200%，中国的上限为300%，下限为60%。费（税）率各国不等，例如，新加坡的养老保险费率为8.5%～33%，美国为15.3%，中国为28%（从2016年开始，部分省市开始逐渐下调养老保险费率）。

养老保险的分担方式规定了劳动者个人、雇主及政府的责任，包括由三方分担、两方分担和一方承担。我国城镇职工基本养老保险由用人单位和职工个人双方缴费（税），政

---

① 科林·吉列恩，等.全球养老保障——改革与发展[M].北京：中国劳动社会保障出版社，2002：175.

府承担"兜底"责任；城乡居民养老保险由政府和个人共同出资，农村地区是"个人缴费、集体补助与财政补贴相结合"。

养老保险的筹资方式包括缴费和纳税。一般地，对养老保险资金实行预算内管理的国家多实行纳税方式，而建立养老保险个人账户的国家则使用缴费方式。

养老保险的筹资模式包括现收现付制、基金制和介于二者之间的部分基金制。现收现付制采取"以支定收"原则，实现当期内养老保险收支平衡目标；基金制则采取"以收定支"原则，未来的养老金待遇与基金积累规模正相关。现在，无论实行现收现付制的国家还是实行基金制的国家，都在向部分基金制转变，试图对现收现付制或基金制扬长避短，以应对人口老龄化带来的支付压力。

（三）养老保险的给付

养老保险的给付包括给付模式、计发办法及保障水平。

给付模式包括确定待遇型和确定缴费型。前者是先确定养老金给付水平，根据收支规模确定费（税）率和筹资规模；后者则是根据养老金的支付预期，先确定筹资规模，再依据筹资及其积累情况，确定待遇水平。

计发办法是养老金给付水平的计算依据，包括均一费（税）率制和收入关联制。前者是无论缴费（税）与否或缴费（税）多少，均实行统一的待遇给付水平；后者则是依据工作期间的工资水平、工作年限等因素确定待遇水平。

保障水平包括宏观指标和微观指标：前者是一国养老保险总支出与 GDP 的比值；后者是个人养老金与其工作期间工资的比值。个人养老保险的保障水平用替代率指标测量。替代率包括两种：一种是平均替代率，是个人养老金与平均工资的比值；另一种是目标替代率，是个人养老金与其退休前工资的比值。

（四）养老保险的管理

养老保险的管理包括经办管理和基金管理。

养老保险的经办管理是设计养老保险服务部门的具体业务，包括参保人信息采集、档案管理、账户记录、账户转移接续、缴费（税）基数和缴费（税）比例的确定、基金征缴、待遇资格审查、待遇发放等。养老保险的经办管理由各级社会保险管理部门负责，垂直化管理制度及信息化管理手段有利于提高制度运行效率和资金统筹层次。

养老保险的基金管理涉及养老保险的资金筹集、投资运营、待遇给付及监督管理。养老保险的资金筹集是按照规定的筹资模式、费（税）基和筹资比例，由养老保险经办机构（税务部门）定期向参保人员及其雇主征收养老保险费（税）的过程。养老保险的投资运营的目标是避免因通货膨胀带来的基金贬值，遵循安全性、流动性和盈利性的基本原则。2008 年金融危机后，全球 10 只主权基金损失了 1 180 亿美元，缩水率达 20％以上，企业养老基金损失了 5.2 万亿美元。金融市场的风险使一些国家对养老保险基金投资运营进行战略调整，如阿根廷于 2008 年 11 月宣布社会保障"国有化再改革"，完全取消市场化投资，改为购买国债。一些国家转向"绿色投资"，例如，2009 年 3 月丹麦社保基金 ATP 宣布制订一个可持续的"绿色"战略投资计划，该计划以森林作为投资对象和一种新型资产，旨在将重心放在"气候变化投资"上。该基金还宣布,第一笔绿色投资行动是在美国纽约州哈德逊河流域上游购买一块 3.8 万公顷(9.5 万英亩)的森林,首次付款 3 500 万美元,合同额高达 5.7 亿美元。2009 年 4 月 3 日,挪威财政部在呈交给议会的一份报告中称,作为世界最大的主权养老基金,"挪威政府全球养老基金"在未来 5 年将在新兴市场国家投资环保业 330 亿美元,以此作为可持续增长的资产品种。危机过后的近几年,各国逐渐加强投资管理,鼓励养老金市场化运作。例如,美国注重多样化的投资策略,养老保险第二支柱的"401K"计划,采取市场化投资策略,看重投资的长期性与分散性。英国在 2015 年增设养老金债券并给予管理养老金储蓄高自由度,鼓励养老金投资市场化。德国规定除第一支柱外,第二和第三支柱都可以到股票、债券等资本市场上投资,甚至可以投资艺术品和国外期权合同。芬兰开始实行积极的市场化投资策略。日本养老金的投资渠道逐渐放开,向着"国际化多种分散投资"转变,建立了第三方评估的投资机构选择体系。加拿大也开始实行积极的市场化投资策略,并且取得了较好的投资效益。智利则把基金的 90% 左右投向发达国家股票市场。

中国养老保险基金实行中央集中运营、市场化投资运作,由省级政府将各地可投资的养老基金归集到省级社会保障专户,统一委托给国务院授权的养老基金管理机构进行投资运营。养老基金投资应当坚持市场化、多元化、专业化的原则,确保资产安全,实现保值增值,投资方向包括股票、股票基金、混合基金、股票型养老金产品等,各比例合计不得高于养老基金资产净值的 30%。

第三节　医疗与生育保险

医疗保险和生育保险是我国社会保障制度中不可分割的两种重要险种。医疗保险是保障公民基本健康权利的基本保险。生育保险体现了生育的社会价值,对促进妇女公平就业、促进人口再生产有着重要的意义。随着我国社会保险的不断健全,长期以来分离的医疗保险与生育保险逐步合并实施。

一、医疗保险

(一)医疗保险及其特征

医疗保险是社会保险的重要组成部分,医疗保险的出现是社会保障发展到一定阶段的产物。医疗保险作为一种财务保障机制,所保的范围有广义和狭义之分,具有与其他险种不同的特征。

1. 医疗保险的产生和发展

西方国家社会保险制度的建立大多是从医疗保险起步的。医疗保险始于 1883 年德国颁布的《疾病社会保险法》,其中规定某些行业中工资低于规定限额的工人应强制加入疾病保险基金会,基金会强制性征收工人和雇主应缴纳的医疗保险基金并用于工人的疾病医疗。这标志着医疗保险作为一种强制性社会保险制度得以确立。随后,这项政策逐渐在 20 世纪上半叶的整个欧洲以各种形式推广,进而向其他地区迅速扩展。例如,奥地利(1887 年)、挪威(1902 年)、英国(1910 年)、法国(1921 年)、日本(1922 年)等国家相继有了医疗保险的立法,建立了自己的医疗保险制度①。

1929—1933 年世界性经济危机后,医疗保险立法进入全面发展时期。这个时期的立法不仅规定了医疗保险的对象、范围、待遇项目,而且对与医疗保险相关的医疗服务也进行了立法规范。其中,英国颁布的《国民健康法》是这一制度全面发展的典型,并为美、德、法等国家所效仿。1927 年国际劳工组织通过的第 24 号公约《工商业工人及家庭佣工疾病保险公约》和第 25 号公约《农业工人疾病保险公约》分别要求在工商业和农业实行强制疾病保险制度,对各国制定政策和立法具有指导意义。1944 年国际劳工组织通过的第 69 号建议书《医疗保健建议书》呼吁各国政府满足公民对医疗服务和设施的需要,以便恢复健康和预防疾病进一步恶化,减轻疾病所带来的痛苦,进一步保护和改善健康状况②。这项建议表述了医疗社会保险的新观念,即综合地普遍地保护健康,被许多国家采纳,并在本国通过立法付诸实践。此后,1963 年国际劳工组织通过的《医疗护理与疾病津贴公约》和 1969 年通过的《医疗照顾与疾病津贴建议书》又扩大了疾病保险的适用范围。目前,世界上 160 多个国家建立了不同形式的医疗保险制度,包括所有发达国家和许多发展中国家③。

2.医疗保险机制和承保范围

健康是人类生存和发展的基础,是人最基本的需求。健康"不仅是疾病与体虚的匿迹,而且是身心健康社会幸福的总体状态,是基本人权,达到尽可能高的健康水平是世界范围的一项最重要的社会性目标"④。健康取决于遗传、自然和社会环境、行为方式和生活习惯、医疗保健服务等诸多因素。工业化带来的环境污染和职业伤害,以及现代社会不良的生活方式,再加上人口结构的老龄化和慢性非传染性疾病比例的上升,人们的健康问题越来越多,进而对健康的需求不断增加。面对健康风险的冲击,由于个人社会经济状况差异的影响,人们需要一种共同分担和转移风险的财务保障机制,于是以化解健康风险为目的的医疗保险机制便应运而生。最初的保险机制是以疾病保险为主的医疗保险,然后发展为疾病与预防相结合的健康保险。通过医疗保险机制,人们用较低的成本支出,获得基本的医疗服务,从而达到健康保障的目标。

从承保范围来看,医疗保险可分为广义的医疗保险和狭义的医疗保险⑤。国际上一般将广义的医疗保险称为"健康保险"(health insurance),所包含的内容比较广泛,包括死亡、人身伤害、疾病等。发达国家的健康保险不仅补偿由于疾病给人们带来的医疗费用等直接经济损失,也补偿由疾病导致的收入下降等间接经济损失,还有些国家的健康保险

---

① 郑功成.社会保障学[M].北京:中国劳动社会保障出版社,2005:314-315.
② 侯海元.关于我国医疗社会保险制度的思考[J].兰州交通大学学报,2006(2).
③ 仇雨临.医疗保险[M].北京:中国劳动社会保障出版社,2008:26.
④ 世界卫生组织 1978 年《阿拉木图宣言》[EB/OL]世界卫生组织网站,http://www.who.int/topics/primary_health_care/alma_ata_declaration/zh/
⑤ 仇雨临.医疗保险[M].北京:中国劳动社会保障出版社,2008:113.

包含了预防保健、健康促进等方面的内容。狭义的医疗保险(medical insurance)单纯指对疾病和意外伤害发生后所导致的医疗费用的补偿。在本书中,我们使用的医疗保险概念,是指通过国家立法,由政府、单位、个人筹资建立医疗保险基金,为公民提供因疾病所需医疗费用补偿的一种社会医疗保险制度。

3. 医疗保险的特征

医疗保险既有其他形式的保险所具有的特点,也有其本身所具有的特征[①]。

(1)医疗保险对象的普遍性与全民性

每个人都难以避免疾病风险,而且疾病的发生具有随机和不可预测性,因而社会医疗保险的覆盖对象应该是全体居民。但养老、失业、工伤、生育风险的对象主要是部分人群或特殊人群,因为不是每个人都会发生失业和工伤的损失,养老保险和生育保险也只是保障人特定时期的风险。随着社会医疗保险的发展和完善,它将是社会保险体系中覆盖面最广、运用最频繁的险种。

(2)医疗保险涉及面的广泛性和复杂性

社会医疗保险的发展与生产力及社会发展水平有关,而且涉及医药机构、参保人、用人单位以及政府等多方之间复杂的权利和义务关系。由于医疗保险中的道德风险和逆向选择,社会医疗保险还必须掌握医疗服务的需求和供给,引导和控制医疗服务的需方和供方行为,确保医疗保险资源和卫生资源的合理利用。

(3)医疗保险补偿的短期性和受益的长期性

由于疾病的发生具有随机性与突发性,一次疾病的时间通常不会太长,所以社会医疗保险提供的补偿具有短期性。但疾病会经常发生,而且相对独立,不像其他社会保险具有长期性或偶然性,如养老保险规定参保人按法定年龄长期享受养老金,生育保险一般在参保人生育后一次性给付保险金。因此,医疗保险不仅惠及所有参保者,而且伴随参保者一生,可以说是受益时间最长的社会保险项目[②]。

(4)医疗保险补偿形式的非定额性

社会保险机构支付给参保人的补偿数额与参保人缴纳的保险费数额没有直接关系,而是与实际发生的疾病状况和医疗需求密切相关,按照实际发生的医疗费用的一定比例补偿给参保病人,不同于其他社会保险实行的定额支付。由于疾病的发生频率、严重程度以及患病后所带来的医疗费用与年龄密切相关,因此,老年人的医疗费用通常高于年轻人。在这种情况下实行现收现付形式的医疗保险,易产生医疗费用的代际转移问题,即上一代人的大部分医疗费用将由下一代人来承担。

(5)医疗保险费测算的复杂性

每个人都会多次遭遇疾病风险,而且疾病风险强度不同。由于医疗机构可能诱导需求,每个人每次医疗开支也不相同,医疗保险通常是按照病情的严重程度及由此引起的医疗费用的多少进行补偿。由于医疗服务存在信息不对称、不确定性、供方主导性等特点,

---

① 仇雨临.医疗保险[M].北京:中国劳动社会保障出版社,2008:16-17.

② 郑功成.社会保障学[M].北京:中国劳动社会保障出版社,2005:315-316.

易出现医疗服务的过度消费和过度提供现象,推动医疗费用的上涨。医疗费用的增加意味着保险方成本的升高,保险人应采用有效支付手段来约束供需双方的行为。因此,医疗保险相对于其他社会保险项目,在风险的预测和费用的控制等方面复杂而困难。

（6）医疗保险费用支付的多源性

医疗服务需求的不确定性意味着每个社会成员都可能面临难以预测的重大疾病风险。因此,出于规避财务风险的考虑,大多数人都愿意支付医疗保险,将自己的医疗保险费用与其他医疗保险购买者支付的费用集中在一起,以此抵御患病时可能出现的财务风险。不确定性所导致的对保险的需求,使医疗服务市场在消费者和供应者之间加入了一个第三方——保险者。此外,为了使社会成员能够获得基本的医疗服务以及解决贫困人口医疗服务可及性较低的问题,政府和一些社会组织也会在医疗服务上有所投入。因此,医疗保险费用是由政府、社会、保险者和个人共同支付的。医疗保险费用支付的多源性,改变了医疗服务消费者的消费行为以及医疗服务供给者的供给行为,最终带来的是医疗服务需求数量、质量和医疗费用等方面的变化。

（二）医疗保险系统：医、保、患三方关系

医疗保险系统(medical insurance system)是一个以维持医疗保险的正常运转和科学管理为目的的,主要由被保险人及其单位、医疗保险机构、医疗服务提供机构等要素组成的,以规范医疗保险费用的筹集、医疗服务的提供、医疗费用的支付为功能的有机整体[1]。

在现代社会医疗保险系统中,形成了一种由保险人、被保险人、医疗服务提供方和政府组成的四方三角关系,其中,被保险人既是医疗保险的需求方,也是医疗服务的需求方。现代社会医疗保险系统的构成要素及其相互关系可以用图 5-1 表示。在医疗保险系统中,各方围绕保险基金的筹集和医疗费用的补偿问题相互作用、相互影响。医、保、患三方关系主要表现在以下几个方面。

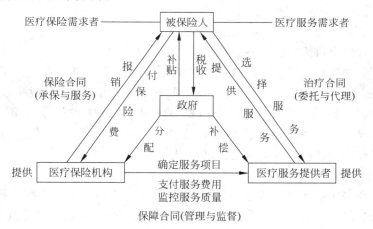

图 5-1 社会医疗保险系统关系

① 周绿林.医疗保险学[M].北京:人民卫生出版社,2003:29-30.

1. 医疗保险机构与被保险人(保、患)之间的保险合同关系

医疗保险机构是指在医疗保险工作中具体办理医疗保险业务的机构。医疗保险机构有依法对参加医疗保险的个人及其单位进行管理的权力。对单位进行管理的主要内容有：审核单位的参保资格、检查其是否为符合条件的雇员办理医疗保险、所报送的有关报表是否属实、是否拖欠医疗保险费、是否存在违反医疗保险制度的行为等。医疗保险机构对参保个人派发保险证并对其可能存在的道德风险和违反医疗保险制度的行为进行管理和监督。

在医疗保险中,被保险人(insured)是指由投保人为其缴费的、人身健康受到医疗保险合同保障的,在其生病、受伤需要治疗时,可以在医疗保险合同规定的范围内,由国家或社会向其提供必需的医疗服务或经济补偿的人。被保险人即医疗保险的需求者和医疗服务的需求者,他们按规定向医疗保险机构缴纳保险费并签订医疗保险合同,是医疗保险合同的受益人。在医疗保险系统中,被保险人向医疗保险机构缴纳保险费,通过保险合同向其保险机构要求获得保险服务,医疗保险机构以保险给付清单等形式提供保险服务。医疗保险机构与被保险人(保、患)之间是一种保险合同关系。

2. 医疗服务提供者与医疗保险机构(医、保)之间的保障合同关系

医疗服务提供者是指为参保人员提供诊断治疗的医疗机构,它们被称为保险诊疗机构或定点医疗机构。要成为保险诊疗机构的医院必须向有关部门提出申请,通过劳动保障部和卫生部、财政部等部门的资格审定,并与医疗保险机构缔结合同,明确各自的责任、权利和义务。参保人必须到与医疗保险经办机构有合同关系的医院、药店就诊、配药,否则医疗费用不予支付。患者受诊后,医疗机构按照医疗保险合同规定的服务项目对医疗费进行计算,并提交医疗保险机构审议支付。医疗保险机构收到医疗机构的支付申请后,组织专家审查医疗机构的医疗服务是否符合规章、医疗处理是否合理。若发现疑点,则将申请退回医疗机构,要求医院再核实、更正或做出合理解释。对那些符合规章、在医疗保险范围内的医疗费用则给予支付。

在医疗保险和提供医疗服务之间存在一个附加的合同关系,它以保障合同或供养合同为形式[1]。在保障合同及供养合同中,医疗保险机构与医疗服务提供者之间必须就对被保险者提供哪些医疗服务达成协议。这些合同关系既可以是集体议定的,也就是针对所有参与者统一议定的,也可以是个别议定的。后者被称作选择性协议。在这里,医疗保险机构不仅仅作为费用报销机构,而且作为病人所委托的代理人,承担了选择服务提供者的任务。医疗保险机构为参保人确定医疗服务的范围,并通过一定的支付形式向医疗服务提供者支付医疗费用,同时还要对医疗服务质量进行监督。医疗保险机构通过确定承保范围为被保险人提供基本医疗服务,以保障他们的健康;通过改变支付方式使医疗服务提供者进行自我约束,同时还采取一些外部监督措施,以达到既保障医疗服务的质量又能够控制医疗费用的目的。影响两者之间联系的主要因素是服务范围的大小、项目的多

---

① 彼得·欧伯恩德,等.卫生经济学与卫生政策[M].钟诚,译.太原：山西经济出版社,2007：25.

141

少和费用的支付方式等。

3. 医疗服务提供者与被保险人（医、患）之间的治疗合同关系

治疗合同用以对病人与其所选择的服务提供者的行为加以调控。被保险方从医疗服务提供者处选择自己所需要的医疗服务，支付一定费用，接受医疗服务提供者所提供的服务。在这一环节，医疗保险方通过社会统筹和个人账户的费用分担方式，使消费者进行自我约束，审慎地选择所需要的服务种类及服务量，以达到控制医疗费用的目的，其主要影响因素是被保险方选择服务的自由程度、被保险人直接支付服务费用的多少等。

医患关系的核心内涵是为共御疾病而结成的目标和利益共同体，在这一共同体中，双方的相互信任、理解与协调配合，是有效防治疾病的基本条件。根据患者症状的严重程度，医患互动可以分为三种模式，即主动—被动模式、指导—合作模式以及相互参与模式①。

4. 政府与医疗保险系统医、保、患三方的关系

随着现代医疗保险制度的建立和完善，政府逐渐以经济、法律、行政等手段参与这一系统，并处在上述几方关系之上的领导地位，其作用主要表现为对保险供方、保险需方和医疗服务提供方的管理和控制。根据《国务院关于建立城镇职工基本医疗保险制度的决定》，职工医疗保险实行属地化管理原则，要求中央、省级机关和所属企业、事业单位都参加所在地的职工医疗保障制度改革试点，执行当地统一的医疗保险实施方案。根据分税制、财政体制确定中央与地方事权和财权相统一的原则，地方单位医疗保险属地方事权与财权范围，地方单位参保人员的医疗费用开支应由地方财政、用人单位和职工个人三方负担，中央财政不予补贴。

总之，医、保、患三方的相互影响、相互作用的复杂关系使医疗保险系统运行机制极其复杂。只有通过管理使各要素协同作用，才能使其有效地运行。

（三）医疗保险模式

实施医疗保险制度的国家，基本上都是以某种制度为主，同时并存其他制度形式。由于医疗保险涉及医（医院、医生）、保（医疗保险机构）、患（患者）三方关系，因此，医疗保险制度分类是一个十分复杂的问题。按照医疗保障对象、医疗保险基金筹集、医疗保险费用支付、就医方式、医疗保险资金和业务管理等指标，可将目前世界各国的医疗保险制度分为国家保障型医疗保险、社会型医疗保险、商业型医疗保险和储蓄型医疗保险等模式②。

1. 国家保障型医疗保险

国家保障型医疗保险也被称为国民健康保障、免费医疗保险，筹资以政府一般税为

---

① 威廉·科克汉姆. 医学社会学：第 7 版[M]. 杨辉，等，译. 北京：华夏出版社，2000：165.
② 仇雨临. 医疗保险[M]. 北京：中国劳动社会保障出版社，2008：122-143.

主,政府通过预算分配方式,将税收形成的医疗保险基金有计划地拨给有关部门或直接拨给公立医院以及全科医生(家庭医生),公民在看病时基本上不需支付费用。在实行国家保障型医疗保险制度的国家,政府直接参与卫生服务等的提供,对服务和设备资源拥有控制权。医院大部分是公立医院或非营利性医院,为患者提供基本免费的医疗服务。在公立医院工作的医务人员的工资由国家分配,他们是受政府雇用的公务人员。我国的公费医疗,苏联和东欧社会主义国家所实行的全免费医疗,以及英国、加拿大、瑞典、丹麦、意大利、葡萄牙、芬兰、爱尔兰和澳大利亚等国家所实行的全民医疗保险制度都属于此类。该模式的主要特点包括:①全民性,保障对象覆盖全体公民;②福利性,属于免费医疗;③资金来源于税收转移支付,个人不缴保费;④政府责任大,政府办医院或购买私人医生的服务,并对医疗服务过程进行监管;⑤保障项目齐全,包括预防、医疗、分娩、护理、康复等;⑥卫生资源配置具有较强的计划性。

英国是最早实行国民健康服务(National Health Service,NHS)的国家,也是此种类型最具有代表性的国家。英国现行的医疗保险制度主要由NHS、医疗救助制度和私人医疗保险制度构成,其中以NHS为主体。NHS通过两种途径向国民提供医疗服务:一种是由国家直接投资的公立医疗机构或与国家卫生服务有合同关系的营利医疗机构提供;另一种是由以日薪形式受雇于国家卫生服务机构的雇用医生或与之有合同关系的独立医生提供。英国的医疗服务体系呈现金字塔形结构,分为中央医疗服务、地区医疗服务和地段初级医疗服务三级组织。中央医疗服务机构主要负责疑难病的诊治和进行医疗科技研究,地区医院服务提供综合和专科医疗服务,地段家庭医生提供初级医疗服务。

延伸阅读:英国的全民免费医疗与中国的公费医疗体制

2. 社会型医疗保险

社会型医疗保险是按照大数法则分摊风险的机制和社会互助原则,将少数社会成员随机产生的各种疾病风险分散到全体社会参保成员的一种医疗保险制度。社会医疗保险一般通过国家立法强制实施,其基金的筹集主要来自雇主和雇员的缴费,政府酌情补贴。当参保人及其家属因病、受伤或生育需要医治时,由社会提供医疗服务和医疗费用的补偿,同时个人还要承担一定的费用支出。目前,德国、法国、荷兰、比利时、奥地利、日本、韩国等100多个国家和地区采用该种模式,我国台湾地区实施的全民健康保险也属于这种类型。该模式的主要特点是:①采用多渠道方式筹集医疗保险费用,即通过立法形式强制规定雇主和雇员按一定比例缴纳保险费,建立社会保险基金,用于雇主及其家属的就医;②依法设立社会化管理的医疗保险机构,作为"第三方支付"组织,代表参保人员统一管理医保基金,并按规定向为参保人员提供医疗服务的医疗机构支付医疗费用;③患者在就医时,需要自付一定费用,比例为20%~30%。

德国于1883年颁布《疾病社会保险法》而建立的世界上第一个国家法定社会医疗保险制度,是目前世界上效仿国家最多的医疗保障模式。德国的医疗保险由两大系统构成:法定医疗保险和私人医疗保险。工资收入低于社会义务界限的雇员、失业者、领取养老金的退休人员、自雇人员(农民和家庭手工业者)、义务兵、大学生和就业前的实习生等,必须参加社会医疗保险。月收入高于社会义务界限的雇员、公务员、自由职业者、法官、律师、军人等,可以选择参加法定保险或私人保险。

德国社会医疗保险支付范围几乎涵盖了所有的保健和医疗项目,如疾病预防和早期诊断、疾病治疗、康复、生病期间的护理、丧葬待遇、妇女孕期和哺乳期的待遇、病假补贴及护理假期等,不但范围广泛、内容完善,而且偿付水平和服务质量也极高。

德国社会医疗保险由政府依法举办,政府通过框架立法为医疗保险体制制定宽泛的政策目标和规则,具体实施的权力下放给省一级的疾病基金会和法定健康保险医师协会。在德国医疗保险管理运行体系中,存在保险缴款人、疾病基金会、医疗服务提供者、同业协会、行业监管者、政府监管者等参与主体,实行公私竞争、管办分离的运行体制,发挥保险机构之间的竞争激励作用(参见图 5-2)。

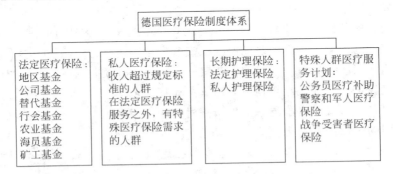

图 5-2　德国医疗保险制度体系

(资料来源:姚玲珍.德国社会保障制度[M].上海:上海人民出版社,2011:139.)

3. 商业型医疗保险

商业型医疗保险模式通过雇主和雇员购买私人医疗保险来筹资,医疗服务则几乎全部是由私人提供的,政府很少插手医疗服务事务,只负责私人医疗保险不愿承担的人群,如老人和贫困者等。商业型医疗保险模式的主要代表国家有美国和南非。该种模式的主要特点是:①自愿投保,投保人自己决定是否购买保险以及购买保险的种类;②保险人和被保险人签订契约,明确双方的权利与义务关系;③商业医疗保险的供求关系由市场来调节;④投得越多,保得越多,投得越少,保得越少。

美国的医疗保障体系可分为两大部分,即社会医疗保险和商业医疗保险,以私人商业医疗保险为主,参与主体包括私人部门、非营利组织和公共部门。社会医疗保障制度由政府主办,包括三个部分,即针对老人和失能者的医疗照顾计划(Medicare),针对低收入人口的医疗救助计划(Medicaid),此外还有政府直接负责支付与提供医疗服务的、专门针对印第安人和退伍军人实施的健康服务计划(免费医疗制度)等。私人医疗保险一般由企业雇主和雇员共同出资形成医疗保险基金,向医疗保险公司集体购买医疗保险,政府一般不出资或不补贴,也不直接参与管理。

美国健康保险高度发达,其特点是完全采用市场机制来运转,在所有发达国家中,美国是唯一一个没有全民社会健康保险的国家。美国在医疗保险上更多的是强调个人的责任而非政府责任,因而在美国就形成了独特的以商业医疗保险为主的医疗保障制度。美国私人医疗保险组织多种多样,大致可以分为三个部分。一是蓝十字(Blue Cross)或蓝盾组织(Blue Shield)开办的医疗保险。这是一种分别由医院联合会和医生组织作为社会群体发起成立的非营利保险公司,设有一个松散的全国性网络,分别为投保者提供住院和门诊医疗服务。二是私立或商业保险公司的医疗保险,主要为个人或团体(主要是为雇员购买保险的企业)提供住院医疗保险,重点承担费用较高的医疗项目,而费用过高的项目还要进行单项投保。三是健康维护组织(Health Maintenance Organization,HMO),这是私人医疗保险中最大的一家保险组织,也是目前美国最为庞大的商业性医疗保险系统。HMO也有非营利性和营利性之分,其中营利性HMO增长速度很快。近年来,营利性HMO的增长速度是非营利性HMO的两倍。由于重视疾病防治,HMO各项医疗费用开支较低,相应的保险收费也较低。

延伸阅读:美国医改的进展和规划

4.储蓄型医疗保险

储蓄型医疗保险模式即个人累积型医疗保险模式,是一种政府强制雇主和雇员向公积金管理机构缴费,建立一个以个人或家庭为单位的医疗储蓄账户,用以支付家庭成员医疗费用的医疗保险形式。此模式是一种强制性的定期储蓄模式,一种以个人或家庭为单位的“纵向”筹资方式。强制性个人医疗储蓄是其主要的筹资手段,服务提供则由公、私混合进行,强调医疗保健是一种自我的责任,政府只对弱势人群提供必要的帮助。该模式以新加坡为代表,还包括印度尼西亚和改革前的马来西亚等。其主要特点是:①储蓄医疗保障基金以法律的相关规定为依据;②以家庭为单位储存资金,长期使用;③在强调个人责任的同时,通过大病保险发挥社会共济、风险分担的作用。

新加坡的医疗保险制度包含三个部分:强制性的,以帮助个人储蓄和支付医疗保险费用为目的的保健储蓄计划;非强制性的,对大病进行保险的健保双全计划;政府拨款建立保健信托基金,以帮助贫困国民支付医疗费用的保健基金计划。政府补贴、保健储蓄、健保双全、保健基金共同构筑了新加坡的医疗保险网,保证每一个国民都能获得基本医疗服务。其中,医疗保健储蓄是强制性质的中央公积金制度的组成部分,它要求所有在职员工按照一定收入比例定期交纳公积金,并根据不同年龄确定不同的缴费率。在新加坡,每个居民都有自己的医疗保健储蓄账户,该账户只限于支付住院费用和少数昂贵的门诊费用,并有严格的启动和提取限额。从医疗保险的属性来看,新加坡的医疗保险包含个人储蓄(个人账户)、社会医疗保险和社会医疗救助三个并列的制度。新加坡公民实行统一的医疗保险制度,各个阶层之间在待遇上基本上没有区别。

(四)医疗保险费用偿付方式

社会医疗保险费用偿付是社会医疗保险的一个重要环节,是社会医疗保险的保障功能得以最终实现的有效途径。在医疗保险基金的“蓄水池”中,基金的筹集是“入水口”,费用的偿付是“出水口”,共同影响医疗保险基金的多少。其中偿付方式直接影响医疗保险基金的流出量。医疗费用偿付方式包括需方偿付方式和供方偿付方式。

1. 需方费用偿付方式

医疗服务需方的费用偿付方式主要是指参保人（需方）在医疗保险费用偿付过程中分担一部分医疗费用的偿付方法，具体包括起付线、共付率和封顶线。参保人参与费用偿付或费用分担有利于参保人树立医疗费用控制意识，增强参保人的自我保健意识，进而控制其医疗需求行为，达到合理使用医疗服务和控制医疗费用的目的。

起付线（deductibles）又称免赔额，指被保险人就医时首先自付一定额度的医疗费用，超过此额度标准的医疗费用由保险方支付。自付额度标准称为"起付线"（俗称"门槛"）。起付线一般可以分为三种类型[1]：年度累计费用起付线、单次就诊费用起付线、单项目（一般为特殊医疗项目）费用起付线。这种需求者自付机制可以减少由于小额赔付产生的交易成本过高问题，减少审核时的管理费用，不但可以降低保费费率，而且能保证对高费用的偿付。此外，合理的起付线可以抑制一部分不必要的医疗服务需求，增强参保者的费用意识，减少医疗卫生资源浪费。若起付线过低，可能导致参保者过度利用医疗卫生服务，起不到提高消费者自觉控制医疗费用的作用；若起付线过高，会超越部分参保者的经济承受能力，抑制其正常的医疗服务需求，可能使部分参保者不能及时就医，小病拖成大病，反而增加医疗费用。因此，确定适当的起付线十分重要，应根据绝大多数参保者的经济收入水平和医疗费用的频率分布状况来合理确定起付线，一般认为以适合人们的承受能力和有效增强患者的费用控制意识为宜。

共付率（copayment）是指医疗保险机构和被保险人按一定的比例共同偿付医疗费用时，患者所负担的医疗费用比例。共付率可使被保险人根据自己的偿付能力选择适当的医疗服务，有利于调节医疗服务消费，控制医疗费用。共付率还可减少因患者的事后道德风险给保险机构造成的额外损失，一般用在中等程度的费用偿付中，如一般的住院治疗以及可能导致高费用支出的门诊治疗（如精神疾患的门诊医疗等）。自付比例的高低直接影响被保险人的就医行为，因此，难点在于患者自付比例的合理确定。自付比例过低，对被保险人制约作用小，达不到控制卫生费用不合理增长的目的；自付比例过高，可能超越被保险人的承受能力，抑制正常的医疗需求，造成小病不治酿成大病，加重被保险人的经济负担，达不到保险的目的。另外，不同人群和不同收入状况采用同一自付比例，可能出现卫生服务的不公平现象。国际上，被保险人自付比例一般为 20% 左右，自付比例超过25%，病人就诊率会有明显降低[2]。因此，共付率要做到既能满足人们对疾病风险的规避要求，又能有效地制约其道德风险，抑制由于过度使用医疗服务造成的医疗费用的快速上涨。要做到针对不同的医疗服务项目设定不同的共付率，以有效控制需方的道德风险。例如，对于某些治疗效果好而且费用低的医疗服务项目可以设定较低的共付率，以鼓励被保险人使用；而对于费用过高而且不必要的医疗服务项目，则设置较高的共付率，以提高患者使用的成本，并可根据对实施效果的数据分析来确定最优的共付率。

① 郑功成. 社会保障学［M］. 北京：中国劳动社会保障出版社，2005：137.
② 张肖敏. 医疗保险基本理论与实践［M］. 香港：世界医药出版社，1999：116-117.

封顶线(ceiling)分为最高自付限额和最高保险限额。最高自付限额是指被保险人在一定时间内自付的医疗费用达到一定额度后,不再继续自付原应分担的医疗费用(俗称"需方封顶")。这将使被保险人的经济负担限制在一定范围内,避免少数身患重大疾病的参保病人发生经济困难。此方法一般与单次就诊费用起付线法、单项目费用起付线法和比例分担法联合使用,在经济发达国家多采用这种方法。最高保险限额是指第三方付费者给予其投保患者赔付的最高额度,超过该额度的费用则不予支付,而要患者自己承担(俗称"给付封顶")。其用意是排除个别巨额赔付可能带来的保险机构的大量高额支出,以及由此导致的高额的保费费率;同时,注重向大多数人提供基本的医疗服务,而非少数人大额的支出,反映了较低的保障水平;一定程度也有抑制消费者过度高的医疗需求的功能,通常用在绝症或长期住院等的费用支付上。总之,医疗技术发展的无限性和保险基金的有限性之间的矛盾促使对被保险人的偿付额给予限定。设置封顶线有利于限制被保险人对高额医疗服务的过度需求,以及医疗服务提供者对高额医疗服务的过度提供;有利于鼓励被保险人重视自身的身心健康,防止小病不治酿成大病。

2.供方费用偿付方式

医疗服务供方的费用偿付方式是指社会医疗保险机构作为第三方代替被保险人向医疗服务供方偿付医疗服务费用的方法,是社会医疗保险主要的费用偿付方式。世界各国的改革实践表明,鉴于医疗服务提供者在医疗服务市场上的特殊地位,对医疗服务提供方的控制是控制医疗费用的关键和核心,而对提供方的费用偿付方式又是控制医疗服务提供方行为的最有效手段。按照支付与服务发生的时间先后,可将供方费用偿付方式划分为预付制和后付制。预付制是医疗服务的提供者与购买者按照双方商定的病种、项目和价格签订合约,具体形式包括按病种付费、按人头付费、总额预算制等;后付制是购买者按照向患者实际提供的服务项目和数量支付费用,具体形式包括按服务项目付费和按服务单元付费等。下面简要说明各种偿付方式的特征。

(1)按服务项目付费(fee for service,FFS)

按服务项目付费是根据患者接受医疗服务的项目和服务量对医疗服务提供者进行补偿支付。在这种付费方式下,被保险人对医疗服务的选择性较大,获得医疗服务比较容易而且方便及时;医疗服务提供者有动力提高工作积极性。但是核算和管理费用较高;缺乏对医疗服务提供者行为的约束,供方诱导需求和需方道德风险现象比较严重。日本在采取按服务项目付费方式的同时,设立"社会保险诊疗报酬支付基金国民健康保险联合会"的第三方机构,参与审核和监督医保双方的费用偿付行为,在控制医疗费用不合理支出和避免医保双方矛盾方面发挥了独特作用[1]。类似的还有韩国的健康保险审查评价院,对医疗机构发生的医疗费用进行审查评价。总之,按服务项目付费虽然有利于保障患者获得方便及时的医疗服务,但存在严重的供方诱导需求现象,需要引入第三方机构进行审核监督。

---

① 仇雨临,孙树菡.医疗保险[M].北京:中国人民大学出版社,2001:114-115.

（2）按服务单元付费（fee for service unit）

按服务单元付费又称按平均费用付费或定额支付，是根据平均服务单元费用标准和服务单元量进行偿付。这种付费方法操作简便，管理成本低。在按平均费用标准定额偿付方式下，医疗服务提供者的收入与其服务次数有关，能够鼓励其降低每次门诊和每个住院日的成本，但却容易刺激医疗服务提供者增加门诊次数和平均住院日天数，以增加服务量和收入，也会造成医疗费用的增长。因此，这就要求医疗保险机构制定标准对医院进行监督制约。总之，按服务单元付费虽然有利于控制医疗费用标准，但面临服务量增加和医疗费用上涨的风险，需要与其他付费方式相结合，引导医疗服务提供者在维护患者健康的目标下提供适当的服务量。

（3）按病种付费（diagnosis related groups，DRGs）

按病种付费又称按疾病诊断相关组预付款制度，是将疾病按诊断等因素分为若干组，每组再根据严重程度分为若干级，结合循证医学依据，通过临床路径测算出病种每个组各个级的医疗费用标准，按此标准对某组某级疾病的诊疗全过程一次性向医疗机构偿付费用。按病种付费有利于医院节约成本，控制住院时间，减少诱导性消费，重视治疗效果，有较强的费用控制激励。但是，按病种付费容易缩短病人住院时间，加重病人院外服务支出并危及治疗和预后的效果，导致医疗服务质量下降，出现医院不愿收治危重病人的现象[1]。总体来看，DRGs 是目前国际上较理想的病例组合模式，已经成为支付方式改革的发展趋势，美国、澳大利亚、德国、阿根廷、巴西、匈牙利、韩国和我国台湾地区都实施这种制度。

（4）按工资标准付费（fee for salary）

按工资标准付费又称薪金制，是根据定点医院医生或其他医疗卫生服务人员提供服务时间的价值或服务质量定期发放工资以补偿人力资本消耗，一般用于对公立医院医生等医疗服务提供者的偿付，广泛应用于芬兰、瑞典、西班牙、葡萄牙、希腊、土耳其、印度、印度尼西亚、以色列等国家，英国、加拿大和美国的健康维护组织也使用这种付费方法[2]。在按工资标准偿付下，医疗保险机构能够较好地控制医院的成本开支，医生的收入有保障，患者能够在一个医疗中心接受多种治疗，就医比较方便。但是按工资标准偿付方式缺乏对医生的经济激励，可能会导致医生服务态度不好、服务质量下降和工作效率低下；医疗机构可能通过转诊来转移医院的成本负担；患者的医疗服务没有连续性，可能会影响及时诊治。因此，按工资标准付费需要通过设计合理的薪金水平，来解决医生的激励问题。

（5）按病床日付费（per diem fees）

按病床日付费是依照不同病种的平均每床日补偿单价和患者实际的住院天数对医院进行偿付。在按病床日付费下，住院治疗不能提供单价过高的过度服务；但是每床日费率的正确确定非常困难，而且复杂易变；医院有刻意延长住院时间的激励，需要事先对相关病种的住院时间给出最高限定；患者也会有延长住院时间的愿望，取决于其最终的收

---

① 王小万，刘保平.卫生保健经济学[M].北京：国防科技大学出版社，1998：185.

② 仇雨临，孙树菡.医疗保险[M].北京：中国人民大学出版社，2001：119.

益情况,患者因此必须支付的共付费用及其可以获得的享受、病休补助金等之间的关系。可以通过增加超时的比例共付或自付来抑制费用增长。

（6）按人头付费（capitation）

按人头付费是按照事先核定的人头平均费用和投保者人数预付补偿金额。这种预先偿付机制一般用在对作为"守门人"的全科医生或签约家庭医生的服务补偿上。全科医生或签约家庭医生负责投保人的病前保健和病后初诊、转诊等一切健康服务（以合约规定为准），如英国的家庭和社区医疗及美国健康维护组织（HMO）的签约医生。按人头付费能够抑制医生的趋利倾向和患者的道德风险,从而控制普通小病治疗费用,但容易降低医疗服务数量和质量。因此,这种付费方式通常规定服务对象的最高人数限额,并对提供某些特殊服务给予总体定额补偿的特别津贴制度（bonus payments）,鼓励全科或家庭医生开展疾病预防、定期体检和健康教育等活动。丹麦、英国、荷兰、意大利均采用按人头付费,美国的健康维护者组织、印度尼西亚和哥斯达黎加等也引入按人头付费制度[1]。

（7）总额预算（global budget）

总额预算是医保机构和医疗机构通过谈判协商签订医疗服务合同,确定医疗机构一定时期的全部补偿费用,医疗机构为前来就诊的被保险人提供约定的医疗服务。总额预算下医院拥有医疗费用结余的收益权,承担医疗费用超支的风险,能够较好地控制医疗费用。因此,许多发达国家普遍运用总额预算制。但是,这种付费制会导致医院为降低费用而减少服务或降低服务质量的现象,需要有一定的质量监督措施予以保证。

（8）以资源为基础的相对价值标准偿付方法（resource based relative value system,RBRVS）

以资源为基础的相对价值标准偿付方法是通过分析服务要素投入核算出医务人员和医疗技术的相对权重,将其转化成具体的收费价格。这种偿付方式能够促使医生减少不必要的手术和试验,提高医疗服务质量,减少医疗卫生费用支出,增加医疗保健整体效益。但是,这种付费方法没有考虑到不同医生的能力差异和疾病之间的严重程度差异,没有重视医疗服务的产出质量。

（9）按绩效偿付（pay for performance,PFP/P4P）

按绩效偿付又称按价值购买医疗服务,是根据医疗服务质量和效率偿付医疗服务提供方的酬劳。按项目、人头、病种付费以及总额预算制等分别是以项目数量、对象数量、病种数量等为基础的偿付方式,而按绩效偿付方式是一种以质量和健康结果为基础的偿付方式,由于偿付与服务效益挂钩,能够激励医疗服务提供方提高医疗服务质量,以参保者的健康结果为最终服务目标。目前,为人群购买健康的方式尚处于理论探索和试点阶段,关键是健康结果的改善受到多种因素的综合影响,还不能明确医疗保健对于健康改善的具体程度,难以实现量化。但从医疗保险向健康保障的转变来看,按健康结果付费将是未来发展的重要方向。

---

① 王鸿勇.不同医疗费用支付方式的利弊分析及适宜制度选择[J].国外医学:卫生经济分册,1998,1.

二、生育保险

（一）生育保险概述

1. 生育保险的定义

生育保险是指国家和企业为怀孕和分娩的妇女提供医疗服务、生育津贴和产假，以保证那些因生育而造成收入中断的妇女和家庭的基本生活的一项社会保险制度。

由于社会保险的对象是社会劳动者，所以生育保险的对象只能是女性劳动者，而在我国目前的条件下，由于尚未实行全社会的社会保险，还不可能为所有生育妇女提供生育保险，所以生育保险特指对女职工的保险。

2. 生育保险的特征

生育保险除了具有社会保险所具有的一般特征外，还有其自身的一些特征，概括而言，主要有以下几点：①保障范围小。生育保险的保障对象仅包括已婚妇女劳动者，覆盖面有限。也就是说，只有符合年龄的已婚女性劳动者才有权享受生育保险待遇，当然，这并不排除她们的子女及其配偶也分享一定的待遇。例如，近年来我国有些地区或单位允许妇女劳动者在生育后，给予其配偶 15 天假期照顾生育后的妻子，假期工资照发。这充分体现了我国政府和社会对妇女和婴幼儿的保护及对家庭的关怀。我国的法律规定，不符合年龄规定、非婚和不服从国家计划生育的妇女劳动者，无权享受生育保险待遇。②福利性。生育保险保障了生育妇女本人的健康恢复和基本生活水平的需要，维持妇女劳动力的简单再生产，而且通过生育保险的给付也给孩子的健康成长创造了条件，保证了劳动力扩大再生产的顺利进行。因此，生育保险给付待遇往往较其他社会保险项目(如养老保险、失业保险等)高，具有明显的福利性。③实行"产前与产后都享受"的原则。其他社会保险项目如失业保险、医疗保险、养老保险基本上都是在保险"事故"发生后才享受，而生育保险待遇既照顾到生育活动开始前的一段时间，也照顾到生育活动完成之后的一段时间。因为妇女劳动者在怀孕后，在临产分娩前的一段时间，即临近预产期的一段时间，由于行动不便，已经不能工作或不宜工作，分娩之后，需要一段时间的休息，以恢复身体健康和照顾婴儿。④生育风险是一种特定的生理活动。由于生育活动所引起的劳动力的暂时丧失，是一种特定的但属正常的生理变化。这种风险既不像失业是由社会带来的风险，也不像工伤是由于外来原因造成的自然风险。生育活动又与年老这种正常生理活动所带来的收入损失不同，因为它不是劳动力的永久丧失，而是劳动力的暂时丧失，其劳动力的恢复无须特殊治疗而重在休养和补充营养，其收入中断的时间较短，而且是有期限的。⑤生育保险与医疗保险、疾病社会保险的联系密切。首先，生育过程前后发生的孕产妇保健、手术费用保障等与医疗保健密不可分，因为生育过程本身就要涉及检查、手术、住院等医疗服务；其次，生育保险的给付除了医疗服务外，还涉及生育津贴、产假等，这又与疾病给付在性质上甚至在标准上十分相近，所以，很多国家都把生育保险放在医疗保险或疾病社会保险项目内,甚至有些国家直接把医疗保险、疾病社会保险、生育保险通称为健康保险[①]。

（二）生育保险的内容

就世界范围来看,生育保险一般限制在女性范围内实施。实行普遍社会保险的国家一般也为女性公民建立生育保险。生育保险待遇的享受与其他保险待遇一样,也需要具备一定的条件。

1. 生育保险享受条件

生育保险的享受条件,大体上有两种情况。一种是没有最低合格期限的规定,如苏联、罗马尼亚、中国、芬兰、伊拉克等。中国对国家机关、企事业单位的女职工提供生育保险待遇,而不要求她们生育之前进行投保。芬兰只规定了产前就业期限,因为从事有收入的就业实际上等于参加了保险。凡是本国公民,其经济情况又符合财产调查规定要求的,就有权享受生育补助,如澳大利亚、新西兰等国。另一种是有最低合格期限的规定。绝大多数国家属于这种情况。这些国家都明确规定,生育保险的享受条件主要包括缴纳生育社会保险费的年限或期限、就业年限或居住最低合格期,或者以上两个条件的不同组合。

2. 生育保险待遇

生育保险待遇主要包括生育保险中的产假与生育补助金补助。产假是指国家给予受保妇女劳动者在正常分娩时所需休息和恢复健康的时间,包括产前、产后的生育产假,还要包括怀孕假和产后照料婴儿的抚育假。1952年第35届国际劳工大会通过的《生育保护公约》(修正本第103号)规定,生育假期不少于12周(84天),绝大多数国家达到或超过了这个标准,只有少数国家低于这个标准。生育补助金补助的种类大体可以归纳为以下三种。①生育补助金。一般是指在正常产假和官方准许的延续时间里正常产假的生育补助,即为了弥补生育造成的暂时丧失劳动能力期间的工资收入损失。生育补助金的计算方法大体有三种:一是定额制(均一制),是指不论被保险人的具体情况有何不同,均按规定发给相同的生育补助金;二是薪资比例制,是指生育补助金的标准按照被保险人产前工资的一定比例发给;三是混合制。②生育津贴。生育津贴用于补助由于生育带来的额外开支,如接生费、护理费及其他支出等。其津贴一般采取绝对额支付。除此之外,还有收入调查津贴,主要支付给贫困的补助金领取者。③护理津贴。护理津贴一般为生育补助金的20%或25%,支付期可达6个月或者更长一点。有些国家还对新生儿提供用品等。还有一些特殊补助,如女劳动者怀孕不足月份生育,给予较短的带薪假期;难产或多胎生育,给予较长的带薪假期[②]。

---

① 　任正臣.社会保险[M].北京:社会科学文献出版社,2001:220-222.

② 　林义.社会保险[M].北京:中国金融出版社,1998:195-198.

（三）生育保险与医疗保险合并实施

随着社会保险的不断健全，由于生育保险在参保覆盖面、保障标准方面的滞后性，加之其与医疗保险统一的管理和经办机构，且均以医疗费用的给付为主要保障形式，二者在实践中既有参保的竞争和选择性参保，又有融合发展的趋势，在理论探讨与实践中，逐步将生育保险与医疗保险合并实施。也就是以基本医疗保险制度为依托，采用基本医疗保险信息系统平台和较完善的生育保险运行机制，在对参保职工的生育状况、生育医疗费用水平以及医疗保险、生育保险基金运行结余情况进行分析的基础上，整合原医疗保险和生育保险为统一的生育医疗保险，统一经办业务机构和操作流程，实现参加一个保险即可享受生育保险和医疗保险双重待遇[①]。这有利于加快生育保险与医疗保险人员全覆盖的步伐，使更多劳动者生育待遇得到保障；有利于减轻用人单位的缴费负担，降低其保险成本；有利于提高基金的筹措能力，同时提高经办管理的效率。

我国"十三五"规划明确提出"将生育保险和基本医疗保险合并实施"。2016年4月，人社部和财政部联合下发《关于阶段性降低社会保险费率的通知》中又明确提出生育保险和基本医疗保险合并实施[②]。2017年2月，国务院办公厅发布了《关于印发生育保险和职工基本医疗保险合并实施试点方案的通知》，进行生育保险与职工基本医疗两险合并的试点。根据文件，将在河北省邯郸市、山西省晋中市、辽宁省沈阳市、江苏省泰州市、安徽省合肥市、山东省威海市、河南省郑州市、湖南省岳阳市、广东省珠海市、重庆市、四川省内江市、云南省昆明市开展两项保险合并实施试点，未纳入试点地区不得自行开展试点工作。两险合并的试点包括下列内容。

（1）统一参保登记。参加职工基本医疗保险的在职职工同步参加生育保险。实施过程中要完善参保范围，结合全民参保登记计划摸清底数，促进实现应保尽保。

（2）统一基金征缴和管理。生育保险基金并入职工基本医疗保险基金，统一征缴。试点期间，可按照用人单位参加生育保险和职工基本医疗保险的缴费比例之和确定新的用人单位职工基本医疗保险费率，个人不缴纳生育保险费。同时，根据职工基本医疗保险基金支出情况和生育待遇的需求，按照收支平衡的原则，建立职工基本医疗保险费率确定和调整机制。职工基本医疗保险基金严格执行社会保险基金财务制度，两项保险合并实施的统筹地区，不再单列生育保险基金收入，在职工基本医疗保险统筹基金待遇支出中设置生育待遇支出项目。探索建立健全基金风险预警机制，坚持基金收支运行情况公开，加强内部控制，强化基金行政监督和社会监督，确保基金安全运行。

（3）统一医疗服务管理。两项保险合并实施后实行统一定点医疗服务管理。医疗保险经办机构与定点医疗机构签订相关医疗服务协议时，要将生育医疗服务有关要求和指标增加到协议内容中，并充分利用协议管理，强化对生育医疗服务的监控。执行职工基本医疗保险、工伤保险、生育保险药品目录以及基本医疗保险诊疗项目和医疗服务设施范围。生育医疗费用原则上实行医疗保险经办机构与定点医疗机构直接结算。

---

① 李倩.关于生育与医疗保险制度整合的思考[J].天津社会保险,2016,02：16-17.

② 卢纯佶,程琳敏.生育保险与基本医疗保险合并实施的思考[J].中国人力资源社会保障,2016,12：34-35.

（4）统一经办和信息服务。两项保险合并实施后，要统一经办管理，规范经办流程。生育保险经办管理统一由职工基本医疗保险经办机构负责，工作经费列入同级财政预算。充分利用医疗保险信息系统平台，实行信息系统一体化运行。原有生育保险医疗费结算平台可暂时保留，待条件成熟后并入医疗保险结算平台。完善统计信息系统，确保及时准确反映生育待遇享受人员、基金运行、待遇支付等方面的情况。

（5）职工生育期间的生育保险待遇不变。生育保险待遇包括《中华人民共和国社会保险法》规定的生育医疗费用和生育津贴，所需资金从职工基本医疗保险基金中支付。生育津贴支付期限按照《女职工劳动保护特别规定》等法律法规规定的产假期限执行。

 延伸阅读

第四节　失业保险

一、失业保险概述

失业保险制度是社会保险制度的重要组成部分。失业保险制度是指通过国家立法筹集资金建立失业保险基金，使因失业而暂时中断生活来源的劳动者在法定期间内获得失业保险金，以维持其基本生活的一项社会保险制度。

1905年，法国开始实行公共资助的自愿失业保险制度，由工会建立事业基金会，政府给予一定的补贴。挪威和丹麦也分别于1906年和1907年实行了这种制度。1905年，英国出台《失业工人法》，以立法的形式规定贫困委员会专门处理失业问题。1911年英国《国民保险法》对失业问题有明确、详细的规定，包括适用对象、界定、资金筹措、发放程序及标准等。《国民保险法》在法律层面为英国失业保险制度制定了标准和框架，确立了其强制性，明确了雇主、雇员、政府三方的主体责任。欧洲各国基本上在20世纪20年代建立了强制性失业社会保险制度。例如，德国在1927年颁布了《职业介绍和失业保险法》，在全国实施强制性失业保险缴纳，政府同时还提供传统失业保险救济。美国、加拿大等美洲国家在20世纪30年代世界经济危机之后也建立了失业社会保险制度。二战之后，一些发展中国家也通过立法对失业者进行失业援助或失业保险。到1997年，包括中国及中国香港地区在内，全世界共有68个国家和地区以立法形式建立了包括失业保险、失业援助等在内的失业保障制度，对失业者进行保护，维持失业者失业期间的基本生活。中国自20世纪80年代开始进行失业保险制度改革，1999年正式实施《失业保险条例》。

二、失业保险的分类

由于世界各国的社会制度、经济制度、政治制度和文化等不同，因此世界各国所实施的失业保险制度的类型也存在较大的差别。概括起来，目前世界各国所实施的失业保险制度大致可分为以下几种类型。

（一）强制性失业保险制度

强制性失业保险制度是指由国家通过立法强制实施的失业保险制度，凡符合国家法定范围内的人员都得参加失业保险。在实行失业保险制度的国家中，包括美国、日本、英国、加拿大等30多个国家在内大部分实行强制性失业保险制度。我国目前实行的失业保险制度亦属此类。

（二）非强制性失业保险制度

这种类型的失业保险制度不是由政府管理，而是以工会为主建立失业保险金，政府提供大量补贴。劳动者可以自愿选择是否加入失业保险，但是各工会会员则必须参加失业保险。最具代表性的国家有丹麦、冰岛，另外还包括实行储蓄性保险的加纳、冈比亚、坦桑尼亚和尼泊尔等国家。

（三）失业救济制度

失业救济制度是指由国家单方出资建立的失业救济制度，并非所有失业人员都能享受失业补助，失业救济金只发给那些符合经济情况或收入调查规定条件的失业者。实行这种制度的国家有澳大利亚、新西兰、阿根廷等。中国在1950年颁布实施了《关于救济失业工人的指示》《救济失业工人暂行办法》，对当时城市中的广大失业群体采取救济措施，通过以工代赈为主、生产自救和转业训练相结合、帮助回乡生产及发放救济金等办法，实现了失业人员的合理安置。

（四）双重失业保险制度

双重失业保险制度既有国家强制性的失业保险，又有国家提供资金以经济状况调查为依据的失业救济金。这是目前世界上大多数国家实行的失业保障模式，即以政府的强制性失业保险为主体，同时民间和工会也存在非强制性失业保障制度以及失业补贴救济制度，在实行的方式上则大多是以实行失业保险制度为主，失业补贴（救济）制度为辅的互补性的双重模式。前者保障的主要对象是政府公务员和企业雇员，而后者保障的则是无缘享受一般失业保险的人员或经济收入低的人。

三、失业保险对象的资格规定

失业保险的根本目的是保障失业者的基本生活，促使其重新就业。为了避免在制度实施过程中人们产生逆选择行为，各国均严格规定了保险给付即享受失业保险待遇的资格条件，这些规定概括如下。

一是失业者必须处于劳动年龄阶段，也就是处于法定最低劳动年龄与达到退休年龄之间。

二是失业者必须是非自愿失业的，即必须是非本人原因而引起的失业。

三是失业者必须满足一定的合格期条件。为了贯彻社会保险权利与义务对等的基本原则，各国失业保险制度往往都规定失业者须达到一定的就业年限或交足一定期限、数额的失业保险费,或在失业援助的国家居住达到一定的期限,方具有享受失业保险金给付的资格。

四是失业者必须具有劳动能力和就业意愿。主要包括:①失业后必须在指定期限内到职业介绍所或失业社会保险主管机构进行登记要求重新就业,或有明确表示工作要求的行为;②失业期间须定期与失业保险机构联系并汇报个人情况,这样做是为了及时掌握失业人员就业意愿的变化和向失业者传递就业信息;③接受职业训练和合理的工作安置。若失业者予以拒绝,则认定其无再就业意愿,停止失业保险金的发放。

四、失业保险的给付

关于失业保险金的给付标准,国际劳工组织曾经召集各国劳工组织代表进行充分讨论,并通过了以下三条建议:①失业保险金的制定,或以失业者在业期间的工资为依据,或以失业者的投保费为依据,视各国的具体情况而定;②失业保险金应有上下限之分;③失业保险金不低于失业者原有工资的50%。1988年,第75届国际劳工大会建议各国规定失业保险金应至少不低于失业者原有工资的60%。

(一)失业保险给付标准

失业保险给付标准一般取决于一个国家的社会经济发展水平和社会的生活水准,原则上要达到使受益者的收入损失得到部分补偿,又不能妨碍其就业意识的目的。在确定失业社会保险给付水平时应遵循以下原则。

1. 失业保险金的给付水平应能确保失业者及供养直系亲属的基本生活需要

劳动者失业后,失业保险金是其主要的收入来源。因此,失业者及其家属的生活水平也由失业保险金给付水平确定。为维持失业者的正常生存,保护劳动力,失业保险应向其提供基本生活的保障。

2. 给付标准不高于失业者原有的工资水平

从有利于促进失业者尽快重新就业和避免出现失业保险中的逆选择行为的目的出发,失业保险金的给付标准必须低于在职时的收入水平,并且只在一定期限内给付,超出期限者,则进一步降低到社会救济的水平给付待遇。只有这样,才能促使失业者积极寻找工作,重新就业。

3. 权利和义务基本对等的原则

从体现社会保险权利与义务基本对等的原则出发,失业社会保险金应与被保险人的工龄、缴费(税)年限和原工资收入相联系,在确定待遇水平时,应该使工龄长、缴费(税)年限多、原工资收入较高的人获得较多的失业保险金,一般是提高计算的百分比或延长给付期限。[①]

---

① 任正臣.社会保险[M].北京:社会科学文献出版社,2001:168.

（二）失业保险给付期

给付期是失业保险给付中的一个重要内容，其中包括等待期和最长给付期，在各国都有所规定。等待期是指失业后不是立即给付失业保险津贴，而必须等待一段时间，时间的长短取决于这个国家的就业政策，以及失业保险基金的规模和财政状况。失业保险津贴的给付一般都是有期限的，期限的设置主要应参考平均失业期，也就是说，失业保险的最长给付期不应低于平均失业期，否则大多数人在失业期间都将陷入贫困。许多国家都为给付期确定了一个固定的时段，但最长期限的差别很大，一般为26～52周。

（三）失业保险费用负担比较

失业保险给付的费用负担，是一个十分敏感的问题，它关系到整个失业保险制度的成败。各国根据失业保险的需求、政府财政状况和投保单位的经济效益等多方面的因素采取组合筹资的方式。目前世界各国失业保险给付的负担方式主要由雇主、雇员、政府三方或其中的两方来负担，其中以三方负担方式最为流行，约占到实行失业保险制度国家总数的40%。我国失业保险制度建立以来，一直实行基金制，在基金来源上采取用人单位缴费和财政补贴的方式。

五、失业保险的作用

（一）失业保险的基本功能是保证失业者的基本生活

在市场经济条件下，失业不可避免，对于整个社会来说总有一少部分人处于失业状态。在没有任何保护措施的情况下，失业对于劳动者个人而言，意味着生活来源的中断。基本生活失去保障，身心健康必将受到影响，其自身素质的提高也将中断，原有的技能将因失业而退化。对于整个社会而言，失业率的提高必将成为社会稳定的消极因素，偷盗、抢劫、谋财害命等犯罪活动也会增加。失业保险使劳动者的基本生活得到保障，有利于劳动者的身心健康，为劳动力素质提高和劳动力再生产的顺利进行提供基本保障，对社会也将起到稳定作用，成为社会的"安全网"和"稳定器"。

（二）促进就业的功能

首先，失业保险制度的一系列规定还十分重视促进失业者就业。通过职业咨询、职业培训、生产自救和以工代赈等方式，为失业者提供工作机会，培训提高其工作技能，通过举办一些公共事业，为失业者提供就业机会，同时促进第三产业的不断发展。

其次，失业保险制度的建立需要相应的社会管理和社会服务机构，这些机构的设立，增加了社会的就业机会。

（三）宏观经济的"稳定器"

宏观经济运行具有不确定性，当宏观经济处于繁荣或高涨时，就业率较高，失业率较低，失业保险基金有积累，这笔资金从投资或消费领域提留出来，降低了经济的过快过热发展。当宏观经济处于萧条时期,失业率大幅度上升,失业人员增加时,这笔在经济繁荣时期积累起来的失业保险金,就支付给失业者消费,使他们能维持基本的生计,有利于宏观经济走出萧条。

第五节 工 伤 保 险

一、工伤保险概述

"工伤"一词较为规范的界定是在 1921 年的国际劳工大会的公约中提及的。当时的《国际劳工公约》将工伤定义为"由于工作直接或间接引起的事故"。最初这一定义不包括职业病,随着时间的推移,各国逐渐将职业病也纳入工伤的范畴,并最终以国际公约的形式确定了现在的工伤概念。1964 年第 48 届国际劳工大会通过的《工伤事故和职业病津贴公约(第 121 号)》指出:"实施工伤保险的目的,是当受雇人员发生不测事故时,为其提供医疗护理及现金津贴,进行职业康复,为残废者安排适当职业,采取措施防止工伤事故和职业病。"

《中国职业安全卫生百科全书》将工伤定义为:"企业职工在生产岗位上,从事与生产劳动有关的工作中,发生的人身伤害事故、急性中毒事故。但是职工即使不是在生产劳动岗位上,而是由于企业设施不安全或劳动条件、作业环境不良而引起的人身伤害事故,也属工伤。"从这一定义可以看出,职业病也包括在工伤范围内。

职业病是指劳动者在生产劳动及其他职业活动中,接触职业性有害因素,如工业毒害、生物因素、不良的气象条件、不合理的劳动组织、恶劣的卫生条件等,当职业性有害因素作用于人体并造成人体功能性或器质性病变时所引起的疾病。职业病的范围是由国家有关部门明文规定的,即工伤保险范围内的职业病是国家认定的法定职业病。2013 年12 月,国家卫生计生委、人力资源社会保障部、安全监管总局、全国总工会四部门联合印发《职业病分类和目录》,将职业病分为职业性尘肺病及其他呼吸系统疾病、职业性皮肤病、职业性眼病、职业性耳鼻喉口腔疾病、职业性化学中毒、物理因素所致职业病、职业性放射性疾病、职业性传染病、职业性肿瘤、其他职业病等 10 类 132 种。

工伤保险是指劳动者在生产经营活动中所发生的或在规定的某些情况下,遭受意外伤害、职业病以及因这两种情况造成死亡,在劳动者暂时或永久丧失劳动能力时,劳动者或其遗属能够从国家、社会得到必要的物质补偿,以保证劳动者或其遗属的基本生活,以及为工伤劳动者提供必要的医疗救治和康复服务的一项社会保险制度。1964 年第 48 届国际劳工大会上通过的《工伤事故和职业病津贴公约(第 121 号)》及《工伤事故津贴建议书》中均指出,实施工伤保险,是为了在受雇人员发生不测事故时,提供及时的医疗护理、职业康复现金津贴,并采取适当的措施防止和杜绝工伤事故和职业病的产生。

从工伤保险的保障对象来看,在工伤保险实施的初期,只适用于危险企业、采矿现场、重工企业的体力劳动者。随着社会的发展,该险种的保障范围不断扩大。目前,发展中国家已将实施范围扩大到所有劳动者;发达国家更是突破传统,将家庭工人、家庭佣人也纳入工伤保险的范围。还有一些工业化国家将非雇佣劳动者也纳入保障对象之中。

工伤保险是社会保险制度的一个重要组成部分,是世界上产生最早的一项社会保险项目,从1884年德国制定《劳工伤害保险法》迄今已有100多年的历史。到20世纪90年代初期,全世界已有155个国家和地区实行工伤保险制度,占163个有社会保险制度国家和地区总数的95%,其普及率比养老保险还高。中国的工伤保险制度始建于1951年的《中华人民共和国劳动保险条例》,对支付企业工伤保险的医疗、康复费用,保障工伤职工及其遗属的生活做了明确的规定。2003年国务院颁布了《工伤保险条例》,2010年修改之后从2011年起实施修改后的条例。

二、工伤保险的特点和意义

(一)工伤保险的特点

工伤保险除了具有社会保险制度所具有的强制性、保障性、互助互济性等共同特点外,还有着与其他社会保险项目不同的显著特点。其显著特点如下。

(1)工伤保险具有赔偿性,实行"无过失赔偿"和"无责任赔偿"制。即在发生工伤事故后,无论属于谁的责任,雇主均应依法给予劳动者经济赔偿,因此工伤保险费一般都由雇主负担,劳动者个人不缴费(税)。

(2)工伤保险的待遇比较优厚,服务项目较多。工伤保险比其他各项社会保险的待遇标准高,享受条件宽,服务项目多。工伤保险的待遇包括工伤医疗待遇、工伤津贴待遇、伤残待遇、职业康复待遇、因工死亡待遇等。

(二)工伤保险制度建立的意义

工伤保险制度的建立和实施无论对劳动者个人还是对国家和雇主都有着极为重要的意义。

对于劳动者来说,实施工伤保险的意义在于:①工伤保险保障了劳动者在工作中遭受事故伤害和患职业病后获得医疗救治、经济补偿和职业康复的权利,是维护职工合法权益的必要措施;②工伤保险保障了劳动者发生工伤后,劳动者本人或其遗属在生活发生困难时的基本生活需要,防止受工伤的劳动者或其遗属陷入贫困状况,在一定程度上解除了劳动者及其家属的后顾之忧;③工伤保险保障了受伤害劳动者或其遗属的合法权益,是社会对劳动者社会贡献的肯定,有利于增强劳动者的工作积极性。

对于国家和雇主来说,实施工伤保险的意义是:①工伤保险保障了工伤劳动者或其遗属的基本生活需要,防止少数人陷入贫困,也促进了工伤事故的妥善处理,减少了劳动争议,对企业的正常生产起到了保证作用,最终将调节社会关系,维持社会稳定。②工伤保险保护了企业和雇主,尤其是资金不足的小微企业。因为工伤保险具有互助互济的特点,它统一筹措资金,分担风险,所以对于企业和雇主,尤其是资金紧张的中小企业,当遇上一个重大的工伤事故,需支付大笔补偿费时,由社会保险机构在社会范围内调剂基金进行支付,将弥补企业资金的不足,从而减轻了企业因工伤事故带来的沉重负担。③工伤保险有利于促进企业安全生产。工伤保险通过差别费率的方法,对工伤事故频率较高的企业实行较高的费率,对工伤事故频率较低的企业实行较低的费率,从而有利于提高企业安全生产的意识,有利于减少工伤事故的发生率。

三、工伤保险的原则

由于工伤保险是世界上较早出现的一种社会保险,因此有关工伤保险的立法也是最为完善、最为普遍的。在各国立法中,有关工伤保险的实施大都遵循下列原则。

（一）无责任补偿原则

无责任补偿原则,也可以称为无过失补偿原则,是指劳动者在发生工伤事故时,无论事故责任是否属于劳动者本人,受害者均应无条件地得到一定的经济补偿。也就是说,劳动者因工负伤、致残或死亡,即使受害者负有责任,也要给予受害者工伤保险待遇(因故意破坏而受伤、自杀、自残除外)。无责任补偿原则是国际上普遍实行的原则,它切实保障了劳动者利益。工伤保险之所以要实行无责任补偿原则,主要有以下原因:①工伤事故是意外发生的。每个劳动者都会在生产、工作中力求确保自身安全,没有人愿意自己在工作中受伤,发生工伤事故都是意外的,所以工伤事故又称"意外伤害事故"。②工伤保险是所有社会保险项目中享受条件最宽、待遇水平最高的。正是由于工伤保险待遇水平较高,所以企业为此缴纳的费用也比较多,这会促使企业更加注意预防工伤事故的发生,保护劳动者的健康、安全。无责任补偿原则虽然将工伤事故与原因和给予保险待遇区别开来,但这并不等于不追究事故责任,相反,还要认真调查事故的责任和原因,以便改进防护措施,保障劳动者的人身安全。

（二）风险分担、互助互济原则

风险分担、互助互济原则是指国家通过立法,强制征收保险费,建立工伤保险基金,运用"大数法则"进行测算确定各个企业的缴纳义务,并形成一笔基金,通过互助互济的方式进行风险分担。国家责成社会保险机构对工伤保险基金进行再分配,在地区之间、行业之间、企业之间和人员之间进行调剂使用。该原则缓解了部分企业、行业因工伤事故而造成的负担,既可以及时、公正地保障工伤者的保险待遇,又可以减少社会矛盾,有利于生产的正常进行。

（三）个人不缴费原则

工伤保险费是由企业或雇主按照国家规定的费率缴纳的,劳动者个人不缴纳任何费用,这是工伤保险与养老保险、失业保险、医疗保险等其他社会保险项目的不同之处。个人不缴纳工伤保险费的原因是:世界各国已达成共识,认为劳动者在为企业创造财富、为社会做出贡献的同时,还冒着付出健康、鲜血,甚至生命的风险。因此,由企业或雇主缴纳保险费是完全必要和合理的。

（四）区分因工和非因工原则

职业伤害与工作或职业有直接关系,工伤保险待遇具有补偿的性质,它的医疗康复待遇、伤残待遇和死亡抚恤待遇等水平要比其他社会保险项目高,而享受的条件却是最宽的,只要属于工伤保险的范围,不受年龄、性别、缴费期限的限制。而因病或非因工伤亡基本上与劳动者的工作或职业没有直接的关系,其保险待遇属于补助、救济性质。许多国家有关因病或非因工的伤亡保险待遇水平要比工伤保险待遇水平低得多,而且享受条件也要受到年龄、性别、缴费期限的限制。所以在发生事故时,必须确定因工还是非因工。

(五)补偿与预防、康复相结合的原则

工伤补偿是工伤保险首要的任务,但并不是工伤保险唯一的任务。由于工伤保险的根本任务是保障劳动者的生活,保护劳动者的安全,促进社会安定,促进社会生产发展,因此工伤保险应当将工伤补偿与预防、康复结合起来。即一旦发生了工伤事故,除了进行工伤补偿外,还需要做好预防和康复工作。所以预防、康复和工伤补偿都是工伤保险的任务。目前,世界各国都把加强安全生产、减少工伤事故发生、事故发生后及时治疗、使劳动者早日康复并帮助他们重新走上工作岗位等预防和康复工作看作更积极、更主动的工作。

(六)一次性补偿与长期补偿相结合的原则

工伤事故发生以后,对因工部分或完全丧失劳动能力,或是因工死亡的劳动者或其遗属,在其得到补偿时,工伤保险机构应支付一次性补偿金,作为被保险人因遭遇工伤事故导致工资收入中断而引起的特殊生活困难的经济补偿。但是一次性补偿金无法对受害者或其遗属的今后生活给予足够保障,所以除了支付一次性补偿金以外,还应向受害者或其供养的遗属支付长期补偿,直到他们失去供养条件为止。

(七)直接经济损失和间接经济损失相区别的原则

工伤保险的经济补偿只是补偿劳动者的直接经济损失,间接损失不是工伤保险的经济补偿范畴。因此有必要将二者严格区分开来。直接经济损失是指劳动者发生工伤事故后,个人所受的经济损失,是与劳动者的直接经济收入紧密相连的损失,也就是指劳动者的工资收入的损失。间接经济损失则是指劳动者除了直接经济收入以外的其他经济收入的损失,包括业余劳动收入、兼职收入等损失。[1]

四、工伤保险的待遇给付

劳动者在发生工伤保险事故或职业病后,首先,应获得充分的医药治疗,其中包括临时急救、内外科治疗及必要的药品和设备,使受伤者能够早日恢复工作能力;其次,劳动者还可以获得收入损失的补偿;最后,如果劳动者因工伤致死,其家属还可以获得丧葬费用与遗属给付。因此,工伤保险的待遇给付包括医疗给付和现金给付两大类。

(一)工伤保险的医疗给付

工伤保险的医疗给付是一种服务性给付,是指劳动者因工受伤或受到职业病伤害后,

---

① 任正臣.社会保险[M].北京:社会科学文献出版社,2001:234.

由医疗机构提供医疗门诊或住院服务。综观世界各国所实行的工伤保险制度,其医疗给付的方式共有三种:①直接给付,即由保险人自设医疗机构,直接为被保险人提供医疗服务;②间接给付,即由社会保险机构(或保险人)事先约定医疗机构为工伤受害者或职业病受害者提供医疗服务后,直接向社会保险机构(或保险人)申请支付医疗费用;③医疗费用偿还,即由被保险人先行支付医疗费用,事后凭证据向保险人申请偿还(报销)。

(二)工伤保险的现金给付

工伤保险的现金给付主要用于保障劳动者及其家属因劳动者工伤或职业病所造成的收入减少或中断的损失。现金给付主要包括暂时伤残给付、永久性残废年金和死亡给付三项。

暂时伤残给付是指劳动者因受伤而损失的工资收入,由社会保险经办机构(或保险人)给予相当的补偿,以维持其基本生活。首先,世界各国在确定给付标准时,一般有两个问题是必须考虑的:一是要考虑劳动者原有的生活水平;二是要考虑各关系方的负担能力。从各国情况来看,工伤保险的现金给付一般为本人平均工资的60%~75%。1964年国际劳工大会规定该比例为60%。其次,还要考虑给付等待期问题。原来各国一般都有等待期的规定,即劳动者在受伤后,必须经过一段时间才能获得现金给付,一般为3~7天。1952年国际劳工大会规定等待期不能超过3天。1964年修改了公约,要求各国从劳动者丧失劳动能力的第一天起就必须支付暂时伤残金,不需要任何等待期。目前多数国家接受了这一规定。最后,关于给付期问题。绝大多数国家规定为26周,最长也有超过52周的。同时,许多国家规定,医疗期满后如需继续治疗的可以延期。

永久性残废又可分为永久性局部残废和永久性全部残废两种。前者是指永久性丧失部分劳动能力,后者则指永久性丧失全部劳动能力。永久性局部残废的给付,一般以残废程度的轻重为依据。给付一般是长期的或一次性的。永久性全部残废的给付一般采用年金制,其金额一般为本人过去收入的66%~75%。国际公约规定给付金额为原工资的60%。

死亡给付包括死亡者丧葬费和遗属给付。丧葬费通常是一次性给付。遗属给付,从理论上讲,应该能够维持其子女到成年,其配偶死亡或改嫁为止。给付一般按照被保险人平均工资数额的百分比计算,或者按年金数额的百分比计算。给付不得低于工资最高限额的33%~50%,最高不得超过被保险人的工资数额。国际劳工大会现在的规定是,遗属给付的标准为死者工资的30%~50%,子女给付的标准为15%~20%,总的限额不超过工资的75%。[①]

第六节　照护保险

我国进入了人口老龄化快速发展期,并且人口快速老龄化与高龄化、空巢化相交织,与经济转型、社会转型和文化转型相伴随,给应对人口老龄化增加了新难度。截至2010年年末,全国城乡部分失能和完全失能老人约有3 300万,到2015年的"十二五"末,

①　任正臣.社会保险[M].北京:社会科学文献出版社,2001:249.

我国部分失能和完全失能老人达4 000万人,占老年人的19.5%,他们不同程度地需要专业化护理。解决这一问题的根本出路是建立完整的长期照护服务体系。

一、照护保险概述

当前,国内对于LTCI的翻译和解释虽然有很多且不尽相同,包括"长期护理保险""长期照料保险""长期照护保险"等,但是对其内涵界定基本一致,即长期照护保险(long term care insurance,LTCI)是以社会互助共济方式筹集资金,为长期失能人员的基本生活照料和与基本生活密切相关的医疗护理,提供资金或服务保障的保险制度。照护保险的保障对象以失能老人为主,兼顾其他失能人员,旨在通过社会大数法则分散风险,从而减轻失能人员及其家庭的经济负担。

老年人由于身体机能逐渐退化,衣食住行受到不同程度的影响,因而医疗和护理成为老年人不可或缺的服务,医疗保险和长期照护保险便应运而生。目前,大多数国家都建立了医疗保险制度,许多发达国家已经初步建立了长期照护保险为核心、服务机构为主体、服务标准和规范为准绳,辅之以家庭成员、社会工作者和志愿者共同参与的长期照护服务体系。随着老龄化、高龄化和失能化时代的到来,长期照护保险制度逐渐成为老年人保障体系的重要组成部分,并发挥着不可或缺的作用[①]。照护保险已被普遍视为独立于养老保险、医疗保险之外的一项新的社会保险制度,成为整个社会保障的最后一道防线。

全球老年人长期照护的发展可以追溯到12世纪,12~15世纪,英国为老年人建立了700个庇护所。1546年,英国各地市民组成委员会管理照护机构。美国效仿英国建立了一些类似的机构,18~19世纪时,养老院已经十分普遍[②]。1990年美国长期照料保险制度进入了快速发展的新阶段。德国的全民长期照料社会法于1995年正式生效,规定"护理保险跟随医疗保险"的原则[③]。英国于1991年发布《社区照护白皮书》,强调以"促进选择与独立"为总目标,现已建成分工明确、条理清晰的老年照护体系[④]。日本于1963年颁布了《社会福利法》,规定对长期照护服务需要者提供必要的护理机构。2000年日本开始实行长期照护保险制度,对世界范围内建立长期照护保险制度提供了有益借鉴。我国的长期照护服务起步较晚,但随着我国老龄化程度的加深,为失能老人构建完整的照护服务体系已经受到国家的高度重视。

二、照护保险模式

目前在发达国家中,长期照护保险主要有四种模式:社会型照护保险模式、商业型照护保险模式、国家型照护保险模式、储蓄型照护保险模式[⑤]。

---

① 翟绍果,马丽,万琳静.长期护理保险核心问题之辨析:日本介护保险的启示[J].西北大学学报(哲学社会科学版),2016,46(5):116-123.

② 林艳.发达国家和地区老年人LTC发展历程及中国之借鉴[C].全国老年照护服务高峰论坛论文集,2010.

③ 家康.德国的长期照料服务体系[J].中国社会导刊,2008,(11):28-30.

④ 侯淑肖,尚少梅,王志稳,等.老年人长期照护发展现状和思考[J].中国护理管理,2010,10(2):11-13.

⑤ 王玉沭,刘培松,谷月,等.老年人长期护理保险的研究[J].医学与哲学,2016,37(17):64-66.

（一）社会型照护保险模式

社会型照护保险模式是采用强制性保险方式，雇主和雇员按一定比例共同缴纳保险金，政府给予一定的补贴，其更加注重公平性和社会互助性，代表国家是德国和日本。

德国是现代社会保险的发源地。1995年1月1日德国实施了《护理保险法》，开始实行强制性的长期护理保险，长期护理保险也因此成为德国第五大支柱险种，这对后来日本等国的介护保险制度产生了重要影响。德国的护理保险制度遵从"护理保险跟随医疗保险"的原则，医疗保险的投保者都需要参加护理保险，资金由国家、雇主和雇员三方共同筹集[1]。德国护理保险制度的特点是：①保险税按照投保人的收入计算，税率由雇主和投保人各承担一半；②护理的对象是除了国家官员、职业军人以外的所有公民。德国长期护理保险责任范围包括家庭护理和护理院护理两大类，按照需要程度可分为：一般护理（每周至少90分钟）、一天至少不同时间提供3次服务、昼夜24小时需要提供服务。德国长期护理保险金的给付也分为两类，家庭护理按标准予以实物待遇给付，住院护理金以现金形式给付[2]。

日本老年介护保险制度由政府强制实施。1997年12月，日本制定了《护理保险法》，并于2000年4月1日起全面实施（如表5-1所示）。日本长期护理保险的对象为40岁以上的全体公民，护理保险的资金来源于两个方面：一半是政府的财政支出，其中国家占到25%，县、村各占12.5%；另一半是来自适龄公民强制收取的保险费。日本长期介护保险的给付方式为护理服务给付，主要分为处于护理状态而"要护理"的介护给付和有可能发生护理状态而"要支援"的预防给付[3]。

延伸阅读：日本长期照护保险制度改革历程及成效

表5-1　日本老年介护保险制度

加入对象	65岁以上；40～64岁且已加入医疗保险制度的公民					
个人负担	10%的护理费用					
筹资来源	公费50%（国家：25%；县、村各12.5%）　保险费50%；65岁以上17%；40～64岁33%					
护理对象	65岁以上需经常护理或日常生活帮助的人；60～64岁患病需要护理的人					
护理程序	提出申请，访问调查，主治医生意见，审查判定，认定是否需要护理以及护理的等级，制订护理服务计划，提供护理					
护理内容	访问护理、日渐护理、福利用具出借等					
护理给付	直接提供护理服务					
护理等级	要支援	要护理1	要护理2	要护理3	要护理4	要护理5
月护理费用	6万日元	17万日元	20万日元	26万日元	31万日元	35万日元

（资料来源：杨红燕.发达国家老年护理保险制度及启示[J].国外医学：卫生经济分册，2004，21(1)；王延中.中国老年保障体系研究[M].北京：经济管理出版社，2014：83.）

---

① 杨成洲，余璇，YANG Cheng-zhou，等.德国长期照护保险制度：缘起、规划、成效与反思[J].中国卫生政策研究，2015，8(7)：36-42.

② 黎建飞，侯海军.构建我国老年护理保险制度研究[J].保险研究，2009(11)：65-71.

③ 张小娟，朱坤.日本长期照护政策及对我国的启示[J].中国卫生政策研究，2014，7(4)：55-61.

（二）商业型照护保险模式

商业型照护保险模式是指采用参保人自愿参保的方式,参保人依据自身经济情况选择合适的投保项目自愿参保,保费与投保的服务直接相关。这种模式的代表国家是美国。

美国长期照护保险制度是以商业保险公司为承保主体,被保险人在家或者养老机构因接受各种个人护理服务而发生相关的护理费用,由保险公司来承担。美国长期照护保险是保险公司向被保险人提供照护产品的商业行为,保险人与被保险人之间是自愿的保险合同关系。保险公司是主体,被保险人根据合同向保险公司支付保险费,而保险公司则向被保险人对可能发生的风险承担赔偿责任[1],具有明显的商业性质。美国的照护服务主要包括护理院、辅助护理设施和家庭健康护理三种。美国保险监督官协会制定了《长期护理保险示范法规》,规范了保险公司在制定长期护理保险条款时要遵守的最低标准和投保人应享有的权利,使护理保险在美国得到了快速发展[2]。表 5-2 简单总结了美国的老年护理保险。

表 5-2　美国的老年护理保险

承保方式	选择性承保,考虑年龄、医疗状况和病史
给付范围	持续 12 个月以上的医疗护理、日常护理等各种护理服务
承保期限	可选择:40~79 岁,50~84 岁,55~79 岁
保费缴纳	按年龄采用年均费率,并考虑被保险人选择的给付期、等待期
给付方式	现金给付,提供不同的最高给付额、给付期、等待期（免赔期）供选择,"管理式看护",直接提供护理服务

（资料来源:杨红燕.发达国家老年护理保险制度及启示[J].国外医学:卫生经济分册,2004,21(1);王延中.中国老年保障体系研究[M].北京:经济管理出版社,2014:81.）

（三）国家型照护保险模式

国家型照护保险模式是指政府直接举办保险事业,通过税收形式筹措资金,为本国居民直接提供免费或低收费的服务,代表国家是英国。英国的国家医疗服务体系（NHS）中包含了对老年人长期护理的保障。

2000 年英国政府提出,以国家医疗服务体系基金作为资金来源,在疗养院向国民免费提供长期护理服务,其给付方式主要为服务给付和现金给付。服务给付主要有家庭护理服务及疗养院护理服务;现金给付方式为政府按月向护理服务需求者提供财政津贴支持[3]。

（四）储蓄型照护保险模式

储蓄型照护保险模式是由国家强制实施,以家庭为单位储蓄基金,把个人消费的一部

---

① 潘文.上海市长期护理保险(LTCI)发展模式研究[D].上海:上海工程技术大学,2012.

② 王延中.中国老年保障体系研究[M].北京:经济管理出版社,2014:81.

③ 范娟娟,孙东雅.公共财政视角下长期护理保障的国际比较及对我国的启示[J].中国卫生经济,2012,31(3):94-96.

分以个人公积金的方式储蓄转化为保健基金,代表国家是新加坡。

新加坡的医疗系统中包含向有需要的公民提供的中长期护理服务(intermediate and long-term care service)。服务对象是出院后需要进一步治疗和护理的病人及日常生活需要监护的体弱的老年人,服务方式分为以社区为基础的中长期护理及提供住宿的中长期护理。另外,新加坡的乐龄保健计划(elder shield)是一项严重残疾保险计划,为需要长期护理的人群尤其是老年人群提供基本经济保障①。

三、社会长期照护保险的目标与功能②

第一,减轻家庭护理负担,实现护理风险社会共济。实行社会长期照护保险,意味着体弱老人的护理责任开始从过去单纯家庭护理、子女照顾转向社会服务、社会养老。因而,长期照护保险制度的建立要求,在责任分担机制方面,政府承担制度建构、政策措施制定和监管的责任,可以实现从过去的家庭护理、家庭养老走向家庭与社会共同提供护理服务和养老服务。这种责任分担机制,有利于缓解"四二一""四二二"家庭的养老负担,减轻年轻人抚养老人的压力。

第二,确立长期护理费用分摊机制,实现受益者和缴费者关系透明化,保障财务可持续。社会保险的基本特征在于通过缴费主体多元化,实现责任分担、费用分担,通过雇主、雇员双方缴费,政府、用人单位和个人三方责任方式分摊费用。社会照护保险则通过社会筹资、统筹支配照护保险基金来化解失能、失智老人及其家庭的经济负担。同时,社会长期照护保险实行缴费制,通过事前缴费、履行义务,在失能失智发生后享受相应的福利待遇,因此权利义务关系比较明确,这是社会保险与社会救助、社会福利制度的不同之处。因此,社会长期照护保险制度运行应注重受益人所获福利和所缴保费的对应关系,使之更加透明、可持续。

第三,通过医养结合实现医疗护理和社会服务的有机整合。由于老年人患慢性病的概率增加,针对老年人的长期护理服务不仅要有生活照料,也需要医疗护理。因此,无论是居家养老、社区养老还是机构养老,所发生的生活照料和医疗护理费用均应纳入长期照护保险的保障范围之内,通过长期照护保险予以分担。同时,考虑到我国90%以上的老人选择居家养老,应发挥长期照护保险调节养老服务资源和服务格局的杠杆作用。社会长期照护保险待遇给付的政策设计应向居家养老适当倾斜。注重规范长期照护保险的保障范围,对不同养老模式下的服务方式、服务内容进行规范。同时,寻找一体化的方法,使本来相对独立运作的,分散在不同层次的健康、医疗和福利待遇,能够在考虑消费者选择的情况下,整合成在当地提供全面服务的一体化方案。

第四,扭转老年人因长期护理设施和服务匮乏引起的"社会性住院"现状。许多国家建立长期照护保险的初衷,是希望通过区分长期护理和医疗保障服务,减少"社会性住院",减少老年人因慢性病而过多占用医院床位、过多占用医疗服务资源的行为,降低医保基金的不合理支出。因此,我们在衡量和评价社会长期照护保险的合理性和运行效果的

---

① LIBRARY W P. Ministry of Health (Singapore),2015.
② 孙洁. 论社会长期护理保险的目标与功能[J]. 中国医疗保险,2017,(03): 9-10.

时候,应审视制度的运行在缓解医疗服务资源占用方面的效果。

第五,严格制定失能评估、护理分级标准和流程,依据护理依赖性实行分类保障、精准护理。国际上,无论是实行税收筹资制还是实行社会长期照护保险制度的国家,都设置有护理依赖状态。通过"参保—缴费—待遇支付"的社会保险形式,或实行结合家计调查型的社会救助形式,来确定获得享受公共长期护理支持的受益资格。各国对护理的享受资格都是根据身体及(或)认知上的缺陷进行的护理需求评估决定的。护理需求评估帮助政府瞄准护理需求,同时可根据国家情况附加更为严格或者稍微宽松的各种规定,通过调整护理分级来影响制度保障群体的规模。

四、照护保险制度的内容

(一)照护保险制度的财务模式

照护保险制度的财务模式从形式上看,是采用代际转移方式还是采用个人事先储蓄支付方式来承担失能老人长期护理风险损失的问题,但是不同的长期照护保险财务模式将直接影响"制度覆盖谁""谁享有照护保险制度提供的待遇""谁承担失能老人长期护理的财物损失"等深层次问题,因而长期照护保险制度的财务模式实质是利益或损失在不同社会群体之间的再分配问题。

目前,长期照护保险制度的财务模式主要有现收现付制和事先积累制两种形式。现收现付制源自代际互助,即由有收入的在职劳动人口承担已经失能老人的长期护理财务费用,而现在在职劳动人口未来年老失能时也由下一代在职劳动人口承担失能长期护理财务费用,不事先预存未来所需的照护费用。积累制是通过事先提存准备应对未来老年时发生的长期照护成本费用的财务风险,是一种自我责任与事先储蓄,获得长期照护保险给付资格的条件是事先缴费。积累制主要有两种方式:一种是个人储蓄(individual saving accounts);另一种是团体储蓄(group saving accounts)。

长期照护保险制度的财务模式选择现收现付制或是事先积累制,取决于制度的基本目标和基本原则。为了实现长期照护风险损失由社会共同承担,以保障失能老年人的基本护理需要,将现收现付制作为中国失能老人长期照护保险制度的财务模式是一个理性选择[①]。这一方面可以为失能老人的长期护理提供财务支持,彰显制度的效果;另一方面选择现收现付制也可以使筹集的资金使用效率最大化。因为失能有一定的概率,并不是所有的老年人都会失能,采用积累制会导致一部分不失能老人的账户资金不能得到合理的使用,而失能老人的账户资金可能不足,除非采用较高的缴费率。此外,选择现收现付制时缴费率最低,因为是用所有投保人的缴费为少数失能老人提供长期护理财务支持,而不是自己积累资金为自己将来的失能风险承担经济责任。但是,为了防范未来中国失能老人长期照护保险制度财务支付的风险,建议在财务负担较轻时通过多种手段建立风险

---

① 曹信邦.中国失能老人长期护理保险制度研究:基于财务均衡的视角[M].北京:社会科学文献出版社,2016:101-102.

储备基金,使未来政府和社会的财务负担可以有所缓解①。

(二)照护保险的筹资渠道

长期照护保险制度是一种应对人口老龄化问题的社会机制,其筹资来源与标准体现了制度责任分担。若单纯依靠政府税收和社会救助资金筹集,则会产生服务被滥用的威胁;若单纯依靠个人支付,生活有困难的老年人则没有享受长期照护保险的条件②。为避免国家、社会和个人单方支付的沉重负担,借鉴国外和国内试点地区的成熟经验,以及有关专家的提议,我国社会长期照护保险筹资可能的渠道包括以下五个③。

1.政府补贴

在我国,政府承担着提供基本公共服务的重要职能,在探索和建立社会长期照护保险中的作用十分重要。随着我国经济的高速发展,政府亦具备了补贴社会长期照护保险的客观经济基础。财政收入水平不断提高,2015 年全国一般公共预算收入达到 152 217 亿元,比上年同口径增加 8 324 亿元,增长达 5.8%,社会保障和就业支出达到 19 001 亿元,增长达 16.9%。因此,如果我国采取多方参与、责任共担的长期照护社会保险模式,在目前社会保险中企业和个人缴费压力已经比较大的情况下,我国政府必定会对社会长期照护保险投入大量资金,对社会中存在的贫困及特困人群由政府给予一定的补助,即政府应在企业(雇主)、劳动者所提供的保费不足和贫困家庭无力承担保费等特定情况下为其补足欠费部分和提供相应保费。

2.医疗保险基金

目前,我国正在推进的医养结合,一方面支持养老机构开展医疗服务,另一方面也推动医疗卫生服务延伸至社区、家庭。但是在一些老年人的慢性病领域,医治和护理有时难以界定,因此一些慢性病的医治和护理部分的费用是由医疗保险承担的。截至 2014 年,我国职工基本医疗保险基金收支总规模达 14 735 亿元,比 2013 年增加了 1 843 亿元,增长了 14.3%,职工基本医疗保险统筹基金累计结存 5 537 亿元,城镇(城乡)居民基本医疗保险基金收入达到 1 649 亿元,比 2013 年增加了 462 亿元,增长了 39.0%,城镇(城乡)居民基本医疗保险当期结存达 212 亿元。从目前医疗保险的现状和照护保险本身所具有的特点来看,从医疗保险基金中划拨一部分资金用于社会长期照护保险的发展,既是客观形势的要求,又是助推照护保险发展的有力措施。

---

① 曹信邦.中国失能老人长期护理保险制度研究:基于财务均衡的视角[M].北京:社会科学文献出版社,2016:175.

② 翟绍果,马丽,万琳静.长期护理保险核心问题之辨析:日本介护保险的启示[J].西北大学学报(哲学社会科学版),2016,46(5):116-123.

③ 雷晓康,冯雅茹.社会长期护理保险筹资渠道:经验借鉴、面临困境及未来选择[J].西北大学学报(哲学社会科学版),2016,46(5):108-115.

3．住房公积金

公积金的缴存人尤其是没有贷款买房的缴存人可用积累的资金，在40岁或50岁、60岁时，以一次性趸交或逐年交费的办法，参加社会长期照护保险。从住房公积金的缴存情况来看，每个省市都有结余。2014年住房公积金缴存额达到12 956.87亿元，同比增长12.41%，年末缴存总额为74 852.68亿元，扣除提取后的缴存余额为37 046.83亿元，同比分别增长20.88%和16.97%。《关于住房公积金使用管理若干具体问题的指导意见》中提到的对患有重大疾病的提取方法也为长期照护保险从住房公积金中提取提供了一定的依据。

4．社会支持

可为长期照护保险提供有效社会支持的来源有慈善捐助、福彩基金、企业缴费等。

国家慈善捐助资金每年划出一定比例进入老年长期照护保险，为社会长期照护保险的发展提供资金支持。我国慈善捐助的领域主要集中在医疗、教育和扶贫三个方面，长期护理的需求日益增长而且逐渐呈现常态化，是迫切需要进入慈善捐助的领域。同时，近几年我国的慈善捐助资金每年逐步增长的态势也为社会长期照护保险的筹资提供了一个好的契机：2012年，我国社会捐赠总量共计约817亿元；2013年全国接收国内外社会各界的款物捐赠总额约为989.42亿元，比2012年增加172.09亿元，同比增长21.06%；2014年我国境内接收国内外社会捐款捐物总额共计1 042.26亿元。

福彩基金应每年划出一定的比例加入社会长期照护保险，并向农村倾斜。国家规定自2002年开始，使用一定数量的彩票公益金用于补充全国社保基金，主要用于教育补助、学生校外活动场所的建设、残疾人补助、低收入群体的医疗救助等社会福利和公益慈善事业。2006年发布的《财政部关于调整彩票公益金分配政策的通知》则明确规定，中央集中的50%彩票公益金，60%分配给社会保障基金。每年福彩基金的收入以及补充给社保基金的总额几乎在逐年增加：2012年，中央彩票公益金分配给全国社会保障基金理事会241.256 9亿元，用于补充全国社会保障基金，占2012年彩票公益金支出的62%，比2011年分配给全国社会保障基金理事会的171.628 5亿元同比增加了69.63亿元，增长了40.6%；2013年中央财政安排彩票公益金支出450亿元，其中，有276亿元用于补充全国社会保障基金；2014年全国发行销售彩票3 823亿元，划拨出来的彩票公益金总额为1 051亿元，中央财政划拨彩票公益金269.8亿元用于补充社保基金；据《2016年中央本级政府性基金支出预算表》数据，2015年中央本级彩票公益金共支出361.97亿元，其中327.34亿元用于补充全国社会保障基金，占总支出的90%。因此，社会长期照护保险可以从补充全国社会保障基金中提取一定的比例来支持其建立和发展。

雇主为雇员缴纳一定比例的护理费用可以作为社会长期照护保险筹资的重要来源之一。要借鉴国外的成功经验，一方面在精算的前提下确定企业的提取比例；另一方面，政府对于积极抽取一定比例的企业给予优惠的政策。目前，在我国供给侧改革的大背景下，企业的社会保障缴费比率要降低。2016年5月1日起，企业的养老保险的缴费比例按照是否超过20%为界限进行调整，超过的省市降至20%，没有超过的阶段性降至19%；失业保险总费率在 2015 年已降低 1 个百分点的基础上可以阶段性降至 1‰～1.5‰；工伤保险平均缴费率降低 0.25 个百分点。因此，可以在降低企业社会保障总体缴费的原则上，从减少的比例中提取一小部分来缴纳社会长期照护保险。

5. 个人缴费

个人缴费分为目前有护理需求的缴费者缴费和未来有护理需求的缴费者缴费。对于前者，可以进行即时缴费，然后就可以得到相应价值的护理服务，这种情况下，保费会相应地增加；对于后者，只要年满 18 周岁就要缴纳一定的保费，连续缴纳 15 年，失能后有护理需求就可以得到相关护理机构的护理服务。另外，对于未来有护理需求的缴费者来说，每年缴纳多少保费以及缴纳年份是不固定的，可以选择多缴纳保费而缴费年份相应较少或者是选择少缴纳保费而缴费年份相应较多，但总体原则是必须连续缴费。

（三）照护保险制度的待遇给付[①]

长期照护保险制度的待遇给付包含给付资格认定、给付方式与内容、给付上限与支付标准等制度设计。

1. 给付资格认定

（1）年龄条件。从理论上讲，疾病或年老所造成的生理、心理和认知功能障碍而导致生活无法自理者都是长期照护保险制度给付的对象，并且任何年龄都是长期护理服务的潜在需求者。各国对给付对象的年龄限制不尽相同。日本介护保险制度是以高龄者的自立援助为目的，以共同连带为理念，由全体国民的相互援助为高龄者承担介护财务责任，因此长期介护服务的给付对象以 65 周岁以上的高龄老人为主，40～64 岁则限定 16 种特定疾病的需护理或需帮助者才能享受服务。韩国长期照护保险给付对象仅为老人，非老年人只有在患有老年疾病时才能被纳入给付对象。德国长期照护保险是一项国民保险，其制度以护理需求而非年龄作为给付判定标准，给付的对象是全体民众。荷兰的给付对象也是全体民众，但其主要的三大目标人群为老人、失能者与精神疾病者。

（2）参保条件。参保条件与制度模式相适应，不同制度模式的参保条件不一样。为了体现长期照护保险制度的权利和义务相结合原则，长期照护保险制度待遇享受的资格条件就必须有参保人，必须有参保记录，即个人有工资性收入时，必须按照工资收入的一定比例交纳长期照护保险费。考虑到制度建立实施初期，有些参保人已接近给付年龄，因而不同年龄的参保缴费年限设计可以略有差别，并明确最低缴费年限。

（3）身体条件。老人失能是长期照护保险制度给付资格条件之一。目前对失能的界定有不同的标准，如以基础性日常生活活动功能障碍作为给付条件，以工具性日常生活活动功能障碍作为给付条件，以认知障碍作为给付条件等。

① 曹信邦. 中国失能老人长期护理保险制度研究：基于财务均衡的视角[M]. 北京：社会科学文献出版社，2016：178-184.

2. 待遇给付方式

由于长期照护保险制度的理念、目的和运作环境不同，长期照护保险制度的待遇给付方式也不同。纵观各国长期照护保险制度，主要有实物方式和现金方式两种。现金给付方式是被保险人根据需要接受相应的护理服务，由保险机构对此进行护理费用补偿。实物给付即由护理服务提供者直接提供护理服务，费用由长期照护保险机构支付。

实物给付与现金给付的差别在于护理服务提供者与长期照护保险机构之间的关系。长期照护保险机构提供实物给付的必要条件是保险人与护理服务提供者或专业机构提供者订立合同，护理需求者向保险人申请护理服务后，获得保险人发放的经失能登记评估机构鉴定评估的护理需求凭证，凭此要求专业机构提供者提供相应的服务，所需费用由保险机构直接支付给护理服务机构。

现金给付中保险人与护理服务提供者没有直接关系。失能等级鉴定评估机构将护理需求者的鉴定报告提交给保险人，保险人据此向护理需求者提供相应给付等级的现金补偿，护理服务需求者可以用现金购买护理服务提供者的护理服务，由家庭成员提供护理服务的护理需求者可以将这一部分现金补偿视同对家人的一种财务补偿。

3. 待遇支付标准确定

第一，失能等级的鉴定。尽管长期护理服务费用有地域差异，但对于需要长期护理服务的状态、失能等级与认定程序等应该制定全国统一的标准。失能老人长期照护保险制度的待遇支付标准是根据失能老人的失能等级确定的，不同失能等级的待遇支付标准不同，因而应严格鉴定评估失能等级。可以根据表 5-3 给出的轻度、中度和重度失能三个等级制定具体评估指标，符合失能认定标准的被保险人可以向长期照护保险机构提出护理需求给付申请。至于申请者是否符合长期照护保险制度给付条件以及失能等级的认定标准，应由长期照护保险机构委托第三方——专业失能鉴定评估机构依据统一的失能认定标准进行认定，并由长期照护保险机构审查确认。

表 5-3　ADLs 日常生活活动能力量表失能等级划分

失能等级	等级划分依据
健康	日常生活无障碍
轻度失能	1～2 项 ADLs 失能，需要他人协助
中度失能	3～4 项 ADLs 失能，需要他人协助
重度失能	5 项及以上 ADLs 失能，需要他人协助
死亡	死亡

（资料来源：曹信邦.中国失能老人长期护理保险制度研究：基于财务均衡的视角[M].北京：社会科学文献出版社，2016：114.）

第二，待遇支付的上限和部分负担。给付上限是指护理服务等级设定上限、给付金额设定上限。部分负担是指被保险人与保险机构共同承担一定比例费用，一般在被保险人使用护理服务时由个人或家庭承担一定比例费用。给付上线和部分负担主要是基于个人或家庭责任，同时也希望通过给付上限和部分负担制度在财务上起到管控费用的作用。

第三,支付标准。合理的长期照护保险制度待遇支付标准的制定,既有利于护理服务提供者提供有品质的服务,又可以激励护理服务提供者持续提供优质服务。长期照护保险支付标准取决于因失能程度而衍生的护理服务程度、护理服务项目和护理服务时间以及城乡之间、地区之间劳动成本差异等因素。因为长期护理服务是劳动力密集型的产业,所以劳动力成本是长期护理服务支付标准的主要影响因素之一。

第四,定期复评。长期照护保险待遇给付使用者身体状况的变化会导致照护保险的给付标准发生变化。一种情况是保险给付使用者身体状况越来越差,护理服务成本越来越高,提供护理服务的家人或护理服务的提供机构往往会主动协调社会保险机构,申请失能等级的重新评估。另一种状况则是保险给付使用者身体状况越来越好,护理成本越来越低,这时需要照护保险机构建立定期复评制度以减少长期照护保险制度财务的不合理支出。

五、我国长期护理保险制度探索实践①

为贯彻落实《中共中央关于国民经济和社会发展第十三个五年规划的建议》和第十二届全国人民代表大会第四次会议通过的《中华人民共和国国民经济和社会发展第十三个五年规划纲要》中"探索建立长期护理保险制度"和"开展长期护理保险试点"的任务部署,2016年6月,人力资源与社会保障部印发了《关于开展长期护理保险制度试点的指导意见》(人社厅发〔2016〕80号),选取了15个首批长期照护保险的试点城市:河北省承德市、吉林省长春市、黑龙江省齐齐哈尔市、上海市、江苏省南通市和苏州市、浙江省宁波市、安徽省安庆市、江西省上饶市、山东省青岛市、湖北省荆门市、广东省广州市、重庆市、四川省成都市、新疆生产建设兵团石河子市,并将吉林和山东两省作为试点重点联系省份。

截至2017年3月底,从官方公布文件看,荆门市、安庆市等10个地区发布了试点政策文件,启动长期护理保险试点,其余5个试点地区仍在筹备过程中。同时需要指出的是,在国家长期护理保险制度试点范围之外,另有北京、浙江等部分省市自行开展了护理保险的探索实践。以下对我国各地长期护理保险制度的探索内容与实践成果给予介绍。

(一) 资金筹集

当前试点地区的筹资模式可分为单一筹资模式和多元筹资模式两种。单一筹资模式主要是从医保基金中按一定比例进行划拨,未开拓其他筹资渠道,典型地区是长春市和青岛市。多元筹资模式下资金主要来源于医保基金、财政、单位、个人、福彩和相关捐助中的至少三种,典型地区如南通市、上海市、荆门市。在筹资标准上,试点地区也主要有两种模式:按比例筹资和按定额筹资。其中,按比例筹资的地区主要是上海市、承德市、荆门市和成都市四地,如上海市由用人单位按照本单位职工医保缴费基数之和的1%的比例,在职职工个人按照其本人职工医保费的0.1%的比例,缴纳长期护理保险费(试点阶段个人部分暂予减免)。按定额筹资的地区主要是南通市、上饶市、安庆市和石河子市四地。依

---

① 杨磊.盘点长期护理险之试点"模式"[J].金融博览(财富),2017,(4);42-45.

据各地经济发展水平的不同,筹资水平也存在较大差异,基本维持在 100 元/人·年左右,其中上海市的筹资水平明显高于其他地区。

（二）参保范围

试点地区在参保范围上主要有三种类型:覆盖城镇职工参保人、覆盖城镇职工和城镇居民参保人以及所有人群全覆盖。其中,大部分地区尤其是在《关于开展长期护理保险制度试点的指导意见》指导下新开展的试点地区,如承德市、上饶市、安庆市、荆门市、成都市、石河子市均从覆盖城镇职工医保参保人起步。而先行开展探索的长春市、上海市、青岛市、南通市大都覆盖了城镇职工医保参保人和城镇居民医保参保人。另外,根据各地城乡医保制度整合的推进,南通市、上海市和青岛市覆盖了城乡居民医保参保人。上海市则以 60 岁作为城乡居民参保的年龄限制。

（三）保障对象

当前,在制度探索过程中,各试点城市均以重度失能人员作为长期护理保险制度的重点保障对象,根据保障重点可以区分出三种不同的模式。一是侧重失能程度,保障重度失能人员。例如,长春市、南通市、承德市、荆门市、安庆市、成都市、石河子市大都规定满足"因疾病、伤残等原因长年卧床达到或预期达到 6 个月以上,生活完全不能自理,病情基本稳定"条件后方可被视为保障对象。二是界定年龄标准,保障失能老年人。例如,上海市规定 60 岁以上、评估失能程度达到二至六级且在评估有效期内的老年人为保障对象。三是同时纳入失智人员,如青岛市和上饶市。青岛市《关于将重度失智老人纳入长期护理保险保障范围并实行"失智专区"管理的试点意见》中将 60 岁以上重度失智老人纳入保障范围,上饶市也将因失智造成生活不能自理的人员纳入保障对象。

（四）保障范围

《关于开展长期护理保险制度试点的指导意见》中提出,长期护理保险制度"重点解决重度失能人员基本生活照料和与基本生活密切相关的医疗护理等所需费用。试点地区可根据基金承受能力,确定重点保障人群和具体保障内容,并随经济发展逐步调整保障范围和保障水平"。长期护理保险的制度定位应该与医疗保险制度的保障范围进行区分,建立制度的独立架构。目前,各试点地区的保障范围主要有两种模式:一是保障基本生活照料和与基本生活密切相关的医疗护理;二是保障医疗护理,典型地区是青岛市。

（五）待遇支付

在支付范围上,各试点地区存在窄口径和宽口径两种模式。窄口径指主要支付床位费和护理劳务费,不支付护理材料费和护理设备使用费等其他费用,典型城市如承德市。宽口径指主要支付床位费、服务费、设备使用费、护理耗材费等,部分符合规定的药品费也纳入支付范围,如青岛市、上饶市。另外在支付范围上,上海市和石河子市等地通过设定服务项目内容清单来予以规范。同时,各地在政策中几乎都对相关保障制度的重复保障问题予以明确规定,如承德市规定"参保人员在医疗保险定点医院住院治疗期间(含入院日和出院日),不享受长期护理保险待遇。属于基本医疗、工伤、生育保险支付范围的以及应由第三人依法承担的护理、康复及照护费用,长期护理保险不予支付;已纳入残疾人保障、军人伤残抚恤、精神疾病防治等国家法律规定范围的护理项目和费用,长期护理保险基金不再给予支付"。

在支付方式上,存在按床日(月、年度)定额包干、按病种、按服务次数、按服务单元和发放现金补贴五种模式,其中各试点城市结合机构护理和居家护理不同的服务提供方式,大多采用复合式的支付方式。例如,南通市、安庆市在机构护理中试行按床日定额支付,而在居家护理中采用发放小额现金补贴的方式进行支付。长春市则在定点护理院和养老院采取按床日定额包干支付方式,在定点医院采取按病种付费的方式支付医疗照护。

在支付标准上,主要有三种模式。一是根据护理方式区分不同的支付比例,具体可分为高机构护理支付比例和高居家护理支付比例,如上海市居家支付 90%,养老机构支付 85%。二是根据人群类型区分待遇。例如,长春市和青岛市职工筹资水平高于居民筹资水平,因此职工的支付标准高于居民的支付标准。三是根据缴费年限的不同区分待遇,典型地区如成都市和石河子市。成都市规定累计缴费年限达到 15 年以后,每增加 2 年,支付标准就提高 1%。石河子市建立了护理保险参保年限与个人护理保险待遇水平相衔接的制度,缴费年限小于 5 年,支付 50%;大于等于 5 年,支付 70%;大于等于 10 年,支付 90%;大于等于 15 年,支付 100%。

(六)失能等级鉴定

进行失能等级评价是各试点中待遇享受的前提、门槛以及必要要素。当前,制度试点中亟须完善失能等级评价标准等政策工具。试点的各地大都参照国际康复医学领域常用的《日常生活活动能力评定量表》,但这一方法存在量表本土化和操作执行方面的问题。失能等级评价可采取依托劳动能力鉴定中心进行评估、成立含多部门的资格评估委员会进行评估、委托商保等第三方进行评估三种方式。评估完成后大多设定复评期限,以确定待遇继续保持抑或退出。

(七)服务管理

试点地区的长期照护保险在具体经办服务过程中,主要有两种模式:一是社保机构负责具体的经办服务;二是通过政府购买服务的方式,委托具有资质的商业保险公司具体承办,社保负责监督检查。长春市、上海市和石河子市采用了第一种模式,其余试点地区委托商业保险公司开展具体经办业务。其中,委托商业保险公司开展经办业务模式又可分为三种形式:第一种是将具体的业务委托给具有资质的商业保险公司,如南通市将受理评定、费用审核、结算支付、稽核调查、信息系统建设和维护,通过招投标的形式委托给具有资质的商业保险公司;第二种是从商业保险公司抽调人员与社保人员进行合署办公,如青岛市;第三种是按区域划分,将本区域内涉及长期护理的部分业务打包委托给某一具有资质的商业保险公司,典型地区如上饶市。在具体的服务管理模式上,试点地区大多采用定点机构资格准入和协议管理模式,设定严格的机构资格准入条件、准入流程、服务内容管理以及退出机制等管理办法,确保服务质量,加强服务监管。

　　总的来说,各试点城市陆续出台实施意见以及相关的配套文件,目前发文地区的政策框架已经明确。从各个城市的试点情况来看,我国长期照护保险制度运行也已经取得了一些成效。例如,减轻了失能家庭的经济和事务性负担,维护了失能人员的尊严,带动了相关产业的发展,促进了就业创业等。未来,从制度更加公平、更加可持续的角度而言,人群的全覆盖、筹资的多元化、支付方式的科学化、评估标准的具体化、管理服务的精细化应该是理想的制度状态。同时,应该引起相关部门注意的是,护理服务提供市场的缺乏会制约长期护理保险制度目标的达成,尤其是农村护理服务提供市场的匮乏,更加不利于制度的公平发展。当制度实现全覆盖后,农村居民的护理保障如何实现、如何带动护理服务市场的发展是需要重视的问题。

本章小结

　　本章主要介绍了社会保险的概念、地位、特点、功能、历史发展及分类,分别阐述了养老保险、医疗保险、失业保险、工伤保险、生育保险和照护保险几大险种的基本概念、特点、作用、保险待遇享受条件、保险待遇给付等内容。

自 测 题

一、判断题

1. 德国创建了社会保障史上第一部较为完整的社会保险法。　　　　　　　(　　　)
2. 社会保险与其他社会保障项目一样,应当由国家承担主要筹资责任。　　(　　　)
3. 养老保险以保障老年人基本生活为原则。　　　　　　　　　　　　　　(　　　)

二、单项选择题

1. 社会保险由雇主、雇员和国家共同出资,体现了(　　　)。
   A. 权利与义务对等原则　　　　　　　　　B. 强制性原则
   C. 风险共担原则　　　　　　　　　　　　D. 收支平衡原则
2. 我国 2011 年 7 月 1 日起实施的《社会保险法》中有关"工伤保险"的一个创新规定是(　　　)。
   A. 个人不缴费　　　　　　　　　　　　　B. 补偿、预防和康复相结合
   C. 先行支付　　　　　　　　　　　　　　D. 互助互济
3. 国际上一般将广义的医疗保险称为(　　　)。
   A. 预防保险　　　　B. 健康保险　　　　C. 康复保险　　　　D. 护理保险
4. 伴随参保者一生、受益时间最长的社会保险项目是(　　　)。
   A. 养老保险　　　　B. 医疗保险　　　　C. 失业保险　　　　D. 工伤保险
   E. 生育保险

三、多项选择题

1. 在我国,社会保险包含( )等项目。

 A. 养老保险 B. 医疗保险 C. 失业保险 D. 工伤保险

 E. 生育保险

2. 工伤保险待遇给付包括( )。

 A. 医疗给付 B. 死亡给付

 C. 现金给付 D. 暂时性伤残给付

 E. 永久性残废年金

3. 医疗保险的特征包括( )。

 A. 医疗保险对象的普遍性与全民性

 B. 医疗保险涉及面的广泛性和复杂性

 C. 医疗保险补偿的短期性和受益的长期性

 D. 医疗保险补偿形式的非定额性

 E. 医疗保险费测算的复杂性

第 六 章

社会救助

【学习目标】

通过本章的学习,了解社会救助的概念、特点;熟悉社会救助的主要内容及其项目构成;了解我国社会救助的发展历程及其存在的问题,掌握我国改革开放以后社会救助改革的相关内容,把握我国社会救助制度的发展概况以及近年来我国的社会救助改革的现状。

【导读案例】

哈尔滨 99 条细则完善社会救助 成年无业重度残疾者可单入低保

东北网 2017 年 3 月 24 日讯(记者杨金光) 3 月 22 日,哈尔滨市出台了《哈尔滨市贯彻〈社会救助暂行办法〉实施细则》(以下简称《细则》),以法治方式推进社会救助体系建设。《细则》共十四章九十九条,涵盖社会救助基本内容和操作程序。

完善了社会救助机制和体系

《细则》确定了哈市民政部门负责统筹全市社会救助体系建设工作。市以及各区县(市)民政、卫生计生、教育、住房、建设、人社等部门按照各自职责负责相应的社会救助管理工作。

将最低生活保障、特困人员供养、受灾人员救助、医疗救助、教育救助、住房救助、就业救助、临时救助、取暖救助 9 项制度和社会力量参与作为社会救助基本内容,即"9＋1"救助模式,构建了一个分工负责、相互衔接、协调实施,政府救助和社会力量参与相结合的社会救助制度体系。

新增了救助内容,细化低保申请事项

新增对生活困难、靠家庭供养且无法单独立户的成年无业重度残疾人,可按照单人户纳入最低生活保障范围;新增进城落户农民与当地城镇居民同等享有最低生活保障权利;新增低保和低收入家庭当年入学大学生一次性助学补助 3 000 元;新增低收入家庭供暖救助。

申请最低生活保障家庭收入项目包括:扣除缴纳个人所得税及个人按规定缴纳的社会保障性支出后的工资性收入、经营性收入、财产性收入和转移性收入等。申请最低生活保障家庭财产项目包括:现金、存款及有价证券,机动车辆、船舶、工程机械、中型及以上农机具,房屋,债权和其他财产。

明确了特困供养范围困难人员就业援助

政府对无劳动能力、无生活来源且无法定赡养、抚(扶)养义务人或者其法定赡养、抚(扶)养义务人无赡养、抚(扶)养能力的老年人、残疾人以及未满16周岁的未成年人,给予特困人员供养。特困人员供养的内容包括:提供基本生活条件;对生活不能自理的给予照料;提供疾病治疗;免费办理丧葬事宜。对最低生活保障家庭在就业指导、技能培训和自主创业方面,都将给予扶持或补贴。

《细则》的出台将进一步完善哈市社会救助体系,编密织牢兜底保障网,更全面地保障困难群众的基本生活。

（资料来源：长城网河北新闻，http://news.hebei.com.cn/system/2017/03/24/017956999.shtml.）

问题：社会救助包括哪些内容？

第一节　社会救助概述

一、社会救助的概念

在人类社会的发展史上,社会保障主要是以救灾济贫的形式出现的,其中,西方国家既有政府组织的救灾济贫事业,也有教会组织的各种慈善事业,中国历史上则主要是政府出面组织。在农业社会,没有社会保险,没有社会福利,社会保障就是救灾济贫事业。

进入工业社会后,社会保险开始普及,社会福利也变得越来越重要,社会救助便成为社会保障体系中的一个子系统,其地位由原来的主体地位自然而然下降为组成部分。

然而,低收入阶层和各种遭遇不幸的社会成员仍然大量存在。根据世界银行测定,全球范围内的贫困到现在仍然在持续恶化,所有发展中国家处于贫困线以下的人口数量在1985年是10.51亿,到2013年达到12亿;世界银行数据显示,根据每天1.25美元生活费的贫困线标准,2005年全世界贫困人口已从1981年的19亿降至14亿,但仍高于此前预期。世界银行发布的《2016年贫困和共同繁荣》报告中说,到2013年,全球有7.67亿人口生活在极端贫困之中,比2012年的极端贫困人口减少了1亿多;极端贫困人口占世界总人口比重从1990年的35%降至2013年的11%。2015年全世界仍有8亿多人口生活在贫困之中。国际劳工组织指出,据估计,近20亿人口每天的生活费不足3.10美元,而在新兴国家和发展中国家,这一比例更是超过了36%。尽管全球总体贫困率有所下降,尤其是在中国和拉丁美洲的多数地区,但非洲和部分亚洲地区的贫困率仍居高不下。目前有一半的极端贫困人口生活在环境脆弱、冲突频发的撒哈拉以南非洲,这些地区面临艰巨的挑战。

联合国开发计划署1999年所提供的图表和数字资料显示,世界贫富之间的差距日益扩大,世界上最富的1/5人口的收入和最穷的1/5人口的收入比例,在1960年是30∶1,而1997年这个比例扩大到了74∶1。国际发展及救援的非政府组织乐施会(Oxfam)在2015年发布报告预计,到2016年占全球人口1%的最富有人士将比其他所有人更富有,财富超过其余99%的人的财富总和,财富占比将由2014年的48%增至50%以上。美国是头号经济大国,但是依然存在较为严重的贫困。2010年9月,美国人口普查局发布的一份报告显示，美国生活在贫困线以下的人口总数由 2008 年的 3 980 万，占人口总数的 13.2%，上升到 2009 年占人口的 14.3%。《1917 年以来美国家庭财富分配图表》显示，1989—2017 年的近 30 年来，占人口 90% 的美国底层家庭拥有的总体财富在美国所占比例直线下滑，从 36% 降至 23%，而占人口 0.1% 的最富有家庭财富占比自 20 世纪 70 年代起就一直增加，已经升至 22%（见图 6-1）。① 可见，贫困并没有得到解决。至于天灾人祸造成的不幸更是无法避免。所以社会救助仍然是并且将会长期是社会保障体系中必不可少的、占据基础地位的一个子系统，社会救助仍将发挥非常重要的作用。

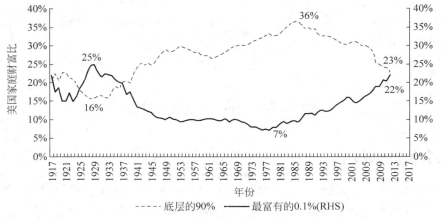

图 6-1 《1917 年以来美国家庭财富分配图表》

从含义上来讲，社会救助是指国家和社会对因各种原因陷入生存困境的社会成员给予财物接济和生活扶助，使其基本生活得到保证的一种社会保障制度。

从社会救助的基本内涵来看，应该包括以下三点。

第一，社会救助的责任主体是政府与社会。国家颁布相关法律对各项救助事业进行规范，如我国先后颁布过《灾害救助条例》《城市居民最低生活保障条例》等若干部法律或法规。同时，政府通过有关职能部门对社会救助事业进行监督与管理，并承担着相应的拨款补贴责任。政府和社会是社会救助当然的责任主体、义务的承担者。

第二，社会救助的实施方式主要是款物接济和无偿的生活救助。

第三，社会救助的目的是帮助社会弱势群体摆脱生存危机，以维护社会秩序的稳定。

二、社会救助的发展

（一）社会救助的简要历史

社会救助在历史上最先表现为一种慈善事业。

1. 慈善事业时代

在慈善事业时代，主要有三种类型：宗教慈善事业、官办慈善事业和民办慈善事业。

---

① 数据来源：BofA Merrill Lynch Global Investment Strategy[J]. Emmanuael Saez & Gabriel Zucman, 2015.

（1）宗教慈善事业，主要指西方的宗教慈善事业。西方盛行的各种各样的宗教教义是当时社会救助的主要思想来源，并且直接指导着各个宗教团体的慈善活动，其中，佛教、基督教、天主教等教派对慈善事业的影响最大。

宗教慈善事业主要表现在两个方面。一方面，各种宗教教义把"行善"列为最基本的行为准则。例如，佛教教人以慈悲为怀，强调以深度的爱护之心给芸芸众生以快乐幸福、以深度的同情怜悯之心拔除众生的痛苦，倡导布施、福田、利行等行善主法。基督教则强调爱人如己，并且将"行善"作为《圣经》的基本内容来约束教徒。另一方面，教会组织开展的各种救灾济贫、施医助药等活动，在这一时期成为一些西方国家主要的社会救助方式，并且随着宗教影响区域的扩大而扩大到全世界。

尽管后来随着宗教的改革和政府势力的增长，国家逐渐介入济贫事业和其他社会保障事业，但是宗教慈善事业一直没有间断过，现在仍然在许多国家或地区发挥着传统的扶弱济贫的作用。

（2）官办慈善事业，可以理解为由官方开展但尚未制度化的社会救济活动。与宗教慈善事业不同，官办慈善事业是以国家的介入并且以政治需要为基础而产生、发展的。这在西方存在一个渐进的过程，一般来讲政府根据需要和实力，在宗教慈善事业不能满足贫、弱的社会成员的需要时，直接出面举办一些有限的、临时性的救济活动。在中国，官办慈善事业历史悠久，中国历史上一直是皇权在上，宗教在社会上的影响一直没有像西方社会那样的势力。由于宗教势力的影响不大，弱势群体对救灾济贫的需要便只能由官方来满足。如"司徒"这样的官职，就是专门处理民事，其中就包括救灾济贫。

中国古代最常见的社会救助的方式有两种：仓储后备和以工代赈。仓储后备是平时建立谷物积蓄，一旦发生灾荒就接济贫民的一种古老的措施。《礼记》中就有记载："国无九年之蓄，曰不足；无六年之蓄，曰急；无三年之蓄，曰国非其国也。三年耕必有一年之食，五年耕必有三年之食，以三十年之通，虽有凶旱水溢，民无菜色。"《礼记》《孟子》等文献中，都有过开仓赈民的记载。"义仓"，也是从隋唐开始一直到明清都没有间断过。

西方在《济贫法》颁布以前，也有一些官方介入救灾济贫的活动。例如，在6世纪末的罗马城邦社会，城邦的市政府当局就曾经用公款和捐款购买谷物，用来无偿地分发给丧失劳动能力的人和阵亡将士的遗属。又如，英国通过了一项强制征收济贫税的条例，等等。

虽然这一时期的救灾济贫活动是以政府为主要的责任主体，而我们仍然称之为慈善事业，是因为这一时期的政府介入，一是没有法制约束，二是没有固定的、经常性的措施（一般都是偶尔的行为），三是所提供的救助被看成是一种恩赐行为，四是这些救济活动十分有限，所以仍然不能和现代社会政府举办的济贫事业相提并论。

（3）民办慈善事业。在慈善事业时代，除了宗教慈善事业和官办慈善事业，还存在由民间人士自发举办的各种慈善活动。例如，1657年，美国波士顿就有民间的苏格兰人慈善协会，由27位苏格兰人组成，开展各种济贫活动。在我国，宋朝范仲淹的"义田"、朱熹的"社仓"、刘宰的"粥局"等，清代的熊希龄的"慈幼局"等，都是民间慈善活动的典型。香港的"东华三院"，是在1851年由部分华人乡绅创办的，开始是"广福义祠"，后来不断发展壮大，主要是为有需要的人士提供医疗救助和医药救助，如今在香港仍然具有很高的威望和影响。

此外,以互助为特征的社会性的救助活动也开始出现,它可以说是慈善事业的重要补充。如在 18 世纪的英国,还出现过很多具有互助性质的"友谊会"。中国也在同一时期出现过各种各样的行会,开展具有互助性质的救助活动。

从上面的几点可以了解到,在济贫制度确立以前,社会救助实践虽然在东西方存在差异,但总体上仍然可以称为慈善事业时代。

2. 济贫制度的出现与发展

在英国颁布《济贫法》以前,英国社会处在动荡不安的时期,这一时期人口大量流动、贫困、失业、流浪现象急剧增加,社会陷入极不稳定的状态,仅仅依靠宗教的力量已经不能解决当时的许多社会问题。同时,这一时期也开始出现了教权衰落、王权兴起的现象,原来由宗教组织主持的济贫事务不可避免地转移到政府手中,而由于王权的兴起,政府也期望通过逐渐介入一些济贫事务来加强和发展世俗政权的力量。

面对社会的这样一种极度的不稳定状态,有些国家便开始考虑采取相应的措施来缓和社会矛盾,促进国家的发展。1572 年英国实施了强制性征收济贫税的条例;到 1601 年,颁布了世界上第一部济贫法。该法将已有的宗教或社会救助活动和惯例,用法制的形式固定下来,并且第一次由官方划定了一条贫困线,对有需要的孤、老、病人进行收容,同时为失业者、贫民小孩提供一些有限的帮助。

1723 年,通过了设立济贫院的法律,目的是强调使穷人"懂得"劳动。

1782 年,通过了《格伯特法》,放宽了济贫法的实施范围,缓和了一些"惩戒性"的救助行为造成的惨状。因为以前接受救济,被救济者必须付出一定的代价,这种代价就是要丧失自由,形成一定的人身依附关系,如做奴隶等,有的甚至丧失做人的尊严,如接受救济者同时要受到鞭打、切耳、关进牛棚等惩罚。这实际上是没有把对贫困者的救助看成社会不可推卸的责任和贫困者应享有的权利。这种立法的不平等,事实上也没有能够使济贫活动成为一项固定的、经常性的制度。

1834 年,英国又通过了《济贫法修正案》(即"新济贫法"),新济贫法克服了旧济贫法中的一些流弊,如滥施救济、管理不善等,废除了"院外救济",改为受救济者必须是被收容在习艺所中从事苦役的贫民。然而,新济贫法仍然是缺乏人道的。

英国颁布济贫法以后,欧洲其他国家也先后颁布了济贫法;北美由于是英国的殖民地,其早期的社会救助活动也受到了英国的影响。

中国历史上没有像英国那样颁布过专门的济贫法,但是也形成了一些赈灾济贫的常备制度。

(二) 简要评价与比较

早期的社会救助具有以下特征。

第一,救助的性质是居高临下的施舍型。无论是慈善事业时期还是济贫活动,都是一种居高临下的施舍。统治者与被统治者的不平等,加上没有相应的法律制度来规范这种慈善和济贫行为,使各种救助活动自然而然地成为一种施舍。灾民和贫民并不是自然地具有获得救助的权利。

第二,救助的根本目的是防止被统治者反抗。

第三,救助项目极端有限。由于当时的社会救助带有施舍的性质和"灭火"的职能,加上受到经济发展水平的限制,社会救助的项目在世界各国都是十分有限的。

第四,救助水平低下。由于慈善事业与政府的济贫政策并不是一种固定的、必行的社会政策,加上受到当时国家财力限制,救助的水平是非常低的。像中国古代,大多数情况下是采取赈谷救灾的方式,而赈谷也不过是一些临时的应急措施,有时大灾发生时,官方也只在灾民外流的路边设置粥棚,向灾民施粥,解决的也仅仅是一天一顿饭的问题,这从一个侧面反映了救灾济贫的水平低下。

第五,救助的低效率。由于身份的不平等,加上项目太少、水平太低,这一时期社会救助的效率是很低的,实际效果并不好,不能真正解决需要救助的社会成员的生存问题。所以每当有大灾发生后,饿殍遍野,甚至会发生人吃人的惨剧。这充分地说明了当时社会救助的实际效果极其有限。

三、社会救助的基本特征

历史上的社会救助基本上是临时性的,没有形成一种经常性的社会救助制度,只有进入现代社会以后,社会救助才真正成为一种经常性的、制度化的社会保障事业,并在实践中呈现出一些特征。现代社会救助具有以下四个特征。

(一)最低保障性

从现代社会保障体系来看,社会保险、社会福利、社会优抚三大系统都是比社会救助水平高的社会保障制度,它们解决的不仅仅是社会成员的生存问题,而且包括提高社会成员生活质量的问题。社会救助子系统面对的则是陷入了生存困境并且最为迫切需要国家和社会援助的社会成员。社会救助的待遇水平通常是整个社会保障体系中最低的,以维持社会成员的最低生活需要为标准。这一特征也使社会救助成为整个社会保障制度的最后一道防线。

(二)救助对象全民性

社会救助强调公平,它面向的是全体社会成员,不像社会保险和社会优抚,它没有特定的年龄、性别、职业等身份的限制,也不存在事先参加的问题,只有客观的救助条件与标准,任何人只要符合申请社会救助的条件,就可以通过正常的途径获得国家和社会的援助。虽然在事实上,由于多数社会成员自己能够保证正常生活而不需要救助,社会救助并非全体社会成员都能享受,但就其本质而言,它是面向全体社会成员的,从而具有全民性特征。

(三)权利义务单向性

社会救助体现的是权利义务的单向性特征。享受社会救助的社会成员只要符合救助的条件,就有权利申请得到救助。对受益者而言,他享受的是单纯的权利。而提供社会救助则成了政府的职责和法定义务。当需要社会救助而不能提供或提供不足时,社会便会出现严重的社会问题和危机，这便可以视为政府的失职，或者说没有尽到应尽的义务。

（四）按需分配

社会救助具有在确定的标准范围内向救助对象按需分配的特征。这可以说是对按劳分配、按资分配的一种重要的补充。按需分配是指：一方面只有生活陷入困境或者遇到特殊困境的社会成员才需要社会救助，只有需要社会救助的社会成员才能获得社会救助；另一方面，国家和社会提供的社会救助包括现金救助、实物救助、服务救助等，一般根据不同对象的需要来提供。如实物救助就分为口粮救助和衣被救助等形态。

因此，社会救助作为现代社会保障体系中的一个独立的子系统，它的特征十分鲜明，作用也是其他社会保障子系统所无法替代的。虽然在当代社会，社会保险已经成为一种普遍的国民权益，成为社会保障系统中的主体，但是社会救助依然是整个社会保障体系中的基础。

四、社会救助的原则

在建立和完善社会救助制度的过程中，需要遵循以下原则。

（一）公平的原则

在当代社会，尤其是在市场经济条件下，价值规律发挥着十分重要的作用，并引导着整个社会及家庭、个人的行为都服从效率优先的原则。然而，社会成员的先天条件有差异、劳动技能有高低、天灾人祸难以预料、参与竞争有成败等，又必然使社会成员的发展结果出现不公平，收益分配存在差异性，一部分社会成员的生活条件恶化，甚至陷入生存危机。贫富差距的扩大化是市场经济发展的必然结果，因此需要建立完善、健全、公平的社会救助制度，通过对国民收入的再分配手段使社会成员在社会发展中的结果不公平在一定程度上得到缩小。

社会救助必须充分体现公平的原则，坚持从社会公平的角度出发，坚持面向全体社会成员，公平地救助一切符合救助条件的社会成员，这是实现解决社会脆弱群体的生存危机并且保障其基本生活目标的前提条件，也是弥补市场经济缺陷、保障经济社会协调有序发展的内在要求。

（二）无偿救助的原则

社会救助面向全体社会成员，但真正符合社会救助法定条件的对象只能是那些生活陷入困境的社会成员，如鳏寡孤独、贫困人口、天灾人祸中的不幸者、失业的劳动者及其家庭成员等，这些社会成员成为社会救助的对象。社会救助在实施过程中，遵循无偿救助的原则，以国家财政拨款或社会捐赠为救助资金的来源，依照法律法规及政策规定的条件，无偿地将款物发放给符合条件的社会成员。社会救助的无偿性，是它作为整个社会保障制度的基础系统并区别于其他子系统的重要标志。

（三）与社会经济协调发展的原则

与社会经济协调发展具体表现在两个方面。一方面,社会经济的不断发展,必然使社会救助的对象发生变化,如绝对贫困人口会日益减少,而失业大军则可能会不断扩大,一些特殊救助对象可能随着时间的推移而逐渐消失,新的社会救助对象可能产生(如艾滋病患者等),这些表明了社会救助的对象应当随着社会经济发展带来的变化而不断调整;另一方面,社会经济的不断发展,又必然使社会成员的生活水平普遍得到提高,相对贫困会逐步取代绝对贫困,必然要求社会救助待遇随着社会经济水平的发展而不断提高,否则无法达到社会救助的目的。只有保持社会救助与社会经济的协调发展,才能保证社会救助适应新的形势,满足新的要求。

此外还有其他一些原则,如坚持规范化的原则、满足社会脆弱群体需要的原则、与其他社会保障措施相配套的原则等。

五、社会救助的对象

按致贫原因,可以把社会救助的对象分为以下三类。

第一,无依无靠又没有生活来源的公民。这类公民绝大多数属于长期救助的对象。一般指孤儿、没有社会保险津贴的劳动者、长期患病者、没有参加社会保险又没有子女和配偶的老人。这里的孤儿,对其救助期限是有限的,主要指在未成年期,一到成年,就可找到工作自食其力,对其社会救助也就结束了,当然,特殊的残障孤儿除外。

第二,突发性灾害造成的生活一时拮据的公民。这类公民有劳动能力,也有生活收入,只是由于意外的灾害降临,使其受到沉重的财产损失甚至是人力损失,一时间生活比较困难,需要给予社会救助。

第三,有收入来源,但生活水平低于国家最低生活保障线的公民。例如,工资过低,不能使家庭成员过上法定最低生活。又如,曾经有工作但失业的劳动者,在享受失业津贴期满之后仍然没有找到工作的人,以及虽有低微养老金但由于各种原因生活困难的老人,等等。

六、社会救助制度的内容

社会救助制度的内容一般包括贫困救助(基本生活救助)、灾害救助、专项救助等几个方面。详细内容见第二、三、四节。

第二节　基本生活救助

一、基本生活救助概述

基本生活救助是社会救助制度中的重要内容,其目的是维持贫困人口最起码的生活条件,达到保障全体公民基本生存权利的目标。

(一)贫困的概念

贫困是一个模糊概念,它随时间和空间以及人们的思想观念的变化而变化。贫困问题是全球性社会问题,不论是发展中国家还是发达国家,都存在贫困问题,只不过发展中国家的贫困人口规模比后者更大,贫困程度更深。世界上从社会保障和社会救助的角度去研究贫困问题,从英国的布什和朗特里的早期著作算起,迄今已经有100年左右的历史。在国际上,有两个确定的"贫困"的概念:一是"起码生活水平";二是"相对剥夺"。

"起码生活水平"是19世纪末20世纪初欧洲国家和美国等的官方政策中普遍采用的概念,它是根据学术界关于维持人体健康所必需的营养标准而确定的一个界限。

"相对剥夺"是在"起码生活水平"这种概念存在估算方法缺陷的条件下,由英国著名学者彼德·汤森在1979年提出的,是在家庭还不能负担一些额外的支出的基础上提出来的。汤森认为:"当某些个人、家庭和群体没有足够的资源去获取他们所需的那个社会公认的、一般都能够享受到的饮食、生活条件、舒适和参加某些活动的机会,那么就可以说他们处于贫困状态。他们由于缺少资源而被排斥在一般的生活方式、常规及活动之外。"

在这种理解的基础上,贫困是一个被侵占、被剥夺的过程,在这一过程中,人们逐渐地不知不觉地被排斥在社会生活的主流之外。贫困现象涉及经济、社会、文化、心理、生理等多方面的问题。在现代社会,贫困不仅是指缺少维持人的生存所必需的最起码的物质条件,而且包括缺少获得这些条件的机会。

综上,贫困是指在一定的环境条件下,人们在长时期内无法获得足够的收入来维持生理上要求的、社会文化可接受的和社会公认的基本生活水准的状态。社会保障制度主要解决的是经济方面的贫困问题。

(二)贫困的分类

贫困首先可以分为绝对贫困和相对贫困。绝对贫困是指在特定的社会生产方式和生活条件下,个人和家庭的收入达不到维持其最基本的生存需要的状态,从而陷入生存困境。绝对贫困是以维持人的生理机能的最低需要为标准加以限定的。相对贫困是指在同一时期,由于不同地区之间、各个社会阶层之间、各阶层内部不同成员之间的收入差别而产生的低于社会认定的某种水平的状况。相对贫困的出发点是人们之间收入的比较和差距。只要存在收入差距,生活在消费水平底层的人口就总会存在。

根据贫困发生的原因,可以把贫困分为区域性贫困和阶层性贫困。区域性贫困是指由于地区发展的不平衡导致的贫困,主要是当地社会成员普遍面临缺乏食物保障的生活危机,从而需要普遍救助。阶层性贫困也称结构性贫困,是指由于各种原因造成部分社会成员收入过低或无收入而难以维持其自身及家庭成员的基本生活的贫困现象。

1993年,汤森在对贫困问题做出深入研究之后,在传统的绝对贫困和相对贫困的"二分法"基础上,又增加了第三个层次——基本贫困。根据国际劳工组织的定义,人的基本需求包括两个方面。首先是家庭个人消费的最低要求:足够的食物、栖身之地和衣着,以及某些家具和设备;其次是由社区普遍提供的必不可少的服务:清洁的饮水、卫生的环境、公共交通和保健、教育和文化设施。人的基本需求如果得不到满足,就是基本贫困。

他们的物质条件已能满足生理上的需要,但在衣食住行方面,常常会出现捉襟见肘的情况,生活不稳定。

二、基本生活救助的标准

基于各国的实践,均以政府按照维持当地最低生活所需要的费用等来确定救助标准,具体表现为贫困线。

(一)贫困线的定义

因为贫困定义本身的模糊性,所以无法直接定量贫困线,一般都是用一个或若干个与贫困高度相关又可观察、可测量和可比较的社会、经济指标来表示贫困的程度。世界银行的《1990 年世界发展报告》中提出:"家庭的收入和人均支出是衡量生活水准的合适尺度。"

依据绝对贫困、基本贫困和相对贫困的概念,可以把贫困线划分为三条界线:生存线、温饱线和发展线。生存线是基本贫困的下限,是满足最起码的生理需求的最低费用,低于此线则会陷入绝对贫困状态,甚至危及生命;温饱线是相对贫困的下限,是满足最基本的生活需求的最低费用,低于此线则会陷入基本贫困状态,仍然不得温饱;发展线是脱离贫困的下限,是达到基本上能自给有余的最低费用,高于此线则有可能获得发展机会,有望脱离贫困。

(二)贫困线的确定方法

1. 市场菜篮子法

市场菜篮子法又称"标准预算法",是最古老、最传统的确定贫困线的办法,最早是英国学者朗特里在研究英国约克郡的贫困问题时使用的。市场菜篮子法首先要求确定一张生活必需品的清单,内容包括维持为社会所公认的最起码的生活水准的必需品的种类和数量,然后根据市场价格来计算拥有这些生活必需品需要多少现金,以此确定的现金金额就是贫困线,亦即最低生活保障线。

市场菜篮子法直观明了,通俗易懂,便于公众参与,能够保证最起码的生活水平。但是在市场菜篮子法的发展历程中,也存在许多争议。其一,究竟谁来决定哪些是、哪些不是"生活必需品"。反对者认为,无论哪种方法都不可能"纯客观",不可能不受价值观念的影响。即使最终确定了,制定的贫困线标准也偏低,且限制了受助者的生活方式,使他们的自由选择极少。

2. 恩格尔系数法

恩格尔系数法是国际上常用的一种测定贫困线的方法。据阿尔柯克介绍:19 世纪末,德国的研究者恩格尔在比较了不同收入水平的家庭的消费模式后,得出一个结论,他发现收入较低的家庭花在生活必需品(食物)上的支出占其消费总支出的比例更大。随着收入的增加,人们更多的支出是用于购买非必需品。在研究中,恩格尔绘出的表示食品消费支出占消费总支出的比例的曲线,就是著名的"恩格尔曲线"(Engle's curve),其用百分比表示就是恩格尔系数。恩格尔发现的食品支出与收入的增长成反比这一著名的论断,称为"恩格尔定律"(Engle's law)。一般认为,采用恩格尔系数划分贫富的标准是:恩格尔系数大于 60% 为贫困;50%～60% 为温饱;40%～50% 为小康;20%～40% 为富有;小于等于 20% 为最富有。

恩格尔系数法的优点是显而易见的:简便易行,便于操作;可以与社会平均生活水平挂钩。但其不足之处也很明显:首先,固定的标准不可取,50% 或 60% 并不能表明人们的真正生活水平,这就导致了一定的随意性;其次,恩格尔系数法需要在社会消费指数的调查基础上做出,相对比较复杂。有学者提出,恩格尔系数法在中国并不一定完全适用。中国普通居民在食品消费上的开支要大得多,一般在 50% 左右甚至更高,如果简单地用恩格尔系数 60% 或 50% 为贫困的标准去套,就会与实际情况大相径庭。因此,应该从实际调查中得出适用于本国或本地区的恩格尔系数,这样才有可能正确地运用恩格尔系数法。

3. 生活形态法

生活形态法产生于 20 世纪 60 年代,这种方法主要从相对贫困的角度来定义和度量贫困,从生活形态入手,提出一系列与人们的生活方式和消费行为等方面有关的问题,然后根据被调查者的回答,从中选择若干"遗缺指标",再根据这些遗缺指标来确定哪些人属于贫困者。它是英国学者汤森创造的一种度量贫困的新方法,最早被称为"遗缺指标法",其理念是:"贫困只有本着相对遗缺的概念才有可能被客观且一致地界定。"在研究贫困的定义和度量时,"相对遗缺"是指社会上一般认为或风俗习惯认为应该享有的食物、基本设施、服务与活动的缺乏与不足。人们常常因遗缺而不能享有作为一个社会成员应该享有的生活条件。假如他们缺乏或不能享有这些生活条件,甚至因此而丧失成为社会一员的身份,他们就是贫困的。汤森提出了一整套包括"物质遗缺"和"社会遗缺"两个方面 13组 77 个指标的庞大体系。物质遗缺包括:饮食遗缺、衣着遗缺、住宅遗缺、家庭设备遗缺、环境遗缺、场所遗缺和工作遗缺;社会遗缺包括缺乏就业权利、家庭活动遗缺、缺乏与社区的整合、缺乏正式的社会参与、休闲遗缺和教育遗缺。

生活形态法是从一个不同的角度观察问题,比较符合人们观察事物的一般思路,即先从人们生活的外部形态入手,确定哪些人属于贫困者,然后再来分析他们(遗缺)的需求以及消费和收入,所以能够沟通主观和客观,使贫困的含义扩大到社会方面,可以有效地比较人们的生活状况,从而为解决包含相对静态的绝对贫困问题在内的、动态的相对贫困问题开辟了一条新的思路。生活形态法引起的争论也是很激烈的,人们对汤森所说的"客观的社会观察"提出质疑。同时,虽然生活方式可以反映一个家庭的收入或拥有的资源的多少,但它们之间有没有直接的联系不能一概而论。

4. 国际贫困线标准

经济合作与发展组织在 1976 年组织了对其成员国的一次大规模调查后提出了一个贫困标准,即以一个国家或地区社会中位收入或平均收入的 50% 作为这个国家或地区的贫困线,这就是后来被广泛运用的国际贫困标准法。国际贫困标准实际上是一种收入比例法,是以相对贫困的概念作为自己的理论基础。

　　国际贫困标准简单明了,容易操作,能够很好地进行国家和地区之间的比较,其优点是明显的。但是,其收入比例数50%这个确定值是经济合作与发展组织以其成员国(都是西方发达国家)的社会救助标准为基础计算出来的,它能否名副其实地在全世界推行,尤其是能否符合第三世界(如中国)的实际情况,显然还存在疑问。

三、基本生活救助的形式

　　生活救助一般采取现金救助、实物救助和混合救助等形式。

（一）现金救助

　　现金救助是国家以发放现金的形式,由被救助者根据自己的实际困难安排使用,帮助社会成员解除生活困难。此种救助手段源于古代的赈灾救荒。现金救助又分为一般性救助和专项救助。一般性救助是指向救助对象提供统一的现金补助,如英国的收入补助计划、比利时和法国的最低生活保障线制度。专项补助是指根据救助对象各自不同的特点提供不同种类的现金补助,如澳大利亚、新西兰的绝大部分社会救助项目,德国和荷兰的失业补助,意大利的最低养老金等。

（二）实物救助

　　实物救助是指根据实际情况和需要,由国家财政拨专款购置受助者基本所需物品或用社会捐赠的物资为救助对象提供援助的一种救助方式。实物救助的特征是不直接给被救助者发放现金,而是根据其实际情况和需要,用社会救助经费购买一般生存资料和部分生产资料,无偿发放给被救助者。救助物资包括粮食、房屋、衣被、食品、餐具、建房材料、医药以及中小农具、化肥、种子、役畜等。

（三）混合救助

　　混合救助包括现金救助、实物救助以及服务、精神慰藉、提供机会等多种救助形式的综合。其中现金救助和实物救助作为传统的救助形式依然占据主导地位,服务救助、精神慰藉等主要针对特定人群展开。

第三节　灾害救助

一、灾害救助的含义

（一）灾害及其危害

　　灾害是地球表层孕灾环境、致灾因子、承灾体综合作用的产物,有自然灾害、社会灾害和天文灾害三种。

　　自然灾害是指不以人的意志为转移的因自然原因导致的灾害,具体包括气象类灾害:

旱灾、暴雨、冰雹、龙卷风、干热风、暴风雪、热带风暴、台风、霜冻、雾凇、寒潮、雷电等；水文类灾害：洪水、河决等；地质类灾害：地震、滑坡、泥石流、水土流失、土壤沙化、火山等；生物类灾害：病虫害、疾疫等。社会灾害是指大自然之外的破坏力对人类社会的损害，包括政治类灾害：战争、犯罪、社会动乱等；经济类灾害：人口爆炸、能源危机、环境污染、交通事故、火灾等；文化类灾害：科技落后等。天文灾害主要指地外灾害和宇宙灾害，如陨石撞击、太阳风、新星爆发等。

自然灾害危害面广、破坏性大，是对人民生命财产安全的最大威胁和对社会经济发展的重大制约因素。大的自然灾害特别是突发性强的自然灾害，如大地震发生后，往往引起人们恐惧、慌乱、悲哀、绝望，甚至心理变态，加上灾害对经济的破坏、对环境的危害，往往引起社会动荡不安。

（二）灾害救助的含义

灾害多种多样，这里所讲的灾害救助主要指自然灾害救助。从这个含义上讲，灾害救助是指国家和社会依法向因遭受自然灾害袭击而陷入生活贫困的社会成员提供一定的物质帮助，以保证其维持最低生活水平，帮助灾民确立自行生存能力的一项救助制度。自然灾害有极大的破坏性，它可以摧毁人类的家园，使社会成员的生活陷入困境。灾害发生后，灾民的生活需要政府和社会予以救助，灾后的重建也需要政府和社会的帮助和扶持。灾害救助是世界各国社会救助制度中一项经常的重要的内容。

二、灾害救助的体系

灾害管理已经成为国际性的问题，世界各国都致力于建设完善的灾害管理和救助体系，以期最大限度地减少国家经济损失和民众的人身伤亡。按照国际通行规则，灾害救助行动必须有系统的预案和完善开放的救灾工作体制。预案的作用在于，当灾情出现后，灾害应急救助机制能够自动地调动政府与社会的力量，化解灾害带来的损失。工作体制包括一系列工作制度、组织结构和工作作风等。

（一）灾前应急准备

自然灾害救助应急准备方案的内容应该包括：自然灾害救助应急组织指挥体系及其职责；自然灾害救助应急队伍；自然灾害救助应急资金、物资、设备；自然灾害的预警预报和灾情信息的报告、处理；自然灾害救助应急响应的等级和相应措施；灾后应急救助和居民住房恢复重建措施。

此外，国家应该建立自然灾害救助物资储备制度，制定国家自然灾害救助物资储备规划和储备库规划，根据当地居民人口数量和分布等情况，利用公园、广场、体育场馆等公共设施，统筹规划设立应急避难场所，并设置明显标志，加强自然灾害救助人员的队伍建设和业务培训，相关部门和机构应当设立专职或者兼职的自然灾害信息员。

（二）灾害应急救助机制

灾害应急救助机制是指自然灾害的预测预警、应急响应、紧急救援、保障措施、后期处置等各系统的综合,包括自然灾害的信息监测、报告与发布,指挥协调与紧急处置,信息发布及新闻报道,物资、资金和社会动员保障,应急队伍的培训和演习,以及民众宣传和国际协调等各项工作。灾害应急救助机制就是针对灾害发生的非程序化和非规范化特点,政府建立的一套灾害应对和救助方式。

灾害应急救助机制具体包括:

（1）立即向社会发布政府应对措施和公众防范措施;

（2）紧急转移安置受灾人员;

（3）紧急调拨、运输自然灾害救助应急资金和物资,及时向受灾人员提供食品、饮用水、衣被、取暖、临时住所、医疗防疫等应急救助,保障受灾人员的基本生活;

（4）抚慰受灾人员,处理遇难人员善后事宜;

（5）组织受灾人员开展自救互救;

（6）分析评估灾情趋势和灾区需求,采取相应的自然灾害救助措施;

（7）组织自然灾害救助捐赠活动。

灾害应急救助的重点是要充分发挥抗灾救灾综合协调作用,强化灾害管理部门间的信息沟通和协调工作,健全部门间应对灾害的联动工作机制,明确各部门的工作职责、时限要求和工作措施,形成灾害管理的合力,更好地开展救灾工作。就世界范围内灾害紧急救助的发展趋势而言,建立一套成熟的应急救助机制是所有发达国家已经基本实现的目标,而一些发展中国家则因为各方面条件的落后而在灾害救助上比较落后,因而造成灾民生活困难和恢复重建缓慢。我国正处于经济发展的高速阶段,建立这样一套灾害应急救助体系是大势所趋。

（三）灾后救助机制

自然灾害危险消除后,在确保安全的前提下,国家和社会对受灾人员进行过渡性安置。根据安置地点和安置方式的不同,可以分为就地安置与异地安置、政府安置与自行安置。就地安置应当选择在交通便利、便于恢复生产和生活的地点,并避开可能发生次生自然灾害的区域,尽量不占用或者少占用耕地。同时应鼓励并组织受灾群众自救互救,恢复重建。

第四节 专项救助

专项救助可以满足被救助对象的各种特殊需要,它和基本生活救助、灾害救助相互补充,共同构成社会救助制度的主要内容。具体来讲,专项救助的内容包括医疗救助、住房救助、教育救助、司法救助、流浪乞讨人员救助、就业救助、应急救助及其他临时性救助。

一、医疗救助

疾病是劳动力再生产和人口生长发育过程中不可避免的现象。以克服和减少疾病、恢复人体健康为目的的医疗救助活动,对于劳动力再生产和人口健康生产至关重要。医

189

疗救助是针对疾病风险的,是指政府或社会对贫困人口中因病而无经济能力进行治疗的人提供某些或全部医疗健康服务,以改善其健康状况的一项社会救助项目。

对贫困人口实施医疗救助,是政府的一项重要职责。政府应分析造成贫困的具体原因,有针对性地实施医疗救助,以避免或减少因病致贫问题的发生。从各国实践来看,医疗救助的对象一般需具备三个条件:必须是贫困户;必须是疾病患者;实施医疗保险等医疗保障后仍无力支付医疗费用者。医疗救助标准是一个可能性标准,一般依据政府财政支付情况来设定政府救助能力,与应该救助到什么程度这一客观要求之间存在一定的缺口,病人的医疗需求往往和以政府财政能力决定的医疗救助能力之间存在一定差距。由于不同国家不同地区的经济发展水平特别是财政收入状况的差异,医疗救助水平也存在差异,不可能出现一个世界范围内通用的医疗救助标准。

医疗救助的方式是政府在医疗救助中履行职责而采取的各种方法的汇集。目前世界各国采取的医疗救助的方式主要有如下几种。

(1) 医疗费减免。对医疗救助对象的医疗费用进行一定比例的减免或全免。

(2) 专款救助。由国家或地区财政部门设立专项资金,专款专用。

(3) 互助互济。各行业、工会等社会组织运用单位福利费、工会经费、个人缴费的一定比例等方式建立医疗互助基金,对内部成员进行医疗救助。

(4) 慈善救助。由社会或者慈善组织为贫困患者组织开展义诊、义捐和无偿医治活动,具体有三种形式:免费医治,慈善医疗机构、福利医院免费对持有医疗救助卡的贫困患者进行医治服务;慈善募捐,由慈善组织或者其他社会组织发起,对特定贫困患者开展献爱心募集资金活动,所筹资金专款专用,剩余部分用于新的救助对象;定期义诊,医院和社区达成协议,定期轮流派医护人员或医疗救助志愿者到社区,无偿对符合医疗救助的患者进行义诊和上门服务。

二、住房救助

住房救助主要是指由政府直接投资建造或以一定的优惠政策鼓励投资方建造住房,并以较低价格向低收入家庭出售、出租或直接提供住房的救助制度。

纵观世界各国的住房救助制度,主要有以下特点:①法律明确规定保障居民的基本生活居住条件,明确居住权是公民权利的重要组成部分,是政府职能的基本体现;②不仅相关法律要涉及居民居住问题,还有相对完整的住房救助法律体系,明确各级政府在解决低收入居民居住问题中的责任以及解决低收入人群住房问题的手段和措施;③在政府部门设立专门机构,负责住房救助政策的制定和住房救助政策的实施,同时积极发挥各种中介机构的作用;④把住房救助资金列入财政预算,投入专项资金,以投资建房、贷款贴息、发放补贴等方式保证住房救助政策的实施。

住房救助遵循低标准、多层次、广覆盖的理念,采取政府救助与社会帮扶相结合的原则,注意适度救助和多形式救助。适度救助是指住房救助水平应与当地经济社会发展水平相适应,合理确定低收入家庭的住房标准,防止水平过高或水平过低;多形式救助是指由于各国社会经济发展水平之间的差距,造成低收入居民在不同时期的住房救助需求并不完全相同,政府在实施低收入居民住房救助时,既要考虑救助对象的具体需求,又要结合本国、本地区的实际经济承受能力,做到因地制宜、因时制宜、因人制宜,逐步解决。我国主要的政策依据包括国家住房和城乡建设部等五部局《城镇最低收入家庭廉租住房管理办法》(第 120 号令),以及各省市颁布的相关政策文件。

住房救助的保障方式以发放租赁住房补贴为主,实物配租、租金核减为辅。租赁住房补贴是指政府向符合条件的申请对象发放补贴,由其到市场上租赁住房。美国政府近年来大力鼓励私人将符合出租标准的房屋出租给低收入者,当低收入者承租后,低收入者本人将收入的 1/3 付给房主作为房租,其余部分由政府支付。实物配租是指政府向符合条件的申请对象直接提供住房,并按照廉租住房租金标准收取租金。租金核减是指产权单位按照当地市、县人民政府的规定,在一定时期内对现已承租公有住房的城镇最低收入家庭给予租金减免。

我国目前在城镇范围逐步推行经济适用房、廉租住房制度为主要内容的住房保障制度。对住房困难的低收入家庭,逐步实施以发放租赁住房补贴为主,实物配租、租金核减为辅的廉租住房制度,对中低收入的住房困难家庭实施经济适用房制度。在农村范围,结合灾民住房恢复重建、减灾防灾和新农村建设,对特困户、分散供养的五保户、无劳动能力残疾户、特困优抚对象、因受自然灾害影响或其他不可抗力导致房屋倒塌或损坏的住房贫困户,采取资金补助、政策优惠、社会帮扶等形式予以救助。

申请住房救助需要满足一定的条件:民政部门确认的城镇最低收入家庭;申请家庭人均住房建筑面积低于县级以上地方人民政府按季度公布的住房救助标准;申请家庭成员之间有法定的赡养、抚养或扶养关系;申请家庭成员为非农业常住户口等。

三、教育救助

教育救助是国家和社会为保障适龄人口获得接受教育的公平机会而对贫困地区和贫困家庭子女提供物质援助的一种社会救助。通过减免学杂费用、资助学杂费等方式帮助贫困人口完成相关阶段的学业,以提高其文化程度。我国教育救助制度实施的政策依据主要是民政部、教育部《关于进一步做好城乡特殊困难未成年人教育救助工作的通知》(民发〔2004〕151 号)以及各省市地方政府颁布的政策文件。

教育救助具有手段间接性和时间连续性的特点。由于救助对象多为未成年人,因此救助手段表现出间接性特点,不直接向困难学生发放救助物品或资金,而是对其家庭进行补贴或学杂费减免,或者实施间接性的教育援助,如提供勤工俭学机会或优惠贷款政策等。同时,受教育是一个持续的过程,短则几年,长则十几年。在整个过程中,学生往往没有固定经济收入,只能依靠他人,困难学生的家庭在短期内也无法扭转其经济状况,因此需要有一个持续的救助过程,一般以学期或学年为一个救助阶段。

根据救助对象的不同,教育救助通常分为两种:对贫困家庭子女的教育救助;对贫困地区整体的教育救助。具体救助方式包括:①助学金。助学金是各国普遍采用的教育救助方式,通常由学校或者政府以学期、学年或月为单位进行发放。②困难补助。属于临时性救助措施,可细分为教科书补助、生活补助、交通补助等。③奖学金。主要针对高等教育阶段的困难学生,一般由学校、企业或政府根据学生成绩进行选择性发放。④助学贷款。由金融机构或政府为贫困大学生提供贷款,待其毕业后进行偿还的救助方式。⑤勤工助学。由学校给符合劳动年龄的困难大学生介绍校内或校外的勤工助学岗位,使其通过劳动获取一定报酬。⑥学费减免。依据学生的困难程度,实施部分或全部学费减免。在我国,对师范、农林、民族、航海等特殊专业的大学生以及孤残学生、优抚对象子女和烈士子女通常实施减免学费政策。

我国教育救助的主要对象包括:城乡困难家庭的高中(含职业高中)和义务教育阶段的在校生、当年被省级招生机构统一录取的高等院校的特困家庭学生、因重大疾病或意外灾祸造成家庭暂时困难的城乡在校学生、城市适龄孤儿。

四、司法救助

司法救助也称法律援助,是各国普遍采用的由政府设立的法律援助机构组织法律服务机构及法律服务人员,为经济困难或者特殊案件当事人提供法律服务并减免法律服务费的一项法律保障制度。法律援助制度起源于15世纪的英国,18世纪以后,近代资产阶级律师制度产生,一些民间组织如宗教团体、慈善机构等开始有组织地向弱势群体提供法律援助。19世纪末20世纪初,随着资产阶级人权观念的确立,法律援助作为人人享有的一项政治权利,在世界各国得到确认。我国在1994年由司法部提出建立并实施法律援助制度。2003年7月,国务院颁布实施了《法律援助条例》(国务院令第385号)。承担法律援助职责的机构一般是县级以上人民政府司法行政部门设立的法律援助中心,主要承担本行政区域的法律援助职责,代表政府管理、组织、实施本辖区的法律援助工作,为公民提供无偿法律服务。

法律援助的特点包括四个方面:①国家性。国家是法律援助的责任主体,国家或政府通过设立法律援助机构、提供法律援助经费、制定法律援助相关法律,履行国家对公民的法律援助义务或责任。②专业性。法律援助是律师等法律专业人员运用其扎实的法律知识、丰富的办案经验和技能为弱势群体提供法律咨询、诉讼代理、刑事辩护、法律文书撰写等法律服务,这些服务是其他非专业人员无法代替的,体现了较强的法律专业性。③司法救助性。法律援助的宗旨是实现司法公正。通过对弱势群体提供法律援助使其平等地进入诉讼程序,平等地行使诉讼权利,保护其法定权利的实现,以维护司法公正,这是与其他以经济救助为目的的社会救助方式的本质区别。④无偿性和优惠性。受援人无须承担任何与此相关的义务,特别是无须向法律援助机构缴纳服务费用,所需经费全部由政府承担。

法律援助的对象是自然人。凡是在本辖区内具有常住户口或暂住证明的公民,事由发生在本市辖区内,经济困难的,均可申请法律援助。具体包括:城市享受最低生活保障金或者领取失业保险金而无其他收入的;经济困难的、城乡特困户、重点优抚对象中经济困难的;农村"五保户",属于民政部门批准设立的纯公益性敬老院、福利院等社会福利机构中由政府供养的收养人员;因残疾、自然灾害或者其他不可抗力造成经济困难,正在接受国家救助的人员。

法律援助范围,是指国家确定的能够提供法律援助的具体领域。由于世界各国的经济、文化和历史发展等因素的差异,对于法律援助范围所涵盖的具体领域也存在较大区别。当前各国通行的做法是以是否进入诉议程序为标准,将法律援助的业务范围分为诉讼程序中的法律援助和非诉讼程序中的法律援助两大类。诉讼程序中的法律援助范围，是指公民据以申请法律援助的法律问题，只有诉之于法院，经法院依法进行审理和判决才能得到最终解决的援助形式；非诉讼程序中的法律援助，是指不需要司法机关的介入，在法律援助工作人员的帮助下即可解决的法律问题和法律困难，其形式有调解法律援助、公证法律援助和咨询法律援助。

除了以上项目之外，医疗救助的对象主要是城乡收入较低、由于大病导致贫困的人口，满足救助对象的各种医疗需求。就业救助适用于符合条件的失业人口，通过提供就业机会或者培训的方式帮助他们重新就业。应急救助主要是对遭遇突发性公共事件的人员提供医疗、物质等方面的救助。这些专项救助主要采取租金补贴、租金减免的形式，和前面所说的救助项目相比，专项救助更强调个体的针对性。

第五节　中国的社会救助

一、中国的贫困问题

中国是发展中国家，从总体上看，中国现阶段的贫困问题仍然主要是绝对贫困问题，表现出来的基本规律可以概括为以下几点。

（一）贫困问题的数量规律

为了共享经济发展的成果，贫困标准在不断提高，由此导致社会救助的人口规模也在不断上升。按 2008 年农村贫困标准年人均纯收入 1 196 元测算，2008 年年末我国农村贫困人口为 4 007 万。按 2010 年农村新贫困标准年人均纯收入 1 274 元测算，年末农村贫困人口为 2 688 万。按照农民年人均纯收入 2 300 元（2010 年不变价，相当于每天 1 美元）的扶贫标准，到 2013 年年底，我国广大农村地区贫困人口达 8 200 万之多；按世界银行每天生活费 1.25 美元的贫困标准，我国农村贫困人口还有 2 亿多。扶贫压力和责任依然较重。

中国贫困人口在数量方面的客观规律表现为：一是在同一标准下随着反贫困战略的实施，贫困人口逐年减少，但数量仍然庞大，政府和社会面对的仍然是一个十分庞大的贫困群体；二是在同一时间段内贫困人口规模随贫困标准的提高而增加。与国际上其他国家的贫困标准相比，中国的贫困标准仍然偏低。

（二）贫困问题的程度规律

改革开放使中国的经济获得了长足发展，随着综合国力的增强和人民生活水平的普遍提高，对贫困人口的评价标准也在提高。不过，中国农村的贫困人口还没有解决温饱问题。城镇贫困人口面临一些困境，如无钱购买粮食、无钱治病等。有些城市的最低生活保障金根本无法维持贫困人口的基本生活。中国贫困问题的程度仍然较深，中国现阶段解决贫困问题的目标也是使贫困人口摆脱绝对贫困。

（三）贫困问题的结构规律

从中国贫困人口的结构来看，一方面是数百个国家级或省级贫困县，聚集着数以千万计的贫困人口；另一方面，又有分布在城镇和广大乡村的阶层性贫困人口。中国的贫困问题在结构上表现出区域性贫困与阶层性贫困并存的局面。

当然，这种结构规律会随社会经济的发展和国家反贫困政策的实施而发生变化，就现状而言，地区发展不平衡造成的区域性贫困问题比阶层性贫困问题更为突出，区域性贫困人口数量大约占到全国贫困人口数量的 70%，并且由于主要集中在不发达的西部地区和中东部的"老、少、边、穷"地区，从而使缓解区域性贫困问题成为国家实施贫困救助的政策的重点。在区域性贫困问题逐年得到缓解后，结构性贫困问题将成为国家实施贫困救助的重要领域。

（四）贫困问题的发展规律

在贫困人口数量与贫困程度方面，贫困人口会因区域性贫困问题的逐年缓解而持续减少，贫困化程度会由于经济发展和国民生活水平的普遍提高而不断减轻。在贫困问题结构方面，农村区域贫困问题会由于国家大规模扶贫计划的组织实施而缓解，但城乡居民的阶层贫困问题会越来越突出。在贫困救助水平方面，农村贫困社会成员的食物短缺问题将会逐步得到解决，但起码的医疗卫生服务和初等教育等基本需求则会成为新的救助领域。在国家的反贫困政策方面，重点将会转向一般的城乡贫困救助。由于历史、地理等方面的原因，以及地区发展、个人发展的不平衡，中国的贫困问题将是一个长期性的问题，完全消灭贫困现象并实现共同富裕，将是一个需要长期艰辛努力的过程。

二、中国社会救助制度的建立与发展

中国传统的社会救助是指中华人民共和国成立以后建立起来的一套以单位保障和农村集体保障为基础，以中央财政作为基本经济后盾的单一政府救助模式。在这种模式下，城镇在职职工及其家庭成员被排除在社会救助之外。城镇在职职工的家庭出现生活困难或遭灾后新出现的困难由所在单位解决，并且成为职业福利待遇的一个组成部分。农村社会成员由于实行的是集体核算、统一分配的劳动制度，社队的分配是一种平均分配，只有少数陷入较深的生存危机的农村居民或灾民才能获得政府的救助。

改革开放以来，为适应社会主义市场经济体制的变迁，中国政府逐步构建了以城乡最低生活保障、农村五保供养、救灾救助为核心，以医疗救助、住房救助、教育救助、司法救助等专项救助和城市流浪乞讨人员救助、临时救助为辅助，覆盖城乡的新型社会救助体系，初步实现了社会救助制度的定型化、规范化和体系化，实现了济贫理念由"救济"向"救助"的转变。

新型社会救助体系的确立，不仅大大强化了政府责任，而且从根本上改变了中国社会保障制度的理念，实现了从人性关爱到维护权利的转变，凸显了政府在维护公民基本生活安全方面的责任。在保障的功能上已经开始从"生存保障"向"生活保障"转变，在保障困难群众基本生活权益、维护基层社会稳定等方面发挥了重要作用，成为我国社会保障体系的重要组成部分。

随着经济的快速发展和社会的不断变化,社会救助制度面临新的问题,救助的人口规模发生了变化,救助的内涵和外延在不断发展,救助的人群结构也在变化。面对社会救助制度发展的需求,三十多年来的经济发展为社会救助提供了财力支持,发展社会救助成为政治共识,对社会救助理念的认同也成为社会共识,经济、政治和社会条件为社会救助制度的发展提供了资源。在中国当代社会保障的制度体系中,社会救助是最古老的社会保障制度,同时也是在当今社会中仍发挥着重要作用的制度。

目前我国还处于经济转轨、社会转型时期,地区之间、行业之间、不同人群之间存在较大的收入差距,弱势群体的生活状况仍然需要迫切关注。随着经济体制改革的深化、经济结构的调整,加上市场经济难以避免的风险,不断有一些新的社会成员进入贫困群体行列。新生或原有的贫困问题,在不完整的社会救助体系面前愈加充分地显露出来,这使得以解决眼前问题为导向的社会救助制度必须做出改变,以适应新的情况。

三、中国社会救助制度的结构

(一) 基本生活救助

1. 最低生活保障制度

(1) 最低生活保障制度的含义

最低生活保障制度,是指以保障居民基本生活为目的,科学、合理地确定最低生活保障标准,然后对其家庭成员人均收入低于最低生活保障标准的给予差额补助。最低生活保障制度是世界上绝大多数市场经济国家普遍实行的以保障全体公民基本生存权利为目的的社会救助制度,它根据维持最起码的生活需求的标准设立一条最低生活保障线,每个公民当其收入水平低于最低生活保障线而生活发生困难时,有权利得到国家和社会按照法定的程序和标准提供的现金和实物救助。最低生活保障制度作为一种解决贫困问题的补救机制,是现代国家社会保障制度体系中必不可少的基本组成部分,是社会保障体系中的最后一道"安全网"。

在我国,由于特殊的二元社会经济结构,最低生活保障制度在建立之初分为两种:城市最低生活保障制度和农村最低生活保障制度。

(2) 我国城市居民最低生活保障制度的发展历程

第一阶段是试点阶段(1993年6月至1995年5月)。1993年6月1日,上海市率先建立了城市居民最低生活保障线制度。在1994年召开的第十次全国民政会议上,民政部肯定了上海的经验,提出了"对城市社会救助对象逐步实行按当地最低生活保障线标准进行救助"的改革目标,并部署在东部沿海地区进行试点。到1995年上半年,已有上海、厦门、青岛、大连、福州、广州六个大中城市相继建立了城市居民的最低生活保障制度。在这一阶段,这项制度的创建和实施基本上是各个城市地方政府的自发行为。

第二阶段为推广阶段(1995年5月至1997年8月)。1995年5月民政部在厦门、青岛分别召开了全国城市最低生活保障工作座谈会,由上述已经建立最低生活保障制度的城市介绍经验,并号召将这项制度推向全国。到1995年年底,建立这项制度的城市发展到 12 个。经过几年的大力发展和政策支持,到 1997 年 5 月底,全国已有 206 个城市建立了这项制度,约占全国建制市的 1/3。在这一阶段,制度的创建和推行已经成为民政部门的有组织行为。

在这一阶段,国务院对民政部在全国推广建立城市居民最低生活保障制度的做法给予了充分的肯定。《关于国民经济和社会发展"九五"计划和 2010 年远景目标纲要的报告》中提出:"逐步建立城市居民最低生活保障制度,帮助城市贫困人口解决生活困难。"于是,"建立城市最低生活保障制度"的思想第一次写进了最高层次的政府文件《国民经济和社会发展"九五"计划和 2010 年远景目标纲要》中。

第三阶段是普及阶段(1997 年 8 月至 1999 年 10 月)。1997 年 8 月,国务院颁发了《国务院关于在各地建立城市居民最低生活保障制度的通知》(以下简称《1997 年通知》)。9 月,在党的十五大召开前夕,国务院召开电视电话会议,向各省、市、自治区部署了这项工作,要求到 1999 年年底,全国所有的城市和县政府所在的镇都要建立这项制度。党的十五大报告中提出了要"实行保障城镇困难居民基本生活的政策"。自此,这项制度的创立和推行成为中共中央、国务院的一项重要决策,推进的速度明显加快。截至 1999 年 9 月底,全国 668 个城市和 1 638 个县政府所在地的建制镇已经全部建立了最低生活保障制度。

第四阶段是提高阶段(1999 年 10 月至今)。1999 年 9 月,国务院颁布了经国务院第 21 次常务会议通过的《城市居民最低生活保障条例》(以下简称《条例》),并于 10 月 1 日正式实施。《条例》规定:"持有非农业户口的城市居民,凡共同生活的家庭成员人均收入低于当地城市居民最低生活保障标准的,均有从当地人民政府获得基本生活物质帮助的权利。"2000 年开始,最低生活保障制度已经融入中共中央的重要决策之中。2001 年下半年开始中央及省级财政加大财政力度,进一步促进了最低生活保障制度的发展。

2016 年年末全国有 1 479.9 万人享受城市居民最低生活保障。[①]

(3) 我国农村居民最低生活保障制度的发展历程

国际上并没有农村最低生活保障和城市最低生活保障之分,但直到改革开放前,在城乡二元经济结构背景下,我国对城镇居民实行了就业与社会保障合二为一,就业者生、老、病、死全都由国家(单位)包下来的国家保障模式。而在广大农村,农民绝大多数被束缚在土地上,土地成为其唯一的生活保障来源,形成了一种以家庭保障为主、集体保障为辅的保障模式,这种保障模式政府几乎不直接承担责任。正是这种与二元社会保障体系相适应的政府参与形式在很大程度上加剧了城镇居民与农村居民之间不平等的社会保障待遇,并且在某种程度上成为政府迟迟不介入农村社会保障的历史缘由之一。直到 1994 年,山西省民政厅才在阳泉市开展农村社会保障制度的试点。1996 年,民政部正式印发了《关于加快农村社会保障体系建设的意见》,全国试点范围扩展到 256 个市县。此后数年我国农村最低生活保障制度才得以稳步发展。

农村居民最低生活保障制度是在农村特困群众定期定量生活救助制度的基础上逐步

---

① 国家统计局. 2016 国民经济和社会发展统计公报[EB/OL]. 国家统计局网站, http://www.stats.gov.cn/tjsj/zxfb/201702/t20170228_1467424.html.

发展和完善的一项规范化的社会救济制度,迄今为止,已经历了三个发展阶段。

第一阶段:初创阶段(1994年至1995年年底)。农村居民最低生活保障制度的试点起源于1994年山西省阳泉市。此后,上海市在1994年进行农村居民最低生活保障制度试点。同年,第十次全国民政工作会议上,民政部决定进一步扩大农村居民最低生活保障制度试点范围,试点区域确定为山西、山东、浙江、河北、广东和河南等。1995年12月,广西颁布了我国第一个县级农村居民最低生活保障制度文件。

第二阶段:推广阶段(1996年至2001年年底)。1996年,民政部印发了《关于加快农村社会保障体系建设的意见》,并制订了《农村社会保障体系建设指导方案》,将农村最低生活保障的试点范围扩大到全国256个市县。2001年年底,全国共有2 037个县建立了农村居民最低生活保障制度,占所有县、市总数的81%,对344万农村困难居民实施了最低生活保障,占农业总人口的0.4%,年支出保障资金9.1亿元。

第三阶段:全面推进和逐步完善阶段(2002年至今)。2002年年底,全国有1 871个县(市、区)建立了农村居民最低生活保障制度。2003年年底,由于中央政策的调整,只有1 206个县继续开展农村居民最低生活保障制度。2004年,国务院颁布的《关于促进农民增加收入若干政策意见》提出,"有条件的地方要探索建立农民最低生活保障制度",此后,福建、北京、上海、天津、浙江、广东、江苏7个省(直辖市)相继建立了农村居民最低生活保障制度。2006年12月召开的中央农村工作会议和2007年中央一号文件再次明确提出:"在全国范围建立农村居民最低生活保障制度,鼓励已建立农村低保制度的地区完善制度,支持未建立制度的地区建立制度。"这标志着农村最低生活保障进入全面推进的新阶段。2007年7月,国务院发出《关于在全国建立农村最低生活保障制度的通知》,这表明,农村居民最低生活保障作为一项制度,将成为与城市居民最低生活保障制度并列的一道社会安全网,中国社会已经进入"全民低保"阶段。[1]

按照每人每年2 300元(2010年不变价)的农村贫困标准计算,2016年农村贫困人口为4 335万人。2016年年末全国有4 576.5万人享受农村居民最低生活保障。[2]

(4)最低生活保障制度的框架

① 基本原则

最低生活保障制度遵循保障居民基本生活的原则,坚持国家保障与社会帮扶相结合,鼓励劳动自救的方针,一般遵循三个基本原则:一是保障最低生活,保障水平与生产力发展和当地居民的总体生活水平以及各方的承受能力相适应;二是由政府承担保障的主要责任;三是以全体居民为保障对象。

实施最低生活保障,必须进行家庭经济情况调查,按法定程序确定申请对象是否陷入贫困。法定程序主要包括个人申请、调查审核、社区证明、政府批准等,以保证最低生活保障资金切实用于最需要救助的公民。

---

[1] 李杰,樊轶侠.关于完善我国农村居民最低生活保障制度的思考[J].河南师范大学学报(哲学社会科学版),2008(6):90-93.

[2] 国家统计局.2016国民经济和社会发展统计公报[EB/OL].国家统计局网站,http://www.stats.gov.cn/tjsj/zxfb/201702/t20170228_1467424.html.

② 保障标准

低保标准是城乡低保制度的关键环节,是界定低保范围、核定低保对象、确定补助水平以及安排补助资金的重要依据。最低生活保障标准按照当地维持居民基本生活所必需的衣、食、住费用,并适当考虑水电燃煤(燃气)费用以及未成年人的义务教育费用确定。具体保障标准由地方政府民政部门会同财政、统计、物价等部门制定,报本级人民政府批准并公布执行;县(县级市)的最低生活保障标准,由县(县级市)人民政府民政部门会同财政、统计、物价等部门制定,报本级人民政府批准并报上一级人民政府备案后公布执行。最低生活保障标准需要提高时,依照规定重新核定。

2011 年 5 月 18 日,民政部会同国家发展改革委、财政部、国家统计局印发《关于进一步规范城乡居民最低生活保障标准制定和调整工作的指导意见》(民发〔2011〕80 号)。意见规定,各地要运用基本生活费用支出法、恩格尔系数法或消费支出比例法制定城乡低保标准,建立和完善城乡低保标准与物价上涨挂钩的联动机制,并随着当地居民生活必需品价格变化和人民生活水平的提高定期调整[①]。这标志着中国城乡低保标准动态调整机制正式建立。2014 年国务院出台《社会救助暂行办法》,规定:最低生活保障标准,由省、自治区、直辖市或者设区的市级人民政府按照当地居民生活必需的费用确定、公布,并根据当地经济社会发展水平和物价变动情况适时调整。

③ 资金来源

最低生活保障所需资金,由地方人民政府列入财政预算,纳入社会救助专项资金支出项目,专项管理,专款专用。目前从我国政府财政安排上看,低保资金中中央财政已占到70%。国家鼓励社会组织和个人为最低生活保障提供捐赠、资助;所提供的捐赠资助,全部纳入当地最低生活保障资金。

④ 申请程序

申请享受最低生活保障待遇,由户主向户籍所在地的街道办事处或者乡、镇人民政府提出书面申请,并出具有关证明材料,填写《最低生活保障待遇审批表》。保障待遇由其所在地的街道办事处或者乡、镇人民政府初审,并将有关材料和初审意见报送县级人民政府民政部门审批。管理审批机关为审批最低生活保障待遇的需要,可以通过入户调查、邻里访问以及信函索证等方式,对申请人的家庭经济状况和实际生活水平进行调查核实。申请人及有关单位、组织或者个人应当接受调查,如实提供有关情况。对经批准享受最低生活保障待遇的居民,由管理审批机关采取适当形式以户为单位予以公布,接受群众监督。

2. 农村五保供养制度

农村五保供养是我国农村社会救助制度的重要组成部分,是指对农村村民中无法定赡养人、抚(扶)养人、无劳动能力、无生活来源的老人、残疾人、未成年人在吃、穿、住、医、葬(教)等方面给予生活照料和物质帮助的制度安排。

农村五保供养最早开始于农业生产合作社时期。《1956 年到 1967 年全国农业发展

---

① 社会救助司.城乡居民最低生活保障标准动态调整机制正式建立[EB/OL].(2011-05-18).民政部网站,http://www.mca.gov.cn/article/zwgk/mzyw/201105/20110500154325.shtml.

纲要》明确提出："农业合作社对于社内缺乏劳动力、生活没有依靠的鳏寡孤独的社员,应当统一筹划……在生活上给予适当照顾,做到保吃、保穿、保烧(燃料)、保教(儿童和少年)、保葬,使他们生养死葬都有指靠",以此建立了吃、穿、烧、教、葬等独具中国特色的农村五保供养制度的雏形,并逐步形成了集中供养和分散供养相结合的五保供养模式。

2006 年《农村五保供养工作条例》颁布并实施,规定老年、残疾或者未满 16 周岁的村民,无劳动能力、无生活来源又无法定赡养、抚养、扶养义务人,或者其法定赡养、抚养、扶养义务人无赡养、抚养、扶养能力的,享受农村五保供养待遇。供养内容包括吃、穿、住、医、葬五个方面。农村五保供养资金,在地方人民政府财政预算中安排。中央财政对财政困难地区的农村五保供养,在资金上给予适当补助。在落实供养经费的同时,各地采取有效措施,加快推进农村五保供养服务设施建设。2008 年,各地深入贯彻落实《农村五保供养工作条例》,逐步将符合条件的困难群众全部纳入供养范围。自 2008 年 2 月以来,全国农村五保供养对象基本稳定在 530 万人左右。2016 年年末全国有 496.9 万人享受农村特困人员救助供养(农村五保供养)。[①]

3. 流浪乞讨人员救助

流浪乞讨人员救助是指为城市生活无着的流浪乞讨人员,即自身无力解决食宿、无亲友投靠、不享受城市最低生活保障或者农村五保供养、正在城市流浪乞讨度日的人提供的一项基本生活专项救助。目前我国颁布的流浪乞讨人员救助管理的法律法规有:2003 年 6 月颁布实施的《城市生活无着的流浪乞讨人员救助管理办法》(国务院令第 381 号)、2003 年 7 月民政部颁布的《城市生活无着的流浪乞讨人员救助管理办法实施细则》(民政部令第 24 号)、2006 年 1 月民政部等六部门颁布实施的《关于进一步做好城市流浪乞讨人员中危重病人、精神病人救治工作的指导意见》(民发〔2006〕6 号)。

流浪乞讨人员救助包括五项基本内容的救助:符合卫生标准的食物、符合基本条件的住处、站内突发急病的救治、帮助与其亲属或者所在单位联系、为无力支付交通费的受助人员提供乘车凭证。

(二) 灾害救助

安置的具体内容包括灾后住房恢复重建规划、灾后基本生活救助以及经济的恢复发展等。其中,灾后住房恢复重建是指本着因地制宜、经济实用的原则,组织重建或者修缮因灾损毁的居民住房,并对恢复重建确有困难的家庭予以重点帮扶,确保房屋建设质量符合防灾减灾要求。灾后基本生活救助的补助对象由受灾人员本人申请或者由村(居)民小组提名。经村(居)民委员会民主评议,符合救助条件的,在自然村、社区范围内公示;无异议或者经村(居)民委员会民主评议异议不成立的,由村(居)民委员会将评议意见和有关材料提交乡镇人民政府、街道办事处审核,报县级人民政府民政部门审批。自然灾害发生后的当年冬季、次年春季,受灾地区人民政府应当为生活困难的受灾人员提供基本生活救助。

---

① 国家统计局. 2016 国民经济和社会发展统计公报〔EB/OL〕. 国家统计局网站, http://www.stats.gov.cn/tjsj/zxfb/201702/t20170228_1467424.html.

改革开放以来,我国确定了新的自然灾害管理体制,其基本领导体制是:党政统一领导,部门分工负责,灾害分级管理。在这一体制中,党中央、国务院统揽全局,总体指挥,地方各级党委和政府统一领导,各有关职能部门分工负责,并充分发挥人民解放军指战员、武警官兵、公安干警和民兵预备役部队突击队的机动作用。同时,为了更为有效地发挥有关职能部门的作用,我国还形成了灾害管理的综合协调机制。进入21世纪以来,我国的灾害管理体制进一步健全。

目前,在国务院统一领导下,中央层面上设立有国家减灾委员会、国家防汛抗旱总指挥部、国务院抗震救灾指挥部和全国抗灾救灾综合协调办公室等机构,负责灾害管理的协调和组织工作。这些协调机构既为中央灾害管理提供决策服务,也保证了中央灾害管理的决策能够在各个部门得到及时落实。国家减灾委员会是国务院领导下的部级议事协调机构,其主要任务是:研究制定国家减灾工作的方针、政策和规划,协调开展重大减灾活动,指导地方开展减灾工作,推进减灾国际交流与合作。

四、中国社会救助制度面临的问题与未来选择

(一)中国社会救助制度面临的问题

1. 社会救助体系有待进一步完善

(1)社会救助管理体制应该更加有序化

我国目前的社会救助管理体制是以民政部门为牵头单位,但由于缺乏明确的法律依据和存在部门利益阻隔,民政、财政、工会、妇联、企事业单位等多头实施社会救助,"多龙治水"的工作格局导致政出多门、标准各异。这种多元型的救助管理状况,造成社会救助的总体无序,增加了社会救助的管理成本,降低了社会救助的工作效率,既不现实,也不利于救助对象需求的有效满足。同时,由于社会救助资源统筹不够,人手紧、经费缺,严重影响了基础社会救助机构人员工作的积极性,许多工作都由其他部门代行,人数较少且更换频繁,专业知识缺乏,导致对救助对象审查粗略,对政策理解不到位,部分地区甚至出现截留、挪用、贪污社会救助资金的现象。

(2)社会救助方式应该更加人性化

目前我国的社会救助方式大多停留在"输血"层面,激励就业和预防贫困的措施较少。社会救助应该更多地体现政府的责任和被救助者的权利,并不特别要求被救助者提供服务作为回报。不过在社会救助过程中,被救助者被要求有一些义务,比如在住房救助中,要求被救助者承担如实提供材料的义务、家庭情况变化报告的义务、按时交纳租金的义务等。同时,依据国家统计局住户抽查获得的贫困人口数据尽管有一定的科学性,但是其没能解决贫困人员的存在情况、贫困原因和如何针对性扶贫的问题。

(3)社会救助项目设置应该更加合理化

现行社会救助制度安排中,大大小小的项目之间缺乏相互的衔接配套,不利于激励受助对象通过公开的劳动增加收入和退出受助行列,引起多重救助的简单叠加和劳动所得对救助待遇的简单替代,这将会从深层次影响我国城市社会救助制度的长远发展。此外,在城乡收入差距越来越大的情况下,制度设计的二元化色彩明显,表现为政策二元、管理

部门多元、财政支持不明确、救助标准二元化,这不仅没有缩小城乡收入差距,反而加大了城乡收入差距,与城乡一体化的发展方向背道而驰。同时,近年来我国困难人群的社会特征和急难需求正在不断变化,需要救助的点多面广,在有些方面,现行社会救助制度还存在一些盲区,一些急难需求还没有得到制度化的回应。

2. 社会救助法制建设有待进一步强化

纵观各国社会救助制度都是以高层次的全国性的立法为保障,例如,英国 1601 年的《济贫法》规定了政府为生活贫困并丧失劳动能力的国民提供救助的义务。美国 1935 年的《社会保障法》中,公共救助是其中重要的组成部分之一。作为政府保障公民的最后一条防线的社会救助制度,需要以高层次的法律来规范,统领全国的社会救助事业,消除人民的生存危机。

在我国社会救助制度安排中有 90% 是政策性制度,这些政策性制度基本上以通知、意见、方案或者规划等形式发布;只有 10% 属于法规性制度安排,而且这些法规性制度基本上是属于国务院的行政法规及部门规章,如规定、条例、实施细则或办法,法律效力和等级都较低。

3. 社会救助机制有待进一步完善

我国目前社会救助在资金监管、程序保障、权利救助等具体机制方面还有待进一步完善。

社会救助制度中的监督条款本身流于形式和文本,还没有形成一种经常性的、全面的监督安排,从而导致制度的执行不力,并且不能及时纠正其中出现的问题。在现实生活中,社会救助法律制度实施中所存在的重亲厚友、挪用克扣救助款、强制搭售、符合救助条件的领取不到而不符合救助条件的却挤占抢夺救助资源等现象屡屡发生,折扣执行社会救助等现象层出不穷,这是与相应监督机制的缺失密切相关的。权力失去监督就会导致腐败,制度失去监督就会形同虚设,甚至还会造成新的社会不公。

(二)中国社会救助制度的未来选择

中国社会救助制度的未来发展应该立足解决人民群众最关心、最直接、最现实的利益问题,加强理念提升、制度建设、管理创新,形成与构建社会主义和谐社会要求相适应的普惠型的社会救助体系。

1. 科学合理规划社会救助事业

(1)进一步扩大社会救助覆盖范围

积极研究解决非户籍人口享受社会救助待遇的问题,改善我国社会救助申请主体强调"人户一致"的原则,并将边缘贫困群体纳入制度救助,注意社会救助对象的边界弹性化处理。

(2)建立科学合理的社会救助标准

我国目前社会救助水平(主要表现为低保救助水平)的厘定并没有客观的标准,所以在实际操作过程中变成了由当地政府的财政状况来决定,当地方财政力量不足时,社会救助标准必然会受到影响。建立社会救助标准的正常增长机制,强调保基本生存的同时更要关注发展,强调食品类支出的同时也要考虑贫困家庭在交通、教育、通信等方面的支出需求,保证贫困人口能够分享社会经济发展的成果。

(3) 真正实现社会救助的城乡一体化

城乡一体化主要是指城乡社会救助制度框架一致、管理体系一致,具体救助标准因城乡消费差异而有所差别或逐步走向趋同。社会救助制度属于公共服务范畴,坚持制度公平,坚持机会公平,保证城乡居民在社会救助面前具有同等的权利和机会,同时要保证城乡居民的社会救助效果公平。

2. 进一步强化社会救助管理体系

我国目前社会救助在资金监管、程序保障、权利救助等具体机制方面还存在一定的漏洞,相应的监督机制缺失。因此,健全社会救助工作的管理体制与运行机制,是做好社会救助工作的组织保证。为此,应该加快理顺社会救助工作的管理体制,建立综合协调机制,有效整合救助资源,促进社会救助工作的良性运行。同时,完善社会救助工作的运行机制,包括:①规范操作。根据权利与义务对等的原则,规范救助对象的确定程序,坚持公开操作;进一步完善分类施保机制,制定相关的分类标准、补助系数等;救助资金管理必须明确职责,严格实行专户、专款、专人管理。②建立专门的社会救助信息共享机制,实现救助工作的动态管理。③建立健全监督机制,包括预决算管理机制、监督检查机制和处罚机制。④统一整合地方社会救助各方面的资源,统一管理支配社会救助资金,实现资金、信息统一口径、统一数据库。

3. 逐步完善社会救助实施的财政支持

建立普惠型社会救助体系,首先必须设计保障救助资金供给的基本制度安排。各级政府是社会救助工作的责任主体,财政投入是社会救助资金可靠、稳定的来源,必须建立科学合理、规范有效的财政投入机制。

改善财政投入结构,逐步加大公共财政对社会救助制度的投入规模,尤其是对农村社会救助的投入规模。根据责任共担的原则,健全各级财政对于社会救助资金实行足额列支和按时拨付机制,制定稳定的制度化的中央和地方各级财政共同负责机制,以制度化的方式明确各级财政的责任。

4. 进一步健全社会救助实施的法制保障

作为政府保障公民的最后一条防线的社会救助制度,需要以高层次的法律来规范,统领全国的社会救助事业,消除人民最低生存的风险。我国《社会救助法》的制定和颁布已经迫在眉睫,它成为我国社会救助制度发展的瓶颈,制约着我国社会救助制度的稳定、定型和可持续发展。应该加强社会救助的配套立法,完善制度内部的有效衔接,从而减少"福利依赖"和"贫困陷阱",真正做到"应保尽保"。同时调整社会救助法制结构性失衡,建立健全社会救助程序法,具体包括社会救助公开制度、社会救助回避制度、社会救助听证制度、社会救助应退尽退制度、社会救助处罚制度等,以增强社会救助工作透明度,避免不正当行为,改变重权力轻权利和重实体轻程序的状况。

本章小结

　　本章主要介绍了社会救助的概念、发展、特点、原则、主要内容及其项目构成,以及我国社会救助的体系结构、发展现状及制度改革问题。

自 测 题

一、单项选择题

1. 社会救助是社会保障的(　　)。
   A. 最低纲领　　　　B. 基本纲领　　　　C. 最高纲领　　　　D. 特殊纲领
2. 勉强度日的生活水准的恩格尔系数为(　　)。
   A. 20%～30%　　　B. 60%以上　　　　C. 50%～59%　　　D. 10%以下
3. 生存线是(　　)。
   A. 基本贫困的下限,是满足最起码的生理需求的最低费用
   B. 基本贫困的上限,是满足最起码的生理需求的最低费用
   C. 相对贫困的下限
   D. 相对贫困的上限

二、多项选择题

1. 贫困线确定的方法有(　　)。
   A. 市场菜篮子法　　　　　　　　B. 恩格尔系数法
   C. 生活形态法　　　　　　　　　D. 国际贫困线标准
2. 现代社会救助的特征有(　　)。
   A. 最低保障性　　　　　　　　　B. 救助对象全民性
   C. 权利义务单向性　　　　　　　D. 按需分配
3. 目前我国社会救助制度包括(　　)。
   A. 城乡居民最低生活保障制度　　B. 灾害救济制度
   C. 城乡特困人员救助供养制度　　D. 城市流浪乞讨人员救助制度
   E. 教育救助、医疗救助、住房救助、司法救助等专项救助制度

三、名词解释

阶层性贫困

四、简答题

如何理解贫困的内涵与外延?

第七章

社会福利

【学习目标】

通过本章的学习,了解社会福利的概念、特点及相关理论基础;熟悉社会福利的主要内容及其项目构成;了解我国社会福利的发展历程及其存在的问题,掌握我国改革开放以后社会福利改革的相关内容,把握我国社会福利制度的发展概况以及近年来我国社会福利改革的现状。

【导读案例】

上海提升社会福利　累计发放老年综合津贴超 48 亿元

东方网记者曹磊、袁猛、徐程 2017 年 3 月 24 日报道:在今天举行的市政府新闻发布会上,东方网记者获悉,本市将继续聚焦老年人、残疾人和儿童等群体,不断提升社会福利事业水平。在养老服务方面,着力构建涵盖养老服务供给、服务保障、政策支撑、需求评估、行业监管的"五位一体"的社会养老服务体系。

目前,全市养老床位总量由 2012 年的 10.5 万张,增加到 2016 年的 13.2 万张,养老机构达 702 家;积极探索符合特大型城市特点的养老服务模式,建成社区嵌入式养老服务机构——"长者照护之家"73 个;建成社区老年人日间照料中心 488 个、社区助餐点 633 个;推动各街镇打造老年宜居社区,目前全市已有 139 个社区开展了试点,建成社区综合为老服务中心 32 个;40 家街镇正在探索让老年人可知、可选、可及、可用的"养老服务包"。

在医养结合保障方面,2015—2017 年连续将"新增 50 家养老机构设置医疗机构"纳入市政府实事项目,到 2016 年年底,全市养老机构中有 34.7% 设有医疗机构;今年年底将实现全市社区托养机构与社区卫生服务中心签约服务全覆盖。在人力资源保障方面,实施技能提升专项行动计划,全市建立了 16 个养老护理员实训基地;出台了加强养老护理人员队伍建设的实施意见,加强技能培训,并探索定向培养、委托培养机制,募集社会资金对高技能养老护理员进行奖励,力争到 2020 年,全市养老护理人员新增 4.5 万人,全员持证上岗率达到 95% 以上,其中国家职业资格等级证书持证率超过 30%。

在老年福利方面,上海在全国率先实施普惠性质的"老年综合津贴"制度。截至目前,全市共受理 308 万老年人申请,累计发放资金超过 48 亿元。

此外,在继续做好孤儿保障工作的同时,加强农村留守儿童关爱保护工作,建立了市农村留守儿童关爱保护工作联席会议机制,市政府印发了"留守儿童关爱保护工作实施意见"。在残疾人福利方面,从 2016 年 1 月开始,实施本市困难残疾人生活补贴和重度残疾人护理补贴制度,目前共覆盖 24.06 万残疾人(其中,困难残疾人生活补贴主要针对重残无业人员,每人每月 330 元;低保家庭中的残疾人,每人每月 300 元;低收入家庭中的残疾人,每人每月 200 元;重度残疾人护理补贴主要针对残疾等级为一级的残疾人,每人每月 300 元;二级的残疾人和三级智力残疾人,每人每月 150 元),累计发放资金 6.28 亿元。探索实施福利企业残疾人职工社会保险补贴政策,全年惠及近 2 万名残疾人职工,累计发放补贴资金 1.38 亿元。

(资料来源:21CN 新闻,http://news.21cn.com/caiji/roll1/a/2017/0324/15/32101886.shtml.)

问题:社会福利包括哪些内容?

第一节　社会福利概述

一、社会福利的概念

社会福利作为一项社会保障制度,是在人类社会进入 20 世纪以后开始形成并发展起来的。20 世纪以前,西方的社会福利主要建立在自由主义行为基础上,只是表现为一种局部的、有限的慈善行为,表现为一种单纯的民间互助行为,社会福利的内容也仅仅是满足社会成员因生存而需要的单纯的物质生活保障,渗透到这些行为中的主要是一些行善积德的宗教释义或儒学思想。进入 20 世纪以后,在国家和政府直接干预和承担责任的基础上,社会福利才逐步成为一项面向全体社会成员的社会政策,并且逐步形成了日益丰富的国家福利等道德价值规范,除了满足物质生活保障,还增加了精神生活和个人全面发展的内容。

不过,在国际上由于对社会福利还缺乏统一的界定与认识,所以社会福利的内涵和外延至今难以准确界定。不同的国家和地区由于历史、文化、政治、经济等背景条件的不同,对社会福利的认识和理解也不同。按字面含义理解,社会福利是指改善全体社会成员的物质文化生活,提高其生活质量的社会保障制度。在社会保障学界,社会福利概念之所以出现较大分歧,是因为人们各自从广义、中义、狭义层面去理解它。

广义社会福利属于大福利概念,西方国家认为社会福利是指一切改善和提高人民物质生活和精神生活的社会措施,不仅包括我们所谓的社会保障内容,还包括医疗保健、国民就业、社会保险、福利服务、社会救助、国民住宅、环境保护等。

英国学者认为社会福利是为了保障全体国民物质的、精神的、社会的最低生活水准,由政府和民间提供的各项社会服务的总和。在美国,人们普遍认为社会福利是为了保证个人以及集团成员拥有平均的生活水准和身体健康而提供的各项社会服务和有关制度的组织体系。一个国家用以协助人们满足社会、经济、教育与健康的需求,使社会得以维系下去的方案、给付与服务的体系就是社会福利。我国香港和台湾地区也采用广义社会福利的概念。台湾界定的社会福利范围非常广泛,涉及公务人员保险、退休人员保险、私立学校教职工保险、农民健康保险、劳工保险、人寿保险、社会救助、残障福利、妇女福利、老人福利、儿童福利等。香港也将综合援助、社会服务等列入社会福利范畴。

中义社会福利基本上是社会保障的同义语，是西欧国家普遍用来替代社会保障的一个概念，涵盖了政府和社会为国民提供的各种服务设施和社会保障的各项内容。

狭义社会福利是社会保障体系中的一个组成部分。我国使用的社会福利概念就是一种狭义上的概念，主要是指国家和社会通过社会化的福利设施和有关福利津贴，满足社会成员的生活服务需要，并促进其生活质量不断得到改善的一种社会保障制度。

对于这个概念，我们可以从以下五个方面来理解。[①]

第一，社会福利的责任主体是国家和社会。国家颁布相关法律对各项福利事业进行规范，如我国先后颁布了《中华人民共和国残疾人权益保障法》《中华人民共和国老年人权益保障法》等若干部法律或法规。同时，政府通过有关职能部门对社会福利事业进行监督与管理，并承担着相应的拨款和补贴责任。

第二，社会福利具有经济福利性。与其他社会服务相比，社会福利的本质主要体现在经济福利性上，从而属于第三产业范畴，但是不同于一般的第三产业，所以难以通过市场调节，政府的呵护和政策扶持往往是社会福利生存和发展的必要条件。

第三，社会福利强调社会化。也就是说，福利的提供必须是开放式的，必须面向所有的公民。

第四，社会福利的供给方式主要是提供服务，如青少年教育服务、残疾人康复服务、老年人安老服务以及其他一些具有福利性质的社会服务。从这个角度讲，社会福利主要处于服务保障的层次，甚至包括了对有需要的人的精神慰藉。

第五，社会福利的目标不仅仅是保障社会成员的基本生活，解除社会成员的后顾之忧，而且是促使社会成员的生活质量不断得到改善和提高。例如，满足社会成员在教育、文化等方面的需求等。

二、社会福利的模式理论

关于社会福利的模式有很多种，如福利国家模式、斯堪的纳维亚模式、保守主义模式、自由民主主义模式、费边主义模式、马克思主义模式、社会民主主义模式等，我们这里主要介绍以下四种。

（一）威伦斯基的"二分法"模式

美国社会学家哈罗德·威伦斯基提出了福利模式的"二分法"，也就是社会福利的两种概念：剩余说和制度说。剩余说主张社会福利只有在正常的供给渠道遭到破坏时才发挥作用，它显示的是对自由选择的价值承诺，要求解决的首先是社会失常现象和补充必要的普及性服务。这实际上反映了社会福利是一种补充性的机制。制度说认为社会福利是正常的和第一线的危机预防系统，它强调社会福利优先解决普遍性的社会问题，补充以必

---

① 郑功成.社会保障学——理念、制度、实践与思辨[M].北京：商务印书馆，2000：20-21.

要的补救性选择服务,从而在现代工业社会中发挥必然的重要性。制度说强调了社会福利的制度性,强调社会福利作为一种普遍性的制度而存在。

(二)蒂特马斯的"三分法"模式

英国社会政策专家蒂特马斯在理论上把社会福利区分为三种模式:剩余模式(也称补救模式),相当于威伦斯基的剩余说,即主张社会福利只有在正常的社会供给渠道遭到破坏时才发挥作用。制度性再分配模式,相当于威伦斯基的制度说,即认为社会福利是正常的和第一线的危机预防系统。不同的是,他增加了第三种模式:成就或成绩模式。这个模式把社会福利界定为"经济的附属物",主张社会资源应该按照"成绩、工作表现和生产力来分配"。这实际上更多地强调了效率原则。

(三)米什拉模式

加拿大社会学家米什拉在 1977 年提出这一模式,自认为该模式非常适合社会主义国家。其特点是:国家统包满足人民的需要;以按需分配为主导;提供全民受惠的法定服务;高水平的福利待遇;国家服务方面的支出占到国民收入的高比例;享受社会福利服务是国民基本权利和社会的基本价值观的体现。

(四)罗斯的混合福利模式

罗斯认为,社会福利是一种混合的社会安排的结果。在任何社会中,提供一种特定的服务有四种方式,关键是该服务在生产环节中是否给予货币价值和在使用环节上是否货币化,这四种方式是市场、政府、共同生活的住户和物物交换。每一种产出方法是可以相互替代的。因此,以政府力量为主导不等于国家垄断;混合的福利经济也不一定会导致福利总产出的减少。同样,尽管福利的分配系统可能不同,但如果供应的渠道是多样化的而不是单一的,社会福利总量就会是较大的。什么是最好的方式最终要通过政治的选择来决定。

三、社会福利的特点

与社会保障体系中的其他系统相比,社会福利具有以下六个方面的显著特点。

(一)社会福利的覆盖对象具有普遍性

社会福利是全民性社会保障事业。尽管社会成员享有的社会福利项目或福利水平不可能一致,但从总体上讲,社会福利是面向全体社会成员的社会保障事业,任何人都需要并且都能够享受到一定的社会福利待遇。从社会福利的对象来看,它覆盖了包括劳动者在内的全体公民:从婴幼儿、儿童、少年、劳动者,到残疾人、老年人等。例如,英国在二战后推行的社会福利政策就是面向每个公民的。有些社会福利的享受对象甚至推广到了在本国居住的外国公民。

与社会福利相比较,社会保障的其他子系统的覆盖对象却是比较有限的,社会保险只面向从业人员,社会救助面向贫困人口和灾民,社会优抚只面向军人及军烈属。

(二) 社会福利的内容具有广泛性

社会福利制度在内容上涉及国民教育、住房、就业、日常生活、文化娱乐等各个方面,在具体的服务方式上由于针对不同的对象而具有不同的服务内容,如社会化的老年人福利、儿童福利、妇女福利、残疾人福利等。因此,它是社会保障体系中内容最复杂、项目最多的一个子系统。

(三) 社会福利的提供方式具有服务性

社会福利项目的实施一般具有服务性,并且离不开特有的社会福利设施。目前,社会保险主要采取提供现金的方式,社会救助主要采取提供现金、实物的方式。社会福利的目的是改善社会成员的生活质量,提高国民的素质。为了达到这一目的,只依靠现金和实物是远远不够的,还要提供广泛的福利设施和福利服务,如学校、公共住房、集体福利设施、养老院、儿童福利院、残疾人特殊教育学校、残疾人福利企业、残疾人康复中心、老年服务中心、社区服务机构等。这些设施是国家和社会实施相关社会福利政策的基本途径。

(四) 社会福利的实施主体具有社会性

由于社会福利覆盖了全体公民,而人们对社会福利服务的需求是多种多样的,社会福利在内容上又是非常广泛的,管理也非常复杂,所以社会福利的服务不可能全部由国家来承担,只能通过政府举办的各种福利机构或者是非政府的社会福利团体来提供。这样,既有政府举办的教育、住房等社会福利,也有企业举办的职业福利,以及民间举办的社区福利或慈善性福利事业。因此,社会福利事业是需要充分利用社会各方力量来合力推动的社会保障事业,包括政府、非政府组织(NGO)或非营利组织(NPO)、市场(个人付费的)、社会(社区的志愿者、受助者家庭)等。

(五) 社会福利的实施过程具有多层次性

由于社会成员对福利的需求是多方面的,也是多层次的,国家和社会在举办社会福利时,不可能像社会救助、社会保险、军人保障等其他社会保障子系统一样,规范一个统一的标准,而是在保证必要的、基本的福利保障的条件下区别不同的对象来确定具体的标准,同时,允许无偿的福利、低收费的福利、标准收费但不盈利的福利等多种形式存在,为社会成员提供多层次的福利保障。就实施的过程而言,社会福利与其他社会保障子系统相比显得更为复杂。

(六) 社会福利的外延丰富

基于对狭义的社会福利内涵所做的界定,社会福利的外延应该包括公共福利、特殊福利、职业福利等方面。其中,公共福利包括公共教育福利、公共卫生福利、公共文体福利、住房福利等;特殊福利包括老年人福利、青少年福利、残疾人福利、妇幼福利等;职业福利包括生活服务、文化福利、职工补助等。

第二节　公共福利

一、公共教育福利

教育福利是与国家的教育政策紧密关联的一种福利制度,是指国家和社会通过社会化的教育投资和福利性的设施,满足全社会成员的受教育愿望和需求,从而促使其素质不断得到提高的一种社会福利。从一个国家或地区发展的角度出发,往往是劳动者素质越高的国家或地区社会经济就越发达,而较高的素质是通过教育来实现的。所以,教育福利的发展程度关系到一个国家的经济发展和社会进步。

下面介绍教育福利的内容。

(一)国民基础义务教育

国民基础义务教育是教育福利的主要内容。义务教育起源于德国。1619 年,德国魏玛公国公布的学校法令规定:父母应送其 6～12 岁的子女入学,这是最早的义务教育。1986 年 4 月我国颁布了《中华人民共和国义务教育法》,这是我国首次把免费的义务的教育用法律的形式固定下来,即适龄的"儿童和少年"必须接受 9 年的义务教育。2006 年 6 月修订通过了新的《中华人民共和国义务教育法》,经过两年的过渡,2008 年秋季在全国范围内开始实施名副其实的义务教育。"十三五"期间,我国陕西、广东、浙江、河北等地开始实施 13 年或 12 年义务教育。

国民基础义务教育从来就是国家办的事业,这一部分教育经费在任何国家都是由政府保证的。义务教育应该是免费的教育,国家有义务为学龄儿童提供接受教育的条件,保障每一位儿童拥有平等的受教育的权利和机会。为了保障国民不分民族、不分性别,都有接受义务教育的权利,国家采取了一系列政策措施。

(1)对特殊困难家庭的子女和孤儿、无收养家庭的弃儿等的教育,国家有关政策规定公立学校通过一定审核程序给予减免学杂费和代为支付书本费。由社会福利机构集中收养的孤儿、弃儿,其教育费用由社会福利机构直接向学校支付。

(2)教育机构在中等及以上学校设立助学金和贷学金,资助生活困难家庭的子女。助学金是无偿提供的,生活困难家庭的子女可向学校申请获得,用以解决在校期间学习、生活上的基本开支。贷学金是一种无息或低息的有偿资金,学生可申请贷款,满足求学阶段的学习、生活上的资金需要,学业完成、参加工作并取得收入后一次性偿还或分次偿还,或由用人单位偿还。

(二)社会捐助教育

社会团体、社会热心人士捐助以及慈善机构设立的教育基金或直接为学校捐资构成教育福利的补充。前者一般以单位名义或个人名义设立基金,也有集社会捐资组成的基金(如我国青少年发展基金会牵头开展的全国性的救助失学儿童的"希望工程"),用以资助困难学生和奖励成绩特别优异的学生。后者如各类私立学校、教会学校和企业单位办的学校等。社会保障机构也有直接办学的，如特殊教育学校、为失业人员提供职业培训的学校等。

（三）其他教育福利

例如，大专院校的助学金、奖学金、贷学金以及职业培训津贴等。

二、住房福利

住房福利主要指面对城市中低收入群体，解决住房问题，提高住房生活质量的福利。关于住房是否属于社会福利的内容，有三种不同的观点：第一种观点认为住房只具有纯粹的商品性而不具有福利性，它与其他消费品一样，社会成员要支付货币去购买，住房属于个人所有；第二种观点认为住房可以通过社会福利的形式，由国家和社会在工资分配之外进行分配；第三种观点具有折中性，认为住房具有商品性，同时也具有福利性。

工业化和城市化过程中，一个不可回避的严重问题是，大量的中低收入者的支付能力与具有适宜的住房标准的住房价格之间存在差距甚至是巨大的鸿沟。这也是各国政府干预住房市场的主要原因。因此，世界各国政府几乎无一例外地在不同程度上为中低收入阶层解决住房问题提供帮助。例如，为中低收入阶层制订专门的住房发展计划，或者把中低收入阶层的住房问题作为与社会发展目标相联系的更为广泛的住房发展战略的目标，通过对住房供应和住房需求的补助以及对住房生产的直接干预，来满足中低收入阶层不断增长的住房需求。种种关注中低收入阶层住房问题的社会和政治意义是通过"安居"实现"乐业"，缓解和减少社会不稳定因素，在全社会逐渐富裕时，把人人享有住房作为一种社会权利。由此，城市中低收入阶层的住房问题是政府住房福利政策的主体。此外，公务员、退伍军人、老年人、单身母亲、残疾人等社会群体及其家庭并非一定贫穷，但其住房在特定社会经济发展阶段中也往往为政府所关注。

一般来讲，住房福利主要包括如下内容。

（一）政府对住房提供直接支付或转移支付

政府以多种形式提供住房补贴，包括：①需求方面的补贴，含收入和房租补贴；②供给方面的补贴，即通过土地成本、建设成本以及对建筑企业的税收优惠等形式实行补贴；③住房金融的补贴，包括利率、税收、增值与折旧的特殊处理等。

（二）兴建廉租房

国家做出政策性规定，要求住房建设必须划出一定数量的住房以低于市场的价格出售给低收入家庭，或者政府直接兴建经济房屋（也称廉价房屋或福利房屋）定向出售给低收入家庭。

住房福利的核心是给中低收入居民家庭提供经济适用住房和廉租住房，解决中低收入居民住房问题，同时调控房地产市场、调节收入分配。在做法上，包括立法、设立法定机构、控制价格等。实践证明，市场是提高资源配置效率、推进经济增长的主要手段，但市场不是万能的，市场不能完全解决社会公平问题，不能完全适应复杂的社会需求结构的要求,尤其是不能完全解决人民群众的基本需求问题,政府的干预是必不可少的。

三、福利彩票

《辞海》中对彩票的解释是"以抽签给奖的方式进行筹款或敛财所发行的凭证"。法国人称"政府发行彩票是向公众推销机会和希望,而公众购买彩票则是微笑纳税"。一般来讲,彩票是印有号码或图形(文字)、由投注者自选号码、自愿购买并能够证明购买者拥有按一定规则取得中奖权利的书面凭证,它是一种建立在机会均等基础上公平竞争的娱乐性游戏。《中国福利彩票管理办法》所称的福利彩票,是指以筹集社会福利资金为目的而发行的印有号码、图形或文字,供人们自愿购买并按特定规则确定购买人获取或不获取奖金的有价凭证。

彩票不是赌博,也不是商业有奖销售,它能缓解各国政府的财政压力,造福社会公益事业。它是以合法的形式、公平的原则,重新分配社会的闲散资金,协调社会的矛盾和关系,使彩票具有了一种特殊的地位和价值。彩票公益金是通过发行彩票而获得的资金净收益,它是彩票销售总额减去返还给中奖者的奖金和发行成本外的全部资金。彩票公益金在彩票销售总额中所占的比例,不同的国家和地区并不一样,同一国家的不同地区,有的也不相同,一般为 25%～35%。

(一)国际彩票资金使用的基本模式

目前,世界上有 139 多个国家和地区发行彩票,这些国家或地区发行彩票的共同目的都是筹集资金,但对于彩票资金的使用途径却不相同。目前国际上彩票资金使用的途径有三种不同的模式。

1. 集中筹资,统收统支

这种模式又称"第一财政",是把全部彩票公益金纳入国家或地方财政预算,由国家或地方财政部门统一支配使用。例如,法国和韩国等国的彩票公益金全部交给相应的财政部门,融入国家或地方的财政预算。

2. 集中筹资,分项专用

这种模式又称"第二财政",与"第一财政"模式正好相反,其全部彩票公益金都不纳入国家或地方的财政预算,而是直接转入有关部门,用于各类具体用途,如日本、瑞士、巴西和澳大利亚等国家。但在彩票公益金的具体用途和分配比例上,不同的国家和地区差异较大。有些国家和地区将所有彩票公益金集中用于某一个或两个方面,如美国的弗吉尼亚州将彩票资金全部用于教育事业;瑞士和日本等国的彩票公益金则全部用于慈善事业。有些国家和地区将彩票公益金在多个方面酌情分配,如挪威按 3:3:3 的比例,将彩票公益金在文化艺术、体育和科学研究三项事业之间平均分配,芬兰则按 46.5:24.1:22.5:6.9 的比例,将彩票公益金在文化艺术、体育、科学研究和青年工作几项事业之间分配。

3．集中筹款，混合使用

这种模式又称"混合财政"，是上述两种模式的混合体，既将一部分彩票公益金交给国家或地方财政部门，纳入国家或地方的财政预算，又将剩余部分用于其他具体用途。世界上有不少国家和地区采用这一模式来使用彩票公益金，如德国的柏林、比利时、丹麦和我国香港地区等。具体又分两种情况：一是将大部分彩票公益金上交国家或地区财政，小部分投向具体用途，如美国马萨诸塞州将 98.5% 的彩票公益金上交州财政，而将 1.5% 的彩票公益金用于直接支持文化艺术事业。我国香港地区与之类似，它将 89.6% 的彩票公益金上交给特区财政，而将 10.4% 的彩票公益金用于公益与慈善事业。另一种情况则是把大部分彩票公益金用于具体事业，而将不到 50% 的彩票公益金上交到国家或地方财政，用于统收统支，如保加利亚和丹麦等国家。第三种模式是第一、二两种模式的混合体，它对一个国家或地区的不同利益部门来说，也许比较"公平"，但就彩票公益金使用效率而言，它肯定比不上第二种模式。这种模式运作复杂，而且要把有限的彩票公益金四处挥散，大大地削弱了彩票公益金的使用效果。

第三节　特殊福利

一、老年人福利

（一）老年人福利的含义

在人口老龄化的趋势下，老年人福利变得越发重要。人口老龄化是指人口生育率降低和人均寿命延长导致的总人口中因年轻人口数量减少、年长人口数量增加而导致的老年人口比例相应增长的动态。人口老龄化一般具有两个含义：一是指老年人口相对增多，在总人口中所占比例不断上升的过程；二是指社会人口结构呈现老年状态，进入老龄化社会。根据 1956 年联合国《人口老龄化及其社会经济后果》确定的划分标准，当一个国家或地区 65 岁及以上老年人口占人口总数的 7% 时，即意味着这个国家或地区的人口处于老龄化社会。1982 年维也纳老龄问题世界大会确定若 60 岁及以上老年人口占人口总数的 10%，则意味着这个国家或地区进入严重老龄化。世界卫生组织定义：65 岁及以上人口占总人口的比例达到 7% 时，为"老龄化社会"；达到 14% 时为"老龄社会"；达到 20% 时为"超老龄社会"。2011 年世界平均老龄化水平（65 岁及以上老人占比）为 8.1%，中国为 9.1%[①]，2015 年增加到 10.47%[②]，2016 年年末增加到 10.8%[③]。在人口老龄化趋势不断加强的形势下，对老年人福利的需求更是与日俱增。因此，老年人福利在社会福利

---

① 世界各国人口老龄化排名　全球老龄化现状[EB/OL].世界人口网，http://www.renkou.org.cn/world/2015/2433.html.

② 国家统计局网站，http://data.stats.gov.cn/easyquery.htm? cn=C01&zb=A0306&sj=2015.

③ 国家统计局.中华人民共和国 2016 年国民经济和社会发展统计公报[EB/OL].民政部网站，http://www.stats.gov.cn/tjsj/zxfb/201702/t20170228_1467424.html.

体系中占有十分重要的地位。

由于社会福利分为补缺型社会福利和普惠型社会福利,老年人福利也分为补缺型和普惠型两种。补缺型老年人福利主要是政府和社会对处在特殊困境下的无劳动能力、无生活来源、无法定赡养人和抚养人的孤寡老人和部分生活不能自理、家庭无力照顾的老年人所提供的供养、医疗、康复、娱乐和教育等方面的服务。普惠型老年人福利主要是由政府和社会根据老年人的特点,面向全体老年人口提供的物质帮助和社会服务。我国过去长期实行的是补缺型老年人福利,现在随着社会经济的发展在逐步向普惠型老年人福利过渡。

(二)老年人福利的内容

1. 生活及护理服务

由于老年人的活动能力下降,出现各种意外的概率也大大增加,一些老年人因疾病或瘫痪而生活无法自理,因此需要家庭和社会提供生活照料。在传统的农业社会,老年人主要依赖家庭提供生活照料。进入工业化社会以后,由于家庭结构的变化以及家庭照顾功能的相对减弱,社会照顾的作用就显得非常重要。一般来说,老年人生活及护理服务主要是通过开办社会福利院、老年公寓、老年活动站等,为老年人提供生活照料,包括基本性日常生活照料和工具性日常生活照料。前者比如给老年人喂饭、穿衣、洗澡、上厕所等,主要服务对象是高龄老人和瘫痪、卧病在床的老年人;后者则包括帮老年人做饭、洗衣、料理家务、购物等。

2. 医疗保健服务

人进入老年阶段后,由于生理功能的衰退,抵御疾病的能力下降,往往会患上各种老年病、慢性病,社会应该提供一种定期的保健服务。开支较大的医疗保健无疑对收入已经有所降低的老年人及其家庭来说压力很大,所以健全的医疗保险体系和老年医疗保健福利对老年人而言有着重要的意义,如建立老年保健康复室,定期为老年人提供各种检查、保健服务。

3. 文化娱乐服务

进入老年后,老年人几乎所有的时间都是闲暇的,同时,老年人不需要直接为生活奔波。在保证了基本的生存和经济方面的需求以后,老年人会更重视精神上的追求,如个人兴趣的发展、参与各种社会活动以实现自我价值等。休闲娱乐不仅可以满足老年人的精神需求,在娱乐中陶冶性情,还可以结识更多的老年人,参加一些老年人集体活动,如安排老年人旅游、运动会、书画比赛,创办老年人活动中心、老年大学,开展老年人再就业咨询、培训等,让老年人在集体中发展出一些非正式的社会关系,从而可以满足他们的心理需求和社会需求。

二、残疾人福利

(一)残疾人及残疾人福利的含义

残疾人是社会中有困难的特殊群体,应当受到社会的特殊关怀与照顾,但是对残疾人的不同定义会影响残疾人社会福利的理念。世界卫生组织根据卫生工作的经验,对缺陷、残疾和障碍三者进行了区分。所谓缺陷是指心理上、生理上或人体结构上某种组织或功能的任何异常或丧失。残疾是指由于缺陷而缺乏作为正常人以正常方式从事某种正常活动的能力。障碍则是指一个人由于缺陷或残疾而处于某种不利地位,以至于限制或阻碍该社会成员发挥按其年龄、性别、社会与文化等因素应能发挥的正常作用。

国际劳工大会 1983 年 6 月 1 日在日内瓦举行的第 69 届会议上通过了第 159 号《残疾人职业康复和就业公约》(以下简称《公约》)。《公约》中第一条对残疾人是这样定义的:残疾人指因经正式承认的身体或精神损伤在适当职业的获得、保持和提升方面的前景大受影响的个人。

联合国大会《关于残疾人的世界行动纲领》指出,残疾泛指世界各国任何人口出现的许许多多的各种功能上的限制。人们出现的残疾既可以是生理、智力或感官上的缺陷,也可以是医学上的状况或精神疾病。此种缺陷、状况或疾病有可能是长期的,也可能是过渡性质的。

世界卫生组织在 2011 年《世界残疾报告》中指出:本报告采用《国际功能、残疾和健康分类》(ICF)作为理论架构,该分类定义"残疾"(disability)为一种涵盖损伤、活动受限和参与局限在内的概括性术语。具体指的是有某些健康状况(如脑瘫、唐氏综合征、抑郁症)的个体与个人因素和环境因素(如消极态度、使用公共交通设施和进入公共建筑障碍以及有限的社会支持)之间相互作用的消极方面。残疾(功能减弱或丧失)是人类的一种生存状态,几乎每个人在生命的某一阶段都有暂时或永久的损伤,而步入老龄的人将经历不断增加的功能障碍。

我国 1990 年 12 月 28 日通过的《中华人民共和国残疾人权益保障法》第 2 条规定:残疾人是指在心理、生理、人体结构上,某种组织、功能丧失或者不正常,全部或者部分丧失以正常方式从事某种活动能力的人。中国残疾人福利基金会宣传提纲指出:残疾人是指由于心理状态、生理功能、解剖结构的异常或丧失,而导致其部分或全部失去以正常人的方式从事某种活动的能力,因而在社会生活中不能充分发挥正常作用的人。按中国的残疾分类,残疾人包括听力残疾、言语残疾、智力残疾、肢体残疾、视力残疾、精神残疾、多重残疾和其他残疾人。

在世界总人口中,大约 15% 的人有某种形式的残疾,其中 2%～4% 的人面临严重的功能性障碍。根据世界卫生组织(WHO)和世界银行 2011 年 6 月 9 日发布的《世界残疾问题报告》,全球有 10 亿多人患有某种残疾,占全球人口的 15%。残疾限制了他们参与家庭、社区和政治生活的机会。80% 的残疾人生活在低收入和中等收入国家,在这些国家中,人们往往只能获得有限的基本卫生和社会服务,而残疾人受到的影响更为深重。在全球范围内,残疾人在参与社会活动方面仍有诸多不便,生活水平也较低[1]。未来年代由于人口老龄化(老年人有更高的残疾危机)和全球慢性疾病增加(如糖尿病、心血管疾病、癌症和精神疾病)等原因,世界人口残疾率将上升[2]。

---

[1]　数据来源:联合国新闻部.残疾人公约与宣言[R].2008,12.

[2]　世界卫生组织.世界残疾报告[R].2011.

　　中国残疾人联合会根据第六次全国人口普查得到的我国总人口数,以及第二次全国残疾人抽样调查得到的我国残疾人占全国总人口的比例和各类残疾人占残疾人总人数的比例,推算 2010 年年末我国残疾人总人数为 8 502 万。各类残疾人的人数分别为:视力残疾 1 263 万;听力残疾 2 054 万;言语残疾 130 万;肢体残疾 2 472 万;智力残疾 568 万;精神残疾 629 万;多重残疾 1 386 万。各残疾等级人数分别为:重度残疾 2 518 万;中度和轻度残疾 5 984 万①。

　　残疾人福利是国家和社会在保障残疾人基本物质生活需要的基础上,为残疾人在生活、就业、教育、医疗和康复等方面提供的设施、条件和服务,是社会福利的一个重要项目。残疾人福利的目标,就是通过政府、社会和残疾人自身的共同努力,创造良好的物质条件和精神条件,使残疾人享有全面参与社会生活的权利,分享社会经济发展所带来的物质文化成果。

(二)残疾人福利的内容

　　残疾人福利是国家和社会在保障残疾人基本物质生活需要的基础上,为残疾人在生活、就业、教育、医疗和康复等方面提供的设施、条件和服务,是社会福利的一个重要项目。残疾人福利的目标,就是通过政府、社会和残疾人自身的共同努力,创造良好的物质条件和精神条件,使残疾人享有全面参与社会生活的权利,分享社会经济发展带来的物质文化成果。残疾人福利的主要内容包括就业、生活、教育、医疗康复和社会服务等方面。

1.就业保障

　　生存权、劳动权是人类最基本的权利。残疾人劳动就业是残疾人实现自身价值、自立于社会的基础,是社会文明进步的标志。国家和社会为有一定劳动能力的残疾人提供力所能及的劳动就业,为残疾人提供就业保障,是保障残疾人生活的根本途径。

　　目前我国安置残疾人就业的第一种方式是安排残疾人到社会福利企业集中就业。福利性企业的特点在于:一是社会效益和经济效益并重。二是人员结构上,安置一部分残疾人就业,并配备一定比例的健全劳动力,以便生产经营能顺利进行。三是具有残疾人工作的适应性。福利性企业要结合残疾人生理功能的代偿和社会弥补,积极开展适合残疾人生理特点的技术革新和改造,为他们设计适宜的岗位和配备适用的设备。四是政策的倾斜性。国家规定,福利企业可享受税收减免、立项登记优先等方面的优惠。五是加强残疾人的职业培训和教育,提高残疾人的就业素质等。在福利企业集中就业的残疾人数量不大。

　　安置残疾人就业的第二种方式是将残疾人按企事业单位人数的一定比例分散安排到各企事业单位,由全社会承担起帮扶残疾人的社会责任。由于多数社会福利企业人员素质偏低,技术力量薄弱,尽管享受各种政策上的优惠,在激烈的市场竞争中,社会福利企业的发展还是困难重重,不可能作为残疾人就业的主要渠道。分散按比例安排残疾人就业

---

　　① 数据来源:中国残疾人联合会网站,http://www.cdpf.org.cn/sjzx/cjrgk/201206/t20120626_387581.shtml.

可以使各企业在市场竞争中处于平等地位,分散竞争风险。国外许多国家通常也采取这种方式解决残疾人就业问题,收到良好效果。

安置残疾人就业的其他方式包括残疾人个体就业、公益性岗位就业、辅助性就业、灵活就业等。这些就业方式在残疾人就业形式中占比最大。

2016年,我国城乡持证残疾人就业人数为896.1万,其中按比例就业66.9万人、集中就业29.3万人、个体就业63.9万人、公益性岗位就业7.9万人、辅助性就业13.9万人、灵活就业262.9万人、451.3万人从事农业种养殖业。[①]

2. 生活保障

生活保障也称社会救助。在我国,贫困人口中有半数左右是残疾人,残疾人和残疾人家庭的生活境遇十分困难。据统计,2013年我国有劳动能力未就业残疾人的生活主要来源:城镇依次为家庭其他成员供养(占41.6%)、领取基本生活费(占28.2%)、离退休金(占20.9%);农村依次为靠家庭其他成员供养(占68.5%)、领取基本生活费(占15.3%)、其他(占14.2%)[②]。对残疾人实行社会救助以保障他们的基本生活,是现阶段我国残疾人社会保障工作不容忽视的重要内容。制定生活贫困线,将包括残疾人在内的贫困者置于社会安全网内;同时,社会救助金随经济增长和生活费用的提高不断增加,以抵消物价上涨等因素对残疾人实际生活的影响。残疾人社会救助要同残疾人就业、教育、医疗等结合起来,从根本上消除残疾人群体中的贫困现象。

3. 教育保障

发展残疾人教育事业是提高整个残疾人群体生活质量的基础和前提。残疾人受教育程度的高低影响着他们的就业机会、收入水平、社会地位和精神状态,因而残疾人社会福利的一个重要方面就是要保障残疾人受教育的权利,为他们提供受教育的机会。残疾人教育主要包括以下几个部分。

一是基础教育。对那些有学习能力的残疾学龄儿童和青少年,国家和社会要保障他们享受义务教育的权利,不应因身体缺陷而使他们失学。

二是特殊教育。身体的残疾使残疾人在受教育方面存在客观上的不利因素和特殊困难,为了弥补这方面的不利,社会应根据各类残疾人的特点,通过盲聋哑学校、培智学校、在普通学校开设特教班等形式对残疾人开展特殊教育,包括文化学习、生活自理能力教育和心理辅导。许多残疾人由于身体的缺陷和障碍,生活自理能力以及适应环境的能力较差。掌握生活技能需要依靠涉及生理、病理的一套科学的方法,对那些严重弱智和截瘫者更是如此。此外,由于残疾人在社会中面对的最大障碍往往不是生理的障碍而是心理障碍,所以心理辅导显得尤为重要。心理辅导可以教育残疾人正确对待和认识社会,正视自

---

① 中国残疾人联合会.2016年中国残疾人事业发展统计公报(残联发〔2017〕15号)[EB/OL].中国残疾人联合会网站,http://www.cdpf.org.cn/zcwj/zxwj/201703/t20170331_587445.shtml.

② 中国残疾人联合会.2013年度中国残疾人状况及小康进程监测报告[EB/OL].中国残疾人联合会网站,http://www.cdpf.org.cn/ggtz/content/2014-07/30/content_30458722.htm.

己的特点,勇敢面对人生,消除他们的自卑感和排他情绪,激励他们融入社会的勇气,增强其自信、自尊、自立、自强的决心。

三是职业教育和成人教育。根据残疾人的特点开展职业教育和成人教育,开启残疾人的潜在智力和体能,补偿其生理缺陷,使他们拥有一技之长,以增加他们的就业机会,提高其社会生存能力。

四是残疾人高等教育。

关于残疾人教育,我国实施了《特殊教育提升计划(2014—2016年)》,制订《第二期特殊教育提升计划(2017—2020年)》。中国残疾人联合会与教育部、农业部、共青团中央和全国妇联制订实施《"十三五"残疾青壮年文盲扫盲行动方案》,同时修订《残疾人教育条例》,这为保障残疾人的受教育权,进一步提高残疾人素质和平等参与社会的能力奠定了基础。

4. 医疗康复保障

残疾人医疗康复保障主要包括医疗保健和医疗康复两个方面。残疾人因身体存在缺陷,疾病对他们的威胁也就更大,他们对医疗保健的需要比身体健全者更为紧迫。因此,社会要为残疾人提供完善的医疗服务,方便残疾人就医,定期为残疾人进行健康检查,积极开展疾病预防工作。

残疾人康复是指通过自身的努力和外力的辅助,使残疾人的精神、身体乃至劳动能力得到最大程度的恢复。康复工作是一项综合性工作,涉及心理康复、职业康复、精神病人的治疗康复、体疗、假肢与矫形器的装配等。残疾人康复有多种手段,康复训练具有适应面广、简便易行的特点,绝大多数残疾人可以通过康复训练,达到功能补偿、能力增强、改善参与社会生活自身条件的目的。社区康复遵循就近就地、便利实效的原则,适合残疾人数量多、分布广、经济条件有限的状况。因此康复训练与社区康复服务是残疾人康复的重点。残疾类别的特殊性、残疾人康复需求的多样性,则决定了残疾人康复事业的社会性。建立并形成社会化的康复工作体系,是残疾人康复的首要前提。

20世纪80年代我国残疾人康复的重点是小儿麻痹后遗症矫治、白内障复明、聋哑儿童语言训练等抢救性治疗。此后,我国残疾人康复工作又扩展到"低视力康复""精神病防治康复""智力残疾康复"以及社区康复工作、残疾人用品用具供应服务等。"十二五"期间主要通过完善康复服务网络、实施重点康复工程等方式,帮助1 300万残疾人得到不同程度的康复,普遍开展社区康复服务,初步实现残疾人"人人享有康复服务"的目标。2016年实施精准康复服务,279.9万残疾儿童及持证残疾人得到基本康复服务①。

5. 残疾人社会服务

残疾人社会服务是指社会为方便残疾人生活、满足残疾人物质和文化需要而提供的各种无障碍设施、信息交流无障碍服务以及各种优先服务和照顾。残疾人社会服务应立

---

① 中国残疾人联合会.2016年中国残疾人事业发展统计公报(残联发〔2017〕15号)[EB/OL].中国残疾人联合会网站,http://www.cdpf.org.cn/zcwj/zxwj/201703/t20170331_587445.shtml.

足残疾人实际生活，防止表面化、形式化。同时要加强社会管理，维护残疾人群体的切身利益。残疾人社会服务也包括为残疾人群体提供开展文体活动的机会。各种文化体育活动不仅可以满足他们丰富精神文化生活的需要，提高他们的自强精神和社会参与意识，而且可以为残疾人提供展示自己才华的舞台，让社会上更多的人了解和关心残疾人生活。

我国在1984年成立了中国残疾人福利基金会，它是为残疾人服务的团体；1988年成立了中国残疾人联合会，它是政府批准的全国性残疾人事业团体，既不同于政府机构，又不同于一般的群众团体，融代表功能、服务功能和社会化管理功能于一身，既代表残疾人利益，又为其服务，还承担政府委托事务，推行社会化管理、发展残疾人事业。1987年和2006年进行了两次大规模的全国残疾人抽样调查，为进一步发展残疾人事业提供了依据。改革开放以来，我国通过实施《中华人民共和国残疾人保障法》和国家残疾人事业发展规划，针对残疾人的基本生活、康复、教育、就业、扶贫、社保、维权、文体、无障碍环境等保障与服务不断拓展，政府和社会为残疾人提供公共服务的能力和水平不断提高，残疾人福利不仅在理论上与法制上较其他福利事业的发展更具规范意义和社会意义，残疾人社会保障制度建设得到不断加强。《"十三五"时期残疾人事业发展规划（2016 — 2020）》指出，残疾人事业发展的任务包括六个方面：努力促进残疾人及其家庭脱贫与增收；进一步完善残疾人社会保障和福利补贴制度；加快残疾人服务体系建设；统筹城乡和区域残疾人事业发展；积极推动残疾人事业法治化和信息化；大力营造扶持助残的社会环境。

三、妇女福利

（一）妇女福利的含义

妇女福利是指面向全体城乡妇女的社会福利，主要包括为妇女提供保健服务、为育龄妇女提供孕产福利津贴，以及保障妇女的就业权利及就业劳动中的一些特殊保护措施等。妇女福利的目标是照顾妇女的身体特征和生育负担，维护妇女的合法权益。

妇女福利应该具有比较宽泛的内涵，包括妇女在经济、政治、文化等一切领域中应享有的各种福利，体现了女性的权利和利益。当前，将妇女问题与全球政治和经济发展密切相连已经成为国际社会的普遍共识，女性的利益实现和保障程度，已经成为衡量一个国家人权状况和综合发展的重要指标。强调女性的福利，就是要通过确定女性的发展地位和加强依法维护力度，使社会资源配置充分考虑到性别差异，使女性能够获得相应的生产生活资料和平等发展的机会，能够享受到自己的社会保障和福利，最终实现男女在社会发展各个领域的平等、和谐与共同进步。

（二）妇女福利的内容

妇女福利在内容上包括生育津贴、就业保护及相关福利设施。

1. 妇女生育津贴

妇女生育津贴是指政府和社会为怀孕和分娩的妇女提供的物质帮助和产假，以保证母亲和孩子的基本生活及孕产期的医疗保健需要。针对妇女生理特点提供特别的健康保健,为母亲提供更优惠的减费或免费健康服务,在很多国家已经成为制度。生育保证了人类繁衍、世代延续,具有社会价值。生育津贴在某些国家又被称为生育现金补助。由于生育会导致身体发生一系列生理变化,母亲要付出巨大的身体损耗甚至生命,很多国家把照顾母亲的健康作为社会福利的重要方面,把生育津贴纳入社会福利的范畴,而有的国家也建立专门的生育保险制度,面向工薪劳动者中的妇女。

实行生育津贴制度主要是保护女性的生育功能,保护母婴健康,维持人类自身繁衍,并保护女性劳动力资源,为她们创造参与和发展的机会,这对一个国家的经济发展具有积极意义。

生育津贴提供的渠道有若干种,其中包括健康保险、疾病和生育补助金;在较为综合与全面的国民补助计划中,含有单列的生育分支项目;还有一种渠道是直接向家庭提供津贴,特别规定对家庭妇女在怀孕和生育时给予津贴补助。

1952 年国际劳工大会通过的《生育保护公约修正案》《生育保护建议书》和国际劳工大会此前通过的《生育保护公约》,在世界范围内提供了照顾妇女生育的政策框架,它的宗旨就是确保妇女在产前产后使其本人及婴儿得到支持和照顾。我国生育津贴的支付方式和支付标准分两种情况:一是在实行生育保险社会统筹的地区,支付标准按本企业上年度职工月平均工资的标准支付,期限不少于 98 天;二是在没有开展生育保险社会统筹的地区,生育津贴由本企业或单位支付,标准为女职工生育之前的基本工资和物价补贴,期限一般为 98 天。部分地区对晚婚、晚育的职业妇女实行适当延长生育津贴支付期限的鼓励政策。

2．妇女就业福利

妇女就业福利是通过立法和政策措施,保证妇女享有与男子同等的就业权利和机会,创造男女平等的就业机制,使妇女平等地参与社会经济生活。妇女就业福利既是照顾妇女身心特殊需要的重要方面,也是为了保护社会生产力、保护妇女及下一代身体健康所采取的必要措施。因此,各国的劳动法及相关法律,均有对妇女在就业及劳动过程中提供相应的保护措施的规定,并要求用人单位严格执行。妇女就业福利具体包括以下内容。

(1) 对妇女就业权益的保护。保障妇女享有同男子平等的就业权利,不得以性别为由拒绝录用妇女或者提高对妇女的录用标准;保障妇女享有同男子平等的就业服务的权利,政府的劳动主管部门及各类职业介绍机构在提供就业服务时,不得歧视妇女;保障妇女的就业权益不因生育和抚养子女而受到歧视或者侵害,任何单位不得以结婚、怀孕、产假、哺乳等为由辞退女职工或者单方面解除劳动合同。

(2) 对妇女职业权益的保护。实行男女同工同酬;不得因女职工怀孕、生育、哺乳而降低其基本工资;在晋职、晋级、评定专业技术职务及职业培训等方面,坚持男女平等的原则;根据妇女的身体和生理特点合理安排女职工的工种和工作。

(3) 对妇女特殊劳动权益的保护。在妇女经期、孕期、产期和哺乳期,不得安排其从事高空、低温、冷水、有毒有害等劳动;在孕期、哺乳期不得延长女职工的工作时间和安排其夜班劳动,并应为其提供特殊保护设施;生育时享受一定天数的产假等。

219

3．福利设施和福利服务

生育津贴与劳动保护,均是针对劳动妇女设置的,并且只适用于特定的阶段,如生育津贴保障的是育龄妇女,劳动保护保障的是就业期间的妇女。不仅未参与社会劳动或未受雇的妇女无法享受这种福利,而且妇女超过生育期间亦不能再享受这种保护。因此,真正具有普遍意义的妇女福利是国家和社会为全体女性提供的福利设施和服务。例如,建立女性卫生室、孕妇休息室、哺乳室、托儿所、幼儿园等设施,并妥善解决女性在生理卫生、哺乳、照料婴儿方面的困难。另外,妇女活动中心、咨询服务中心、健美中心、妇女用品专门店等都是为女性提供福利服务的场所。在许多国家和地区,还设有专门的妇女庇护所,为受虐妇女或遭遇特殊困难的妇女提供特殊救助。

四、儿童福利

儿童对自身的保护能力和对社会的适应能力还未形成,具有心理、生理上的依赖性,是社会的弱者。世界范围内尤其是在部分发展中国家虐杀、毒害、贩卖儿童的现象也还存在。凡此种种,需要给予社会保护、家庭关心、帮助和教化。

(一)儿童福利的含义

儿童福利是指为了保障儿童的身心健康和正常全面发展,国家和政府通过立法和制度安排,为全体儿童提供的社会化服务和设施。儿童福利属于社会政策范畴,保护儿童和确保儿童身心健康发展是国家最基本的责任,发展儿童福利事业是国家义不容辞的责任。联合国 1989 年《儿童权利宣言》宣称:"儿童因身心尚未成熟,在其出生以前和以后均需要特殊的保护和照料,包括法律上的适当保护。"我国从国情出发,参照世界各国有关保护儿童权益的法律和国际文件,制定了一系列有关儿童生存与发展的法律法规,形成了较为完备的儿童福利法律体系,包括《中华人民共和国义务教育法》(1986 年)、《幼儿园管理条例》(1989 年,国家教育委员会)、《禁止使用童工规定》(1991 年制定,2002 年修订,国务院)、《中华人民共和国未成年人保护法》(1991 年制定,2007 年修订)、《中华人民共和国义务教育法实施细则》(1992 年,国务院)、《中华人民共和国收养法》(1992 年)、《中华人民共和国母婴保健法》(1995 年)、《中华人民共和国教育法》(1995 年)、《中华人民共和国预防未成年人犯罪法》(1999 年)、《中华人民共和国残疾人保障法》(2008 年修订)等。

在我国学者的研究中,一般将儿童福利的概念分为广义和狭义两种。广义儿童福利是由国家或社会为立法范围内的所有儿童普遍提供的旨在保证正常生活和尽可能全面健康发展的资金与服务的社会政策和社会事业,包括儿童的医疗保健设施和服务、儿童的活动场所和条件、普及义务教育等。狭义儿童福利是指政府和社会为有特殊需要的儿童及其家庭提供的各种支持、保护和补偿性服务,主要针对的是孤儿、弃儿和各种伤残儿童。例如,鼓励家庭领养、代养、收养孤儿、弃儿和伤残儿童,或者由国家和社会兴办儿童福利院、孤儿院、弃婴院、伤残儿童康复院等福利设施和机构,集中收养孤儿、弃儿和伤残儿童。一般认为,狭义儿童福利概念虽然具有针对性,特别是在我国社会资源有限的情况下,便于社会和政府有针对性地对亟须帮助的儿童提供支持,但它是一种消极的儿童福利。在现今社会条件下,随着社会经济的发展和社会人道主义观念的发展,人们已开始更多地认同广义的儿童福利,这种面向所有的家庭和儿童的福利具有较强的发展取向,逐步成为我国一种制度性的福利。

（二）儿童福利的内容

1. 儿童普遍社会福利

台湾学者曾华源、郭静晃(1999)对现代社会中青少年包括儿童福利需求的内容作了非常详细的阐述,并将青少年(儿童)福利需求归结成八类:获得基本生活照顾;获得健康照顾;获得良好的家庭生活;满足学习的需求;满足休闲和娱乐需求;拥有社会生活能力的需求;获得良好心理发展的需求;免于被剥削伤害的需求。根据儿童的需求,我们可以把儿童社会福利的主要内容分为两大类:普遍福利和特殊福利。

（1）家庭保护。国家通过立法,规范儿童在家庭中的权利和应受到的保护。保护儿童的生命健康权;父母或者其他监护人应当依法履行对未成年人的监护职责和抚养义务,不得虐待、遗弃未成年人;不得歧视女性未成年人或者有残疾的未成年人;禁止溺婴、弃婴。父母或者其他监护人应当以健康的思想、品行和适当的方法教育未成年人,引导未成年人进行有益身心健康的活动,预防和制止未成年人吸烟、酗酒、流浪以及聚赌、吸毒、卖淫。父母或者其他监护人应当尊重未成年人接受教育的权利,必须使适龄未成年人按照规定接受义务教育,不得使在校接受义务教育的未成年人辍学。父母或者其他监护人不得允许或迫使未成年人结婚,不得为未成年人订立婚约。父母或者其他监护人不履行监护职责或者侵害被监护的未成年人的合法权益的,应当依法承担责任。父母或者其他监护人有前述违法行为经教育不改的,法院可以根据有关人员或者有关单位的申请,撤销其监护的资格,另行确定监护人。

（2）医疗卫生与保健福利。卫生部门对儿童实行预防接种制度,积极防止儿童常见病、多发病,加强对传染病防治工作的监督管理和对托儿所、幼儿园卫生保健的业务指导。学生在校学习期间,卫生部门和学校应当为儿童提供必要的卫生保健条件,做好预防疾病工作。

国家还兴办专为儿童医疗保健服务的儿童医院,或者在全科医院中设立儿科;开展儿童保健工作,定期进行儿童健康检查、预防接种、防治常见病、多发病,使儿童健康成长。

（3）教育福利。儿童的受教育权和发展权是儿童权利的重要组成部分。20世纪中叶以来,随着儿童权利意识的不断提高,"教育机会均等""保证每个孩子都能享受到有效地促进其身心和谐发展的良好教育"成为一种社会需求。

在学前教育方面,许多国家根据《儿童权利公约》的基本精神和本国的实际情况,纷纷采用立法的形式确立学前教育的地位。在一些发达国家,甚至出现了把学前教育纳入义务教育体系的倾向。例如,美国1985年9月规定,5岁儿童的教育纳入学校公立教育中。这一规定使全国90%以上的5岁儿童进入学校的幼儿班接受学前教育。法国政府规定,学前教育与初等教育处于同一系统,属于初等教育的基础性或准备性教育。自20世纪80年代初开始,法国的4岁和5岁儿童的入园率已达到100%。有的甚至明确规定5岁以后的幼儿教育就是义务教育，国家对该阶段的教育不仅在师资、设施、财政上给予保证，而且要求家庭尽量保证履行5岁以后儿童接受教育的义务。

各国还纷纷通过多种途径发展多样化的幼教机构，特别是适应各种文化背景的、单亲家庭和各种"社会处境不利"儿童的幼教机构，以"补偿"这些儿童因家庭照顾和教育不足而带来的发展缺失。

在义务教育方面，许多国家实行九年义务教育制度，有些国家的儿童还免费接受中、小学教育，免费享有课本、文具和在校午餐等。

（4）文化福利。努力创造条件，建立和完善适合儿童文化生活需要的场所和设施，如博物馆、纪念馆、科技馆、文化馆、影剧院、体育场（所）、动物园、公园等场所，并对中小学生有适当的优惠。鼓励社会团体、企事业单位和其他社会组织、公民个人，开展多种形式有利于儿童健康成长的社会活动。鼓励新闻、出版、广播、电视、文艺等单位和作家、科学家、艺术家等，创作或者提供有益于儿童健康成长的作品。出版专门以儿童为对象的图书、报刊、音像制品等出版物，国家给予扶持等。

2. 特殊儿童社会福利

特殊儿童是指残疾儿童、孤儿、弃婴和流浪儿童，他们除与普通儿童享受同等待遇外，还应该受到特殊的保护。这是儿童社会福利工作的重要组成部分，也是通常所认为的狭义的儿童福利。

（1）残疾儿童的预防和康复。残疾儿童的预防是指以实行预防为主的方针，由政府颁布一系列的法规，采取一系列的政策措施来预防儿童的先天致残。例如，我国的《婚姻法》《母婴保健法》都做出相关规定，来控制有害遗传，加强婚育、孕产系统管理，搞好婚前检查、婚前教育、产前检查、遗传咨询、孕产期保健、母婴保健、早期教育等服务工作。

残疾儿童的康复是指建立儿童康复中心，为残疾儿童提供门诊和家庭咨询，开展各种功能训练和医疗、教育、职业培训，以减轻残疾程度，帮助残疾儿童恢复或者补偿功能，恢复自理生活和从事劳动的能力，为他们走向社会创造条件，增强其参与社会生活的能力。

（2）特殊教育。许多国家都制定了教育法、义务教育法、残疾人保障法、残疾人教育条例等法律法规，全面、系统地规范残疾儿童教育的职责、特点、发展方针、办学渠道、教育方式等。各国都逐步形成共识把特殊教育融入普通教育中的一体化教育，让残疾儿童进入普通学校随班就读，使他们更多地接触社会，逐渐学会一些社会所认可的行为，掌握社会规范和道德准则，最终适应社会生活。

（3）培育良好的社会环境。动员社会采取多种方式关心和帮助残疾儿童的成长，大力弘扬残疾儿童自强不息的精神，倡导团结、友爱、互助的社会风尚，为残疾儿童的生存和发展创造良好的社会环境。

（4）特殊儿童的监护养育。主要指举办相关的社会福利设施，如儿童福利院、康复中心、孤儿学校、儿童村等，负责孤儿和被遗弃的病残儿童的监护养育和安置工作。此外，城市的社会福利院、农村敬老院及优抚社会福利设施，也会承担相应职责。

第四节　职　业　福　利

职业福利又称机构福利、员工福利,是以用人单位或社会团体为责任主体,专门面向内部员工的一种福利待遇,它是单位为满足本行业或本单位员工的物质文化生活需要,提高员工生活质量而提供的工资收入以外的津贴、设施和服务的社会福利项目。这种福利可以是现金,也可以是服务。它本质上属于职工激励机制的范畴,是职工薪酬制度的重要补充。因此,从本源意义出发,职业福利是用人单位招揽人才和激励员工并借此赢得竞争胜利的一种重要手段,是用人单位的人力资源管理的重要组成部分。

一、职业福利的特点

与其他社会福利项目比较,职业福利具有以下特点。

（一）职业福利强调业缘性

只有在本行业、本单位就业的员工才能享受本单位所提供的职业福利,有些职业福利项目员工家属也可享受。职业福利的直接目的,在于保证员工维持一定生活水平和提高生活质量。单位提供职业福利的出发点,在于造就员工的向心力、凝聚力、职业归属感和群体意识,吸引和留住高质量的劳动力服务于本单位,为本单位创造效益,提高本单位的社会声望,增强竞争力。

（二）职业福利具有普遍性与差异性相结合的原则

有些职业福利项目面向单位全体员工,所有本单位员工都可以享受;有些福利项目仅仅面向单位部分员工,只有需要某种项目激励的那部分员工才能享受,这就导致同一单位内部的员工之间在享受职业福利的项目或水平上存在差异。

（三）职业福利具有功利性

单位设立职业福利的出发点在于通过满足员工生活保障、生活服务、成长机会、娱乐休闲等方面的需求,提高员工的生活水平和生活质量,增强员工的向心力和凝聚力,造就员工的归属感和群体意识,吸引和留住高质量的劳动力竭诚为本行业、本单位服务,提高单位整体工作绩效,提高单位的社会声望,树立单位的形象,增强单位的竞争力等。

二、职业福利的内容

根据职业福利的含义及特点,从世界大多数国家实施职业福利的情况看,职业福利包括下列内容。

（一）福利津贴

津贴一般以现金形式提供,是员工工资收入以外的收入,是用人单位根据国家有关法律法规规定,直接发放给员工个人的现金补助。福利津贴涉及衣、食、住、行、乐等多个方面,可以多种形式存在,以多种名目出现。主要包括下列项目。

（1）带薪年休假。员工在本单位工作满一年即可享受带薪休假的一种福利。

（2）员工探亲假补助。员工根据政策规定享受探亲假,用人单位除照常支付员工工资外,还要承担员工探望配偶和未婚员工探望父母的往返路费及已婚员工探望父母的往返路费中超过本人标准工资 30% 以上的部分。

（3）员工上下班交通津贴。主要适用于大中城市家庭所在地距工作地点较远的各单位员工。

（4）员工生活困难补助。用人单位对员工因负担本人及其家属生活费有实际困难,不能维持当地最低生活水平或在员工发生特殊经济、生活困难时所给予的定期或者临时性质的补助制度。

（5）住房津贴。为缓解员工住房困难而发放的津贴。

（二）福利设施

职业福利设施是用人单位为满足员工的物质和文化生活需要,为员工提供生活上的方便,为解除员工生活上的后顾之忧和特殊困难所举办的各种设施的总称,包括以下四类：①直接为减轻员工的生活负担和家务劳动提供便利条件的各种设施,如员工食堂、员工宿舍、托儿所、幼儿园、浴室、理发室、休息室等生活福利设施；②为活跃和丰富员工文化娱乐生活而建立的各种设施,如文化室、俱乐部、图书馆、歌舞厅、电影院等文化设施；③为增进员工身体健康而开办的防病治病设施,如医务室、疗养院、健身房、游泳池、运动场等康乐设施；④为帮助员工解决子女入学举办的事业,如子弟学校等。

（三）福利服务

职业福利提供的服务相当广泛,既包括与上述各项设施相关的各项服务,还包括接送上下班的班车、提供健康检查、组织员工旅游、疗养等特别服务。

第五节 中国的社会福利

中华人民共和国成立后,就开始了社会福利制度的建设,经过了不断发展、被干扰、停止和恢复发展的过程。改革开放后,中国初步形成了包括社会保险、社会福利、社会救济以及社会优抚等方面制度框架的社会保障体系。20 世纪 80 年代中国确立了社会主义市场经济后,政府又根据市场经济的特点对社会保障制度进行了一系列改革,其中包括对社会福利制度的改革和发展。

一、中国社会福利制度的发展阶段

从历史发展阶段上看,中国的社会福利制度实践大体经历了初创、发展,停滞与恢复,改革完善三个阶段。

（一）初创、发展阶段

在中华人民共和国成立初期,政府主要通过接收、改造国民党官办的救济院、劳动习艺所及地方民办的慈善堂、外国教会举办的慈善机构等,使它们成为官办福利机构,同时也在城镇设立了残老教养院、儿童教养院、精神病人疗养院等福利设施,建立了国家负责、官方包办的民政福利和单位包办的职工福利。1951 年 5 月,政务院批准了全国城市救济福利工作会议上通过的《关于城市救济福利工作报告》,并以此作为城市救济福利工作的原则。这份报告对改造旧有的福利设施、发展社会福利事业、健全对私立救济福利机构的管理作了明确的规定,面向城市居民的民政福利事业自此开始起步。经过十几年的发展,形成了城市居民的民政福利事业,内容涉及社会福利事业(包括社会福利院、儿童福利院、精神病人福利院等)、社会福利企业、社区服务和收容遣送等。

由于民政福利实际上只覆盖了极少数的城镇人口,城镇大多数居民的福利需求实际上是通过由各个机关、企事业单位提供职业福利的方式来获得满足的。因此,职业福利事实上构成了我国社会福利制度发展过程中的主体内容,并一直持续至今。在职业福利方面,国家制定了一系列鼓励发展职业福利的规范,如《中华人民共和国工会法》(1950 年)、《中华人民共和国劳动保险条例实施细则修正草案》(1953 年)、《关于统一掌管多子女补助与家属福利等问题的联合通知》(1953 年)、《关于各级人民政府工作人员福利费掌管使用办法的通知》(1954 年)、《中华人民共和国职工生活困难补助法》(1956 年)、《关于职工生活方面若干问题的指示》(1957 年)、《关于国营企业实行利润留成的规定》(1979 年)等。这些规范确定了中国的职业福利是政府设置、单位包办、免费(或者只有象征意义的缴费)享受、劳动部门主管、各个单位与基层工会负责具体实施。这项制度安排内容上涉及了方方面面:生活服务、文化福利、职工住房、职工补助甚至职工疗养等,现在虽然部分职业福利已经被社会化福利所替代,但是很多内容仍在一些国有单位中发挥着重要作用。

对城镇居民而言,除了民政福利和职业福利之外,还有其他一些福利制度,如社会补贴制度(主要是为了保障城镇居民的基本生活水平而对城镇居民在购买粮食、食油及有关副食品方面给予相应的价格补贴)、教育福利等,所有经费都来自财政拨款。

相对于城镇居民,农村居民所能享受到的社会福利制度主要是"五保"制度。农村"五保"制度建立于农业合作化时期。1956 年颁布的《高级农业合作社示范章程》中规定:"农业生产合作社对缺乏劳动能力或完全丧失劳动能力、生活没有依靠的老、弱、孤、寡、残疾的社员在生产上和生活上给予适当的安排和照顾,保证他们吃、穿和柴火的供应,保证年幼的受到教育和年老的死后安葬",形成了所谓的"五保"制度的雏形。1964 年,进一步确定了对无依无靠的鳏寡孤独要做到"保吃、保穿、保烧(燃料)、保教(儿童和少年)、保葬,使他们的生养死葬都有指靠"的"五保"制度(《1956—1976 年全国农业发展纲要》)。后来,在内容上又增加了"保住、保医"等内容,并对"五保"对象实行集中供养与分散供养相结合的制度。

这一阶段的社会福利制度可以称为我国传统的社会福利制度,它呈现出一种制度性供给与补缺型福利并存的二元格局。这种福利模式是与我国城乡分割的二元经济体制相适应的。

（二）停滞与恢复阶段

"文革"期间,中国的社会福利制度建设遭到了严重的冲击和破坏,劳动管理部门、工会组织基本不存在,社会福利制度实践出现历史性的倒退。20 世纪 70 年代,分管城市福利的内务部撤销,许多福利事业单位被强行合并和撤销,导致不少盲、聋、哑、残人员和孤老残幼重新流落街头,民政福利经历了从畸形发展到大规模削减的过程。直到 1978 年后,民政福利才随着我国的改革事业和社会保障制度的变革而走向新的发展阶段,社会福利制度开始恢复和重建。

（三）改革完善阶段

20 世纪 70 年代末,中国进入了改革开放的新的历史时期。为适应社会经济结构的日益改变,社会福利制度也于 20 世纪 80 年代中期开始进行改革。1978 年,民政部重新设置。1983 年第八次民政工作会议前后,民政部就开始探索对中国社会福利工作的改革,提出国家和社会力量结合,采取多种形式兴办社会福利事业的新思路,以满足人民群众对社会福利不断增长的需求,克服国家和集体独家举办社会福利在资金、财力等方面的局限。1984 年,民政部明确提出"社会福利社会办"的指导思想,强调社会福利从单一的、封闭的国家式包办体制转变为国家、集体、个人一起办,多渠道、多层次、多形式地发展社会福利事业。1986 年,民政部制定了新的五年规划(1986—1990 年),明确提出:社会福利经费由单一的国家负担转变为国家、集体、个人三方共同负担,社会福利事业由"救济型"转变为"福利型",社会福利服务方式由"供养型"转变为"供养与康复相结合型",扩大城乡社会福利企业的规模以便为残疾人创造更多的就业机会,并争取非政府组织的支持等。90 年代初,开始深化福利事业单位改革,加快社会福利社会化进程。90 年代后期开始,政府加大了对社会力量兴办福利机构的政策引导和资金扶持。进入 21 世纪,国务院转发了民政部等 11 部门的《关于加快实现社会福利社会化的意见》,确定了社会福利社会化的发展方向。

到目前,在社会福利领域已形成了一套"社会福利社会化"的改革思路和方针政策。社会福利社会化萌芽于 20 世纪 80 年代初期,明确提出是在 1990 年,在 2000 年的全国社会福利社会化工作会议上得到系统阐述,具体表现为:原有的以社会救济为特征、政府包办、只面向"三无"对象和"五保户"的模式,逐步转变为政府负责社会福利费用、全社会兴办社会福利事业、面向社会上有需求的所有公民、福利机构市场化经营的新型社会福利模式。这个转变过程首先由改革国有社会福利机构开始,然后开展面向社会全体公民的社区服务,之后逐步形成一套社会福利社会化的思路。中国转型期及其后的社会福利模式不能将社会福利仅作为防止和矫正社会问题的制度,而应当建立旨在提高人民生活质量和满足人类发展需要的社会福利制度。2006 年 9 月 23 日,中国国务院副总理黄菊在首届中国社会保障论坛上致辞时指出,中国社会福利制度的构建应坚持三个原则:第一,坚持从国情出发,建立和完善中国特色的社会保障体系;第二,立足当前、着眼长远,建立社会保障的长效机制;第三,注重社会公平,发挥社会保障对收入分配的调节作用。这三个原则是中国政府确定的中国社会福利法律制度体系构建原则。

二、中国社会福利制度发展的现状

（一）我国老年人福利的发展

中华人民共和国成立后就制定了较为完善的老年人福利政策,使老年福利事业有了很大的发展。老年人权益保障和养老服务业发展等方面的法规政策不断完善;基本养老、基本医疗保障覆盖面不断扩大,保障水平逐年提高;以居家养老为基础、社区养老为依托、机构养老为补充、医养相结合的养老服务体系初步形成,截至2016年年底,全国提供住宿的各类养老床位达到730.2万张(每千名老年人拥有养老床位31.6张)[①];老年宜居环境建设持续推进,老年人社会参与条件继续优化;老年文化、体育、教育事业快速发展,老年人精神文化生活日益丰富;老年人优待项目更加丰富,范围大幅拓宽,敬老养老助老社会氛围日益浓厚,老年人的获得感和幸福感明显增强。各省均出台了相关老年人权益保障条例或养老法规,并在养老服务业、健康医疗、医养融合等方面不断加大力度。2015年第二次修正了《中华人民共和国老年人权益保障法》,规定家庭成员应当关心老年人的精神需求,不得忽视、冷落老年人。2017年2月28日,国务院办公厅发布《"十三五"国家老龄事业发展和养老体系建设规划》,明确了"十三五"时期促进老龄事业发展和养老体系建设的指导思想、基本原则、发展目标和主要任务,不断促进老年人福利的发展。

在生活及护理服务方面,增加老年福利设施,扩大老年社会化服务,兴建老年公寓和临终关怀医院。积极兴办托老院、敬老院、福利院和各种照料老年人的社区服务组织,逐步形成了以社区为中心的生活服务、疾病医护、文体活动、老有所为四大服务体系。国家对农村中无劳动能力、无生活来源、无依无靠的老年人实行保吃、保穿、保住、保医和保葬的"五保"制度;对城市无劳动能力、无生活来源、无赡养人或其赡养人确无赡养能力的老年人给予救济。

在医疗保健方面,国家不断改革、完善城镇医疗保险制度,发展农村合作医疗,统筹解决医疗经费来源,逐步形成了比较完善的医疗保障体系,切实保障老年人的疾病防治与医疗,并广泛开展以老年自我保健、疾病防治知识为主的老年健康教育,加强对老年常见病、慢性病、多发病研究,各大中城市基本都设有老年医院、老年人护理院或老年医疗康复中心,地(市)县(市)医院开设老年病门诊或老年病专科门诊,街道和乡镇设有老年病门诊或老年医疗站。

在文化娱乐服务方面,实现老有所学,保障老年人受教育的权利,不断提高老年人的素质。建立老年大学或老年学校,城市社区和乡镇建有老年活动站,居委会和农村行政村建有老年活动室及其他各种社会文化设施,积极开展多样化的老年体育健身活动。

在老年津贴方面,2010年高龄补贴制度在多个省份全面建立。民政部积极推动各地逐步将本地区80周岁以上老年人纳入高龄补贴保障范围,按月向符合条件的老年人计发高龄补贴。此外,对于低收入的高龄、独居、失能等困难老年人,经过评估,采取政府补贴

---

① 民政部. 2016年社会服务发展统计公报[EB/OL]. 民政部网站,http://www.mca.gov.cn/article/zwgk/mzyw/201708/20170800005382.shtml.

的形式，为他们入住养老机构或者接受社区、居家养老服务提供支持。截至 2016 年 8 月，全国全面建立高龄津（补）贴制度的已有 26 个省份，20 个省份建立了生活困难老人养老服务补贴制度，17 个省份出台了失能老人护理补贴相关政策①。

在出行和旅游方面，老年人持《老年人优待证》或居民身份证，可免费乘坐城市市内公共汽车，在旅游景点游览可享受免费或半价的旅游景点门票的优惠。

在国家的政策引导和鼓励下，民办养老院、民办社区服务中心等公益社会组织开始被接受并缓慢增长，这是我国社会福利制度走向社会化的一个重要突破。

（二）我国残疾人福利的发展

残疾人福利方面，"十二五"期间，我国残疾人教育保障的主要工作是完善残疾人教育体系，健全残疾人教育保障机制。适龄残疾儿童少年普遍接受义务教育，积极发展残疾儿童学前康复教育；加快发展残疾人高中阶段教育和高等教育；大力发展残疾人职业教育，尤其是加大职业技能培训和岗位开发力度，稳定和扩大残疾人就业，通过规范残疾人就业服务体系，保障有就业需求的残疾人普遍得到就业服务和职业培训。《中国残疾人事业"十二五"计划纲要（2011—2015 年）》中提出，要按照"政府主导、社会参与，国家扶持、市场推动，统筹兼顾、分类指导，立足基层、面向群众"的要求，健全残疾人社会保障体系和服务体系，使残疾人基本生活、医疗、康复、教育、就业、文化体育等基本需求得到制度性保障，促进残疾人状况改善和全面发展，为残疾人平等参与社会生活创造更好的环境和条件，为全面建设小康社会和构建社会主义和谐社会作出贡献。残疾人福利不仅在理论上与法制上较其他福利事业的发展更具规范意义和社会化意义，而且在部分领域取得了很大的进展。"十三五"期间，继续实施《特殊教育提升计划（2014—2016 年）》、制订《第二期特殊教育提升计划（2017—2020 年）》、制订实施《"十三五"残疾青壮年文盲扫盲行动方案》、修订《残疾人教育条例》。

（三）我国教育福利的发展

1986 年 4 月我国颁布了《中华人民共和国义务教育法》，首次把免费义务教育用法律的形式固定下来，标志着我国基础教育发展到一个新阶段。2006 年 6 月 29 日《中华人民共和国义务教育法》通过修订，2008 年秋季开始在全国范围内实施名副其实的义务教育。2015 年 10 月党的十八届五中全会进一步提出要"提高教育质量，推动义务教育均衡发展，普及高中阶段教育，逐步分类推进中等职业教育免除学杂费，率先从建档立卡的家庭经济困难学生实施普通高中免除学杂费，实现家庭经济困难学生资助全覆盖"。教育福利方面允许私立学校发展，高等教育的福利色彩淡化，义务教育福利性得到维护。

（四）我国妇女福利的发展

在妇女福利方面，由于妇女的生理和心理特点以及千百年来形成的社会惯性，国家和

---

① 26 省份建高龄津贴制度［EB/OL］. 人民网，http://health. people. com. cn/n1/2016/0824/c398004-28661072. html.

社会只有以特别的立法来保护妇女的特殊权益,才可能形成真正的男女平等。改革开放以来,我国广泛参与国际妇女维权行动,先后签署了联合国《消除对妇女一切形式歧视公约》和国际劳工组织《男女工人同工同酬公约》等一系列重要国际公约和国际文件。1992年4月3日通过的《中华人民共和国妇女权益保障法》、1994年10月27日通过并公布的《中华人民共和国母婴保健法》,以及2002年9月1日起实施的《中华人民共和国人口与计划生育法》等,对妇女的政治权利、文化教育权益、劳动权益、财产权益、人身权利、婚姻家庭权益等各方面权益作出了规定。在国务院制定的《中国妇女发展纲要(2011—2020)》中,确定了妇女与健康、妇女与教育、妇女与经济、妇女参与决策和管理、妇女与社会保障、妇女与环境、妇女与法律七个优先发展领域的主要目标和策略措施,将妇女发展规划纳入国家的整体规划,有力地促进了中国妇女事业的发展。

(五)我国住房福利的发展

我国在改革之前的计划经济体制下,住房体制长期实行低租金和福利住房的供给制,政府是住房建设的主要承担者,大约90%以上的住房投资由中央和各级地方财政拨款。改革之初,随着自主权的下放,企事业单位办社会现象越来越严重。在住房方面,企事业单位成为房屋建设的最重要承担者之一。中国的住房制度也逐渐由政府供给制转变为准单位供给制。住户能否得到住房和得到什么样的住房,很大程度取决于家庭成员所供职的单位有没有投资能力,因此形成了我国城镇住房的结构性偏倚,一方面有大量的过度消费,另一方面住房又严重不足。在政府和企业包揽了绝大部分住房投资的同时,由于以低租金的福利分配方式提供给职工个人使用,政府和企业还承担了巨额的住房维修、管理等补贴费用,而且这种费用补贴又随着住房建设的发展而不断扩大。事实上,我国的住房投资已远远超过了国家和企业的承受能力。许多企业的住房投资不同程度地挪用或挤占了生产发展基金、更新改造基金和其他福利基金,这对一个处于经济起飞阶段的国家来说,是极为不利的,甚至是以牺牲长期发展为代价的。为了解决这个问题,帮助城镇居民中的中低收入和最低收入居民家庭取得与预期支付能力相适应的住房,我国进行了城镇住房的商品化改革和企业的货币化分房改革,基本上形成了适合我国国情的住房福利的基本框架:以住房公积金制度作为主要的政策性住房资金来源、以经济适用住房为主要的住房供应渠道,建立多元化的保障方式和分层次的保障制度。

最初是上海市于1991年建立住房公积金制度,随后在全国范围内推行。在《国务院关于深化城镇住房制度改革的决定》中明确规定,住房公积金由在职职工个人及其所在单位,按职工个人工资和职工工资总额的一定比例逐月缴纳,归个人所有,存入个人公积金账户,用于购、建、大修住房,职工离退休时,本息余额一次结清,退还职工本人。目前单位和个人住房公积金的缴费率分别掌握在5%,已超过这个比例的可以不变。外商投资企业及其中方职工的住房公积金缴费率,由各省、自治区、直辖市人民政府确定。住房公积金制度的推行,在很大程度上解决了我国财政对住房保障资金供给能力不足的问题,为面向中低收入家庭、不以营利为目的的经济适用住房建设提供了低成本的融通资金。各地住房公积金暂行低利率政策,也为个人建房、购买政策性抵押贷款制度的建立提供了稳定的低成本资金来源。这就解决了财政对建设社会保障住房的长期、低息贷款问题和对政策性抵押贷款贴息的压力问题，从而在财力有限的情况下初步建立了中国的住房保障资金供给渠道。

此外，一些城市发行的住房建设债券、出售现有公有住房的回收资金、收取的租赁保证金，以及租金收入也是政策性住房资金的组成部分。

在1995年2月的《国家安居工程实施方案》中，确立了解决国有大中型企业职工和大中城市居民住房困难的原则是与住房制度改革相结合，资金由国家信贷资金和住房公积金等房改资金解决。从国家安居工程政策框架的基本内容看，国家安居工程的运作方式是按照建立住房福利体系的思路规定的。主要体现在，政府提供基础设施配套、实行税费减免和以划拨方式提供土地使用权，分配对象为城市中低收入家庭。这种住宅建设和供应方式的优点是，在避免政府财政直接投入的情况下，加快了住房建设的速度，降低了住房价格，从住房供应和支付能力两个方面都照顾了中低收入家庭。经济适用住房建设是建立多层次的住房供应体系的重点，也是发展我国社会保障住房的重点。

"十二五"期间，住房保障改革大规模推进，各地方政府在结合自身实际的基础上，创新性地提出并实践着一些住房保障新模式，如淮安共有产权住房保障模式、上海廉租住房实物配租新模式和香港"置安心"计划新政等住房保障新模式，不仅有效破解了当地居民的住房困境，还丰富了已有的住房保障政策模式。从2014年开始，中央财政将中央补助廉租住房保障专项资金、中央补助公共租赁住房专项资金和中央补助城市棚户区改造专项资金，归并为中央财政城镇保障性安居工程专项资金。2014年3月，《城镇住房保障条例（征求意见稿）》公开征求意见，其中规定对住房困难的最低生活保障家庭等住房救助对象优先给予保障。意见稿从规划与建设，保障性住房的申请、使用与退出，租赁补贴，社会力量参与，监督管理和法律责任等方面对城镇住房保障工作进行了规范。

（六）我国福利彩票的发展

我国的现代福利彩票开始于1987年。1994年出台《中国福利彩票管理办法》。1995年，中国社会福利有奖募捐券更名为中国福利彩票，中国彩票正式与国际接轨。1998年，民政部出台《中国福利彩票发行与销售管理暂行办法》，规范福利彩票的发行与销售活动。1999年10月，民政部发布《民政部关于中国福利彩票管理工作有关问题的通知》，不再保留中国社会福利有奖募捐委员会及其办事机构，不再执行社会福利基金"交二返一"的政策，不再执行部分省会城市福利彩票发行的计划单列。2009年4月，国务院通过并颁布《彩票管理条例》。根据《彩票管理条例》，财政部、民政部、国家体育总局制定了《彩票管理条例实施细则》。2012年年底，财政部修订《彩票发行销售管理办法》。2015年11月，财政部发布《关于进一步规范和加强彩票资金构成比例政策管理的通知》，重新拟定彩票奖金、彩票公益金和彩票发行费比例：公益金比例不得低于20%；乐透型、数字型、竞猜型、视频型、基诺型等彩票的彩票发行费比例不得高于13%（传统型、即开型彩票的彩票发行费比例不得超过15%）。2016年，民政部印发了《民政部本级彩票公益金使用管理办法》，规定公益金使用应当遵循福利彩票"扶老、助残、救孤、济困"的发行宗旨，公益金的使用管理应体现"公平、公正、公开"原则，按照"谁使用、谁管理、谁负责"的要求实行归口管理，并纳入民政部权力清单，按照权力清单规定进行规范操作。

　　根据国家有关规定,我国福利彩票销售总额为彩票资金,由奖金、发行成本费和社会福利资金三部分组成。从 2002 年 1 月 1 日起,彩票发行资金构成比例调整为:返奖比例不得低于 50%,发行费用比例不得高于 15%,彩票公益金比例不得低于 35%。今后随彩票发行规模的扩大和品种增加,进一步适当调整彩票发行资金构成比例,降低发行费用,增加彩票公益金。财政部会同民政部、国家体育总局分别确定民政部门和体育部门的彩票公益金基数,基数以内的彩票公益金由民政和体育部门继续按规定的范围使用;超过基数的彩票公益金,20% 由民政和体育部门分别分配使用,80% 上交财政部,纳入全国社会保障基金,按照"收支两条线"的原则,对彩票发行收入实行专户管理,支出应符合彩票发行与销售机构财务管理制度和彩票公益金管理制度。彩票公益金不得用于平衡预算,发行费用结余不得用于补充民政、体育部门的行政经费。国家审计机关要加强对彩票发行以及彩票公益金筹集、分配和使用情况的审计,年度审计结果向社会公布。

231

　　通过发行福利彩票筹集福利资金,用于支持社会福利事业的发展,这是发行福利彩票的目的。彩票资金的使用效率体现在两个层面:一是用对地方,即把有限的彩票资金用在最适当的地方,如果彩票资金投向不当,很难体现其效果,也就谈不上彩票资金的使用效率;二是正确使用,即在彩票资金投向正确的前提下,保证资金的使用过程中不出现浪费。

三、中国社会福利制度存在的问题

　　为适应社会经济结构的日益改变,社会福利制度于 20 世纪 80 年代中期开始进行改革。实践证明,推进社会福利社会化进程,各项民政福利事业的进一步完善和发展,满足了人民群众日益增长的福利服务需求。但是,回顾与反思我国近 30 年社会福利制度的变革与转型,其中也出现了一些亟待解决的问题。

(一)社会福利理论认识存在误区[①]

　　在社会福利制度逐渐走向定性、稳定、可持续发展的情况下,仍然存在社会福利认识上的误区。一是福利恐惧症。认为社会福利制度容易养成国民依赖思想,滋生懒惰,社会福利属于消极的制度安排,提高国民福利水准必然损害个人自由发展与国家竞争力。所以福利事业发展滞后并未造成社会发展的不足,反而有利于促进经济增长的因素。二是社会福利社会责任论。认为社会福利是社会事务,应当由社会来解决,政府在社会保障领域中主要负责社会保险制度,此外,发展和完善社会救助制度。这种认识导致了在社会福利领域缺乏一部真正意义上的社会福利法律或法规,社会福利事务大多依靠部门规章与红头文件来指导,仅有的法律诸如《中华人民共和国老年人权益保障法》《中华人民共和国残疾人保障法》《中华人民共和国妇女权益保障法》《中华人民共和国未成年人保护法》等均是缺乏刚性约束力。同时导致政府财政投入相对下降,直接影响了社会福利事业的发展。三是社会福利可替代论。认为货币化的社会保障和市场机制能够替代社会福利,在

---

　　① 郑功成.中国社会福利的现状与发展取向[J].中国人民大学学报,2013(2):2-10.

健全的社会保险与社会救助制度确保基本社会保障需求的同时，能够满足社会成员的差异性需求。这种认识忽视了老年人、儿童等群体的服务需要，而市场机制也忽略了社会福利事业的公益性，使社会福利存在现实上的缺失。四是国外模式优势论。认为西方国家的去家庭化、机构化的社会福利制度是合理的、完美的制度安排，反映到我国的政策实践中则是忽略了家庭与社区及其他传统的福利供给途径。以上认识直接影响了我国社会福利制度的安排与实施。

（二）中国社会福利制度缺乏社会性

由于认识不清，导致我国社会福利长期以来的定位是救济性的社会福利事业，主要是为最困难的弱势群体包括城市中的"三无"老人和农村的"五保户"、残疾人和孤残儿童等提供救助和支持，因此，一般的社会成员的福利只能主要靠单位与家庭的福利保障和服务来提供。应该说这种以"单位福利"为主的福利体制与我国过去长期实行的计划经济体制基本上是相适应的。表面看来，"单位福利"有点类似于非保障性福利中的"职业福利"。但是，实质上，西方发达国家的职业福利是建立在市场机制上的供给福利：企业或机构按照个人的贡献、工作表现和生产效率给予相应的福利待遇。中国的"单位福利"是由计划体制的单位赋予的，同一单位内部的福利待遇是基本一致的。中国的社会福利是一种以特殊困难群体为对象的"社会福利事业"，"单位福利"构成了中国社会中城市居民福利的主体，缺乏单位保障的个人与家庭，在住宅、教育、医疗等方面缺乏相关的福利待遇。

（三）中国社会福利制度缺乏组织性

虽然世界各国社会福利制度实践中对社会福利与社会保障的关系有不同认识，但大部分国家一般都将社会福利与社会保障统一加以管理，像中国这种分而治之的情况极少。从中国目前的社会福利机构和组织产生及权力分配来看，中国社会福利机构和组织法律地位不明、权力配置条块分割、职责不清。中国目前的社会福利行政机构是按社会福利产品的供给划分的，从部委一级来看，由人力资源和社会保障部及民政部分别承担本应由统一部门承担的社会福利职责，不仅增加了额外管理成本，而且淡化了社会福利的"福利精神"，造成社会福利待遇中的低效率和不公平。

（四）中国社会福利制度缺乏监督性

任何制度的运行都不能缺少监督机制，否则将可能使制度和政策无法实现。中国社会福利监督机制并不健全，表现为社会福利监督方面的立法不完善，社会福利立法在具体的监督内容上，重视对社会福利基金的监督而轻视对社会福利权利保障的监督。

本 章 小 结

本章主要介绍了社会福利的概念、特点、相关理论基础，公共福利、特殊福利、职业福利的主要内容及其项目构成，以及我国社会福利制度存在的问题和改革思路。

自　测　题

一、单项选择题

1. 社会福利实施是(　　　)。
   A. 与个人的劳动收入挂钩　　　　　　B. 普遍实施
   C. 与个人的生活条件挂钩　　　　　　D. 与个人的劳动量挂钩

2. 教育福利属于社会福利中的(　　　)。
   A. 公共福利　　　　B. 职业福利　　　　C. 特殊福利　　　　D. 员工福利

二、名词解释

1. 儿童福利
2. 蒂特马斯的社会福利"三分法"

三、简答题

1. 残疾人社会福利的内容有哪些?
2. 国际福利彩票资金的使用模式有哪些?各有什么利弊?

第八章

社会优抚与慈善事业

【学习目标】

通过本章的学习,读者应当了解社会优抚、补充保障、慈善事业的概念;熟悉社会优抚和补充保障的内容;理解社会优抚和补充保障的特征及其重要地位;掌握军人优待、抚恤、就业安置等社会优抚形式以及慈善事业与互助保障等补充保障形式;明确我国慈善事业的重要地位。

【导读案例】

张凌霄:解读《慈善法》十大亮点

2016年3月24日上午,由新华网公益频道与新华善举基金联合打造的大型多媒体互动公益栏目"公益中国九人行"第三期开播,主题是"慈善法解读大型互动对话"。现场,京师律师事务所主任张凌霄从一个法律人的角度对《慈善法》的十个亮点进行了解读。

第一,《慈善法》采取了大慈善的概念。首先,中国在此之前有一个《公益事业捐赠法》。《公益事业捐赠法》更强调的是公益,为了不特定多数人的利益而进行公益事业,如救助救灾、防治环境污染。在中国,传统的慈善是救助、扶贫,这里的《慈善法》中的慈善就是采取了大慈善的概念,包括公益+传统慈善。可以看出立法的本意是鼓励整个社会依法行善。

第二,《慈善法》对慈善组织的形式和概念进行了界定。《慈善法》对于慈善组织的定位是:其一是非营利组织;其二是以慈善为宗旨;其三是组织形式是基金会、社会团体和社会服务机构。只要符合这三个标准,那就属于慈善组织,可以向民政部门登记领取证书。

第三,慈善组织直接登记,不用再经过双重登记。在《慈善法》出台之前,慈善组织登记还要找一个主管部门再去民政部门,现在可以直接向民政部门申请登记。已经存在的慈善组织也可以直接向民政部门登记申请认定为慈善组织。

第四,实行年报制度。原来三大条例对基金会、社团和民办非企业单位每年实行年检。现在《慈善法》规定不用年检了,但是实行年报,要求慈善组织每年公布年度工作报告和财务会计报告。

第五,规定慈善组织的信息公开。

第六,统一公开募捐的标准。公开募捐的资格不再区分官办民办,标准统一为:依法登记满两年,内部治理结构健全,运行规范的慈善组织都可以向民政部门申请取得公开募捐的资格。同时也进行了限定,不具有公开募捐资格的组织或者个人,不得进行公开募捐。如果要进行公开募捐,必须依托有公开募捐资格的慈善组织进行,相关募捐来的财产也归相应的慈善组织进行管理和规范。

第七,互联网捐助信息平台统一,媒介提供者有验证的义务。首先,募捐信息一定要在民政部门指定的网站上发布。之后可以再在其他网络媒体上发布。同时,媒介提供者、网络平台以及其他的发布平台要检查慈善组织的证书和公开募捐的资格证书。

第八,建立慈善信息的公开制度。

第九,《慈善法》明确了慈善组织、受益人、捐赠者以及志愿者相关的权利和义务,同时也对税收等进行了相关的约定。

第十,慈善组织最后如果有剩余财产,这个剩余财产是不能分配的,刨去其他部分后可以转到相近的慈善组织。

（资料来源：新华网,http：//news.xinhuanet.com/gongyi/2016-03/29/c_128845091.htm.）

问题：你如何理解本案例中对《慈善法》的解读？

第一节　社　会　优　抚

1950 年 12 月,我国内务部制定了《革命烈士家属革命军人家属优待暂行条例》《革命残废军人优待抚恤暂行条例》等,自此确立了国家的优抚法律体系,奠定了国家优抚制度的基础[①]。改革开放后,国家对社会优抚给予了更高的重视。1998 年 6 月,国务院、中央军委批准颁布了《军人保险制度实施方案》,标志着军人保险制度正式建立[②]。当前,针对军人及其家属所特别设立的社会优抚制度已经成为社会保障制度的一个重要组成部分。

一、社会优抚概述

（一）社会优抚的概念

社会优抚是国家和社会依照法律规定,对军人及其家属提供各种优待、抚恤、就业安置等待遇和服务的社会保障制度。保障优抚对象的生活是国家和社会的责任,我国《宪法》第 45 条规定："国家和社会保障残疾军人的生活,抚恤烈士家属,优待军人家属。"优待包括政治、经济等方面;抚恤包括抚慰和赈恤,其中抚慰是给予政治荣誉和精神上的安慰,赈恤则是给予钱款或物质、服务的帮助。社会优抚制度的建立,对于维持社会稳定、保卫国家安全、促进国防和军队现代化建设、推动经济发展和社会进步具有重要的意义。

社会优抚的含义表现在如下几个方面。

第一,从责任主体来看,社会优抚是国家和社会的责任。优抚对象是为国家作出特殊贡献者,国家和社会有责任保障他们及其家属的生活水准略高于一般保障对象的平均水平。

---

① 尹传政.当代中国的优抚制度研究[D].北京：中共中央党校,2013.
② 郑传锋.军人社会保障体系确立与展望[J].中国社会保障,2009,10：104-108.

第二，从保障对象来看，社会优抚的对象是具有特殊贡献的群体。特殊贡献主要是指为国家和民族利益作出的奉献和牺牲，特殊群体包括人民解放军现役军人、革命伤残军人、复员退伍军人、革命烈士家属、因公牺牲的军人家属、病故军人家属以及现役军人家属等群体。

第三，从保障内容来看，社会优抚不仅要保障物质生活，还应包含带有褒扬和抚慰性质的精神保障。

第四，从保障政策来看，社会优抚是一项社会政策。优抚特殊行业、特殊贡献者及其家属，是有立法依据并得到全社会认可的社会政策措施[①]。

（二）社会优抚的对象

社会优抚的对象由有关法律、法令、条例和政策等确认，有明确的法定范围。依照我国有关法律的规定，社会优抚的对象具体包括以下人员：①中国人民解放军的现役军人，具体是按照《中华人民共和国兵役法》的规定，正在服现役的军官、文职干部和士兵（含士官）。军队中保留军籍的离休干部享受现役军人待遇；②革命伤残人员，指在服役期间因战、因公、因病（只限义务兵）致残的军人和国家机关工作人员，人民警察、民兵民工因战、因公致残，符合评残条件的人员，并需经审批机关批准，取得民政部颁发的《革命伤残军人证》《国家机关工作人员伤残抚恤证》《人民警察伤残抚恤证》《民兵民工伤残抚恤证》的人员；③烈士遗属，指经法定机关认定，得到《烈士证明书》的遗属；④因公死亡军人遗属，是指法定机关认定，得到《因公死亡证明书》的遗属；⑤因病死亡军人遗属，指法定机关认定，得到《因病死亡证明书》的军人的遗属；⑥复员军人，指1954年10月31日开始试行义务兵役制以前参加过中国人民解放军、东北抗日联军、中国共产党领导的脱产游击队、八路军、新四军、解放军、中国人民志愿军等，持有复员、退伍军人证件或组织批准复员的人员；⑦退伍军人，指自1954年11月1日开始试行义务兵役制以后参加中国人民解放军，并持有退伍或复员军人证件的人员；⑧现役军人家属，指按照《中华人民共和国兵役法》的规定，正在服役期间军人的家属。据民政部统计，截至2017年第一季度，全国共有国家抚恤、补助各类优抚对象875.5万人[②]。

（三）社会优抚的特征

作为社会保障制度特殊组成部分的社会优抚，具有如下特征。

1. 优抚对象特殊性

社会优抚对象是指为维护国家和社会安全稳定而做出牺牲和贡献的特殊社会群体，由国家对他们的牺牲和贡献给予补偿和褒扬。优抚对象具体包括：①具有特殊贡献的伤残人员，包括伤残军人、伤残民兵、伤残民警；②复员退伍军人；③国家认定的烈士家属；

① 童星.社会保障理论与制度[M].南京：江苏教育出版社，2008：297-298.
② 国家民政部.社会服务统计季报（2017年1季度）[EB/OL].民政部网站，http://www.mca.gov.cn/article/sj/tjjb/qgsj/170502/201705051153.html.

④病故军人家属;⑤现役军人家属,包括现役军人和人民警察(武警、边防、消防民警)的家属。其中,家属是指特殊贡献者的父母、配偶、子女、依靠其生活的 18 岁以下的弟妹和抚养其长大又依靠其生活的其他亲属[①]。

2. 优抚目标双重性

社会优抚的目标是为优抚对象提供现金补贴和服务帮助,保障他们的基本生活,具有经济保障功能。同时,国家和社会还会通过各种优抚活动,向全社会宣传特殊贡献者的事迹和高尚品德,树立全社会的道德榜样和学习楷模。因此,社会优抚具有经济和政治双重目标。

3. 优抚待遇补偿性

优抚具有补偿和褒扬性质,因此优抚待遇高于一般的社会保障标准,优抚对象能够优先优惠地享受国家和社会提供的各种优待、抚恤、服务和政策扶持。而且优抚工作是政府的一项重要行为,优抚优待的资金由国家财政投入,还有一部分由社会承担,只在医疗保险和合作医疗等方面由个人缴纳一部分费用。

4. 优抚内容综合性

社会优抚与社会保险、社会救助和社会福利不同,它是特别针对某一特殊身份的人所设立的,内容涉及社会保险、社会救助和社会福利等,包括抚恤、优待、养老、就业安置等多方面的内容,是一种综合性的项目。社会优抚制度对退伍和转业军人的安置、对其家属的抚恤体现了社会保险的性质;对优抚对象中特别困难人员在就业方面的扶持、帮助等体现了社会救助的特点;对优抚对象的优待,也体现了社会福利的性质。因此,社会优抚不是单一的社会救助、社会保险或社会福利,而是三者的共同体现。

二、社会优抚体系的内容

社会优抚是一项对军人及其家属提供各种优待、抚恤、安置等待遇和服务的保障制度,社会优抚体系包括优待、抚恤、军人安置等具体内容[②]。

(一) 优待

社会优待是国家和社会按照立法规定和社会风俗对现役军人及其家属提供经济和服务的优待性保障制度。社会优待手段既包括资金保障,也包括服务保障。资金保障,通常是向优抚对象提供各种生活津贴;服务保障,主要是由社会各界(包括工作单位、社区组织或社会团体)提供的生活服务与生产服务,以保证为国家作出贡献的人员及其家属可以维持一定的生活水平。根据我国相关规定,社会优待更多地体现在革命伤残军人的优待措施中,符合一定条件的军属在医疗、入学、就业、住房、参军等方面均享有相当程度的

①　胡勇.农村社会保障体系研究[M].北京:中国农业出版社,2009.
②　张民省.社会保障学[M].太原:山西人民出版社,2009:401-404.

237

优待。

1. 伤残军人优待

伤残军人优待体现在生活优待、医疗优待、交通优待等方面。①生活优待。在国家机关、社会团体、企事业单位工作的因战、因公致残的革命伤残军人，享受与所在单位因公（工）伤残职工相同的生活福利待遇；革命伤残军人因伤残需要配置假肢、代步三轮车等辅助器具的，由民政部门负责解决；复员军人未工作，因年老体弱、生活有困难的，按照规定的条件，由当地民政部门给予定期定量补助，并逐步改善他们的生活待遇等。②医疗优待。二等乙级（含）以上革命伤残军人，享受公费医疗待遇；三等革命伤残军人不享受公费医疗待遇的，伤口复发所需医疗费由当地民政部门解决，因病所需医疗费本人支付有困难的，由当地民政部门酌情给予补助；带病回乡的复员退伍军人，不享受公费医疗待遇的，因病治疗无力支付医疗费时，由当地卫生部门酌情给予减免。③交通优待。革命伤残军人乘坐火车、轮船、长途公共汽车和国内民航客机，凭《革命伤残军人证》准予优先购票，并按规定享受票价优待（飞机票减收 20％，火车、轮船、长途公共汽车减收 50％）。

2. 军人家属优待

军人家属优待体现在随军、入学、就业、医疗、住房和荣誉等方面。①随军优待。经军队旅级以上政治机关批准随军的现役军官、文职干部、志愿兵的家属，驻军所在地的公安部门应准予落户；随军前家属有工作的，驻军所在地的劳动、人事部门应安排适当的工作。②入学优待。革命烈士子女报考中、高等学校，录取条件可适当放宽；考入公立学校的免交学杂费并优先享受助学金或者学生贷款；公办幼儿园和托儿所优先接收其子女。③就业优待。家居农村的革命烈士家属符合条件的，当地政府应安排其中一人就业；革命烈士、因公牺牲军人、病故军人的子女弟妹，自愿参军又符合征兵条件的，在征兵期间可优先批准入伍；驻边防、海岛、远离居民区的部队现役干部的子女，户口在县城以下的干部子女和烈士子女，符合规定条件的，军校可通过统一考试，录取入校培养为军官。④医疗优待。未享受地方公费医疗，随军牺牲、病故干部的家属，在军队医疗部门治病免收医疗费；没有参加工作的随军家属，可享受军队医疗包干待遇；符合随军条件的家属但不随军不办理医疗包干的，由部队按月发给医疗补助费。⑤住房优待。未随军的现役军官、文职干部、志愿兵的家属住房有困难的，家属有工作的，由所在单位按本单位双职工待遇解决；家属无工作的，由当地房管部门统筹解决。随军家属在干部牺牲或病故后一年内所住军队宿舍不收房费；一年后按家属级别待遇调整住房面积并收费，无工资收入的不收费。⑥荣誉优待。通过贺功、贺喜、挂光荣牌匾、节日问候等形式，给予军烈家属精神上的安慰，提高其社会政治地位[1]。

（二）抚恤

抚恤制度包括现役军人的死亡抚恤和伤残抚恤两种。

---

[1]　齐海鹏. 社会保障教程［M］. 大连：东北财经大学出版社，2006：352-353.

1. 死亡抚恤

死亡抚恤是国家依法对死亡的现役军人家属，提供保障其一定生活水平的资金优抚保障项目，其保障对象主要是革命烈士家属、因公牺牲军人家属和病故军人家属。死亡抚恤待遇标准因军人死亡的性质（牺牲、病故）、生前立功和被授予荣誉称号、生前收入等情况的不同而不同。同时，为照顾军队干部遗属生活，干部（包括职工）死亡后的 6 个月内，其原工资仍逐月发给家属。此外，军队干部因公死亡后，发给其家属一定的丧葬费。

死亡抚恤的方式分为一次性抚恤、定期抚恤和特别抚恤三种。①一次性抚恤金。一次性抚恤具有褒扬和补偿的性质。现役军人死亡，根据死亡性质和本人死亡时的工资收入，由民政部门发给家属一次性抚恤金；立功和获得荣誉称号的现役军人死亡，根据其立功和荣誉称号的不同，可增发 5%～35% 的抚恤金。②定期抚恤金。定期抚恤具有救助性质，革命烈士、因公牺牲军人、病故军人的家属按照规定的条件享受定期抚恤金。享受定期抚恤金的人员死亡时，加发半年的定期抚恤金，作为丧葬补助费。③特别抚恤金。在国防和军队建设、科研职业或者作战中做出牺牲贡献的现役军人死亡，除上述抚恤金外，可由国防部发给特别抚恤金。

2. 伤残抚恤

伤残抚恤分为因战致残、因公致残和因病致残三类。革命伤残军人的伤残等级根据丧失劳动能力及其影响生活能力的程度确定。因战、因公致残的伤残等级可分为特等、一等、二等甲级、二等乙级、三等甲级、三等乙级；因病致残的伤残等级，由军队规定的审批机关在医疗终结后负责评定伤残等级，发给《革命伤残军人证》。当前我国军人残疾级别设置进行了重大改革，以"一至十级"的新标准取代了"四等六级"的旧标准。

我国对革命伤残军人实行终身抚恤。伤残抚恤标准一般根据军人致残的性质、类型、劳动能力丧失程度及生活受影响的程度等因素决定。伤残抚恤待遇分为两种，即残疾抚恤金和残疾护理。残疾抚恤金是对没有参加工作的革命伤残人员，发给保障其基本生活的一种补偿费用。残疾护理是指退役后的一级至四级残疾军人，由国家供养终生。其中，对需要长年医疗或者独身一人不便分散安置的，经省级人民政府民政部门批准，可以集中供养。另外，享受离休、退休待遇的革命伤残军人，由民政部门发给伤残保健金；继续在部队服役的革命伤残军人，由所在部队发给伤残保健金。

因战致残的革命伤残军人在评残发证后，一年内因伤口复发死亡的，按照革命烈士的抚恤规定，发给其家属一次性抚恤金和定期抚恤金；一年后因伤口复发致残的，按照因公牺牲军人的抚恤规定，发给其家属一次性抚恤金和定期抚恤金。因战、因公致残的特等、一等革命伤残军人因病致残死亡后，其家属按照病故军人家属的抚恤规定享受定期抚恤金。

（三）军人安置

军人安置是指军人结束部队生活后，由国家统一负责安排生活和就业的军人社会保障制度，旨在保障军人退役后的基本生产和生活。军人安置主要包括退休安置、转业安置、复员安置和退役安置四种。

1. 退休安置

退休安置指军人因年老或病残丧失工作能力而退役，交政府安置，按月发给一定的生活费用，赡养其终生。军人退休安置始于 17 世纪末的常备军。当时职业军官人数增多，不少军官复员后生活没有着落，成为"贫穷的贵族"，日益成为单独的社会阶层，因而需要给他们提供经常性的物质保障（特别是在他们结束军人生涯以后）。这种退休安置是统治者恩典的一种表示，但并未形成制度。例如，法国的路易十四曾赐予退役的军官和战士 500 万法郎作为退休金。在多数欧洲国家，直到 19 世纪（法国在 1790 年，德国在 1871 年）才通过法律对军人的退休问题做出规定。各国军队规定了不同的退休金占薪金比例。有的军队退休金为薪金的 75%～80%，有的军队退休金为薪金的 30%～50%。并且，军队内部退休金因其军衔、服役年限、年龄和退休后工作情况的差异而具体变化[①]。

2. 转业安置

目前对转业干部的安置，原则上由转业干部的原籍或入伍所在地的省、市、自治区分配。军队转业干部的安置，总的原则是合理使用，妥善安置。在保障其干部身份继续有效的前提下，力求做到：对于转业技术干部，按照学用一致的原则，对口分配工作，尽量避免所学非所用的现象；对于一般军事行政干部，根据本人的德才条件并参照其原在部队所任职务，分配适当的工作。

少数因各种特殊情况安排不了干部职务的，可保留干部身份从事其他工作。志愿兵转业原则上回原籍由县（市）人民政府安置工作，占用国家当年下达的劳动指标；安置在集体所有制单位的，保留其全民所有制职工身份。随着市场经济的不断发展，我国现阶段军队转业干部和转业志愿兵的安置正在走向市场，采取双向选择的方式来进行，并且鼓励军队转业干部和转业志愿兵自谋职业。2001 年制定的《军队转业干部安置暂行办法》规定，对军队转业到地方工作的军官和文职干部，实行计划分配和自主择业相结合的办法。计划分配的干部由党委、政府负责安排工作和职务；自主择业的干部由政府协助就业，发给退役金。

3. 复员安置

复员是指军队干部和士官退役不保留公职人员身份，回原籍或入伍地重新就业。不同时期，对复员条件有不同的规定。我国当前干部复员的条件是：符合退役条件，本人要求复员自谋职业，或因其他原因不适合做转业安置和退休安置的连排职干部及个别营、团职干部，经组织批准，可办理复员手续，由原籍或入伍时所在地政府安置。复员军人安置主要采取下列措施：①合理规定安置去向。原则上由批准其入伍的县（市）人民政府接收安置。从城市入伍的，其配偶在中等以下城市工作的，可到配偶所在地安置。从农村入伍的，原征籍地无直系亲属，家庭确实有困难的，也可到配偶所在地安置。②尽量安排好工

---

① 孙光德. 社会保障概论［M］. 北京：中国人民大学出版社，2005：282-283.

作和生产。从城市入伍的,原则上由当地人民政府安置办公室接收,分配适当工作,分配工作确实有困难的,本人也可自谋职业。对有条件从事个体经营的,工商行政管理部门应按规定发给执照。从农村入伍的,当地有条件的,可在乡镇企业就业;没有条件的,按规定划给责任田(山)、自留地(山),或让其承包其他经营项目。复员干部具备国家机关、事业单位录取条件的,可到这些单位工作,享受所在单位同等人员的相同待遇,军龄可连续计算工龄。③妥善安置随迁家属。复员干部配偶有工作能力的,地方政府应同复员干部同时接收。配偶为干部的,由人事部门负责;配偶为工人的,由劳动部门接收安排工作。复员干部子女转学,由各地教育部门负责。

4. 退役安置

军人退役是指现役军人服役期满退出军队,主要有两种情况:一是年老退役,如离休、退休等;二是非年老退役,如转业、复员、退伍等。作为军人社会保障重要组成部分的退役安置,是指国家和社会为退出现役的军人提供资金和服务,以帮助其重新就业的一项优抚保障制度。退役安置主要从资金和服务两方面对退役军人提供保障。资金保障方面包括提供安置费、各级临时性生活津贴和生产性贷款;服务保障包括就业安置、就学安置、落户安置、职业培训、技术培训等。年老退役军人安置解决的是老有所养问题,非年老退役军人安置解决的是再就业问题。

随着社会主义市场经济体制的建立,军人退役安置问题出现了很多新情况。首先,主管部门多且分散,涉及军队系统与民政部、财政部等部门,退役军人安置工作遇到具体困难时,经常在各管理部门和单位间出现相互推诿的现象,最终导致退役安置工作效率低下,退役军人的生活满意度也随之降低。其次,指令性计划安置与人才市场化冲突加大。当前计划安置在我国退役军人安置工作中仍占很大比例,企业不愿安置或安置质量差,最后大部分群体还是由政府进行安置。但指令性计划安置难度越来越大。退役军人自身的技能和综合素质也与自主择业时单位招工的要求有一定距离。其所学习的专业和所从事的工作都与军事紧密联系在一起,导致大部分退役军人在职业竞争中处于劣势,从而使自主择业这一安置方式的吸引力下降,退役军人的安置更加困难①。要解决这些问题,必须采取新的措施和办法,对原有的退役军人安置制度进行改革,以适应新形势的变化。

延伸阅读

三、社会优抚制度发展历程

我国对军人优抚的重视由来已久,社会优抚制度也走过了较长的历程②。

(一)改革开放前我国的社会优抚制度

中华人民共和国成立伊始,国家制定了优待条例和政策,规定了优待实施的对象和内

---

① 鲍闯. 论中国特色退役军官安置制度建设的成就、困难与对策[J]. 经济与社会发展,2015(4):103-106.
② 尹传政. 当代中国的优抚制度研究[D]. 北京:中共中央党校,2013.

容,设置了优抚机构,从而建立了最初的优待体系。我国颁布的第一部宪法性文件《中国人民政治协商会议共同纲领》明确规定:"革命烈士和革命军人家属,其生活困难者应受国家和社会优待,参加革命战争的伤残军人和退伍军人,应由人民政府给予安置,使其谋生立业。"内务部借鉴了革命战争年代实施的优待内容,制定和颁布了统一的优待条例。1950年12月11日,内务部公布了《革命烈士家属革命军人家属优待暂行条例》和《革命残废军人优待抚恤暂行条例》,这是中华人民共和国成立后的第一批优待条例。各个相关部门也出台了条例以保证优待对象切实享有物质优待与精神优待。在农村,社会担负起了烈军属、残废军人的代耕任务;在城市,社会则担负起了其就业任务。此外,国家还实施了补助、医疗费用减免等方面的优待措施。1950年,国家制定并实施了《革命军人牺牲病故褒恤暂行条例》《革命烈士家属、革命军人家属优待暂行条例》《革命工作人员伤亡褒恤暂行条例》《民兵民工伤亡褒恤暂行条例》《革命残废军人优待抚恤暂行条例》五个条例,确立了抚恤制度的基本内容,是我国抚恤制度的发端。1950—1952年,整个伤残抚恤费主要分为四类:残废金、抚恤粮、优待金、优待粮。与此同时,抚恤的对象也相对更为广泛,包括广大伤残、牺牲的军人,警察,政府工作人员以及民兵和民工等。国家在伤残抚恤工作开展过程中主要集中在了提高伤残抚恤标准和给予伤残军人的医疗、教育优待等方面。1950年,中央人民革命军事委员会和政务院发布了《关于人民解放军1950年复员工作的决定》,此后,国家有关部门和军队先后制定、发布了《复员军人安置执行办法》《国务院关于安置复员军人的决议》《关于处理义务兵退伍的暂行办法》等条例,标志着我国军人安置保障制度体系的初步形成。社会优抚政策使军人及其家属的基本生活得到了保障,体现了优抚保障制度的根本性质。

1954年公布的《宪法》,明确规定保障残废军人的生活、优抚革命烈士家属、优待革命军人家属。1955年公布的《兵役法》,对现役军人的优待和退出现役的安置作了详细规定。1960年,第一次明确提出了优抚工作必须全面贯彻国家抚恤和群众优待相结合的方针。这一时期,国家从财政状况及人民生活水平的实际出发,制定了军人牺牲、病故抚恤和伤残抚恤标准及制度,并先后于1952年、1953年和1955年对伤亡抚恤标准进行了调整。对原来不享受长期抚恤的三等伤残军人和享受群众优待后生活仍有困难的烈士父母、配偶等,分别从1956年和1963年起每月发给少量生活补助费。在军人安置方面,将军官及具有一定文化水平和专业特长的复员军人,安置到国家机关、工矿企业、基本建设等单位。同时,还有数十万复员军人,成建制地集体转业到边疆地区、海防地区、农垦地区和大型基本建设单位从事生产建设。60年代后,退役军人可视不同情况,或就地安置,或随配偶、子女、父母进行安置。同时,对退役军人的待遇、职务和住房等问题也作了许多规定,并且在土地、住房分配和家属就业、子女入学等方面采取了优先安排、优惠照顾的原则。社会优抚政策在这一时期又得到了进一步的发展。

"文革"时期,社会优抚制度遭到了巨大的破坏。中央与地方优抚机构均被撤销,很多优抚系统的领导和工作人员受到批斗,优抚管理陷入了散漫、无序的自由状态。尽管在这一时期社会优抚也有一些积极的变化,但总体而言是走了下坡路。

（二）改革开放后我国的社会优抚制度

改革开放后，我国社会优抚制度进入了新的时期。1981—1982 年，国务院与中央军委先后颁布了《关于军队干部退休的暂行规定》和《关于军队干部离职休养的暂行规定》，为建立正常的军人退休制度提供了基本依据。1984 年，《中华人民共和国兵役法》颁布，亦对军人保障方面的相关内容做了规定。1987 年 12 月颁行了《退伍义务兵安置条例》。1988 年 7 月国务院又正式废止了 20 世纪 50 年代颁布的五个条例，重新发布并实施统一的《军人抚恤优待条例》。2004 年国务院修订颁行了《军人抚恤优待条例》，其内容包括军人抚恤优待的原则、死亡抚恤、残疾抚恤、优待以及法律责任等。一个以优抚医院和光荣院为载体、以基层群众性拥军优属组织为依托、各行各业共同参与的优抚保障服务网络基本形成，为优抚对象提供医疗、供养、保健、交通、住房、教育、文化、社会公益等生活方面的服务，较大幅度提高了优抚对象的生活质量。

随着社会经济的发展尤其是社会主义市场经济体制的建立与国家社会保障制度的改革，社会优抚制度也日益暴露出一些缺陷，这些缺陷日益成为制约这项制度得到良性发展的因素。例如，保障体系尚不完善，针对军人配偶随军期间未就业问题无相应的保障机制来加以解决；保障待遇标准死板且欠规范，缺乏自动调整机制；财政来源混乱，包括了中央政府、地方各级政府的责任，还有城镇单位组织与农村集体经济的责任等。因此，自 20 世纪 90 年代以来，国家和军队亦开展了对社会优抚制度的改革。改革的内容主要有以下三个方面[①]。

1. 建立军人保险制度

传统社会优抚制度均表现为国家福利与军队的职业福利，没有社会保险性质的制度安排。改革后，为更好地解除军人的后顾之忧，同时亦保持与面向普通劳动者的社会保险制度的适应性，1995 年 3 月，军队开始研究论证军人保险制度；1997 年 1 月，中央军委决定建立军人保险制度；1998 年 7 月，中央军委制定了《军人保险制度实施方案》；1998 年 8 月，由国务院、中央军委颁发的《军人伤亡保险暂行规定》在全军开始实行；2000 年 1 月，又建立了军人退役医疗保险制度；2004 年 1 月，军人配偶随军未就业期间的社会保险制度正式实施。

2. 完善军人抚恤制度

传统抚恤制度存在优抚对象抚恤补助标准长期落后于人民群众生活水平、医疗难等日益突出的问题，军人的部分合法权益得不到有效保障。针对这一现实，1996 年，民政部和总政治部开始对 1988 年制定的《军人抚恤优待条例》进行修订。2004 年 8 月，国务院、中央军委颁布了新修订的《军人抚恤优待条例》，这一条例于同年 10 月 1 日起实施，对传统的抚恤制度做了重要的完善。新的条例不仅提高了抚恤金标准，而且确定了各项定期抚恤标准的参照依据，使抚恤标准弹性化；同时将义务兵和初级士官患精神病纳入评残

① 郑功成. 社会保障学[M]. 北京：中国劳动社会保障出版社，2005：404-405.

范围,还调整了军人残疾等级的设置,把原来的"四等六级"改为"一至十级";明确了义务兵家庭享受优待金的范围和标准;对重点优抚对象的医疗待遇进行分类施保;拓展了优抚对象的社会优待范围和内容,增加了现役军人享受优待的内容。此外,还明确了优抚机构及相关当事方的法律责任。2011年10月29日,中华人民共和国国务院、中华人民共和国中央军事委员会发布《退役士兵安置条例》,于2011年11月1日起施行。该条例明确了退役士兵的移交和接收、安置、保险关系的接续,以及相关主体的法律责任。

3．重构其他军人保障制度

在就业安置保障方面,面对市场经济条件下的劳动力市场化与就业竞争化格局,国家退伍军人就业的做法遇到了重大挑战,为此,我国开始探索自主择业、国家补贴的做法。在军属优待方面,一些地方亦探索了现金补贴、劳务服务等做法。正是这些改革,使军人保障制度走向一个新的发展阶段。

2015年11月30日,民政部颁布《军队无军籍退休退职职工服务管理办法》,并于2016年2月1日起开始实施。该办法规定了军队无军籍退休退职职工(即已移交政府安置的中国人民解放军和中国人民武装警察部队无军籍退休退职职工)的服务管理相关工作,如明确服务管理单位应当做好以下服务管理工作:①发放无军籍职工退休退职费和津贴补贴;②按规定协助落实无军籍职工医疗待遇;③定期了解无军籍职工情况和需求,提供必要的关心照顾;④宣传解释无军籍职工相关政策;⑤按规定做好其他服务管理工作。

总体而言,在较长的历史发展进程中,我国的社会优抚制度进入了由优待、抚恤、安置、离退休等项目组成的较为全面的保障阶段,建立了一个从军人到军属都能够得到保障的系统[1],对于保障军人权益、稳定军心、改善军民关系发挥着持续有效的良好作用。在未来,我国的社会优抚制度还需围绕责任主体、优抚标准等主题进行持续性的探索与改革。

延伸阅读：退役士兵享受哪些保险待遇？

第二节　补充保障

现代意义上的社会保障除了政府主导的社会保险、社会救助、社会福利和社会优抚等基本社会保障制度之外,还包括多种补充保障形式,如员工福利、企业年金、慈善事业与互助保障等。补充保障作为基本社会保障制度的补充,与基本社会保障制度共同构筑了多层次的社会保障体系框架[2],对社会发展和增进国民福利起着不可低估的作用。

---

① 郑功成.社会保障学[M].北京：中国劳动社会保障出版社,2005：404-405.

② 郭士征.社会保障学[M].上海：上海财经大学出版社,2004：226.

一、补充保障概述

（一）补充保障的概念和特征

补充保障是基本社会保障制度安排之外的，以非政府主导性、非强制性为特征的，对社会成员起补充保障作用的各种社会化保障机制的统称。补充保障是现代社会保障体系的一个组成部分，是由社会团体、雇主等举办，个人自愿参加，采取社会化运作和管理的保障项目，具有自愿、可选择的特征。正是这种自愿性与选择性，才使补充保障有了存在的必要性并能够满足不同人群的需求。另外，补充保障对于用人单位来讲，属于激励行为，其举办与否、水平高低，取决于用人单位的经济实力和决策导向，这就决定了补充保障不具备互济功能，不能在用人单位或个人之间调剂。同时，由于国家对补充保障没有统一、强制的法律规定，所以补充保障的自由度比较大，形式、内容比较灵活，在保障模式、保障范围、保障方式、保障内容、资金来源等方面各有千秋。

（二）补充保障功能

1. 为基本社会保障制度"查漏补缺"

一方面，补充保障为尚未被基本社会保障制度覆盖的人群提供了化解风险的途径。除了经济发达国家以外，大部分国家或地区的基本社会保障制度往往只覆盖法定范围内的有限人群，那些未被基本社会保障制度覆盖或者漏在社会安全网外的人群并不能从中获得基本的社会保护。为了规避社会化大生产以及工业化给个人带来的种种风险，他们只能通过各种形式的补充保障来满足这种最基本的需求。

另一方面，补充保障可以对基本社会保障制度之外的保障项目进行补充。在一些国家，补充保障事实上具有了越来越大的社会功能，许多补充保障甚至可以满足国民的多数社会服务需求，从客观上对由政府主导的制度化的基本社会保障起到了一定的替代作用。例如，美国联邦政府的基本社会保障内容仅限于老年、残疾、遗属的生活保障以及对贫困者的家庭津贴，所以在职人员及其家属的社会保障问题，或由企业提供的补充保障解决，或由非营利的社会团体来帮助解决，或由个人购买商业保险解决，这些非政府主导的、非强制性的补充保障形式发挥了非常重要的作用。

2. 增进特定人群福利

补充保障可以适应不同人群对保障项目和水平的不同层次需求，提高他们的保障待遇标准和福利水平。由于政府负责的社会保障水平一般偏低，往往需要社会机构举办相应的补充保险、商业保险、互助保险等。通过补充保障的弥补，原有基本社会保障制度保障的社会成员会增加一层保障，而原无基本社会保障制度保障的社会成员也会因补充保障而增加一种福利保障。因此，补充保障的存在与发展，具有增进社会成员福利水平的明显功效。

245

3. 激励员工实现组织目标

这里主要指以员工福利(或职业福利、机构福利)为表现形式的企业补充保障。员工福利可以帮助企业吸引、留住优秀人才,实现对员工的激励作用,在客观上属于企业或社会团体人力资源管理的范畴。员工福利的评价指标则是成本核算和工作效率,并确保其为组织机构的最大利益服务。

4. 促进社会融合

无论是西方宗教还是东方文化,无论是耶稣的"爱人如己"还是中国传统道德中的"推己及人",都有"善心""善行""博爱"的意思体现。人类具有向社会脆弱成员及其他公益事业奉献爱心的内在需求,也需要有相应的外在条件,而慈善事业作为一种建立在捐赠基础上的社会化保障事业,源于慈心,终于善行,在客观上不仅为他人提供了物质帮助,而且可以满足人类奉献爱心的精神需求。因此,补充保障的社会化运行机制增强了社会融合,促进了和谐社会的形成[①]。

(三)补充保障的类型

从世界各国尤其是发达国家的实践来看,补充保障是一个非常复杂的系统,因为举办方式不同,参与主体不同,同一补充保障方式可以由各单位或机构组织自行举办。在此,可以对其进行简单的分类[②]。

1. 补偿方式

按照补偿方式划分,有经济保障、服务保障与精神保障等。其中,经济保障通过现金给付或实物援助的方式来提供,服务保障以各种生活服务为基本内容,精神保障则包括文化、伦理、心理慰藉方面的保障。

2. 实施主体

从实施主体划分,有社会补充保障、企业补充保障和个人自我保障等。其中,社会补充保障由各种社会团体如非政府组织或者非营利组织主导实施,如互助保险、慈善事业等;企业补充保障由雇主主导实施,如企业年金、补充商业保险等;个人自我保障包括家庭成员之间的相互保障以及纯粹个人行为保障,如个人参加的商业保险、个人储蓄等。

3. 与基本社会保障的相关性

从与基本社会保障的相关性划分,有基本保障附加型补充保障和独立补充保障。前者如建立在基本社会保险之上并以其为前提的各种补充保险,后者如互助保障与慈善事业。

---

① 郑功成.社会保障学[M].北京:中国劳动社会保障出版社,2005:431-433.
② 郑功成.社会保障学[M].北京:中国劳动社会保障出版社,2005:431-433.

4．保障水平

从保障水平划分,有社会救助型、查漏补缺型(主要指未被覆盖人口参加的商业保险、互助保险等)和增进福利型。

5．保障内容

从保障内容看,有补充医疗保障、补充养老保障、补充住房福利保障等。

二、补充保障的内容

补充保障体系包含保障对象、资金来源、基金管理、待遇水平、给付方式和基金运作等内容[①]。

（一）保障对象

只要是参加基本保障并按时、足额缴费的所有单位和个人,都可以开展和投保补充保险、商业保险等形式的补充保障。只要是符合有关补充保障运作机构所规定条件的个人,都可以享受补充保障(如慈善事业)。

（二）资金来源

补充保障的资金来源主要是由单位和个人自筹,如企业年金主要是企业工资储备基金和个人缴纳。个别地方政府也为有关部门的工作人员实行补充保障,如公务员医疗补助。

（三）基金管理

国家已经明确规定,补充保障特别是企业年金实行个人账户管理。其他补充保障基金如各种福利组织的基金,也必须专款专用,并接受有关部门和捐赠者的监督。

（四）待遇水平

社会保障制度改革后,许多国家对养老保障待遇水平原则上规定为:基本保障控制在工资替代率的 60％,单位补充保障和职工互助保障控制在工资替代率的 20％～30％,个人储蓄性保障控制在工资替代率的 10％ 左右。要防止补充养老保障大大超过基本养老保障水平的现象,更要防止个别单位在补充养老保障上出现贫富悬殊的现象。其他补充保障的待遇水平原则上根据基金收缴的多少来确定。

（五）给付方式

因为补充保障形式和内容上的多样性,补充保障的给付方式也是多样的,如企业补充

---

① 武新,刘华锋.社会保障概论[M].北京:中国劳动社会保障出版社,2007:228-230.

247

保险应以货币形式支付,其他则可以实物、服务等方式支付。

（六）基金运作

补充保障特别是企业补充养老保险实行的是完全积累的基金模式,为保值增值,必须进行投资。投资方向可以自己选择,但是投资要由政府、单位、工会、社会和投保人等多个方面共同监管。其所有运作都要透明、公开,投保单位和个人要有知情权。

第三节 互 助 保 障

一、互助保障的内涵

互助保障是基本社会保障制度的有效补充,是现代社会保障体系的延伸和有益组成部分。互助保障是指一种社会成员之间通过一定的机制提供物质帮助的生活保障系统,它不同于个人、家庭和亲友的自我保障,已经从单一的家庭发展到一定范围内的社会人群互相分担风险。

互助保障是一种社会化的生活保障体制。它通过社会化手段来筹集资金,按照社会化原则与规律运行。互助保障是一种综合性的生活保障机制,它不仅对社会保险的项目进行补充,还可以增设互助项目满足参与者的多种社会性保障需求,以弥补社会保险、社会救助等基本保障制度的不足。互助保障是一种封闭性的生活保障机制,它体现了社会成员之间的相互帮助,参与互助保障的社会成员能够在互助中实现自助并获得他助。但其运行机制所覆盖的对象仅限于参与互助保障的成员,且有明确的身份限制。例如,企业的职工互助保障,仅是本企业的员工才可参与;城镇中的社区互助保障,覆盖的仅是本社区的居民。封闭性及参与者身份的限制决定了互助保障是以群体或团体行为的面目出现并具有非竞争性的社会性保障事业。同时,互助保障不是国家的法定社会保障,在实施过程中不具有强制性,但它作为特定团体或社区内的制度安排,因有相应的制度引导与政策支持,往往成为群体的自觉行动。

二、互助保障的类型

依据不同的标准,互助保障可以分为如下几类[①]。

（一）互助保障的对象和范围

按照保障的对象和范围划分,互助保障可以分为家庭互助、社区互助保障、职工互助保障、社会互助保障等。

1. 家庭互助

家庭互助是指家庭内部成员在经济、生活、情感等方面的互助,它以血缘关系和感情

---

① 郑功成.社会保障学[M].北京:中国劳动社会保障出版社,2005:458-460.

为纽带,是基本保障制度建立前人们可以享受的主要保障形式。

2. 社区互助保障

社区互助保障是指由社区的有关组织发起,居民有组织地、自愿地参加,并以服务为主的互助保障活动。它主要针对那些特殊困难成员,以扶贫、帮忙或提供必要服务的形式进行。现代社区建设应以管理服务为基础,不断满足广大群众的需要,主要体现在互助医疗服务、护理互助服务方面。社区医疗互助服务以本社区内的居民户为主要服务对象,为居民提供一些有偿和无偿的服务。护理互助服务以居委会或村委会为主体,对社区的部分人员提供护理帮助,同时组织社区内健康的、低龄的、闲置在家的人员为社区内的病、残、高龄的人员提供护理服务,被护理的人员只要支付相对低廉的费用即可。这既可满足被护理人员的特殊需要,也可为社区内部分较贫困且无生活来源的人员提供一些收入。

3. 职工互助保障

职工互助保障是指由企业内部组织(多指工会)承办并组织管理的封闭式的互助活动,企业集团内部职工自愿参加,属于综合性互助保障,是对基本保障的重要补充。职工互助保障是在基本保障和企业补充保障的基础上,再对参加工会的员工实施保障,进一步提高保障水平。

职工保障互助会是经民政社团部门批准的非营利的公益性群众社团组织,它是跨单位、跨系统、跨行业的,并且一个地区一般只能批准登记一个,其组织系统基本上与工会的组织系统相同。职工保障互助会面向所有建立工会的单位和工会会员,以工会自愿参加为原则,只要工会有意愿,就可以投保;投保的资金来源于工会筹集和行政支持。职工保障互助会的经费主要是通过经办互助保障,对互助保障基金进行投资运营,将增值、保值的部分,按一定比例提取管理费,作为办公经费和人员工资。职工保障互助会主要推行养老和医疗两个险种。在这两个险种中,又分设若干个品种。互助养老保障主要以一定金额为一份,一人可购买一份或多份,每年按规定缴费,没有资金时可以暂时中止缴费,有资金时再继续缴费,达到法定退休年龄时,连本带息一次性领取。互助医疗保障主要是以大病病种和住院医疗为主。在人员对象上,分为在职人员和退休人员;在保险时期上,分为一年期和几年期;在保费上,支付工会组织和工会会员所能承受的低额保费;在保险理赔上,按照大数法则,只对按规定病种患病就医的人员进行理赔,把多数不得病投保的人员的钱用于少数得病的退休患者。

4. 社会互助保障

社会互助保障是指一种跨区域、跨单位,由有关方面或组织自发为其成员建立的互助保障,它是一种非强制性但内容较为丰富的低层次互助保障机制。社会互助保障坚持互助与自助相结合、帮困与救急相结合、非营利与高效率相结合、权利与义务相结合的原则,通过积聚社会各方面力量,共同落实社会互助保障资金。

社会互助保障的主要内容是医疗互助保障,包括以下几种形式:一是特殊病重互助,即针对患恶性肿瘤、癌症等的特殊重病人,按照医疗费支出的一定比例给予资助;二是针对遇有疾病、死亡等特困投保人及其家属，及时给付一次性互济金或抚恤金；三是意外伤害互助，主要对因自然灾害、交通事故等意外伤害而造成伤残或死亡的投保人，根据实际情况，给付一定的互助保障金。

（二）互助保障的内容

按照所包含的内容，互助保障可以分为经济互助与志愿者服务。经济互助是指向受助者提供资金、物品等；志愿者服务则是向受助者提供服务。在国外一些国家，志愿者占国民的30％，有的国家这一比例甚至高达60％。例如，在美国，有60％以上的社会成员参加义工。以色列有20％以上的人参加志愿活动。在我国香港地区，参加志愿活动的社会成员有100万人，达到总人口的20％。当前，我国内地有志愿者约1 000万人，占全国人口的8％。

（三）互助保障的运作方式

按照运作方式，可以把互助保障分为互助保险、互助救济等。互助保险由社会团体举办或委托互助保险机构承办，是以保险为运作形式的互助行为，它遵循自愿和互助互济的会员合作制组织。互助保险可分为互助医疗健康保险、互助年金、互助住房保险等。互助保险基金主要来源于会员的缴费。

延伸阅读：建设农村互助幸福院推进"幸福工程"发展

互助救济是由非营利机构或慈善机构举办的，对社会上的弱势群体给予基本生活资助的互助行为。互助救济的资金来源于私人捐助、财政拨款和社会募捐等。

第四节　慈 善 事 业

慈善事业是现代社会保障体系的必要组成部分。党的十六届四中全会决议明确提出要"健全社会保险、社会救助、社会福利和慈善事业相衔接的社会保障体系"。也就是说，健全的社会保障体系，由社会保险、社会救助、社会福利和慈善事业四个方面组成，这四个方面相互衔接、相互配合，各有各的作用，缺一不可。慈善事业作为社会保障体系的一个组成部分，绝不是可有可无、无足轻重的。发展慈善事业，可以对弱势群体进行有效的社会援助，弘扬中华民族传统美德；可以缩小贫富差距，拓宽社会保障范围，维护国家和社会的稳定发展，促进社会主义精神文明建设以及和谐社会的建设和发展[①]。

一、慈善事业概述

（一）慈善事业的概念

现代的慈善事业是指众多的社会成员建立在志愿基础上所从事的一种无偿的、对不幸无助人群的救助行为，是建立在捐献基础之上的民营社会性救助事业。它通过合法的

---

① 　许琳.论中国当代慈善事业参与主体[J].西北大学学报(哲学社会科学版),2000(3).

社会中介组织,以社会捐献的方式,按特定的需要,把可聚集的财富集中起来,再通过合法途径,用于无力自行摆脱危难的受助者。慈善事业以社会成员的慈爱之心为道德基础,以人道主义为思想基础,以社会捐助为经济基础,以民间公益团体为组织基础,以社会成员的广泛参与为发展基础。

(二)慈善事业的属性

中华民族素有行善积德、扶危济困、乐善好施、同情弱者、济世为怀的传统美德,慈善事业在我国历史悠久、源远流长。儒家讲仁者爱人,佛家讲慈悲为怀。中华民族有着深厚的慈善道德积淀。随着慈善事业的发展,其涵盖的领域日渐增加,现代慈善事业所涉足的领域已经远远超过传统的救灾济贫,扩展到了文化教育、保健、环境保护甚至动物保护等许多公益领域。慈善事业是一项道德工程,但又不仅限于此。作为一项需要社会成员广泛参与的民营公益事业,慈善事业成为人类社会互助行为在现代社会的基本载体,并具有不可替代性。从经济意义上讲,它被一些人称为社会的"第三次分配",可以获得官方、企业或社团、家庭或个人的财政支持;从社会意义上讲,现代慈善事业具有扶危济困、协调社会发展的内在职能,从而具有了补充社会保障的内涵。慈善事业的产生和发展离不开善爱之心(道德基础)、贫富差别(社会基础)、社会捐助(经济基础)、民营机构(组织基础)、捐献者的意愿(实施基础)以及社会成员的普遍参与(发展基础)[1]。

慈善事业和社会保险、社会救助和社会福利之间有着属性上的差异。这种差异突出表现为,社会保险、社会救助和社会福利制度属于刚性的保障制度,从本质上讲带有一种政府性责任或是强制力。慈善事业则属于柔性的保障体系范畴,带有明显的非政府性质,完全以自愿为前提[2]。

(三)慈善事业的主体

现代慈善事业具有社会化、经常化、规模化的特点,突出社会各阶层成员的广泛参与性。慈善事业是社会性事业,而非单个的慈善活动和个体的慈善行为,只有社会性的慈善行为才真正构成慈善事业的主体。既然是一项事业,而不是个别的零星的活动,就需要有专门的组织来运作,以保证能够根据社会的需要最有效地开发和运用慈善资源,同时面向所有需要帮助的社会成员,并保持它的经常性、持续性、规范性和相对稳定性[3]。

作为慈善事业的实施主体,慈善组织是指独立于政府组织之外的,以向公众提供扶贫济困、救灾助孤、发展教育等有利于公众福利为宗旨的非营利性、非政治性的团体和组织。当代中国慈善事业的参与主体主要包括[4]:①专门的慈善机构,如我国最大的慈善机构中华慈善总会;②国际性的人道主义组织,如红十字会;③其他参与慈善活动的非营利性公益社会团体,如中国残疾人福利基金会、中国青少年发展基金会等。

---

① 郑功成.社会保障学[M].北京:中国劳动社会保障出版社,2005:458-460.
② 许琳.论中国当代慈善事业参与主体[J].西北大学学报(哲学社会科学版),2000(3).
③ 许琳.论中国当代慈善事业参与主体[J].西北大学学报(哲学社会科学版),2000(3).
④ 许琳.论中国当代慈善事业参与主体[J].西北大学学报(哲学社会科学版),2000(3).

近年来，我国的慈善事业得到了显著发展，2016年3月16日《中华人民共和国慈善法》通过，并于同年9月1日开始施行。总则第三条规定，慈善活动是指自然人、法人和其他组织以捐赠财产或者提供服务等方式，自愿开展的下列公益活动：①扶贫、济困；②扶老、救孤、恤病、助残；③救助自然灾害、事故灾难和公共卫生事件等突发事件造成的损害；④促进教育、科学、文化、卫生、体育等事业的发展；⑤防治污染和其他公害，保护和改善生态环境；⑥其他公益活动。我国《慈善法》对慈善活动的定义丰富了慈善事业的内涵，也使我国慈善事业进入一个新的发展阶段。

二、慈善事业的特征与功能

（一）慈善事业的特征

首先，慈善事业具有组织性。现代慈善事业是一种有组织的社会活动，而不是个别人的自发活动。慈善事业由各种慈善组织承担具体的组织实施工作。现代慈善组织的主要形式是基金会，这是慈善事业之所以成为一项有益的公益事业而非单个的施舍行为的组织基础，也是与官办社会救助的重要区别所在。

其次，慈善事业具有自愿性。现代慈善事业完全以捐献者的意愿为基础，具有自愿性。第一，慈善事业的经费主要来源于社会成员的自愿捐献；第二，慈善组织在实施慈善项目时，必须以捐献者的意愿为实施基础。只要捐献者的意愿不违背现行的法规及社会公德，捐献者有权指定慈善组织将资金用于其指定的慈善项目甚至具体的救助对象。

再次，慈善事业具有民办性。现代慈善事业在本质上属于民间的事业，民办性是其本质属性。虽然社会中存在官办的慈善事业，但是民办性是其本质的要求。如果将其变为官办事业或政府职能部门的附属物，就会损害民间的积极性与主动性，并在无形中加重政府职能部门的工作负担与财政压力。因此，要坚持慈善事业的民办本色，让慈善事业由单纯的富人事业变为全体社会成员的共同事业。

最后，慈善事业具有规范性。民办性并不排斥现代慈善事业的规范运作。慈善事业虽然在具体运作中排斥政府权力的干预，但慈善组织可以接受政府的财政帮助并服从其纪律监督，且必须按照相应的制度规范来运行。而且，慈善事业的发展在很大程度上取决于其规范性的程度，没有健全的规范，慈善事业就不会有发展。

（二）慈善事业的功能

首先，慈善事业促进了社会保障的发展。在我们所处的风险社会中，每一个社会成员都有可能因不幸事件而沦为不幸者，而政府的社会保障制度不可能满足全体社会成员的各种社会保障需求，社会上需要救助的社会成员大量存在，从而决定了民间慈善以及互助行为的必要性。实际上，慈善事业也发挥了社会救助与社会福利的保障功能，为处于困境而无力自行摆脱危难的社会脆弱群体提供了更多的来自社会的援助和关爱，成为有效的补充保障。

其次，慈善事业促进了社会主义精神文明建设。在经济社会急剧转型的阶段，传统的伦理道德体系受到冲击，新的伦理体系尚未健全，出现了唯利是图、拜金主义的倾向。而慈善事业弘扬优良的社会道德,倡导人们爱人、爱生命、爱社会,培养人们的慈善意识,引导人们提高道德水平,净化社会风气,因此,慈善事业可以有效地促进社会主义精神文明的建设。

最后,慈善事业促进了社会的和谐发展。关爱弱势群体发展慈善事业与构建和谐社会两者有着内在联系和共同的出发点。构建和谐社会的基本任务之一,就是要缩小贫富差距,减少乃至最终消灭贫困。而慈善事业本来就是在扶困济贫的基础上发展起来的,已经成为一种特殊的社会凝聚力。它搭起了富裕阶层回报社会的平台,在关爱社会弱势群体、体恤贫困人群方面具有独到和特殊的功能。慈善事业有利于促进城乡之间、地区之间、民族之间的和谐发展。慈善事业越发展,对缩小阶层差距、缓解社会矛盾的作用就越大。

三、慈善事业的组织与运作[①]

慈善事业的开展离不开慈善组织。我国《慈善法》对慈善组织做了明确的规定,慈善组织是指依法成立,以开展慈善活动为宗旨的基金会、社会团体、社会服务机构等非营利组织。慈善组织应当符合下列条件:①以开展慈善活动为宗旨;②不以营利为目的;③有自己的名称和住所;④有组织章程;⑤有必要的财产;⑥有符合条件的组织机构和负责人;⑦法律、行政法规规定的其他条件。设立慈善组织,应当向县级以上人民政府民政部门申请登记。

(一)慈善事业组织的分类

依据慈善组织所承担的任务或职责,可以将其分为混合型公益组织、综合型慈善组织、专一型慈善组织、协调型慈善组织、附属型慈善组织等。

1. 混合型公益组织

混合型公益组织在提供有关慈善服务的同时,也从事其他社会公益事业。它们或以慈善事业为主,或以其他社会公益事业为主。如香港最大的已有一百多年历史的民间慈善组织——东华三院就是以慈善事业为主的混合型民营公益机构,它在为穷人提供免费医疗的同时,还开办了20多所中、小学校。

2. 综合型慈善组织

综合型慈善组织是一定区域范围内提供多种慈善服务的组织。尽管其开展的慈善项目在不同地方、不同时期会有不同的侧重点,并受到财政实力及捐献者意愿的限制,但其慈善服务项目及内容却可以是多方面的,不会受到组织结构及法定职责的局限。在我国,中华慈善总会就属于综合型慈善组织。

3. 专一型慈善组织

专一型慈善组织是专门为了某一项慈善事业而建立的组织,其特点是担负的职责和

---

① 武新,刘华锋.社会保障概论[M].北京:中国劳动社会保障出版社,2007:230-234.

任务较为单一、援助对象较为单一、目标十分明确，如中国的残疾人福利基金会、中国青少年发展基金会、香港医药援助会等。

4．协调型慈善组织

协调型慈善组织的职能主要是协调慈善组织与政府的关系、募捐机构与实施机构的关系，以及各慈善组织之间的关系，其自身一般不从事具体的慈善工作，作用是充当慈善事业的代言人或它的自律机构。

5．附属型慈善组织

企业大多通过捐助的形式参与慈善事业。但是，也有少数企业是通过设立附属型慈善或公益组织来直接参与慈善事业并发挥作用的，如香港汇丰银行设置的慈善基金会，另外还有一部分企业通过工会建立的互助性基金等公益组织。

（二）慈善事业的运作过程

现代意义上的慈善救助运作过程主要包括以下环节：组织社会捐助、资金管理、实施救助和接受监督等。组织社会捐助是整个慈善事业的财政基础。慈善组织通过开展慈善宣传教育工作，培养人们的互助美德，有组织地进行募捐，动员和调动具有一定助人能力的单位和个人向慈善组织进行捐献。对捐献款物的管理构成了慈善机构运行中的重点与关键。在资金管理方面，慈善组织的任务是保证每一笔慈善捐助资金的安全，使之真正用于捐献者指定的救助项目。慈善组织对于慈善资金只享有管理权和看护权，而不具有对慈善捐助资金的所有权。实施救助来促进社会的和谐发展是现代慈善事业的最终目的。在实施救助方面，慈善组织必须充分发挥自身的优势，明确界定救助对象，做好社会调查工作，在尊重捐助者意愿的前提下，保证将救助资金用在最适当的地方。接受捐献者和社会各界的监督则是确保慈善机构乃至整个慈善事业正常运行和健康发展的保证。在接受监督方面，慈善组织需要建立健全财务账册，严格财务管理制度，自觉接受捐献者、政府有关职能部门以及社会各界的检查与监督。

延伸阅读

本章小结

本章主要介绍了优待、抚恤、安置等社会优抚制度以及慈善事业、互助保障等补充保障。

自测题

一、判断题

1．社会优抚的对象只包括军人。　　　　　　　　　　　　　　　　　　　（　　）

2．补充保障具有非强制性，但也是以政府为主导的。　　　　　　　　　　（　　）

3. 慈善组织的设立无须登记。 （　　）

二、单项选择题

1. 下列不属于社会优抚内容的是（　　）。

 A. 优待   B. 抚恤   C. 安置   D. 服务

2. 慈善属于（　　）体系。

 A. 社会保险   B. 社会福利   C. 社会救助   D. 社会优抚

三、多项选择题

1. 社会优抚的特征有（　　）。

 A. 优抚对象具有特殊性   B. 优抚目标具有双重性

 C. 优抚待遇具有补偿性   D. 优抚内容具有综合性

2. 慈善组织的设立应符合以下哪些条件（　　）。

 A. 不以营利为目的   B. 有自己的名称和住所

 C. 有组织章程   D. 有必要的财产

3. 按照互助所包含的内容，互助保障可分为（　　）。

 A. 经济互助   B. 志愿者服务   C. 养老保障   D. 医疗保障

 案例

第九章

福利年金与健康管理

【学习目标】

通过本章的学习,读者应当掌握员工福利、企业年金、职业年金、健康管理等相关概念;明晰员工福利的影响因素;了解企业年金与职业年金的发展过程与当前实践;熟悉员工健康管理体系的主要内容;能够结合用人单位实际,设计员工福利、企业年金、职业年金和健康管理方案。

【导读案例】

某国企员工健康管理案例

某大型国有企业设有专职的医疗团队,其任务是:①提高员工的健康意识,促进员工重视自己的健康;②主动长期地管理员工的健康,减少疾病的发生。该团队围绕这两个任务,从疾病预防、常见病诊疗到慢性病管理等各个方面对员工健康进行了全方位管理。其主要工作如下。

(1)健康宣教:通过企业内部刊物发表健康宣教文章,围绕员工关心的健康话题为员工答疑解惑,帮助员工树立健康意识,得到广泛好评。

(2)绿色通道:和北京市10家知名三甲医院的100多名医生建立了专业联系,为罹患急病、大病和重病的员工及其家属提供转诊服务,免去了员工自己排队挂号的困难,并给员工提供专业的就医指导,避免了员工盲目就医和过度检查、治疗。

(3)员工年度体检安排和体检数据分析:从1998年开始为员工安排年度体检,并将所有体检结果录入系统,做横向的和纵向的数据分析,分析每名员工的健康状况和健康趋势,并将分析结果和个性化的健康改善措施反馈给每名员工。

(4)建立健康档案:基于每名员工历年的体检数据和就诊记录,为每名员工建立健康档案,长期跟踪健康指标的变化情况,并提供专业的健康指导,帮助员工改善健康状况。

(5)慢性病管理:为所有罹患高血压、糖尿病等慢性病的员工建立健康指标追踪本,定期联系员工为其测量相关健康指标和跟踪指标变化,并及时采取针对性的健康改善措施,帮助员工控制病情,减少并发症发生,提高生活质量。

(6)传染病控制:在大规模暴发传染病疫情时,及时为员工提供专业防护建议和防护工具,如甲流爆发期为员工提供口罩。

通过上述各项健康管理措施的开展,该团队真正起到了健康守门员的作用,成为当之无愧的员工健康管家,对于提高员工出勤率、降低医疗费用支出、改善健康状况等都有重要的积极影响。

（资料来源：凤凰网，http：//finance. ifeng. com/money/insurance/hydt/20100526/2238128. shtml，2010-05-26.）

问题：你如何理解本案例中员工健康管理对企业发展的重要性？

第一节　员工福利

我国员工福利的发展实践表明，国有企业的员工福利在很大程度上承担了社会福利的功能，政府是实际的责任主体，国有企业完全按照国家政策的统一规定提供员工福利；而在发达的工业社会里，员工福利实际上也越来越多地承担社会功能，许多企业提供的福利包括家庭照顾、家庭保险等，可以满足员工乃至其家人的多数社会服务需求，这些福利通常享受国家相关的政策、税收优惠，在发展过程中逐渐出现稳定、社会化等社会福利的特征，从而成为社会福利强有力的支撑。

一、员工福利概述

（一）员工福利的概念

美国商会对员工福利计划（employee benefit plan，EBP）采用广义解释，认为员工福利计划是相对于直接津贴（direct wages）以外的任何形态津贴而言的。它把 EBP 的内容分成五大类：法定给付、承诺给付、非生产时间的给付、非工作时间的给付、其他福利。法定给付包括老年、遗属、工作能力丧失的收入和健康保险、失业保险、强制性的短期工作能力丧失收入保险以及针对铁路劳工的特殊退休、工作能力丧失收入补偿和失业津贴；承诺给付包括养老金、人寿保险和其他的死亡给付、非营利机构所提供的医疗服务和其他医疗费用给付、工作能力丧失收入保险和其他工作能力丧失时的给付，还包括一些其他承诺的福利；非生产时间的给付是在非生产时间中的照付工资，包括带薪休假和放弃休假的特别奖金，假日照付工资、带薪病假等公假照付的工资。美国社会保障署采用狭义的认识来定义 EBP，认为员工福利计划是由雇主和员工单方面或共同赞助创立的任何形态的给付措施，必须有雇佣关系，并且不是政府直接承保和给付。

在我国，员工福利又被称为职工福利或机构福利，对于其内涵的界定存在不同角度和方式。具体而言，主要有两种：①从广泛意义上的"福利"角度界定的职工福利；②从福利受益者的角度——雇员界定的雇员福利。

综合上述中西方对于员工福利的界定，就其内涵总结出以下几点：①员工福利是基于广义的福利与雇主所支付的整体报酬的交叉概念；②员工福利的给付形式多样，包括现金、实物、带薪假期以及各种服务等；③员工福利中某些项目的提供要受到国家法律的强制性约束；④无论企业的规模、性质如何，总会为员工提供一些福利，福利已经成为某些制度化的东西。

由此可以看出员工福利是一个综合性的概念，可将其界定为：员工福利是企业基于雇佣关系，依据国家的强制性法令及相关规定，以企业自身的支付能力为依托，向员工提供的,用以改善其本人和家庭生活质量的,以非货币工资和延期支付形式为主的各种补充性报酬与服务。

(二)员工福利的类型

员工福利可以依据不同的标准划分为不同的内容。

1. 法律强制性

依据是否具有法律强制性,员工福利可以分为法定福利和非法定福利。法定福利是指国家通过立法强制实施的对员工的福利保护政策,包括社会保险、住房保障和各类休假制度。社会保险包括:养老保险、医疗保险、失业保险、工伤保险、生育保险;住房保障为住房公积金;休假制度包括法定假期(休假)、法定节假日(11 天)、公休假日、带薪年休假等。非法定福利是指企业自主建立的,为满足员工的生活和工作需要,在工资收入之外,向雇员本人及其家属提供的一系列福利项目,包括货币津贴、实物和服务等形式。按照非法定福利的功能可划分为:企业设施性福利、企业文娱性福利、企业培训性福利、企业服务性福利、企业安全和健康福利。

2. 价值与目标

依据价值和目标的不同,员工福利可以分为风险保障型福利和物质激励型福利。风险保障型福利可以分为企业年金、企业健康福利、企业救助福利。物质激励型福利可以分为时间奖励、现金奖励、服务奖励。

3. 给付形式

依据给付形式的不同,员工福利可以分为现金型福利与非现金型福利。现金型福利是指以货币形式支付的福利,企业安全与健康福利基本上都属于现金型福利。非现金型福利是指以非货币形式支付的福利,企业设施性福利、培训性福利、服务性福利基本上属于非现金型福利。

4. 实施范围

根据实施范围,员工福利可以分为全员福利、特种福利和特困福利。全员福利是所有员工都可以平等享有的福利。特种福利是为高级人才设置的福利,是对这类群体的特殊回报。特困福利是为特别困难的员工及其家属提供的福利。

5. 员工选择权

根据选择权,员工福利可以分为固定福利与弹性福利。固定福利是由企业所设定的,不论员工愿意与否都要参加和接受的福利项目。弹性福利是由企业所提供的,允许员工在规定的时间和现金范围内,根据自己的需要自愿进行选择和调整的福利项目。

6. 福利享受时间

根据享受时间,员工福利可以分为即期性福利与延期性福利。即期性福利是指员工目前或近期可以享受的福利,一般是在职期间可以获得的福利。延期性福利是指员工未来可以享受的福利,一般是退休以后可以获得的福利。

员工福利有利于弥补企业人力资源管理的不足,有效实现人力资源管理活动的目标;促进员工工作效率的提高,提升企业经营业绩;传递企业的文化和价值观,赢得市场竞争优势,达成企业战略目标;满足员工多层次的需求,促进员工的全面发展。

二、员工福利设计

(一)员工福利设计的影响因素

员工福利设计的核心问题包括:一是企业为员工福利支付多高的水平;二是企业需要为员工提供什么类型的福利;三是企业采用何种覆盖或实施的模式。员工福利的设计是国家福利政策法规、企业管理理念和决策以及员工福利需求三方面因素综合作用的结果,因此影响福利水平和福利项目的主要因素来自国家、企业政策制定者以及员工自身(如图 9-1 所示)[①]。这三个方面通过综合协同作用,共同影响员工福利的设置。

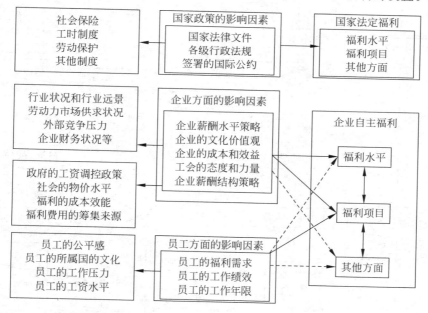

图 9-1　员工福利设计的影响因素

其中,国家政策和法规主要对法定福利产生直接影响,其在原则上决定着社会保险、工时、劳动保护等福利的水平、项目种类和模式(原则上应该是强制性的普惠式福利);而企业和员工方面的因素主要是综合决定着企业自主福利的兴办。在企业方面,企业的文化价值和管理理念决定着整个员工福利政策的原则和设置模式,而企业的薪酬策略则会对员工福利水平起到决定性的作用,此外,工会力量和态度也会对最终的结果产生一定的

---

①　仇雨临.员工福利管理:第 2 版[M].上海:复旦大学出版社,2010:92-114.

影响。最后，员工对福利的需求则会对企业举办的福利项目种类产生重要的影响；而员工的工作绩效和工作年限则往往决定着员工能否享受企业给他们提供的福利。因此，设计和实施员工福利制度必须注重企业所处的内外环境，既要符合国家的政策法规，又要有利于企业的管理实践，还要综合考虑员工的福利需求。只有与外部环境协调相适、与内部环境匹配和谐的福利计划，才有可能收到预期的效果。

（二）员工福利设计内容板块

员工福利计划的内容主要包括六个方面：①福利提供的理念；②福利提供的水平；③福利提供的项目；④福利提供的纵向结构；⑤享受福利的条件；⑥福利实施的主体。企业在具体实践过程中，一个相对完备的员工福利计划的制订应当主要考虑这些方面的问题，其相互关系和内容如图 9-2 所示[①]。

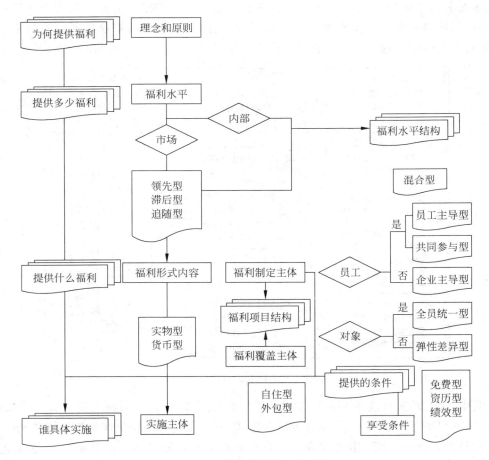

图 9-2　员工福利设计内容板块

---

①　仇雨临.员工福利管理：第 2 版[M].上海：复旦大学出版社,2010：124-155.

1. 福利提供理念

福利提供理念是指企业给员工提供福利的目的。这是企业在制订员工福利计划时需要考虑的首要问题,它是福利制度制定的理念、原则和基石。目的决定手段,企业向员工提供福利的目的不同,会导致福利计划的其他决策也不同。

2. 福利提供水平

在实践中,福利水平就体现为企业的福利开支。福利水平的确定主要包括两个层次的内容:一是确定企业整体的福利水平;二是确定员工个人的福利水平。由于福利是薪酬的重要组成部分,因此福利水平就成为反映企业薪酬水平的一个重要方面,企业就需要对自身的福利水平做出决策。此外,越来越多的企业在福利的实施中已经抛弃了平均主义的做法,开始实行差异化的员工福利,而福利水平的差异则是其中重要的内容,因此有必要确定员工个人的福利水平。

3. 福利提供项目

福利提供项目是指企业向员工提供什么样的福利。它包括两个层面的含义,即要解决企业向员工提供福利的内容和形式分别是什么。福利的内容直接决定员工需求的满足程度,是员工满意度的主要影响因素。因此,企业必须合理地确定福利的内容,这样才能保证福利实施的效果。福利发放的形式更具灵活性,并非必须以货币的形式发放给员工,还可以借助其他的形式。福利的发放内容和发放形式往往密不可分,但有的时候两者之间也存在一定的差异,同样是一种福利内容,其发放的形式可以有多种。因此,企业需要对福利的各种形式进行比较,从中选择最为合适的形式,实现员工福利内容与形式的最优组合。

4. 福利提供纵向结构

企业提供福利的纵向结构指的是对于不同类别的人员,企业应该采用何种福利水平、福利内容和形式。福利的纵向结构包括两个方面:一个是不同类别的人员应该享有的福利水平各是什么,它的关键在于如何对人员进行分类,分类的标准是什么,为什么这样分类;另一个是不同层级人员福利项目的内容和形式应该如何确定。在实践中,前者往往可以根据企业的战略意图进行划分,通常结合劳动力市场的供求状况和企业内部人员价值大小把人员分成四类,进而选择不同的薪酬水平策略;后者则可以在福利水平一定的情况下,基于员工福利需求的差异进行综合确定。

5. 福利享受条件

企业还应该考虑在什么时机向员工提供福利。也就是说,从员工的角度来看,他们为获得福利,应该付出什么努力。因此,为了增强福利的激励作用,需要对员工享受福利的资格条件做出规定。为了使福利的效用最大化,企业应当恰当地确定福利实施的时机,要在最合适的时间把福利提供给员工,从而充分发挥福利对员工的激励效果。按照激励理论的观点,福利提供的时机应当遵循两个主要的原则:一是及时性的原则,要及时地把福利发放给员工;二是需要性的原则,要在员工最需要某种福利的时候给他们提供。

6. 福利实施主体

员工福利的责任主体和实施主体是两个不同的概念。虽然员工福利的最终责任主体是企业,但这并不意味着企业就一定要直接为员工提供福利,它可以将具体的实施责任委托给外部的组织或机构。这两种实施方式是各有利弊的,因此需要企业综合考虑各种因素之后再做出决策。

延伸阅读

第二节　企业年金

一、企业年金概述

（一）企业年金的概念

企业年金,又称补充养老保险、职业养老金、私人退休金等,是企业为员工提供的在基本养老保险之外的养老金福利。员工在工作期间,通过缴纳一定的保险费和投资运营进行资金积累,直到老年时才可以享用,因此企业年金是一笔延期支付的工资收入。在实行现代社会保险制度的国家中,企业年金已经成为一种较为普遍实行的企业补充养老金计划,是基本养老保险的重要补充。我国对企业年金的界定是"企业及其职工在依法参加基本养老保险的基础上,自愿建立的补充养老保险制度"。

（二）企业年金的性质

企业年金的性质可以从三个方面来认识。从宏观角度来看,企业年金是整个社会养老保险体系的"第二支柱",是对国家建立的基本养老保险制度的一个补充;从微观角度来看,企业年金是市场经济体制下企业薪酬福利结构的一部分,是企业人力资源管理战略的组成部分,是企业用于吸引人才、稳定高素质员工,以提高自己在市场上的竞争力的重要手段;对企业年金的所有者即员工来说,企业年金属于私人产品,而且年金基金在经营中一般独立于公司本身的资金和业务,即使公司破产,员工仍然可以领到企业年金。因此,企业年金还是以民间储蓄为基础的私人养老金。

（三）企业年金的功能

企业年金具有四个方面的功能,即保障功能、分配功能、激励功能和理财功能。①企业年金是公共年金计划的重要补充和扩大,提高了老年人的收入水平。在工业化国家,企业年金的目标替代率(相当于退休前工资的比例)一般为 20%～30%,与公共年金合起来可达到 60%～70% 的总替代率水平。②企业年金是雇主在工资、奖金、津贴、股权和期权之外,对员工分配的另一个重要手段。工资、股权和期权等属于现期分配范畴,企业年金则属于延期分配范畴。员工不仅关心自己眼前的利益,而且关心自己未来的长远利益,特别是中老年员工,更加看重退休后的收入分配。③企业年金是提高劳动生产率和增强企业凝聚力的重要手段。企业年金是企业自主创立的,企业多缴一分钱,员工就多享受一份福利。因此福利越好的企业,越具有吸引力和凝聚力。④企业年金的投资经营还会带给雇员丰厚的经济回报。企业年金基金在个人账户的积累和储蓄过程中,一般会对退休基金进行投资经营,以获得高的收益,使基金保值增值。

（四）企业年金的分类

企业年金可以依不同的标准划分为不同的种类。第一,根据创立主体,企业年金可分为由单个企业创立的和由多个企业(行业)创立的企业年金。第二,根据供款来源,企业年金可分为个人缴费企业年金计划和个人不缴费企业年金计划。第三,根据决定因素,企业年金计划可分为强制性、自愿性和集体谈判决定的三种计划。第四,根据筹资方式,企业年金计划可分为积累制的和现收现付制的年金计划。第五,根据缴费和受益的关系,企业年金计划可分为待遇确定制和缴费确定制。在缴费确定制模式中,又可以按照具体的年金项目(以美国为例)分为员工持股计划(employee stock ownership plan)、利润分享退休金计划(profit sharing plan)、401(K)计划、股票红利计划(stock bonus plan)、货币购买年金计划(money purchase pension plan)、简易雇员退休金(simplified employee pension)、基奥(Keogh)计划等。

（五）企业年金的覆盖范围

企业年金的覆盖范围是指企业年金的参与人员和受益对象,通常与两个因素有直接关系:①政府是否立法强制实施;②企业是否具有足够的经济实力。工业化国家的公共年金计划已覆盖了几乎全部人口,特别是劳动人口,但企业年金远没有覆盖全部劳动力。在政府通过立法手段强制企业实行企业年金计划的国家,覆盖率比较高,如法国、瑞士、丹麦等国都是近100%的覆盖;非强制实施企业年金计划的国家覆盖率则达不到这个程度,如英国是50%～60%,美国是55%,其中仅仅是大、中型企业集团有能力建立和维持企业年金计划,小型企业及萎缩中的行业则无法建立与长期维持。

（六）企业年金的缴费与给付

待遇确定型(DB)的企业年金计划一般由雇主单方缴费。但有时雇员也需向企业年金计划缴纳其工资的一定百分比,由雇主弥补剩余部分。通常是雇主向雇员允诺当雇员退休后的待遇,由精算师依据这一待遇水平计算出每年应储存(缴费)金额。企业年金的计发办法大致有三种形式:一是统一福利计划,即向每一个参加年金计划的退休雇员提供一个固定数额的退休金(如每月100美元),而与工资收入和工龄没有直接联系;二是根据雇员工作年限及退休前几年的工资水平确定,根据工作年限长短,按不同比例计发退休金;三是将参加者的工龄与年工资收入相乘,再乘以退休金系数来确定退休金。待遇确定型企业年金的优点是收益额明确,退休后收益有保障;缺点是由于企业年金很少与物价挂钩,存在通货膨胀及待遇刚性增长等风险。

缴费确定型（DC）的企业年金计划下，先确定缴费比例，由雇主和雇员分担或只由雇主缴费，记入雇员的个人账户。到雇员退休时，根据个人账户中的缴费累积额（包括本金、利息和投资利润等）一次性或定期支取企业年金。这种计划是完全积累式的，基金通常由寿险公司或其他投资机构运营。雇员退休时，可从以下三种办法中选择一种领取企业年金：一是一次性全部领取，但要纳税，税率较高；二是按月领取，按月纳税，税率稍低；三是转存入银行，不需纳税，但也存在利息税等问题。

二、企业年金运营

银行、保险公司、基金公司、信托公司和证券公司是企业年金市场主要的经营主体。在实际运作过程中，企业年金需要通过多样化的投资工具实现基金的保值增值。政府对企业年金在法律法规、监督管理和税收政策三个方面实行的监管是对企业年金强有力的外部监督。

（一）企业年金市场经营主体

企业年金市场的经营主体包括：银行、保险公司、基金公司、信托公司和证券公司等。从国际经验看，最早涉足企业年金管理的是银行机构，因为早期的企业年金是单纯的雇主行为，因此银行可以满足雇主对企业年金进行托管的单一需要。保险公司是企业年金最初的提供者，是企业年金市场的主要供应商。保险业通过长期经营养老金业务和其他寿险业务积累了丰富的经验，它的养老金支付方式，特别是生命年金的支付方式与企业对年金的要求相吻合。但随着金融市场的发展，由于银行、证券公司、基金管理公司、信托公司等机构具有多种业务能力，承担了企业年金计划管理的部分职能，因此成为企业年金市场的重要供应商，也成为保险公司在这个市场最大的竞争者。

银行主要提供企业年金的托管服务。证券公司主要提供企业年金基金的投资服务。基金管理公司主要提供企业年金资产的基金投资管理服务。信托公司主要提供企业年金基金连接货币市场、资本市场和产品市场的信托管理服务。

（二）企业年金基金投资运营

与公共养老保险的管理方式有所不同的是，企业年金更加需要通过投资运营来获取收益，以实现基金的保值增值。

1. 投资原则

在企业年金的投资中，通常要遵守三个基本原则，即安全性原则、流动性原则和收益性原则。安全性原则保证投资资本金能够全部收回，并得到预期收益。流动性原则强调的是投资的变现能力，目的在于保证养老金到期能够支付，同时方便投资组合，以便分散和规避投资风险。收益性原则是投资的根本目的，只有获得收益才能确保基金的保值增值，使基金能够应付利率变动、工资增长和通货膨胀等因素的负面影响。

2．投资工具

从世界范围来看，企业年金投资几乎涉及所有的投资工具，比较常见的有银行存款、债券、股票、抵押贷款、房地产、共同基金、风险投资、金融衍生产品和国际投资等。不同的投资工具所承担的风险和回报差异很大，而且风险的大小和回报率的高低一般为正相关关系，所以选择投资工具实际上就是寻找合适的均衡点，并进行投资组合。例如，股票的投资收益与公司经营业绩、资本市场成熟度，特别是股票市场运作规范程度等多个因素关系密切，投资风险高，收益机会也多。在诸多投资工具中，债券以其较高的收益率和较低的风险备受青睐。需要强调的是，理性的企业年金投资是能够合理组合投资品种的投资。

3．风险管理

因为投资者的总风险是通过持有多样化的资产组合来加以分散，所以所谓投资就是如何选择一个多样化的资产组合以使风险最小化。养老基金在资本市场中可以选择的资产组合，总的来说，同时取决于养老基金本身和资本市场两个方面。在资本市场上进行投资，其收益与风险是共存的，而且收益率越高，风险也越大，因此养老基金投资管理的一项重要任务就是在收益与风险之间找到一个最佳的平衡点。而要达到这个目的，就必须进行分散投资，使养老基金的资产呈多样化配置。虽然各种投资工具具有一般的风险—收益特征，但由于各国资本市场的差异，同种投资工具在不同国家之间的风险—收益特征会有所区别。

（三）政府对企业年金的监管

政府对企业年金的监管主要体现在法律法规、监督管理和税收政策三个方面。

1．法律法规

立法的目的在于对雇员权利的保护。由于在企业年金体系中，雇主和雇员的信息不对称，即雇主掌握着基金积累的程度和解雇雇员的权力，而雇员却不能完全了解这一计划的有关情况。为了确保雇员的平等权利和企业年金在规范的轨道上运行，政府通常推动相关立法，以求通过法律的规范为企业年金的建立与运行提供依据，同时，在国家立法的指导下完善具体的企业年金政策，以此来确保企业年金的健康发展和维护雇员的合法权利。企业年金立法的内容通常包括机会均等、既得受益权（归属期）、信息公开、公共担保和投资限制方面的限定。

2．监督管理

对企业年金项目的监督，有的由政府部门进行，有的由雇主和工会组成的机构进行。政府监督的目的是保证有关立法的执行和基金投资的安全性。监督的内容包括对企业年金基金投资的监管、对企业年金基金安全性的监管、对企业年金财务运行机制的监管和对企业年金税收的监管。以美国为例，联邦政府劳工部是私人退休金计划的监督机构，它监督的主要内容包括：基金投资是否得当、有效、安全，如发现投资有危险就令其纠正；雇主对年金基金是否有挪用等舞弊行为;雇主执行企业年金法规的情况。

3. 税收政策

工业化国家对企业年金计划往往给予税收优惠政策,如对企业年金的缴费减免税收,即雇主在扣除企业年金缴费后再计征所得税或企业税,也叫"税前列支",而未缴给国家的所得税部分可看作国家对企业年金的支持;雇员的缴费也可免缴所得税。对缴费形成的基金、利息和投资收入也可免税或延迟纳税。例如,美国对参加公司退休金计划的人给予自动享受长期延期付税的优惠:一是允许雇主和雇员从其税前收入中扣除养老金缴费;二是减免年金资产投资收益所得税;三是在领取养老金收益时征收个人所得税。但退休时可以选择不同的退休金给付方式,若不是一次提取而是选择终生按月支付,还可享受减税的优惠。

三、我国企业年金

我国企业年金的出现,始于 20 世纪 90 年代初期。当时,一些行业为更好地保障退休人员的生活,率先探索和建立企业补充养老保险制度。2000 年 12 月,国务院颁发《完善城镇社会保障体系的试点方案》,首次将企业补充养老保险更名为"企业年金",并明确企业年金缴费在税前列支的税收优惠政策,即企业缴费在工资总额 4% 以内的部分可以从成本中列支;同时,该方案还规定,企业年金基金实行市场化管理和运营。

2004 年是我国企业年金发展的元年。这一年国家主管部门发布了多项有关企业年金的规章,对企业年金的建立与运行进行了相应的规范。2004 年 1 月 6 日,劳动和社会保障部发布《企业年金试行办法》;同年 2 月 23 日,劳动和社会保障部、中国银行业监督管理委员会、中国证券监督管理委员会、中国保险管理监督委员会联合发布《企业年金基金管理试行办法》。上述两部规章均于 2004 年 5 月 1 日起实施,对企业年金的建立、运行及其管理进行了规范。2004 年 12 月 31 日,劳动和社会保障部又发布了《企业年金基金管理机构资格认定暂行办法》,该办法于 2005 年 3 月 1 日起施行,对企业年金基金管理机构资格认定的程序、标准等进行了规范。于 2011 年 5 月 1 日起施行的《企业年金基金管理办法》替代了《企业年金基金管理试行办法》,对企业年金基金的受托管理、账户管理、托管、投资管理和监督管理进行了具体规范。2013 年 12 月 6 日,财政部、人力资源和社会保障部、国家税务总局发布了《关于企业年金职业年金个人所得税有关问题的通知》,对年金缴费、运营收益、领取年金的个人所得税处理进行了规范。

经过十多年的发展,我国企业年金已经基本确立了国家政策支持、企业自主建立、市场运营管理、政府行政监管的制度框架和运行规则,企业年金正成为中国多层次养老保险体系的重要组成部分。特别是近几年,我国企业年金出现了快速发展势头,享受这项待遇的职工不断增加,但占企业职工的比例仍然较小,覆盖面偏低。据《2016 年度全国企业年金基金业务数据摘要》显示,2016 年我国共有 76 298 家企业建立了企业年金计划,覆盖了 2 324.75 万人,积累了 11 074.62 亿基金。公共养老保险的定型和成熟是企业年金发展的必要条件,同时,企业年金的发展还需要相应的立法规范和政策支持(特别是税收政策的支持),以及健全的资本市场、合格的专业管理人才和投资机构等。但在我国基本养老保险制度未完全成熟以及其他因素的制约下,尽管国家主管部门已经出台了相关政策,中国的企业年金还处于初期阶段,发展速度比较缓慢,在制度设计和机制运行中亦存在许多问题,如国企、外企、民企加入的差异性较大;员工激励功能发挥有限;税收优惠政策不到位;投资运营环境不够健全;运作主体和流程复杂烦琐等。鉴于此,中国企业年金的未来发展,需要处理好企业年金与基本养老保险和职业年金之间的关系,做实基本养老保险个人账户,简化企业年金的运作主体和流程,降低企业年金的准入门槛,加强对企业年金的学术研究①。

267

第三节　职　业　年　金

一、职业年金概述

在我国,职业年金是指机关事业单位及其工作人员在参加机关事业单位基本养老保险的基础上所建立的补充养老保险制度。我国企业养老保险制度已经基本形成了"基本养老保险＋企业年金＋个人储蓄养老保险"的养老保险模式。为推动养老保险制度的并轨,建立一体化的养老保险制度,机关事业单位也开始着力构建"基本养老保险＋职业年金＋个人储蓄养老保险"的复合模式。

（一）职业年金的特征

职业年金具有如下特点:①强制性。这一点与企业年金有很大的不同,企业可以根据自身情况自愿设置企业年金,而职业年金由国家立法并强制执行,我国职业年金制度中明确规定机关事业单位必须参加。②延期支付性。在职工工作期间,单位和个人按照一定的缴费比例共同缴费并形成基金储备,同时按照国家规定对基金进行管理和投资运营,在确保安全的前提下实现基金的保值增值,员工只有达到国家规定的领取条件后方可领取,因此对于员工而言,职业年金是一种具有延期支付性的收入。③补充性。职业年金属于多支柱养老保险体系的第二支柱。职业年金的建立是为了提高养老金替代率,保障职工退休以后的养老金待遇水平不降低,因此具有补充性的特点。④激励性。职业年金由单位和职工共同缴费建立,其中单位缴费占据较大比例,因此带有福利性的特点。职业年金的计发是根据员工工作年限、绩效水平、贡献大小决定的,因而能够激发员工的工作积极性和主动性,具有激励性。

（二）职业年金的意义

作为机关事业单位人员补充养老保险的职业年金,是我国社会养老保障体系的重要组成部分,对于完善我国养老保障体系、确保养老保障水平、有效应对老龄化社会的到来具有重要意义。

---

① 韩克庆.养老保险中的市场力量:中国企业年金的发展[J].中国人民大学学报,2016(1):12-19.

1. 员工激励与人才保留

职业年金与企业年金一样由单位缴费和个人缴费共同组成,其中单位缴费占了较大比例,员工退休以后能够领取到的养老金与员工的工作年限、工作绩效等息息相关,因此,职业年金可以作为机关事业单位人力资源管理的重要工具和手段。通过将个人绩效、工作表现与职业年金待遇挂钩,可以对机关事业单位工作人员起到较大的激励作用,有利于提高工作人员的积极性、创造性,提升服务意识和服务水平。通过对技术人员、核心员工实行差异化职业年金待遇与优惠,可以有效增强对核心技术人员的吸引力,提高其对组织的忠诚度,从而避免人才的流失。

2. 人力资源合理流动

长期以来,我国在企业和机关事业单位实行着两种完全不同的养老保险制度,两类人群之间无法实现养老金待遇的转移接续。并且,机关事业单位人员的退休待遇水平远远高于企业人员的退休待遇水平,这些都在一定程度上阻碍了机关事业单位人员与企业人员之间的合理流动,这对于人力资源的合理配置是非常不利的。职业年金的建立是国家进行养老保险制度改革的一项重要内容,对于打破机关事业单位与企业之间的壁垒、实现人员的合理流动具有重要意义。

3. 减轻国家财政负担

在改革之前,事业单位工作人员的养老待遇完全由国家财政负担。但随着人口老龄化社会的到来和机关事业单位工作人员规模的不断扩大,国家财政面临越来越大的压力。作为基本养老保险的补充,职业年金采取个人和单位共同缴费的模式,能够在保证机关事业单位退休人员养老待遇水平不降低的前提下有效减少国家财政支出,减轻国家财政压力。

4. 建立统一的社会养老保障体系

1995 年我国开始在企业进行养老保险制度改革,实行统账结合的个人和企业共同缴费模式,但是机关事业单位被排除在改革之外,机关事业单位退休人员仍然由财政供养,这就形成了企业和机关事业单位两种完全不同的养老保险制度模式,也就是所谓的"双轨制"。在双轨制下机关事业单位人员的养老金标准远远高于企业人员,加大了机关事业单位人员与企业人员退休后的贫富差距,引发了社会的普遍不满,更阻碍了养老金全国统筹的实现。因此,建立职业年金对于缩小企业和机关事业单位养老保险制度的差异,实现我国养老保障制度的整合统一具有重要意义。

二、职业年金发展历程

(一)国外职业年金发展历程

西方职业年金制度萌芽于 17 世纪以后。由于工业化进程的推动,人口的流动性显著增强,家庭养老功能逐渐弱化,经济社会风险也越来越大。与此同时,随着人均寿命的延长,养老问题逐渐成为人们的后顾之忧。于是一些行业互助团体通过互助行为为其成员提供养老保障。在 18 世纪以前,德国一些行业就以工人互助会的形式分担会员可能遇到的风险。1854 年德国颁布了有关矿工、冶金工人和盐场工人联合会的法律,从法律上肯定了这种行业互助体制。到 19 世纪 80 年代,英国友谊社已有 450 万名成员。行业互助为规避团体成员的老年风险、保障团体人员的老年生活发挥了一定作用。但是,这种养老行为还只是行业内自发的、局部的养老行为,难以应对工业化进程中劳动者和国民的养老需求。

社会的需求与经济的发展催生了正式的职业年金制度。职业年金制度首先在公共部门建立,并逐步扩展到私人部门。公共部门的职业年金制度首先又是在航海员、军人、公务员、公共企业等部门和职业建立。1869 年,法国《年金法典》明确规定:对于不能继续从事海上工作的老年海员发给养老金。奥地利、比利时分别在 1854 年、1868 年实施了矿山劳动者养老金制度。私人部门的职业年金制度又可以称为企业年金制度,首先在英美等发达国家建立,逐步扩展到其他西方国家。其最先是以雇员福利的形式出现的,一些规模较大、实力较强的私人企业,为加强员工激励,自愿为其员工建立雇员福利制度。美国运通公司于 1875 年创建的养老金计划是最早的企业年金计划。

20 世纪 70 年代以后,各国开始改革其养老保险制度,将职业年金制度作为一个重要的发展方向,一些国家甚至强制实施职业年金制度。随着各国职业年金制度的不断建立与完善,职业年金的覆盖人数逐步增长,基金规模不断扩大,职业年金制度在整个养老保险体系中的重要性日益增长。职业年金已成为许多国家老年人收入来源的重要渠道。以美国为例,相当一部分退休人员的退休收入主要来源于职业年金计划,基本养老金只占其中很小的份额。从一些国家的养老金替代率来看,一些国家的职业养老金替代率甚至超过国家基本养老金的替代率。通过国家基本养老金和职业养老金的组合,养老金替代率水平明显提高[①]。

(二)我国职业年金的发展历程

1955 年我国颁布了《国家机关工作人员退休处理办法》及《国家机关工作人员退职处理暂行办法》,此后,我国机关事业单位一直实行财政预算拨付和单位自筹经费相结合的退休制度,没有全面参与养老保险的社会化改革中,但实际上国家对机关事业单位退休制度改革的考虑和尝试并未停止过。国家人事部于 1992 年下发的《关于机关事业单位养老保险制度改革有关问题的通知》提出,在总结我国干部退休制度的基础上,建立国家统一的、具有中国特色的机关事业单位社会养老保险制度。到 1997 年,全国就机关事业单位养老保险制度改革发文的省级政府已达 19 个,进行试点的省区市达 27 个,县市区达 1 700 多个。

各地先试先行的做法暴露出许多问题,也积累了一些经验。全国统一政策、全面启动单位养老保险制度改革的时机已经逐渐成熟。2008 年 3 月,国务院发布了《事业单位工

---

①　龙玉其.国外职业年金制度比较与启示[J].中国行政管理,2015(9):144-145.

作人员养老保险制度改革试点方案》,决定在山西、上海、浙江、广东、重庆开展改革试点工作,该方案首次提出了社会统筹和个人账户结合的基本养老保险制度和建立机关事业单位职业年金。事业单位改革试点启动后的几年时间内,各地就建立职业年金制度进行了许多有益的尝试和探索,同时,做了大量的摸底测算工作。2012 年,"改革机关事业单位养老保险制度"被写入《社会保障"十二五"规划纲要》。2014 年,十八届三中全会指出,要"健全社会保障财政投入制度,完善社会保障预算制度。加强社会保险基金投资管理和监督,推进基金市场化、多元化投资运营。制定实施免税、延期征税等优惠政策,加快发展企业年金、职业年金、商业保险,构建多层次社会保障体系",同时指出将"改革机关事业单位养老保险制度"作为全年政府工作的重点,改革的主要内容是建立机关事业单位基本养老保险制度和职业年金,职业年金的制度建设已提上日程。2015 年 1 月 14 日,国务院印发了《关于机关事业单位工作人员养老保险制度改革的决定》,要求机关事业单位在参加基本养老保险的基础上,应当为其工作人员建立职业年金,实现养老保险制度的并轨。2015 年 4 月 6 日,国务院办公厅印发了《机关事业单位职业年金办法》,提出从 2014 年10 月 1 日起开始在全国范围内推行机关事业单位职业年金制度,这对于顺利推进机关事业单位养老保险制度改革具有重要意义[①]。

根据对国内外职业年金发展过程的梳理,可以看出西方国家职业年金制度的萌芽和产生要早于国家基本养老保险制度,首先适用于公务人员然后才扩展到企业,因此,国外的职业年金覆盖各类职业人群。我国的基本养老保险制度建立的时间相对较晚,补充养老保险制度则是近几年才引起足够重视。并且,养老保险的改革首先是从企业开始,主要表现为针对职工的补充养老保险即企业年金,在企业年金制度改革取得一定的经验和成效之后,才开始着手建立针对机关事业单位的补充养老保险即职业年金。

三、我国职业年金制度的发展思路

我国应当在充分借鉴国外有益经验的同时,注重紧密结合自身国情,着力构建科学有效又具有中国特色的职业年金制度体系。

(一)加强职业年金的顶层设计

目前,我国事业单位的养老保险制度改革刚刚起步,而职业年金的建立更是处于摸索阶段,做好制度的顶层设计是改革的关键。要加快出台职业年金政策,为潜在的参保单位和个人提供制度参考。要将职业年金的收缴、管理、投资、给付、监管等流程纳入统一系统,为事业单位员工福利设计搭建一个平台。要深入了解基本养老保险制度,比较分析DB、DC 两种模式的优劣之处,结合我国国情,选择效益最大化的计发办法。根据缴费总额与收益率合理确定替代率,在保证社会公平性的前提下,达到世界银行设定的目标替代率。同时,地方政府及相关部门应根据各自实际,积极制订详细的构建方案,在省级统筹的基础上,逐步做到全国统筹。

---

① 职业年金制度研究课题组.社会养老保险改革进程中的职业年金制度探索[J].中国高等教育,2014(10):52.

（二）健全法律法规建设

从国际经验来看，"立法先行"是普遍经验，通过法律明确规定雇主、雇员的各方职责。因此，应制定全国统一的法律法规，将职业年金的运作程序规定上升到法律层面，使之"有法可依""有章可循"，避免"碎片化"问题。换言之，与其考虑短期之内不能见效、容易引发社会矛盾的"降低养老金待遇、提升总体工资收入"政策措施，还不如尽快制定职业年金投资运营的法律法规，依靠资本市场获得经济效益与社会效益。

（三）实行税收优惠

国外对职业年金的税收优惠集中在三个阶段：缴费阶段、投资阶段、给付阶段。当前我国单位缴费税收优惠不足，个人缴费的税收优惠尚无，税收优惠政策在立法上的缺位是年金发展动力不足的主要原因。要完善多层次养老保障体系，必须出台相应的政策，加大职业年金税收优惠力度。国外流行的 EET 模式是指对雇主和雇员向企业年金计划的缴费以及企业年金计划的投资收益给予免税待遇，但对退休职工从企业年金计划领取的养老金要进行征税。我国公众参与补充养老保险意识较弱，通过税收优惠，诱导事业单位和个人积极参加职业年金，不仅可减轻事业单位和员工的经济负担，同时可避免重复征税。在职业年金初建时期，我国应当根据目前事业单位的养老保险发展状况及经济承受能力，对不同地区、不同单位实行差异性免税政策，通过实施不同程度的优惠，达到社会公平。

（四）建立完善的监管体制

工会是职工利益的保护者。通过工会对单位、职工缴费进行监管，可督促单位和职工做到按比例缴费，提高养老保险费的征缴率。为保证职业年金的收益性及避免投资的风险性，征缴到的职业年金可以委托给由单位和职工任董事的信托基金，信托基金设定合理的目标收益率，负责基金日常管理和投资，并且定期向监管部门提供运行报告，同时建立规范化的信息披露制度。总之，建立严格的审计和监管系统，对投资机构进行资格认定，对市场准入制度进行严格把关，也就为职业年金的精算和给付提供了制度保障①。

第四节　健康管理②

在当今知识经济时代，企业之间的竞争主要集中于人才的竞争，因此人才的健康素质在企业管理中愈发重要。但是，企业人力资源管理部门关注的重点仍然是员工的在职培训、绩效考核等管理实践，对员工健康缺乏应有的关注。

"健康中国 2030"规划纲要提出健康是促进人的全面发展的必然要求，是经济社会发展的基础条件。实现国民健康长寿，是国家富强、民族振兴的重要标志，也是全国各族人民的共同愿望，以普及健康生活、优化健康服务、完善健康保障、建设健康环境、发展健康

① 吕学静，康蕊.事业单位职业年金制度构建分析[J].老龄科学研究,2014(10)：40-41.
② 本节具体内容可参阅：翟绍果.员工健康管理[M].北京：北京大学出版社,2017.

产业为重点,把健康融入所有政策,加快转变健康领域发展方式,全方位、全周期维护和保障人民健康,大幅提高健康水平,显著改善健康公平。但是随着生活节奏的加快、生活成本的攀升、城市竞争的加剧,加之环境污染等原因,员工的身体及心理健康遭受着严峻的挑战,大多数人都处于亚健康状态,情绪低落、满意度低、竞争意识减弱等情况普遍,对企业和员工都造成了不利的影响。因此,企业应该高度关注员工健康,开展员工健康管理与投资,形成可持续的企业人力资本,保持企业的竞争力及凝聚力。

一、健康管理概述

(一)健康管理的内涵

1989 年联合国世界卫生组织(WHO)将健康定义为:健康不仅是没有疾病,而且包括躯体健康、心理健康、社会适应良好和道德健康。由此,员工健康管理也应看作一个宽泛的概念,不仅包括员工的身体健康与心理健康管理,还应包括员工的个人价值观健康与社交健康管理等方面。因此我们认为,所谓企业员工健康管理就是企业通过与第三方机构(医疗部门、健康管理公司、保险公司等)的合作对员工的健康状况进行监测、分析、评估,进而提供健康咨询服务以及对健康危险因素干预和病伤救治的有计划的管理活动。

(二)健康管理的特征

企业员工健康管理具有如下特征。

第一,员工健康管理的管理主体是企业。企业员工健康管理是人力资源管理的重要职能,企业有责任开展员工健康管理活动。企业通过设置员工健康管理的相关部门或岗位,负责对员工健康进行管理和服务,也是对传统的企业组织内部设置的医院、医务室职能的拓展。

第二,员工健康管理的管理客体是在职员工。企业员工健康管理是全员管理、全程管理,所有员工都应纳入管理范围。

第三,员工既是被管理者也是自我管理者。职业安全与健康管理没有员工自我管理的自觉行动、积极配合是不能实现的。

第四,企业员工健康管理活动是知识性和专业性很强的管理活动,需要借助外部专业机构的力量,整合外部资源,单靠企业自身力量是难以实现的。

第五,企业员工健康管理有别于传统的医疗福利计划。员工健康管理强调的是整体健康管理的理念。传统的医疗福利计划只考虑在员工发生意外或疾病时为员工全部或部分承担医疗费用。员工健康管理是通过一系列的手段和措施,通过提倡健康的生活方式和工作场所的健康干预促进员工规避健康风险,保持健康状态,从而提高员工的劳动生产率,降低直接的显性医疗费用开支。

第六,企业员工健康管理是系统的、多样的、长期的基础性管理活动,不是短期突击运动就能产生效果的,需要与企业其他管理活动统筹规划,持之以恒,进而建立"以人为本"的企业文化[①]。

---

① 朱必祥,朱妍.基于人力资本投资视角的员工健康管理问题初探[J].南京理工大学学报,2013,26(05):37.

（三）员工健康管理的意义

员工健康管理不论是在理论上还是在实践中,都不仅对企业效率的提升、核心竞争力的维持具有重要意义,还具有积极的社会意义。具体而言主要有以下几个方面。

1. 员工健康

在当前激烈竞争的社会环境、工作环境下,员工普遍处于亚健康状态,对员工身体健康持续造成破坏,也影响了员工工作效率的提升、工作热情的保持。进行员工健康管理能够促使员工形成良好的工作生活习惯,提升健康状况,从而更进一步地减少员工生病缺勤的次数,提高员工的工作效率,也使企业的整体生产力获得提升。

2. 企业吸引力

在企业管理中,健康管理普遍作为一项福利项目得到企业的重视和发展。企业实施健康管理体现了对员工的人文关怀,而且可以将企业的价值观有效地传达给员工,能够增强员工对企业的归属感和忠诚度,增强对企业核心人才的吸引力。

3. 人力资源结构优化

健康管理是企业人力资源管理的重要工具,可以直接服务于企业选人、用人、育人、留人的各个环节,与每个员工的薪酬福利、绩效考核、培训晋升息息相关。企业员工健康管理的应用能够保护企业的核心人力资源,始终保持企业的竞争力与生命力。

4. "健康中国"战略目标

企业通过对全体员工实施健康管理,促使员工形成健康的生活习惯。良好的生活习惯一旦形成就会被自觉地遵守与执行,同时也会对周围人产生影响,从而有利于在全社会形成健康生活的习惯和氛围。保持健康的生活习惯能够极大地降低患病风险,这也会在一定程度上降低社会医疗负担。总之,从各个角度都有助于"健康中国"战略目标的实现。

二、员工健康管理的内容与策略

不同学者关于员工健康管理的内容有不同的理解和看法,在综合各方观点的基础上,员工健康管理应包含以下几个方面的内容:①员工健康教育与培训。企业应根据行业特征及企业文化、经营状况制订完整的员工教育与培训计划,并将其作为员工入职的必备培训项目。同时,员工健康培训不仅要关注员工的职业安全健康,还应关注员工的心理健康、社交健康、个人价值观健康,帮助员工掌握良好的自我健康管理技术与方法,实现员工自我健康管理。②员工健康友好环境。良好的环境不仅应该包括有利于员工健康的自然环境,如办公室绿化、空气净化、照明设施、体育设施与器材、健康舒适的办公用品,还应包括良好的人文环境,如和谐的人际氛围、张弛有度的工作气氛、积极健康的企业文化等。③员工健康制度体系。要将维护员工健康的措施落到实处,企业还应重视建立起协调完备的制度体系,如办公室禁烟管理、员工个人健康计划的管理、员工健康经费管理、促进员工健康的激励措施等,不断完备各项制度措施,逐步形成运转顺畅、衔接有序的制度体系。④员工健康保险体系。在法定的员工医疗保险、工伤保险、生育保险之外,建立企业补充的员工健康保险,如为员工购买补充的商业医疗保险,建立企业医疗保险基金、重大疾病企业帮扶基金等。⑤员工健康信息管理与评估。借助专业的健康管理机构,在员工入职的时候,就为员工建立个人健康档案,全面录入员工健康的各项指标,并且不断进行员工健康信息的更新与完善,实时掌握员工的健康动态。在员工健康信息的基础上,通过专业人员对员工的各项健康数据进行评估,及早发现员工潜在的身体、心理疾病,得出全面的健康评估报告,并及时反馈给员工,以便进行及时的干预和治疗。

为了实现上述员工健康管理的内容,需要对员工健康进行系统性管理、动态性管理、自主性管理和经济性管理。①系统性管理。进行员工健康管理不能仅仅涉及员工健康的某一方面,而应对员工健康的各项内容进行系统综合的管理。首先,对企业内部各种威胁员工健康的因素进行风险性评估,对风险性较高的工作项目、环境因素进行及时的调整。其次,在员工工作过程中定期举办员工健康培训、开展健康激励、实施健康项目等,为员工营造健康的工作环境,帮助员工形成健康的工作生活习惯。最后,定期对员工的健康状况进行检查评估,并及时向员工进行反馈。②动态性管理。员工的健康状况不是一成不变的,不同的工作阶段、工作条件和工作环境往往会面临不同的健康问题,同时,影响员工健康的环境因素也处于实时的动态的变化过程之中。因此,员工健康管理不应当是阶段性的,而应对其进行持续动态的管理。③自主性管理。员工本人往往对自己的健康状况最为了解,而且也是进行健康管理的主体。虽然员工一天之中的相当一部分时间是在企业当中度过,企业的工作环境会对员工健康产生重要影响,但是社会环境、家庭环境甚至会对员工健康产生决定性影响,因此,企业员工健康管理的终极目标应当是充分调动员工实施自我健康管理的积极性,促使员工成为个人健康管理的主体。④经济性管理。进行员工健康管理,必要的成本投入是必不可少的,而且,员工健康管理投入虽然对员工、企业、社会都具有积极的意义,但是短期内往往很难见到成效。因此,企业应当建立持续稳定的资金投入制度,确保健康管理的持续推进而又不至于挤压企业其他业务工作的开展,以免给企业带来较大的成本压力。企业在进行健康管理之前要做好预算,同时根据专业的评估结果确定适当的健康管理项目,根据企业办公场地条件、经济实力等进行合理的健康项目搭配。

三、员工健康管理体系

根据员工的个体健康需求,员工健康管理体系包括生活健康管理与疾病健康管理两方面。其中,生活健康管理致力于疾病预防,保持健康的生活状态,包括营养健康管理、心理健康管理、运动健康管理;疾病健康管理以疾病的控制和康复为目标,包括亚健康调理、慢性病健康管理。

(一)营养健康管理

营养素是人体为了生存和维护正常生存质量必须从自然界(或其他途径)食物中摄取的,人体大多无法合成的物质。营养素按类别可以分为七类。前六大类营养素主要包括:

水、蛋白质、脂类(脂肪和类脂)、糖类(碳水化合物)、矿物质和无机盐、维生素。"第七类营养素"是指纤维素,它广泛存在于日常普通的食物之中,如青豆、小扁豆、土豆、玉米、韭菜、芹菜、青菜、各种水果以及野菜等。合理的膳食是健康四大基石之一,平衡膳食是合理营养的根本途径,合理膳食的实质在于搭配、在于平衡、在于合理。因此,营养健康管理以膳食习惯为主要关注点,致力于通过膳食的平衡方案实现健康的自调节。

延伸阅读:新膳食宝塔

（二）心理健康管理

心理健康是指一种持续的心理情况,当事者在那种情况下能作良好适应,具有生命的活力,而能充分发展其身心的潜能,这是一种积极的丰富情况,不只是免于心理疾病而已。生理学原因、神经因素、政治、经济、文化教育、社会关系等影响心理健康的社会因素以及频繁吸烟、酗酒、不良饮食习惯、精神紧张、缺乏锻炼等不良的生活方式是心理问题产生的主要原因。在现代人生活压力日益增加的背景下,及时进行心理测评,联系专业的咨询师予以心理疏导,是健康管理的一种较高层次目标,也是提高生活质量的必由之路。此外,人际关系管理也是心理健康管理的重要内容。健康的人际关系是乐于交往、态度积极,既能接受和理解他人的感受,也善于表达自己的思想情感;在交往中能悦纳他人、愉悦自己;在群体中既有广泛的朋友,又有知己。这是心理健康的关键特征,也是保证心理健康的条件。

（三）运动健康管理

运动习惯是一个逐步养成的过程,对每位国民的身体素质提升有非常重要的作用。我国政府提出的"全民健身计划"强调了将运动作为促进健康的手段,引入生活。运动健康管理需要基于个体的各项身体机能,从运动项目、运动时间、注意实现等方面给予健康的运动方案,并对运动数据实施收集和反馈,进行动态化调整。

延伸阅读:运动健康管理注意事项

（四）亚健康调理

亚健康状态是近年来医学界提出的新概念,又被称为"第三状态""次健康",因其具有广泛的社会性和特有的时代性,被称为"世纪病"。亚健康状态一般指的是一种介于健康和疾病之间的身体各项功能低下的状态。当下大部分人都处于亚健康状态,近几年由于生活作息不规律、饮食方面不注意、工作压力过大等原因所导致的"过劳死"概率逐年攀升,更是亚健康问题的真实写照,也是值得当代人注意和关心的问题。亚健康调理是运用中医学的理论知识,关注潜在的健康危险因素,及时调整生活习惯,调理亚健康状态。

对于企业而言,要避免员工亚健康状态的出现,需要从以下几个方面进行。首先,在客观方面,应当尽可能为员工创造良好的工作条件和工作氛围,室内合理通风,尽量不加班,尊重员工需求。其次,在制度和执行方面,评定员工的健康行为和健康风险因素,提供相应的干预措施,使人们学会降低高风险因素和改进健康行为;通过专业化的健康服务,减少企业因员工健康问题导致的人力资源损失;通过医学和社会心理手段增进员工的心理健康。对员工个人而言,员工自身要认识到健康的重要性,科学的饮食饮水、适量的运动、有规律的作息生活、适当的压力平衡等都是十分必要的。

（五）慢性病健康管理

慢性病是在多个遗传基因轻度异常的基础上,加之不健康的生活习惯及饮食习惯、长期紧张疲劳、忽视自我保健和心理应变平衡逐渐积累进而发生的疾病。在中国,伴随着工业化、城镇化、老龄化进程的加快和国民生活方式的快速变迁,居民慢性病患病率、死亡率呈持续快速增长趋势。慢性非传染性疾病已经成为我国人民群众健康的最大威胁。

生活习惯是慢性病的主要原因,即使有慢性病(如高血压)的遗传背景,发病与否大部分取决于生活习惯。慢性疾病与不健康饮食、运动少、吸烟、饮酒、长期精神紧张、心理压力大、睡眠不足等几种危险因素有关。因此,慢性病的健康管理主要应从对这些危险因素的干预开始,针对不良生活习惯,给予相应的管理方案。国内现有慢性病的防治模式包括在发现患者患有慢性病之后进行治疗的单纯的治疗模式、对于某一高发并会给患者和社会造成重要影响的慢性病进行重点研究和治疗的单病种防治研究模式、针对一些慢性病高发的地区的人群进行预防的人群预防模式、从整体上进行管理将预防和治疗以及后期的相应措施相结合的健康促进诊疗管理模式等。员工慢性病健康管理可以参照以上模式组合开展。

对于员工慢性病进行健康管理,应定期对员工的健康进行评估,并提供有针对性的健康指导。员工慢性病的管理方式包括员工健康教育,增加员工对慢性病的了解和对自身健康管理的责任感;定期体检,及早发现慢性病;建立健康档案,获取全面的员工健康信息库;聘请专业的健康顾问,向员工提出针对性的建议;建立心理健康中心,使员工保持良好的心理精神健康状态等。慢性病健康管理能够有效提高员工的健康意识,从而降低慢性病的发生。此外,对员工慢性病的防治能够有效改善员工的健康状态,降低医疗费用,最终提高员工的生活质量。

四、员工健康管理的发展趋势

员工健康管理能提高企业劳动生产率,减少人才资源的流失,是一种激励员工的福利待遇和激励手段,而且可以减少企业医疗保健相关支出。从各方面贯彻实施员工健康管理将成为企业提升生产力的法宝。企业在员工身上的健康投入,不是浪费,而是投资。越来越多的企业领导人意识到,除了考察员工的专业技能、综合素质外,健康因素也很重要,在招录新人时,都会派专人带领新人进行体检。在内部选拔人才时,也会将个人的健康情况作为一项重要的考核指标。在未来,员工健康管理将得到更多的重视。总的来说,员工健康管理应持续做到以下几点。

（一）"以人为本"的服务理念

从企业文化的角度来看,员工健康管理实际上是"以人为本"的企业文化在人力资源管理领域的具体体现。其强调员工在企业发展中的主体地位,一切从人性和人的需求出发,尊重员工的选择,满足员工的多样化需求,给员工提供更大的发展舞台和更充分的发展条件,并努力实现人的价值最大化。如果没有树立以人为本的企业文化,没有真正重视员工在企业中的主体地位,就不算是真正建立了有效的员工健康管理制度。

（二）人文关怀与情感服务

员工健康管理的内涵十分丰富,不仅包含员工身体健康管理方面的内容,而且包含对员工的心理健康进行必要的跟踪和辅导。随着生活节奏的加快、竞争压力的增加,员工心理问题将成为企业管理中的重要问题,这就要求员工健康管理体系中应更加注重对员工的人文关怀与情感服务。对员工进行心理健康管理,其主要目的是消除高负荷的工作压力带来的负面影响,促进员工的心理健康,进而降低管理成本,提高企业绩效。

（三）事前预防与控制

我国的员工健康管理大部分属于"事后弥补"型,健康出了问题再想办法去解决。例如,对员工健康问题的关注过多地依赖基本医疗保险,而医疗保险是一个低水平的事后的医疗支付体系,难以起到预防和控制的作用;而定期的体检也是形式多于内容,很难真正发挥评估、诊断的作用。因此,高效的员工健康管理需要将关口前移,更加注重事前预防和控制而非事后弥补,最大限度地减少员工的不健康状态。

（四）健康管理人员广泛化与专业化

健康管理师的出现为我国健康服务产业提供了强有力的人力资源基础,健康管理师服务弥补了单纯性的营养指导、运动辅导、心理咨询和医疗、康复、保健服务的不足。目前,健康管理师的培训已风靡全国,健康管理师职业技能考核与鉴定工作已在许多省市劳动部门逐步展开。很多省市加强人力资源方面的投入,设置员工健康管理的相关岗位,负责对员工健康进行管理和监督。一些世界 500 强企业也相继设立了亚太或中国地区健康顾问的职位,对公司员工的身体健康和心理健康进行管理和监督。

（五）企业激励与沟通机制

通过完善企业的激励、沟通机制来解决员工的后顾之忧,扫清员工健康发展的障碍。关注员工个人发展,提供广阔的发展空间,完善职业晋升通道,给员工以动力和希望。提供有竞争力的薪酬和奖励制度,激励员工朝着积极、健康的方向迈进。同时,建立畅通的沟通渠道,让员工之间、上下级之间可以平等对话、互通信息、交流思想。积极举办各种形式的文化体育活动,舒缓工作压力,增强员工之间的情感交流,提高团队凝聚力。

（六）自我管理

国家给出了有力的政策支持,企业设计出了完美的健康管理制度,个人不去执行,那么员工健康管理的意义也就不复存在。员工要提高自身的健康意识和维权意识,对自己的健康资源进行有效管理,积极配合企业建立的员工健康管理相关内容的实施,还可以组建有关的健康学术团体,配合国家和企业的各种有益于健康的活动,切实保证自身的身心健康。

（七）健康管理信息化

健康管理的基础或载体是建立在健康管理服务网络平台和信息化服务管理平台之上的，前者是无微不至的健康管理服务的提供者，后者是无所不晓的信息服务工具和监管手段，二者缺一不可。将先进的 IT 技术引入健康管理行业，以实现健康管理的数字化已成为一种必然趋势。目前，在医疗领域，"互联网＋"已经逐步覆盖全医疗流程——健康管理环节出现了日常管理应用，诊前环节则出现了在线问诊平台、在线预约挂号及在线导诊服务；诊疗中环节正在逐步实现远程问诊和诊疗结果的在线查询，诊后的慢病管理环节已经出现了医患在线平台、慢病管理应用、可穿戴硬件健康设备、健康保健 O2O 服务等。在药品领域，问药、购药、用药几个环节上则形成了在线药品信息平台、医药电商和药品 O2O、医患平台和在线药事服务的医药服务闭环。

本 章 小 结

本章主要介绍了员工福利、企业年金、职业年金、健康管理等内容。员工福利是企业基于雇佣关系，依据国家的强制性法令及相关规定，以企业自身的支付能力为依托，向员工所提供的、用以改善其本人和家庭生活质量的、以非货币工资和延期支付形式为主的各种补充性报酬与服务。企业年金，又被称为补充养老保险、职业养老金、私人退休金等，是企业为员工提供的在基本养老保险之外的养老金福利。职业年金是指机关事业单位及其工作人员在参加机关事业单位基本养老保险的基础上所建立的补充养老保险制度。企业员工健康管理就是企业通过与第三方机构（医疗部门、健康管理公司、保险公司等）的合作对员工的健康状况进行监测、分析、评估，进而提供健康咨询服务以及对健康危险因素干预和病伤救治的有计划的管理活动。

自 测 题

1. 员工福利有哪些划分标准？员工福利又是怎样构成的？
2. 政府对企业年金有哪些监督手段？
3. 国内外职业年金的发展历程是怎样的？
4. 如何理解我国职业年金的发展思路？
5. 员工健康管理体系有哪些内容？

案例

第四篇

管理服务

第　十　章

社会保障管理监督

【学习目标】

通过本章的学习,了解社会保障管理、社会保障管理体制的概念,理解社会保障管理的原则;了解主要国家社会保障管理机构,掌握社会保障管理主体、客体和管理方式;掌握我国社会保障管理体制的基本内容;了解社会保障监督体系的概念和作用,掌握社会保障监督机构的四种类型及其功能,理解社会保障监控机制及其主要指标。

【导读案例】

发达国家政府间社会保障责权的划分

不同国家政府参与社会保障管理的程度不同。下面是 OECD 的几个重要国家的社会保障管理的特征,由此可以看出这些国家各级政府在不同社会保障项目中的责权。

美国。美国的老年、遗属和伤残保险(OASDI)由雇主和雇员共同缴纳的社会保障税组成,联邦政府统一负责。失业保险以州政府为主,联邦政府给予适当补助。医疗保险以私人保险为核心,为老年人和部分残疾人提供健康保险的医疗照顾计划由联邦政府负责。为贫困人群提供卫生保健服务的医疗救助计划、社会救济、社会福利、公共卫生由联邦政府和州政府共同负责,联邦政府作全国性规定,由州政府负责具体管理,资金主要由地方政府负责解决,联邦政府给予一定补助。

加拿大。除了财政上自成体系的魁北克省外,加拿大全国的养老保险和失业保险由联邦政府负责管理,各项政策全国统一。医疗保险属于省政府管理的保险项目,由各省自行制定法规。联邦政府虽不直接经办医疗保险,但通过财政转移支付制度来保证各省实行全国标准大体一致的医疗保险福利政策。社会救济计划的制订和实施由各省负责,在经费方面联邦政府负责 50% 的费用,其余 50% 由省、地方两级政府分担。对军人及其家属的优抚救济全部由联邦政府提供资金。省和地方政府负责公共卫生,联邦政府给予地方适当的补助。

德国。养老保险由联邦政府立法并制定政策,由社会自治管理,全国养老保险协会统一调剂结余基金,不足部分由联邦财政兜底。失业保险由联邦政府负责。联邦卫生部负责制定医疗保险政策和监督检查,但具体事务则由分布于全国各地的 600 个医疗保险公司负责管理,政府财政主要用于对公立医疗机构的固定资产的投入。社会救济由州和市镇政府负责,75% 的资金来自市、县,25% 的资金来自州政府。公共卫生由州和市镇政府负责,经费主要由联邦和州政府在税收中按比例支付。

澳大利亚。澳大利亚社会保障管理责权主要集中在联邦政府,大部分开支列入联邦政府财政预算。养老保障和失业保障的管理责权集中在中央,由社会保障部通过 20 个区域性和 216 个地区性机构执行具体项目。失业救济费用完全由联邦政府财政负担。医疗保险由联邦政府负责资金的筹集和支付,州政府负责组织卫生服务的提供,并从联邦政府得到医院经费。州及州以下政府主要提供联邦政府无法提供的社区服务,如残疾人事务、老年人照顾和儿童护理等,大部分资金还是来源于联邦政府财政。

英国。中央负责统一制定政策,由中央政府的派出机构承担具体事务,并对地方政府提供的补充性社会服务给予资金支持。社会保障部的待遇机构通过其中央、地区和地方办事机构,管理养老保险年金和收入津贴的支付,失业保险和医疗保险由社会保障部缴费征费机构负责征收和记录缴费,社会保障部通过其区域或地方办事处管理保险费和现金补助;卫生部通过国民健康服务机构管理医疗服务。社会救济由专门成立的国民救济署负责执行,公共卫生事宜也由中央政府统一管理。

法国。创立了四个国家级社会保险管理机构及其地区分支机构,负责基本社会保险资金的筹集、支付和管理。养老保险、医疗保险由中央政府负责制定统一政策,具体事务由四个国家级的独立管理机构及其地区分支机构经办。失业保险由中央政府劳动管理部直接管理,资金不足部分由中央政府财政补贴。中央政府确定最低生活保障标准并进行管理;省级政府负责非现金救助等社会救济;中央政府负责提供社会福利补贴等;市、镇政府负责管理各地医院,提供公共卫生服务。

日本。中央政府负责全面规划和政策制定,管理各种保险基金并进行补贴。都道府县侧重经济服务,负责生活保障、伤残保险等事务,而基层的市、町、村侧重居民生活服务,负责医院保险、国民养老金征收。养老保险由中央政府负责管理,地方政府进行养老金的具体征收工作。失业保险由中央政府负责管理,各都、道、府劳动部门的就业保险处和公共职业安定所负责征收费用。医院保险由中央政府负责管理、监督,通过地方政府的相应机构执行保险项目。社会救济和公共卫生由中央和地方政府共同负责。中央政府社会保障支出中大部分是转移给地方直接支出的。

资料来源:郭雪健.发达国家政府间社会保障管理责权的划分[J].经济社会体制比较,2006(5).

问题:

(1) 从上述几个国家的养老保险政府管理特征中,你能发现怎样的规律?

(2) 社会保障管理包括哪些内容?

第一节　社会保障管理概述

一、社会保障管理的概念

社会保障管理是为了实现社会保障目标,通过一定的机构和程序,采取一定的方式,对各种社会保障事务进行计划、组织、指挥、协调、控制和监督的过程。社会保障管理是社会保障法制的延伸和强化,其基本任务就是保证现行社会保障法律、法规、政策得到贯彻落实。

　　社会保障管理是政府的一项基本的社会管理职责,是政府提供公共服务和公共产品的一种社会事务管理活动。各国由于经济、政治及历史条件不同,选择了不同的社会保障管理体制。以社会保险为例,一些国家将征缴的社会保险费(税)纳入国家财政体系,由政府承担社会保险事务的直接管理责任,而一些国家则将征缴的社会保险费列入单独账户。即使在采用了单独账户制的国家中,既有完全由政府机构直接管理的,也有交由半自治机构管理的,还有交由民营或私人机构进行管理的。无论采取何种管理形式,各国在进行社会保障管理的过程中都遵循一定原则。

二、社会保障管理的原则

(一)依法管理原则

　　社会保障管理具有强制性和法制化特征。参加社会保障体系,依法缴纳有关费用,是参保人的基本义务;而享受社会保障有关待遇,是参保人的基本权利。社会保障管理体制用法律形式保护受保人的利益。实行依法管理包括两方面内容:一是依法设置管理机构和管理岗位;二是依法运行,有关法律、法规对相关机构及岗位的职责范围有具体规定,管理机构只能在职责范围内行使权力,不能越权行事。依法管理原则既约束了管理机构的行为,也确保了社会保障管理的权威性。

(二)集中管理与分类管理相结合原则

　　一方面,社会保障是政府的社会化事业,政府是社会保障制度的最终责任承担者,所以应当由政府机构对社会保障事务实行统一集中管理;另一方面,集中统一管理使社会保障的规划、方法和协调方面的权利相对集中,有利于统筹规划,整体协调,促进社会整体发展。但是,由于社会保障项目比较多,不同社会保障项目的属性、作用及操作方法差异很大,因此,有必要根据各类社会保障项目的具体特点,实行分类管理、分级管理、分项目管理。例如,对于养老、残疾、遗属等项目的基本保障部分,由于其全面性的特点,可以由中央政府实行统一、集中管理;而对于工伤、失业、医疗、生育等地域性强、管理操作复杂的项目,可由地方政府分级、分项目管理。

　　从各国社会保障管理的实践来看,各国都是在遵循集中管理和分类管理相结合原则的基础上,采用不同程度的集权管理模式。

　　第一种管理模式是高度集中管理,即各种主要的社会保障事务统一由一个政府部门集中管理,不能纳入的其他个别社会保障事务则由其他个别机构附带管理,如英国的社会保障管理机构是英国社会保障部,个别社会保障事务由卫生部等附带管理。

　　第二种管理模式是适度集中管理,即由两个或两个以上的社会保障管理部门分别管理主要的社会保障事务,同时还有有关部门分担少数社会保障事务的管理职责,如中国由人力资源和社会保障部负责集中管理养老、医疗、工伤、失业和生育等各项社会保险事务,而民政部门则负责集中管理社会福利、社会救助、社会优抚等各种社会保障事务,卫生部门承担全民保健等社会保障事务的管理职责。

　　第三种管理模式是分散集中管理,即按照具体的社会保障项目建立相应的管理机构并分别实施管理职责,如南非由社会服务部负责集中管理养老社会保险,劳动部负责集中管理和监督医疗保险、工伤保险和失业保险等事务,还有其他一些政府部门分担不同社会保障事务管理职责。这里所说的分散管理模式与我国过去存在的过度分散管理体制不同。1998 年劳动和社会保障部成立之前,既有劳动部、人事部、民政部分别管理城镇职工、机关事业单位职工和乡村劳动者的社会保险事务,同时还有中国人民银行等 11 个行业主管部门直接管理本系统职工的社会保险。这种过分分散的管理体制造成了相互扯皮、政令受阻、成本扩大、效率下降的严重后果。2008 年原劳动和社会保障部与原人事部合并组建为人力资源和社会保障部,作为统一管理全国社会保险事务的机构,使社会保险事务的管理效率大大提高。

（三）效率原则

现代社会保障具有公共事务的基本特征,关系到全体社会成员的切身利益,保护的是整个社会的福利和安全。社会保障管理的效率原则首先要求政事分开,即将社会保障的行政管理、业务经办、基金运营和监督几个环节分开,实现立法、执法和监督相分离。一方面,保证社会保障管理机构在社会保障运行中的有效管理,维护社会保障制度的公正性,在解决社会保障纠纷时,依法办事,不偏不倚,真正做到法律面前人人平等;另一方面,通过各环节之间相互协调、相互约束,提高管理效率。例如,美国的卫生与社会保障部对社会保障进行一般监督,其所属的社会保障总署具体管理老年、伤残和死亡保险;劳工部对失业保险进行一般监督,而由就业培训总署失业保险服务局管理全国的失业救济金。新加坡的社会保险管理体制中,劳工部制定有关政策并进行一般监督,而由劳工部下属的中央公积金局独立负责基金的管理。在实践中,明确管理机构的职责、保证政令畅通、降低管理成本,都是衡量管理效率的基本标志。一些国家(如智利)选择私营机构替代效率低下的官方管理机构来经营社会保障基金,取得了良好的效果。虽然这一效果的长期性还有待检验,但效率原则已成为各国社会保障管理的重要原则。

（四）与社会经济整体协调一致原则

社会保障管理体制虽然是一个独立运行的系统,但它仍是社会经济大系统中的一个组成部分,与其他社会经济活动有着不可分割的联系,在运行中要与其他子系统保持协调一致。例如,社会保障基金管理系统与国家财政系统之间的联系,即使社会保障基金被列在财政系统以外,它仍受财政的扶持;反过来,良好的基金管理与运作,使基金能够实现长期的保值增值,又能减轻财政负担。这二者之间有着相互制约、相互促进的关系。社会保障管理往往会对经济系统中的其他经济活动产生影响。

以上几项原则相互联系,共同制约。只有充分贯彻上述原则,克服部门林立、机构臃肿、人浮于事、职责不清等弊端,才能保证社会保障管理机构科学有效地运转。

第二节　社会保障管理体制

社会保障管理体制是指国家为实施社会保障事业而规定的各类社会保障管理机构、管理对象和管理机制的总和。社会保障管理体制是社会保障制度的组织保证措施,它通过明确不同社会保障管理机构的职责和权限,来贯彻和执行社会保障制度,实现社会保障机制的有效运转。社会保障管理体制是国家设立的社会保障行政机关和经办机构对社会保障事业进行宏观指导和微观管理的体制和具体措施,它在整个社会保障制度中占有重要地位,是社会保障制度正常和有效运作的基础。一国社会保障管理体制受社会生产力发展水平和社会经济制度的制约,管理的方式需要适应特定的社会保障制度及其变化。从内容上看,社会保障管理体制由三个部分构成,即管理主体、管理客体和管理机制。

一、社会保障管理的主体——管理机构

（一）社会保障管理机构的类型

社会保障管理体制的核心是社会保障管理机构,但社会保障管理机构并不等同于社会保障管理体制。社会保障管理机构是社会保障事业的组织者、实施者和管理者。社会保障事务是复杂化、专业化的社会事务,需要有专门的机构来管理。按照不同标准,社会保障管理机构可以分为不同类型。

1. 按照管理机构的权限划分

(1) 高层管理机构,是中央一级管理层次,负责参与社会保障的全面立法,对社会保障各项活动进行规划、领导,保障社会保障基金的全国性统筹和调剂使用,并对实施效果进行监督控制。例如,英国的卫生和社会保障部作为全国社会保障最高管理机构,统一领导全国和地方的社会保障工作。

(2) 中层管理机构,是省级政府的社会保障主管部门,负责贯彻社会保障立法政策,制定地方性实施细则和补充规定,对地区范围内的社会保障基金进行调剂,并将社会保障法令实施中存在的问题向高层管理机构进行反馈。例如,美国各州都制定了各自的工伤保险和失业保险法律、法规,这些法律、法规可以使州一级的社会保障管理机构根据本地的情况,因地制宜,依法管理。

(3) 基层管理机构,是地(市)、县(市)级地方社会保障管理机构,负责社会保障基金的筹集、给付,提供社会保障事务的信息、咨询,接受高层、中层管理机构下达的任务,实施日常社会保障工作,是社会保障制度的具体实施机构,具体包括社会保障费的收缴、基金管理、待遇给付,以及提供社会保障事务的信息、咨询和服务等,具体见图 10-1。

2. 按照管理机构的职能和业务范围划分

(1) 社会保障行政主管机构,是各级政府机构序列中管理社会保障事务的相关政府部门。主要职责是社会保障的立法、监督检查、贯彻实施。

(2) 社会保障业务经办机构,隶属于各级社会保障行政主管机构的一种公共事业部门。主要职责是社会保障参加者(受保人)的资格审定、登记,社会保障基金的收缴,社会保障基金的日常财务和个人账户管理,社会保障待遇的计算、发放,以及对投保人提供各项社会化服务。

(3) 社会保障基金运营机构,隶属各级社会保障行政主管机构,是具有企业法人资格

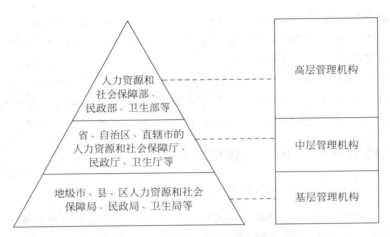

图 10-1　中国社会保障管理机构层级设置

的金融部门。主要职责是进行社会保障基金的投资、运营，实现基金的保值增值。

（4）社会保障监督机构，是独立于政府的公共事业部门，提供公共服务，机构成员由政府代表、企业代表、职工代表和专家学者组成，主要职责是对社会保障的政策法律执行情况、基金筹集、基金管理运营、待遇给付、服务质量等环节和机构，实行全面的监督。

（二）社会保障机构的设置

在各国的实践中，由于政治体制、经济条件及历史因素，社会保障管理机构的设置存在差别。一般来说，社会保障管理机构的设置大致可以分为以下几个类型。

1. 政府直接管理模式

政府直接管理模式是指由政府直接设立社会保障部门，负责社会保障政策制定、资金筹集、基金运营、待遇发放、监督调控等，这种机构设置模式往往与这些国家的政治体制相适应。例如，塞舌尔、泰国、津巴布韦等国家仅设置中央政府主管部门，负责全民社会保障事务。英国、新西兰、爱尔兰和中国等国家，按照行政部门层级和行政区划，设立包含社会保障的全国最高管理机关（部、署）、各地方社会保险管理部门（厅、局）以及基层政府社会保险办事机构（处、局），分管各级、各地社会保障事务。

2. 政府参与的共同管理模式

政府参与的共同管理模式是指政府部门与半自治或非政府自治组织共同管理的模式。实行这种管理模式的国家最多，在全球 140 多个实行社会保障制度的国家和地区中占近 70%。由于这种模式遵循德国社会保障制度管理原则，故被称为"欧陆型"或"俾斯麦式"。在这种模式中，政府不仅承担监督角色，也从事一些管理活动。例如，意大利政府设立劳动与社会福利部、财政部，连同全国社会保险协会、国民社会保险协会、全国事故保险协会、全国家属津贴基金会等半自治或自治机构，对养老、疾病、生育、工伤、失业、家属津贴实行共同管理。

3. 政府协助管理或不参与管理

政府协助管理或不参与管理是指政府不设独立的管理机构,不直接进行社会保障管理,最多派遣工作人员协助管理,社会保障管理事务由有关协会(理事会、管理委员会)等承担。例如,法国的社会保障制度,由社会和全国团结部全面监督和颁布法规,全国养老保险基金会管理养老金,全国疾病保险基金会管理伤残抚恤金和遗属抚恤金,并协调地区基金会工作,其理事会由劳资双方组成,就业组织基金会协助做好家属津贴工作。德国的社会保险主要由受保人及其雇主的代表进行自主管理,政府部门只对社会保障进行一般的监督,具体实施和管理都由受保人与雇主的代表进行。前捷克斯洛伐克由中央工会理事会和地方工会理事会下设社会保险管理委员会,在国家社会保障局的领导下,制定具体的规章制度,管理各种社会保险业务。约旦、巴拉圭等少数国家的社会保障完全由半自治或非官方组织管理。

各国在设置社会保障管理机构的时候,除了受社会经济和社会保障事业发展的影响外,还会受到政治体制的影响。世界上绝大多数国家的社会保障管理机构设置,采用中央政府与地方政府或非政府机构分管的适度集中模式,其具体做法可以概括为,由中央政府主管部门对社会保障实行集中统一的管理,在各个地区设立分支机构以处理各种具体的社会保障问题。但这种倾向往往受到政治因素的阻碍,主要是由于职业或产业组织总想拥有和控制本系统内的社会保障基金,抵制把各种保险项目集中起来的做法。这种行业性保险在经济发展不平衡的国家或地区,往往难以实现社会互济。中国政府曾于 1998 年颁布《国务院关于实行企业职工基本养老保险省级统筹和行业统筹移交地方管理有关问题的通知》,要求从 1998 年 9 月 1 日起,电力、水力、铁道、邮电、交通、煤炭、金融、民航、石油、有色、中建 11 个行业和单位的基本养老保险行业统筹全部移交地方管理。这种做法使政府对社会保障事务管理,尤其是社会保障基金调动的权力更加集中,虽然有利于社会保障统一协调,但是国家统一的管理比行业内部的管理难度大、透明度低。

(三) 主要国家社会保障管理机构

表 10-1 给出了主要国家的社会保障管理机构。

表 10-1　主要国家社会保障管理机构设置[①]

国家	管理社会保障事务的主要政府部门	主要的全国性半自治或自治机构
英国	社会保障部、卫生部、就业部、国内税务部	
法国	卫生和社会保障部、社会事务和就业部、联合征收机构、财政部	全国养老保险基金会、全国疾病保险基金会、全国家属津贴基金会等
德国	劳工和社会事务部、卫生部	联邦劳工协会、联邦保险协会等
荷兰	劳工部、国民收入部、财政部	社会保险委员会、社会保险银行
美国	社会保障署、劳工部、财政部、联邦人事局	政府劳工补偿基金会、蓝十字—蓝盾组织等

---

① 郑功成. 社会保障学——理念、制度、实践与思辨[M]. 北京:商务印书馆,2000:424.

续表

国家	管理社会保障事务的主要政府部门	主要的全国性半自治或自治机构
智利	劳动和社会福利部、卫生部、社会保障总监	社会保险资助基金会、国民保险基金会、紧急社会基金会
澳大利亚	社会保障部、公众服务与卫生部、就业与工业关系部	劳工赔偿委员会或理事会
日本	厚生省、劳动省、卫生和福利省	全国劳动者共济组合联合会、国家公务员互助工会联合会
中国	人力资源和社会保障部、民政部、卫生部、财政部	中国残疾人联合会等

1. 英国

英国采取集中制管理模式，保险机构由国家统一设置并管理。

（1）最高行政管理机关。卫生和社会保障部是全英社会保障最高行政管理机关，直接对首相和议会负责，主要负责制定、监督和实施养老保险、医疗保险、伤残津贴、遗属津贴、儿童津贴、失业救济、优抚安置等方面的政策，监督各区级机构的具体业务，不直接管理各项基金和面对受益人。

（2）行政管理机构。包括政策规划局、财务局、法律事务局。这些行政管理机构隶属于社会保障部，其主要职责是：协调各机构之间的业务关系；协助常务次官（具体负责总部的事务），研究制定社会保障方面的各项政策法规；协助常务次官为国务大臣解释和落实制定的法制服务，争取在议会上获得通过；为有关机构议会提供法律方面和政策方面的分析、咨询服务；与外国建立和发展社会保障方面的合作关系。

（3）外设的相对独立的执行机构。包括津贴管理局、基金收缴管理局、信息技术局、救济局、儿童福利管理局和战争优抚局六个管理局，分别经办各自的业务。

此外，还在全英设立了 900 多处社会保险办事处，负责收缴和支付依照国民保险法交纳的保险费及申请给付。具体情况是：家庭津贴给付由地方办事处初步审核之后转中央机构决定；失业保险给付由劳工部各级办事机构及分布在全国的职业介绍所办理；国民健康服务由各级政府中的卫生管理机构负责；国内税收部征收与收入关联的保险费，对于地方税的减免则由地方政府代为管理，各地减免金额将汇总起来，在卫生部和社会保障部"实报实销"。

2. 德国

德国的社会保险机构实行自治管理，国家在管理上只起监督作用。

（1）最高行政管理机关。德国联邦劳工和社会事务部是德国社会保障的最高行政管理机关，主要负责立法和监督。德国社会保障实行分部门立法，最高行政机关负责养老保险、失业保险、意外伤害保险和护理保险的立法；联邦卫生部负责医疗保险和社会救济的立法；国防部负责军人保险；立法内务部负责公务员保险立法；司法部负责法官和律师保险立法。

（2）监督机构。联邦劳工和社会事务部连同联邦保险局负责联邦范围内保险机构的监督,各州设立的社会保险局负责监督执行各州保险计划。联邦政府还设立了保险监督局,负责检查、监督保险机构的行为规范,包括各类保险机构依据法律制定的补充规定和章程,都要纳入审查范围,看其是否与联邦法律规定相一致。如果社会保险机构违反了国家法律规定,企业或者投保人有权依照法律程序提出诉讼。联邦保险监督局还负责全国养老保险机构、医疗保险机构之间的财政平衡和调剂事宜。

德国社会保险的业务通过自由法人团体具体实施,其最高领导权属于代表大会。代表由雇员和雇主各占一半的比例产生,任期 6 年。代表大会负责确定章程、选举理事会,对预算和决算进行审批,对一些重大异议进行协调。理事会在代表大会闭会期间代行代表大会职权,理事会任命总经理主持日常业务工作。

由于历史原因,德国的社会保障管理体制较分散,保险机构往往按行业和地域建立。如全国共设有 23 个州工人养老保险机构,另外还按行业设立了联邦铁路雇员、联邦海员、联邦矿工养老保险机构、联邦职员以及农民养老保险机构;在工业、商业、手工业、农业均设有负责意外事故保险的职业联合会;医疗保险机构既有地方性的,又有行业性的。德国的法定医疗保险机构按区域分为联邦、州、地方三级,其中联邦级 1 个、州级 17 个、地方级 227 个。医疗保险机构分为七大系统:一是地方医疗保险机构;二是企业医疗保险机构,投保人均为企业的雇员;三是农民保险机构;四是海员医疗保险机构;五是手工业者医疗保险机构;六是矿工医疗保险机构;七是替代性医疗保险机构。这些机构均接受联邦政府卫生部的监督。失业保险在联邦劳动局的领导下由各级劳动局实行自治管理。

3．美国

社会保障署是美国最重要的社会保障管理部门,独立行使对各项主要社会保障事务的管理职责。具体的职责是主管全国公民的保险号码、雇主与雇员应缴保险税的报表、领取养老金的额度和人员变动情况、养老金计算和调整,预测分析基金收支趋势及提出对策等。

财政部下属税收局征收保险费,将所收保险金记入各州的账户,并依据劳工部的要求支付失业救济金。劳工部主要管理工伤、失业保险,各州设立的劳动局主要负责确定工伤保险费率、审查工伤保险基金收支情况、处理工伤申请、申诉及仲裁等。由于美国各州立法不同,失业保险管理机构也不一样。多数州由专设机构办理,少数州由劳工局办理或组织基金会管理,个别州由法院兼办,一些州的工伤保险还可由私人保险公司或大企业自行办理。

美国的社会保障管理偏重中央和地方的分权,管理权过于分散,造成管理机构庞大臃肿,行政费用居高不下。由于美国没有完善的医疗保险制度,也没有实施强制性的疾病、生育保险,因此缺乏这些方面的社会保障管理机构。

4．中国

从 1998 年开始,我国对社会保障管理体制进行多次改革和调整,将卫生部负责的医疗保险职责、民政部负责的农村社会保险职责、人事部负责的机关事业单位社会保险职责、劳动部负责的城镇企业职工养老保险和失业保险职责进行了整合，组建了劳动和社会保障部。2008 年将国家食品药品监督管理局划入卫生部，将人事部与劳动和社会保障部合并组建人力资源和社会保障部。

我国社会保障管理部门的主要分工：人力资源和社会保障部负责城乡各类群体的养老、医疗、失业、工伤、生育等社会保险项目的政策制定与实施管理；民政部负责城乡低保、城乡医疗救助、农村五保供养、自然灾害救济等社会救济工作以及社会福利工作的管理；卫生部负责医疗卫生服务市场的监管和新型农村合作医疗制度等。

人力资源和社会保障部作为中国社会保障的最高管理部门，主要职责之一是统筹建立覆盖城乡的社会保障体系，制定相关制度与政策，并推动实施。各省市设立社会保障厅（局），各县（市、区）设立社会保障局（处），各街道办事处与乡镇政府设立社会保障所，负责社会保障制度的实施和上级政策的落实，同时，各社区或行政村也有从事具体经办业务的工作人员或协管员，负责或协助区域内社会保障事务的具体办理。同级财政部门负责社会保障专项资金管理，在社会保险费"收支两条线"的制度中，财政部门通过设置的"财政专户"监督和审查社会保险资金的收入与支出情况。

二、社会保障管理的客体——管理内容

（一）社会保障的行政管理

社会保障基本上是一种政府行为，因此政府系统内的行政管理必然是社会保障管理活动的重要内容。社会保障的行政管理包括以下六个方面。

一是拟订社会保障发展规划和计划，统筹协调社会保障政策，统筹处理地区和人群之间的利益和矛盾。

二是制定社会保障法律、法规和政策，具体规定社会保障的实施范围和对象、享受保障的基本条件、社会保障资金的来源、基金管理和投资办法、待遇支付标准和对象以及社会保障各主体的权利、义务等。

三是贯彻、组织和实施各项社会保障法律法规，并负责监督、检查。

四是受理社会保障方面的申诉、调解和仲裁。

五是建立和完善社会保障信息化、社会化服务体系。

六是培养、考核、任免社会保障管理干部。

（二）社会保障基金的管理

社会保障基金是指社会保险征缴机构通过各种方式征集的、用于社会保障事业开展的专项基金，它是劳动者所创造的价值的一部分。社会保障的基金管理包括基金的筹集、运营、支付三个方面的内容。

基金的筹集渠道主要是国家、单位和个人按一定比例缴纳的社会保障费用以及社会的捐助。

基金的运营管理包括基金的日常财务和个人账户管理以及基金的投资运营，以实现基金的保值增值。

基金的支付是给付受保人各项社会保障待遇,如养老金、失业金、救济金、医疗费用报销、家庭补助等。

(三) 社会保障对象的管理

社会保障的对象是退休者、鳏寡孤独者、失业者、生活困难者、伤残者等。对社会保障对象的管理,包括向他们提供物质保障、日常生活和健康服务,提供参与社会活动和就业方面的机会以及提供精神和心理慰藉等,在社区化、社会化的前提下,其管理工作是通过政府组织和引导,依靠工会、各种社团、慈善协会和家庭等社会力量来完成。

随着社会保障管理社会化趋势的发展,这项复杂烦琐的管理工作越来越多地依赖社会力量,尤其是依靠工会、各种社团、慈善协会、家庭等社会力量来完成各项管理工作。

三、社会保障管理的方式

社会保障管理体制的形成主要取决于国家的政治经济条件、国家的基本制度和历史文化传统等一系列因素,因此社会保障管理体制不存在一成不变的典型模式。但从世界各国的实行情况看,大致可以归纳为以下几种主要类型。

(一) 按管理权力的结构分布划分

按管理权力的结构分布,社会保障管理体制可以划分为集权制与分权制。

从历史上看,受职业、行业或地域分散的限制,世界各国的社会保障大都从分散管理开始。后来一些国家为了加强中央统一领导,也尝试集权制的管理方式。目前,社会保障管理方式根据管理权力的结构分布分为集权制、分权制和集散结合管理三种。

1. 集权制管理

集权制是指社会保障的管理权限较多地集中于中央政府的一种制度。在这种制度下,中央政府所属的社会保障行政主管机构是最高行政机关,统一领导全国和地方的社会保障工作,包括养老保险、失业保险、医疗保险、工伤保险以及其他社会保障项目;地方各级政府社会保障机构统一服从于中央社会保障行政主管机构,根据中央社会保障行政主管机构制定的政策、法规办事,并接受其领导和监督。这种制度有利于统一决策、集中领导;有利于各地区、各部门在中央统筹规划下协调关系和利益,避免政出多门,以便更有效地发挥社会保障功能;有利于社会保障管理机构精兵简政,减少机构的重复设立,降低全社会的管理成本。但是,集权制使中央与地方之间信息传递层次多,影响决策的正确性,基层管理人员工作积极性不高,也易于滋生官僚主义和导致腐败,致使管理效率低下。

英国、新加坡等国实行集权制的管理模式。

2. 分权制管理

分权制是指社会保障的管理权限较多地集中于地方政府或不同的社会保障项目各自建立一套保障执行机构、资金运营机构以及监督机构,各保障项目之间相互独立,资金不能相互融通使用的一种制度。在这种制度下,中央社会保障行政主管机构主要行使规划、立法和监督的职能;地方社会保障管理机构可以在规定的权限范围内自主决策和行使职能。这种制度下各管理机构和地方政府具有较大的自主性,有利于地方政府因地制宜地制定政策、调整保障项目和内容,比较灵活地适应社会保障发展的需要;有利于责权清晰,基层管理者工作积极性高,提高工作效率。但是各地区、各部门的利益难以协调,中央难以统筹规划,管理机构多,管理成本高,导致权力滥用和地方主义的滋生。

在实际运作中,社会保障管理方式取决于一国的政治体制,也与该国的历史背景和文化环境有关。目前许多国家都采用集权制与分权制相结合的管理方式,代表国家是德国。在社会保障事业发展的规划、立法和监督方面,多采用集权制的方式管理;而在社会保障事务的经办、基金运营管理方面,多采用分权制的方式管理。

3. 集散结合管理

集散结合管理模式,是指将社会保障中共性较强的项目集中起来,实行统一管理,而将特殊性较强的项目单列出来由相关部门分散管理。集散结合管理的显著特征,是根据社会保障项目的不同,把集中统一管理和分散自主管理有机地结合起来。

集散结合管理模式的优势在于:一是既能体现社会保障社会化、一体化的要求,又能兼顾个别项目的特殊要求;二是有利于调动各方面的积极性,提高工作效率,降低管理成本,更好地促进社会经济发展。可见,集散结合管理模式兼具了集权制和分权制管理的优点,同时在一定程度上避免了两者的缺陷。[①] 美国、日本等国采用集散结合管理模式。

(二)按政府介入程度划分

按政府介入程度以及责任大小,可以将社会保障管理方式划分为政府直接管理、半官方自治管理和商业保险管理方式。

1. 政府直接管理

这种方式是由政府设立专门的管理机构统一、集中管理全国社会保障事务,具体又包括以下两种形式。

(1)政府内设立一个专门的部或者委员会,下设分支机构,纵向统一管理全国的社会保障工作。例如,英国的社会保障部是全国社会保障的最高行政主管部门,统筹负责全国的社会保障事务,各郡设立社会保障局,县市设立社会保障处。此外,中国、加拿大、波兰、马来西亚、缅甸等国家也都属于这种类型。

(2)由政府的几个部门进行多头管理。例如在日本,中央政府设立厚生省管理全国养老、遗属、残疾、医疗等保障项目,劳动省管理失业、工伤等保障项目。此外,美国、澳大利亚等国家也都属于这种管理类型。这种管理方式能够体现政府的意图,强调社会保障的公平性,有利于保障受保人的利益和维护社会稳定,但管理成本较高,管理效率较低。

---

① 郑功成.社会保障学[M].北京:中国劳动社会保障出版社,2005.

2. 半官方自治管理

这种方式是由政府成立一个统一的协调机构，负责协调全国社会保障事务，并通过一个或若干个中央政府部门实施统一监督，具体的管理工作则由半官方、半独立的行业或地区社会保障管理机构来实施。一般由雇主、雇员和政府三方代表（或雇主、雇员双方代表）组成社会保障协会（基金会、董事会、理事会），在政府部门的监督下，在法律范围内实行自治，自主管理。这些基金会一般和政府有合同关系，并按时向政府提交工作报告、接受政府的监督检查。例如在法国，卫生和社会保障部负责社会保障的监督和颁布法律，全国养老保险基金会、全国疾病保险基金会、全国就业组织理事会、全国家庭补贴基金会及其各自的地区性分支机构，分别负责管理全国的养老保险、疾病保险、就业补贴和家庭补贴等保障项目。此外，德国、意大利、瑞士、瑞典、土耳其等国家也属于这种管理类型。这种管理方式可以提高管理效率，降低管理成本，但对各类办事机构的要求较高，而且在政府意图的体现和保证公平方面有一定的限制。

3. 商业保险管理

这种方式是在政府社会保障主管部门的监督下，实施强制储蓄保险，采用"以收定支"的基金制的管理方式。基金的管理、投资运营，一般由独立的具有半官方性质的基金会负责。例如在新加坡，在中央劳工部的监督下，实行社会保障中央公积金制度，保障项目包括养老、残疾、死亡、医疗保险以及住房和教育计划等。管理和组织实施工作的是半官方性质的中央公积金局。又如在智利，强制个人储蓄性的社会保障制度是在国家劳动和社会保障部的监督下，由社会保障总署、"公共养老金"管理公司、"私人养老金"管理公司及基金投资风险管理委员会四个分支机构管理和组织实施。此外，印度尼西亚、斯里兰卡等国家也属于这种管理类型。这种管理方式简单易行，效率较高，政府的责任最少。但是要求实施这种方式的国家有健全的法律体系和资本市场，而且受保人的利益受投资效果的影响，使受保人要承担相当大的资本市场风险。

四、社会保障管理体制的发展趋势

由于社会保障事业的特殊性，当前世界各国发展的总趋势是社会保障的政策要高度集中，而业务管理则趋向分散以接近群众，即社会保障政策的制定要统一集中于一个部门，负责全面的规划，协调各方面的利益；而业务管理机构和服务设施要及时了解参保人的情况和问题，为社会成员提供服务。从其发展态势看，大致呈现以下几个趋势。

（一）社会保障管理的总体格局，有从分类分项管理向相对集中统一管理方向发展的态势

相对集中的统一管理具备许多优势：①有利于社会保障的组织实施，避免政出多门；②有利于社会保障体系的内部协调以及社会保障基金的调剂使用；③有利于降低社会保障的管理成本，提高管理效率。因此，管理机构的相对集中逐渐成为各国的趋势。

293

（二）社会保障基金的管理，有从单一政府管理向市场化管理发展的趋势

为了适应社会保障日益扩大的资金需求，社会保障基金的运作必须提高其安全性、有效性。在社会保障财政供给已成为社会保障发展的"瓶预"之际，如何提高基金效率，促进其保值增值，已经成为各国共同的紧迫课题。从长远发展来看，社会保障基金必须走多元化组合、优化投资的道路，这是国际的成功经验。在基金市场化的管理中，各国都相当重视基金增值战略的制定，强调社会监督的机制，并且强调发挥专业性基金公司的作用。应该指出，尽管这种发展趋势明显，但是总体管理宗旨(安全有效)并没有改变。

（三）社会保障管理机构的设置，有从机构臃肿、效率低下向精简、高效、充满活力方向发展的趋势

许多国家都在对社会保障管理机构进行改革，以保证其体制精简、高效。采取的措施有：①推行政事分开、政监分开的改革方针，减少职责不清的政府行为；②使管理机构更加相对集中，减少机构重叠、层次不明；③改变国家全面责任的观念，充分利用社会民间的潜力和资源；④促进资金管理的市场化运行，把资金增值重任委托给政府的独立部门；⑤全面推行管理计算机化，提高管理效率和服务质量。可以看出，社会保障的管理体制并非一成不变的，它随着国家的政治、经济条件和其他社会因素的变化而不断地调整和完善。

五、中国社会保障管理体制的现状与改革趋势

（一）中国社会保障管理体制的形成与现状

1. 中国社会保障管理体制的形成

中国社会保障管理体制的形成大致经历以下三个阶段。

(1) 第一阶段(1949—1966 年)：社会保障管理部门初设阶段

中华人民共和国成立后，中央人民政府政务院下设劳动部和内务部，管理社会保障工作。劳动部是最高监督机关，检查全国劳动保险业务执行情况；各级劳动部门负责监督检查劳动保险金的缴纳和业务执行，处理有关劳动保险的申诉。1951 年 2 月，政务院发布的《中华人民共和国劳动保险条例》规定，中华全国总工会为全国企业劳动保险事业的最高领导机关，统筹管理全国劳动保险事业；各地工会组织为执行劳动保险业务的基层单位。劳动部为全国企业劳动保险业务的最高监督机关，负责贯彻条例的实施，检查全国劳动保险制度的执行情况；各地劳动部门登记审批企业实施条例的申请，监督检查企业缴纳保险费和保险业务执行情况。为了精简机构，1954 年 6 月，按照《关于劳动保险业务移交工会统一管理的联合通知》，劳动部将整个企业劳动保险事业的管理全部移交，由中华全国总工会负责，各级工会统一管理。此期间由民政部门统一管理国家机关工作人员的社会保险以及社会福利、社会救济工作。

(2) 第二阶段(1966—1978 年)：社会保障管理工作停滞阶段

"文革"期间，社会保障管理工作遭到严重破坏，管理机构被解散或合并。1969 年内

务部被撤销,民政工作分别移交财政部、卫生部、公安部和国务院政工组管理,造成多头管理、政出多门。由于许多民政机构被解散,一些社会保障政策被废除,大多数民政干部和优抚对象遭到打击和迫害,民政工作陷于瘫痪状态。与此同时,许多工会组织瘫痪,企业劳动保险也处于停滞状态。

（3）第三阶段(1978 年以后)：社会保障管理机构重组阶段

1978 年 2 月,依据新《宪法》设立民政部,负责军队离退休干部的安置和管理,指导农村"五保户"的供养,举办敬老院和扶持农村贫困户的工作,管理城镇社会困难户和精简职工的救济以及社会福利工作等。1979 年 7 月,国家劳动总局设置保险福利局、处,以保证社会保障工作的顺利进行和有效开展。其间,各级工会组织陆续重建。1982 年成立劳动人事部,下设保险福利局,综合管理社会保险和职工福利事宜。1988 年,国务院撤销劳动人事部,重建人事部和劳动部,分别管理机关事业单位和企业的社会保险事务。劳动部综合管理与规划全国企业、事业单位职工的社会保险和福利制度的改革方案及实施办法,并组织实施；组织指导职工退休费用社会统筹工作和职工待业保险；协调企业、事业单位和国家机关的社会保险和职工福利政策。1991 年发布的《国务院关于企业职工养老保险制度改革的决定》将民政部纳入社会保障管理体系中,由民政部负责农村农民及乡镇企业的社会保险工作。这样,我国形成了劳动部门管理企业社会保险,人事部门管理机关事业单位社会保险,民政部门管理社会救济、社会福利、优抚安置和农村社会保障的格局。与此同时,中国人民保险公司管理集体企业的养老保险,卫生部、财政部管理机关事业单位的公费医疗,中华全国总工会负责管理职工互助保障,铁道、邮电、水利、电力、中建总公司、煤炭、石油、交通、有色金属、民航、金融等 11 个行业分别负责管理本行业内实行养老保险行业统筹的有关事务,体改委、计委等部门也参与负责社会保障改革与发展工作(见图 10-2)。这种由人事部、劳动部、民政部等多个部门管理的格局,造成机构重叠、职能交叉,政策和规定互不协调甚至相互制约,影响社会保障工作的管理效率。

为此,1998 年 3 月第九届全国人大一次会议决定,在原劳动部基础上,新建劳动和社会保障部,原来的人事部承担的机关事业单位社会保险职能、民政部承担的农村社会保险职能、卫生部承担的公费医疗管理职能等均归劳动和社会保障部负责。按照国务院的决定,劳动和社会保障部内设养老保险司、失业保险司、医疗保险司、农村社会保险司、社会保险基金监督司、社会保险事业管理局六个与社会保障工作相关的职能司局,分别管理相关保障项目的工作。

为了整合人才市场与劳动力市场,建立统一规范的人力资源市场,促进人力资源合理流动和有效配置,统筹就业和社会保障政策,建立健全从就业到养老的服务和保障体系,2008 年 2 月,中共十七届二中全会通过关于深化行政管理体制改革的意见,拉开了大部制改革的序幕。第十一届全国人民代表大会第一次会议批准,正式组建人力资源和社会保障部,将人事部、劳动和社会保障部的职责整合划入。民政部的社会保障职能通过内设机构的调整有所加强,原最低生活保障司改为社会救助司,负责城乡居民最低生活保障制度、"五保户"供养制度等社会救助工作；原救灾救济司改为救灾司；原社会福利和社会事务司被拆分为社会福利和慈善事业促进司与社会事务司；卫生部、住房和城乡建设部、财政部、审计署及国家发展与改革委员会均设有相应的社会保障部门,分别承担不同的管

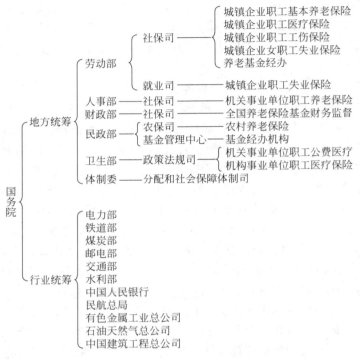

图 10-2　1998 年前的中国社会保障管理结构

理职能。

2．中国社会保障管理体制的现状

劳动和社会保障部(后与人事部合并为人力资源和社会保障部)成立后,我国的社会保障管理体制有了一定改变,具体包括以下几个方面。

(1) 从管理机构来看,我国已建立了较为完善的社会保障行政管理体系,设立了各级社会保障行政管理机构。我国社会保障的行政主管机构为劳动和社会保障部、民政部。其中劳动和社会保障部负责城镇和农村社会保险事务,而民政部则负责城乡社会救济、社会福利和优抚安置事务。与相对完善的行政管理体系相比,我国社会保障的业务经办机构、基金运营机构和社会监督机构还有待进一步完善。目前,社会保障的财政支出和基金财政专户仍由财政部管理与监督。从总体上看,我国目前的社会保障管理机构主要包括以下四个部分。

第一,决策机构。国务院人力资源和社会保障部与民政部是我国社会保障最高决策机构。其职责是:拟定社会保障工作基本方针、政策及总体改革方案;编制社会保障事业发展规划和年度工作计划并组织实施;起草社会保障法规、制定行政规章和基本标准并组织实施和监督检查等。各省、直辖市、自治区的人力资源和社会保障部门与民政部门是各省、市、自治区社会保障管理体系中的最高领导机构,其职责是贯彻中央的政策方针,负责制定本地区社会保障发展规划,进行重大事项的决策,审议社会保障收支的预决算,向同级人大提交有关的法案,对执行机构的运作实施监督,并对社会保障工作中出现的重大问题予以协调处理。

第二，执行机构。各省、市、自治区人力资源和社会保障部门下设社会保险管理机构，接受中央主管部门和当地政府的双重领导，负责经办社会保险各项目保险费的征集、核算、发放和转账等业务。目前，各省、市、自治区的人力资源和社会保障厅（局）负责养老保险、医疗保险和生育保险、失业保险和工伤保险的具体事务，民政局负责社会福利和社会救助事务。在一些具体工作上，可以由社会保障经办机构委托其他机构或部门办理，例如，我国一些地区委托税务部门代为征缴社会保障费（税），委托银行代为发放社会保障金等。

第三，基金运营机构。各省、市、自治区设立社会保险基金管理中心，负责统一管理和经营各项社会保险资金，并接受社会保障委员会的监督。

第四，监督机构。在各省、市、自治区政府领导下，成立社会保障监督委员会，主要行使对包括社会保险在内的政策法规和计划执行、各类基金收支、营运和管理情况的监督权。目前的监督机构由政府有关部门负责人和社会团体的人士组成。

（2）从管理方式来看，我国社会保障管理是一种政府直接管理的方式。政府直接介入社会保障管理的各个环节，并对社会保障事务负最后责任。从权力结构的分布来看，是一种以中央政府集权为主、地方政府适当分权的体制。这种管理方式在实际运作中暴露出以下缺陷。

首先，政府直接介入某些具体业务，造成管理效率低下。例如，为了保障基金的安全性，社会保障基金的投资运营受社会保障行政主管机构的严格限制，致使基金投资收益低，难以实现基金的保值与增值。

其次，由于社会保障的监督机构未脱离政府，造成监督不力，社会保障资金被挪用、挤占的现象屡禁不止。

最后，地方分权虽然可以提高地方政府的积极性，但由于我国地区发展不平衡，社会保障负担差距大，各地社会保障基金盈余与亏损并存，在地方保护主义影响下，盈余资金难以调入基金缺乏地区，使基金统筹层次无法提高，同时也加大了中央政府财政的压力。

我国根据2001年12月出台的《全国社会保障基金投资管理暂行办法》，成立了全国社会保障基金理事会，负责管理由国有股减持划入资金及股权资产、中央财政拨入资金、经国务院批准以其他方式筹集的资金及其投资收益等形成的由中央政府集中的社会保障基金。这种基金管理体制与我国社会保障相对集中的行政管理体制相符。但是，行政机构对基金投资方向、投资比例的限制又影响了基金的流动性和盈利性。在对社会保障对象的管理上，单位自我管理尚未完全转变为社会化管理。在这种情况下，一些企业为了少缴社会保险费（税），故意瞒报或少报职工工资，造成社会保障基金征缴漏洞；一些地区因管理不善或人为因素，冒领、多领社会保障资金的现象屡有发生。

（3）从管理内容来看，由于初步实现了社会保障行政主管机构的相对集中与统一，因此社会保障行政管理有所加强，管理体制也进一步理顺，社会保障基金管理体制也有了一定改善。

在我国社会保障的管理机构方面，劳动和社会保障部代表政府行使社会保障基金的管理职责，负责制定政策与决策。

社会保险经办机构受委托具体负责社会保险基金的管理，具体业务有：制订基金的收支计划,编制基金预算;征收社会保险费,支付社会保险金;对社会保障基金进行会计核算,记入基本养老保险和基本医疗保险个人账户,并对个人账户进行管理;对社会保障结余资金作出安排。

财政部门负责监督社会保障基金的管理活动,具体业务有:制定社会保障基金财务会计制度;督促和检查社会保障基金在财政专户的核算;审核社会保险经办机构对结余资金的安排;审核、汇总社会保障基金的决算和收支计划;向社会保险经办机构拨付管理费。

3. 我国现行国家社会保障行政主管部门的职能

我国现行的社会保障行政管理机构,主要由国务院下设的人力资源和社会保障部、民政部组成。两部设立的主管社会保障的机构及职能配置如下。

(1) 人力资源和社会保障部

人力资源和社会保障部设 25 个内设机构,分别为办公厅、政策研究司、法规司、规划财务司、就业促进司、人力资源市场司、军官转业安置司、职业能力建设司、专业技术人员管理司、事业单位人事管理司、农民工工作司、劳动关系司、工资福利司、养老保险司、失业保险司、医疗保险司、工伤保险司、农村社会保险司、社会保险基金监管局、调解仲裁管理司、劳动监察局、国际合作司、人事司、机关党委、离退休干部局。主要的社会保障机构职能如下。

养老保险司:统筹拟订机关企事业单位基本养老保险及其补充养老保险政策,逐步提高基金统筹层次;完善企业职工离退休政策;拟订养老保险基金管理办法;拟订养老保险基金预测预警制度;审核省级基本养老保险费率。

医疗保险司:统筹拟订医疗保险、生育保险政策、规划和标准;拟订医疗保险、生育保险基金管理办法;组织拟订定点医疗机构、药店的医疗保险服务和生育保险服务管理、结算办法及支付范围;拟订疾病、生育停工期间的津贴标准;拟订机关企事业单位补充医疗保险政策和管理办法。

失业保险司:拟订失业保险政策、规划和标准;拟订失业保险基金管理办法;建立失业预警制度,拟订预防、调节和控制较大规模失业的政策;拟订经济结构调整中涉及职工安置权益保障的政策。

工伤保险司:拟订工伤保险政策、规划和标准;完善工伤预防、认定和康复政策;组织拟订工伤伤残等级鉴定标准;组织拟订定点医疗机构、药店、康复机构、残疾辅助器具安装机构的资格标准。

农村社会保险司:拟订农村养老保险和被征地农民社会保障的政策、规划和标准;拟订城镇居民养老保险政策、规划和标准;会同有关方面拟订农村社会保险基金管理办法;拟订征地方案中有关被征地农民社会保障措施的审核办法。

社会保险基金监管局:拟订社会保险基金和补充保险基金监管制度、运营政策和运营机构资格标准,认定运营机构资格并对其实施监管;建立社会保险基金和补充保险基金监督信息和举报系统,受理投诉举报;监督社会保险基金和补充保险基金收支、管理和投资运营,组织查处重大案件;拟订补充保险基金管理办法;负责在京中央国家机关事业单位职业年金基金管理合同、中央企业年金基金管理合同和养老金产品备案工作；参与拟订全国社会保障基金投资政策，监督基金投资运营情况；负责对养老金管理机构实施监管；负责管理社会保险基金监督检查证和补充保险基金管理人员资格；负责社会保险基金和补充保险基金投资运营报告、投资运营信息统计和信息披露工作。

（2）民政部

民政部设 14 个内设机构，分别是办公厅、政策法规司、社会组织管理局、优抚安置局、救灾司、社会救助司、基层政权和社区建设司、区划地名司、社会福利和慈善事业促进司、社会事务司、规划财务司、国际合作司、人事司（社会工作司）、离退休干部局。主要的社会保障机构职能如下。

优抚安置局：拟订优抚政策、标准和办法；拟订退役士兵、复员干部、军队离退休干部和军队无军籍退休退职职工安置政策及计划；拟订烈士褒扬办法；承办拥军优属工作；拟订军供站设置规划；审核拟列入全国重点保护单位的烈士纪念建筑物名录；承办境外我国烈士和外国在华烈士纪念设施保护事宜。

救灾司：拟订救灾工作政策；承办救灾组织、协调工作；组织自然灾害救助应急体系建设；承办灾情组织核查和统一发布工作；承办中央救灾款物管理、分配及监督使用工作；会同有关方面组织协调紧急转移安置灾民、农村灾民毁损房屋恢复重建补助和灾民生活救助；承办中央级生活类救灾物资储备工作；组织和指导救灾捐赠；拟订减灾规划，承办国际减灾合作事宜。

社会救助司：拟订社会救助规划、政策和标准，健全城乡社会救助体系；组织城乡居民最低生活保障、医疗救助、临时救助工作；拟订"五保户"社会救济政策；承办中央财政最低生活保障投入资金分配和监管工作；参与拟订住房、教育、司法救助相关办法；承担全国社会救助信息管理工作。

社会福利和慈善事业促进司：拟订社会福利事业发展规划、政策和标准；拟订老年人、孤儿和残疾人等特殊群体权益保护政策；拟订社会福利机构管理办法和福利彩票发行管理办法；管理本级彩票公益金；拟订社会福利企业扶持政策；组织拟订促进慈善事业发展政策；组织和指导社会捐助工作。

社会事务司：拟订婚姻、儿童收养和殡葬管理政策；推进婚俗和殡葬改革；指导涉外和涉港澳台居民、华侨、边民婚姻管理；承办政府间儿童收养政策协调事宜；协调省际生活无着人员救助工作；承担全国婚姻登记信息管理工作；指导婚姻、殡葬、收养、救助服务机构管理。

离退休干部局：负责机关离退休干部工作，指导直属单位的离退休干部工作。

（二）中国社会保障管理的改革趋势

针对目前社会保障管理体制中存在的多头管理、政企不分、政事不分的情况，应对我国社会保障管理体制进行更加深入的改革。

1. 集中统一、合理分工

将人力资源和社会保障部作为全国社会保障的统一领导机关，同时各相关部门之间合理分工。由人力资源和社会保障部全权负责国家机关、事业单位、城镇企业及农村(含乡镇企业)的社会保险事务,民政部继续负责社会救济、社会福利和优抚安置等业务的管理,而商业保险机构(如中国人民保险公司)主要负责企业补充保险和个人自愿储蓄性养老保险。

2. 协调运转、管办分离

政府其他部门与社会保障主管机构之间协调运转。其中,财政部负责社会保障的预算;卫生部在卫生医疗机构管理、社区卫生服务等方面与人力资源和社会保障部分工协作;民政部在社区管理、社区服务及其他社会事务方面与人力资源和社会保障部分工协作。

按照中央关于"政事分开、管办分离"的要求,逐步将社会保险、社会救助、社会福利等各项社会保障工作的事务性职能从各行政部门剥离出来,以社会保险经办服务机构为依托,整合现有资源,构建综合的社会保障管理服务大平台,为城市、农村各类人员提供均等化、一站式服务。2001 年年底成立的全国社会保障基金理事会对中央政府集中的社会保障基金进行统一管理,并通过选择和委托社会保障基金投资管理人、托管人对社会保障基金资产进行运营。社会保障基金的运营接受财政部、人力资源和社会保障部、中国证监会和中国人民银行的监督。这种管理体制基本实现了社会保障基金管理与运营分开。相信随着中国资本市场的完善,政府对社会保障基金投资方向、投资比例的限制会逐渐放开,最终实现社会保障管理政事分开。

3. 有力监督

健全的社会保障监督体系及其运行机制,应当包括法律监督、行政监督和社会监督。社会保障的法律监督是对社会保障的管理过程和管理结果进行评审、鉴定,以使社会保障的管理符合国家的法规。行政监督包括财政监督、税务监督和审计监督。政府有责任组织社会保障监督机构,对社会保障机构的工作进行监督。监督组织应由政府、企业、公众代表组成,定期听取社会保障基金收支、运营和管理的工作汇报,并对社会保障机构的财务收支、资金管理和运营情况进行审计,及时向社会公布。社会监督是指由社会中介机构对社会保障经办机构的年度会计报告进行审计,确保报告所提供的财务信息质量,并向社会公布。坚持社会保障监督与执行机构分离的原则,成立由各方代表组成的各级社会保障监督管理委员会。它作为非常设机构直接隶属各级人大常委会,定期听取社会保障基金收支、经营效果和管理服务的汇报,并将审查、监督的结果予以公布。建立投保单位和受保人共同参与的监督制度,使每个投保单位和受保人均有权向社会保障管理机构或经办机构了解、询问有关的社会保障事宜,以提高社会保障基金运作的透明度。

第三节 社会保障监督体系

一、社会保障监督体系的概念和作用

社会保障监督体系是指为保障社会保障制度有效实施和正常运作而建立的监督管理

制度,包括社会保障监督机构和监控机制。建立和健全社会保障监控机制,在维护社会成员的社会保障权益、及时纠正社会保障管理与运行中出现的问题、保障社会保障可持续发展等方面具有重要意义。

（一）社会成员的社会保障权益需要社会保障监督机制加以维护

社会保障是社会赋予社会成员享有的法定的基本权益,受到法律的保护。政府部门和社会公众都有责任执行和维护这一制度。但在各项社会保障制度的具体实施中,存在各种主客观的因素,影响社会保障制度的全面实施,使社会成员的社会保障权益受到损害。因此,需要建立和健全有法定权力的、专门的社会保障监督机制,通过其监督、纠察等行为,对社会保障实施的全过程进行监督控制,使社会成员的合法权益得到保护。

（二）社会保障实施过程中出现的问题需要社会保障监督机制纠察

在社会保障制度的实施过程中,经常会出现各种问题,包括非法事件的发生,突出的如挪用、贪污社会保障基金,用保障基金进行非法投资等。这种问题的产生和存在既违背了社会保障的基本原则,也会对社会保障制度的有效实施和社会效益产生消极影响,有的会导致保障基金运行和给付工作的瘫痪。尽管我国比较强调社会保障管理机构内部的自我检查,但在实际执行过程中有较大的局限性,必须在管理和实施机构之外建立法定的、独立的和健全的监督机制,以随时发现问题、纠正问题。

（三）社会保障实施过程中存在许多不确定性,需要社会保障监督机制的观察和预警

社会保障的发展受到多种因素的制约,随着社会经济的发展和结构变化,社会保障制度也将不断得到调整。因此,从宏观或长远来看,社会保障的运行需要有专业化的预警监督机制,这是保障社会保障制度完善性的重要制度。例如,作为社会保障最主要的开支项目的养老保险支出规模,除要受到经济发展水平和通货膨胀等因素的影响外,还受人口老龄化和预期寿命的影响,后者的影响甚至更久远、作用更强。如果平时只按常规考察社会保障制度的运行,一旦人口老龄化到来,就可能因养老金储备的不足而陷入困境。因此,从宏观或长远的角度出发,社会保障的运行需要有专业化的预警监督机制。

二、社会保障监督机构

社会保障监督机构是依法成立并在法律范围内对社会保障管理和实施行使监督职能的组织。不同类型的国家由不同性质的机构负责社会保障的监督。

例如,在德国、法国,由于社会保障事务由非官方或半官方组织管理,政府便从直接管理角色中退出,执行社会保障的一般监督职能。而英国的社会保障管理与监督均由政府承担,具体分工是由社会保障部管理社会保障事务,由相对独立的公共执行机构负责实施,由完全独立的社会保障服务机构、仲裁服务机构、社会保障基金检查机构、抚恤金反贪污监察机构等实行监督。在荷兰,社会保障事务主要由政府、雇主和雇员三方代表组成的社会保险委员会行使一般监督权。在智利,社会保障事务由政府管理,一些公共机构和私

营机构共同分担社会保障事务的具体实施,监督职能分别由不同机构承担。由年金管理公司监督养老保险事务,社会保险资助基金会监督年金支付事务,国民健康基金会监督医疗保险事务,劳工与社会福利部则监督工伤保险与失业保险及家属津贴事务等。

一般来说,社会保障监督机构包括行政监督机构、专门监督机构、司法监督机构和社会监督机构四种类型,分别承担不同的监督职能。

(一)行政监督机构

行政监督是指政府有关职能部门根据其管理职能,代表国家对社会保障制度的运行进行的监督。执行行政监督的机构都是政府的职能部门,都将监督社会保障事务纳入自己的工作范畴,并按照本部门的工作程序、工作手段行使监督权。

中国的行政监督机构主要包括以下几类。

1. 各级人民代表大会

人民代表大会主要行使立法、监督职能,审批有关法规政策,并连同其他相关部门一起对社会保障行政管理部门和基金管理中心实行监督。

2. 人力资源和社会保障部

人力资源和社会保障部作为中国社会保险事务的主管部门,其监督的内容包括用人单位是否依法缴纳社会保险费(税),有无违背最低工资标准的规定,社会保险机构的运行是否正常,社会保险基金是否安全,社会保险机构有无损害企业或劳动者的正当权益等。

3. 民政部

民政部主管我国社会福利、社会救济及军人保障事务,其监督的内容是社会福利、社会救济及优抚安置的财政拨款、待遇发放等是否符合法制与政策规定,民营公益事业团体与慈善团体的运行是否规范等。

4. 财政部

财政部承担社会保障机构拨款的直接责任,并主管全国财务会计工作。其监督的内容主要包括社会保障收支的年度预算执行情况、中长期计划执行情况、财政性社会保障基金的使用情况,监督社会保险基金财政专户,审核社会保障机构的财务会计报表等。

5. 审计部门

审计部门与社会保障机构不存在直接关系,通过其审计工作监督社会保障机构是否遵守社会保障法律制度。

6. 监察部门

监察部门是国家授权监督、考察国家机关公务人员行为的专门部门。其对社会保障的监督包括考察社会保障领域工作人员的行为,纠正其不规范行为,惩处腐败的工作人员。

7. 金融管理部门

为保证及时支付和应对支付高峰,社会保障机构中总有一些基金积累。为了使基金实现保值增值,要对基金实行投资运营。金融管理部门根据其专业力量对社会保障基金管理实行监督。其监督的主要内容包括金融政策监督、基金运营过程监督、投资结果监督,以及社会保障基金存入银行专户后的存取过程监督等。

8. 其他部门

例如,社会保障收支的中长期计划被纳入国民经济和社会发展的总体规划并接受计划部门的监督。

(二)专门监督机构

专门监督机构是官民结合或民间成立的监督机构,反映非官方的意见。例如,在社会保险领域成立由政府代表、缴费单位代表及劳动者个人代表共同组成的专门监督委员会,定期审查社会保险基金的收支及其运行情况,以使各方利益得到共同维护。在民营保障事业领域,成立民间的监督机构,以确保捐献者的捐献真正用于社会弱者。我国《社会保险法》规定,"统筹地区人民政府成立由用人单位代表、参保人员代表,以及工会代表、专家等组成的社会保险监督委员会,掌握、分析社会保险基金的收支、管理和投资运营情况,对社会保险工作提出咨询意见和建议,实施社会监督。"

(三)司法监督机构

行政监督机构和专门监督机构能够纠正社会保障运行过程中的失误,但对一些争议、违法行为的处理缺乏权威性,这就需要由司法部门出面解决。司法部门利用法律赋予的权力对社会保障事务实行司法监督。

(四)社会监督机构

社会监督是指非官方的、非专门的、社会保障监督系统之外的其他方面的监督,是群众性、社会性、非强制性的监督。社会监督机构是非官方的社会组织,主要包括以下几类。

1. 工会组织

工会组织虽然不是社会保障的管理部门,也不是社会保障法定的监督部门,但由于它代表社会保障的对象——广大劳动者的利益,对社会保障制度及其运行产生巨大影响。工会组织在建立或修订某些社会保障制度、阻止或推动制度改革方面均会产生重大的社会影响。例如,1995年法国因工会的反对,使政府新制定的社会保险改革方案最终未被实施。我国《社会保险法》中规定:"工会依法维护职工的合法权益,有权参与社会保险重大事项的研究,参加社会保险监督委员会,对与职工社会保险权益有关的事项进行监督。"

2．企业及劳动者团体

企业和劳动者承担社会保险的缴费职责，有权监督社会保障管理机构的社会保障工作，有权监督基金管理中心运作的合法性、准确性和及时性，有权对一切违法违纪行为进行举报、申诉。劳动者所获得的待遇不符合本人应得水平时，有权提出复核或申诉。通过企业和劳动者监督，保证社会保障的公平性。

3．社会媒体

电视、报刊、广播等各种大众化的社会传媒，通过揭露社会保障运行中的不规范行为、反映社会成员在社会保障方面的呼声等途径，来实行对社会保障制度运行的监督，以保证社会保障制度正常运行。

三、社会保障监控机制

社会保障监控机制包括日常监督和预警监督。日常监督是指对社会保障事务的日常运行进行监督。预警监督属于中长期趋势监督，是指通过预测来防止社会保障危机的出现。社会保障的监控必须坚持日常监督和预警监督相结合的原则，以保证社会保障制度长期顺利运行。美国的社会保障制度，尤其是养老保险制度在建立初期，就对经济和社会长期发展做了较为充分的考察和预测，根据经济、社会发展的趋势，不断调整养老保险税率，保证养老基金的支付能力，使美国养老保险制度从建立起 70 年不会遇到危机。相反，法国因缺乏有效的预警系统，导致 20 世纪 90 年代社会保障支出规模迅速膨胀，甚至超过整个国家的财政预算，使法国整体经济发展受到严重影响。由于社会保障具有刚性，如果不做长期打算，短期内过高的社会保障待遇会造成政府及社会的长期负担，最终影响社会保障的长期发展。[①]

社会保障预警监督是通过一些量化指标来发挥作用的，下面介绍几个重要的社会保障预警监督指标。

（一）社会保障水平

社会保障水平是指一个国家或地区用于社会保障方面的总支出占其国内生产总值的比重。根据工业化国家社会保障制度在 20 世纪 50 年代以来的发展实践，当该指标在 20％以内时，社会保障对整个社会、经济的发展起促进作用；当该指标超过 20％时，会影响国民经济的发展，并成为社会负担，比重越高，影响越大。

社会保障水平＝社会保障支出总额/国内生产总值×100％。

（二）国家财政支出比

从国外的发展实践来看，凡是社会保障发展对国家经济造成不利影响的，不仅在于社

---

① 郑功成.社会保障学[M].北京：商务印书馆，2000.

会保障水平偏高,更在于社会保障支出给财政造成巨大压力。在现收现付制或将社会保障直接纳入国家财政范畴的制度下,因社会保障支出规模的扩大,导致财政负担不断加大,从而影响了经济、社会的发展。因此,将国家财政支出比纳入社会保障预警系统是十分必要的。

国家财政支出比是指国家财政用于社会保障方面的支出占财政总支出的比重。由于各国政府参与社会保障的程度不一样,因此国家财政中的社会保障支出所占比重也不同。例如,美国采取征收社会保险税的方式来筹集社会保障资金,并将所筹资金直接纳入国家财政预算,其社会保障支出占财政支出比重较高,20 世纪 80 年代以来维持在 42.9%～46.3%。一般来说,财政用于社会保障方面的适度支出以不影响国家经济增长为宜。

国家财政支出比＝国家财政用于社会保障方面的支出额/国家财政总支出×100%。

(三) 养老保险金支出

养老保险是社会保障体系中最重要的内容,养老保险金支出负担过重会导致社会保障制度的财政危机。因此,养老保险金支出指标是社会保障预警系统中最重要的指标之一,一般包括以下三个方面。

1. 养老保险平均缴费率

养老保险平均缴费率是实际征缴的养老保险费占一个国家或一个地区或行业的职工工资总额的比率,它反映了缴费者的缴费负担。在国际上,工人的养老保险缴费率警戒线为 24%,极限为 29%。

养老保险平均缴费率＝养老保险金收缴额/职工工资总额×100%。

2. 养老保险基金收支比

养老保险基金收支比是养老保险基金支出与收入之比。当该指标小于 1 时,养老保险基金有盈余;当该指标大于 1 时,基金出现亏空。养老保险基金是积累性的,加上年龄结构、社会经济发展及政治方面的因素变化,往往无法预先确定所征收的保险费能否满足支付需求。但可以肯定的是,随着人口老龄化的进程,养老金支出规模会越来越大,在老龄化高峰期时,养老保险基金必然出现收不抵支的局面。为了应对老龄化,各国都对原有的社会保障体系进行改革,希望通过基金的积累和投资运作保证未来支付的需求。这就要求在养老保险基金收支比小于 1 时,加大积累。但需注意的是,基金的积累规模要以不影响经济增长为前提。

3. 养老保险基金保值率

养老保险基金需要长期积累,因此潜藏着贬值的风险。当养老保险基金的运营收益率高于通货膨胀率时,养老保险基金不仅实现了保值,而且可以增值;而当养老保险收益率低于通货膨胀率时,养老保险基金便会贬值。因此,养老保险基金保值率的警戒线是收益率等于通货膨胀率。

（四）社会保险基金滚存结余

社会保险基金滚存结余是现收现付制下重要的预警指标。尽管现收现付制是以支定收的，但依然需要有一笔足以应付支付需要的储备金。公认的警戒指标是滚存结余的社会保险基金能够满足 4 个月的支付需要，否则被认为是有风险的。中国的养老保险基金有结余，但值得关注的是，1997 年全国统一实行"统账结合"养老保险制度后，在"混账"管理下，社会统筹基金向个人账户大量透支，造成了巨额空账。2001 年年底个人账户空账为 2 000 亿元，2004 年达到 7 000 亿元，2010 年空账规模约为 1.3 万亿元。同期，我国基本养老保险基金积累规模也在不断扩大，2001 年累计结余 1 054 亿元，2004 年达到 2 975 亿元，2010 年超过 1.5 万亿元。也就是说，我国社会保障基金盈余是以牺牲个人账户为代价的。这种局面长期存在下去的话，在未来个人账户需要兑付时，会出现制度危机。政府已意识到了这个问题，开始对个人账户"空账"进行治理。一方面，坚决制止继续挪用个人账户资金的做法；另一方面，压缩财政支出，以补充个人账户的亏空。

本 章 小 结

本章主要介绍了社会保障管理的概念、管理的原则、管理体制、中国社会保障管理体制的现状与改革趋势以及社会保障监督体系等内容。

自 测 题

一、判断题

1. 社会保障的政府集中管理优于分散管理。　　　　　　　　　　　　（　　）
2. 德国社会保险由受保人及其雇主的代表自主管理，政府部门只进行一般的监督。
　　　　　　　　　　　　　　　　　　　　　　　　　　　　　　　　（　　）
3. 新加坡和智利实行相同的商业保险管理方式。　　　　　　　　　　（　　）

二、单项选择题

1. 我国社会保障管理模式是（　　）。
   A. 政府集中管理　　　　　　　　　　B. 高度集中管理
   C. 适度集中管理　　　　　　　　　　D. 分散集中管理
2. 我国对社会保障实行专门监督的机构是（　　）。
   A. 全国人民代表大会　　　　　　　　B. 财政部
   C. 人力资源和社会保障部　　　　　　D. 社会保障监督委员会
3. 社会保障水平用（　　）来表示。
   A. 社会保障支出总额与社会保障收入总额之比
   B. 养老金与退休前工资之比

C. 社会保障支出总额与国内生产总值之比

D. 养老金与社会平均工资之比

三、多项选择题

1. 社会保险预警监督指标主要有(　　　)。

　　A. 社会保障水平　　　　　　　　　B. 国家财政支出比

　　C. 养老保险金支出　　　　　　　　D. 社会保险基金滚存结余

　　E. 养老金替代率

2. 按照职能划分,社会保障管理机构可以分为(　　　)。

　　A. 社会保障行政主管机构　　　　　B. 社会保障业务经办机构

　　C. 社会保障基金运营机构　　　　　D. 社会保障基层管理机构

　　E. 社会保障监督机构

3. 社会保障监督的作用是(　　　)。

　　A. 维护社会保障权益

　　B. 对社会保障的实施进行纠察

　　C. 严格限制基金投资

　　D. 对社会保障实施过程中的不确定性进行观察和预警

　　E. 对拖欠缴费、少缴拒缴的行为进行处罚

第十一章

社会保障基金

【学习目标】

通过本章的学习,读者应当了解社会保障基金的基本含义、类型、资金来源、筹资分担方式,理解社会保障基金的重要意义;掌握社会保障基金筹资模式类型及其比较、筹资方式类型及其比较,理解中国社会保障基金筹资模式与方式的选择;了解社会保障基金投资运营的含义、投资渠道以及主要国家社会保障基金投资运营情况及基金投资的基本原则;掌握社会保障基金给付方式与给付模式,了解社会保障基金预算管理程序及中国社会保障基金预算管理的具体规定;能够运用社会保障基金理论,分析中国社会保障基金筹资模式、给付模式及管理模式的选择。

【导读案例】

上海社保案:社会保障基金管理漏洞

2008年4月11日,上海社保基金案在天津画上句号。原中共中央局委员、上海市委书记陈良宇,因受贿、滥用职权双罪,被判刑18年,并没收个人财产30万元人民币。在此之前的4月7日,上海社保案另一中枢人物张荣坤,一审因五罪并罚被处19年有期徒刑,其所控制的沸点投资公司和福禧投资公司被处以罚金2.82亿元,13亿余元非法所得被没收。至此,这场历时22个月的"反腐风暴"已有超过30名官员、商人被立案查处。陈良宇在天津一审获刑,标志着上海社保案落下帷幕。

上海社保案源自社保基金处于亏损状态,为寻找保值途径而做出的一种选择。时任上海社保局局长祝均一曾向陈良宇表示,中央认为在确保社保金安全收回的情况下,上海可以做个试点。社保金外贷正是一种"试点",年息率约为6.8%,比存银行高出4.8%,扣除当时4%的通货膨胀,保值后还有盈余。从案发后情况看,外贷的社保金大部都已收回。之所以要继续清查,关于陈良宇问题的通报表示:"根据审计署和有关部门的审计和调查,上海市社保局严重违反国家有关规定"。经查,大量社保基金未纳入财政专户实行"收支两条线"管理,基金运营的投向与国家有关政策导向和管理规定不符,甚至大量提供给不法商人和企业使用,还存在挤占挪用等问题,给社保基金带来重大风险并造成严重损失。通报中对上海社保局违规运营资金有一个明确的数字,总额为328.44亿元人民币,占总运营余额387.31亿元的85%。其中,在陈良宇的支持下,上海市社保局分别向两家企业违规贷款34.5亿元和10亿元。

上海社保案暴露出我国社会保障基金管理的漏洞。一方面社会保障基金面临物价上涨率高于基金投资收益率（银行定期存款利率和国债利率），使巨额积累的社会保障基金面临贬值风险；另一方面基金监管不严，易产生基金被挪用、被侵占的风险。如何在保证基金安全的情况下实现保值增值，一直是困扰着社会保障中央决策者的重要问题。2011年7月1日起实施的《社会保险法》，也未提出我国社会保障基金投资运营的具体办法，只是规定"社会保险基金在保证安全的前提下，按照国务院规定投资运营实现保值增值"。

　　（资料来源：凤凰网，http://news.ifeng.com/opinion/meiti/ph/detail_2008_05/07/1326359_3.shtml.）

第一节　社会保障基金概述

一、社会保障基金的含义及意义

（一）社会保障基金的含义

　　社会保障制度的建立与正常运行离不开社会保障基金这一物质前提。社会保障基金是指为实施各项社会保障制度，依法通过各种方式建立起来的，用于社会保障项目支出的专项资金。它是实施社会保障制度的物质基础。离开了社会保障基金，社会保障制度将成为无源之水；社会保障基金不足，社会保障就无法发挥其保障社会成员基本生活、稳定社会、促进经济发展的作用。世界许多国家相继进入老龄化社会，因为年老而失去劳动力的社会成员需要的物质帮助越来越多，一些未建立基金储备的国家开始感到养老金、老年医疗补助资金的支付压力，有些甚至开始对社会保障制度进行改革，以便筹得更多资金来应对庞大的社会保障需求。社会保障制度的建立、运行和持续发展，必须依靠社会保障基金的支持。可以从下面几个层次深入理解社会保障基金的含义。

1. 社会保障基金是依法强制筹集的资金

　　社会保障是政府组织的，通过社会互济来化解个人风险、确保社会成员基本生活的事业，具有公共物品属性。政府依法建立社会保障制度，规定社会成员纳税或缴费的责任和义务，强制筹集社会保障资金。征税与征费的强制性有差别，征税的强制力大于征费。征税依据税法，违者将受到法律制裁；征费依据行政文件，不能按时、足额缴费的将受到行政处罚。

2. 社会保障基金是专项资金

　　社会保障基金是强制筹集、专项用于社会保障事业的资金，不得挪作他用。财政部门建立财政专户，将筹集的社会保障税（费）划入财政专户，专款专用。在实行社会保障资金预算内管理的国家（如英国），社会保障税纳入国家预算，在社会保障资金不足时可由预算内给予平衡，但社会保障资金往往不用于平衡其他财政支出项目。

3. 社会保障基金是消费性资金

　　社会保障资金是储备性消费资金，在社会成员因遭遇年老、疾病、伤残、生育等风险丧失或部分丧失生活来源时,由政府组织或支持,向其提供保障基本生活所需的物质和资金,用于维持生存和劳动力再生产。这些物资用来满足社会成员的生活所需,不是以投资获利为目的。因此,社会保障资金的最终目的是购买消费品,一些国家通过金融市场对社会保障基金进行投资营运,只是为了基金的保值增值,最终还是用于消费性支出。

(二) 社会保障基金的意义

社会保障基金是社会保障事业正常运转的物质前提,不同的社会保障基金管理模式对经济活动产生重要影响,因此社会保障基金在社会经济中有着重要的意义。

1. 社会保障基金是社会保障制度运行的物质基础

社会保障实际上就是当社会成员遇到意外风险(如年老、疾病、残疾、失业、工伤、自然灾害或各种原因导致贫困等)时,由政府出面组织,通过社会成员互济,给予社会成员经济上的援助,确保个人或家庭能够抵御风险,避免个人风险转化为社会风险。因此,如果没有社会保障基金,或者社会保障基金不足,那么社会保障这一上层建筑就会失去物质基础,根本无法存在。以养老保险为例,各国都将养老保险列为社会保障体系中最重要的项目,但是,因人口老龄化等因素影响,出现了养老金支出快速膨胀,导致养老金不足的现象。为此,各国不得不对正在实施的社会保障制度,尤其是社会保障基金的筹资模式、管理方式进行大的调整,舍弃纯粹的现收现付制,取而代之的是部分基金制或基金制,希望通过基金积累为社会保障制度的持续发展和正常运行提供物质支持。

2. 社会保障基金是经济增长的助推器

社会保障基金相当于政府强制性的储蓄基金。由于这种基金具有支付周期长、数量庞大等特点,对促进经济增长有重要作用。社会保障基金的投资、运营也是促进资本市场发展与完善的重要力量。社会保障基金在投资上,注重时间结构与资产结构的组合,其对基金安全性、流动性的要求,在一定程度上减轻了资本市场上过分追求盈利而带来的风险。作为机构投资者,社会保障基金对稳定资本市场(尤其是股票市场)、完善信息披露制度等有重要的促进作用。

二、社会保障基金的类型

国际劳工组织规定,社会保障基金包括医疗、疾病、失业、工伤、老龄、家庭、残疾、生育、遗属九个方面,其中前五个方面是最重要的,各国在建立本国的社会保障基金制度时都不同程度地包含了这些方面。依据不同的性质和特征,社会保障基金又可以划分为不同的类型。

(一) 基金营运管理方式

按照基金营运管理方式,社会保障基金可以划分为财政性社会保障基金、市场信托管理基金和公积金基金。

1. 财政性社会保障基金

各国采用的社会保障模式不同,其财政性社会保障基金的功能与结构也不同。在实行现收现付制的国家中,财政性社会保障基金规模庞大,如西欧、北欧国家和美国的财政预算的 30%～50% 被用于社会保障开支。而在实行完全基金制的国家,财政性社会保障基金的规模大为缩小,如新加坡的社会保障基金来源于雇主与雇员缴费,政府不直接承担社会保障责任。

中国社会保障基金包括社会统筹账户基金和个人账户基金,其中社会统筹账户基金属于财政性社会保障基金,来源于企业缴费和国家财政补助。1996 年发布的《关于加强预算外资金的管理决定》将社会保障基金划入预算外资金,由政府强制性收缴,并建立财政专户,但不纳入国家预算管理。由于社会统筹资金属于预算外资金,政府直接承担的社会保障拨款比例不高,在国家财政预算中所占比例不足 10%,且主要用于救灾济贫、公务员保险、军人保障及官办福利事业等。2010 年 1 月发布的《国务院关于试行社会保险基金预算的意见》规定社会保险基金的筹集和使用实行预算管理,社会保险基金预算单独编报,专项基金、专款专用,不能用于平衡公共财政预算,但公共财政预算可补助社会保险基金。这一政策的出台,意味着我国政府确保社会保险基金可持续性方面的责任更加明晰。2013 年社会保险基金预算按险种分别编制首次列入预算报告,接受我国最高权力机关监督。

2. 市场信托管理基金

基金的市场信托管理是指基金会法人将单位和个人缴存的积累式的社会保障基金委托给金融中介机构(如基金管理公司、投资管理公司)进行营运管理。一般地,市场信托管理基金包括企业补充保险基金和个人缴纳部分,记入个人账户的基金,可以由基金资产的名义持有人(各国的社会保障机构或基金会)委托金融中介机构营运管理。

我国的全国社会保障基金属于市场信托管理基金。2000 年 9 月国务院决定建立全国社会保障基金,同时设立全国社会保障基金理事会,管理中央财政拨入的资金、通过变现部分国有资产所获得的资金等渠道筹得的资金,由理事会挑选、委托专业的资产管理公司对基金的资产进行运作,以实现其保值增值,同时向社会公布社会保障基金的资产、收益、现金流量等情况。2004 年全国社会保障基金理事会受托管理原行业统筹基金和部分省市做实个人账户中央财政补助部分,将这两部分基金与全国社会保障基金一起进行投资运营。

3. 公积金基金

公积金基金是雇主和雇员依法缴纳,并记入个人账户的基金,由法律规定用途和领取条件,并由法定机构营运管理。例如,实行中央公积金制度的新加坡通过中央公积金管理局对基金进行管理。公积金基金既不是财政性资金,又不同于银行储蓄资金。它与市场信托管理基金的区别在于,公积金基金是由法定金融机构进行营运管理;而市场信托管理基金是通过市场竞争,由基金会法人委托金融机构进行营运管理。

我国实行住房公积金制度,住房公积金属于公积金基金。1996 年 8 月,国务院办公厅印发的《关于加强住房公积金管理的意见》中明确了住房公积金的性质不是财政预算资金，而是职工个人住房基金，归职工个人所有。住房公积金由公积金管理中心运作管理，委托银行开立专户存储和贷款，财政行使监督职能。按规定，住房公积金应专项用于职工购、建、大修自住房支出，职工离退休时本息余额一次结清，退还本人。

（二）社会保障项目

按照社会保障项目，社会保障基金可以分为社会救济基金、社会福利基金、社会保险基金及其他保障项目基金。

1. 社会救济基金

社会救济基金一般分为政府掌握的救济基金和民间组织掌握的救济基金。政府的救济基金来源于国家财政，是为了应付各种自然灾害对人民生命财产带来的损失；民间组织如慈善机构的基金来自各种捐款和赠与，用于帮助那些亟须得到帮助的人，是国家救济的重要补充。

2. 社会福利基金

按照中国社会保障的概念，社会福利是社会保障的一个子系统，因此，社会福利基金也应是社会保障基金的一部分。社会福利基金既有国家财政拨款，又有民间的捐赠。社会福利基金还可以进一步分为妇女儿童福利基金、老年人福利基金、残疾人福利基金、教育福利基金、优抚安置基金及其他社会福利事业基金等，各种福利基金都有其特定的服务领域和服务功能。

3. 社会保险基金

社会保险基金来自雇主和雇员的缴费以及国家财政援助，是社会保障基金的主要组成部分。社会保险基金可以按照具体的社会保障项目进一步分为养老保险基金、医疗保险基金、失业保险基金、工伤保险基金等。一些国家实行分项筹集、分项使用的办法，另一些国家实行混合筹集、混合使用的办法。

关于社会保险基金是否纳入国家财政系统中这一问题，各国采用不同的做法。一些国家将社会保险基金纳入国家财政中，对其按照财政性社会保障基金的管理办法进行管理。另一些国家的社会保险基金独成系统，既可由政府社会保险管理部门管理，又可通过建立专门的基金组织或委托融资机构负责管理。例如，新加坡的社会保险基金是由专门的中央公积金管理局负责营运管理，智利的养老保险基金是由十几个私人基金公司管理。

延伸阅读：社会保险基金与全国社会保障基金

4. 其他保障项目基金

其他保障项目基金有住房公积金、补充保障基金、民间保障基金等形式。①住房公积金。中国在城镇建立了一套独成系统的住房公积金制度，由雇主和雇员按照工资的一定比率分别承担 50% 的缴费责任。所缴费用形成基金,并用于受保障者的住房福利开支。②补充保障基金。补充社会保障属于非制度安排,因此,补充保障基金是正式制度下社会保障基金的一种补充。补充保障基金来源于雇主与雇员的缴费,由非政府组织负责管理,如互助保障基金、企业补充保险基金等。③民间保障基金。民间保障基金主要来源于社会捐赠,是慈善事业和民办福利事业的经济基础。民间保障基金由慈善公益事业团体管理,用于各种社会性救济和服务事业。

(三)账户积累模式

按账户积累模式分类,社会保障基金可以分为社会统筹账户基金和个人账户基金。

1. 社会统筹账户基金

一般地,社会统筹部分实行现收现付制,即以支定收,不留积累,根据需求灵活调整缴费率。但是由于各国都意识到人口老龄化问题的严峻性,纷纷对社会保障制度进行改革,将原来的现收现付制改为部分基金制。保留社会统筹账户基金就是部分基金制的一种模式。这种制度是在社会统筹框架内建立部分基金积累,其做法是调高费率或在基金支付压力较小时降低费率,留有部分积累。例如,美国在 1937—1980 年的 40 多年间,保险基金模式一直是按照现收现付制的办法,采取"收支相抵,略有节余"的原则,在全国范围内统筹调剂。1970 年当年积累 203 亿美元,可以支付全国 13 个月的养老退休金。为应付人口老龄化高峰,1983 年美国国会通过决议,提高养老金的缴费率,改现收现付制为部分基金制。1983 年征集了社会保障基金 2 500 亿美元,支付退休养老金等约 2 000 亿美元,积累 500 亿美元。据美国社会保障署社会保险精算家预测,近年内基金积累仍将逐年增加,达到最大规模时将能够支付 5 年的养老金,然后开始动用积累,到 2040 年用完积累金。

中国从 20 世纪 80 年代起对养老保险资金进行积累,到 1989 年累计结余 68 亿元。进入 90 年代后,加大了积累力度,据 1977 年中国社会保险年鉴数据,到 1996 年我国养老保险资金累计结余 420 亿元。但这个积累规模只够发放 4 个月的养老金,如此继续下去,未到人口老龄化高峰到来,积累就会用完。90 年代中后期,中国政府在社会保障制度中引入个人账户制,旨在通过个人账户基金积累缓解社会保障基金的支付压力。

2. 个人账户基金

个人账户基金是在完全基金制或统账结合的部分基金制中形成的。20 世纪 80 年代以后,一些南美国家和东南亚国家开始实行完全积累的社会保障制度,将雇主和雇员所缴纳的社会保险费存入个人账户,并通过私人管理或政府管理形式进行投资运营,以实现基金的保值增值。与此同时,一些国家也将基金式的筹资模式引入本国的社会保障制度中,确定了统账结合的部分积累式社会保障制度。例如,20 世纪 90 年代初,中国通过试点的成功经验开始在全国推广统账结合的养老、医疗保险制度,将单位缴费的一部分及个人缴费记入个人账户并形成基金积累,以应付未来的支付高峰。

（四）社会保障基金产权

通过对社会保障发展史的考察,可以看出社会保障财产权就是社会保障主体(公民、政府、企业以及非营利组织等)围绕或通过社会保障财产(货币、实物、劳务及劳动权帮助等形态)而建立和形成的经济权利关系,主要包括社会保障财产所有权、占有权、使用权、收益权和处置权。社会保障财产的主要形式即社会保障基金,从社会保障基金产权分析入手,可以明确社会保障财产权的权能结构体系,实现社会保障制度提供给人们的社会保障权益。

按照社会保障基金的资金来源主体、缴费主体、投资主体、捐赠主体、基金增值主体来分析,社会保障基金的产权主体包括政府、劳动者、企业、社区组织、非营利组织等。为实现社会保障基金产权明晰化,确保基金产权主体的权责一致,应当明晰社会保障基金的所有权、使用权、占有权、收益权和处置权。

在社会保障基金产权主体中,由于参保者拥有社保基金的终极所有权,政府行使国家所有权,政府代理人行使代理产权主体的职能,基金会拥有基金的法人所有权,因而社会保障基金的所有权呈现分层化态势。具体来说,社会保障基金的所有权包括:①国家所有权。凡是由财政支出所形成社会保障基金,应当归国家所有。②基金法人所有权。凡是通过缴费和捐赠所形成的基金,其所有权应当归属于基金会,各种社会保障基金会都应当是具有财团法人和公法人资格的主体。③出资者所有权。凡是由企事业单位或个人投资所形成的社会保障基金,其所有权应当归属于出资者。就各种项目的社会保障基金而言,其所有权形式,有的只是上述某种所有权,如企业公积金、补充保障基金来源于雇主和雇员的缴费,其所有权形式为基金法人所有权;或是上述两种或三种所有权的组合,如社会救济基金、社会福利基金来源于国家财政与社会捐赠,社会保险基金来源于国家财政与雇主和雇员的缴费,其所有权形式为国家所有权与基金法人所有权的结合。

社会保障财产的占有权事实上属于国家或政府及其附属职能部门。在现收现付制下的社会统筹部分,基金的收入几乎全部用于当期的基金支出,在积累制下劳动者先积累后受益,在较长时间的跨度中基金依法由政府及其委托人代为管理、投资和运作,劳动者本人只充当单个的终极所有权人的角色。

社会劳动者作为社保财产的所有权人,拥有自由选择委托代理人、自由选择投资方式和渠道等权利,而国家和政府则应通过国家信用、立法、资格审查、风险警示、政策制定与咨询等途径给所有权人以相应的制度支持和信息引导。这样所有权人将(个人账户上)基金的事实支配权让渡给政府及其委托人,自己仅保有法律上的支配权,从而实现事实上占有权与支配权的暂时合一。

对社会保障基金产权的细分,均衡调整社会保障产权主体的势能态势,对社会保障基金的使用权和收益权的明确界定,可以充分发挥社会保障产权的激励与约束功能,提高社会保障制度的效率[①]。

---

① 翟绍果.社会保障财产权的性质与保护研究[D].西安:西北大学,2006.

第二节　社会保障基金筹集

社会保障基金是社会保障制度运行的基础和根本保证。如果资金来源不稳定或所筹集的资金不能满足社会保障事业的需求,那么社会保障的规模便无法扩大,待遇水平无法提高,甚至难以维持已有的社会保障水平,保障功能便无法实现。社会保障基金筹集是社会保障基金管理的重要环节,是指由社会保障经办机构或税务部门,按照社会保障制度规定计征对象和计征方法,根据一定的费(税)率,定期向劳动者及其所在单位征收社会保险金的行为。

一、社会保障基金的来源

社会保障基金来源于国民收入的初次分配与再分配,是为了满足受保障者基本生活需要而建立的基金。一般来说,各国社会保障基金的来源是国家、企业和个人三方共同承担的社会保障费(税)。因此,社会保障基金来源于国家财政补助和企业、个人的缴费。下面以社会保障费为例,介绍社会保障基金的来源。

(一)企业及个人缴纳的社会保障费

企业利用劳动力资源获得利润和再生产的必要条件,就应当承担保障劳动者的责任。企业缴纳的社会保障费并未包括企业从利润中提留的福利基金,以及在某些国家中用法律规定雇主在解雇雇员时给予的遣散费和给予退休雇员的一次性退休金。按各国的做法,企业缴纳的社会保障费被列入企业人工成本,在税前予以扣除。一方面,鼓励企业为其职工缴纳相应的社会保障费;另一方面,过高的缴费率使企业成本增加,不利于企业参与市场竞争。

为了享受社会保障的权利,职工个人承担相应的责任是理所当然的。个人缴费记入个人账户,是将近期消费转变为未来消费,以实现一生中收入和消费的纵向平衡。一般地,个人按其劳动收入的一定比例缴费,高收入者多缴费,低收入者少缴费。

(二)国家财政补助

国家有保障社会成员基本生活的责任。在社会保障基金刚刚起步或社会保障工作遇到特殊困难时,国家的财政支持是必不可少的。国家的财政支持分为直接资助和间接补助。直接资助是采取财政拨款的形式提供社会保障资金。间接补助是政府通过税收减免的方式鼓励企业、个人多缴费。例如,政府对税前缴纳保费、对社保基金的投资收益免税,对受保人享受的社保待遇免税等措施均属于间接补助。

(三)基金运营收益

社会保障基金常以银行存款和购买国债作为主要投资方式,因此银行存款利息和国债利息收入都应记入社会保障基金收入账户,形成社会保障基金的一个来源。20 世纪 80

315

年代智利实行养老制度改革,将养老基金交由私人机构进行管理和营运。由于基金投资收益较高,智利模式一度被拉美国家所效仿。但应看到,基金的商业化营运风险较大,资本市场不发达、金融风险抵御能力差的国家需要谨慎地将社会保障基金投入资本市场。无论如何,社会保障基金一旦被投入商业化营运并带来投资收益,其增值部分就构成了社会保障基金的来源。

（四）其他渠道

除了国家、企业和个人共同负担的社会保障费用以外,社会保障基金的渠道还包括福利彩票收入、社会捐赠和社会保障基金的投资收益等。

1. 福利彩票

发行福利彩票被看作国民收入的第三次分配。发行福利彩票所筹集的资金被用于兴办各种社会福利事业。无论在发达国家,还是在发展中国家,发行福利彩票是一种既有效又受欢迎的筹资渠道。一般来说,福利彩票的发奖率不得低于发行额的 50%,所筹的福利资金不得低于发行额的 30%。2014 年全球彩票销售总额为 2 843 亿美元[1]。中国自 1987 年开始发行福利彩票,到 2015 年年底福利彩票当年销量已经突破 2 015 亿元,2016 年中国福利彩票销售 2 064.9 亿元,全年筹集福利彩票公益金 591.5 亿元[2]。"十二五"期间中国福利彩票共销售 8 628 亿多元,筹集公益金 2 498 亿多元,重点为老年人、农村"五保"对象、城市"三无"人员、孤儿、残疾人等特殊群体提供福利机构和服务设施[3]。

2. 社会捐赠

社会捐赠以自愿捐献为原则,由民间慈善团体负责征集并用于各种社会救济与福利事业。社会捐赠是慈善事业赖以生存和发展的经济基础,是筹集社会保障基金的一种非正式的但不容忽视的渠道。社会捐赠的水平与社会成员的收入水平相关。2015 年我国社会捐赠总量达到 992 亿元[4],并呈现稳步增长势头,但与美国、英国、巴西、印度等国家相比,我国慈善捐赠规模相对较小,占当年 GDP 的比重仅为 0.15%。我国社会捐赠的主要来源是央企、国企及侨胞,在遇到重大自然灾害时民营企业社会捐赠参与度也非常高。2008 年我国遭遇南方冰冻灾害和汶川大地震,社会捐赠总额达到 1 000 亿元,其中汶川大地震社会捐赠总额近 600 亿元。

3. 收费服务

尽管社会福利事业不以营利为原则,但随着社会福利事业的社会化,一些具有经济能

---

① 2015 年世界彩票年鉴[EB/OL]. http://www.199it.com/archives/353598.html.

② 中华人民共和国民政部. 2016 年社会服务发展统计公报[EB/OL]. http://www.mca.gov.cn/article/zwgk/mzyw/201708/20170800005382.shtml.

③ 中华人民共和国民政部. 2011—2015 年社会服务发展统计公报[EB/OL]. http://www.mca.gov.cn/article/sj/tjgb/.

④ 杨团. 慈善蓝皮书：中国慈善发展报告(2016)[M]. 北京：社会科学文献出版社,2016.

力或其家庭有经济能力的且具有享受更高水平福利需求的人也进入社会福利机构中接受服务,对这部分群体实行收费服务是可行的,也是必要的。

我国基本养老保险基金和基本医疗保险基金都包括社会统筹账户和个人账户两个部分。基本养老保险社会统筹账户基金主要来源于用人单位的缴费、统筹账户基金的利息收入、财政补贴、下级上解的资金和上级下拨的资金、随职工工作调动而转入本地区的转移资金以及其他资金来源。基本医疗保险社会统筹账户除没有因职工调入本地区而带来的转移收入以外,其他资金来源与基本养老保险统筹账户基金的来源一样。基本养老保险和基本医疗保险个人账户基金来源均包括个人缴费、个人账户基金的利息收入、转移收入。失业保险基金的来源主要有单位缴费、个人缴费、失业保险基金的利息收入、财政补助、上级下拨和下级上解的资金、转移收入以及其他收入。用人单位因少缴、延期缴纳社会保险费,按规定应缴纳滞纳金,这部分资金也进入社会保障基金账户,形成基金的一个来源。

二、社会保障基金的负担方式

从整体来看,社会保障基金来源于国家财政补助、企业与个人的缴费等。但是,不同社会保障项目的筹资渠道不同,负担方式也各不相同。一般地,以全民为对象的社会保障项目的资金来源于中央及地方各级政府的财政支出。而以工资收入者为对象的社会保障项目的资金来源于企业、个人缴纳的社会保障费(税)。

(一)企业全部负担

工伤保险基金多采用这种负担方式。工伤是职工在为企业工作时遭遇的人身伤害,因此工伤保险基金应由企业完全负担。我国的工伤保险便是由企业一方负担的。在美国和意大利,失业保险基金也是由企业全部缴费的。

(二)政府全部负担

在国家保障型社会保障模式下,往往是政府负担所有的社会保障费用。实际上,政府在社会保障方面的支出来自财政收入,归根结底来源于劳动者创造的价值,是对这种价值的转移支付。"福利国家"通过征收较高的社会保险税,由政府提供社会保障基金。一些发达国家的部分社会保险项目也采用政府全部负担的方式,如美国政府对高龄老人给予养老补助。我国社会救济项目资金来源于政府财政。

(三)企业和个人共同负担

在实行完全基金制的国家,如新加坡和智利,社会保障基金来源于雇主和雇员的共同缴费,政府不承担社会保障责任。由于负担比例的差别,这种负担方式又可分为以下三种类型:第一,雇主和雇员平均负担,如美国的老年、残疾、遗属保险缴费率是15.3%,其中雇主与雇员各负担7.65%;第二,雇主负担绝大部分,雇员只负担一小部分;第三,雇员负担绝大部分,雇主只负担一小部分。

从雇主和雇员共同缴纳的社会保险费占总社会保障费的比重来看,法国占72%,德国占 70％，美国占 57％，日本占 55％，英国占 42％，加拿大占 27％。我国规定企业年金基金由企业和个人共同缴费，政府不承担筹资责任。

（四）企业和政府共同负担

在计划经济体制下，企业承担职工保障的大部分责任，政府扮演最终支持者的角色。当企业由于亏损、倒闭等原因无力为职工提供保障时，则由政府出面解决。这种负担方式下，企业承担了许多社会责任，使企业负担沉重。

（五）政府和个人共同负担

一些国家为了减轻企业负担，在一些社会保险项目上采用政府和个人共同负担的方式。如瑞典的失业保险和瑞士的健康保险就是由政府和个人共同负担，其中政府负担大部分，个人负担少部分。我国的城乡居民社会养老保险、城乡居民基本医疗保险，都是由个人缴费和政府补助的双方负担方式筹资的。

（六）企业、个人和政府三方共同负担

大多数国家在老年、残疾、死亡、疾病和生育等社会保险项目上采用三方共同负担的方式。一般采用强制性保险的方式，包括在职工就业期间定期从工资收入中扣除（个人缴费部分）、企业按职工工资总额的一定比例缴费、国家运用财政支出手段予以补助。在实践中，以雇主和雇员缴费为主体，国家补助起到辅助和"最后支持者"的作用。例如，加拿大的失业保险费 80％ 来自职工和企业缴纳的保险费，20％ 由国家财政补助。

我国规定社会保障基金由政府、用人单位及职工个人共同提供，其中用人单位和个人承担主要责任，国家财政在必要时予以补助。

三、社会保障基金的筹资模式

社会保障基金的筹集模式是筹集社会保障资金的方式。社会保障基金如一把"双刃剑"。若社会保障基金不足，则社会保障基金无法及时、足额发放，会降低社会保障制度的保障功能，影响社会保障制度的持续性；若社会保障基金规模过大，强制缴费又会减少企业投资和居民消费，制约经济发展。因此，筹集社会保障基金要考虑收支平衡问题。收支平衡是社会保障基金筹集的总原则，它要求一定时期内社会保障基金的筹集总额应与需要支付的社会保障费用总额保持大体上的平衡关系。收支平衡包括近期横向收支平衡和远期纵向收支平衡。

近期横向收支平衡是指当年内征缴的社会保障费总额与同期的社会保障费用需要支付的总额保持平衡。这种平衡关系着眼于当前。而远期纵向收支平衡是指在整个投保期内，投保人所缴纳的社会保障基金与其投资收益的总和，与投保人所享受的待遇总额保持平衡。这种平衡关系着眼于将来，先将社会保障费征缴上来形成基金积累，在需要时按期支付。

按照近期横向平衡和远期纵向平衡的不同平衡方式，可以将社会保障基金的筹资模式分为三种：现收现付制、基金制和部分基金制。

（一）筹资模式类型

1．现收现付制

现收现付制又称"统筹分摊制""现金支付制"，是一种以近期内横向收支平衡原则为指导的资金筹集方式。现收现付制的具体做法是先将当年所需支出的社会保险费用加以预算，然后按照一定比例分担到参加社会保障的所有企业和个人，当年收缴，当年支付。

2．基金制

319

基金制又称"预提分摊制""储蓄制"，是一种以远期纵向收支平衡为原则的筹资模式。基金制的具体做法是在对社会经济指标（包括退休率、死亡率、工资增长率、通货膨胀率、利息率等）进行长期预测的基础上，确定一个可以保证在相当长的时期内收支平衡的总平均收费率，将其分摊到保障对象的整个投保期并将尚未支出的保险金积累起来进行投资营运。

基金制要求从职工开始工作时起，就要按照工资收入的一定比率，由企业和职工本人缴纳社会保险费用，并将这些保险费记入个人账户进行积累，在职工年老退休时将积累的基金一次或逐月发放给个人。实行基金制的情况下，社会保险费用被储备起来，从而能使社会保险有一个较为稳定的经济来源。

3．部分基金制

部分基金制又称"混合制"或"部分现收现付，部分基金制"，是将近期横向收支平衡原则与远期纵向收支平衡原则结合起来的筹资模式。部分基金制包括在现收现付的基础上增加一定比例的积累与实行社会统筹和个人账户相结合的基金积累两种管理方式。第一种方式是在现收现付的框架中，将当年未支付完的资金积累起来，形成基金并在支付高峰期用来补充当年收不抵支的缺口。这种方式筹集的基金可以进行投资运营，以保持结余资金不贬值或获得一定投资收益。第二种方式是将收缴的社会保障资金分为社会统筹账户和个人账户两部分，社会统筹账户按现收现付方式筹资，个人账户则实行完全积累，两种账户相结合形成部分基金制。

部分基金制可以集中现收现付制和基金制的优点，并有效克服二者的缺点。它既能根据短期支付需要进行社会统筹，又可以形成适度积累。积累部分通过投资实现保值增值，可以减轻下一代的负担，缓解代际之间的矛盾。

（二）社会保障基金筹资模式选择

现收现付制不能满足我国新形势的要求。中国原有的现收现付制不留积累或积累规模很小。随着人口老龄化进程的加速，在职人员的缴费负担越来越沉重。和其他国家相比，中国的人口老龄化具有明显的特点：①人口老龄化发展速度快。一方面，1982—1997 年，中国总人口年平均增长率为 1.3％，而老年人口年平均增长率高达 3.9％。据预测，1950—2025 年的 75 年中，世界老年人口以平均 2.4％的速度递增，而中国 1990 年以来以年平均 3.2％的速度增长。另一方面，发达国家和地区人口年龄结构从成年型转向老年型一般经历几十年甚至上百年的时间，而中国只用了 18 年时间，速度之快是惊人的。②老年人口数量大。截至 2016 年年底，我国 60 岁以上老年人口为 2.3 亿人，占全球老年人口总量的 23.9％，相当于英国、法国、瑞典、瑞士、挪威 5 国全国人口总和，到 2025 年，中国老年人口将达到 2.8 亿人，占世界老年人口的 1/4[①]。③老年人口高龄化的态势显著。1982—1990 年，中国 80 岁及以上的高龄老人年平均增长速度达到 5％，高于 60 岁及以上老年人口的增长速度。1990—2010 年，80 岁及以上的高龄老人年平均增长速度将达到 4.1％，高于 3.0％的世界平均水平和发达国家的 2.0％。目前中国 80 岁以上的高龄人口已接近 2 400 万，占整个老龄人口的 11％[②]。老年人口高龄化将对社会经济的可持续发展形成巨大的压力。④中国是在经济不发达的情况下迎来的人口老龄化。发达国家人口老龄化是伴随工业化和城镇化自然发展的，并且经济发展为解决人口老龄化问题奠定了比较雄厚的物质基础，中国则是"未富先老"。这种状况表明，未来中国所面对的人口老龄化挑战远比其他国家和地区严峻和复杂。对于这样严峻的人口老龄化问题，用现收现付的筹资方式显然已无法应对即将来临的人口老龄化高峰。因此，中国必须对社会保障基金的筹资模式做重新选择。

但基金制也不适合中国国情。据有关部门测算，如果中国改现收现付制为基金制，养老保险缴费率一开始就要达到工资总额的 33％以上，到 2021 年将达到最高值 36％。这显然是现有企业难以接受的。由于在现收现付制下形成的巨大隐性债务无法立即偿还，加上中国资本市场的完善尚待时日，从现收现付制直接转向基金制是不可能的。

因此，我国选择了部分基金制，采用"统账结合"的管理方法。在社会保障资金的筹集中，一部分采取现收现付制，保证当前的开支需要；另一部分采取基金制，满足未来开支的不断增长。这种筹资方式是世界上大多数国家所采取的方式。这种方式是在维持社会统筹现收现付制框架基础上引进个人账户存储基金制的形式，积累基金记入个人账户，其所有权归个人，具有了激励机制和监督机制，同时又保持了社会统筹互济的机制，集中了基金制和现收现付制的长处，防止和克服了它们的弱点和可能出现的问题。统筹的基金用于保障全民的基本生活所需，个人账户上的积累用于个人未来的需求。

1993 年，党的十四届三中全会的《决定》中首次提出了"社会统筹与个人账户相结合"的原则。在总结各地经验教训和领会十四届三中全会精神的基础上，1995 年 3 月，国务院发布《关于深化企业养老保险制度改革的通知》，进一步明确了建立新的老年经济保障制度的框架，主张实行社会统筹和个人账户相结合的基本养老保险制度，并补充以企业保险、个人储蓄，形成多层次的养老保险制度。在"统账结合"中，社会统筹账户资金来源于企业缴费和政府补助，属于现收现付制的筹资模式，用于支付当期养老金，遵循公平原则，体现社会互济；个人账户资金来源于个人缴费及利息收入，属于基金制的筹资模式，用于

① 中国社会科学网.联合国发布《世界人口展望》2017 年修订版报告［EB/OL］. http://www.cssn.cn/gj/gj_gjzl/gj_sdgc/201706/t20170630_3565264.shtml.

② 中华网.老龄化加速：中国成世界老年人口最多国家［EB/OL］. http://tech.china.com/news/company/892/20150722/20058443.html.

缴费者退休时支付个人账户养老金,遵循效率原则,体现自我保障。

四、社会保障基金筹资方式

(一)筹资方式

社会保障基金的筹资方式有多种,目前占主导地位的有两种,即缴费方式和征税方式(参见表 11-1)。

表 11-1　缴费方式与征税方式的区别

	缴 费 方 式	征 税 方 式
征收方式	依法强制征收	依法强制征收
资金性质	劳动者公共后备基金	政府财政资金
适应的支付模式	部分基金制或基金制	现收现付制
个人的权利与义务	清晰对应	模糊或非对应
与财政的关系	保持适当距离或分离状态	与政府预算一体化
与个人账户的关系	兼容	不兼容
政府扮演的角色	最后出场与责任分担角色	直接出场与完全责任角色
筹集的资金	可以积累或基金制	不能积累或非基金制
征收标准	允许差别,有灵活性	必须统一平等
保险对象范围	可选择性与阶层性	普遍性或全民性

(资料来源:郑功成.社会保障学[M].北京:商务印书馆,2000:341.)

1. 缴费方式

社会保障基金的缴费方式包括统筹缴费和强制储蓄。前者是由雇主和雇员缴费,由政府制定的专门机构负责营运和管理。这种方式筹集的资金由政府统筹支付,独立于财政预算系统之外,实行专款专用,支付不足部分由政府补助。后者也是由雇主和雇员缴费,但不进行统筹管理,所筹资金存入个人账户,政府对社会保障基金的支配权极其有限。这种筹资方式对应的是基金制的社会保障基金筹资模式。

2. 征税方式

征税方式即征收社会保障税。社会保障税,亦称工薪税,是为筹集社会保障基金而向雇主和雇员依据工资总额和个人收入开征的一种专门税种,属于收益税类。它作为一种筹资手段,产生于 20 世纪 30 年代的美国。瑞典政府于 1936 年也启用了社会保障税。德国、法国、瑞士、荷兰、瑞典等国在税制中把它作为头号税种进行管理。目前,在全球建立社会保障制度的 170 多个国家中,有 80 多个国家开征了社会保障税。这种筹资方式筹集的社会保障基金是政府财政收入和政府预算的重要组成部分,其收支由政府统一管理。

在税制确定方面,社会保障税的税目一般由主要项目(如养老、医疗、工伤、失业等保险项目)开始,逐渐扩展到其他项目(如生育、遗属等)。税率开始比较低,随着该国经济实力的增强和社会保障事业的扩展及待遇水平的提高，逐步扩大税收规模。

在征收管理方面，国外的社会保障税一般都由税务机关统一征收，集中到社会保障机构统一管理和安排使用。征收的办法，一般采用源泉扣缴。对于雇主应负担的部分，根据规定的计税依据和运用税率，由企业主自行申报缴纳；对雇员应缴纳的部分，由雇主按照规定应缴纳的比率在发工薪时负责代扣代缴；自由职业者如自愿参加，可自行申报，也可以按社会平均工资缴纳，或按其收入的一定百分比缴纳。

采用哪种筹资方式要根据特定的社会保障制度模式决定，不能说孰优孰劣。一般地，实行部分基金制或基金制的国家适用于缴费方式，而实行现收现付制的国家则适于采用征税的筹资方式。缴费方式可以根据不同时期、不同地区的具体情况灵活运用，各地的缴费率可以不一致。但是税收要实现公平，因此征税方式必须按照统一的税制筹资。缴费方式虽然具有强制性，但无法对社会保障基金的缴纳实行法治。征税方式由国家税务机关按照税法执行，不缴、少缴的行为会受到法律制裁。以征税方式筹集的社会保障基金被纳入国家财政收入，这样政府成为社会保障的直接管理者和责任主体。在人口老龄化问题日益严重的情况下，会给政府财政带来沉重负担。

（二）中国开征社会保障税的构想

中国社会保障基金的筹资方式是以用人单位和个人缴纳的社会保险费为主体的缴费方式。按照《社会保险费征缴暂行条例》，社会保险费既可由社会保障经办机构征收，也可由税务机关代征。中国的社会保障基金虽采用强制缴费的筹资方式，但由于社会保障经办机构仍属行政管理部门，其强制性没有法律支持与保护，因此欠缴甚至拒缴社会保障费用的现象难以杜绝。而与此同时，全国有 13 个省、直辖市、自治区实行由税务机关征缴社会保险费，其征收效果比由社会保障经办机构征收的效果好。因此，一些人便提出在中国实行社会保障费改税。目前，关于费改税有不同的意见，归结起来有以下三种观点：第一种观点认为费改税时机已成熟，首先将基本养老保险费、失业保险费和基本医疗保险费合并，统一改征社会保障税，再将工伤保险费和生育保险费逐步纳入社会保障税；第二种观点认为实行社会保障税后，政府财政将成为社会保障的责任主体，在目前各地社会保障基金缺口大以及人口老龄化进程不断加快的情况下，政府负担会过重，因此目前不应实行费改税；第三种观点认为在对个人账户部分继续实行缴费方式的同时，对统筹基金部分实行征税，征税工作由税务部门负责。

持第一种观点，即支持开征社会保障税的人认为：开征社会保障税可以为社会保障基金建立一个比较规范稳定的收入来源渠道；由法律保障税收的强制性和规范性，可以增强社会保障资金筹集过程的约束力，从而杜绝拖欠、不缴和少缴的现象；通过统一的税率及规范化的征收方式，可以克服目前不同行业、不同所有制、不同地区之间企业、职工缴费比例的差异，实现负担公平；社会保障税可直接纳入政府预算，强化国家对社会保障基金的统一管理。在社会保障税方案的设计上，首先，以各类企业（国有企业、集体企业、外资企业、私营企业及个体工商户等）、机关事业单位、社会团体、民办非企业单位及其职工作为社会保障税的纳税人，以其职工工资总额或个人收入总额为社会保障税纳税对象。其次，设置一个总税率，将其分解为企业单位和个人应缴税率，总税率等于养老、医疗、失业、工伤、生育保险税率之和。最后,根据我国社会保障支出的变动趋势,初步确定总税率为31%,分别由企业负担20%,个人负担11%。企业纳税被分解后,养老、医疗、失业、工伤和生育保险的税率分别是12%、4%、2%、1%和1%;个人纳税分解后,养老、医疗及失业保险的税率依次为8%、2%、1%。

　　持第三种观点的人认为,在"统账结合"制度下,应只对社会统筹基金部分实行征税,而个人账户部分则应通过强制缴费方式筹资。由于社会统筹资金实行现收现付制,由国家为受益者提供基本的生活保障,覆盖面广,保障水平不高,应采取征税方式,以实现社会保障的再分配功能,并利于政府的统一管理。个人账户资金通过积累,实现储蓄功能,以保障受益者在风险发生时生活水平不会有大幅度下降。对个人账户部分实行强制缴费方式,所收费用不纳入政府财政体系,在支付期不会加大政府负担,同时体现效率原则,使多缴费者多受益。目前,我国的基本养老保险和基本医疗保险实行"统账结合"的混合制,失业保险、工伤保险和生育保险实行现收现付制。一些学者建议将企业缴费五五分成,分别记入社会统筹账户和个人账户。其中划入社会统筹部分的资金在筹资方式上实行费改税,由税务机关强制征收,以均衡各类缴费单位的负担,突出社会保障的公平性和政府的主要角色;个人账户资金仍采用强制缴费方式,企业和个人按工资的一定比例缴纳,由社会保险经办机构进行经营和管理。

　　还有相当一些人认为中国目前不适宜开征社会保障税。由于中国老年人口压力大,老龄化具有基数大、速度快、"未富先老"的特征,实行费改税后,过高的税率将成为企业沉重的负担,而巨大的支付压力又会使政府财政难以应付。中国正处于经济起飞阶段,过重的包袱不利于经济持续、快速增长。如果继续采用缴费方式,通过费率的不断调整以保持社会保障基金收支平衡,使财政负担减轻,有利于宏观经济持续稳定增长。不仅如此,目前中国城乡差别、贫富差距较大,一旦征收社会保障税,会加大贫困地区的财政负担,激发富裕地区和贫困地区治安的矛盾。因此,在目前的社会经济条件下,应继续实行社会保障费的筹资方式。随着国力的增长、税收制度的完善,在适当的时机再实行社会保障基金筹集方式的费改税。

五、社会保障基金筹资比率

(一)社会保障费(税)率的类型

　　无论采用哪种筹资方式,都要制定相应的比率标准。社会保障基金筹资比率包括社会保障费率和社会保障税率。不管是社会保障费率,还是社会保障税率,都是经过精算得出并以法律形式确定下来的。确定社会保障费(税)率时往往要考虑以下因素:社会保障的不同项目,风险的大小、发生的概率及损失的大小;国家财政状况,雇主及被保险人的实际负担能力;国家对社会保障的政策考虑等。

　　各国采用的社会保障费(税)率主要有以下三种具体类型。①综合费(税)率制。即对所有的社会保障项目不加区分地采用统一的、综合的费(税)率,其特点是所有社会保障项目按统一的费(税)率征集保险费,并在所有的项目中统一调配使用。中国20世纪60年代以前的劳动保险规定企业缴纳的保险费率是职工工资的3%,实行统一使用。②综合分类费（税）率制。即将一些社会保障项目归为一类，实行统一的费（税）率，而另一些社会保障项目可根据具体情况确定单独使用的费（税）率。例如，法国社会保险项目中的生育、疾病、老年、残疾和死亡的费率综合计算，而工伤、家庭津贴保险费率分别单独计算。③分项目费（税）率制。即针对不同的社会保障项目制定不同的费（税）率标准，每个项目都有适用于自己的费（税）比率，所筹资金被分别用于各个社会保障项目，实行专款专用。中国的养老、失业、疾病医疗及生育等社会保障项目的保险费率都是按单项计算的。

（二）社会保障费（税）率的计算方法

社会保障费（税）率的计算方法有薪资比例制和统一费率制两种。

1. 薪资比例制

薪资比例制是以劳动者的工资（收入）为依据，按比例向企业或劳动者征收。德国 1883 年的疾病保险采用了这种计算方法，当时的费率是被保险人工资的 5%。后来随着劳动者收入差距逐渐扩大，为了体现公平性和对低收入者的保障，采用薪资比例制的国家都对征缴工作做了改进。由于社会保障费（税）和个人及企业所得税一样，都是以工资或收入为基数的，因此政府也对社会保障基金采取了缴费（税）的上、下限制度。

缴费（税）上限是指免缴保险费的最高工资界限，超过上限的工资不作为缴费的基数，以体现社会保障制度的公平性。例如，美国 1937—1949 年规定社会保险税缴纳的上限是 3 000 美元，后随着平均工资的提高，缴税上限也相应上浮，1981 年上升到 29 700 美元。缴费（税）下限是免缴保险费的最低工资界限，发扬社会保障制度的互助互济精神。由此可见，应缴费（税）的工资是缴费（税）上下限之间的那部分工资。我国对缴费基数也有这方面的规定：个人缴费以个人的全部收入为缴费基数，个人全部收入超过当地平均工资 300% 的按 300% 计征，个人全部收入低于当地平均工资 60% 的按 60% 计征。

按照负担的不同情况，薪资比例制可以进一步分为以下三种形式。

一是同额比例费率制，即各类缴费人负担同等比例的保险费。其特点是保险费率是单一的，好处是各缴费人不会因负担不等而产生矛盾。例如，美国 1991 年老年、残疾、死亡的社会保险费率均为 15.3%，企业与雇员各负担 7.65%。

二是差别比例费率制，即按照被保险人薪资的一定比例征收保险费，但雇主和雇员负担的比重有所不同。一些国家采取雇主多缴、雇员少缴的方式，如西班牙的疾病、生育保险是按被保险人薪资收入的 18.8% 缴费，其中雇主负担 15.6%，雇员负担 3.2%。雇主多缴往往与以下因素有关：劳动者收入低，承受力差；工会力量大，对雇主施加压力；企业经营状况好，为缓和劳资关系而承担较高缴费率。

三是累进费率制，即对低收入者采用低费率，对高收入者征收的费率依次递增。其特点是依据被保险人的收入高低来确定比率，保险费往往被分成若干档，不同档的缴费比率依次提高。例如，英国的职工个人保险费率是周收入中第一个 46 英镑的 2%，46～350 英镑的 5%～9%，企业缴费率为 5%～10.45%；周收入超过 350 英镑的那部分工资，个人不缴费，由企业缴费，费率为 10.45%。

2. 统一费率制

统一费率制是不论被保险人或雇主的收入多少,一律按同一绝对金额征收保险费。其特点是保险费率与薪资(收入)多少及职位高低无关。其优点是计算简便,易于实行;但缺点是会使低收入者负担过重,不能显示社会保障的公平性。

(三)社会保障费(税)率计算公式

社会保障费(税)率是根据精算确定的。无论采取哪种筹资模式,社会保障费(税)率的确定都要遵循收支平衡原则。

1. 现收现付制的缴费率

现收现付制的缴费率是按照近期横向收支平衡原则确定的,在这一缴费率下,当年或当期的养老保险基金收入总和应与同年或同期养老金的支出总额相等。假定社会保障基金的筹资模式是现收现付制,制度规定以职工工资为缴费基数,通过税收方式筹集资金;假定养老金按照职工工资的一定比例给付。这种制度下的缴费率取决于目标替代率和制度赡养率。即

$$C = BD \tag{11-1}$$

式中,C 为缴费率,是缴费额占工资的比例;

B 为目标替代率,是退休后领取的养老金与退休前工资的比率;

D 为制度赡养率,是领取养老金的人数与参加养老保险制度的 $15\sim60$ 岁职工人数的比率。

以中国为例,假定我国基本养老保险制度覆盖面为全部城镇就业人员,收缴率为 85%,退休年龄男性为 60 岁,女性为 55 岁。表 11-2 反映了不同目标替代率情况下的缴费率。

表 11-2　不同目标替代率下的养老保险缴费率

年份	赡养率	目标替代率	缴费率
2000	21.92		21.92/19.73/18.63/17.54/13.15
2010	28.52		28.52/25.67/24.24/22.82/17.11
2020	42.18	100/90/85/80/60	42.18/37.96/35.85/33.74/25.31
2031	55.7		55.7/50.13/47.35/44.56/33.42
2050	42.97		42.97/38.67/36.52/34.38/25.78

注:(1)单位:%

(2)表中的赡养率是我国城镇人口赡养率,而基本养老保险制度的制度赡养率更高。

2. 基金制的缴费率

基金制的缴费率是按照远期纵向收支平衡原则确定的,按照这一缴费率,一个人一生积累的养老保险基金应与其领取的养老金总额相等。假定基金的投资收益率和工资增长率不变,那么,基金制的缴费率通过下面的方法计算得出。

$$F = CW(1+r)n + (1+g)(1+r)n-1 + \cdots + (1+g)n-1(1+r) \tag{11-2}$$

325

$$P = BW(1+g)n1 + 1 + g1 + r + \cdots + (1+g)m - 1(1+r)m - 1 \qquad (11\text{-}3)$$

式中，C 为缴费率；W 为最初的工资；CW 为第一年的缴费；r 为利率或投资回报率；g 为工资增长率；B 为目标替代率；n 为工作期年数；m 为退休期年数。

式（11-2）是一个人缴纳的养老保险金总和到退休时的终值。式（11-3）是退休后领取的养老金总和在退休时的现值。当 $F=P$ 时，可以算得基金制下的缴费率 C。

确定缴费率是一项庞大而繁杂的工作，因为许多不确定因素都会使已确定的缴费率难以保持收支平衡。首先，工资增长率和基金投资收益率并不是固定值；其次，随着人口自然增减及参加基本养老保险制度的人数的变化，制度赡养率在不断变化；再次，职工退休年龄也不一致，尤其是提前退休人数增加，供款的人数减少的同时领款的人数增加了；最后，在基金制下，即使工作及缴款年限一样，领款的年限却因退休后寿命不同而有所不同，因此，制定一个统一的缴费率，个人账户的基金最终可能不能满足养老金需求。以上因素都会影响缴费率，因此，缴费率必须根据外部环境因素变化进行调整。

第三节　社会保障基金运营

社会保障基金运营是指通过各种投资途径以实现社会保障基金的保值增值的基金管理活动。一般而言，在现收现付制下，按照以支定收的原则征缴社会保障费，并通过调整缴费率以保证社会保障基金收支平衡。在各种社会保障项目中，失业和工伤保险是暂时性支付，对象是个别的，因此失业、工伤保险基金不存在保值增值的问题。各国（除新加坡外）的医疗保险均实行现收现付制。由此可见，存在保值增值问题的社会保障基金主要是实行积累制或部分基金制国家的养老保险基金及作为补充的企业补充保险基金和个人储蓄性基金。

一、社会保障基金运营的概念及特征

社会保障基金的运营是对实行积累制和部分基金制的社会保险基金，暂时不用于支付的结余部分，利用其从收取到支出的时间差，在法律允许的范围内，通过投资运营使其不断增值，并使其增值部分超过一般利息率、工资增长率和物价变动率的资金使用行为。社会保障基金与其他类型基金的投资运营目的是一样的，都是获得投资收益，以实现资金的保值增值。但由于社会保障基金的特殊性，其投资运营也有以下一些特性：①政府对社会保障基金的投资方向、模式、结构、区域及规模都有一些特殊性的规定，有的国家将这些规定以法律形式加以强制执行；②社会保障基金的投资要求经济效益与社会效益相统一，促进社会经济长远地、整体地发展；③各国都对社会保障基金的投资收益有不同程度的税收及其他政策的优惠；④从一定意义上说，社会保障基金是对广大受保人的负债，在进行投资运营时要考虑各类受保人的支付需求，在对受保人风险发生的规律进行精确估算的基础上，选择变现能力和盈利能力不同的资产进行投资。

社会保障基金是为了应付各种社会风险给社会成员带来生活困难或生活水平大幅下降而设立的一种基金。为了实现社会保障基金的保值增值，必须进行投资。通过投资获

取投资收益,以抵御通货膨胀带来的实际社会保障水平降低的风险。作为政府实施社会保障制度的经济基础,社会保障基金的投资必须遵循一定的原则。

二、社会保障基金投资原则

(一)安全性原则

社会保障基金是一种专款专用的基金,是受保人的"保命钱"。为了确保社会保险机构有足够的偿还能力,社会保障基金的投资运营必须遵循安全性原则,使基金能够安全返回。基金的投资安全性包括名义安全性和实际安全性。名义安全性是指基金投资到期后可获得本金和利息;实际安全性是指到期获偿的本利和能够保值。强调名义安全性的投资并不一定能保证基金的实际安全性。多数国家通过立法规定社会保障基金必须投资于安全性资产,因此政府债券作为"金边债券"往往成为首选。但是,安全性资产的收益率较低,在通货膨胀情况下难以实现基金的保值增值。

(二)盈利性原则

在保证基金安全的前提下,要追求高的投资收益率以保证基金的增值。基金盈利是社会保障基金投资的基本要求,是基金自我积累的重要源泉。没有盈利,就不能保值,更谈不上增值了。一些国家规定社会保障基金投资运营的收益率应高于银行存款利率。基金不仅要有盈利,而且只有当盈利率(投资回报率)大于通货膨胀率时,基金保值增值的目标才能实现。为了追求高的收益率,往往选择一些风险较高的投资项目。高的收益率意味着高的风险,所以要在安全和高收益率之间找到最佳组合。

(三)流动性原则

基金投资的流动性是指为保值增值而将基金投资的某一项目资产,在其不损失原价值的条件下,能随时转换成现金的能力。为了应付诸如医疗、工伤等保险随时可能支付的需要,投入运营的基金必须保持一定的流动性。在各类资产中,债券和银行存款的变现能力较强,但收益率较低,尤其是定期存款如果提前支取,往往会丧失利息收益。不动产的投资收益率较高,可流动性差。对于不同的社会保险项目,由于基金的用途不同,对流动性的要求也不同:失业、疾病、伤残保险基金,要求变现性较高,往往投资于短期或中期的项目;养老保险基金的支付周期长,可以投资长期性保险项目。

(四)社会效益原则

社会保障基金在选择投资方向时,除了考虑投资收益以外,还要发挥基金的社会功能。首先,社会保障基金是长期基金,稳定性强。例如,个人账户养老基金一般经过30~40年才支付,适合投资基础设施建设。这种投资不仅可以为基金带来稳定回报率,而且有利于经济的长期发展,有较好的社会效益。其次,在选择基金投资方向时,不仅要考虑经济利益,而且要兼顾社会利益,不能一味追求盈利性而忽视给社会带来的成本。例如,投资造纸厂收益较高,但会造成水资源的污染,会使人们生活环境的质量下降,最终不能保障人们的生活水平，这与社会保障的根本目的相悖。

　　社会保障基金的安全性、盈利性和流动性原则常被称为基金投资"三原则"，也是基金投资的主要目标。但是这三个目标之间是有矛盾的。风险越大的资产，盈利性越强，安全性与盈利性是负相关关系。流动性强的资产盈利能力差，流动性与盈利性也是负相关关系。因此，社会保障基金应选择不同风险、不同流动性的资产加以组合，以分散风险，提高收益。

三、社会保障基金投资方向

　　在遵循以上原则的基础上，各国根据本国基金的规模、资本市场完善程度及投资收益率情况，对投资运营做出不同规定。一般地，社会保障基金的投资方向分为以下五大类：①银行存款。由于通过银行存款可以获得稳定的利息收入，所以银行存款是最安全的投资途径。在物价比较稳定的情况下，投资于银行存款既安全又保值。然而在通货膨胀的情况下，银行实际利率低，甚至是负值。在这种情况下基金无法实现保值增值。②政府债券。政府债券是由国家和地方政府发行的债券，包括国库券、中长期公债及市政债券等，主要用于弥补财政赤字和筹集长期建设资金。由于政府债券有国家信用作担保，安全性高，流动性强，被称为"金边债券"；但政府债券的利率比公司债券低。③公司债券和金融债券。公司债券是由企业发行的债券，包括抵押债券和金融债券。金融债券是由金融机构发行的债券。一般地，公司债券由于风险较大，利率较高；金融债券的利率往往高于政府债券而低于公司债券。④房地产。房地产是一种中长期投资，在经济发展和稳定时期效益较好，但房地产的流动性较差。当经济萧条时，房地产价格会下降，投资房地产的风险很大。⑤股票。股票是风险最大但也可能收益率最高的投资途径。股票投资收益受宏观经济走势、资本市场的完善性、投资者管理水平及金融技巧等多方因素影响。由于投资股票的不确定性非常大，因此许多国家都对社会保障基金购买国内、外股票做了最高限额规定。

　　各国社会保障基金投资实践证明，对基金投资进行多种资产的组合，不仅有利于分散风险，而且可以提高基金投资收益率。不同资产的安全性、盈利性和流动性有所不同，一般地，各类资产的"三原则"关系如图 11-1 所示。

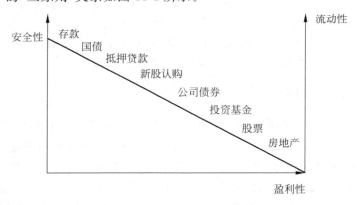

图 11-1　社会保障基金投资组合及投资三原则

四、主要国家社会保障基金投资运营

美国社会保障基金的主要部分是社会保险信托基金（OASDI）。OASDI 资金的来源主要是雇主、雇员及独立劳动者依法缴纳的工薪税。2013 年美国 OASDI 的总资产达到 2.76 万亿美元，由联邦政府成立的社会保险信托基金管理委员会管理，基金全部投资于美国政府发行或担保的债券及特种债券。

延伸阅读：养老金入市之争

新加坡的公积金规模很大，2012 年达到 2 192.67 亿新元，主要投资于政府批准的公司债、股票及政府债券。这种投资计划可以很好地回避资本市场的风险。

智利在 20 世纪 80 年代实行社会保障制度改革，建立了"个人账户"制，账户累积的基金由私人公司管理。基金主要投资于金融机构发行或担保的证券、企业债券及政府批准的股票。政府还对不能进入的投资领域作了严格限制，如不得将社会保障基金投资于基金管理机构自身的股票及人寿保险公司股票等。

面对金融市场的波动，许多国家都对社会保障基金的投资运营进行了调整。2008 年金融危机中，全球 10 只主权养老基金损失 1 180 多亿美元，缩水 20% 以上；全球企业养老基金损失大约 5.2 万亿美元，加上市场化投资的社会保障基金损失的 1 800 多亿美元，这次危机造成养老基金损失合计 5.5 万亿美元。一些国家开始调整养老基金管理模式和投资方向，如 1994 年完成私有化改革的阿根廷在 2008 年 11 月宣布对社会保障基金进行国有化改革，完全取消市场化投资，取而代之的是完全购买国债；2009 年 3 月，丹麦社保基金 ATP 宣布制订一个可持续的"绿色"战略投资计划，该计划以森林作为投资对象和一种新型资产，旨在将重心放在"气候变化投资"上，该社保基金还宣布，第一笔绿色投资行动是在美国纽约州哈得逊流域上游购买一块 3.8 万公顷（9.5 万英亩）的森林，首次付款 3 500 万美元，合同额高达 5.7 亿美元；2009 年 4 月 3 日，挪威财政部在呈交议会的一份报告中称，作为世界最大的主权养老基金，挪威政府全球养老基金在未来 5 年将在新兴市场国家投资环保业 330 亿美元，以此作为可持续增长的资产品种。

我国的社会保障基金统筹层次较低，基本上是部分地区有盈余，部分地区有亏损的状况。为了缓解财政压力及应对日益庞大的社会保障基金的需求，中国于 2000 年建立了全国社会保障基金，并于 2001 年在国务院颁布的《全国社会保障基金投资管理暂行办法》中对全国社会保障基金的投资运营作了规定：社会保障基金投资银行存款和国债的比例不得低于 50%，其中，银行存款的比例不得低于 10%，在一家银行的存款不得高于社会保障基金存款总额的 50%；企业债、金融债投资比例不得高于 10%；证券投资基金、股票投资的比例不得高于 40%。同时为保证基金的安全，又规定"单个投资管理人管理的社会保障基金资产投资于 1 家企业所发行的证券或单只证券投资基金，不得超过该企业所发行证券或该基金份额的 5%……"截至 2016 年年末，社保基金会管理的基金资产总额为 20 423.28 亿元，其中社保基金会直接投资资产 9 393.56 亿元，占比 45.99%，委托投资资产 11 029.72 亿元,占比 54.01%。自成立以来,全国社会保障基金累计投资收益为 8 227.31 亿元,年均投资收益率为 8.37%[1]。

我国于 2004 年 5 月 1 日起正式实施的《企业年金基金管理试行办法》第 47 条规定企业年金基金"投资银行活期存款、中央银行票据、短期债券回购等流动性产品及货币市场基金的比例,不低于基金净资产的 20%;投资银行定期存款、协议存款、国债、金融债、企业债等固定收益类产品及可转换债、债券基金的比例,不高于基金净资产的 50%。其中,投资国债的比例不低于基金净资产的 20%;投资股票等权益类产品及投资性保险产品、股票基金的比例,不高于基金净资产的 30%。其中,投资股票的比例不高于基金净资产的 20%"。

在选择投资工具时,全国社会保障基金理事会审慎投资股票市场,同时选择多样化投资以分散风险。2008 年下半年,社保基金支持了京沪高铁等国家重要基础设施和多个省市的民生工程建设,并以战略投资者身份参与对国家开发银行和中国农业银行的股份制改造,2009 年开始扩大对股权投资基金的投资,初步拿出了不超过社保基金总额的 10%对私募股权基金进行投资。值得借鉴的是,美国拥有发达的资本市场,但是其 OASDI 资产从未涉足股票市场,只是用来购买国债,确保基本养老保险资金免受投资风险。

第四节　社会保障基金给付

社会保障基金给付又称为社会保障基金支付,是指按照法律、法规和规章的规定,由社会保障管理机构按照一定的标准和方式,将资金给付符合条件的社会成员,使其享受相应的社会保障待遇[2]。社会保障基金给付是保障对象获得保障权利的重要环节,受益人从社会保障制度中获得公民基本保障应有的资金支持或与其缴费责任对应的社会保障待遇。

一、社会保障基金给付方式

社会保障基金给付方式是保障金发放方式,分为年金给付制和一次性给付制(见表 11-3)。一般地,如果化解社会成员个人风险需要分阶段持续进行,则采用年金给付制,使保障对象在允许时间和范围内可获得持续性物质帮助;如果个人风险是由个别事件(如疾病、伤残)引起的,通过一次性帮助可以化解个人风险,则适于采用一次性给付制。在社会保障诸项目中,养老保险、失业保险多采用年金给付制,而医疗保险、工伤保险、社会救济等多采用一次性给付制。

---

① 全国社会保障基金理事会.2016 年全国社会保障基金理事会社保基金年度报告[EB/OL]. http://www.ssf. gov.cn/cwsj/ndbg/201706/t20170612_7277.html.

② 宋明岷.社会保障基金管理:理论实践与案例[M].上海:复旦大学出版社,2012.

表 11-3　年金给付制和一次性给付制比较

	特　　点	优　　点	缺　　点
年金给付制	按照固定时间间隔,向被保障人提供资金	提供持续性收入保障 平滑消费,确保生活稳定 有利于促进社会稳定	管理工作量大 管理成本高 管理难度大
一次性给付制	在被保障人发生风险时,提供一次性经济补偿	经办管理的成本低 短期内帮助被保障人脱困	资金浪费或损失的可能,降低了保障能力 无法实现平滑收入和持续保障

331

（一）年金给付制

年金给付制也可称为定期支付或是周期性给付,是按照固定时间间隔(如按周、月或年),向被保障人提供一定数额资金的给付方式。年金给付制往往需要资金账户的长期积累,需要较长时期的账户管理,目的是为账户所有人提供稳定的收入。

年金给付制的优点包括：①为被保障人提供持续性收入来源。年金给付制是按照固定时间间隔,在保障期内给予被保障人源源不断的收入来源。养老保险的年金支付终身,失业保险的年金支付也会持续一定时间,在保障期内这种资金的支付是不间断的。②平滑消费,确保被保障人的生活稳定。年金给付制将被保障人在保障期内的消费支出熨平,避免因保障资金被短期内用完而使被保障人失去收入来源,从而确保其生活的稳定性。③使被保障人获得安全感,有利于社会稳定。持续、稳定的收入来源,使被保障人感到安全,心理上得到依靠,缓解因个人风险带来的沮丧,安抚被保障人的心理,避免因心理失衡带来的不满情绪甚至极端行为,促进社会稳定。

年金给付制的缺点表现在：①管理工作量大。年金给付制是按固定间隔,向被保障人提供持续、长期的资金给付,还要根据账户基金投资运营情况,不断更新每一个被保障人的账户资金,管理部门的工作量相当大。②管理成本高。年金支付前,资金会形成长时间积累,为了保证待遇水平不下降,需要对账户资金进行投资运营以保值增值,同时还要防范人为过失造成的资金流失。即使资金开始支付,账户中的余额资金仍需要进行有效的投资运营和管理。通过市场信托投资,需要支付巨额管理费用。③管理难度大。除了账户资金安全性管理之外,年金资金筹集与待遇给付时,还要进行长期预期,确定合理的费(税)率,使筹得的资金能够保证未来的给付。年金积累周期往往比较长,例如,养老基金的积累可能是一个劳动力一生的工作年限,期限长会使不确定因素增多,加大了管理难度。如果费(税)率不合适,影响了待遇给付水平,必要时还得财政出资,加大财政负担,长时间会形成巨额财政赤字。

（二）一次性给付制

一次性给付制是在被保障人发生风险时,给予其一次性经济补偿的给付方式。一次性给付制管理相对简单,但可能会因为被保障人运营不当或不合理使用,造成资金的浪费,影响保障水平。在疾病、伤残、灾害等风险集中发生的情况下,多使用一次性给付制,使被保障人快速恢复正常生活。

一次性给付制的优点有：①经办管理的成本低。一次性给付管理简单,不仅可以节省大量的管理费用,也会减轻社会保障管理部门的责任负担。一次性给付完成后,政府不再对被保障人承担任何给付责任,也不会经常面临被保障人要求提高待遇水平的压力。②被保障人能够在短期内走出困境。疾病、伤残风险发生后,被保障人需要集中支付费用,一次性给付制可以解决被保障人的短期资金不足问题,缓解被保障人及其家庭"因病(残)致贫",有利于劳动力恢复与再生产。

一次性给付制也有缺点：如果被保障人使用不当,会造成保障资金的浪费或损失,致使保障水平降低甚至无法保障基本生活；即使不被浪费,被保障人有时也会因为寿命不同等因素造成实际保障水平各有差别,长寿的人晚年可能得不到有效的保障。

二、社会保障基金给付模式

社会保障基金给付模式是待遇水平确定的方式,其有两种分类标准：一是按照待遇水平的确定依据划分,分为确定待遇制和确定缴费制(见表 11-4)；二是按照待遇水平的计发依据划分,分为普惠制和收入关联制。

表 11-4　确定待遇制和确定缴费制比较

	确定待遇制(DB)	确定缴费制(DC)
特点	(1) 待遇确定：待遇给付方案和待遇预先确定； (2) 无基金积累：常与现收现付筹资模式对应； (3) 人口精算：需按照人口变动确定缴费率； (4) 发起人承担风险：风险由计划发起人承担	(1) 缴费确定：缴费方案和缴费水平预先确定； (2) 基金精算：在基金精算基础上确定缴费率； (3) 基金积累：参保人缴费后,形成长期积累的资金账户,账户规模决定待遇水平； (4) 参保人承担风险：要求参保人承担风险
优点	(1) 有利于保障劳动者基本生活； (2) 有利于增强企业的凝聚力	(1) 权利义务对等,账户管理透明度高； (2) 具有灵活性与便携性； (3) 对企业和国家的压力较小
缺点	(1) 基金主办方压力较大； (2) 基金的精算与管理复杂； (3) 限制了劳动力的流动	(1) 待遇水平具有不确定性； (2) 容易导致老年人不退休现象

(一)确定待遇制与确定缴费制

1. 确定待遇制

确定待遇制(DB)又称给付确定制,是根据被保障人工作年限和工资收入确定其社会保障待遇水平,再依照精算原理确定其缴费水平的给付模式。在养老保险计划中,往往是先确定参保人退休后的养老金待遇水平,再依据"大数法则"和精算原理,确定个人及单位缴费率。在"现收现付＋确定待遇"的养老保险制度内,退休者待遇水平确定,根据当前退休者待遇总需求,社会保障管理部门测算当期在职人员及其单位的缴费率,实现短期横向收支平衡。在"基金＋确定待遇"的养老保险制度内,社会保障管理当局首先确定参保人个人未来养老金待遇水平,然后按照精算原理,确定个人工作期内的缴费率,实现远期纵向收支平衡。

确定待遇制的特点:①待遇确定。待遇给付方案和待遇水平预先确定,受益者领取按给付公式计算的保险金。待遇确定又包括两种形式:一种是金额确定,即领取金额固定不变;另一种是收入关联,即按照社会平均工资或者个人工资的一定比例计算待遇。②无基金积累。确定待遇制往往与"以支定收"的现收现付筹资模式对应,按照当期支出规模确定筹资规模,没有基金积累,也无须面对投资风险和通货膨胀风险。③人口精算。确定待遇制需要按照缴费人口与领取人口及其变动规律,确定一个相对稳定的缴费率,确保资金当期收支平衡。④计划发起人承担风险。因为受益是既定的,如果发生资金不足,给付缺口应由保险计划发起人承担。

2. 确定缴费制

确定缴费制(DC)是预先确定缴费水平,按照筹集的资金及其投资收益的积累额确定待遇水平的给付模式。在养老保险计划中,往往是先确定缴费水平,参保人按期缴费并进行基金积累,在退休时按照账户上的基金及其投资收益的积累额发放养老金。在"基金制＋确定缴费"的养老保险制度内,参保人各期缴费额或缴费比例确定,根据退休期账户基金和投资收益形成的资金总供给,由社会保障管理机构定期发放养老金,实现个人生命周期内的长期纵向收支平衡。

确定缴费制的特点:①缴费确定。缴费方案和缴费水平通常按照雇员收入的一定比例或固定比例预先确定,受益者领取按账户积累规模计算的保险金。②基金积累。参保人缴费后,形成一个长期积累的资金账户,个人资金账户的余额高,则可领取的待遇水平高;个人资金账户的余额低,则可领取的待遇水平低。从缴费之初到待遇给付这段时期内,账户基金规模随着缴费不断扩大,为了避免通货膨胀带来的贬值风险,往往需要对账户基金进行投资运营。③基金精算。为了规避待遇给付不确定性带来的风险,要充分考虑未来消费水平和投资收益,在账户基金进行精算的基础上确定缴费率。④参保人承担风险。确定缴费制按照缴费及其投资收益的积累额来计发待遇,如果发生因通货膨胀、账户管理或投资经营带来的风险,影响了待遇给付水平,这种不确定性往往要求参保人自己承担。

(二)普惠制与收入关联制

1. 普惠制

普惠制(flat-rate)是按照统一标准发放社会保障待遇的给付模式。待遇计发不考虑受益人的工作年限和工资水平,也不考虑受益人之间的需求差异,对符合条件的受益人提供均等的待遇。

普惠制的特点:①与收入无直接关联。普惠制下的待遇给付一般与受益人以往的薪酬收入无关,统一发放标准,不能有效激励在职时努力工作以获得更高的社会保障待遇。②待遇均一。普惠制是向受益人提供定额的、均一的待遇给付,注重结果公平,适用于社会福利、社会救助和基本的社会保险项目。

2. 收入关联制

收入关联制(earning-related)是按照受益人在职工资的一定比例发放社会保障待遇的给付模式。待遇计发往往考虑受益人的工作年限和工资水平,工作时间越长,工资水平越高,享受的待遇给付水平越高,受益人的待遇因个体产生差异。

收入关联制的特点:①与收入水平直接相关。以养老保险为例,在收入关联的养老保险制度下,养老金按照替代率和退休前工资的乘积确定。在私人养老金计划(如企业年金制度)中,企业将收入关联的养老保险作为人力资源管理的重要手段,工作年限长或工作努力的员工,可以依照更高的工资替代率获得养老金(或养老金权益)。②待遇差别。收入关联制向受益人提供的社会保障待遇与其本人的收入关联,因此待遇水平存在个体差异,这种给付方式注重效率,不适用于基本保障项目。

第五节　社会保障基金管理

社会保障基金管理是指为实现社会保障制度的目标,对社会保障基金筹集、投资运营、待遇给付实施管理的全过程。

一、社会保障基金管理模式

(一) 政府集中型管理模式

政府集中型管理模式一般是由政府的社会保障主管部门和财政部承担基金的全部管理职责。例如,日本的厚生年金和国民年金由厚生省交大藏省的资金营运部管理;美国的社会救济、社会保险基金在财政部设立专户,由财政部长、劳工部长、卫生和社会保障署署长以及总统指定的公众代表组成理事会进行管理;新加坡采取政府强制雇主、雇员双方缴费,建立个人账户,由统一的中央公积金局对基金进行运营和管理。一般情况下,强制性社会保障基金都是由政府管理,政府有关部门在安全的前提下也可以委托金融机构运营少量基金,以求较高的增值率。

(二) 私人多样化管理模式

私人多样化管理模式主要通过基金会的形式委托商业金融机构,如商业银行、基金管理公司、信托公司、保险公司等对社会保障基金分别进行托管、投资运营等管理活动。自愿性社会保障基金绝大多数走市场化管理的路子,职业保险和个人储蓄性保险一般被划分在商业保险范畴中。法国、瑞士、澳大利亚的职业保险是强制性的,但由于仍属于个人基金,所以都由商业金融机构承办。英国政府的社会保险机构可以与私营金融机构竞争管理职业养老金。智利的养老保险实行政府强制雇员单方缴费,个人账户全积累,全部由商业性基金管理公司经营基金的方式。

二、社会保障基金管理的主要内容

（一）社会保障基金缴费管理

社会保障基金管理首先要按照社会保障制度确定的缴费责任进行缴费管理。缴费管理包括以下四项内容：①社会保险登记。按照法律法规的规定，参加社会保险必须进行登记。我国规定用人单位在当地社会保障经办机构进行登记。用人单位办理社会保险登记时必须出具相关文件，这些文件主要有用人单位职工档案、单位银行账号等。经审查合格后由当地社会保障经办机构进行登记，并发放登记证。我国《社会保险费征缴暂行条例》规定，对于不办理登记的用人单位，超过法律规定的登记时间，应采取对主管人员进行罚款等处罚措施。②征收社会保险费。一般地，无论采取征税形式，还是采取征费形式，都是政府强制征收。经过精算确定费（税）率，由相关部门进行征收。我国规定基本养老保险的缴费中，用人单位的缴费比例不超过职工工资总额的20％；需要超过的需报上级主管部门批准。个人缴费逐步增至个人工资的8％。基本医疗保险的缴费比例，用人单位和个人缴费比例分别是6％和2％。失业保险的缴费比例分别是2％和1％（2017—2018年失业保险总费率阶段性降至1％）。工伤保险和生育保险个人不缴费，用人单位缴费比例分别是1％和不超过0.6％，其中工伤保险缴费比例视行业风险不同而有所区别。③检查少缴、拖欠社会保险费的情况并做出相应处罚。我国规定社会保险经办机构及劳动部门，应定期或不定期地对用人单位的财务及缴费情况进行审查，对弄虚作假、偷逃交费责任的，劳动部门有权对主管人员处以罚款等处罚。④调整缴费比例。根据基金收支情况对社会保障费率进行调整，以保持基金的收支平衡。

（二）社会保障基金财务管理

社会保障基金财务管理的内容主要包括五个方面：第一，社会保障基金的收入，即社会保险费征缴的财务管理；第二，社会保障基金的支付，即社会保险费的发放管理；第三，社会保障基金的存储管理；第四，社会保障基金的统筹管理，主要是不同地区之间、上下级之间资金的调转引起的财务管理活动；第五，经办机构的管理费用。

1. 社会保障基金管理部门的财务关系

在我国，基本的社会保险费由社会保险经办机构征收（部分地区由税务部门代收），在财政部门设立财政专户，实行专款专用（参见图11-2）。由社会保险经办机构向用人单位和个人征收社会保险费，并将资金存入财政专户。需要支付时，由社会保险经办机构制订支付计划，经主管的劳动部门审批后，由财政专户划拨款项，向参保人支付社会保险金。社会保险经办机构还要处理由于人员调动造成社会保险费在不同地区间的调转，以及上级下拨、下级上解的资金。

2. 社会保障基金的现金收支管理

社会保障基金的现金收支管理遵循"收支两条线"原则，由社会保险经办机构在银行

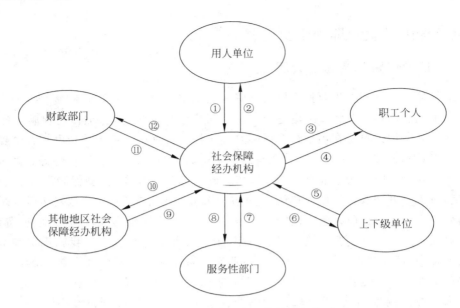

图 11-2　社会保障经办机构的财务关系

注：① 用人单位向社会保障经办机构足额缴纳社会保险费。

② 社会保险经办机构依法向用人单位征缴社会保险费。

③ 职工个人向社会保险经办机构缴纳社会保险费,一般情况下,职工个人缴费由所在单位代扣代缴。

④ 社会保险经办机构接受个人缴费；风险发生时,向受保人支付社会保障待遇；对存入个人账户的基金利息进行记载；处理因职工个人工作调动,社会保障及其财务关系在单位、地区间的调整。

⑤ 上级下拨、下级上解社会保障资金。

⑥ 对上级下拨、下级上解的资金建立统筹基金。

⑦ 银行、邮局等服务性部门利用其服务网点发放社会保险金。

⑧ 社会保险经办机构向银行、邮局等服务性部门支付管理费用。

⑨ 与其他地区社会保险经办机构相互处理社会保障基金的调转,形成基金收入。

⑩ 与其他地区社会保险经办机构相互处理社会保障基金的调转,形成基金支出。

⑪ 财政部门向社会保险经办机构拨付社会保险金；必要时提供财政补助；政府承担社会保险经办机构的管理费用。

⑫ 社会保险经办机构将收缴上来的社会保险费存入社会保障基金财政专户；通过财政部门认购国债。

开设两个账户,一个是收入户,另一个是支出户。另外,由于社会保险经办机构与财政部门有现金往来,因此财政部门还要单独在银行开设一个社会保障基金的财政专户。为加强社会保险基金的管理,政府明确规定：一是社会保障财政专户是在预算外资金账户内设立单独账户,财政和社会保障部门按规定的用款计划及时、足额拨款。二是财政部门不能擅自动用社会保障基金,无权直接安排和使用社会保障基金,也不能从中提取任何费用,更不能用于平衡预算,要确保按照财政和社会保障部门核定的用款计划及时拨付,不能以任何名义拖延拨款。三是财政和社会保障部门负责核准社会保障经办机构提出的用款计划,并审核、批复、汇总社会保障基金预算、决算,报政府审批。要制定社会保障基金财务、会计制度。四是不再从保险基金中提取管理费,社会保障经办机构根据国家编制部门批准的人员编制和国家规定的开支定额及标准提出经费预算,经主管部门审核后报同级财政部门,财政部门参照本级行政事业单位人均支出水平和审核保险经办业务的实际需要进行审核,列入预算,由财政拨款。

社会保险经办机构的收入户遵循"只收不支"的原则,收入户的作用是:暂存由社会保险经办机构征缴的社会保险费;暂存由下级上解的社会保障资金;暂存由上级下拨的社会保障资金;暂存社会保险费的滞纳金收入;暂存财政补助收入;暂存其他收入。

社会保险经办机构的支出户遵循"只支不收"的原则,其资金来源是从财政专户拨入的资金。支出户的作用是:接受从财政专户拨入的资金;暂存一到两个月的社会保险周转金;暂存社会保障基金的银行存款利息;支付社会保障待遇;支付相关的管理费用;向上级上解或向下级下拨社会保险资金。

财政部门的财政专户的现金管理有收有支。收入户主要是接收社会保障基金收入户向财政专户的划款,以及接收社会保障基金购买国债到期的本金、利息及存在银行的存款利息。财政专户的支出户主要是向社会保险经办机构划拨社会保险资金和购买国债的资金。

（三）社会保障基金预算管理

社会保障基金预算管理是指根据国家的法律法规要求,在全面考虑影响基金收支的因素的基础上,按规定的项目和标准,真实、可靠地编制社会保障基金预算的过程。编制收入预算时要充分考虑的因素有:职工人数和工资总额的变化、征缴范围的变化、基金投资收益率的变化等。编制支出预算时要考虑:享受社会保障待遇的人数的变化、工资水平及居民生活水平的变化等。

社会保障基金预算管理的程序包括以下五个步骤:由社会保险经办机构汇总后,编制社会保障基金预算,交由主管的劳动保障部门进行审核,同级财政部门复核,经同级政府批准后,财政部门批复预算,并由社会保险经办机构执行,同时报上级劳动部门和财政部门备案。

长期以来,中国社会保障基金的管理体制是财政总监督下的部门分管体制,行使基金管理职能的主要部门有民政部、劳动和社会保障部、财政部,另外,卫生部、教育部等政府职能部门及一些半官方机构、民间团体也在自己的职责范围内行使对一些基金的管理权。我国政府机构改革之后,社会保障基金的管理体制也做了调整,分头管理的混乱局面得到了改善。组建劳动与社会保障部全面负责养老保险、医疗保险、失业保险、工伤保险、生育保险及农村社会保险的管理。各地设立社会保险经办机构,统一征收社会保险费,有的地区可以由税务机构代收,但原则上一个地区只由一个单位征缴。

2010 年国务院颁发《关于试行社会保险基金预算的意见》(国发〔2015〕2 号),进一步明确了政府对社会保险基金的监管责任,增强了政府宏观调控能力。社会保险基金预算的基本内容如下。

(1) 编制原则:依法建立,规范统一;统筹编制,明确责任;专项基金,专款专用;相对独立,有机衔接;收支平衡,留有结余。

(2) 编制范围:按险种分别编制,包括企业职工基本养老保险基金、失业保险基金、城镇职工基本医疗保险基金、工伤保险基金、生育保险基金及根据国家法律法规建立的其他社会保险基金。

(3) 编制方法：收入预算的编制应综合考虑统筹地区上年度基金预算执行情况、本年度经济社会发展水平预测及社会保险工作计划等因素，包括社会保险参保人数、缴费人数、缴费工资基数等。统筹地区人民政府应根据社会保险基金收支、财政收支等情况，合理安排本级财政对社会保险基金的补助支出。社会保险基金支出预算的编制应综合考虑统筹地区本年度享受社会保险待遇人数变动、经济社会发展状况、社会保险政策调整及社会保险待遇标准变动等因素。社会保险待遇支出预算应根据上年度享受社会保险待遇对象存量、上年度人均享受社会保险待遇水平等因素确定，同时考虑本年度变动情况；社会保险非待遇性支出预算要严格执行社会保险政策和管理制度规定。

(4) 编制和审批：社会保险经办机构编制——本级人力资源和社会保障部门、财政部门审核。本级人民政府审批——报上一级财政与人力资源和社会保障部门——省级财政与人力资源和社会保障部门报本级人民政府后报财政部与人力资源和社会保障部。

(5) 执行和调整：社会保险基金预算草案经统筹地区人民政府批准后，由财政部门与人力资源和社会保障部门批复，社会保险经办机构具体执行，并定期向本级人力资源和社会保障与财政部门报告。社会保险基金预算不得随意调整。在执行中因特殊情况需要增加支出或减少收入时，应由统筹地区社会保险经办机构提出调整方案，经人力资源和社会保障部门审核汇总，财政部门审核后，由财政部门与人力资源和社会保障部门联合报本级人民政府批准。

(6) 决算：决算草案报批程序与预算草案报批程序相同。

(7) 组织实施：统筹地区人民政府建立社会保险基金预算绩效考核和激励约束机制，推进预算工作组织实施。

三、我国社会保障基金管理的主要问题

(一) 基金监管不严

社会保障基金的监管是由司法、行政机关依法对社会保障基金管理部门的基金运行过程的监督。但事实上，司法和行政部门由于缺乏法律依据，监管力度有限，对一些征缴困难及基金流失的问题难以采取强制性措施。

首先，基金收缴率下降，各地欠缴、拒缴现象难以得到有效遏制。以养老基金为例，1993—1997 年，全国基本养老保险基金收入分别为 503.54 亿元、707.4 亿元、950.06 亿元、1 171.76 亿元和 1 338 亿元；同时期养老保险基金的收缴率分别为 93.3％、92.4％、93.3％、92.5％和 90.6％；全国欠缴养老基金分别为 33.5 亿元、56.6 亿元、66.1 亿元、87.18 亿元、302.2 亿元[1]。可见，养老基金欠缴数额呈逐年上升趋势。这是由于在高缴费率和低效益的压力下，企业拒缴、拖缴、少缴的现象时有发生，而有关监督部门无法律支持的强制收缴手段，造成基金欠缴现象难以遏制。

其次，由于政事不分等因素，已收缴的基金被挪用的事件不断发生。1986—1998 年，

---

① 成思危,等.中国社会保障体系的改革与完善[M].北京：民主与建设出版社,2000：302.

有上百亿元基金被违规动用,其中,1995 年和 1996 年,全国被动用的基金分别达到 59 亿元和 68.5 亿元。基金挪用不仅造成资金流失,基金支付能力下降甚至入不敷出,而且滋生了腐败行为。由于没有一个系统的法律法规对地方社保进行规范,加之全国社保对地方社保不存在监管与隶属关系,一些地方社保资金突破国家所规定的投资范围,涉足高收益投资领域,不可避免地带来高风险,屡屡导致重大损失。2002 年广州市 8 亿多元社保基金被挪用;2002 年 9 月,因诈骗农村社会养老保险金 2 000 万元,原海南达龙实业有限公司总经理龙泉润被判处死刑;2004 年 3 月,山西省太原市中级人民法院宣判的一起涉案数额巨大的社保基金挪用诈骗案,几名被告人共挪用社保基金 7 659 万元,金融诈骗涉案金额近 1.8 亿元;2006 年震惊全国的上海社保案浮出水面,上海市年金发展中心先后将 34.5 亿元的资金通过委托资金运营的方式拆借给一家民营企业,用于收购高速公路等资产;2006 年 5 月,河北省电力公司社保中心原基金管理员秦援非法挪用 3 817 万元社保基金炒股票,被廊坊市中级人民法院以挪用公款罪一审判处有期徒刑 15 年。

(二)统筹层次过低

尽管人力资源和社会保障部较早提出要在 2009 年年底全部实现社会保险基金全国统筹,为 2012 年实现全国统筹做准备,但是提高统筹层次还是存在不少困难。提高统筹层次的困难,主要在于经济较发达地区担心实现统筹之后本地居民养老保险待遇水平会降低,不愿将盈余资金上解。由于统筹层次低,社会保障基金的互济功能被大大削弱;一些贫困地区或老城市统筹层次低,因无法调剂资金,导致基金缺口扩大。在人口老龄化压力下,这些地区不得不提高缴费率,使企业负担沉重,苦不堪言。

为了解决费率失控问题,国家规定企业缴纳基本养老保险费一般不得超过工资总额的 20%。然而在"统账结合"制度下,由于现阶段统筹资金与个人账户基金实际上仍采用混合管理办法,为应付巨大的支出,地方政府不得不动用个人账户积累,使个人账户成为实际上的"空账"。在一些城市,即使动用全部个人账户基金也不足以填补统筹基金缺口。而在一些新兴城市或经济较发达城市,基金出现年度盈余。这种盈余与亏损同时存在的局面,使提高社会保障基金统筹层次的要求越来越迫切。

(三)缴费率过高

一方面,长期以来,劳动力收入未被全部以工资形式表现出来。劳动力收入中相当一部分,甚至大部分以企业福利方式隐藏起来;另一方面,现有的分部门建立和管理基金的体制,不仅分散了资金,而且使各项基金难以实现综合平衡和统筹规划,加大了管理成本。这些因素都增大了基金的实际缴费率。一些地方仅养老和医疗保险两项基金的缴费就已超过工资总额的 50%,而且有不断提高的趋势①。过高的缴费率不仅使企业不堪重负,而且加大了劳动力成本,削弱了企业的市场竞争力。对拥有大量城市劳动力的国有企业来说,沉重的缴费负担成为国有企业改革的重大包袱和障碍。

在社会保障基金的关系链条上,缴费率高是由于基金收入少、支出大引起的,是政府

---

① 宋晓梧,等.中国社会保障体制改革与发展报告[M].北京:中国人民大学出版社,2001:161.

为了消化新旧制度交替时的转制成本而采取的政策性措施。然而,高缴费率带来的收入终会因投保人的逆向行为而减少。因此,一些学者建议将降低缴费率作为解决基金收支不平衡的突破口。换句话说,降低缴费率可使一些不缴纳者或少缴纳者足额缴纳,从而扩大社会保障基金的收缴面(及覆盖面),基金收入会有所增加;而且企业缴费负担减轻,竞争能力增强使收入增长,从而增强缴费能力。从考虑企业负担和缴费能力出发确定的低缴费率,再配合劳动力收入货币化、工资化等改革措施,最终会带来社会保障基金的增长。

2011 年 7 月 1 日起,《中华人民共和国社会保险法》正式实施,在养老和医疗保险关系的转移、基本养老保险统筹层次的提高、社会保险费的强制征收以及对社会保障基金的严格监管等方面,做出了详细规定,规范了社会保障基金的管理。其主要特色是:①跨域转移。规定"个人跨统筹地区就业的,其基本养老保险关系随本人转移,缴费年限累计计算;个人达到法定退休年龄时,基本养老金分段计算、统一支付"和"个人跨统筹地区就业的,其基本医疗保险关系随本人转移,缴费年限累计计算",解决了养老保险和医疗保险异地转移接续问题。②全国统筹。规定"基本养老保险基金逐步实行全国统筹,其他社会保险基金逐步实行省级统筹",为 2020 年实现全国统筹提供了法律保障。③强制征收。规定用人单位拖欠缴费的约束手段,"用人单位逾期仍未缴纳或者补足社会保险费的,社会保险费征收机构可以向银行和其他金融机构查询其存款账户;并可以申请县级以上有关行政部门作出划拨社会保险费的决定,书面通知其开户银行或者其他金融机构划拨社会保险费。用人单位账户余额少于应当缴纳的社会保险费的,社会保险费征收机构可以要求该用人单位提供担保,签订延期缴费协议。用人单位未足额缴纳社会保险费且未提供担保的,社会保险费征收机构可以申请人民法院扣押、查封、拍卖其价值相当于应当缴纳的社会保险费的财产,以拍卖所得抵缴社会保险费"。④严格监管。实施"各级人大常委会审议社会保险基金管理的工作报告""财政和审计部门监督""社会保险行政部门检查""社会保险基金监督委员会实施社会监督"以及"单位和个人依法申诉"等全方位、立体化监督体系,严格监管社会保险基金的收支、管理和投资运营。

本 章 小 结

本章主要介绍了社会保障基金的含义、分类、筹集、运营、支付以及管理等内容。

自 测 题

一、判断题

1. 工伤保险多采用企业全额负担的方式筹集资金。 （   ）

2. 为了应对贬值风险,政府应当放松对社会保障基金投资运营的限制。 （   ）

3. 我国基本养老保险和基本医疗保险采取的是"部分基金制"的筹资模式。 （   ）

二、单项选择题

1. 社会保障基金不仅是社会保障事业发展的物质基础,还是( )。

   A. 社会成员的"安全网"　　　　　　B. 社会发展的"稳定器"

   C. 经济增长的"助推器"　　　　　　D. 经济波动的"自动调节器"

2. 社会保障基金中规模最大、积累最多的是( )。

   A. 养老保险基金　　　　　　　　　B. 医疗保险基金

   C. 失业保险基金　　　　　　　　　D. 社会福利基金

3. 下面哪个是社会保障基金投资运营的首要原则( )。

   A. 安全性原则　　　　　　　　　　B. 盈利性原则

   C. 流动性原则　　　　　　　　　　D. 社会效益原则

三、多项选择题

1. 社会保障基金的基本含义包括( )。

   A. 是依法强制征集的资金　　　　　B. 是专项基金

   C. 是预算内资金　　　　　　　　　D. 是税收筹集的资金

   E. 是消费性资金

2. 我国由企业和个人共同负担的社会保险项目有( )。

   A. 养老保险　　　B. 医疗保险　　　C. 失业保险　　　D. 工伤保险

   E. 生育保险

3. 现收现付制的缴费率高低取决于( )。

   A. 人口的多少　　　　　　　　　　B. 赡养率的高低

   C. 替代率的大小　　　　　　　　　D. 人口老龄化程度

   E. 缴费人数的多少

案例

341

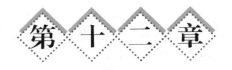

第十二章

社会保障服务

【学习目标】

通过本章的学习,读者应当了解社会保障服务的概念、服务主体和内容,充分理解社会保障服务是社会保障制度的核心,是实现制度目标的载体;重点掌握养老服务、健康服务、护理服务和就业服务的主要内容。

【导读案例】

2017年2月16日的上午,一场特殊的劳动争议仲裁案件审理在位于河北省迁安市的首钢唐山矿山街委进行着。按照惯例,这样的仲裁案理应在北京开庭。2016年12月13日由石景山区成立的北京市首个跨省、跨区域的巡回仲裁庭,在双方当事人的"家门口"就地开庭,免去了回北京的舟车劳顿以及吃住花费。不仅仅在劳动仲裁方面,办理退休、工伤鉴定等诸多的社保业务,位于迁安的外迁企业、外迁职工都开始享受来自北京的社保服务机构的上门服务。

上门办理退休业务——企业车费省了6万元

与巡回仲裁庭一起挂牌的还有"首钢唐山地区社会保障事务服务中心",该中心将社保经办、退休审核、工伤认定、定点医疗机构管理、劳动能力鉴定、就业指导等在北京办理的公共领域服务基本全部移到迁安。本月初刚在此正式上岗的劳动管理协管员怡凤东正在与北京市石景山区人保局的工作人员进行工作交接。入职十余天,他的工作主要是接待职工及职工家属有关社保的政策问询。他说:"来的人都提到太方便了,不用再跑回北京了。"

而该服务中心的成立,最让首钢矿山街委副主任郭建军大声叫好的是有关退休业务的办理。"去年光办理退休来回北京的车费就是6万元,这还没算上出差补助、吃住费用呢。"服务中心成立之前都要到北京去办。"档案原件都要搬到北京去,每人的档案都是厚厚一摞、几斤沉,一个月平均40个人的档案怎么着也得装上三大包。"郭建军说。服务中心成立后,"石景山区人保局相关人员上门来审档,缺什么直接从档案库里抽调,人力、物力、财力省的不是一星半点"。

相关负责人指出,目前服务中心基本上把在北京要办的业务全部移到迁安当地。"下一步,与社保中心、医保中心系统进行对接后,包括定点医院的变更、生育津贴的申报等都可在迁安当地解决。"

北京市将在曹妃甸建立市级外迁企业服务中心

2016年12月8日,北京市人力社保局与河北省人力社保厅召开北京大兴国际机场劳动争议案件处理协调会第一次会议。双方商定,新机场建设过程中可能发生的劳动争议案件的劳动合同履行地和用人单位所在地跨京冀的,由合同履行地的仲裁机构优先处理。

2016 年 12 月 14 日,北京市通州区与天津武清、河北廊坊在天津市武清区召开劳动人事争议协同处理工作座谈会。通武廊将成立劳动人事争议处理工作协调小组,负责三地劳动人事争议案件处理协调。通武廊辖区内的仲裁机构可就案件调处工作直接对接,重大、疑难案件可上报三地或三省市协调小组统筹协调。

随着各区的自选动作的进行,北京市人力社保局也在进行统一的运作,相关负责人透露,北京市将建立区域统一的公共服务平台,在曹妃甸建立服务外迁企业的服务中心,北京社保方面的服务外延至河北曹妃甸。

(资料来源:新华网,北京青年报,2017-02-22,http://news.xinhuanet.com/2017-02/22/c_1120506781.htm.)

思考:你是如何理解本案例中出现的社会保障服务问题的?

第一节 社会保障服务概述

一、社会保障服务的概念与特征

(一)社会保障服务的概念

社会保障服务既有总额定量的要求,也有质量定性的要求。量的要求决定了社会保障服务在本国经济社会发展水平下必须尽可能覆盖所有社会成员。质的要求决定了社会保障服务内容的不断充实和水平的持续提高,从而满足人们对社会保障日益增长的需求。长期以来我们都比较重视社会保障的制度建设而忽视了社会保障服务质量的提高,但是社会保障服务恰恰是社会保障整个制度的核心,关系到社会保障的长远运行和发展。

亚洲开发银行提出社会保障服务包括各种旨在减少贫困和风险影响程度的政策和计划,例如,加强劳动力市场的有效性,降低人们所承受的风险程度,并增强其自我保护能力,以防御各种危险,减少其收入中断或收入损失发生时受到的影响。

我们认为,社会保障服务是一国国民依据本国社会保障法律法规相关规定,通过社会保障经办机构及其人员,直接享受化解其工业社会风险的物质或者精神方面的帮助。社会保障服务也是国家面向全体公民提供的、用于满足其基本社会保障需求的公共物品和公共事务的总称[①]。

(二)社会保障服务的特征

社会保障服务具有普遍性、及时性和可及性等特征。

1. 普遍性

人人共享的理念决定了社会保障服务的广度。社会保障服务是国家法律法规规定的

① 白维军,童星.论我国社会保障服务的理念更新与体系构建[J].中州学刊,2014(5).

由全体国民所共享的公共服务,从性质上说社会保障服务是公共产品,任何人不得以任何理由把其他人排除在社会保障服务的享受范围之外,因此社会保障服务具有普遍性。

2. 及时性

社会保障服务和一般的服务不同,在一定程度上,社会保障服务具有急迫性,即当社会成员开始享受社会保障服务时,他在现实中是面临很大的社会风险的,这种社会风险甚至直接影响其生存和发展,因此可以说社会保障服务是一种雪中送炭型的服务,具有及时性。

3. 可及性

社会保障服务供给的可及性是社会保障目标实现的基本途径,也是保障社会保障制度实现反馈的重要条件。作为最终的制度输出,社会保障服务对于制度的可持续发展具有重要意义。只有社会保障服务具有较高的可及性并得到参保者的满意和认同,才能强化已参保者的续保意愿,其示范作用使更多的人自愿参加社会保障制度[1]。

二、社会保障服务的主体

社会保障服务的主体呈现多元化特征,涉及政府、企业、第三部门和公民等[2]。

1. 政府

政府是社会保障的首要责任主体。社会保障具有公共产品的属性,属于公共产品的一部分,这决定了政府介入社会保障具有理论必要性。同时,社会保障又具有强烈的外部性,这决定了由政府之外的其他组织或私营企业来承担这项社会职能是不现实的,因此政府介入社会保障具有现实必要性。政府作为社会公共利益的代表,具有保障社会成员的基本生存权利和发展权利、建立与发展社会保障制度的责任与义务。总之,政府的责任义务和社会保障的公共职能性质决定了政府是社会保障的首要责任主体。

2. 企业

企业作为社会保障服务的义务主体,有为社会保障计划缴费的义务。从企业与工人的雇佣关系看,工人为企业提供劳动,企业向工人支付劳动报酬。按照马克思主义劳动价值理论分析,货币关系掩盖了雇佣工人的无偿劳动,工人得到的工资只是其全部劳动的报酬的一部分。因此,为工人的社会保障计划提供支持,也是对工人应得而未得的报酬部分的补充,是企业应尽的义务。

3. NGO 组织

NGO (Non-Governmental Organization)组织是社会保障服务的参与主体。NGO 是具有组织性、民间性、非营利性和志愿性的社会组织的统称,在我国主要包括社区自治组

---

① 郑功成. 中国社会保障改革与发展战略:养老保险卷[M]. 北京:人民出版社,2011:103.
② 柯亮. 社会保障服务主体探析[J]. 华中农业大学学报(社会科学版),2008(1).

织、社会团体、公益基金会及民营非企业单位等。1979 年志愿组织国家委员会出版了《变动世界中的格莱斯顿志愿活动》(*Gladstone's Voluntary Action in a Changing World*)，其认为政府所供给的公共福利并没有有效推进战后的社会重建，并且进一步损害了自由与主动精神，因此应当实现渐进式的福利多元主义变革，由国家整合资源，由志愿组织来具体供给福利服务[①]。后来，国际上均开始注重将 NGO 组织作为福利供给的重要一极，社会保障体系的完善需要合理有效地发挥它们的功能。

4．个体

个体是社会保障服务的享有主体。社会保障权是每个社会成员都应平等享有的一项基本权利，其权利主体具有普遍性特征，不仅仅限于劳动者群体、弱势群体等特定的主体。在主权国家内，它的享有者也不仅仅限于其公民，还应包括其范围内的所有居民。个人虽然处于权利主体的地位，但在某些保障项目中也要负担一些比例的费用，这是取得某种社会保障的条件，比如在社会保险中，个人具有不可推卸的缴费责任。

三、社会保障服务的内容

（一）养老服务

养老服务是指国家和社会对老年人提供的，在保证其基本生活基础上，不断提高其生活质量的物质和精神方面的服务。养老服务供给关系到老年人的生活质量，影响到老有所养、老有所乐目标的实现。当前，我国人口老龄化的加速发展与工业化、城镇化、现代化相伴随，与城乡差异、区域差异、收入差异扩大相重叠，与经济转型、社会转型和文化转型相交织，这对养老服务供给提出了更高更难的要求。因此，未来养老服务仍是我国社会保障服务的重点内容。

（二）健康服务

健康服务是为全人群提供的覆盖全生命周期的服务。随着健康观念与模式的变化，享有健康服务是公民的一项权利。从内容上看，健康服务不再局限于生理健康，同时更加关注心理健康、个人与社会环境的和谐发展。从阶段上看，健康服务也不再是单纯的治疗，同时更加关注预防与康健服务。

（三）护理服务

护理服务是指亲人或者专业人员对无法自理的人员尤其是老年人提供的维持其正常生活活动的服务。供给侧改革进一步释放了人们的护理服务需求，加快护理服务的发展以提升个体与社会的福利水平至关重要。

---

① GLADSTONE F J. Voluntary Action in a Changing World, National Council of Social Service Policy Planning Unit[M]. London: Bedford Square Press, 1979.

(四) 就业服务与创业扶持

就业服务主要是通过政府对就业市场的指导和干预,以优惠政策鼓励积极就业,提供全方位就业服务等,推动失业者实现再就业。就业服务的主要做法和经验包括:拓展新的就业领域,创造就业岗位,实行职业轮换,以减免税收、小额贷款、就业补贴等政策鼓励失业者自主创业、鼓励企业提供就业岗位等[1]。创业扶持是国家和社会对创业者提供的各类帮助之和,包括资金、政策和信息等。

(五) 福利服务

弗雷德对社会福利所下的定义是:"社会福利是一种用以协助个人与团体获得生活健康的适足标准的有组织的福利服务,目的在于让每个人发展其充分能力以改善其利益,并能适应社区的需求。"因此,社会福利服务就是社会福利的内容,也就是说社会福利的服务项目是实务取向的[2]。作为社会保障组成部分的社会福利,在传统意义上是指民政部门为孤寡老人、孤残儿童、残疾人等特殊人群提供的帮助和服务[3]。我国台湾地区的社会福利服务种类包括儿童福利服务、少年福利服务、妇女福利服务、身心障碍者保护服务及老年人福利服务[4]。

(六) 救助服务

救助服务是我国社会保障服务中最基本的服务。社会救助是在公民不能维持最低生活水平时,由国家和社会按照法定的标准提供满足其最低生活需求的物质援助的社会保障制度,在这一制度下开展的各项服务便是救助服务。我国救助管理站提供的救助服务主要是为主动需求救助者提供基本的保障服务,免除其最低生活风险,并根据个体的具体情况给予相应的帮助。

四、我国社会保障服务管理

(一) 我国社会保障服务管理的问题[5]

首先,社会保障服务没有覆盖到全体社会成员。城镇社会保障服务不均等使大多数农民和农民工不能享受与城镇居民均等的社会保障服务。农民和农民工的社会保障服务相对于城镇居民来说,仍然属于自我保障,这显然不符合社会保障服务的普遍性。

其次,社会保障服务存在较为严重的分割、封闭的现象。在现行的"条块分割"的管理体制下,社会保障服务体系存在的分割、封闭性,不仅使劳动者在自由择业时因各地社会保障待遇问题受到限制,也使社会保障服务体系的内部资源得不到充分的利用,造成了资源浪

---

① 孙光德,董克用.社会保障概论[M].北京:中国人民大学出版社,2004:197.
② 沙依仁.社会科学是什么[M].北京:世界图书出版社,2006:125.
③ 邓伟志,李一.中国社区建设的实践与探索[M].杭州:浙江教育出版社,2009:165.
④ 沙依仁.社会科学是什么[M].北京:世界图书出版社,2006:126.
⑤ 吴鸣.大国策:通向大国之路的中国社会保障发展战略[M].北京:华文出版社,2009:323-324.

费；封闭的格局限制了竞争，造成社会保障服务机构的服务效率低下，服务质量不高。

最后，社会保障服务供给结构简单，保障水平较低。对于那些基本生活需求得到满足而希望能够得到更多更高层次满足的居民来说，现行的社会保障服务体系无法提供相应的较高水平的服务；而对于那些基本生活尚且没有得到保障的低收入人群来说，现行的社会保障服务体系并没有将其完全纳入覆盖范围内，导致他们的基本生活需求也得不到满足。

（二）对我国社会保障服务管理的建议

首先，应当发挥国家立法机关主导立法的作用。尽快建立完整的社会保障法律体系，实现社会保障事业法制化。制定社会救助、社会福利、社会慈善事业方面的高层次立法，依据现实发展动态完善《社会保险法》《老年人权益保障法》《残疾人保障法》《未成年人保护法》等社会保障法律。发挥立法的导向作用，着重保障社会弱势群体充分获取社会保障资源的机会公平性，以稳定的立法增进公众对于社会保障制度的信任感与依赖性，增强整个社会的团结协作。

其次，我国政府要秉承为弱势群体增权赋能的原则，一方面加大社会保障转移支付的资源，从扩大社会保障覆盖弱势群体的广度与弱势群体获取社会保障资源的深度两个方面做出努力；另一方面通过对其技能的培育提升其平等参与社会生活与维护自身社会保障权利的能力，帮助弱势群体主动预防风险、化解风险。要秉承以人为本的发展理念，加快建立健全农民工群体，包括困境儿童、困难儿童、流浪儿童在内的特殊儿童群体，残疾人群体，老年人、妇女等弱势群体全面支持的保障体系。

再次，尽快建立城乡统筹的社会保障制度，整合城乡居民基本养老保险制度、基本医疗保险制度、最低生活保障制度，增强农村社会保险制度与城市社会保险制度的政策衔接。改革机关事业单位养老保险体制，适度提高企业单位养老金替代率，尽量减小社会制度壁垒所带来的社会保障待遇差距。

最后，我国必须改变传统的国家包办社会保障的思想，更多地从社会保障本身的经济属性考虑社会保障事业的发展，逐步通过发展社会保障事业发挥其保障功能。为了增强社会保障事业的自我发展能力，减轻国家的财政负担，要有计划、有步骤地在社会保障项目上建立有偿服务制度，拓宽社会保障的收入来源。实行产业化经营，可以考虑利用专业化的组织（无论是公共的还是私营的）来提供社会保障服务。这样一来，既可以通过专业化组织高效率地利用稀缺有限的社会资源来更好地发展社会保障事业，还可以形成一个新兴的社会保障服务产业，吸纳劳动力就业，推动国民经济的发展。

第二节　养老服务

截至 2016 年年底，我国 60 岁以上老年人口已经达到 2.3 亿，占总人口的 16.7％[①]。据估计，到 2020 年我国 60 岁以上老年人将达到 2.4 亿，约占全国人口的 16％，到 2050 年

---

① 国家统计局.中华人民共和国 2016 年国民经济和社会发展统计公报［EB/OL］.民政部网站，http://www.stats.gov.cn/tjsj/zxfb/201702/t20170228_1467424.html.

这一比例将达到 28%[①]。通常国际上老龄化社会的标准为：60 岁以上人口占总人口比例达到 10% 或 65 岁以上人口相应比例达到 7%。因此可以说，我国是一个人口大国，也是一个老龄化程度仍在不断加深的老龄人口大国。更具挑战性的是，《第四次中国城乡老年人生活状况抽样调查》结果表明，老年人的健康状况不容乐观，我国失能、半失能老年人约有 4 063 万人，占老年人口的 18.3%。2015 年中国健康与养老追踪调查项目研究报告显示，33.1% 的受访老年人有较高程度的抑郁症状，我国老年人精神慰藉服务严重不足，精神孤独问题尤为突出。面对如此庞大的老年人群体，面对如此多样化的养老服务需求，如何为老年人提供优质的养老服务以保障他们安享晚年，是全社会迫切需要解决的问题。

一、养老服务的概念和特征

（一）养老服务的概念

养老服务是指国家和社会对老年人提供的，在保证其基本生活基础上，不断提高其生活质量的物质和精神方面的服务。

养老服务有狭义和广义之分。狭义的养老服务仅指专门机构提供给老年人享受的服务。广义的养老服务实质上是一个养老服务系统，是指支撑和维护老年社会保障制度运行和发展的各环节与各阶段所需服务的总称，由服务主体、服务对象、服务内容和服务方式等多种要素组成，是维系老年人日常生活运转的体系，包括养老金的领取、老年人的衣食住行以及权益的维护等各个方面，它是一个完整的系统[②]。

（二）养老服务的特征

养老服务具有基本性、多样性、多层次性和多元主体等特征，如表 12-1 所示。

表 12-1　老年人的服务需求类型

需求等级	需求分层	层次内容	具体方面
低级　↓　高级	生存需要	生理需求	衣、食、住、行等方面的基本需求
		健康需求	医疗诊治的需求、生活照料的需求
		安全需求	经济保障的需求、社会安定的需求
	交互需求	情谊需求	情感与友谊的需求、人际交往的需求
		归属需求	角色定位的需求、社会认同的需求
	享受需求	文化生活需求	追求知识的需求、休闲娱乐的需求
		尊重需求	自我尊重的需求、他人尊重的需求
	价值需求	人生价值实现需求	人的才能全面发展的需求、追求理想和本性的需求
		超越性需求	追求超人类价值、存在性价值或宇宙价值的需求

---

① 老龄委. 中国人口老龄化发展趋势预测研究报告[EB/OL]. http//www. china. com. cn/chinese/news/1134589. htm.

② 王石泉. 中国老年社会保障制度与服务体系的重建[D].上海：复旦大学，2004：202.

1．基本性

养老服务设立的主要目的是在老年人进入年老阶段后，帮助其化解可能遇到的各项风险。这些风险是每一个人都需要面对的。风险的多样性、需求的普遍性与资源的有限性共同决定了养老服务应当具有基本性，也就是说，养老服务必须从基本保障服务开始，优先满足老年人的基本生活需求。

2．多样性

老年人需求的多样性决定了以老年人为服务对象的养老服务亦需具备多样性的特征。老年人具有衣食住行等方面的基本生活需求、医疗诊治与生活照料的健康需求、经济保障与社会安定的安全需求、情感与人际交往的情谊需求、角色定位与社会认同的归属需求、追求知识与休闲娱乐的文化生活需求、自我尊重与他人尊重的尊重需求、全面发展与追求理想的价值实现需求、超越性需求等。尤其是随着社会发展，家庭规模将越来越小，空巢家庭日益增多，老年人精神方面的需求将越来越多。因此，养老服务也必须围绕老年人的各项需求展开，力图做到满足老年人方方面面的需求。

3．多层次性

人口老龄化与高龄化、家庭小型化与空巢化决定了当前老年人具有多种层次的需求。多层次的需求需要多层次的养老服务来满足。所有的老年人都有多样化的需求，但不同的老年人对待不同层次的需求有各自的优先级，如一些处于贫困中的老年人最需要的服务是可以满足其生理需求与健康需求的养老服务，但一些有较强经济能力的老年人最需要的服务可能是可以满足其自我实现需求的养老服务。因此，养老服务要根据不同老年人的需求层次，有针对性地满足老年人的需要。

4．多元主体

社会总福利等于家庭提供的福利、市场提供的福利、国家提供的福利的加总。同样，养老服务总量等于家庭（社区）提供的养老服务、市场提供的养老服务与国家提供的养老服务的加总。老年人需求的多样性与多层次性决定了由政府作为单一主体来提供养老服务是不现实的。因此，养老服务的供给主体不仅仅是政府，同时也包括社会。多元主体参与养老服务供给使老年人物质和精神方面的需求能够尽可能得到满足。

二、养老服务的分类

当前流行的养老模式可以分为机构养老服务与社区居家养老服务两种。

（一）机构养老服务

机构养老是指由国家与社会建立专门的社会组织或专业机构，为老年人提供满足其身体、心理、精神慰藉等需求的集中式养老服务模式[①]。中国的机构养老兴起于 20 世纪

---

① 陈雷.中国机构养老服务从补缺型迈向民享型与发展转变[J].现代经济探讨,2016(1)：17-39.

50年代后期,在农村集中表现为敬老院,集中供养"五保户"(保吃、保穿、保住、保医、保葬);在城市集中表现为社会福利院,收养城市中的"三无"老人(无劳动能力、无生活来源和无赡养人的老人)。这些机构均属于国家公办性质,具有很强的救济性、慈善性,多为非营利性福利机构。近年来全国各地兴办了为数甚多的、以营利为目的的收费养老院,它们多以民办公助的形式存在,即由个人或集体出资,政府主要在土地和税费上给予一定的照顾①。

机构养老服务是指由专业人员提供医疗、卫生保健、护理照料、社会参与等服务②。机构养老服务的需求者并非全体老年人,而是需要接受长期照料的老年人,如"三无""五保"老人、缺乏自理能力的高龄老人、失能与半失能老人。此外,部分拥有一定经济基础且愿意接受有偿或低偿机构服务的老人也是机构养老服务的需求者。

机构养老服务主要包括:生活照料服务、医疗护理服务、精神慰藉服务、文化娱乐服务。生活照料服务通常包括更衣辅助、进餐辅助、服药辅助、入浴辅助、排泄辅助、移动辅助、配餐、做饭、洗衣、打扫居住环境、取药、购物等;医疗护理服务通常包括测量血压、测量血糖、测量体温、静脉输液、注射药物、心肺听诊检查、吸氧、换药、健康咨询、定期体检、康复护理与锻炼等;精神慰藉服务通常包括聊天、谈心、心理咨询、临终关怀等;文化娱乐服务包括为老年人提供娱乐设施、场所以及具体化服务等。

发达国家和地区较早进入老年社会,在保障老年人"老有所养、老有所医、老有所乐"的问题上进行了长期的探索和实践,形成了较完善的安老服务体系。例如,美国的"居家援助式"老年公寓致力于最大限度地发挥老年人的潜力,尽可能使老年人自立生活;法国在养老模式上普遍采用酒店式老人公寓,在这种公寓中,配套设施完全依据老年人的需要而设计。总结发达国家的机构养老服务可以发现,国家在安老服务中承担主要责任,为老年人提供专业化的服务和多样性的选择③。

(二)社区居家养老服务

由于机构养老服务存在社会隔绝、资源紧缺等固有弊端,国外开展了广泛的"去机构化"运动,强调将养老服务在社区与家庭层面结合,开展社区居家养老服务。事实证明,社区居家养老服务既摒弃了传统家庭养老和机构养老的弊端,又集中了两者的优点;既减轻了老年人家庭的经济负担,满足了老年人恋家的需要,又减轻了养老机构的压力,减少了国家养老资金的投入,有效节约了社会资源。

居家养老、社区养老、社区居家养老是极易混淆的三个概念。其实,这三者在某种程度上只是概念外延的差别,从内涵而言,差别并不大。从服务供给上说,居家养老服务有狭义和广义之分。狭义的居家养老服务仅指上门入户服务。广义的居家养老服务包括入户服务与户外服务。其服务形式主要有两种:一是由经过专业培训的服务人员上门为老年人开展照料服务;二是以社区为平台,创办老年人日间照顾中心,为老年人提供日托

---

① 李翌萱.对我国机构养老模式发展问题的思考[J].社会工作,2009(7).
② 栾文敬,李响.社会工作介入机构养老服务的角色分析[J].社会工作,2014(5):110-117.
③ 许爱花.社会工作视阈下的机构养老服务[J].江淮论坛,2010(1):128-135.

服务①。

学界对于社区居家养老的概念看法不一。有学者认为,社区居家养老是指老年人住在自己的家里,依靠所在社区的居家养老服务机构获取医护、家政、餐饮、娱乐及精神慰藉等各种服务,并相应承担一定服务费用的养老方式②。这一概念相当于狭义的居家养老。还有学者认为,社区居家养老是以家庭为核心,以街道社区服务中心为依托,以义务服务和便民利民网点为服务资源,以上门服务和社区日托为主要形式,并引入专业化的服务机构,为老年人提供生活护理、家政服务和精神慰藉等多项服务的社会化养老模式。这一概念又相当于广义的居家养老。

总的来说,虽然三者概念有差别,但从服务供给角度来看,社区居家养老服务要为老年人提供包括生活照料服务、健康医疗服务和精神慰藉服务在内的养老服务。其中生活服务是基本,健康服务是关键,精神服务是提升③。社区居家养老服务本身也暗含了供给方式的多样性和供给主体的多元性,其核心在于培育多元参与主体,多层次、广范围地为老年人提供公共服务,根本目的是满足社区老年人的需求,提升老年人的生活质量④。

三、养老服务设施

养老服务设施主要包括老年人精神生活设施与老年人日常照料设施。

(一)老年人精神生活设施

老年人精神生活设施有老年学校、老年活动站和老年谈心站等。①老年学校。老年学校是为满足低龄老年人的求知欲望,实现国家终身受教育的要求而设立的,可以保障老年人继续受教育的权利。②老年活动站。为使老年人的晚年生活丰富多彩,充满乐趣和欢笑,社区内应设置老年活动站。③老年谈心站。对中高龄老人而言,白天子女上班后,老年人在家中难免会有寂寞和孤独的感觉。设立老年谈心站为老年人排遣寂寞、寻找欢乐提供了渠道。

(二)老年人日常照料设施

老年人日常照料设施主要包括敬老院、老年人日间照料中心、老年医疗保健中心、老年饭桌和社区老年服务中心等。①敬老院。主要解决中高龄老人、生病老人和孤寡老人的生活照料、治病护理问题。敬老院设有各种档次的老年人住房,带有卫生间、公共活动室、娱乐室、影视厅、康复室、治疗室、护理室、餐厅和办公管理用房等。②老年人日间照料中心(托老所)。那些白天家中子女都去上班因而无人照料的老年人可以住进托老所。早晨子女上班时将老年人送进,晚上下班回家时再把老年人接出。③老年医疗保健中心。老年人随着年龄的增长,身体的抗病能力变差,健康状况每况愈下,所以大多数老年人普

①　陈友华.居家养老及其相关的几个问题[J].人口学刊,2012(4):51-59.
②　廖鸿冰,李斌.我国社区居家养老模式的理性选择[J].求索,2014(7):19-23.
③　张巍.论我国基本社会保障服务的发展与完善[J].贵州社会科学,2013(9):129-134.
④　郭风英.城市社区居家养老服务多元供给机制探析[J].经济研究,2010(11):47-48.

遍需要的是能方便及时地看病、治病、买药、护理等方面的帮助。④老年餐厅（老年饭桌）。老年餐厅是为解决大多数留在家中而不愿去敬老院、托老所的老年人中午无子女做饭的困扰而设立的。社区应考虑增加建立老年餐厅（老年饭桌）或送饭上门服务，以解决他们居家养老过程中的吃饭问题。⑤社区老年服务中心。社区应建立老年服务中心，全方位为老年人服务。社区老年服务中心应建立所在区域内全部老年人的分布情况及老年人基本情况的档案，建立各种为老年人服务的网站，向老年人提供各种服务帮助。

四、养老服务管理

（一）我国养老服务管理中存在的问题

首先，家庭养老功能减弱，"四二一"家庭难以满足老年人的养老需求。长期以来，我国实行以家庭养老为主的养老模式，但随着计划生育基本国策的实施以及经济社会的转型，家庭规模日趋小型化，"四二一"家庭结构日益普遍，空巢家庭不断增多。目前，我国户均规模 3.16 人，较改革开放之初的 4.61 人下降了 31.5%。城市老年空巢家庭已达到 49.7%，农村老年空巢家庭已达到 38.3%。家庭规模的缩小和结构变化使家庭的养老功能不断弱化，老年人对专业化养老机构和社区服务的需求与日俱增。

其次，尽管老年人对社会化养老的需求上涨，但我国的养老服务设施和养老机构床位严重不足，同时存在供过于求和供不应求的问题。2014 年年末全国各类提供住宿的社会服务机构有 3.8 万个，其中养老服务机构有 3.4 万个；社会服务床位 586.5 万张，其中养老床位 551.4 万张；收留抚养和救助各类人员 304.6 万人，其中养老人员 288.7 万人。由此数据可见，全国养老机构有将近一半的床位处于空置状态。与此同时，公办养老院则供不应求，出现一床难求的火爆场面。一边是资源闲置浪费，一边是资源严重短缺，如何突破以上两种矛盾的困局，是养老服务管理亟须解决的问题。

最后，养老服务从业人员素质有待提高。由于养老服务人员整体的文化素质和事业归宿感偏低，其流动性较强，且服务水平和质量不能较好地满足目前老年人的实际需求。大多数养老服务人员都没有接受过系统性的专业培训，因此不能切实根据老年人的需求设置服务项目，采取合理的方式为老年人服务，也不懂得如何科学地管理和充分利用养老设施，以供老年人使用[①]。

（二）对我国养老服务管理的建议

首先，我国应当加快社会化养老的步伐。一方面，加快养老服务设施和养老机构床位建设。"十三五"推进基本公共服务均等化规划提出，2020 年养老床位中护理型床位比例要达到 30%。要鼓励和扶持社会力量兴办养老机构，促进养老服务产业发展，引入市场化运作机制，大力推进投资主体、投资方式多元化，鼓励社会资金以独资、合资、合作、联营、参股等方式兴办养老机构。同时，国家需要出台和落实养老服务设施和养老服务机构在土地供应、资金投入、税费减免、财政补助、社会融资、供水供电供热、免费服务等方面的

---

① 黄立娟.人口老龄化背景下养老服务体系研究[D].上海：上海交通大学，2010：23-26.

优惠政策。另一方面,要加快发展社区养老服务与居家养老服务。社区居家养老服务因其得天独厚的优势成为我国养老的首选模式,国家应当推进社区与社会组织、社会工作者等主体的合作与联动,使社区居家养老服务更加优质化、精准化、专业化。

其次,应当完善人才引进与培育机制。协调劳动保障、财政等部门,为养老服务设置公益性社工岗位,让社会参与到为老服务中来;强化对现有从业人员的职业技能培训,严格实行持证上岗,逐步开展中级、高级和技师等培训,以提高其职业技能和职业素养;要加大养老服务专业人才引进力度,鼓励和吸引专业技术人员与高等院校毕业生从事养老服务工作。

五、我国养老服务业发展展望

(一)养老服务业发展历程

1. 社区服务阶段(1980—2010 年)

20 世纪 80 年代,我国开始了从计划经济向市场经济的体制改革。改革开放后,一方面,市场经济体制下"单位人"演变成了"社会人",企业办社会的现象结束,职工在企业转轨后失去了享受单位福利的机会,退休后进入社会管理;另一方面,由于家庭结构的变化,再加上多数年轻人都外出工作,导致空巢家庭大量出现,家庭养老的功能进一步弱化。1985 年,针对出现的问题,国家提出对养老服务业进行改革,实施社区服务的试点。1987 年提出了"面向社会、发展社区服务"的方针,实践证明,社区养老服务具有良好的效果。1997 年,在首次举办的老龄产业研讨会上,第一次提出"老龄产业"概念。这一新兴产业囊括了为满足老年人多方面需求而提供服务的第一、二、三次产业,涉及经济领域的方方面面。自此,养老服务业迎来了发展的契机。2000 年《中共中央、国务院关于加强老龄工作的决定》提出,改变由国家统包统管社会福利事业的局面,动员全社会力量投资兴办社会福利事业,强调培育和发展老年消费市场。服务内容也由过去的单一形式向多样化转变,除了医疗保健服务、日常生活照料服务,还有老年人文化娱乐、老年人终身教育等内容。同年,国务院办公厅发布了《关于加快社会福利社会化的意见》,提出了发展多种所有制形式的社会养老服务机构的目标和构想。2006 年国务院在《关于加快发展养老服务业的意见》中要求,按照政策引导、政府扶持、社会兴办、市场推动的原则,逐步建立和完善以居家养老为基础、社区服务为依托、机构养老为补充的服务体系。要建立公开、平等、规范的养老服务准入制度,积极支持以多种方式兴办养老服务业,鼓励社会资金以各种方式兴办养老服务业。2008 年,《中共中央组织部、人力资源和社会保障部关于印发〈关于进一步加强新形势下离退休干部工作的意见〉的通知》,提出在新形势下要加强社会养老服务,对离退休干部要做到老有所养、老有所医、老有所教、老有所学、老有所乐、老有所为。由此,进一步推动了我国社区养老服务的发展①。

2. 产业起步阶段(2011 年至今)

2011 年,《社会养老服务体系建设规划(2011—2015)》正式实施,强调要充分发挥市

---

① 王桥.我国养老服务业发展进程、存在的问题及产业化之路[J].湘潭大学学报(哲学社会科学版),2015(6).

场作用,不断强化养老服务产业发展,标志着我国养老服务产业化正式启动。

2013年8月16日,国务院常务会议确定了深化改革、加快发展养老服务业的任务和措施。根据国务院常务会议精神,《关于加快发展养老服务业的若干意见》(以下简称《意见》)提出加快发展养老服务业的总体要求、主要任务和政策措施,对加快发展养老服务业做了系统安排。《意见》的出台,是我国养老服务业发展史上的重要里程碑,是指导我国养老服务业发展的纲领性文件,是新一届政府统筹稳增长、调结构、促改革所采取的应对人口老龄化、满足老年人多样化多层次养老服务需求、填补服务业"短板"、拉动消费、扩大就业的一举多得之策。可以说《意见》是"我国养老产业元年"的政策标志。

(二)养老服务业的发展趋势

1. 智慧养老

随着中国现代化的推进,新的信息技术与管理模式不断涌现,一种以物联网、互联网、社交网等技术为基础的现代化养老服务模式在中国开始出现。互联网是指通过网络与网络之间所串联成的庞大网络,这些网络以一组通用的协议相连,形成逻辑上的一致的国际网络。而物联网是指通过各种信息技术及其设备,按约定的协议把任何物品与互联网连接起来进行信息交换和通信,以实现信息化、远程管理控制和智能化的网络。将物联网、互联网、社交网等技术整合起来,并应用到养老服务中,就形成了一种全新的养老服务模式——智慧养老。大致来说,就是一方面通过各种传感器和网络,使老年人的日常生活处于远程监控状态;另一方面通过网络传递各种信息、能源与物质以满足老年人的养老需求,实现老年照护服务的智慧化。其核心在于以老年人群体性的需求为导向,通过整合先进的管理和信息技术,调动各种养老资源,协调各类养老相关方(老年人、家庭、亲属、政府、社区、医疗机构、医护人员等)的行动,从而系统化、智慧化、人性化地提高社区居家养老服务的能力和水平[1]。

2. PPP 模式

民政部在2016年第一季度例行新闻发布会上明确提出,"十三五"期间要重点推动社会养老服务体系建设。政府与社会资本合作(public-private-partnership,PPP)模式是指政府同私人部门通过协议、合同和特许经营等方式合作。这是一种介于外包与私有化之间的公共服务供给模式[2]。

经过几十年的努力,我国社会养老体系已经初具规模,形成了制度完善、组织机构框架合理、规模适度、营运状况良好的社会养老服务体系,但还存在监管不全面、供需错位、可持续发展性有待加强等问题。公私合营模式实际上在我国社会养老服务体系建设过程中已经存在,但是仅仅是在养老机构的建设、运营(如公建民办、民办公助)中使用,并未全面参与社会养老服务体系。从长远来看,我国的老龄化人口比重还会继续增加,目前这种以政府为主导的供给方式显然无法满足未来社会养老服务体系的多样化需求。

---

① 朱海龙.智慧养老:中国老年照护模式的革新与思考[J].湖南师范大学社会科学学报,2016(3).
② 王培培,李文.PPP模式下社会养老服务体系建设的创新与重构[J].理论月刊,2016(8).

因此,未来我国应以养老保障政策为导向,政府引导社会力量参与供给,完善各类养老服务设施,创新养老服务体系,实现政府与社会力量共同构建社会养老服务体系的新局面,最终实现政府、民间资本的互利共赢。PPP 模式下的社会养老服务体系不是简单地从解决国家养老问题出发而大兴养老机构的建设,而是一种针对目前我国养老服务体系建设过程中出现的问题,从多角度出发解决养老问题的合适办法。

3．健康养老服务

我国政府对健康养老服务给予了政策上的高度重视。2013 年 9 月 28 日国务院公布《关于促进健康服务业发展的若干意见》,10 月 23 日发布《关于加快发展养老服务业的若干意见》,这两项文件都是对养老服务业发展影响深远的文件。在《关于促进健康服务业发展的若干意见》中,国家提出了加快发展健康养老服务,推进医疗机构与养老机构等加强合作;在养老服务中充分融入健康理念,加强医疗卫生服务支撑;建立健全医疗机构与养老机构之间的业务协作机制,鼓励开通养老机构与医疗机构的预约就诊绿色通道,协同做好老年人慢性病管理和康复护理;增强医疗机构为老年人提供便利、优先优惠医疗服务的能力;推动二级以上医院与老年病医院、老年护理院、康复疗养机构等之间的转诊与合作;各地要统筹医疗服务与养老服务资源,合理布局养老机构与老年病医院、老年护理院、康复疗养机构等,形成规模适宜、功能互补、安全便捷的健康养老服务网络。同时要发展社区健康养老服务;提高社区为老年人提供日常护理、慢性病管理、康复、健康教育和咨询、中医保健等服务的能力,鼓励医疗机构将护理服务延伸至居民家庭;鼓励发展日间照料、全托、半托等多种形式的老年人照料服务,逐步丰富和完善服务内容,做好上门巡诊等健康延伸服务。这一文件为我国健康养老服务业指明了方向。

2014 年 9 月 18 日,民政部发布《关于加快推进健康与养老服务工程建设的通知》,提出健康与养老服务工程要重点加强健康服务体系、养老服务体系和体育健身设施建设,大幅提升医疗服务能力,形成规模适度的养老服务体系和体育健身服务体系,进一步明确了健康养老服务业的发展方向。可见,健康与养老服务的融合是未来养老服务业的发展趋势之一。

延伸阅读：养老服务业发展政策梳理

第三节　健康服务

健康作为一项重要的人力资本,对国民经济的发展起到积极作用[1]。同时,健康的改善将减少贫困,缩小收入的不平等,这是社会发展目标中的固有部分,也是个体福利的重要组成部分[2]。基本的健康服务可以保障公民获得健康的权利。2016 年 10 月,《"健康中

---

[1]　王弟海,龚六堂,李宏毅.健康人力资本、健康投资和经济增长——以中国跨省数据为例[J].管理世界,2008 (3):27-39.

[2]　SENA. Why Health Equity? [J]. Health Economics,2002,11(8):659-666.

国 2030"规划纲要》全文发布,要求全社会树立大卫生、大健康的观念,关注生命全周期、健康全过程的健康服务。未来 15 年,我国经济保持中高速增长将为维护人民健康奠定坚实基础,消费结构升级将为发展健康服务创造广阔空间,科技创新将为提高健康水平提供有力支撑,各方面制度更加成熟更加定型将为健康领域可持续发展构建强大保障。我国要抓住良好的战略机遇,发展全人群全生命周期的健康服务。

一、健康服务概述

健康是包含身心健康的全方位概念,1948 年世界卫生组织(WHO)在其宪章中将健康定义为"不仅指没有疾病和无虚弱,而且要有健全的身体、精神及社会适应性方面的完好状态"。伴随现代医学模式的不断变化,疾病的概念开始从"生物医学模式"向"生物—心理—社会医学模式"转变。在世界对健康认识的提升与现代医学模式转变的背景下,健康服务不再局限于生理健康,同时更加关注心理健康、个人与社会环境的和谐发展。健康服务也不再是单纯的治疗,同时更加关注预防与康健服务。

(一)健康服务的特征

健康服务具有惠及全人群与覆盖全生命周期两大特征。

1. 惠及全人群

健康服务要求全民共享,所有个体和社区都可以获得所需的卫生服务。更重要的是,个体不会因享有健康服务而陷入经济困境。每个人都可以获得需要针对最为重要的疾病和死亡原因而提供的服务,并确保人们不会在此之后因病致贫、因病返贫[①]。同时,建立全民公平的服务,使全体人民都可以获得足以改善其健康的高质量的服务。在覆盖全人群的过程中,解决好妇女儿童、老年人、残疾人、低收入人群等重点人群的健康问题,促进社会公正。

2. 覆盖全生命周期

健康服务涵盖全方位高质量基本卫生服务,从健康促进到预防、治疗、康复和姑息治疗[②]。针对生命不同阶段的主要健康问题及主要影响因素,强化干预,实现个体从胎儿到生命终点的全生命周期内的健康服务和健康保障。

(二)健康服务体系

波兰将健康服务按照服务提供者的不同角色功能划分为发现和评估护理需求的服务、健康促进和防治方面的服务、对服务对象进行的健康教育服务、技术性护理服务(如采

---

① 世界卫生组织. 全民健康覆盖[EB/OL]. http://www.who.int/mediacentre/factsheets/fs395/zh/.
② 世界卫生组织. 全民健康覆盖[EB/OL]. http://www.who.int/mediacentre/factsheets/fs395/zh/.

集血标本等)、协助诊断、治疗和促进服务对象康复服务[1]。我国《关于加快推进健康与养老服务工程建设的通知》指出我国健康服务体系的主要任务包括公共卫生和疾病诊断与治疗综合性或专科性医疗卫生服务设施、慢性疾病管理、术后康复、失能失智人员长期护理、临终关怀等接续性医疗服务设施以及健康管理与咨询、健康体检、中医药等特色养生保健等健康管理与促进服务设施建设。

概括而言,我们将健康服务分为预防服务、医疗服务与康健服务。其中,预防服务是针对健康状况较好的人群所开展的预防性健康保障服务;医疗服务是为具有较大的潜在患病风险或患病程度较轻的亚健康人群所开展的支持性健康保障服务与为患有严重疾病的人群所开展的生存性健康保障服务;康健服务是针对脱离疾病风险后的人群所开展的发展性健康保障服务。三者相辅相成,共同形成健康服务体系。

二、预防服务

预防服务是针对健康状况较好的人群所开展的预防性健康保障服务,是一类准公共产品或具有正外部性的消费品[2]。随着我国经济发展和生活水平的不断提高,心脑血管疾病、糖尿病、肾病等慢性病的发病率不断升高。慢性病作为一种长期积累且不能自愈的终身疾病,其发病、发展及健康结局受多种因素的长期影响[3]。如果能对疾病进行早诊断、早预防和早治疗,可有效地控制疾病病程。因此,预防服务在整个健康服务体系中占据重要地位。

(一)预防服务的类型

预防服务以接受服务场所为标准可以分为临床预防服务与社区预防服务,前者侧重针对个体进行的危险因素评价后干预,后者侧重人群的健康干预[4]。以面向的人群为标准,预防服务可以分为基本预防服务与有偿预防服务。

1. 临床预防服务与社区预防服务

临床预防服务是指在临床场所(包括社区和家庭场所),由卫生服务人员(包括医生、护士等)向患者、无症状者、健康人提供的预防保健服务[5],是临床场所有效干预的基础。其特点是以医生为主体,强调社会、家庭、病人共同参与,实现个体化、防治结合的综合性医疗服务。临床预防服务的实施,可以帮助服务对象早期发现疾病,控制相关疾病的危险

①　LUDMILA M,STAWOMIR C. Functioning of family nursing in transition：an example of a small town in POLAND. Are there any benefits for patients[J]. Health Expectations,2004,7：203-208.

②　陈文,吴凡,应晓华.社区基本预防服务的成本测算[J].中国卫生经济,2003(01)：45-48.

③　刘颖,仲来福.综合医院开展临床预防服务的可行性[J].医学与哲学(临床决策论坛版),2006,11：55-56＋63.

④　傅华,李洋,朱凯旋.当今预防医学与公共卫生的两大里程碑：临床预防服务和社区预防服务[J].中国慢性病预防与控制,2003(03)：121-122.

⑤　傅华,叶葶葶.临床预防服务[M].上海：复旦大学出版社,2004：3-4.

因素,从而提高服务对象的健康水平与生活质量,节省医疗费用[1]。

社区预防服务是以社区为范围,以群体为对象开展的预防工作[2]。社区是国家卫生体制的一个组成部分、一个功能的中心和活动的焦点,是个人、家庭、群众与国家保健系统接触的第一环,在社区层面上开展早期预防服务是十分合理的选择。例如,为了增进社区内群体的体育活动以达到强身健体的目的,可以通过电视、广播、报纸专栏和短讯、电影宣传册等媒介,开展持续的可见性的大范围、高强度社区范围的宣传活动;可以在电梯或电动扶梯边设立鼓励走楼梯的标识;可以根据个体不同的意愿程度和兴趣实施项目,教授项目参与者行为技巧来帮助他们将体力活动整合到日常的生活习惯中;可以构建、加强和维护可为行为改变(特别是体力活动)提供支持性关系的社会体系网络;增强体力活动场所的可及性[3]。

2. 基本预防服务与有偿预防服务

基本预防服务是指在一定的条件下,政府根据国家经济发展水平、预防服务能力和群众对预防服务的需求,保证向社会全体居民提供政府能负担得起的,成本低、效益好的免费的预防服务。基本预防服务是预防机构施行的一种政府行为的基本活动,由政府保证经费供给,具有较强的福利性质,面向社会群体,公众受益,服务项目不向公众收费[4]。

有偿预防服务是指在国家政策的规定下,预防机构在向社会提供预防服务的同时,对基本预防服务项目以外的预防服务项目实行收取一定成本和技术劳务报酬的服务。有偿预防服务并非完全的政府行为,其本质上是一种带有福利色彩的公益事业,虽然面向社会群体,但并非全体公众受益,而是谁受益谁付费。

(二) 预防服务的方式

1. 健康体检

1861 年英国著名医学专家 Horace Dobell 首先提出:定期的检查可以预防罹患疾病及死亡。1908 年美国政府开始对士兵进行旨在衡量健康素质的体检,1947 年美国医药协会提出了最早的健康体检概念,并建议每个 35 岁以上的健康人每年做一次全面的身体检查[5]。健康体检可分为临床健康体检与全民健康体检。

(1) 临床健康体检。根据求医者的性别、年龄和拥有的健康危险因素情况,通过一定的体格检查手段,及时地发现未被识别的严重疾病。目前推荐可有效发现早期疾病的筛查手段有:定期测量血压、称量体重、胆固醇的测定、视敏度筛查、听力测试、子宫颈癌筛

---

① MACIOSEK M V, COFFIELD A B, EDWARDS N M, et al. Priorities among effective clinical preventive services2results of a systematic review and analysis[J]. Am J Prev Med,2006,31(1): 52 -61.

② 傅华,李洋,朱凯旋. 当今预防医学与公共卫生的两大里程碑:临床预防服务和社区预防服务[J]. 中国慢性病预防与控制,2003(03): 121-122.

③ 傅华,李洋,朱凯旋. 当今预防医学与公共卫生的两大里程碑:临床预防服务和社区预防服务[J]. 中国慢性病预防与控制,2003(03): 121-122.

④ 秦侠,胡志,江启成,李绍华,李守田. 预防服务标准范围界定(二)[J]. 中国公共卫生管理,2000(03): 168-170.

⑤ 李文婧,卢祖洵. 我国健康体检现状与思考[J]. 中国卫生事业管理,2008(05): 351-352.

查、乳腺癌筛查、结肠直肠癌筛查、牙科检查等①。

（2）全民健康体检。20 世纪 60 年代后，全民性的综合体检在欧洲和亚洲迅速被采纳实行。目前，英国、日本等一些国家的健康体检服务范围和内容已经很广泛，包括个人健康、公司健康医疗、长期照顾、护理之家、电话医疗咨询、体能俱乐部等②。我国健康体检服务主要由医疗机构内设体检科室（中心）和以从事健康体检为主要业务的专业健康体检机构提供③。2013 年年底出台的《全国老龄办等 24 个部门关于进一步加强老年人优待工作的意见》指出，"医疗卫生机构要优先为辖区内 65 周岁以上常住老年人免费建立健康档案，每年至少提供 1 次免费体格检查和健康指导"。随着国民健康意识的提升以及对预防服务重要性认识的强化，健康体检逐渐成为一种自发性的、具有主观能动性的促进健康的活动。

2. 求医者的健康咨询

求医者的健康咨询是临床预防服务中最重要的内容。这种方式是通过收集求医者的健康危险因素，与求医者共同制订改变不良健康行为的计划，随访求医者执行计划的情况等一系列的有组织、有计划的教育活动，促使求医者自觉地采纳有益于健康的行为和生活方式，消除或减轻影响健康的危险因素，预防疾病、促进健康、提高生活质量④。

3. 周期性健康检查

周期性健康检查是临床预防服务的重要部分。周期性健康检查的检查项目依据临床预防服务指南而定。临床预防服务指南是事先设计好的格式化表格，其所列检查项目充分考虑了不同性别、不同年龄对卫生保健的不同需求。当患者前来咨询时，医生将根据其实际情况筛选和确定患者自身可能存在的尚未发现的其他疾病检查项目，因此具有很强的选择性与针对性，也有助于患者尽早识别自身病情⑤。

4. 化学预防

化学预防是指对无症状的人使用药物、营养素（包括矿物质）、生物制剂或其他天然物质作为第一级预防措施，提高人群抵抗疾病的能力，以防止某些疾病。较为常用的化学预防有：对育龄或怀孕的妇女和幼儿补充含铁物质来降低罹患缺铁性贫血的风险；在缺氟地区补充氟化物以降低龋齿患病率；孕期妇女补充叶酸以降低神经管缺陷婴儿出生的危

359

---

①　傅华，李洋，朱凯旋. 当今预防医学与公共卫生的两大里程碑：临床预防服务和社区预防服务[J]. 中国慢性病预防与控制，2003(03)：121-122.

②　中国中医药网. 世界著名体检机构介绍[EB/OL]. http：//news. pharmnet. com. cn.

③　李文婧，卢祖洵. 我国健康体检现状与思考[J]. 中国卫生事业管理，2008(05)：351-352.

④　傅华，李洋，朱凯旋. 当今预防医学与公共卫生的两大里程碑：临床预防服务和社区预防服务[J]. 中国慢性病预防与控制，2003(03)：121-122.

⑤　傅华，李洋，朱凯旋. 当今预防医学与公共卫生的两大里程碑：临床预防服务和社区预防服务[J]. 中国慢性病预防与控制，2003(03)：121-122.

险等[①]。

5. 健康教育

健康教育是以提升全民健康素养、形成健康生活方式为目的，在社会各个区域面向全体人群所开展的教育活动。主要教育内容包括：普及膳食营养知识，发布适合不同人群特点的膳食指南，引导居民形成科学的膳食习惯；以青少年、育龄妇女及流动人群为重点，开展性道德、性健康和性安全宣传教育和干预；以老年人为重点，普及老年慢性病的预防知识与心理健康知识；开展控烟宣传教育，营造健康的生活环境；加强对全民心理健康教育的科普等。主要教育手段包括：利用新媒体拓展健康教育，通过建设各类广播电视等健康栏目加大健康科学知识宣传力度，利用社交平台扩散健康知识；将学校作为健康教育推进的重要平台等。

6. 体育健身

积极从事体育锻炼有助于增强肌肉、关节和骨骼的功能，提高心脏的工作质量，改善血液循环，预防心血管疾病[②]，还可以促进人与人之间的交流、沟通，释放心理压力和调节心理情绪[③]。因此，需要推进全民健身，重点发展青少年、妇女、老年人、职业群体及残疾人等特殊群体的体育健身活动。

三、医疗服务

（一）医疗服务的概念和特征

1. 医疗服务的概念

医疗服务是医疗机构提供给市场的、用于满足人们医疗保健需要的、以服务形式存在的消费品，是一种无形产品。医疗服务概念的外延比较大，其不仅包括为疾病治疗提供服务，如医疗服务机构对患者进行检查、诊断、治疗、康复和提供预防保健、接生、计划生育方面的服务，以及与这些服务有关的药品、医用材料器具、救护车、病房住宿和伙食的业务，还包括为提高人的生活质量而提供的服务，如健康咨询、美容、减肥等服务项目[④]。

享有医疗服务是人们维持生命和健康的基本需求，并且这种需求涉及所有年龄、所有阶层的一切人的需求。广阔的需求促使市场提供维持健康的医疗服务供给，因此医疗服务和保险具有私人物品的性质。医疗服务的供需双方构成了医疗服务市场。作为医疗服务供方——医疗机构，它要开展正常的服务营销活动，就必须建立三个相互支持的系统：一是核心技术系统；二是技术支持系统；三是后勤供应系统。在这三个系统的保障下，

---

① 傅华,李洋,朱凯旋.当今预防医学与公共卫生的两大里程碑：临床预防服务和社区预防服务[J].中国慢性病预防与控制,2003(03)：121-122.

② ERNST E. Exercise for female osteoporosis[J]. Sports Med,1998,25：359-368.

③ 杨灼芳,梁丽辉.体育锻炼对身心健康的影响及其机制[J].北京体育大学学报,2011(06)：138-140.

④ 杨燕绥,阎中兴.政府与社会保障——关于政府社会保障责任的思考[M].北京：中国劳动社会保障出版社,2007：331.

医院提供服务即医疗产出,包括医疗服务的实体及其质量,以满足人们对于医疗服务使用价值的需要。同时医疗服务所附带的非物质形态的服务态度、服务承诺、医院形象、社会声誉等可以给病人带来附加利益和心理上的满足感及信任感,满足人们精神上及心理上的需要。作为医疗服务的需方——患者,他们所需要的服务也有三个方面:一是核心服务;二是形式服务;三是附加服务[①]。

医疗服务可由市场供给,但政府有必要对其进行干预。因为医疗服务具有较强的外部性,包括传染性疾病、行为方式的影响、医疗卫生知识的传播,这些均使医疗服务具有公共物品的性质。同时,如果完全由市场来决定医疗资源的配置,低收入人群在疾病的打击下极易降低收入能力与生活质量进而陷入贫困,长期不能摆脱困境又会加剧收入不平等。因此,医疗服务应该是公民的基本权利,政府应当保证人人享有基本的公平的医疗服务。如果老百姓讲"看病贵",这是因为医疗服务收费太高或者患者购买力不足;如果老百姓讲"看病难",这是因为医疗服务质量存在不足或不合理,还可能是指医生的脸色难看;如果老百姓讲"看病不放心",那一定是医疗服务的安全性有问题。

我国医疗服务供给模式是政府主导与市场配置的公益性模式。从我国医疗卫生事业的实践出发,一方面强调保障医疗服务供给的政府责任,同时要求发挥市场的资源配置作用;另一方面强调我国医疗服务以公益性为原则,政府通过不断增加医疗卫生财政投入扩大覆盖面,又通过缩小群体差距促进医疗卫生服务的公平性[②]。

2. 医疗服务的特征

与物质商品不同,医疗服务具有下列四个基本特征[③]:①无形性(intangibility)——服务在很大程度上是抽象的和无形的;②变异性(variability)——服务在很大程度上也是非标准化和高度变异的;③不可分割性(inseparability)——典型服务的生产和消费过程总是同时进行的,并有顾客参与这一过程,医生替患者治病的过程,同时也是患者消费的过程;④不可储存性(imperishability)——服务是易消逝性产品,随时间消失而逝去,通常是无法储存的。

医疗卫生服务与其他行业服务相比存在差异,具有不可选择性、不可逆转性和信息不对称性,而且医疗消费具有或然性,这些差异性和特殊性导致其垄断性。医疗卫生服务的不可选择性是指针对患者而言,医疗卫生服务即为医疗消费。在医疗消费中,消费者(患者或患者的亲属)对消费的时间和替代性消费品的选择空间较小,有时基本上没有选择空间,此即为医疗卫生服务的不可选择性,医疗消费"基本上可以看成是人的生理需求,只要生了病就必须得到满足,没有选择的余地"。这又加重了医疗卫生服务市场的卖方市场的特权,进一步弱化了消费者的地位,同时致使医疗服务市场的价格发现机制扭曲,医疗消费的价格弹性较小。可见,单靠市场机制很难形成医疗市场中较为公平的价格机制,需要政府采用指令性与指导性相结合的手段来形成适合当前经济发展水平与老百姓消费水平

---

①　仇雨临.医疗保险[M].北京:中国劳动社会保障出版社,2008:31-32.

②　王文娟,付敏."健康中国"战略下医疗服务供给方式研究[J].中国行政管理,2016(06):58-61.

③　仇雨临.医疗保险[M].北京:中国劳动社会保障出版社,2008:32-38.

的医疗服务价格。

与其他行业相比,医疗卫生服务还具有不可逆转性。对于一般商品与消费性服务,消费者具有主导权,不满意可以按照合同约定要求退货(或换货)或重新提供服务,具有明显的可逆转性。而医疗服务过程与生产过程不可分离,消费者不能试用,医疗消费者一旦接受了医疗服务,就要承担已发生的治疗后果;即使消费者发现没有得到满意的治疗而更换医生或医院,但是最后的治疗时机已过或原先的治疗造成的严重后果已不可恢复,此乃医疗消费的不可逆转性。为降低机会成本,消费者在生病时都会选择最优与最安全的治疗。源于医疗服务的技术性,医疗市场的准入门槛较高,程序较为烦琐,医疗卫生服务的供给是有限的,最优医院与最优医生的供给就更为有限。可见,完全竞争情况下医疗市场必然形成畸高的均衡价格,并且最优供给永远处于拥挤状态。无疑,人们在选择医院和医生时,会特别在意医院和医生的质量。但这样会使医疗卫生资源极易发生错配,即最有经验的医生给了最有购买力的富人,却有可能治疗了最简单的病,而最没有经验的医生却给了最没有购买力的穷人,需要面对的可能是最复杂的病。以上分析表明,针对医疗服务供给市场,特别是优质市场的有限性,政府一方面需要通过多种途径增加医疗卫生服务的供给;另一方面需要诱导医疗消费者形成理性的消费需求,避免过度医疗消费和畸高的医疗消费而导致医疗卫生资源的浪费。

医疗卫生服务的信息不对称性是医疗卫生服务的另一大特征。在医疗行业,医疗卫生服务中包含高科技的内容,医疗消费者对医疗服务的相关信息知之甚少,加之医患双方委托代理关系的特点与疾病发生、疾病治疗的不确定性等因素,服务提供者与消费者之间信息不对称的程度远远超过一般商品与服务消费。由于医疗市场的卖方市场特性,对于信息极度不对称性的削减,仅仅借助医疗服务提供者的自律是极其有限的,需要政府通过立法加重医疗服务提供者的信息传递义务,强制医院将医疗服务单项价格、单病种所需检查与费用、医疗方案选择等直接涉及患方利益的信息公开,并加大对欺骗医疗消费者行为的查处。

(二) 医疗服务的类型

按照服务项目内容来分,医疗卫生服务习惯上分为下面几项[①]:①医疗服务,包括住院服务、通科医师服务、专科医师服务、辅助性服务(如 X 光、化验)、视力检查和配镜、护理服务、健康服务等;②牙科保健,包括牙科检查、牙科修复手术;③精神卫生,包括心理咨询、治疗和监护;④预防保健,包括妇女产前、产中、产后保健,计划免疫,健康体检等;⑤药品,包括药品供应和医生处方费。

按照服务项目性质来分,医疗服务一般可以分为基本医疗服务和特需医疗服务。基本医疗卫生服务又包括两大部分。一是公共卫生服务范围,包括疾病预防控制、计划免疫、健康教育、卫生监督、妇幼保健、精神卫生、卫生应急、急救、采血服务、食品安全、职业病防治和安全饮水 12 个领域。值得注意的是,2011 年国家基本公共卫生服务项目扩大了内容,增加了项目。其中,食品安全信息报告等卫生监督协管项目被纳入基本公共卫生

---

① 孙光德,董克用.社会保障概论[M].北京:中国人民大学出版社,2004:214-215.

服务。二是基本医疗,即采用基本药物、使用适宜技术,按照规范诊疗程序提供的急慢性疾病的诊断、治疗和康复等医疗服务。基本医疗服务由政府、社会和个人三方合理分担费用,特需医疗服务由个人付费或通过商业健康保险支付[①]。

由于生产与供给医疗卫生服务的方式和特点不同,公共卫生服务可以分为群体性公共卫生服务和个人性公共卫生服务,政府应该据此分类来优化公共卫生服务提供方式。群体性公共卫生服务,如疾病预防控制、环境卫生、食品卫生和劳动卫生等,是面向群体提供的,因此具有集中提供的规模效应,政府直接组织提供服务具有优势,市场一般无法有效提供。个人性公共卫生服务,如产妇保健、精神卫生和计划生育等,是面向城乡居民个人的医疗服务,但不具有集中提供的规模效应,且技术标准较低,一般的社区卫生机构或者普通的医院也能够提供,所以私人性公共卫生服务应该通过政府采购的形式,向合格的医疗卫生服务机构购买[②]。

(三)医疗服务机构

医疗服务机构按照机构类别可以分为医院、基层医疗卫生机构、专业公共卫生机构及其他医疗卫生机构;按照登记注册类型可以分为公立、非公立医疗卫生机构。公立医疗卫生机构包括登记注册类型为国有和集体办的医疗卫生机构;非公立医疗卫生机构包括联营、股份合作、私营、台港澳投资和外国投资等医疗卫生机构。按照主办单位可以分为政府办、社会办和私人办。政府办包括卫生(卫生计生)、教育、民政、公安、司法等行政部门办的医疗卫生机构;社会办包括企业、事业单位、社会团体和其他社会组织办的医疗卫生机构。按照分类管理可以分为非营利性和营利性医疗卫生机构。按照城乡可以分为城市医疗卫生机构与农村医疗卫生机构。其中城市医疗卫生机构包括直辖市区和地级市辖区的医疗卫生机构;农村医疗卫生机构包括县及县级市的医疗卫生机构,乡镇卫生院及村卫生室[③]。表 12-2 列出了 2015 年我国各级医疗卫生机构的数量。

表 12-2　2015 年我国各级医疗卫生机构的数量

类　　　型		数量/个
医院	综合医院	17 430
	中医医院	3 267
	专科医院	6 023
基层医疗卫生机构	社区卫生服务中心(站)	34 321
	街道卫生院	524
	乡镇卫生院	36 817
	村卫生室	640 536
	门诊部(所)	208 572

---

① 仇雨临. 医疗保险[M]. 北京:中国劳动社会保障出版社,2008:31-32.
② 郑功成. 中国社会保障改革与发展战略——理念、目标与行动方案[M]. 北京:人民出版社,2008:226-227.
③ 中华人民共和国国家卫生和计划生育委员会. 2013 中国卫生统计年鉴[EB/OL]. http://www.nhfpc.gov.cn/htmlfiles/zwgkzt/ptjnj/year2013/index2013.html.

类　型		数量/个
专业公共卫生机构	疾病预防控制中心	3 478
	专科疾病防治院(所/站)	1 234
	妇幼保健院	3 078
	卫生监督所(中心)	2 986

作为医疗服务机构的医院,按功能与任务不同划分为三级十等(见表12-3)。一、二级医院分为甲、乙、丙三等,三级医院分为特、甲、乙、丙四等。一级医院是直接向一定人口的社区提供预防、医疗、保健、康复服务的基层医院、卫生院。二级医院是向多个社区提供综合医疗卫生服务和承担一定教学、科研任务的地区性医院。三级医院是向几个地区提供高水平专科性医疗卫生服务和执行高等教学、科研任务的区域性以上的医院。医院分等的标准和指标主要有五个方面的内容:①医院的规模,包括床位、建筑、人员配置、科室配置四方面的要求和指标;②医院的技术水平;③医疗设备;④医院的管理水平,包括院长的素质、人事管理、信息管理、现代管理技术、医院感染控制、资源利用、经济效益七个方面的要求和指标;⑤医院的质量,包括诊断质量、治疗质量、护理质量、工作质量、综合质量等方面的要求和指标。

表 12-3　我国医院等级衡量指标

医院等级	床位	科室设置	人　员
一级综合医院	住院床位总数20～99张	临床科室至少设有急诊室、内科、外科、妇(产)科、预防保健科,医技科室至少设有药房、化验室、X光室、消毒供应室	每床至少配备0.7名卫生技术人员,至少有3名医师、5名护士和相应的药剂、检验、放射等卫生技术人员,至少有1名具有主治医师以上职称的医师
二级综合医院	住院床位总数100～499张	临床科室至少设有急诊室、内科、外科、妇(产)科、预防保健科、儿科、眼科、耳鼻喉科、口腔科、皮肤科、传染科。其中眼科、耳鼻喉科、口腔科可合并建科,皮肤科可并入内科或外科。医技科室至少设有药剂科、检验科、放射科、理疗科、消毒供应室、手术室、病理室、血库(可并入检验科合设)、理疗室、病案室	每床至少配备0.88名卫生技术人员,每床至少配备0.4名护士,至少有3名具有副主任医师以上职称的医师,各专业科室至少有1名具有主治医师以上职称的医师
三级综合医院	住院床位总数500张以上	临床科室至少设有急诊室、内科、外科、妇(产)科、预防保健科、儿科、眼科、耳鼻喉科、口腔科、皮肤科、传染科、中医科、康复科、医技科室,至少设有药房、检验科、放射科、手术室、病理科、核医学科、输血科、理疗科(可与康复科合设)、消毒供应室、病案室、营养部和相应的临床功能检查室	每床至少配备1.03名卫生技术人员,每床至少配备0.4名护士,专业科室应具有副主任医师以上职称,临床营养师不少于2名,工程技术人员(技师、助理工程师以上人员)占卫生技术人员总数的比例不低于1%

（四）医疗服务管理

医疗服务借助医疗机构来供给。加强医疗服务管理,可以有效地控制医疗费用的支出,遏制医疗资源的浪费。在实践中形成的服务管理经验是三个目录和两个定点[1]。

1. 管理机构

卫生部曾在医政司之外专门独立设置医疗服务监管司,2013 年国家卫生计生委组建后,医政司与医疗服务监管司合并为医政医管局[2]。医政医管局的主要职责为拟订医疗机构、医疗技术应用、医疗质量、医疗安全、医疗服务、采供血机构管理等有关政策规范、标准并组织实施,拟订医务人员执业标准和服务规范,拟订医疗机构和医疗服务全行业管理办法并监督实施,指导医院药事、临床实验室管理等工作,参与药品、医疗器械临床试验管理工作,监督指导全国医疗机构评审评价,拟定公立医院运行监管、绩效评价和考核制度[3]。

2015 年国家增设了医疗管理服务指导中心。指导中心设办公室、医疗技术评价处、医疗机构评价指导处、药事和医疗器械评价处、运行与重大疾病技术指导处和健康服务业发展指导处六个内设机构,各司其职。指导中心负责制定医疗技术规范标准并指导实施,承担国家医疗服务数据中心的运行管理工作;对各地医院评价和巡查工作提供技术指导和咨询服务;对医疗机构药品、医疗器械、高值耗材的临床使用进行监测和评价,对医疗机构临床药械安全管理提供指导;组织实施对医疗机构运行情况的监测评估,协助实施委属委管医院医疗服务绩效考核,对重大疾病诊疗工作提供技术指导,以及指导医疗机构科学发展,推动落实社会力量办医和健康服务业发展的有关政策等。医政医管局的职责是加强对医疗机构的行政管理,而指导中心能够从专业化的角度进行行业管理[4]。

2. 社会医疗保险用药、诊疗及设施管理（三个目录）

三个目录是指社会医疗保险药品目录、社会医疗保险诊疗项目、社会医疗保险医疗服务设施标准。

2017 年 2 月,人社部印发了《国家基本医疗保险药品目录(2017 年版)》。最新版的药品目录包含西药部分、中成药部分、中药饮片部分。西药部分包括化学药和生物制品,中成药部分包括中成药和民族药,二者均采用"准入法",所列药品为社会医疗保险基金准予偿付费用的药品,药品名称采用通用名,并标明剂型。商品名不同,但通用名相同,且符合目录中剂型要求的药品都应纳入社会医疗保险基金偿付范围。此次西药和中成药部分共

---

① 仇雨临. 医疗保险[M]. 北京:中国劳动社会保障出版社,2008:314-333.

② 曹原. 国家医疗管理服务指导中心成立[J]. 中国医院院长,2015(04):27.

③ 中华人民共和国国家卫生和计划生育委员会. 医政医管局主要职责[EB/OL]. http://www.nhfpc.gov.cn/yzygj/pzyzz/lm.shtml.

④ 曹原. 国家医疗管理服务指导中心成立[J]. 中国医院院长,2015(04):27.

收录药品 2 535 个,较 2009 年版目录增加了 339 个,增幅约 15.4%。中药饮片部分采取"排除法",所列药品为社会医疗保险基金不予偿付费用的药品,药品名称采用药典名。

社会医疗保险诊疗项目是指符合临床诊疗必需、安全有效、费用适宜的诊疗项目,由物价部门制定了收费标准的诊疗项目,由定点医疗机构为参保人员提供的定点医疗服务范围内的诊疗项目三项条件的各种医疗技术的劳务项目和采用医疗仪器、设备与医用材料进行诊断、治疗的项目。社会医疗保险诊疗项目通过制定社会医疗保险诊疗项目范围和目录进行管理。制定社会医疗保险诊疗项目范围和目录时既要考虑临床诊断、治疗的基本需要,也要兼顾不同地区经济状况和医疗技术水平的差异,做到科学合理、方便管理。

社会医疗保险医疗服务设施是指由定点医疗机构提供的,参保人员在接受诊断、治疗和护理的过程中必需的生活服务设施。

3. 社会医疗保险定点医疗机构和定点药店管理(两个定点)

两个定点指的是社会医疗保险定点医疗机构的管理与社会医疗保险定点零售药店的管理。社会医疗保险对医疗机构和药店实行定点管理,参保人应在定点医疗机构就医、购药。社会医疗保险允许参保人持处方到定点药店购药,是合理利用卫生资源、避免医疗费用浪费、控制医疗费用过快增长以及保证医疗保险基金收支平衡的重要手段。

定点医疗机构是指通过劳动保障部门、卫生部门、财政部门等有关部门的资格审定,并与社会医疗保险经办机构签订合同,为社会医疗保险参保人员提供医疗服务并承担相应责任的医疗机构。实行定点医疗机构管理,有利于提高医疗卫生资源的利用效率,促使医疗机构合理竞争,提高医疗服务质量,降低医疗服务成本,控制医疗费用过快增长,保证医疗保险基金收支平衡。目前世界上大多数国家都采取定点医疗机构的管理方法来强化医疗服务管理,控制医疗费用支出。

定点零售药店是指通过国家有关主管部门审定并与社会医疗保险经办机构签订合同,为社会医疗保险参保人员提供处方外配服务,并承担相应责任的零售药店。所谓"处方外配",是指参保人员在定点医疗机构就医后,持处方在定点零售药店购药的行为。建立定点零售药店制度,规范定点零售药店行为,加强对定点零售药店的管理,有利于加快社会医疗保险制度的建立与健全,促进医药卫生体制的深化改革,维护国家、企业和参保人员的利益。

延伸阅读：美国医疗服务模式的变革

四、康复服务

康复服务是旨在使残疾人能够达到和维持最佳身体、感官、智力、心理和社会功能的程序,涉及范围广泛的活动,包括康复医疗、身体、心理、语言和职业治疗以及支持性服务[1]。因此,康复服务是残疾人提升社会参与能力、平等参与社会生活的基础,也是贫困

---

[1] 世界卫生组织.医疗与康复[EB/OL]. http://www.who.int/disabilities/care/zh/.

人口在重大疾病痊愈后稳健提升收入能力的要素。据世界卫生组织报道，全球超过 10 亿人（约世界人口的 15%）患有某种形式的残疾，1.1 亿～1.9 亿成年人有严重的功能性障碍。由于人口老龄化与慢性疾病的增多，残疾率正在不断上升，但相比较于残疾人的需求而言，所供给的康复服务是较少的。根据我国第二次全国残疾人抽样调查数据，残疾人的康复训练与服务需求为 27.69%，但曾接受过康复训练与服务的人数比例仅为 8.45%，供需存在较大的缺口[①]。

获取康复服务的能力受政策与实践的影响。鉴于康复服务在健康服务中的重要地位，政府应当制定相关的政策规定以促进其发展。2010 年，卫生部、人力资源和社会保障部、民政部、财政部、中国残联等部门共同下发了《关于将部分医疗康复项目纳入基本医疗保障范围的通知》（以下简称《通知》），将 9 项康复项目纳入城乡基本医疗保障的支付范围，并规定各省可适当扩大支付范围，延长支付时限。实际操作中，少数省份支付范围有所扩大，如浙江省扩大至 25 个康复项目，江苏省扩大至 18 个项目。大多数地区基本采用了《通知》中规定的 9 个项目和支付时限。康复服务供给不足和需求能力保障不力导致大量残疾人的康复需求无法满足。从实践来看，康复服务可以由专业的康复机构供给，也可以以社区为基础进行供给。

延伸阅读：CBR(Community-Based Rehabilitation)：以社区为基础的康复战略

五、健康服务业发展展望

人口老龄化为健康服务业发展创造了极为重要的契机。根据世界卫生组织的报告，超过 65 岁的全球老年族群，将给全球的处方药市场带来较年轻病患多出 3 倍的处方药消费额。同时，受互联网消费的大数据时代影响，当代健康消费走向年轻化、智能化，人们对健康的需求日益增加。世界范围内健康服务业相关领域呈现快速增长的态势，健康产业已经成为国民经济的重要支柱。我国健康服务型消费在居民支出中的比重也在逐年上涨。

2013 年国务院发布《关于促进健康服务业发展的若干意见》，将健康服务业定义为"以生命技术和生物技术为先导，以健康至上理念为指导，涵盖健康检查、疾病预防、医疗卫生、营养健康、身体养护、健身娱乐、康复治疗与休养、身心与精神治疗等多个领域具有较强综合性的多产业集合"。我国积极应对人民的健康需求，在政策指导下形成了相对完整的健康服务业体系，但要实现"健康中国"的目标，我国健康服务业还需进一步发展。在未来较长的一个时期内，我国应当大力推进社区健康服务，在社区层面上实现健康管理与促进；积极应对人口老龄化，将医养结合作为健康服务业的优先领域；建立多层次健康保障，实现健康服务公平与效率统一；发展互联网与智能化的健康服务业，探索推进可穿戴设备、智能健康电子产品和健康医疗移动等应用服务。

---

① 中华人民共和国中央人民政府. 中国发布第二次全国残疾人抽样调查主要数据公报[EB/OL]. http://www.gov.cn/jrzg/2007-05/28/content_628517.htm.

（一）社区健康服务

社区健康服务是初级卫生保健的基本内容，是指由全科医生（general practitioner，GP）作为主要卫生人力的卫生组织或机构所从事的一种社区定向的卫生服务。这与医院定向的专科服务有所不同，它是社区建设的重要组成部分，是在政府领导、社会参与、上级卫生机构指导下，以基层卫生机构为主体、全科医师为骨干，合理使用卫生资源和适宜技术，以人的健康为中心，以家庭为单位、社区为范围、需求为导向，以妇女、儿童、老年人、慢性病病人、残疾人、低收入居民为重点，以解决社区主要卫生问题，满足基本医疗卫生服务需要为目的，融预防、医疗、保健、康复、健康教育和计划生育技术服务等为一体的，有效的、经济的、方便的、综合的、连续的基层卫生服务[①]。蓬勃发展的社区卫生服务有利于调整卫生资源配置，将健康服务管理触角从城市中心的综合、大中型医疗服务提供机构向基层社区卫生服务机构延伸，实现医疗设备向下转移，医务人员向基层医疗机构下沉，形成卫生资源配置与人民群众医疗服务需求相适应的新格局，从而为居民提供安全、有效、便捷、经济的公共卫生服务和基本医疗服务[②]。

在未来应当进一步强化社区在健康服务供给中的作用。我国现行的医疗卫生体制中，社区卫生服务机构是城乡居民健康服务的提供主体。社区卫生服务机构在城镇地区由社区卫生服务中心（站）组成，在农村则由乡镇卫生院和村卫生室组成[③]。2009 年国家"新医改方案"把社区卫生服务机构视为"健康守门人"；中共十八大报告把城乡社区卫生服务纳入"加强和创新社会管理"体系中，要求增强城乡社区卫生服务功能；《全国慢性病预防控制工作规范（试行）》明确指出：社区卫生服务中心和服务站承担明确诊断的慢性病患者的建档、定期干预指导和随访管理。

在现行条件下如何强化社区的作用实际上是一种涉及健康服务系统性的改革，改革后社区的定位将更加精准，所提供的健康服务自然也更能满足社区居民的需求。建立专业公共卫生机构、综合和专科医院、基层医疗卫生机构"三位一体"的健康服务体系，社区健康服务中心作为基层医疗卫生机构的主体应当在其中承担常规性的服务，公立医院则不再是一站式卫生服务的提供者，而更加侧重疑难重症的治疗[④]。完善分级诊疗制度，社区是基层首诊的主体，也是健康服务链中预防与康复的主体。建立家庭医生和家庭病床制度，在这种制度下，家庭医生、接受服务的家庭以及所在社区卫生服务组织三方共同签订服务合同，由社区卫生组织按照合同给付报酬。由社区的卫生服务组织管理，由签订合同的家庭医生负责治疗业务，不仅可以减少患者的医疗费用支出，还可以把慢性病卧床患者和术后康复期患者的治疗移出医院，缩短了患者的住院时间，提高了病床周转率。总之，应当进一步明确社区在健康服务体系中的作用并加以强化。

---

① 仇雨临，周雯.发展社区医疗服务是完善基本医疗保险制度的必然选择[J].中国社会保障，2006(11).
② 娄成武，郑红.社区医疗服务政府治理的期权模式[J].中国软科学，2010(8).
③ 梁万年.社区卫生服务管理[M].北京：人民卫生出版社，2001.
④ 新华网.中国医改联合研究报告发布，提出八项改革建议[EB/OL].http://news.xinhuanet.com/politics/2016-07/22/c_1119266591.htm.

（二）医养结合

我国面临人口老龄化、高龄化、失能失智等现实问题。据 2015 年数据显示，中国人均预期寿命已经达到 76.34 岁[①]。《第四次中国城乡老年人生活状况抽样调查》结果表明全国失能、半失能老年人约有 4 063 万人，占老年人口的 18.3%。2015 年中国健康与养老追踪调查项目研究报告显示 33.1% 的受访老年人有程度较高的抑郁症状。但当前我国家庭规模呈现小型化特征，独居老年人占老年人总数的 10%，空巢老年人占老年人总数的 50%；流动老年人占流动人口总量的 7.2%；截至 2012 年，全国范围内的"失独家庭"至少有 100 万个，每年新增"失独家庭"7.6 万个。伴随而来的是我国老年人健康服务费用及其增速随 GDP 不断增长，健康服务需求持续井喷。因此要针对老年人生理、心理、社会适应各方面的健康状况开展预防、治疗、康复的健康指导与综合干预，强化老年人健康管理。而医养结合正是将来较长一段时间我国为积极应对人口老龄化所选择的健康服务模式。这种模式要求将健康理念充分融入养老服务，加强医疗卫生服务机构的健康支撑。

医养结合鼓励养老机构与周边医疗卫生机构的合作，即医疗卫生机构为养老机构开通预约就诊绿色通道，为入住老年人提供医疗巡诊、健康管理、保健咨询、预约就诊、急诊急救、中医养生保健等服务，确保入住老年人能够得到及时有效的医疗救治，而养老机构可以为老年人提供康复期护理、稳定期生活照料以及临终关怀一体化的健康和养老服务。

医养结合鼓励养老机构与医疗机构的相互融合渗透，即养老机构可以根据自身服务需求和自身能力，建立老年病医院、康复医院、护理院、中医医院、临终关怀机构等，较为独立地开展医疗服务。同时，有条件的医疗卫生机构可以通过多种形式，依法依规开展养老服务。

医养结合模式鼓励社会资本进入，即社会力量可以举办非营利性的医养结合机构。各类型企业也可以围绕老年人的预防保健、医疗卫生、康复护理、生活照料、精神慰藉等方面需求，积极开发安全有效的食品药品、康复辅具、日常照护、文化娱乐等老年人用品用具和服务产品。

医养结合模式鼓励基层医疗卫生机构与社区养老服务机构对接。基层医疗卫生机构为社区内老年人建立健康档案，为社区内高龄、重病、失能、部分失能以及计划生育特殊家庭等行动不便或确有困难的老年人，提供定期体检、上门巡诊、家庭病床、社区护理、健康管理等基本服务。社区养老服务机构要加强自身供给基本健康服务的能力，与基层医疗卫生机构一起做好老年人疾病的预防与康健工作。

（三）多层次健康保障

健康服务业具有服务的特殊性，是一个需要兼顾公平与效率的行业，这就要求我国建

[①]　我国居民人均预期寿命 76.34 岁比 2010 年提高 1.51 岁[EB/OL].新华网，2016-07-25. http://news. xinhuanet. com/politics/2016-07/25/c_129175116. htm.

立多层次的健康保障。健康服务的公平性即每一个社会成员都能有相同的机会获得卫生服务是健康服务的最高原则，也是我国健康服务较长一个时间段内应当努力实现的目标。当前我国城市人口与农村人口在健康服务资源配置方面具有较大的差距。贫困农村地区往往卫生机构经费困难，缺乏必要的医疗设备，许多乡村卫生院（所）条件极差，甚至没有基本医疗设备①。由于经济发展水平低下、支付能力不足所导致的参与医疗保障、卫生保健和享受基本公共卫生服务的机会丧失，以及由此所造成的健康水平下降导致的参与经济活动的能力被剥夺，从而带来的收入减少和贫困发生或加剧②，就会在较大范围内形成健康贫困，破坏制度公平。健康扶贫是减少健康贫困的综合性、全面性手段。应当优化农村地区现有健康服务体系，建立常规性健康管理服务体系、突发性健康贫困应急体系、持续性健康扶贫干预体系、稳定性健康资本提升体系，综合提升农村脱贫反贫的能力。完善医疗保障制度体系，推进"四方联动"帮扶模式，在"基本医疗服务＋基本医疗保险＋政府医疗救助＋社会组织医疗帮扶"的基础上，将之整合、打包，以增强农村地区贫困人口医疗卫生服务的可及性，促进健康服务均等化。

同时，商业健康保险的滞后严重阻碍了我国健康服务业的发展。我国应当将健康保险放在健康服务业整体发展中筹划，结合产业链整合、规划发展健康保险，用保险机制促进其上、下游产业链条的融合发展③。在国家完善全民基本医保的基础上，应快速发展健康保险，积极提供多样化的健康保险产品和服务，建立多层次的健康保障体系以发展健康服务业，满足民众日益增长的健康需求④。

（四）"互联网＋"健康服务⑤

进入 21 世纪，BT（生物技术）与 IT 的融合，将我们带入了一个重新定义健康的新纪元。移动医疗最大的优势在于围绕人的全生命周期进行管理，搜集数据、分析数据、干预数据，重在预防、预测、预警，早发现、早诊断、早治疗。在治疗层面，信息化也可以增强均等化，增强治疗服务可及性，提升治疗服务质量。利用信息化实现在线问诊与建立网络家庭医生，使随时随地接受医疗服务变成可能；利用现代技术开发可穿戴医疗设备，打造医疗物联网时代；建立医药电商服务网络，增强优质医药资源的可及性与流通性；促使医药福利管理走出传统发展路径，建立"医药福利管理＋药品流通""医药福利管理＋保险""医药福利管理＋分级诊疗＋远程医疗"等"医药福利管理＋"模式，推进我国三医联动（医保体制改革、卫生体制改革、药品流通改革）；推进医院互联网化，提供网上预约挂号、院内即时通信、电子病历、网上缴费、远程医疗等便民医疗服务；加强健康医疗大数据应用

① 张开宁，李军，刘湘源，唐松源.贫困人口的健康服务：人口与发展的一个新领域[J].市场与人口分析，2001(05)：29-36.

② 孟庆国，胡鞍钢.消除健康贫困应成为农村卫生改革与发展的优先战略[J].中国卫生资源，2000，3(06)：245-249.

③ 宋福兴.健康保险在新时代大有作为[N].中国保险报，2014-09-03：006.

④ 彭玮，刘连英，张戚，宋昨一，陈侃伦，昝旺.浅析健康服务业发展的思考及启示[J].卫生软科学，2017(02)：6-8.

⑤ 李未柠，王晶.互联网＋医疗——重构医疗生态[M].北京：中信出版社，2016.

体系建设,发挥大数据在比较效果研究、临床决策支持系统、医疗数据透明度、远程病人监控、对病人档案的高级分析等临床方面的作用;发挥大数据在医疗索赔欺诈自动识别系统、给予卫生经济学和疗效研究的定价计划等医疗支付方面的作用;发挥大数据在预测建模、临床实验设计、个性化治疗等研发方面的作用。

 拓展阅读:美国远程医疗服务模式和服务项目　 **专栏**:健康服务的政策与实践

第四节　护理服务

　　鉴于全世界在进入 2015 年后共同面临的极为复杂的卫生挑战,没有人可以忽视护理专业人员所能做出的全部贡献①。我国经济社会发展进入新常态,供给侧结构性改革进一步释放了人们多层次、多样化的健康需求。而护理服务于人的生老病死全过程,在满足个体身体、心理、社会的整体需求方面发挥着重要作用。加快发展护理服务以提升个体与社会的福利水平至关重要。

　　在护理服务发展过程中应着重关注老年群体护理服务需求。我国面临人口老龄化、高龄化、失能失智等现实情况,老年人需要得到长期的照顾与专业的护理。2014—2050年我国老年护理服务潜在需求可能从 3 089.96 亿元上升至 4.27 万亿元;有效需求可能从 1 172.42 亿元上升至 1.60 万亿元;重度失能老人作为长期护理的重点人群,护理服务有效需求可能从 276 亿元上升至 4 944 亿元②。因此需要加大老年护理服务供给,推进优质护理服务资源合理配置。

一、护理服务的概念

　　美国护理专家奥伦姆认为,自理是指"个体为了维持生命、健康和舒适而进行的自我照顾活动",是人的本能。每个个体都有自理需求与自理能力。当自理能力小于自理需求时,个体表现为自理缺陷,这时就需要护理人员为其提供护理支持系统,包括完全补偿、部分补偿和辅助教育系统三方面。完全补偿系统是指患者自理能力丧失者的全部自理需求由护士予以满足;部分补偿系统是指通过护士和患者共同参与来满足患者的自理需求;支持教育系统是指通过支持、指导和提供促使自理发展的环境来满足个体自理需要的一种方式。奥伦姆的自理理论框架可以有效应对老年护理中存在的问题,即重视强化个体自我照顾能力,不能为了有效地完成工作而完全代劳,但当其确实无法独立完成需求时,在尽可能保持个人独立及自尊的情况下提供协助,适时给予全补偿、部分补偿的护理服

---

①　世界卫生组织.世卫组织总干事在国际护士大会上的讲话[EB/OL]. http://www.who.int/dg/speeches/2015/international-conference-nurses/zh/.

②　胡宏伟,李延宇,张澜.中国老年长期护理服务需求评估与预测[J].中国人口科学,2015(03):79-89,127.

务,提高患者的生活质量[①]。

根据美国医疗保险协会的定义,长期护理是指"在一段较长的时期中为患有慢性疾病或处于机体功能性损伤的人士提供持续的护理服务"。这种护理服务包括医疗服务、社会服务、居家服务、运送服务或其他支持性的服务,可以由包括家庭成员或朋友在内的非正规护理人员提供,也可由受过专业培训并持有从业执照的专业正规医护人员提供。服务的提供场所可以是居家,也可以是社区或者相关专业机构。

根据一些欧美国家和地区的社会保障部门或国际性健康研究机构提供的定义,长期护理是指一种辅助性的服务。护理对象由于意外伤害、疾病损害或身体衰弱等原因,在一个较长的时间里必须接受他人的辅助性服务以帮助其完成基本日常生活活动,这种涵盖了较宽泛的医疗、个人及社会性质的辅助性服务即为长期护理。长期护理涉及包含日常生活照料、医疗护理照料在内的多项辅助性服务。世界卫生组织对"生活照料服务"进行了更详细的定义,包括个人照料、家庭事务管理(如房间清扫、做饭、购物等)、协助性服务(如轮椅等行动辅助用品、安置扶手等安全用品)、技术性服务(如安全报警装置、服药提醒系统)等;医疗护理的照料还可以延伸为在医院的临床护理、愈后的医疗护理以及康复性质的护理和训练等活动。

综上所述,护理服务是指亲人或者专业护理人员运用各项资源对护理需求者提供维持其正常生活活动的服务。长期护理服务则是指个体由于意外、疾病或衰弱导致身体或精神受损而致使日常生活不能自理,在一个相对较长的时期里,需要他人在医疗、日常生活或社会活动中给予广泛帮助[②]。虽然处在各个年龄段的人均有可能遭受疾病、意外伤害以致生活不能自理,但老年人因慢性病、意外损伤、衰老等生理与心理受损的原因,会在一个相对较长的时期里,甚至在生命存续期内形成护理服务需求,需要护理者给予日常生活照料、医疗护理照料等广泛的帮助。因此也有学者将长期护理称作"老年人长期照料护理",这也是长期护理尽管不是老年人的专利但却常被称为老年护理的主要原因[③]。

二、护理服务的模式

护理服务可按照不同的标准划分为不同模式,以护理服务供给主体、护理服务供给客体、护理服务供给地点等为综合指标,护理服务可分为家庭护理服务、社区护理服务与公寓式护理服务三种模式。

(一) 家庭护理服务

随着人口老龄化的发展与人们对于健康的关注度提升,社会护理资源的供需存在一定的缺口,需要引入家庭护理以满足护理者需求。《2016 年中国长期护理调研报告》显示,全国 7% 的家庭有需要长期护理的老人,实际接受的护理时间中的绝大部分是由家庭成员提供的。79.9% 的家庭的主要护理服务提供者为配偶、子女或亲戚,第三方服务占比

---

① 陈利群. Orem 自理理论在构建多层次老年护理服务体系中的应用[J]. 现代护理,2007(3).

② 武学慧,唐幼纯,王维.上海市老年长期护理(LTC)需求实证分析[J].劳动保障世界(理论版),2010,10：10-14.

③ 马弋铮.论我国多层次老年护理保障机制建设[D].上海：华东师范大学,2007.

仅为 21.1％。此外,在 53％的家庭中,家庭成员提供护理的时间占比大于 50％。可以看出以家庭为基础的护理在我国现实实践中的重要地位。

1. 家庭护理的内涵

19 世纪英国商人威廉受雇用护士照护卧床妻子的启发意识到家庭访视服务的必要性,由此他出资创办了利物浦第一个地段访视护士协会[1],这是家庭护理理念的来源。经过长时间的发展演变,英国拥有了一批"家访护士",他们关注孕产妇的饮食管理、母乳喂养及生活环境的改善,同时更多地关注其产后抑郁等精神问题、健康福利等社会问题、婴幼儿潜在肥胖与家庭暴力等家庭问题[2]。这一角色拓宽了家庭护理的服务内容,完善了家庭护理的服务理念。我国受到国外经验的启发,以 20 世纪 80 年代初创建家庭病床为标志开始发展家庭护理服务[3]。

帕斯特将家庭护理概念界定为"发生于家庭环境中的介于访视人员与客户或者家庭之间的互动过程,目的在于改善客户的健康状况,使其更好地利用社区卫生资源,使生活自理能力得到进一步的提升"[4]。家庭护理的内涵中至少应包括三个方面的内容:其一,强调家庭护理的地点是在家中,包括在护理者家中、在被护理者的家里,但主要指在被护理者家中提供的护理;其二,护理对象可以是处于不同健康状况的人,包括情绪和身体的健康,可以是长期照顾一个有慢性病或是有残障的人,也可以是间断地或是偶然地照顾一个有急性病的人,还可以是对一个健康的人或是其整个家庭进行的健康教育和预防保健工作;其三,家庭护理可以是专业人员提供的专业服务,如注射、伤口护理及各种管道的护理等,也可以是非专业人员提供的日常生活服务,如洗衣、做饭、购物等服务[5]。

2. 家庭护理的服务对象[6]

我国对老年家庭护理的服务对象尚没有公认的统一准入标准,不同地区、社区或开展老年家庭护理的医院根据地方政策与医疗水平对其有不同的收录标准,但大部分都集中于以下五个方面:①无须住院治疗的各种慢性病病人,如高血压、糖尿病、慢性肾功能不全、肺源性心脏病等病人;②各种疾病的终末期病人,如癌症晚期、各系统疾病的终末期需进行姑息疗法的病人;③神经系统疾病及思维能力有障碍的病人,如老年痴呆症以及精神病分裂症但病情较稳定的病人;④各种急性疾病、创伤、大手术后病情已稳定,可以出院继续治疗或康复修养者;⑤其他的如残疾、孤寡、行动不便、生活不能自理的老年人等。

---

①　郑月菊.家庭护理模式的应用现状与研究进展[J].实用医技杂志,2012,19(11):1165-1166.
②　李敏,任小红,肖友平,等.国内外一级护理内容概览[J].解放军护理杂志,2009,26(5A):42.
③　刘云娥,吕伟波,王志红.国外家庭护理服务内容的现状与启示[J].中华护理杂志,2009(07):645-646.
④　PASTOR D K. Home sweet home: a concept analysis of home visiting[J]. Home Health Nurse,2006,24(6):389-394.
⑤　刘腊梅,周兰姝,吕伟波.我国老年家庭护理服务的利用情况及现状分析[J].护理研究,2007(8).
⑥　刘腊梅,周兰姝,吕伟波.我国老年家庭护理服务的利用情况及现状分析[J].护理研究,2007(8).

3. 家庭护理服务的提供者

我国老年家庭护理服务提供者大致可以分为正式和非正式护理者两大类。正式护理者主要由医疗机构的医生、护士组成[①]。其可为护理者及其家属提供上门操作型服务与健康指导型服务,其中上门操作型服务是以由医疗机构提供的家庭保健服务和由家庭护士提供的护理服务为主;健康指导型是指医疗机构为患者家属提供护理指导和相应的护理培训,从而由家庭成员为患者提供家庭护理服务[②]。非正式的护理者主要由被护理者亲属、社会志愿者等组成,他们往往在护理过程中起至关重要的作用。

日本所实行的窗口型服务指养老机构人员深入社区和家庭的服务项目,主要有家庭医疗、家访护理、家政服务等服务项目,包括家庭访问护理员、家庭访问医疗护理、对外援助事业、咨询指导事业、介绍康复用具经销和租赁、介绍家庭设计与装修等[③]。

4. 家庭护理服务的内容

家庭护理服务的内容主要应该根据病人病情需要及个体和家庭的需求来决定,同时还要重视可对护理对象产生影响的各种心理、社会及环境等因素,为其提供全面、连续、高质量的护理[④]。美国将护理服务按照服务内容性质划分为:个人照料(personal care assistance)、健康照料(health care services)、社会心理服务(psychosocial services)、居住服务(housing services)、看护服务(custodial care)、临终关怀(hospice care)[⑤]。意大利将护理服务按照服务需求层次划分为:分次计费护理——包括简单的干预,如采集血标本;基础护理——基本的家庭护理,主要是护理和社会保护性干预,满足简单的需要;整体护理——集医疗、护理、康复和社会支持于一体,需要多方面评估,全面且有针对性的计划和灵活的工作制度[⑥]。总体而言,国外老年护理服务多涉及生理、心理和社会全方位的护理。由于全球老龄化趋势,家庭护理的内容多体现了老年人需求特色[⑦]。

(二)社区护理服务

有效的社区护理服务可以减少患者住院率,减轻疾病的加重及恶化,缓解慢性病的症状,预防畸形并减少残疾,明显改善老年患者的生活质量[⑧],在促进老年人的生理、心理与社会健康方面有重要作用。发展社区护理服务对建成健康中国与积极应对人口老龄化具有重要意义。

---

① 季晓鹏,王志红.我国城市家庭护理服务模式的现状与分析[J].解放军护理杂志,2007,12:33-34.

② 季晓鹏,王志红.我国城市家庭护理服务模式的现状与分析[J].解放军护理杂志,2007,12:33-34.

③ 杨左军.介绍日本老年护理服务的形式[J].中华护理杂志,2003(4).

④ 刘腊梅,周兰姝,吕伟波.我国老年家庭护理服务的利用情况及现状分析[J].护理研究,2007(8).

⑤ 上海市老年学学会.美国长期照料服务体系考察报告[EB/OL].http://www.shanghaigss.org.cn/news_view.asp? newsid=4832.

⑥ CARLO Z. Home care and short-run nursing homes: organizational aspects of their integration with oncological organizations[J]. Critical Reviews in Oncology/Hematology,2001,39:247-267.

⑦ 刘云娥,吕伟波,王志红.国外家庭护理服务内容的现状与启示[J].中华护理杂志,2009(07):645-646.

⑧ 于卫华,李志菊.社区老年慢性病家庭护理干预效果分析[J].护士进修杂志,2001,16(7):553-555.

1. 社区护理的内涵

1970 年社区护理被首次定义。社区护理是指对社区内团体、家庭或个人提供卫生服务方面的工作,如健康教育、疾病预防、康复、营养指导、医疗保健、心理咨询及计划生育技术服务等[①]。社区护理的主体为社区内各项人力资源,服务对象为全社区范围内的个体生命全过程[②],重点服务对象为社区内的老年人,服务场所是社区,服务具有全面性与连续性。

2. 社区护理模式

联合国与世界各国政府均开展了相应的社区老年护理服务以应对老龄化带来的医疗保健问题。美国实行社区护理"网络化管理模式",建立了疾病护理—预防保健—生活照顾为一体的网络系统[③]。社区护理服务由附属医院的社区护理中心、社区诊所、附属于护理学院(系)而由护士企业家管理的健康维持机构和教育机构等专业机构共同提供[④]。英国在管理和实施护理服务的过程中,突出国家分配与免费服务,强调社区护理服务的重要作用。英国社区护理服务由学校护理、教区护理及健康访视三类主体相结合供给[⑤]。其社区护理服务具有系统性、连贯性、责任性和综合性等特征。澳大利亚鼓励国民在社区或在家里养老,形成了在社区内护理的模式。国家提供专门支持资金,由社区中的服务中心等非营利性机构提供"家庭与社区照护项目",向老年人提供"社区老年照护服务包"等[⑥]。意大利全科医生、社区老年评估单位为社区老年人提供护理服务。社区老年评估单位所配备的若干主要研究老年人疾病的医生、护士、社会工作者均在当地的卫生机构工作,互相配合,为社区中的老年人提供整体护理[⑦]。

(三) 集中护理

在合理调整配置医疗资源,构建功能互补、有序发展的医疗服务新格局中,护理院等集中护理机构作为连接区域医疗中心与社区医疗服务的"无缝医疗"体系的中间机构,将发挥重要作用[⑧]。

---

① 李继坪.社区护理[M].北京:人民卫生出版社,2000:1-2.
② SPRADLEY B W, ALLENDER J A. Community health nursing: concepts and practice: 4th ed[M]. Philadelphia: Lippincott,1996:101-181.
③ 陈学诗.心理卫生应与社区精神卫生相结合[J].上海精神医学,2002,14(3):167.
④ 陈蕾,杨凤翔,冯晓敏,等.老年社区护理服务模式研究进展[J].护理研究,2014,28(8):899-902.
⑤ 余凤英,李祥华.英国社区护理发展现状[J].中华护理杂志,2000,12:55-58.
⑥ 刘腊梅,路丽娜,周兰妹.老年人照顾者健康状况与社区护理需求的调查研究[J].护士进修杂志,2012,27(5):435-437.
⑦ BERNABEI R,LANDI F,GAMBASSI G, et al. Randomised trial of impact of model of integrated care case management for older people living community[J]. BMJ,1998,316: 1348-1351.
⑧ 王曼莉.加快发展护理院完善医疗服务体系[J].中国护理管理,2011(06):5-7.

1. 集中护理的内涵

集中护理是指在专门为被护理者构建的生活设施齐全、公用设施配套完善的机构中为被护理者集中提供长期医疗护理、康复促进、临终关怀等护理服务的一种护理模式。老年护理院配备了结构合理的护理人员与良好的护理设施,有助于建立个性化服务模式,满足老年人的日常生活照料需求、基本医疗预防需求、病有所医的需求、临终关怀的需求等,因而对老有所养、提高生活质量起到积极作用。

2. 老年护理院

英国老年护理院在世界范围内具有指导与借鉴意义。英国老年护理院的创办主体为地方政府、志愿者和私人,近年来地方政府创办的护理院数量有所下降,志愿者创办的护理院居中,而私人办的护理院占到了绝大多数。英国老年护理院的护士由低到高被分为A级~H级8级管理,其中A、B级为护理员,未接受过护理职业培训,主要从事喂饭、陪聊等简单工作;C、D级为护校未注册的护校毕业生,主要从事注射、发药工作;E、F级为主管护师;G、H级为护士长或护理部主任。护理院的护理人员均要接受搬运和移动病人、药物管理、急救等护理技能、消防知识、认识与应对虐待和疏忽、食物和公共卫生管理、感染的控制、财产管理的相关法律等方面的培训[1]。英国老年护理院按照护理内容可以分为照料院(care homes)、护理照料院(care homes with nursing)、专家照料院(specialist care homes)。照料院的服务对象为健康或病情较轻,能够行走或者是借用拐杖、助行器行走,生活能够自理或部分自理的老年人,主要为其提供食宿、洗浴、穿衣的个人照料、身心照料、短期小病照料服务;护理照料院的服务对象为有残疾或者疾病需要护理的老年人,24小时合格护士值班提供疾病护理服务;专家照料院专门收住患智障、身体残疾、感觉障碍、帕金森病、亨廷顿病、老年痴呆症、脑损伤、精神疾病、癌症、生理缺陷的老年人,也收住年轻的残疾人[2][3]。

美国宾夕法尼亚大学在集中护理方面进行了创新。该大学在学校内部设立了"专业护理老年村",主要针对75岁以上的校友。大学为居民提供包括各阶段所需的三个级别的护理服务,专门为住户提供持续照顾服务。村中的护工需要护士执照才可上岗。据调查,居住在持续照护大学村的老年人的平均寿命比美国其他社区的老年人的平均寿命高8岁,且在医疗平均花费上减少30%。德国养老机构提供24小时包含护理、起居和生活在内的全方位服务,且多地处密集居住区。此外,年满18周岁的德国公民都可以通过到养老机构提供各种无偿护理服务来进行"储蓄个人护理时间计划",以备自己将来需要时提取免费享用的护理时间,由此也降低了专业养老机构的人员压力。

1988年,上海市南汇区创办了我国第一家老年护理院。经过多年的不断摸索和完

---

① 莫莉,翟海龙.英国老年护理院简介[J].全科护理,2012,10:955-957.

② National Health Service. NHS continuing healthcare, NHS-funded nursing care and intermediate care[M]. London:Macmillan Publishers Ltd,2007.

③ National Health Service. NHS continuing healthcare and NHS-funded nursing care [M]. London:Macmillan Publishers Ltd,2010.

善,作为上海市医疗保险定点单位,老年护理院配备了现代化设施,主要收治丧失生活自理能力和生活需要照料的老年人,具有老年公寓和医院的性质,为老年人实行 24 小时全日制医疗、护理、康复保健、善终全方位服务[1]。如今全国许多省市都先后建立了老年护理院、老年公寓、托老所和敬老院等多种形式的老年护理机构。卫生部门积极推进优质护理服务,截至 2011 年 5 月底,110 所重点联系医院中,108 所医院在 50% 以上的病房中开展优质护理服务,其中 98 所医院在 80% 以上的病房中开展优质护理服务[2]。

三、护理服务设施

我们以日本为例进行护理服务设施的介绍。迄今为止,日本主要有特别养护老人院、老人保健设施和老人医院(通常称为护理保险三设施)三种护理服务设施。其中,特别养护老人院大约有 37 万个床位,老人保健设施大约有 27 万个床位,老人医院大约有 38 万个床位。

老人医院从 2006 年开始,逐步被废止。其中大约 23 万个床位将变成老人保健设施或者收费养老院,而剩下的 15 万个床位则变成加强护理能力的一般医院。老人保健设施本来是为患者到病情安定后能回家的几个月内提供的短期停留的中间设施,但是有的患者出了这家老人保健设施,却又进了那家老人保健设施,也有的患者往返于老人保健设施和家之间。他们的目的都是长时间接受护理,这并不符合老人保健设施建立的初衷。特别养护老人院可以提供终身护理服务。但是由于床位有限,想住进去的老年人需要等待2～3 年。政府采取了对贫困者和重病者优先的方针。据统计,特别养护老人院的患者,有 80% 为低收入者,政府对其在饮食费和住宿费等生活费用方面也有照顾措施,如 2005 年一年的收入低于 210 万日元(100 日元折合人民币 6.9 元)的老年人,所负担的费用将会减少。

对于有一定收入的老年人而言,护理保险三设施不具备强的适用性。要想选择终身护理的设施,现在也只有住进收费养老院了。收费养老院的特征是,入住时需要一次性缴付数十万日元至数千万日元的费用,并且,不管入住多久,入住时一次性缴付费用的5%～20% 都将进入他们的腰包,这便使即使入住者对养老院不满,也很难向其他养老院转移,因此各种纠纷时常发生。国民生活中心提议,应该制定入住后在一定期间内可以取消合同的制度。日本厚生劳动省针对这一问题制定了"如果在入住 90 天以内解除合同的话,入住时一次性缴付的钱将全额返还"的制度。

日本围绕终身护理问题开展了制度改革,因为在日本所认定的需要护理的人比预想的人多,护理保险财政出现紧张。护理保险制定的前提条件是到 2025 年需要护理的人口为 520 万。但从 2000 年开始,日本需要护理的人口每年增加 30 万以上,达到 520 万。需要护理人口的时间比预计的 2025 年提前了很多,护理保险的总费用也以每年约 5 000 亿日元的速度增长。同时,由于平均寿命的延长,75 岁以上的老年人口在增加,而且这些人

[1]　叶露,王娟娟.上海老年护理院现状分析与发展前景探讨[J].中国卫生资源,2005,8(1):23-24.
[2]　中华人民共和国卫生和计划委员会.关于优质护理服务工作进展情况的通报[EB/OL].http://www.nhfpc.gov.cn/xxgk.

有 25％需要护理。如果不采取措施的话,护理保险的费用会进一步膨胀。因此,日本政府将入住护理三设施的患者的生活费改为个人负担,但这样一来,护理三设施与收费养老院的差别仅在于经营主体。逐步废除老人医院同样是由于财政紧张①。在人口老龄化、高龄化日益加深的状况下,开展更多的改革以实现可持续性发展的护理服务制度势在必行。

20 世纪 80 年代初,我国一些城市的部分医院为缓解人口密集而医院床位数有限的矛盾,为慢性病和不需住院的病人提供家庭病床服务。90 年代社区护理迅速开展,目前全国许多医院都设有依托医院的家庭病床,部分城市的社区设有社区卫生服务站或社区护理站,提供家庭访视、临终护理,为老年人提供体检等多种内容、形式的护理服务。老年人因疾病特点及特殊的经济状况成为家庭病床的主要受益人群②。2010 年 8 月,卫生部医政司对全国护理服务机构的设置、规模功能、运行现状等情况进行了调研,截至 2010 年 7 月,全国共有护理服务机构 157 所,其中护理院 62 所、护理站 16 所、其他医疗机构 79 所③。根据 2016 年我国卫生统计年鉴的数据,截至 2015 年,共有公立护理院 47 所、私立护理院 143 所,不论是公立还是私立护理院,都集中分布在东部地区。总体而言,各类护理服务设施数量上进一步增加,质量上不断优化,为具有不同需求的老年人提供护理服务。

四、护理服务管理

近年来随着社会环境的变化,我国政府对护理服务给予了高度重视,护理服务也得以长足发展,但我国护理服务管理仍面临缺乏资源保障等问题,需要采取相应的措施以更好地发挥护理服务本应发挥的重要作用。

(一)我国护理服务管理的问题

我国护理服务缺乏制度资源、设施资源、资金资源、人力资源、文化资源等资源的保障。护理服务体系在护理服务理念、护理服务内容、护理服务产品方面还有待优化。

1. 缺乏有效资源保障

我国护理服务缺乏制度资源。我国针对护理服务或有助于护理保障建设的政策、法律、法规还很少,使护理保障建设缺乏动力。国家虽然制定并颁布了一系列关于社会保障的法律法规,近年来政府在一些文件中尤其强调了社会养老服务,对护理服务的重视程度却仍然不够④。

(1)我国护理服务缺乏设施资源。当前,我国家庭病床与社区卫生服务中心、社区卫生服务中心供给较少,患者出院后缺少后续医疗照护的合适去处。老年护理院定位不清

---

① 张兰云.日本的老年护理设施[N].中国社会报,2006-09-11.
② 李彩福,李春玉.我国社区老年护理现状及展望[J].护理研究,2008,17:1515-1516.
③ 王曼莉.加快发展护理院　完善医疗服务体系[J].中国护理管理,2011(6):5-7.
④ 马弋锝.论我国多层次老年护理保障机制建设[D].上海:华东师范大学,2007.

晰,出入院标准和服务标准不明确,入院老年护理院的病人享受医保支付,其支出远低于居家请人照护及住养老机构的支出,因此老年人及其亲属更愿意长住护理院,形成了严重的"压床"现象,造成了护理资源的不合理配置与严重浪费。

（2）我国护理服务缺乏资金资源。护理服务机制的首要难题是资金来源问题。但是我国社会保障基金严重不足,基本养老保险个人账户仍在空账运行。相比其他年龄人口,老年人由于各项身体机能衰退、免疫力逐渐减弱,因此患病率高,护理的花费也就会更多,这无疑为护理服务筹资增加了难度。政府在护理服务筹资中难以承担主要责任[1]。

（3）我国护理服务缺乏人力资源。当前我国护理队伍数量相对不足、分布不均,专业素质和服务能力有待提高,调动广大护士积极性的体制机制尚未健全完善,整个社会对于护理服务的认知不够正确。

（4）我国护理服务缺乏文化资源。民众特别是老年人对传统家庭护理模式的偏好使他们对第三方专业服务的支付意愿偏低,有效需求的匮乏就会增加服务机构吸引高素质就业人员的难度,进而导致护理服务质量下降,使真正有专业护理需要的老年人的需求得不到满足。这反过来又会强化消费者关于护理机构"收费太高"或"护理人员不专业"等印象,形成"护理服务市场怪圈"。在这个怪圈下,护理服务很难发展[2]。

2. 护理服务体系有待优化

（1）我国护理服务理念有待优化。在大部分护理者的观念中,疾病的治疗仍是工作的中心,他们没有认识到其在疾病预防、健康保护中的重要作用[3]。在实践过程中,忽视以人为本的服务理念,缺乏人文关怀意识,对老年的人生理心理与社会特征了解甚少,导致了护理者与被护理者之间的矛盾。《2016中国长期护理调研报告》表明无论是由保姆或护理员提供的住家服务、医院长期病房、专业护理机构、福利院,还是社区护理机构,实际获得相应服务的人数比例都很低,这可以从一个侧面反映护理服务供给的低水平性。

（2）我国护理服务内容有待优化。《2016中国长期护理调研报告》指出由家政人员提供的定期或非定期上门服务是目前我国第三方护理服务的主要形式,但家政机构护理服务以协助进食（占比60%）、洗澡、做饭、清洁（以上占比均为40%）等生活照料性和家务性活动为主,并不能提供专业的、长期性的护理服务,在照料失能老人,特别是需要长时间持续专业护理的重度失能老人方面很可能力不从心。总之,当前我国护理服务偏技术而轻心理,偏物质而轻精神,偏治疗而轻预防与复健。

（3）我国护理服务产品有待优化。我国的老年护理保险产品缺位现象非常严重。同时,护理类保险市场的开发与发展会面临如下问题：有关护理服务的等级标准难以确定；精算技术缺乏,难以帮助护理类保险产品控制风险；产品开发出来以后的价格难以定位[4]。

① 马弋锝.论我国多层次老年护理保障机制建设[D].上海：华东师范大学,2007.
② 程楠.《2016中国长期护理调研报告》在京发布[J].中国社会组织,2017(3)：61.
③ 黄小新,姚金兰,朱炜,孟美美.国内外老年社区护理的现状及发展[J].齐鲁护理杂志,2017(5)：60-62.
④ 马弋锝.论我国多层次老年护理保障机制建设[D].上海：华东师范大学,2007.

(二)对我国护理服务管理的建议

在未来,需要通过政府引导、模式融合、资金保障、体系优化等手段实现我国护理服务的长远建设。

1. 政府相关政策法规支持

政府应当通过政策法规繁荣老年护理服务市场。政府应加大对老年护理服务业的扶持力度,为商业护理保险发展创造良好的市场环境与社会环境。鼓励开发商业老年护理类保险产品。允许更多的保险公司和护理机构参与合作,鼓励开发团体老年护理保险,给予商业保险公司在税收、投资方面的优惠政策等。在现实条件充分、理论准备充足的前提下着手建立中国老年人基本护理保险制度体系,以社会护理保险形式,满足老年人最为基本的护理需求,部分服务以公共品和准公共品的形式提供,并确保低收入等弱势老年群体得到充分覆盖和保障[①]。

政府应当通过政策法规加强老年护理管理。政府应出台与护理服务相关的法规,如护理机构的准入制度、护理标准、护理服务质量的监管制度、护理人员的教育培训制度等[②]。规范商业护理保险公司的经营行为。建立一套科学高效的评估机制,对老年护理服务进行科学和专业的评估、及时的反馈,引导老年护理服务业的健康有序发展[③]。建立监管规则,由卫生、社保、民政各部门合力监管,将监管结果与投入、支付结合起来,推动护理机构提高服务水平。根据功能定位、服务半径、床位规模、临床工作量等完善护理机构护理人员与床位的设置布局[④]。

2. 社会护理与家庭护理相结合

社会护理与家庭护理模式各有优势,我国当前人口老龄化、高龄化而家庭日益小型化、分散化,因此要积极发展社会护理。加快建成设施完备、人员完整的护理院,公立医院资源丰富的地区可积极稳妥地将部分一级或二级公立医院转型为老年护理服务机构,鼓励社会力量举办老年护理服务机构。《全国护理事业发展规划纲要(2016—2020)》强调加快社区护理发展。医疗机构可与基层医疗机构和老年护理服务机构建立合作关系,将护理服务延伸至社区。大型医院发挥自身的优质护理服务优势帮扶和带动社区护理服务能力的提升,特别是健康管理、康复促进、老年护理等方面的服务能力。鼓励社区发展家庭病床和居家护理,为长期卧床患者、晚期姑息治疗患者、老年患者等人群提供护理服务。采用政府购买社会服务的方式发挥社会组织的作用,完善收费和支付方式。但也要考虑到我国老年人对传统护理模式的偏好,发展家庭护理服务,推动专业居家护理机构的建

---

① 胡宏伟,李延宇,张澜.中国老年长期护理服务需求评估与预测[J].中国人口科学,2015(3):79-89,127.
② 马弋锝.论我国多层次老年护理保障机制建设[D].上海:华东师范大学,2007.
③ 严书欢,林枫,周绿林,代宝珍.老年人老年护理服务需求影响因素及对策研究[J].中国全科医学,2015,15:1775-1779.
④ 吴凌放.关于为老医疗护理服务的思考[J].中国卫生资源,2014(3):166-168.

设,增强家庭护理服务的专业性与全面性,通过促进医养结合不断满足老年人的健康服务需求。

3. 提升护理服务保障基金的效率

护理服务保障基金的筹集范围不应局限在国有和集体所有制企业及其职工和退休人员,还应向各种类型的企业和个人扩展,扩充老年护理保障基金的总量规模。同时,政府要加大老年人医疗保障、护理保障事业方面的资金投入,如针对老年人是慢性病高发人群的特点,建设社区医疗保健站、康复和护理中心,为老年患者提供优质低价的护理服务;中央财政对护理服务保障基金入不敷出的地区进行财政补贴;建立贫困老人的护理救助制度,对这类老年人的医疗、护理提供帮助等。

4. 护理质量持续改进

(1)强化护理能力。建立护理专科护士培养的长效机制,以需求为导向,建立院校定向培养与行业需求紧密衔接的护理人才机制,护理机构与护理服务培训人员签订定向服务合同,并确保对护理员的定期高质量培训。建立护理专科护士激励机制[1],提升护理人员待遇,以护士临床护理服务能力、专业技术水平、工作年限、职称和学历等为标准对护士进行分层,将其层级与薪酬分配、晋升晋级相结合,激励护理人员主动提升护理水平。加强对家庭护理员的技术支持、能力培养及心理关怀。

(2)优化护理理念。护理人员应当秉承支持维护(advocacy)、行动负责(accountability)、互助合作(cooperation)、关怀照顾(care)的护理理念提供服务。其中支持维护是指护理人员应当支持维护病人的权利与利益;行动负责是指护理人员对按照高标准提供护理服务负有责任;互助合作是指护士与其他人(医生或其他护士)共同参与为病人提供优质服务;关怀照顾是指护理员为病人提供健康、尊严和权利方面的关怀照护,这被认为是护理员角色中基本的、不可缺少的要素,并影响人类对健康和生命的经验[2]。

(3)拓展服务内容。无论哪种类型的护理人员都应当为被护理者开展多样化的护理服务内容以满足不同群体的异质化需求。探索性地建立医养护结合模式,与医疗机构相结合为患者尤其是需要康复治疗、姑息治疗的患者提供相应服务;与社会养老机构建立长期合作关系,为机构中的老年人提供相应的日常照料、精神慰藉、临终关怀等服务活动。

(4)推进护理服务信息化。借助大数据、云计算、物联网和移动通信等信息技术的快速发展,大力推进护理信息化建设,积极探索创新优化护理流程和护理服务形式,强化移动医疗设备等护理应用信息体系,提高护理服务效率和质量,减轻护理人员的工作负荷。

---

[1]　薛梅,陈蓉秀,孟宝珍.加强专科护士培养　提升护理服务水平[J].中华护理教育,2011(2):91-93.
[2]　邱仁宗.护理伦理学:国际的视角[J].中华护理杂志,2000(9):55-59.

第五节　就业服务与创业扶持

一、就业服务

（一）就业服务的概念

就业服务是由政府和社会实现劳动力与生产资料在总量和结构上有机结合的一种社会服务，其目的在于解决失业、待业问题，维护社会稳定。就业服务既包括对下岗再就业人员的就业服务，也包括对初次就业者的服务。

要理解就业服务首先要明确就业的概念。广义的就业是指劳动力要素和生产资料要素结合的状态，它是通过劳动过程中人和物的结合形成社会生产力，为社会创造财富；狭义的就业是指具有劳动能力并处在法定劳动年龄阶段的人从事某一岗位的工作或合法的社会经济活动，以获取劳动报酬或经营收入的一种活动。国际劳工局基于对就业的狭义理解来界定就业，认为就业是指一定年龄阶段内的人们从事的为获取报酬或为赚取利润所进行的活动①。总之，就业需要具备三个条件：一是从事劳动的人必须处在法定劳动年龄阶段，且有劳动能力；二是从事的劳动必须是法律允许、社会承认的劳动；三是从事的劳动必须是有报酬或收入的劳动，义务劳动不属于就业范畴。

"充分就业"是世界各国孜孜不倦的追求，是各国政府宏观经济政策的重要目标之一。充分就业（full employment）是英国经济学家凯恩斯在《就业、利息和货币通论》一书中提出的概念，指的是在某一工资水平之下，所有愿意接受工作的人都获得了就业机会。充分就业并不等于全部就业或者完全就业，一定的失业是存在的且被允许存在的，但所有的失业均属于摩擦性的和季节性的失业，并且失业的间隔期很短。通常把失业率等于自然失业率时的就业水平称为充分就业。经济学家、社会学家、人口学家和政治学家均把充分就业视为人力资源与其他资源配置效率的最优状态，因此实现充分就业成为全社会发展的重大关键问题，同时也成为政府职能结构中最重要的构成要件及政府宏观调控的首选目标。

就业服务是促进社会充分就业的一个重要途径。就业服务兴起于 20 世纪初，70 年代后逐渐成为国家就业政策的重要内容，90 年代以来失业问题严峻，政府对就业服务更为重视。德国于 2002 年 11 月通过了《劳动力市场的现代化服务业法案》，明确了实行工作介绍、职业咨询、转岗培训和再就业扶持等"一条龙"服务。美国也以法律的形式确定了"一站式"就业服务体系。法国政府对公民就业和再就业政策进行改革，拨款 9 亿欧元设立职业生涯安全基金，推出职业转型合同，政府的就业管理机构开展的职业介绍占法国就业市场份额的 40%。2009 年法国政府将帮助求职者的国家就业总署和救济失业者的工商业就业协会整合成统一的就业中心，并在全国设立 930 个网点负责提供各类技能培训

---

① 郑功成.社会保障学[M].北京：中国劳动社会保障出版社，2005：343.

及发放失业补贴①。总之,就业服务是指主要通过政府对就业市场的指导和干预,以优惠政策鼓励积极就业,提供全方位就业服务等,推动失业者实现再就业。就业服务的主要做法和经验包括:拓展新的就业领域,创造就业岗位,实行职业轮换,以减免税收、小额贷款、就业补贴等政策鼓励失业者创业,鼓励企业提供就业岗位等。提供就业服务以促进充分就业对于国家的社会保障事业具有重大的意义。

(二) 就业服务的类型

就业服务主要分为公共就业服务和私营就业服务两大类②。

1. 公共就业服务

公共就业服务(public employment service)是指政府组织并建立的,以促进就业为目的的公共制度。它是一项向劳动者和用人单位提供免费就业服务的非营利性公益服务。各国政府一般通过立法的形式对公共就业服务机构与政府相关部门及相应管理模式予以明确。

公共就业服务的主要职能包括劳动力市场信息系统开发、求职登记和招工登记及职业中介活动、失业补助金的管理和发放、就业失业状况统计工作、就业政策及就业服务计划的制订、组织就业技能培训、劳动力市场及就业结构变化分析、特殊人群就业援助以及开展劳动保障事务代理。

公共就业服务的管理模式分为三类:①劳动部门所属机构。这类公共就业服务机构是政府劳工部门的一个司局级单位,且在下级地方部门设立相应机构。此种模式下公共就业服务机构经费纳入国家总体预算,其职权、行为、组织架构及管理模式均取决于政府意志,如澳大利亚和日本。②自主公益性事业机构。这类公共就业服务机构具备独立法人资格,实行独立核算,其职权、资金来源、内部管理和外部监督均被政府以立法的形式确定,如德国、英国、加拿大、瑞典等。③集体性和双边管理机构。这类公共就业服务机构并非政府组建,而是根据雇佣者组织和工人组织签订具体协议创办。公共就业服务机构承担了政府赋予的部分行政职权,但并非完全独立于行政部门,政府以政令方式协调它与其他部门的关系。

2. 私营就业服务

私营就业服务(private employment service)一般指收费的职业介绍所提供的就业服务。根据国际劳工组织的定义,收费的职业介绍所可分为营利机构和非营利机构两种。营利机构指为劳动力供求双方提供中间服务并从双方或其中一方处获得物质利益,多为私人创办的机构;非营利机构指虽向劳动力供求双方收取一定的服务费用,但不追求物质利益,主要由各社会团体和公益性组织创建。私营就业服务的主要职能包括求职招工登记、收集整理劳动力供求市场信息、职业指导、劳动事务代理及劳务派遣等。

---

① 杜伊沁. 法国推进公共服务体系建设的主要做法[J]. 当代世界,2012(1).
② 李永捷. 中国就业服务体系的构建研究[D]. 成都:电子科技大学,2008:68-71.

（三）就业培训

中国的就业培训主要包括三种类型：一是就业前培训，即对具有劳动能力的青年人，在就业前对其进行培训，使他们具有一技之长，成为合格的劳动者；二是转业培训或者再就业培训，即对下岗职工和失业人员开展的转换职业技能、促进其再就业的培训；三是在职培训，即为提高企业职工职业技能，使其不断适应生产经营需要而开展的培训①。

就业培训是促进就业的重要手段，因需求量大且种类繁多，单纯依靠政府是难以完成的。从目前中国的情况看，绝大多数的培训工作是由非政府组织甚至私人部门提供的，这会造成管理混乱与过于商业化，甚至产生大量欺诈行为。因此，需要对就业培训进行优化。但是，优化服务并不意味着政府揽过来直接承办就业服务活动，而是应当采取政府与非营利机构合作的方式，分工负责。应结合政府机构改革和事业单位改革，以现存的社团组织和有关的事业单位为基础，通过政府政策支持提供适当的经济援助与扶持，采用委托式、合同式等多种办法培育非营利的公益性就业培训机构，并使之逐步成为就业培训的主体，既发挥了政府作用，又有利于动员社会力量。

二、创业扶持

（一）创业扶持的概念

创业扶持是社会保障服务的重要内容。创业扶持是国家和社会对创业者提供的各类帮助之和，包括资金、政策、信息等。一般而言，创业要素分为创业者要具备的内在要素（强烈的创业意愿、可行的项目、周详的创业计划、系统的企业经营能力）和制约创业者的外在要素（创业教育培训、创业启动资金、创业政策环境）②。而"环境本质上是系统的，包括文化和人的系统、有机体的行为系统和其他下层系统"，所以，创业环境就是创业支持系统③，创业扶持正是致力于为创业行为提供有利的外在环境。创业环境离不开政府的精心打造，创业活动离不开创业政策的支持。

2015 年 7 月底，中央财政累积安排资金 91 亿元，吸引带动地方政府、社会资金427 亿元，设立了 190 支创业投资基金，投资了大量创新型企业，不仅促使部分企业成长为行业龙头企业，也对推动创新、促进经济稳定增长起到了重要作用④。党的十八届五中全会通过的《中共中央关于制定国民经济和社会发展第十三个五年规划的建议》将就业创业作为共享发展的重要内容，对"十三五"期间就业创业工作提出了新的要求，明确指出政府要完善创业扶持政策，鼓励以创业带就业，建立面向人人的创业服务平台，营造良好的创业环境和氛围，全面提高劳动者的创业能力⑤。国务院于 2015 年颁布了《关于加快构建大众创业万众创新支撑平台的指导意见》（国发〔2015〕53 号），这是我国最高层次的综合性的

---

① 李珍.社会保障概论：第 2 版[M].北京：中国劳动社会保障出版社,2007：233.
② 邓宝山.认识创业要素　定位创业服务[J].中国劳动,2015(3).
③ 云景,武杰.构建复杂适应的创业支持系统[J].系统科学学报,2007(7).
④ 张艳,樊一阳,秦锦义.SBA 视角下美国的创业扶持体系分析及启示[J].科技和产业,2016(3).
⑤ 尹蔚民.促进就业创业(学习贯彻党的十八届五中全会精神)[N].人民日报,2015-12-15.

创业支持政策文件,内含了我国发展动力转换关键时期创业创新的新格局。文件要求全面推进众创,释放创业创新能量;积极推广众包,激发创业创新活力;立体实施众扶,集聚创业创新合力;稳健发展众筹,拓展创业创新融资,推进放管结合,营造宽松发展空间;完善市场环境,夯实健康发展基础;强化内部治理,塑造自律发展机制;优化政策扶植,构建持续发展环境①。

在全球经济下滑的背景下,政府支持创业将面临机遇与挑战并存的局面。因此,政府需要尽可能创新创业支持政策,努力改善创业环境,鼓励和扶持新的创业主体阶层创建新企业,并促进企业的持续成长,实现创业带动就业和经济增长的目标。当务之急是要建立一个政府和企业有效沟通的机制,建立一个顺应创业型企业的成长规律、满足其能力资源需要、支持其快速持续成长的政策支持体系,而且该体系应当具有创新性、阶段性、动态性、连续性等特征。当然,这些创业政策不能扭曲了市场选择机制。任何鼓励企业进入和促进其成长的政策都应该确保顺利可行和机会均等的选择过程,这样才能确保创业政策的有效性,及时应对和克服诸如金融海啸等不利环境对企业生存与成长所产生的巨大影响②。

(二)创业扶持的意义

从经济意义上讲,创业是经济增长和创新的推动力,在增加就业、创造新的市场、推动技术创新、提高科技成果转化率、增加产品或服务品种以及促进高科技产业形成最终推动地区经济增长方面具有重要作用③,是国家、地区可持续发展的基础。全球创业观察(Global Entrepreneurship Monitor,GEM)的研究表明:"创业与经济增长之间存在促进关系。中国创业活动对经济增长的贡献并没有达到 GEM 成员的平均贡献水平,创业对经济增长的潜力尚未充分发挥出来。"中国情境下所面临的资源约束困境、合法性困境、知识产权困境、大量不良行为以及高权力距离等必然对创业行为、新企业的创建、成长及战略制定产生深远的影响④。

从社会意义上讲,做好创业工作、加强就业扶持是社会保障服务的内容。落实创新扶持政策对于增加人民收入、降低失业率进而减少国家、社会与个体的负担、促进社会和谐与稳定具有十分重要的意义。

(三)创业扶持的国际经验

从国际经验来看,资金是创业资源的重要组成部分,是创业行为的物质基础,是影响创业成败的关键性因素⑤。没有足够的资金,创业便无法启动,因此可以说,资金问题是创业过程中遇到的首要与重要难题。同时,任何创业活动都必须面对一定的创业环境,从创业者创业动机的萌发到创业理想的形成,从创业的实际奋斗过程到创业的成功,整个创

---

① 中华人民共和国中央人民政府网. http://www.gov.cn/zhengce/index.htm.
② 夏清华,易朝辉. 不确定环境下中国企业创业支持政策研究[J]. 中国软科学,2009(1).
③ 夏清华,易朝辉. 不确定环境下中国企业创业支持政策研究[J]. 中国软科学,2009(1).
④ 蔡莉,单标安. 中国情境下的创业研究:回顾与展望[J]. 管理世界,2013(12).
⑤ 崔祥民,梅强. 产业集群内创业者社会资本、信任与创业融资[J]. 软科学,2010(11).

业活动无不受到特定的创业环境的影响和制约[①]，而创业的精神实质是创新,因此应当建设有利于创新的社会环境。此外,社会网络是创业企业的重要隐性资源,对创业企业的生存和发展具有极其重要的推动作用[②]。

1963 年日本政府制定了《中小企业投资育成公司法》,由政府、地方公共团体及民间企业共同出资,在东京、大阪、名古屋成立了三个中小企业投资育成公司,三大投资公司之间形成了明确的地域分工[③]。从 1983 年开始英国王子基金就启动了"青年创业计划",动员企业和社会力量为青年提供咨询、资金和技术支持。该基金主要为大学生创业提供 1 500 英镑(个人)和 3 000 英镑(集体)的借券式创业启动资金,受资助的创业者创业成功率达 60%以上。为鼓励大学生创业,韩国政府出台了许多支持大学生创业的政策措施,成立了几乎覆盖所有大学的"创业支援中心",大学生在此能得到资金、人才、场地等创业所需的"一站式"服务,并由各专业的教授指导进行可行性调查及法律、税务、谈判等咨询服务[④]。

美国和日本在培育创业环境方面被世界公认为是创业政策完善、创业环境功能齐全的国家,也是最早制定相应中小企业创业政策的国家。美日两国政府的中小企业创业支持政策主要包括四个方面:①政府出资创办专门为中小企业创业提供贷款业务的金融机构,如日本国民生活金融公库、中小企业金融公库、商工组合中央金库、投资育成公司。虽然美国没有相应的中小企业专业银行,但是白宫小企业管理局通过民间金融机构为小企业创业提供政策性贷款,并出资成立小企业投资公司。②管理、信息咨询。这两个国家都有相应的政府和民间机构,为中小企业创业者提供相应的管理和信息咨询。例如,日本政府全额出资成立专门为中小企业服务的中小企业大学,各地方政府部门设置中小企业综合指导所、中小企业情报信息中心,以及民间为中小企业创业提供咨询的中小企业诊断士、商工会、中小企业协会等。美国也有相应的组织为中小企业提供咨询,如由政府提供资金,退休创业者和工程师组成的"退休人员咨询团"分布在全国各地,为中小企业创业者提供免费咨询,此外还有小企业开发中心、小企业研究项目等为小企业创业者提供从创办到管理的一条龙咨询服务。③小企业技术开发、技术创新服务。日本在 1963 年通过的《中小企业现代化助成法》专门为中小企业的技术改造提供政策性融资,全日本还有 185 所专门为地方中小企业提供的官办工业试验所。美园在 1983 年开始推行中小企业技术创新计划,为中小企业提供技术创新无偿资助。④为中小企业贸易开拓提供援助。包括两个方面:一方面是政府和公共部门的年度采购必须保证向中小企业采购的份额(如日本规定不低于 39%);另一方面是国际贸易援助,如日本贸易振兴会为中小企业提供拓展国际贸易业务的免费信息咨询、招收研修生、国际考察等[⑤]。

---

① 赵海.创业环境与社会发展[J].理论导刊,2003(12).
② 彭华涛,王敏.创业企业社会网络形成的试错机理研究综述[J].科技进步与对策,2010(12).
③ 陈莉,李东福.日本中小企业创业支持机制研究[J].现代日本经济,2009(6).
④ 王新.促进大学生就业创业的国外经验及借鉴[J].教育与职业,2015(7).
⑤ 赵海.创业环境与社会发展[J].理论导刊,2003(12).

本章小结

本章主要介绍了养老服务、健康服务、护理服务、就业服务与创业扶持等社会保障服务内容。

自测题

一、判断题

1. 社会保障服务只包括物质方面的帮助。 （　　）
2. 医疗服务属于一种无形产品。 （　　）
3. 就业服务以就业为导向。 （　　）

二、单项选择题

1. 下列不属于医疗服务特点的是（　　）。
   A. 不可选择性　　　B. 不可逆转性　　C. 信息不对称性　　D. 不可替代性
2. 社会保障服务的特征不包括（　　）。
   A. 普遍性　　　　　B. 及时性　　　　C. 可及性　　　　　D. 福利性
3. 护理服务的对象为（　　）。
   A. 生活无法自理的人　　　　　　　　B. 健康的人
   C. 住院病人　　　　　　　　　　　　D. 门诊病人

三、多项选择题

1. 社会保障服务的内容包括（　　）。
   A. 养老服务　　　　B. 医疗服务　　　C. 护理服务　　　　D. 就业服务
2. 社会保障服务的主体包括（　　）。
   A. 政府　　　　　　B. 企业　　　　　C. NGO　　　　　　D. 个人

案例：健养护模式——以上海市佘山镇为例

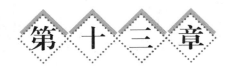

第十三章

社会保障法律制度

【学习目标】

通过本章的学习,读者应当了解社会保障法的概念、特点及功能;熟悉社会保障法的立法原则和立法内容;了解社会保障法的发展历程及模式,掌握我国改革开放以后社会保障法发展的相关内容。

【导读案例】

成都市蒲江县社保局通过法院强制划拨成功清缴社保欠费近 30 万元

2011 年颁布实施的《社会保险法》赋予了社保经办机构"依法经办"的权力,也授予了社保经办机构依法保障职工社保权益的"尚方宝剑",在一定程度上奠定了社会保险经办工作的法律基础。但社保经办机构面对用人单位的欠费行为尤其是恶意拖欠社保费行为,在执行催收时明显乏力,《社会保险法》赋予的"可以申请人民法院扣押、查封、拍卖其价值相当于应当缴纳社会保险费的财产,以拍卖所得抵缴社会保险费"执行异常艰难。在蒲江县社保局通过法院强制划拨清缴社保欠费以前,全市还没有成功的案例。

2015 年,蒲江县社保局接到两家参保单位 22 名员工关于单位欠缴其社保费的投诉举报,要求社保局履行职能督促单位按时足额为其缴纳社保费。在已经走完常规稽核程序和行政程序但仍未能足额清缴社保欠费的情况下,蒲江县社保局变被动为主动,积极思考并运用法治思维和法制手段,经过充分的准备和严格的程序,提请并配合人民法院通过强制执行,最终按照《社会保险法》第六十三条相关规定成功划拨两家企业所欠缴职工社保费 29.84 万元,在成都市率先通过法院强制划拨清缴社保欠费,既保障了员工的合法社保权益,又对欠费单位起到了威慑和惩戒作用,更对全市开展清缴社保欠费工作起到了积极的引领示范作用,并借此创建了多部门联动、多渠道清缴欠费机制。

蒲江县社保局推进此项工作的具体做法主要有以下三个方面。

一、提升法治能力,以法护航

第一,提升"知法"能力。组织社保经办人员认真研习《社会保险法》《行政强制法》《行政处罚法》《行政复议法》《社会保险费申报缴纳管理规定》和《社会保险稽核办法》等有关清缴社保欠费的法律、法规,优化经办人员法务知识结构;强化行政执法人员资格管理,规范统一执法行为,提升经办人员法治素养。

第二,提升"用法"能力。组织社保经办人员旁听民事强制执行案件庭审,开设《社保法治讲堂》,邀请人民法院行政庭和执行庭法官以案说法,借此针对性开展法律条文解读、案件立案、证据搜集、办案流程、执法技巧等方面的专业培训,提升经办人员的用法能力。

第三,借力法律服务。在通过司法途径清缴社保欠费过程中,聘请法律顾问全程提供法律咨询和司法救助,协助社保经办人员检视经办依据、经办流程及经办行为的合法性、时效性,为"依法经办"保驾护航。

二、强化欠费预警,未雨绸缪

第一,强化欠费信息管理。做好职工来信来访、社保欠费数据等信息的统计分析,对新增社保欠费单位,交由稽核部门牵头提前预警、先期介入和实地调查。

第二,分类处置欠费单位。清缴社保欠费可采取社保稽核整改、劳动仲裁调解、劳动监察执法、行政划拨、法院强制执行等方式。首先做好与欠费单位法定代表人及人力资源部门的沟通协调;其次摸清单位生产经营状况及欠费原因;最后稳定职工情绪,并与劳动仲裁、劳动监察等劳动保障行政执法部门综合研究后,再确定采取何种清缴方式,为欠费单位提供既合法又切合单位实际的还款方案,最大限度地在单位欠费初期完成单位社保欠费清缴工作,保障职工的合法权益。

三、致力部门联动,畅通渠道

第一,建立联席会议制度。在理顺系统内职能部门间联动清欠机制的同时,创建以人社、经信委、国土、房管及银行等部门联席会议制度,明确各职能部门联系人及在具体案件办理中的职责分工,定期或不定期对清缴社保欠费工作进行协调部署、研判案情,形成合力工作,畅通调查举证、信息查询、资产处置的渠道,确保违法事实核定、限期补缴通知、存款账户查询、行政划拨申请及可抵押资产查明等法定流程的顺畅有序。

第二,强化司法沟通。加强与人民法院在强制执行清缴社保欠费过程中的司法沟通,针对欠费清缴经办工作中遇到的重点、难点问题和矛盾,社保经办机构根据人民法院提供的专业建议意见。补充完善立案审批、集体讨论决定、催告、问询等业务工作流程,规范行政行为法律文书中的违法条款、司法救助等司法要素,确保强制执行清缴社保欠费经办的程序合法、措施有效,确保每一笔社保经办业务都经得起司法检验。

第三,做实证据链条。强制划拨清缴社保欠费的成功,主要基于单位违法事实清楚、案件办理程序合法、证据链条完整真实三个要件。在具体操作过程中,成都市蒲江县社保局综合运用问询法人代表、实地走访、查看会计账目、参保数据比对及引导被执行单位员工配合等方式,特别是充分动员发挥被执行单位员工、工会组织力量,配合做好对用工单位违法事实、用工人数、工资基数、欠费金额等重要证据数据的调查、取证和收集,一步一步做实证据链条,提高了案件的成功执行率。

(资料来源:四川省社会保险管理局公众服务网,http://www.scsi.gov.cn/sbxx/shownews.php?id=2829&lang=cn,2016年9月)

思考:如何处理职工社会保险权利被侵权事件?

第一节　社会保障法概述

一、社会保障法的概念

社会保障的目的是通过立法确立对遇到疾病、伤残、生育、年老、死亡、失业、灾害或其他风险的社会成员给予相应的经济、物质和服务的帮助。为了实现这个目的，国家必须通过立法建立一整套的制度体系加以保证。从一般意义上讲，社会保障法是调整以国家、社会和全体社会成员为主体的社会保障关系，即在社会成员因年老、疾病、伤残、失业、死亡、灾害等原因面临困境时，予以经济援助或扶助，从而保证其基本生活需求并不断提高其生活水平的法律规范的总称。它既包括国家立法机关制定的社会保障法律，也包括国家行政机关颁布的社会保障法规、命令和条例等。

这里的社会保障关系也就是社会保障法所调整的社会关系，这些社会关系从内容上可以分为社会保险关系、社会救助关系、社会福利关系、社会优抚关系；从社会保障的体制上可以分为社会保障管理关系、社会保障资金筹集关系、社会保障给付关系、社会保障资金运营关系和社会保障监督关系。概括地讲，社会保障关系是指在社会保障的实施过程中，国家、社会、单位及社会成员之间发生的各种社会关系的总和，在内容上既包括国家和社会对社会成员最低生活的保障，也包括对社会成员生活质量提高的保障。

对社会保障而言，法制系统是统率性的、规范性的、最高层次的系统，也是最基础的系统，它作为社会保障制度运行的客观依据和行为准则，同时也是实现社会保障制度良性运行的保证。

在现代社会保障制度的发展进程中，以法律为依据，在管理机构的监管下采取强制方式实施，一直是最基本的特征之一。先立法、后实践，是实施社会保障制度的内在要求，工业化国家及许多发展中国家在建立自己的社会保障制度时均遵循这一规则，即任何一项社会保障制度的建立和改革，通常都以立法机关制定或修订相关法律、法规为先导，以管理部门制定相应的实施细则为条件，之后才是具体组织实施社会保障项目。

二、社会保障法的特征

（一）社会保障法系统是一个独立的法律部门

按照法学界比较一致的看法，法律部门是指根据一定的标准和原则，按照法律调整社会关系的不同领域和不同方法所划分的同类法律规范的总和。依此观点，划分法律部门的标准就是法律规范所调整的社会关系和调整方法。其中，依所调整的社会关系的不同来划分是基本标准，依其调整的方法不同来划分是辅助标准。根据这一理论，社会保障法能否成为一个独立的法律部门，取决于其是否有独立的、特殊的调整对象。社会保障法的调整对象是社会保障运行过程中产生的各种社会保障关系。随着市场经济的发展和社会文明的提高，这种关系范围不仅不会缩小，反而会发展和扩大，并且显现出与其他社会关系不同的独特的性质：社会保障关系只产生于社会保障活动过程之中，即只有在社会保障运行过程中所引发的各种社会关系,才能形成社会保障关系;社会保障关系的当事人具有特殊性;社会保障关系主要表现为既不同于民事关系也不同于行政、刑事关系的一种权利和义务关系,并且这种权利和义务的内容一般由社会保障法直接加以规定,不能由当事人自由商定,其调整方法即法律关系主体的权利、义务、实现形式和对违法行为的制裁形式,也有自己的特色。由于社会保障关系的特殊性和复杂性,使社会保障对象具有广泛性,社会保障的实施范围具有全民性,社会保障的内容非常丰富,社会保障问题表现出特殊性和解决的重要性。所有这些问题都决定了社会保障法既不能被其他法律部门所包容,也不能与其他法律部门相混淆。因此,社会保障法应当是一个独立的法律部门,使其自成体系并发挥专门的社会保障规范作用,这既是社会保障制度的内在要求,也是一个国家的社会保障法不断走向完整全面、自成体系的需要。这一点已经在许多国家和地区得到了普遍的证实。

（二）社会保障法系统是一个规范性的系统

社会保障体系中,国家或政府、社会、企业、个人以及有关各方在社会保障活动中负有何种职责,社会保障的具体项目、实施范围、资金筹集、待遇标准、计算方式等,都是由法律严格具体地进行规范的,有关各方均须依据法律制度的规定履行其职责与义务,同时享受法律赋予的权益。这些规范包括强制性规范和非强制性规范。对于涉及社会成员基本保障权益的项目,社会保障法规定的是强制性规范。明确规定国家、社会、企业、个人及有关各方在社会保障中必须履行的义务,社会保障的具体项目、实施范围等,有关各方无论其意愿如何,都必须依据法律的规定遵照执行。例如,社会保险中的各项保险义务都是当事人必须履行和不可选择的,其中一些项目还是部分当事人只尽义务,另一部分当事人只享受权利的,如工伤保险和生育保险等。对于强制性规范,必须严格执行,否则会受到法律的制裁。而对于一些临时性、突发性的社会保障事务,除了基本法律制度中建立的强制性规范以外,采用了非强制性的、自愿的原则,如社会救助中的捐赠等社会保障活动。

（三）社会保障法系统是一个多层次的系统

由于各国的社会保障制度均是由多个子系统和众多具体项目组成的,社会保障的事项庞杂、内容很多,而且不同事项需要不同的法律方式调整,因而不可能用一部法律来规定全部社会保障事务。各国通常都是制定多部社会保障方面的法律和法规来构成社会保障法律制度。在社会保障法的有关法律和法律之间、法律和法规之间、法规和法规之间,存在客观的分工,各自规范着一定范围内的社会保障事务,并且彼此之间相互协调、相互配合,共同构成一个完整的社会保障法制系统。

例如,我国宪法规定了社会成员的退休养老保障问题,对国家和社会给予社会成员物质帮助和发展社会保险、社会救助、医疗卫生事业、社会福利事业等也做了原则性的规定,是我国整个社会保障法律制度的最高层次。我国立法机关也通过了社会保障专门法律,即用于社会保障领域的有关法律,如《中华人民共和国社会保险法》《中华人民共和国残疾人保障法》《中华人民共和国妇女权益保障法》《中华人民共和国老年人权益保障法》等,它们作为国家立法机关颁布的社会保障法律,是社会保障制度的基本依据,属于第二层次。

由国家最高行政机关颁布的行政法规，如国务院颁布的《中华人民共和国劳动保险条例》《军人抚恤优待条例》《农村五保供养工作条例》等，以及有关社会保障法律的实施细则等，是社会保障法律的具体实施依据，属于第三层次。由地方立法机关或地方权力机关在区域范围内颁布的社会保障法规，目的是规范由本地区直接负责的一些社会保障事务，是社会保障法律制度的最低层次。

三、社会保障法的功能

（一）社会保障法是发展市场经济的前提和保障

市场经济是通过市场机制来实现资源配置的经济制度。资源包括自然资源、资本资源和劳动力资源，市场配置以市场为基础，是一种开放性的、与社会化大生产相联系的资源配置方式。18 世纪，亚当·斯密最早提出了"市场是一只看不见的手"这个经济学中的重要命题之一。在一种自然秩序下，"每个人由于他管理产业的目的在于使其生产物的价值达到最大程度，他所盘算的也只是他自己的利益。在这种场合下，像在其他许多场合一样，他受一只看不见的手的指导，去尽力达到一个并非他本意想达到的目的，他追求自己的利益，往往使他能比在真正处于本意的情况下更有效地促进社会的利益"。[①] 这段话的意思是说，如果能够给予人们充分的追求利益的自由，那么就会形成一种具有自我调节功能的市场机制，市场正是这只"看不见的手"在指导着经济活动本身。所以，国家应该采取自由放任的政策，使市场真正发挥作用。

到了 20 世纪 20 年代末，全世界爆发了经济危机，极大地冲击了资本主义社会的经济发展，工业、农业、商业以及金融和资本市场被摧垮，工业产值极度下降，失业人数达到 3 000 多万。这时候，"看不见的手"已经不能对经济危机进行自我调节，需要产生一种新的经济理论来缓解这种经济危机。这就是凯恩斯主义诞生的背景。凯恩斯提出：市场不可能解决总供给和总需求的矛盾，仅仅依靠这只"看不见的手"是不够的，还需要有政府这只"看得见的手"的干预，当市场失灵时，纯粹市场并不能解决这个问题，只能依靠政府——国家的干预来解决。凯恩斯主义在实践中的应用，缓解了经济危机，使各国的经济逐步走上了正轨。其中，国家的干预是非常重要的，这就包括通过国家参与来解决社会上大量存在的失业、贫困、疾病等社会问题和实施社会保障制度，并使这项制度成为国家干预的一项重要手段，成为解决市场失灵的重要工具。

我国在 20 世纪 80 年代中后期开始实行经济体制改革。1984 年，中共十二届三中全会通过《中共中央关于经济体制改革的决定》，加快了以城市为重点的整个经济体制改革的步伐，改革目标直指旧体制本身。建立和完善我国社会保障法律制度是提高综合国力，造福人民，促进市场经济发展的重要任务之一，对建设有中国特色的社会主义、深化改革、宏观调控市场经济和社会发展，对完善市场机制、维持劳动力资源的再生产、保障劳动力资源的合理流动和合理配置、调节市场经济中的供求关系，具有非常重要的作用。

---

① ［英］亚当·斯密.国民财富的性质和原因的研究：下卷［M］.北京：商务印书馆，1988：27.

（二）社会保障法制是保护社会成员合法权益、维护社会安定的需要

在市场经济条件下,优胜劣汰的市场竞争机制给企业和社会成员既带来机遇又带来风险。市场规律自发的倾向,只激励强者,而不会保护弱者,在这种情况下,建立和完善社会保障法制,以法律的形式保护社会成员的合法权益,是维护社会安定的重要防线。社会保障制度本身就是一种社会安全体系,它通过对没有生活来源者、贫困者、遭遇不幸者(如社会福利法、社会救助法等)和一切工薪劳动者在失去劳动能力或工作岗位后(如社会保险法),以及现役军人及其家属,给予救助或扶助,满足其基本生活需要,消除社会成员的不安全感,以维护他们的合法权益,维护社会稳定。社会保障法为社会成员在遭受各种风险时提供了必要的经济和精神保障,能够为遭受风险的社会成员解决这些生活困难,帮助他们从各种不幸的生存状态中缓解出来,开始相对正常的生活;社会保障法可以通过社会保障法的国民收入再分配的功能,通过社会保障基金在高收入者和低收入者之间的转移支付,使国民收入再分配向低收入者倾斜,从而调节社会成员之间的收入差距,为社会成员提供基本的生活保障,化解社会分配不公所造成的不良影响,缩小社会成员之间的贫富差距,以实现社会公平;社会保障法通过满足社会成员的基本生活需要和发展需要,解除了社会成员的后顾之忧,并且通过尽可能地缓解贫富差距,创造一个相对公平合理的社会环境,使每个社会成员都能够从中获益,具有一个相对稳定健康的心理状态,从而实现社会的稳定和发展。所以,社会保障法又被称为"社会安全网"和"社会减震器"。

（三）社会保障法是当前深化社会保障制度改革的需要

20世纪80年代,我国开始了以搞活国有企业为中心环节的经济体制改革,社会保障体制的改革也相应提到议事日程,全国各地相继加快社会保险改革的进程,出台了许多新的改革措施。我国社会保障制度的改革一开始主要作为国有企业改革的配套措施,在关系国有企业改革的各方面分别进行了探索,后来则在继续为国有企业改革搞好配套的同时,明确了社会保障制度是我国社会主义市场经济框架中的重要组成部分。在社会保障项目单项改革继续深化的同时,初步形成了我国社会保障制度改革的总体框架,明确了要建立适应社会主义市场经济的社会保障体系。因此,需要通过法律的形式,借助法律的力量,因势利导,把社会保障纳入市场经济改革的主要目标之中,实现劳动力配置——合理流动——社会保障的良性循环,使企业和个人充分认识社会保障的重要性,积极参与社会保障改革,促进社会稳定、文明和进步。

（四）社会保障法是深化我国企业改革、加快现代企业制度建设的需要

建立现代企业制度是建立社会主义市场经济的重要内容。社会保障制度作为建立现代企业制度的重要配套工程,它实施的好坏在很大程度上左右着现代企业制度的进程。国家通过立法加快建立、健全多层次的社会保障体系,把养老、医疗、失业、工伤、住房等保障职能从企业中分离出来,使企业减轻包袱"轻装上阵",真正成为市场竞争的主体,提高社会保障的社会化程度,改变"企业办社会"的现状,实现现代企业制度的目标,使社会主义市场经济的微观基础更加稳固。同时,通过社会保障立法,能够为暂时退出劳动力市场

的劳动者提供必要的生活保障,维持他们的基本生活,从而使劳动力的再生产成为可能,并为劳动者提供了更多的就业机会和就业保障。

四、社会保障法的立法原则

法律部门的基本原则是体现该部门法的总体指导思想、基本精神和价值取向的基本规范内容,是对该部门法主要调整对象的本质和规律的集中反映,其效力贯穿该部门法的始终。任何一个法律部门都应确立自己的基本原则,因为它们是立法者制定该法律部门基本法和次层次法律的立法准则,是法律关系参加者在行使权利和履行义务时必须遵循的行为准则。

(一)人本位原则

这是社会保障立法的出发点。社会保障从本质上说是对人的基本生存权的一种保障,它从一开始就是人权的基本内容。人作为一个社会的基本个体,社会有责任对其基本生存权进行保障,这是现代社会的基本要求。社会保障法规定社会要保障人的基本生活需要。生活的需要及生存权是人人都应享有的最基本的权利,是人权保障的基础,这是社会保障立法应该规定的最基本的内容。我国宪法规定:"国家依照法律规定实行企业事业组织的职工和国家机关工作人员的退休制度,退休人员的生活受到国家和社会的保障""中华人民共和国公民在年老、疾病或者丧失劳动能力的情况下,有从国家和社会获得物质帮助的权利"。社会保障立法应该将保障公民生存权和发展权作为社会保障法的内在价值,作为社会保障法的起点和终点。

(二)普遍性和区别性相结合的原则

社会保障法的普遍性是指社会保障立法具有普遍的约束意义,社会保障的实施范围应包括所有社会成员,强调一切社会成员享有社会保障的共同权利,从而制定对全体社会成员普遍适用的相同的社会保障标准。选择性实质上是区别对待,即针对不同类型的社会成员制定不同的适用法规和标准,这是因为社会成员之间不仅存在阶层差异,还存在个体差异,他们对社会保障的需求并非一致,从而需要差别对待。普遍保障与区别对待相结合,是"现代社会保障之父"贝弗里奇勋爵在《社会保险及有关部门服务》里首次倡导的,他提议:"全面和普遍原则"把全体国民均作为社会保障覆盖的对象;"区别对待原则"针对不同类型的社会成员制定不同的社会保障标准。目前世界各国的社会保障立法,或以选择性原则为出发点,从而制定对不同类型的社会成员适用的不同的社会保障标准;或以普遍性原则为出发点,从而制定对全体社会成员适用的相同的保障标准。区别性和普遍性并不矛盾,尤其是现阶段我国城乡之间差别很大,地区发展不平衡,因而在保障形式和保障标准、适用法规等方面要有所差别。坚持全国范围的统一社会保障法律制度的同时,适当兼顾不同地区的特殊情况,因地制宜。

(三)权利和义务相结合的原则

权利和义务相一致,是就整体而言。权利义务相一致,又称权利义务对等,是指享受权利必须承担相应的义务,而履行了义务就应当享受相应的权利。社会保障法律关系实质上是一种权利义务关系,在这一关系中,有权利主体与义务主体之分。就社会成员个人来讲,当其生活遇到困难或在其他法定条件下而获得社会保障金时,他居于权利主体地位;但是他取得权利主体资格有一个先决条件,即必须依照社会保障法的规定,缴纳一定数量的社会保险金或履行其他方面的义务,在这时,他处于义务主体的地位。就社会成员个人而言,权利义务相一致并不意味着他所享受的权利与应承担的义务恰好相等,也并不意味着缴费必然享受社会保障待遇。这是因为:首先,每位社会成员的保障需求和对其保障程度因人而异。社会成员获得社会保障的范围和标准与其对社会的贡献大小相适应。其次,对于无收入者、低收入者或先天不具备劳动能力的社会成员,社会保障法保障他们的最低生活需求,所需经费由国家财政支付,以体现国家或政府对这部分人应尽的救助责任。因此,在一定时期内,得到保障帮助的总是部分社会成员,而非全体。

(四)社会保障水平与经济发展相适应原则

社会保障是国家用经济手段来解决特定社会问题和实施特定社会政策的一项宏观调控措施,它必然要以一定的经济发展水平为基础和条件,即经济发展水平决定社会保障的发展水平,社会保障水平又对经济发展产生重要影响。

一方面,经济发展决定着社会保障的发展水平。由于社会保障发展要以经济发展创造的可供进行再分配的巨额社会财富作为经济后盾,如果没有雄厚的财力与资金积累,社会保障事业就不可能得到发展。纵观国内外的社会保障实践,也反映了这一规律:越是经济发达的国家,财力越雄厚,社会保障的发展水平也越高,人们的生活水平也越高;反之亦然。另一方面,社会保障的发展也应有利于促进经济的发展。社会保障肩负着保障社会稳定和经济发展的双重目标和任务,从而应有利于促进经济的发展,如果社会保障滞后于经济的发展,就容易造成社会的不稳定,进而给经济发展造成消极影响;相反,如果社会保障水平超前于经济的发展,则必然造成国家无力承受并最终损害经济发展的后果。因此,只有两者相适应,才有利于经济的发展,否则会损害经济的发展。由此可见,在制定社会保障法律、法规时,必须充分考虑当地的经济发展状况,结合长远利益和短期利益,体现社会保障水平与经济发展相互协调、相互促进的原则。在确定社会保障项目时,一定要从我国经济发展的实际出发。

(五)公平与效率兼顾原则

这里的"公平"有两层含义:一是从社会保障权利享受来讲,必须是人人平等。二是社会保障待遇的确定,应力求遵循平衡原则。社会保障应贯彻公平原则。首先,这是社会保障制度本身的要求。无论是社会保障观念的起源,还是社会保障法的创立历史,都体现了人类追求尽可能公平的足迹。社会保障法是最直接体现社会公平价值的法律规范。其次,这是遵循有关国际公约、贯彻我国宪法精神的需要。我国宪法第33条规定:"中华人民共和国公民在法律面前人人平等。""任何公民享有宪法和法律规定的权利,同时必须履行宪法和法律规定的义务。"《世界人权宣言》第一条规定,"人人在尊严和权利上一律平等"。最后,贯彻公平原则是市场经济的要求。市场经济是效率经济、鼓励竞争,不公平分配是这种经济的前提和结果，因此利益分配的差别性将不可避免。为保持社会稳定，国家必须通过宏观调控来防止不公平状况的过度发展。在贯彻公平原则的同时，社会保障法还必须兼顾效率。公平与效率兼顾是社会发展中必须妥善处理的一对矛盾，社会保障必须坚持两者相结合的原则。

（六）国家保障与社会保障相结合原则

国家保障与社会保障相结合是指社会保障事业的发展，不仅要依靠国家、政府的出资、管理与监督，还需要依靠广大社会力量的关心、支持与参与。作为一项基本原则，它具体包括两方面的内涵和要求：①社会保障经费或基金一方面要来源于国家、政府的财政拨款，另一方面要依靠企业、社会组织、社会机构、家庭和个人将其自有财产出资、捐献；②社会保障的日常管理与事务应该由国家和社会共同承担。我国在进行社会保障改革以及进行与之相关的立法时，应注意将国家保障与社会保障相结合：不仅应强调国家责任，同时还应强调全民（社会）责任、个人责任；要改变过去由国家、企业包揽一切的局面，广泛动员社会一切力量共同出力兴办社会保障的各个项目，逐步由"全部包揽"向"国家、社会、企业、个人"多方负担，由"企业自保"向"社会互济"转变。

五、社会保障法的立法内容

（一）社会保障法的调整对象

社会保障法的概念表明，社会保障法拥有自己独立的调整对象。社会保障法的调整对象，是社会保障法所调整的社会保障关系。

社会保障关系是指因社会保障工作引发的，在社会保障主体之间形成的权利与义务关系。它从不同角度可以做出多种分类。就直接关系而言，在内容上，社会保障关系可以分为社会保险关系、社会救助关系、社会福利关系、优抚安置和社会互助关系。在主体上，社会保障关系涉及国家与社会成员（包括用人单位和个人）之间的关系，社会保障职能机构与政府之间的关系，社会保障职能机构与社会成员之间的关系，以及社会保障职能机构相互之间的关系。就间接关系而言，社会保障关系又可以分为社会保障管理关系、社会保障资金筹集关系、社会保障给付关系、社会保障资金经营关系和社会保障监督关系。除此之外，从广义看，社会保障关系还包括社会保障争议的仲裁和诉讼关系。这些关系并非完全是独立存在的，它们往往呈现交错而复杂的特点。所有这些关系都需要社会保障法的规范和调整。

与其他社会关系相比，社会保障关系具有三个突出的特点：一是它只能产生于社会保障过程中，若离开了社会保障活动就不会产生社会保障关系。二是社会保障关系的当事人一方必须是社会保障职能机构。一方面社会保障职能机构制定社会保障发展规划，监督社会保障各项制度的落实；另一方面社会保障职能机构处理社会保障工作中出现的各种问题，筹集、管理、发放社会保障基金。可见，没有社会保障职能机构的介入，社会保障关系难以真正形成。三是社会保障关系中的权利义务具有非对等性。这种权利义务的非对等性是指在社会保障关系中，既有无须履行义务的法定权利，也有不享受任何权利的国家义务。前者突出体现在社会救助、社会优抚和社会福利法律关系中。享受社会保障权利的公民,不需要履行任何社会保障义务,只要符合一定的主体身份,即可享受保障权利。

具体来讲,社会保障法的调整对象包括以下几种关系。

第一,国家和社会成员之间的关系,即中央政府及地方各级政府与全体社会成员之间的关系。通过社会保障法明确政府在社会保障中的职责和社会全体成员享受社会保障的权益等。

第二,社会保障机构与国家或政府之间的关系,即在社会保障体系中管理和被管理的关系,以及各种财政关系等,通过社会保障法明确社会保障机构的性质、任务、地位及其权利和义务。

第三,社会保障实施机构与社会成员之间的关系。包括基金的筹集和供应、社会保障待遇的提供和享受,它是社会保障项目最主要的实践范围,应当明确规范社会保障的组织管理者与参加者、享受者之间的权利与义务关系。

第四,社会保障机构与用人单位之间的关系,即征集社会保障资金方和提供社会保障资金方之间的关系。

第五,用人单位与劳动者个人之间的社会保障关系。主要保证劳动者的社会保障权益,规范用人单位履行对劳动者的社会保障责任,明确劳动者应在用人单位中享受的社会保障待遇等。

第六,社会保障运行过程中的关系,即社会保障管理机构的设置及其与其他部门之间的关系。通过法律明确和调整社会保障管理部门与其他政府部门之间、不同社会保障管理部门之间和社会保障各管理部门内部机构之间的分工、协调与配合。

第七,社会保障运行过程中由于监督机制的运行所形成的关系。包括监督机制的建立以及各种监督机构的职责、权限划分及其协调性等。

第八,其他社会保障关系。包括社会保障子系统之间、项目之间的关系,社会保障基金与国家财政资金的关系、与资本市场的关系,以及有关经济实体之间的权利义务关系等。

(二)社会保障法的主体

社会保障法的主体主要是指在社会保障活动中依法享受权利和承担义务的当事人。从社会保障的运行来看,社会保障法的主体主要包括下面几个。

1. 国家或政府(包括地方各级政府)

国家是一个特殊的责任主体,它不仅直接参与社会保障活动,而且对社会保险、社会福利、社会救助、社会优抚等各项社会保障制度的实施给予财政支持,是最重要的责任主体。而各级地方政府在分税制和财政分级负责制的条件下也成为社会保障法法律关系的主体。

2. 社会保障实施机构

实施机构直接承担着实施各种社会保障事务的责任,在依法享有向用人单位和劳动者个人征收社会保险费的权利的同时,承担着具体组织实施社会保障项目的义务。具体包括政府成立的官方机构、半官方机构和民间团体。

3. 用人单位

既承担着向社会保障机构缴纳社会保险费的责任,同时又直接承担着向劳动者提供福利等社会保障义务的责任,从而成为社会保障法律关系中的主体。

4. 社会成员

社会保障是面向全体社会成员的福利性保障制度,社会成员理所当然地成为社会保障法律关系中的主体,它是社会保障制度的直接受益对象,而劳动者作为社会成员的一部分,承担着缴纳一定费用的责任。

以上各方共同构成了社会保障法律关系中的主体,但其主体资格并不完全相同,其中社会保障机构与社会成员有着完全的主体资格,而其他各方则是一种特殊的主体资格,这种差异性,正是社会保障事业的公益性、福利性和社会性的具体体现。

(三)社会保障法的客体

社会保障法律关系的客体是指社会保障法律关系的主体的权利和义务共同指向的目标,主要是指社会保障的规定项目和范围内的各种物质利益和自然人。这是因为,社会保障所保障的都是客观存在的财产物资和自然人的身体与生命的安全,其主要目的是为社会成员提供基本的生活物质保障,因此,自然人是社会保障法律关系中最重要的客体,而物质利益则是部分社会保障法律关系中的特殊客体。

第二节　社会保障法的立法实践

一、国外社会保障立法实践

社会保障立法最初是从社会救助立法开始的,其标志是英国 1601 年的《济贫法》。19世纪晚期,随着资本主义进入垄断阶段,开始出现社会保险立法的动向。1883 年,俾斯麦时期的德国制定了世界上第一部社会保险法——《疾病社会保险法》。此后,又陆续推出了涉及各个领域的社会保险法,形成了法群化。受德国的影响,欧洲各国也纷纷出台了有关社会保险的立法。社会保险法律的出现标志着现代意义上的社会保障立法的真正展开。1935 年,美国推出了一部综合性的《社会保障法案》,标志着社会保障法的诞生。二战后,英国的贝弗里奇提出了战后实施社会福利计划的改革方案。英国政府根据他的提议推行了《国民保险法》等六个法案,标志着社会保障立法向"福利国家"的方向发展。20世纪 70 年代末 80 年代初,资本主义世界的社会保障出现了危机,发展中国家的社会保障也面临机制和制度的重构。

（一）社会保障法的起源

在现代意义上的社会保障法正式产生以前，英国于 1601 年颁布《济贫法》，规定对贫民实施救济是每个济贫区的责任。该法的颁布标志着社会保障从分散走向统一，从临时性走向制度化，从随意性走向法律化。1795 年英国修改《济贫法》，在过去的基础上实行以家庭人口多少为津贴标准的"斯宾汉姆兰德制"。《济贫法》颁布实施以后，由于政府所拨救助款实际上流入了封建主和商人的腰包，1834 年，英国国会通过了《济贫法修正案》，规定停止"院外救济"，成立中央济贫法实施委员会，实行中央督导制，从而避免了地方济贫管理中的腐败现象。

尽管《济贫法》完全是压制性的济贫方式，但仍有积极的历史意义。因为它毕竟是通过立法确定了济贫事业为政府职责的开端，"这些济贫法律还保留着承认公共济贫责任的历史功绩，其宗旨在于对实际的饥饿问题做出反应，把社会动乱缩小到最低限度，从而使问题的尖锐性得到缓和"①。《济贫法》对稳定当时的社会和促进资本主义经济的发展起到了重要的作用，它也为后起的资本主义国家所重视，尤其为欧洲资本主义国家所效仿。除了英国以外，瑞典也在 1763 年制定了《济贫法》，由政府征收济贫税，承担救济贫民的责任。

（二）社会保障法的产生

19 世纪下半叶，德国国内经济萧条，劳动人民生活贫困，阶级关系非常复杂，政治流派繁多，无产阶级的力量不断强大，新兴资产阶级尚显软弱，劳工问题是当时社会必须解决的主要问题。首相俾斯麦对内对外采取了强硬的铁血政策，一方面无情镇压工人运动，一方面为平息劳工斗争而推行社会保险立法，实行包括社会保险、孤寡救济、劳资合作及工厂监督在内的一系列社会政策措施，自上而下地实行各项经济和社会改革。于是，德国议会在 1883 年首次通过了《劳工疾病保险法》，批准由国家建立疾病保险、意外事故保险和老年与残废保险三项保险法案。它标志着世界上第一部社会保险法律的诞生。此后德国又先后制定了《劳工伤害保险法》（1884 年）、《残疾和老年保险法》（1889 年、1891 年）等社会保险法律。在费用承担方面，工伤保险的费用是由雇佣劳动者的雇主独立承担的；其他项目的保险费用在不同程度上由国家财政支出，劳动者和雇主也共同参与负担。这个社会保险系统保障的对象仅仅是劳动者，但是他们的家庭成员可以通过这种社会保障得到间接的保护。不雇佣员工的独立经营者和消极待业人员在这些社会保险方案中则没有被覆盖。

从此社会保障全面进入了国家立法阶段，试图通过国家直接干预和调节社会再分配，来消除社会问题，缓和社会矛盾。由于这种以社会保险为主体内容的社会保障制度与工业化的进程相吻合，因此为欧洲多数国家所仿效，纷纷建立比较完善的社会保障法律制度。比利时、波兰（1884 年）、奥地利、捷克、斯洛伐克（1887 年）、丹麦、瑞典、匈牙利（1891年）、挪威、芬兰（1895 年）、英国、爱尔兰（1897 年）、法国、意大利（1898 年）、西班牙（1900

---

① 联合国劳工组织.社会保障基础[M].长春：吉林大学出版社，1989：48.

年）、荷兰、卢森堡（1901 年）、俄罗斯（1903 年）、冰岛（1909 年）等国家相继制定了有关社会保险法。其他欧洲国家均在 19 世纪末到 20 世纪初颁布了有关社会保障法律。

世界范围内的大规模的社会保障法制化，标志着社会保障法作为一项新兴的独立立法律制度已经形成。对于德国的这一功绩，国际劳工组织评价说：在社会政治历史上，没有比社会保险更能急剧地改变普通人的生活了。[①] 虽然德国社会保险立法有许多缺憾（如大多数是解决城市工人的养老、工伤、疾病保险，而没有失业保险的内容），但是社会保险作为社会保障的重要内容被通过立法形式确立下来，是社会保障立法的一大进步，这给西方国家采取同样的措施提供了范例和启示（如英、法两国不仅效仿德国制定了社会保险法，而且增加了德国当时没有的失业保险）。另外，俾斯麦倡导的社会保险原则，现在仍为世界上许多国家采用。这些原则是：第一，必须集合多数人的经济力量，共同负担少数遭遇风险者的损失即风险分担的原则；第二，社会保险必须实行强制性原则，即凡在法律规定的范围内的对象必须参加；第三，保险费由政府、雇主、个人共同担当；第四，疾病保险和死亡保险实行均一保险费率；第五，保险对象以危险性最大、最容易发生意外事故的职业为首选范围；第六，保险待遇与个人缴费多寡有关；第七，各行各业都可以各自设立保险计划。

（三）社会保障法的发展

20 世纪 30 年代，资本主义世界发生了严重的经济危机。许多资本主义国家陆续进入了国家干预经济的时代。国家不仅把经济干预和调节的范围扩大到再生产的许多领域，而且扩大到了国民收入再分配领域，实行社会保障制度。最主要的代表国家是美国。

美国政府传统认为救济、福利等社会事业是由教会、慈善机构、社会群体来完成的。然而 1929—1933 年的经济危机造成了严重的经济社会后果，改变了这种认识。罗斯福总统上任后为了摆脱危机，缓和国内劳资矛盾，开始实行新政，实行国家干预社会经济生活的制度。新政的内容包括救济贫民和失业者，恢复工商业和农业，改革银行和投资控制以及改善劳资关系等。1935 年美国通过了《社会保障法案》，其内容以老年社会保险和失业社会保险为最重要，主要包括：建立以"普遍福利"为核心的社会保障制度，以消除人们对生活中各种未知事件的恐惧；社会保障主要包括老年救济、老年退休年金、失业保险和生育补助，实行强制性的多层次养老社会保险，开始由联邦政府承担养老金开支的一半，最终则由自给的保险年金所取代；对盲人、需要抚养的儿童和其他不幸者实行救济，社会保障是取代"家庭保障"的新社会政策；社会保险必须促进自我保障意识的建立，即保险资金取之于民用之于民。此外，按照《社会保障法》的规定，联邦政府还要为母亲和儿童卫生机构、残疾儿童服务机构以及儿童福利机构提供资助。

美国的这部社会保障法在社会保障立法史上具有重要的历史意义，是世界上第一部对社会保障进行全面系统规范的综合性法律。它的内容广泛，涉及社会救济、社会保险和社会福利等各个方面。它确定了社会保障的普遍性、社会性原则，为现代意义上的社会保障立法提供了目标和方向。据此，西方国家纷纷对原有社会保障立法进行补充和修订，包

---

① 联合国劳工组织.社会保障基础[M].长春：吉林大学出版社,1989：21.

括工伤保险、医疗保险、家属津贴等社会保障项目,社会保障制度迅速发展。

(四)社会保障法的完善

二战后,资本主义世界各国在经济上有了不同程度的发展。由于产业结构发生重大变革,发生了产业工人比例下降、工人白领化、雇员专业化等一系列社会结构性变化。重工业和其他一些劳动力集中的产业的衰落,使大批工人失业或被迫改换工作。面对庞大的失业大军和为解决日益严重的社会问题,社会保障法的发展进入了新的阶段,这一阶段以英国政府宣布自己建成为"福利国家"为标志。

"福利国家"(Welfare State)一词首先由英国主教邓肯提出。二战中,英国政府委托曾任劳工介绍所所长和伦敦经济学院院长的贝弗里奇教授负责制订战后实行社会保障的计划。这个计划于 1942 年年底发表,题为《社会保险及有关服务》,这就是著名的《贝弗里奇报告》。报告以消除贫困、疾病、肮脏、愚昧和怠惰懒散五大社会病害为目标,建议政府通过国民收入再分配来实施社会保障措施,制定以社会保险制为核心的全面的社会保障计划。这个报告提出了一些具有革命性的观点:第一,福利制度由分散管理改为国家统一管理;第二,凡有收入的国民都必须参加社会保险,按同一标准缴费和享受保险给付;第三,保险给付标准以保障国民的基本生活为目标,享受以领取人的需要为准,不受其他条件限制;第四,国家制定公共救助法来保障无收入而不能参加社会保险的人,使他们达到法定的最低生活标准。《贝弗里奇报告》以实现充分就业和社会福利为目标来开展社会保障立法,形成了比较完整的社会保障体系。战后,英国政府按照贝弗里奇的设计,于 1946—1948 年通过并实施了一整套社会保障法规:家庭补助法、国民卫生保健服务法、工伤保险法、国民救助法、社会保险法。英国于 1948 年宣告:英国已建成为世界上第一个"福利国家"。

继英国之后,瑞典、丹麦、挪威、法国、联邦德国、奥地利、比利时、荷兰、瑞士、意大利、美国、澳大利亚、新西兰以及日本等经济发达国家纷纷按英国模式实施社会福利政策,建设自己的"福利国家"。

在这一时期,联合国主管劳动和社会事务的专门机构——国际劳工组织也积极促进各国社会保障事业的发展与合作。在它的推动下,社会保障在国际上得到了普遍承认,社会保障制度也广泛地为亚洲、非洲和拉丁美洲的国家和地区所接受。国际劳工组织还在总结过去有关社会保障立法的基础上,在 1952 年制定了《社会保障最低标准公约》,规定了退休待遇、疾病津贴、医疗护理、失业救助、工伤补偿、残疾津贴、子女补助、死亡补助和定期支付应遵守的最低标准。

(五)社会保障法的发展趋势

社会保障制度经历了 20 世纪初叶和中叶的蓬勃发展,到 70 年代,在一些发达国家,由于国家包揽的保障范围过广,标准高,社会保障开支增长率普遍高于本国经济的增长,财政负担加重,出现了所谓的"社会福利危机"和"福利困境"的现象。社会保障支出占国内生产总值的比重不断提高,社会保障开支在政府总支出中所占比重大幅提高。庞大的社会保障开支,成为财政上的沉重包袱,导致财政赤字。尤其是当经济发展速度随着

1973 年石油危机的出现一度下降时，有些人迁怒于社会保障，认为是社会保障造成了有害的经济后果，有人甚至扬言要摧毁社会保障。这种主张引起了广大劳动大众及其他公民的抵制和不满，也不为各国政府所接受。面对众说纷纭的局面，国际劳工组织于 1980 年委派欧、美、大洋洲 10 个国家的 10 位社会保障问题专家成立专门小组，负责调查分析工业发达国家社会保障现存的问题，并预测 2000 年社会保障的前景。这个小组的报告于 1983 年 4 月定稿。该报告对各种社会保障问题做了分析，对各种指责做了回答。报告认为：社会保障不仅仅是反对贫困，而有着更为深远的目的，这就是必须维持生活水平和质量，增加个人的安全感。报告还认为，经济更加繁荣并不能取消社会保障，必须防患于未然，看到预防性措施的重要地位。报告中还认为，到 2000 年及 2000 年以后，在社会保障政策中应该得到优先发展的是预防与康复方面的服务；经济速度下降并非是社会保障所导致的，不同制度的、经济状况不同的国家，均须依据各自情况建立社会保障制度。

这项报告提出以后，许多国家对社会保障法律制度进行了改革。美国在 1987 年通过了社会保障制度改革方案。日本也在 1982—1989 年修改制定了老人保健法、残疾人福利法、健康保险法、国民养老金法、社会福利及护理福利法、生活保障法等法律制度。随后，法国、德国、荷兰、加拿大、比利时等国家也先后在立法中对社会保障进行了改革。

从总体上看，这些国家社会保障法的改革与调整主要在于增收节支，即增加社会保障费的收入，减少社会保障金的支出。改革和调整的措施主要包括：提高或取消缴纳社会保险费的上限；提高社会保险费率；征收社会保障所得税；修改社会保障金的调整办法；建立社会保障基金。这些改革和调整都是为了完善社会保障制度而不是削弱或终结这项制度，在一定程度上缓解了"福利危机"，但没有从根本上解除困境。但是，社会保障制度的负效应所引发的社会保障法律制度的改革和重建，并非社会保障制度走入了死胡同，而是面临发展的新机遇和新挑战。正如国际劳工组织所言："所谓的社会保障'危机'问题应当明确并且强调两个更深刻的要点。首先，危机的最主要原因是经济发展速度缓慢，失业问题严重，而既不是由于领取养老金人数的持续增加，也不是由于逐渐改进医疗技术的结果。其次，就社会保障存在的危机而论，不是社会保障结构的危机，而是经济基础由于运营不良而受到侵蚀所造成的危机，如果能找到可接受的方式，或能够克服缴纳社会保障费的心理障碍，社会保障的发展就能为现存的经济危机做出贡献。"[①]

从 20 世纪末到 21 世纪，各国通过延迟退休、降低替代率、严格享受条件等方法缓解社会保障负效应的同时，也通过包括养老、医疗等在内的各项改革提高制度覆盖率，增强对弱势群体的保障。

二、中国社会保障立法实践

（一）中华人民共和国成立前的社会保障立法

在旧中国由于家族统治、社会制度不健全，社会保障立法并未受到重视，不存在全国性的社会保障立法。国民政府统治时期，在国民党统治区和共产党领导的地区都制定过

---

① 国际劳工局. 展望 21 世纪，社会保障的发展[M]. 北京：劳动人事出版社，1988：97.

一些社会保障方面的法规或草案。1922年中国劳动组合书记部拟定了《劳动立法原则》。1926年在第三次全国劳动大会上通过了《失业问题决议案》和《劳动法大纲决议案》，提出失业保障是工人应有的权利，国家设立劳动保险，保险费用由雇主或国家支出。1927年第四次劳动大会通过了《产业工人经济斗争决议案》《救济失业工人决议案》《手工业工人经济斗争决议案》，提出对生、老、病、死、伤残等进行全面保障的社会保障要求。1929年国民政府广东建设厅起草了《劳动保险草案》，主要对伤害保险和疾病保险进行了规定。

在共产党领导的地区，首先是1930年6月全国苏维埃区域代表大会通过的《劳动保护法》，它规定了"保障与抚恤"和"社会保险"。1931年颁布的《中华苏维埃共和国劳动法》，指出"社会保险对于一切雇佣劳动者不论他在国家企业、合作社或私人的企业，不论工作时间之短暂，及付给工资的形式如何，都得施及之"。该法在1933年进行了修订，进一步提出，社会保险对于凡受雇佣的劳动者，不论他在国家企业或合作社企业、私人企业，以及在商店家庭内服务，不论他工作的性质及工作时间的长短，给付工资的形式如何，都要实行。同时对于管理机构以及项目与待遇也做了初步的规定。

以后又颁布了《中国工农红军优待条例》《红军抚恤条例》《优待红军家属条例》等，对有关社会保障事务进行了规范。在抗日战争时期，各抗日根据地也都制定了《劳动保护条例》等法律，对劳动保险做了具体规定。解放战争时期，1948年的全国第六次劳动大会通过了《关于中国职工运动当前任务的决议》，提出了有关社会保障的立法建议。同年颁布的《东北公营企业战时暂行劳动保险条例》，在我国社会保险立法史上具有重要地位，是我国第一部劳动保险方面的专门的单行法律。1949年又颁布了这一条例的实施细则和劳动保险基金试行细则、劳动保险会计办理试行细则等。这些立法为我国社会保障法律制度的建设打下了基础。

从第一次国内革命战争到解放战争的整个新民主主义阶段，并不存在全国性的社会保障法规，只有地区性法规，而且社会保障政策和法规的保障对象主要是雇佣关系中的劳动者以及革命军人及其家属，他们得到保障而无须承担任何社会保障义务。然而由于各种客观原因，这些社会保障政策和法规真正实施的很少。

（二）中华人民共和国成立后的社会保障立法

中华人民共和国成立后，党和政府才能真正地从全国范围出发来制定和实施社会保障法规。1949年9月29日通过的《中国人民政治协商会议共同纲领》规定要在企业中逐步实行社会保险制度，可以说正是从此开始了社会保障立法进程。中华人民共和国成立以来的社会保障法制建设，大体可以分为创立、停滞破坏、修补、改革完善四个阶段。

1. 创立时期（1950—1965年）

这一时期包括《中华人民共和国劳动保险条例》以及修正草案在内的社会保障政策和法规的制定，初步形成了我国社会保障政策与法规体系。包括社会保险、社会福利、社会救助和优抚安置四大部分的社会保障政策法规框架这时已经基本构成。

1951年2月，政务院（国务院前身）颁布了《中华人民共和国劳动保险条例》，这一条例使暂时或长期丧失劳动能力的职工在生活上有了基本的保障。对于生育、年老、疾病、死亡、伤残等情况的保险做了具体规定，并规定保险经费由企业负担，职工不缴纳保险金，劳动保险事业交由工会办理。

在救济失业工人方面，1950 年政务院颁布了《关于救济失业工人的指示》，劳动部公布了《救济失业工人暂行办法》。1952 年政务院发布了《关于劳动就业问题的决定》，这些法令对于当时解决失业工人的困难和促进失业工人的再就业起了积极的作用。1958 年国务院颁布了《关于工人、职员退休处理的暂行规定》《关于企业、事业单位和国家机关中普通工和勤杂工的工资待遇的暂行规定》《关于国营、公私合营、合作经营、个体经营的企业和事业单位的学徒的学习期限和生活补助的暂行规定》《关于工人、职员回家探亲的假期和工资待遇的暂行规定》等四项重要规定。同年还颁布了《关于工人职员退休处理的暂行规定（草案）》。

在其他救济方面，1949 年 12 月，政务院发布了《关于生产救灾的指示》。1950 年成立了中国人民救济总会，通过了中国人民救济总会章程，在全国范围内开展救灾活动，确立了我国的社会救助制度。

同时，颁布了有关政府工作人员、女工作人员及国家机关工作人员的相关社会保险规定，国家机关、事业单位的社会保障制度也以单行法规的形式逐步建立起来。1952 年颁布了《关于全国各级人民政府、党派、团体及所属事业单位的国家机关工作人员实行公费医疗预防措施的指示》，对国家机关工作人员实行公费医疗做了规定。同年，颁布了《各级人民政府工作人员在患病期间待遇暂行办法》。1955 年，颁布了《关于女工作人员生育假期的通知》《国家机关工作人员退休处理暂行办法》。在城镇职工社会保险制度中，国家（主要是中央政府）承担社会保障的主要责任，各单位共担相关责任。

1950 年颁布了《革命工作人员家属优待暂行规定》和五个关于军人优抚的条例，即《革命烈士家属优待暂行条例》《革命残废军人优待抚恤暂行条例》《革命军人牺牲、病故褒恤暂行条例》《革命军人伤亡褒恤暂行条例》《民兵民工伤亡抚恤暂行条例》，确立了我国的社会优抚制度。

1962 年开始在农村普遍建立县、乡（公社）及村（生产大队）三级医疗保健网，合作医疗制度在广大乡村得到确立，农村五保制度等也得到了一定程度的完善。

所有这些法规规章，是当时中国社会保障制度实施过程中的主要依据，反映了中华人民共和国成立初期中国社会保障法制建设的低层次性与分散性。

2. 停滞破坏时期（1966—1977 年）

如果沿着 20 世纪 50 年代开始的社会保障法制建设道路健康地发展下去，中国的社会保障法律制度或许已经走向成熟并趋向完善。但是在"文革"期间，社会保险制度遭到严重破坏，各项管理机构被撤销，当时负责职工社会保险事务的工会被停止活动，负责社会保障行政管理的劳动部、民政部、卫生部、人事部等长期处于瘫痪状态，社会保障工作基本无人管理。1968 年年底，国家撤销主管救灾救济、社会福利等事务的内务部。1969 年由财政部颁发的《关于国营企业财务工作中几项制度的改革意见（草案）》，否定了《中华人民共和国劳动保险条例》中的有关规定，停止提取劳动保险金，企业的退休职工、长期病号工资及其他劳保开支改在营业外列支。从此，具有社会保障性质的劳动保险制度失去了社会性和统筹功能,社会保障制度只能主要依靠各单位组织来维持和延续。中国社会保障法制建设进入了停滞破坏时期。

3. 修补时期（1978—1989 年）

1978 年党的十一届三中全会确定了改革开放的方针政策,中国的社会经济开始发生根本性的变化,社会保障法制建设也在这一时期得到了一定程度的发展。1982 年五届人大五次会议修订《中华人民共和国宪法》,规定了国家发展劳动者休息与休养的设施以及休假等福利问题,规定了国家机关与企事业单位职工的退休保障,规定了公民在年老、疾病或者丧失劳动能力情况下有从国家和社会获得物质帮助的权利（包括社会保险、社会救济、医疗卫生、优抚事业、各种社会福利）等。同时主管社会保障事务的相关政府部门重新组建并恢复正常工作:民政部主管全国社会救济、社会福利、优抚安置事务,劳动部门主管社会保险工作,卫生部主管医疗保健等。

1984 年十二届三中全会通过了《中共中央关于经济体制改革的决定》,开始了以搞活国有企业为中心环节的经济体制改革,社会保障体制的改革也被提上议事日程。1985 年9 月《中共中央关于制定国民经济和社会发展第七个五年计划的建议》,第一次正式使用"社会保障"概念,将社会保险、社会福利、社会救济和社会优抚制度统一纳入社会保障体系。

这一阶段基本上是对传统制度的恢复、修正或完善。虽然没有颁行社会保障方面的法律,但国家权力机关颁布的全国性法规却比较多,集中体现在重建城镇劳动者的退休养老制度和对军人抚恤优待制度的统一化方面,开始尝试着建立失业保险制度等。1978—1989 年,国务院先后制定了《关于工人退休的暂行办法》《关于安置老弱病残干部的暂行办法》《关于军队干部退休的暂行规定》《国营企业职工待业保险暂行规定》《退伍义务兵安置条例》《军人抚恤优待条例》《女职工劳动保护规定》等法规,这些法规虽然基本上是以解决历史遗留问题为重点,但在关系国有企业改革的各单项项目上分别进行了探索。

1984 年开始在城市进行企业养老保险制度改革试点,实行养老保险基金社会统筹。1986 年国务院颁布《国营企业实行劳动合同制暂行规定》,规定劳动合同制工人退休养老基金由企业和合同制工人缴纳,国家给予适当补助,养老保险基金由社会保险专门机构统一管理。由此开始了养老保险的全面改革。

4. 改革完善阶段（1990 年至今）

由于经济体制改革的不断深化,社会保障制度也必须进行重大改革,因此,从 1990 年开始,社会保障法律制度的建设得到了很高的重视。1993 年 11 月,党的十四届三中全会通过了《关于建立社会主义市场经济体制若干问题的决定》,确定了建立社会主义市场经济体制的基本框架,其中,建立多层次的社会保障制度成为市场经济体制的基本内容。1994 年颁布《中华人民共和国劳动法》,规定了社会保险和社会福利是劳动者的基本权利,规定企业职工社会保险项目包括养老保险、疾病保险、失业保险、工伤保险、生育保险等,基本确立了我国社会保障制度体系。

1997 年中国共产党第十五次全国代表大会报告进一步明确指出:建立社会保障体

系，实行社会统筹和个人账户相结合的养老、医疗保险制度，完善失业保险和社会救济制度，提供最基本的保障。按照党的十五大要求，社会保障加快了改革步伐，2003 年 3 月，朱镕基总理在第十届全国人民代表大会第一次会议上代表上届政府宣布，中国"社会保障体系基本确立"。党的十六大及十六届三中全会在此基础上要求进一步完善这一制度。在党制定的目标、框架的指引下，我国社会保障立法也进入了一个全新的时期。这一时期的社会保障立法已不再是对原有的社会保障法律、法规的补充和完善，而是旨在建立一个全新的、与市场经济体制相配套的社会保障法律体系。2004 年全国人大十届会议通过的宪法修正案又使社会保障在宪法高度得以确认，这对于实现以人为本，保障经济正常运行和维护社会稳定将会起到不可替代的作用。迄今为止，我国已制定了一系列的社会保障法律、法规，初步建立了与市场经济相适应的社会保障法律体系。

在社会保险方面，经过四次审议之后，全国人大常委会于 2010 年 10 月 28 日通过了《社会保险法》，这是最高国家立法机关首次就社会保障制度进行立法。它是中国特色社会主义法律体系中起支架作用的重要法律，是一部着力保障和改善民生的法律。它的颁布实施，是中国社会保障法制建设中的又一个里程碑，对于建立覆盖全民、统筹城乡的社会保障体系，更好地维护公民参加社会保险和享受社会保险待遇的合法权益，使公民共享发展成果，促进社会主义和谐社会建设，具有十分重要的意义。具体在养老保险制度方面，关于城镇职工基本养老保险制度，相关的主要立法有：《关于企业职工养老保险制度改革的决定》（1991 年）、《国务院关于深化企业职工养老保险制度改革的通知》（1995 年）、《国务院关于建立统一的企业职工基本养老保险制度的决定》（1997 年）、《国务院关于完善企业职工基本养老保险制度的决定》（2005 年）、《关于推进企业职工基本养老保险省级统筹有关问题的通知》（2007 年）、《城镇企业职工基本养老保险关系转移接续暂行办法》（2009 年）。其中，1997 年的《国务院关于建立统一的企业职工基本养老保险制度的决定》，明确了企业和职工个人缴纳社会保险费的比例；2005 年的《关于完善企业职工基本养老保险制度的决定》，扩大了参保范围，调整了个人账户规模、养老金计发办法等。2015 年，国务院颁布了《关于机关事业单位工作人员养老保险制度改革的决定》，开始改革机关事业单位的退休制度，并入社会基本养老保险制度当中，结束养老制度的双轨制。关于居民养老保险制度，2009 年，发布《关于开展新型农村社会养老保险试点的指导意见》，2011 年提出《关于开展城镇居民社会养老保险试点的指导意见》，开始建立居民个人缴费、政府补贴的居民养老保险制度。2014 年，为了解决城乡居民养老保险制度的二元化问题，国务院发布了《关于建立统一的城乡居民基本养老保险制度的意见》，统一农村居民和城镇居民的养老保险制度为一个制度，并提高了统筹账户标准和个人账户补贴标准，增加了缴费档次。2015 年国务院发布《关于机关事业单位工作人员养老保险制度改革的决定》，把机关事业单位的退休制度并入社会养老保险制度中，结束改革以来的养老制度双轨制。

在医疗保险方面，1998 年，国务院颁布了《关于建立城镇职工医疗保险统筹账户和个人账户相结合的医疗保险模式》，进一步完善城镇职工基本医疗保险制度。2003 年，国务院转发卫生部、财政部和农业部《关于建立新型农村合作医疗制度的意见》，建立了农村居民个人缴费、政府补贴的新型农村合作医疗制度。2007 年，国务院发布《关于开展城镇居民基本医疗保险试点的指导意见》，建立了城镇居民个人缴费、政府补贴的居民医疗保险制度。

在失业社会保险方面,1986 年颁布了《国营企业职工待业保险暂行办法》,1993 年颁布了《国有企业职工待业保险规定》,1999 年国务院颁布了《失业保险条例》,正式确立了我国失业保险制度。其他保险方面,1996 年出台了《企业职工工伤试行办法》,2002 年发布了《职工非因工伤残或因病丧失劳动能力程度鉴定标准(试行)》,2003 年颁布了《工伤保险条例》(2011 年修订)。1994 年出台了《企业职工生育保险试行办法》,1997 年发布了《生育保险覆盖计划的通知》,进一步完善了工伤保险和生育保险制度。

在社会救助方面,国家开始更多地关注弱者。1997 年,国务院颁布了《关于在全国建立城市居民最低生活保障制度的通知》,1999 年颁布了《城市居民最低生活保障条例》,2007 年发布了《关于在全国建立农村最低生活保障制度的通知》,先后在全国建立了城市居民和农村居民最低生活保障制度。2003 年,民政部、卫生部、财政部联合发布了《关于实施农村医疗救助的意见》,2005 年民政部、卫生部、劳动保障部、财政部发布了《关于建立城市医疗救助制度试点工作的意见》,分别在农村和城市建立了医疗救助制度。2006 年,国务院颁布了《农村五保供养工作条例》。2014 年,国务院颁布了《社会救助暂行办法》,统一规范了全国社会救助制度,确立了我国的社会救助体系。

在社会福利方面,国家立法机关和国家权力机关分别颁布和修订了一系列的法律法规,如 1986 年制定了《中华人民共和国义务教育法》,1991 年制定了《中华人民共和国未成年人保护法》(2012 年修订),1992 年制定了《中华人民共和国妇女权益保障法》(2005 年修订),1994 年制定了《中华人民共和国母婴保健法》,1996 年制定了《中华人民共和国老年人权益保障法》(2015 年最新修订),2008 年修订通过了《中华人民共和国残疾人保障法》等。1994 年,国务院发布了《关于深化城镇住房制度改革的通知》,开始深化城镇住房制度的改革。此外,中央政府各有关部委也颁布了一系列的配套法规。2013 年,国务院发布了《关于加快发展养老服务业的若干意见》,2015 年,国务院转发了卫生计生委等部门《关于推进医疗卫生与养老服务相结合的指导意见的通知》,对养老服务进行了政策规范。

在社会优抚方面,1984 年颁布了《中华人民共和国兵役法》,1987 年发布了《退伍义务兵安置条例》,2012 年颁布实施了《中华人民共和国军人保险法》,对军人保障进行了立法。基于国家立法,国务院、中央军委分别颁发了一系列法规,如 1998 年国务院发布了《关于加强优抚工作的通知》,2004 年国务院、中央军委颁布了《军人抚恤优待条例》,同年,民政部下发了《关于国家机关工作人员、人民警察伤亡抚恤有关问题的通知》,2003 年发布了《〈中国人民解放军军人配偶随军未就业期间社会保险暂行办法〉的通知》,2006 年发布了《关于军队文职人员社会保险有关问题的通知》,2007 年发布了《关于进一步落实部分军队退役人员劳动保障政策的通知》,2008 年民政部颁布了《伤残抚恤管理办法》等,进一步健全了我国优抚安置法制体系。

在社会保障管理方面,进一步理顺了管理体制,制定了一系列管理法规制度,管理正在走向法制化、规范化和现代化。实行政府集中统一管理,相关政府职能部门,如民政部、人力资源和社会保障部行使社会保障行政管理责任,具体事务由政府部门或政府委托专业机构办理。1999 年,颁布《社会保险费征缴暂行条例》《社会保险基金财务制度》,

2001 年分别颁布《社会保险基金行政监督办法》《全国社会保障基金投资管理暂行办法》，2004 年颁布《劳动保障监察条例》，2008 年民政部颁布《伤残抚恤管理办法》，2010 年国务院发布《关于试行社会保险基金预算的意见》，2016 年颁布《全国社会保障基金条例》等，这些法律和法规都充实和完善了我国的社会保障法律制度。在管理手段方面，2009 年推出"金保工程"社会保障管理信息系统核心平台，建立了社会保障信息平台。

纵观我国的社会保障立法，它经历了从传统国家型的社会保障制度向市场经济型的社会保障制度的转变，从根本上说，这是随着国家社会经济的发展而发展的，但同时也离不开党的政策对立法的指引。目前，社会保障的发展目标已经明确，我国也大致架构起了具有中国特色的社会保障法律体系，但应该看到，在我国经济还欠发达的前提下建立既适应市场经济发展，又符合现代理念的社会保障法律制度，仍是我们所面临的难题。

三、中外社会保障立法比较

西方资本主义萌芽以后，社会保障立法在工业化国家的进展非常迅速。而在中国，由于明末清初的资本主义萌芽过早夭折，使中国的社会保障立法长期停滞不前。而随后的国民党政府完全无视劳动人民的社会保障事业，再加上连年战争不断，人民生活在水深火热中，苦不堪言，更谈不上社会保障立法。中华人民共和国成立后，先后制定了一系列社会保障政策，颁布了一系列的社会保障法规。

（一）中外社会保障立法的不同点

1. 中外社会保障立法进程不同

西方社会保障立法从《济贫法》阶段的萌芽到现代社会保障制度的重建，遵循救济——社会保险——社会保障——福利化的发展途径，很清晰地反映了西方社会历史变迁的基本轮廓。随着物质文明的发展，人们的精神需求也日益高涨。根据马斯洛的需要层次理论，生存需要满足后，高一层次的需要随着满足的完成向更高一层次推进，人本身的素质（包括身体素质和人文素质）也会随之增长。人们不再满足于救济形式（这种形式经常是侮辱性的）而转而诉诸体现互济的社会保险形式（这种形式至少免除了对人格尊严的侵犯）；后来转而实现了国家责任的社会保障（体现了社会对人性的尊重）；而现在西方社会普遍从人文关怀的角度看待社会保障事业的发展。

在中国，由于长期处于封建专政统治下，即使有少许资本主义萌芽，也被专制集权扼杀在襁褓里，因而社会保障长期处于"社会救济"方式中，并未实质性地向社会保险迈进。推翻清王朝后，国内军阀混战，连年战争使社会保障措施流于形式而未真正实施过。中华人民共和国成立后，我国政府实施了一系列的社会保障政策以适应计划经济发展的需要，并为保障城镇居民的生活做出了很大的贡献。但随着市场经济的发展，社会保障立法的现状成了计划经济体制向市场经济体制转变的瓶颈。虽然改革开放以后，我国颁布了不少法规和条例以补充社会保障措施（包括这几年医疗、养老保险制度的改革），但总的来说，我国和西方社会保障立法的差距还是很大的。大体上说，我国社会保障立法的现状仍只相当于西方社会保障立法实践中的社会保险立法阶段向社会保障立法形成阶段的转变过程。

2. 中外社会保障的立法内容不同

第一,从社会保障立法的政治动因来看,各国的社会保障立法有被动式、主动式和输入式三种方式。在发达资本主义国家,社会保障立法是在阶级和社会矛盾激化的条件下的"被动式"立法。典型例子是 19 世纪 80 年代德国的社会保险立法和 20 世纪 30 年代美国的社会保障立法。在社会主义国家,因为社会制度不同,政府普遍采用了"主动式"的立法,典型的有苏维埃政权颁布的《关于社会保险的政府通告》等法令以及中华人民共和国成立初期制定的《中华人民共和国劳动保险条例》等。在一些亚非拉发展中国家和南太平洋及地中海地区的发展中国家则是在老式济贫制度的基础上,通过欧洲殖民统治的输入而逐步建立自己的社会保障制度的,从而基本上是一种"输入式"立法。

当然,社会保障立法发展至今,包括拉美国家在内的许多西方和东方国家都在积极探索适应本国的社会保障制度,所以各国社会保障立法的政治动因已不能简单用这三种方式概括。

第二,从立法模式来看,大体有单一立法模式、母子法模式和平行立法模式三种。

单一立法模式,也称综合立法模式,即国家按照高度集约的原则制定一部高度综合的社会保障法律,规范各种主要的社会保障事务,再根据需要制定若干具体的社会保障法律、法规,典型的如美国。1935 年 8 月 14 日,美国总统罗斯福签发了历史上第一部《社会保障法案》,这既是美国第一个由联邦政府承担义务以解决老年和失业问题为主体的社会保障立法,也是世界上第一部集社会保险、社会福利、社会救助等内容于一身的社会保障立法。这种以美国为代表的综合式立法模式有助于整个法律体系的协调和统一,避免了社会保障内容彼此间的矛盾和冲突,但也应该看到由于其立法要求过高,只能在条件比较成熟的时候采用。

母子法模式,即国家制定一部社会保障基本法或社会保障法典作为社会保障法律体系的最高原则规范,在基本法之下再规定各项专门的社会保障法律以分别规范各有关社会保障事务,其中基本法是母法,专门法是子法,基本法对专门法起统驭作用。

平行立法模式,即国家根据社会保障子系统及其项目的需要,同时制定互不统驭、相互平行、相互协调的多种社会保障法律,分别规范某一类别的社会保障事务,如《社会保险法》《社会福利法》《社会救助法》等。该模式由德国首创,日本也采取这种立法模式。其特点是多部社会保障法律并存,相互之间不存在任何隶属关系。这种立法体例灵活性大,当社会保障内容尚未完全确定,而社会又迫切需要法律对某些社会保障内容进行规范时,可在立法上迅速做出反应,以满足社会的需要;而当社会情况发生变化,某一方面的法律不能适应变化了的形势时,又可及时对该法律进行修改,使之适应社会的需求。但是此种立法模式由于没有一部总揽全局的基本法,极易造成社会保障各法律之间的矛盾和冲突。在这一立法模式下,宪法作为一个国家最高层次的法律规范,通常被视为社会保障法的母法。

上述三种立法模式中,比较普遍的是第一种和第二种。但无论采用何种模式,都存在专门立法和混合立法的情况。而我国长期处于社会保障立法滞后、行政条例多、高层次的立法少的情况。因而,今后选择何种立法模式成为我国社会保障法制建设的当务之急。

社会保障立法在模式选择上，我国一直存在两种观点。一种观点认为综合两种体例的优缺点，我国适宜"一法统驭多法"的综合立法体例，但从目前的实际情况看，制定一部包括社会保险、社会救助、社会福利、优抚安置等的广泛而内容庞大的法典是极其困难的，因而应该制定短期、中期、长期的社会保障立法规划。另一种观点则认为从中国的现实国情出发，由于社会保障内容广泛以及以往的立法惯例、法制结构和经验，要制定综合性的社会保障法作为母法，在此基础上制定若干部社会保障子法，显然既不现实，也无必要。其实，我们应该在尊重现有的立法格局与立法传统的基础上，分别制定社会保障单项法（《社会保险法》《社会救助法》《社会福利法》《社会优抚法》）和社会保障专项法（《社会保障组织法》《社会保障基金法》《社会保障程序法》）多部平行的社会保障法律。因为我国总体上社会保障制度的建立仍处于探索之中，许多方面还远未成熟，进行集中式立法、制定统一的社会保障法的条件还不具备。尤其是近年来，我国社会保障改革走的是中央试点指导、地方立法为主的路子，虽然这为社会保障立法奠定了一定基础，但在客观上已经形成了地区之间社会保障法律制度的不平衡，这也确实需要有统一的法律对地方立法进行统一、协调。因而，采取分散式立法体例，根据社会保障事业发展的需要，有计划、有步骤地制定社会保障的单行法律仍是一种可行的选择。

第三，从社会保障立法形成的社会保障制度体系来看，各国社会保障的主要模式有四种：福利国家模式、社会保险型保障模式、强制储蓄型保障模式、国家保险模式。

根据我们对社会保障立法历史的考察，我们知道英国和瑞典是福利国家模式的典型。其主要特点有以下五个方面：在范围上是全民保障；内容上是全面保障；实施方式上是现收现付式；政策策略上是"劫富济贫"与"多缴多得"相结合；个人账户仅仅作为能否享受社会保障权益的资格凭证。

在西方，与福利国家相对应的另一个有代表性的社会保障模式是保险型模式。其主要特点是：建立在政府、社会、雇主与个人之间的责任承担机制、实现风险保障的互济性；强调受保障者权利与义务相结合；社会保障制度以解除劳动者的后顾之忧为核心；实现市场效率与社会公平的协调。德国是这一模式的典型。美国虽然颁布了《社会保障法》，但仍以社会保险为主体内容（老年、遗属、残疾、健康保险），再辅之以社会救助等的社会保障制度，因此也归为这一类。

新加坡创立的公积金制度实质上是一种强制储蓄型保障模式，其特点有：以雇主与雇员自己为责任主体，通过立法强制雇主和雇员参加公积金制度，并按照规定缴纳公积金；政府只负责一般监督，而由官方性质的中央公积金局负责管理；采取完全积累式，即雇主和雇员缴纳的公积金全部存入受保护人的个人账户，逐年积累下来，到雇员退休时再行给付并用于养老等方面的开支；无互济性，即受保人之间、雇主之间、政府与国民之间缺乏社会保险制度所具有的互济性，每个劳动者拥有自己的公积金账户并仅适用于本人。

新加坡之后，强制储蓄型保障模式又出现了两个变种，即智利模式和香港模式。但智利模式与新加坡模式的不同之处在于：一是雇主不缴费而是由劳动者个人缴费；二是由私人机构管理养老基金的运营；三是个人账户的强制储蓄只能用于养老而不能像新加坡那样可以用于医疗保险与住房开支等。我国香港地区建立的也是强制性的公积金制度，但和智利相比，差别在于由雇主与雇员分担缴费职责；而与新加坡相比差别在于不是采取中央公积金制度,而是采取了智利的私人机构管理方式。同时,强制性公积金制度仅是香港社会保障体系中的一个组成部分,它还有健全的综合援助网络和发达的社会服务事业。因此,智利与香港地区只是养老保险制度采用了强制性储蓄加投资型保障方式。

社会主义国家普遍采用国家保险模式,这种模式的特点是社会保障事务完全由国家或通过国营企业等来包办,个人不缴纳任何保险费,在保障目标上以追求社会公平为主,保障范围上则是全体公民。原苏联、东欧、中国曾是这一模式的典型,但随着实践发展,这一模式被广泛摒弃。

我国在改革国家保险模式的过程中,汲取了西方社会保障立法经验,出台了一些适应市场经济发展的社会保障条例。这些新的制度安排有了许多的新变化,坚持与社会经济发展相适应、多方共同负担责任、社会化的原则。例如,在社会保险方面,国家对养老保险与医疗保险实行社会统筹与个人账户相结合,并对各种社会事务实行社会化管理,社会保险费用则由用人单位与劳动者共同负担,政府负责统一管理并承担运行费用;在社会救助方面,国家建立了最低生活保障制度,同时对救灾实行了分级负责制;在社会福利方面,官方举办的福利事业与单位办的福利事业开始走向社会化,民间力量正受到重视。

(二)中外社会保障立法的相同点

中外社会保障立法虽然存在很大的差距,但是两者之间也有一些共同之处。

1. 从整体上看,中外社会保障立法目的具有相同之处

中西方对于社会保障的理解和解释虽然不尽相同,但是在立法的初衷上都是为了给那些丧失劳动能力以及需要某些特殊帮助者提供保护。例如,几乎所有国家的社会保障立法在对其目的的阐述中都有这么一些字眼:"本法制定的目的是避免人们因为年老、疾病、失业、伤残、生育等原因中断或丧失劳动能力而陷入生活困境。"因此,虽然各个国家在社会保障的内容上都有所侧重,但是在社会保障的最终目的上,各个国家(包括中国在内)基本上是一致的。

2. 从各个国家社会保障立法的实践看,大多数国家都是在借鉴和学习中不断成熟起来的

在社会保障立法的历史中,国家之间互相学习的例子很多。例如,在社会救济立法阶段,瑞典在1763年效仿英国制定了《济贫法》,日本受英国、德国、法国等国近代社会救济立法的影响出台了新的《救济法》;在社会保险立法阶段,西方多数国家纷纷效仿德国,相继制定与实施了全面的社会保险法,以至于后来发展社会保障事业的国家都以社会保险的形式来推动社会保障制度的发展;在社会保障立法阶段,美国由于没有社会保障的立法传统,因而大胆地借鉴和采用了当时欧洲社会保障立法中成熟的内容和形式,并在此基础上对其进行了完善和补充;在社会保障立法的成熟阶段,西欧、北欧、北美、大洋洲的许多发达国家纷纷效仿英国,宣布建立"福利国家"。因此,每个国家在进行本国社会保障立法时都会积极地向先进国家学习。

我国社会保障立法的实践也是这样。当前我国就是在学习外国经验的基础上形成了

以个人账户和社会统筹相结合的养老、医疗保险政策。

四、我国社会保障立法现状

（一）现行社会保障立法存在的问题

虽然我国社会保障法制建设历经半个世纪，制定过多部社会保障方面的法规和法律，但从总体上看，中国的社会保障法制建设还十分落后，主要表现在以下几个方面。

1. 缺乏整体规划，体系残缺不全

一方面，从宪法中的有关规定，到国务院及其职能部门颁布的各种与社会保障有关的行政性法规、规章、制度，中间没有相应的社会保障法律承上启下，形成一种断层的局面。另一方面，虽然颁布了几部与社会保障有关的法律，但社会保险、社会救助、社会福利等基本领域目前只有社会保险法，社会救助和社会福利还没有相应的比较完善的法律，甚至连一部严密的行政性法规也没有，仅仅依靠有限的暂行办法或通知、规定来实施，很明显地反映出中国的社会保障法律制度的建设不仅缺乏整体规划，而且缺乏体系。社会保障法制体系的残缺不全，造成了社会保障运行过程中无法可依或法律依据不足的局面。

2. 社会保障的地方法规混乱，差距较大

不平衡的状况导致地方保护主义的产生。由于我国的地区多样性的特殊国情和改革步伐渐进性等原因，社会保障制度改革及其立法，走的多是"中央试点指导，地方立法为主"的道路，这虽然在一定程度上有利于改革的进行，但其问题也是明显的。这种模式客观上形成了地区之间社会保障制度的不统一、法规混乱的现实状况。在没有权威性的社会保障基本法的情况下，地方法规具有较强的独立性，由此产生的后果就是社会保障的地方保护主义。社会保障的目的之一就是要用国民收入再分配上的平等来调节初次分配中的差别，从而减少社会矛盾，而地方保护主义显然与此相违背。

3. 现有的社会保障法存在没有法律责任和制裁措施的缺陷，体系功能弱化

完整的法律规范包括假定、模式、制裁、无法律责任和制裁措施等的法律规范，而一个有严重缺陷的系统是无法正常发挥法律规范强制功能的。在我国已经制定的社会保障法规中，普遍存在缺少法律责任的现象，对于违反社会保障法的行为无明确的法律责任为依据做出相应的制裁，无法确保社会保障措施的有效实施。目前在社会保障方面发生争议进行仲裁和提起诉讼时，由于社会保障法的立法层次低、立法滞后和已有法律规范的缺陷，仲裁机关和法院无法根据有效的法规对社会保障争议、纠纷进行仲裁和判决，处于无法可依的状态，违法者得不到法律制裁，逍遥法外。针对现实中存在的挪用和挤占社会保障基金的不法行为，《劳动法》第 74 条规定："任何组织和个人不得挪用社会保险基金"，但条文中没有明确制裁措施。《刑法》中也只对挪用救灾、抢险、防汛、优抚、扶贫、移民、救助款物的行为做出刑法处罚，对挪用社会保险基金却没有详细规定。因此，我国社会保障体系功能弱化，不能产生较好的强制性作用，这是我国社会保障立法的明显缺陷。

4.社会保障法的效力层次不高

社会保障是一个国家社会经济生活的基本问题,社会保障法应该是一个独立的法律部门,对社会保障的主要事务制定法律。然而从目前我国社会保障立法的现状来看,由全国人民代表大会及常务委员会制定的相关社会保障法律仅有一部,即2011年7月1日实施的《社会保险法》,而正在实施的社会保障规范性文件基本上都是由国务院或各部委制定的行政性法规或部门规章制度,所以从立法的效力层次上看,它们并不能适应社会保障法作为一个独立的法律部门而存在的客观事实,与社会保障法所应该具有的法律地位是不相称的,这使我国社会保障立法难以形成权威性的稳定性体系。

413

5.我国社会保障法的包括对象范围较窄

从社会保障立法来看,我国目前的社会保障对象只是社会成员的一部分,并未包括全体社会成员,作为我国人口大多数的农村人口没有全部被纳入社会保障体系中。这不仅涉及能不能很好地实现社会保障的公平原则,而且关系我国社会稳定尤其是农村社会稳定的大问题。

(二)中国社会保障法律体系架构

社会保障法的体系,主要是为了从宏观上指导社会保障立法,从而使社会保障法具有最佳的结构和效能。按照法的体系理论,无论是一个国家的所有现行法律规范,还是某一法律部门的所有现行法律规范,尽管其在形式上多种多样,具体内容上各有不同,法律效力上有强有弱,但它们并不是互不相干、杂乱无章的,而是相互联系、相互作用的,并且形成一个有机联系的统一整体及体系。就社会保障法而言,也有其科学的、合理的体系。作为一个独立的法律部门,社会保障法律体系客观上由多部法律共同组成,而其具体的体系结构则取决于所在国家或地区的立法模式。

由于我国社会保障制度尚不完善,社会保障法还处于初创阶段,较难在现有条件下勾画出一个周密、完整的体系,但根据法的体系构成理论和我国社会保障制度的发展目标,以及国外社会保障立法的经验,我国社会保障法体系应该是以社会保障基本法为统帅,以《社会保险法》《社会救助法》《社会福利法》《社会优抚法》为主,包括各项涉及社会保障的具体法规的一个有机联系的统一整体(见图13-1)。

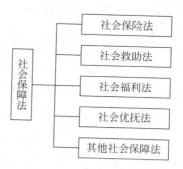

图13-1　社会保障法律体系

社会保险法是社会保障法的核心内容。现行社会经济体制下,社会保险的内容包括养老保险、失业保险、医疗(或称疾病)和生育保险、工伤保险等内容。与其内容相适应,社会保险法包括养老保险法、失业保险法、医疗和生育保险法、工伤保险法等具体法律、法规(见图13-2)。

社会救助法主要从法律上保障社会成员陷入生存危机或不能维持最低限度的生活水平时,获得由国家和社会按照一定的标准向其提供的满足最低生活需求的物质帮助(见

图 13-3）。我国《宪法》第 45 条明确规定："中华人民共和国公民在年老、疾病或者丧失劳动能力的情况下,有从国家和社会获得物质帮助的权利。"

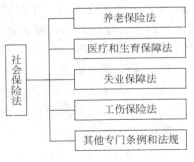

图 13-2　社会保险法律体系

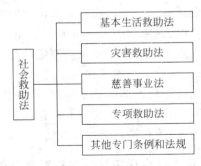

图 13-3　社会救助法律体系

社会福利的内容是多种多样的,如住房福利、教育、职业福利、残疾人权益保障、老年人权益保障、妇女儿童权益保障等,相应的,社会福利法也应包括住房福利法、教育福利法、职业福利法、残疾人权益保障法、老年人权益保障法、妇女儿童权益保障法等法律、法规(见图 13-4)。就我国目前的经济发展水平而言,大规模、高标准地发展社会福利事业还为时尚早,但随着我国经济发展水平的逐步提高和社会福利事业的不断发展,适时进行相关项目的社会福利立法还是必要的。

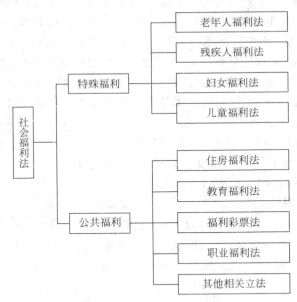

图 13-4　社会福利法律体系

关于社会优抚,我国相继制定了不少法规,如《军人抚恤优待条例》《退役义务兵安置条例》《革命烈士褒扬条例》《志愿兵退出现役安置暂行办法》等(见图 13-5)。相对于社会保障法的其他方面而言,社会优抚法是较为健全的,存在的问题是立法层次较低、规范化程度不高,这有待在以后的立法中加以改进。

　　其他法律制度主要指在社会保障运行过程中作为社会保障法律制度主体的补充,如作为补充社会保险运行的具体法律制度、社会保障争议的处理条例、社会保障基金的运营规定、社会保障管理规定等,或者是需要运用到的其他非专门性的社会保障法律制度,如《行政法》《破产法》《会计法》《统计法》等法律法规(见图 13-6)。这些法律虽然不是社会保障法律体系中的主要部分,但是它们对社会保障制度的运行起到了相应的规范与制约作用,有利于社会保障的管理、实施、监控。

图 13-5　社会优抚法律体系

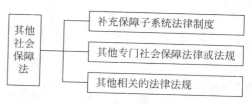

图 13-6　其他社会保障法律体系

本章小结

　　本章主要介绍了社会保障法的概念、特征、功能、原则及内容,以及社会保障法的立法实践及相关问题。

自测题

一、单项选择题

　　1. 根据我国《城市居民最低生活保障条例》,确定城市居民最低生活保障标准时未加考虑的因素是(　　)。

　　　　A. 当地最低工资

　　　　B. 当地维持城市居民基本生活所必需的费用

　　　　C. 适当考虑水电(燃气)费用

　　　　D. 未成年人的义务教育费用

　　2. 根据我国现行法律规定,劳动者依法退休后享受基础养老金的前提是连续缴费满(　　)。

　　　　A. 5 年　　　　　　B. 10 年　　　　　　C. 15 年　　　　　　D. 20 年

二、简答题

　　1. 社会保障法有哪些功能?

　　2. 我国社会保障立法与国际社会保障立法的建立和发展有何区别?

　　3. 简要分析我国现行的社会保障法制建设。

第 五 篇

改革发展

第 十 四 章

社会保障制度改革

【学习目标】

通过本章的学习，了解全球社会保障制度改革背景、改革的主要内容以及近年来改革的新动态；了解中国社会保障制度改革的历程、中国社会保障制度改革几十年来取得的成就，以及现行中国社会保障制度的基本框架；充分认识中国社会保障制度改革中存在的问题与面临的挑战。

【导读案例】

智利私有化改革带给我们的不是经验，而是教训

智利在 1981 年对原来的现收现付制度进行了彻底的改革，在政府承担转轨成本的条件下，建立了完全积累的个人账户制度。经过 1981—2016 年 35 年的发展，个人账户制度虽然积累了大量的养老保险基金结余，但是暴露出一系列重大的问题，受到智利民众的广泛质疑。2016 年 8 月智利百万人游行抗议以 AFP 为管理基础的个人账户制度就是一个明显的例子。

智利个人账户的养老保险制度存在以下四个方面的重大问题。

首先，养老金待遇水平较低。根据资料，智利 AFP 发放的平均养老金约为每月 11.8 万比索，相对于智利的平均工资而言，养老金的替代率仅为 24％。平均养老金只相当于平均工资的 24％ 左右，如此低的养老金替代率与原来的制度设计之间存在巨大的差距，由此引起了参保者的强烈反对。

其次，个人账户制度缺乏激励性导致覆盖率低。个人账户养老保险制度的设计者认为可以通过"多缴多得、长缴多得"的制度设计来激励就业者更多地参保、更多地缴费，但是智利制度运行 35 年的实际情况显示这样的想法是不切实际的。数据显示智利的个人账户养老保险制度的覆盖率（即每季度平均的缴费者占智利的劳动者总量的比重）1995—2000 年平均为 45％，2001—2008 年平均为 47％，2009—2016 年平均为 56％。也就是说，即使采取了强制性参加个人账户制度的规定，个人账户制度的实际覆盖率也仅为 56％。

再次，个人账户养老保险基金的投资回报率有明显的下降趋势。完全积累的个人账户养老保险制度优于现收现付的养老保险制度的一个关键条件就是个人账户养老保险基金积累的投资回报率要明显超过工资增长率。在智利初建个人账户养老保险制度的时候，个人账户养老保险基金积累的实际投资回报率相对于 2.5％ 左右的实际工资增长率是处于很高的水平的，所以智利养老金替代率的预测水平也处于高位。但是智利 35 年的

发展情况显示,从长期来看,随着经济的增长、资本积累水平的提高,养老金积累的投资回报率也明显回落。1981—1990 年智利养老保险基金实际的平均回报率为 12.5%,1991—2000 年实际的平均回报率下降到 9.24%,2001—2010 年下降到 6.74%,而 2011—2016 年更是下降到平均 3.01%的低水平。实际回报率的下降对养老金的替代率水平的负面影响是巨大的。

最后,收入分配差距拉大。智利的收入差距是所有经济合作与发展组织国家中最高的。建立个人账户的养老保险制度以后,由于个人的养老金完全来自个人的积累,所以工资越高、缴费时间越长的参保者的养老金就越高;反之就越低。由于缺乏不同收入个体之间的互济性安排,所以个人账户养老金最终强化了收入分配的差距。

智利从 1981 年以来践行的完全积累的个人账户制度已经过了 35 年的发展历程,回顾智利个人账户养老保险制度的发展可以发现该制度存在巨大的问题,智利私有化改革带给我们的不是经验,而是教训,主要有以下四个方面。

一、个人账户制度的激励功能实际非常有限,对于养老保险制度覆盖率的提高作用有限。虽然个人账户采用了"多缴多得、长缴多得"的机制,但是智利 35 年的实践显示,低收入者和自雇者对于参加个人账户养老保险制度的积极性很低,很多人都是只维持最低需要的缴费年限,而缴费年限的下降对于积累制的个人账户制度是非常不利的,会带来养老金替代率的大幅下降。

二、个人账户制度缺乏收入再分配的互济功能,对于收入的公平分配将产生不利的影响。个人账户制度强调"多缴多得",势必导致收入高、就业稳定的参保者的养老金远高于收入低、就业不稳定的参保者,再加上两种参保者缴费密度上的差异和个人账户长期积累的复利效应,两个群体的养老金在长期中的差距实际上是越来越大。同时,由于个人账户缺乏互济性,具有收入差距的个体之间没有互济性的制度安排,这势必对养老金的收入公平分配产生负面的影响。

三、随着经济的发展,个人账户积累投资回报率是不断下降的,所以养老金的替代率有下降的趋势。智利的经验显示,个人账户的投资回报率不会长期处于高位,随着经济发展水平的提高、资本存量积累的扩大,这必然导致个人账户的投资回报率的下降,所以期望个人账户维持长期的高水平的回报率是不切实际的。对于积累制的个人账户制度而言,投资回报率的下降必然导致养老金替代率的下降,这阻碍了养老金保障退休后生活质量目标的实现。

四、要充分认识到社会统筹制度在促进社会互济、改善收入分配差距方面的重要作用,要强化社会统筹制度的发展。社会统筹制度与个人账户制度相反,强调了社会互济性在养老金收入分配方面的重要作用,所以其对于养老保险制度而言作用是无可替代的。而且智利的改革实践也证明了强化养老金互济性的重要作用。2008 年智利为了提高低收入者的养老金水平建立了"社会团结养老金"作为第一支柱养老金;2016 年智利总统巴切莱特在电视讲话中提出在未来将逐步将雇主的缴费提高到工资的 5%,缴费收入一方面用于提高养老金待遇水平,另一方面用于增进未来的养老金的公平性。所以智利的实践再次证明了以互济性为基础的社会统筹制度是养老保险制度不可或缺的重要部分。

（资料来源：光明网——理论频道,2017-07-06,作者：中国人民大学副教授杨俊,http://share.gmw.cn/theory/2017-07-06/content_24996181.htm.）

第一节　全球社会保障制度改革

一、全球社会保障制度改革的背景

（一）经济增长速度放慢

进入 20 世纪 70 年代中期以后,发达国家的经济发展因两次石油危机引发了经济危机,而这一时期的经济萧条又是以经济发展停滞与通货膨胀并存为特征的,进入滞涨阶段,经济萧条给整个资本主义世界在经济、社会以及政治方面带来了极大的冲击。失业率和财政赤字大幅上升,社会保障制度也陷入了困境。主要资本主义国家的经济危机是社会保障财务收入减少的直接原因。经济的下滑直接导致财政收入减少,不管是征收社会保障税还是社会保障费的国家都面临社会保障收入下滑的境遇。原本制度设计的社会保障财务平衡机制被打破,人们不得不寻求新的解决平衡财务的办法。

（二）人口老龄化

人口老龄化是社会保障财务支出增加的直接原因。随着经济社会的发展、医疗技术水平的提高,全球人均寿命不断提高。特别是发达国家居民的平均寿命大幅增加,人口年龄结构发生了重大变化。从人类发展规律来看,人口一般由高出生率、高死亡率、经济低增长率,经过高出生率、低死亡率、经济高增长率,向低出生率、低死亡率、经济低增长率转变。西欧的人口转变经历了 150 年,而东南亚国家只用了 50~70 年。人口再生产模式的转变,意味着人口年龄结构将相应地发生变化,老少抚养比不断提高,老年负担系数持续走高。20 世纪中叶,发达国家已相继步入老龄化社会。人口老龄化成为当代世界人口转变的重要特征。1950 年 65 岁以上老年人口占发达国家总人口的 7.9%,1990 年达到 12.5%,2000 年进一步上升到 14.3%。与此同时,发展中国家却处在高出生率、低死亡率、经济高增长率的人口快速增长时期,然而随着生育率的下降,未来人口老龄化难以避免。

人口老龄化导致整个社会的老年赡养比急速提高,这意味在现收现付的财务制度下,为制度缴费贡献收入的人在减少,从制度索取收入的人在增加。老龄化不仅意味着养老保险和医疗保险支付压力增大,与此相伴而生的老年贫困问题愈发突出,对老年福利和老年社会救助的需求也在增大,对政府财政、对社会保障制度的可持续发展都带来了巨大的压力与挑战。

（三）对福利国家的批评

普遍化、高水平、多项目、全民化的"普遍福利"政策和"福利国家",在为人民带来福利和福音的同时,也产生了下面一些副作用。

第一,社会福利扩张过快,巨额的社会保障开支使国家不堪重负,成为政府财政的沉重负担。

第二,为了维持高福利支出,必然带来税收的增加,而高税收的副作用影响了资本投资的积极性和高收入者的储蓄意愿，以致影响国内新技术的使用及固定资产的更新，引起科技人才的外流，最终影响经济的发展。

第三，福利费的扩张，扩大了劳动成本，使一国的国际竞争力下降。

第四，财政赤字和通货膨胀反过来促使物价上涨，影响了民众的生活。

第五，高标准的社会保障削弱了国民的奋斗精神，助长了一些人的懒惰情绪，对人们的劳动积极性、工作效率的提高，进而对经济发展产生了抑制作用，影响了经济的正常增长，福利国家导致了效率损失。

（四）覆盖面过小造成社会保障不足

社会保障制度建立初期，社会救助和社会福利主要面向处于弱势地位的社会成员，而社会保险的保障对象多为正规部门的就业者。随着社会保障事业的发展，国家财政用于社会保障支出的比例不断提高，人们开始认识到社会保障公平性问题。许多国家受《贝弗里奇报告》的普遍性原则影响，着手扩大社会保险覆盖面，将非正规部门就业者、公职人员等相继纳入社会保险体系中。1995 年韩国将农业帮工、渔民和城市自雇者纳入养老保险覆盖范围内；越南从 1993 年开始强制要求私营部门的雇主和雇员加入社会养老保险；泰国 1990 年颁布《社会保障法》，开始在本国推行公、私部门统一的社会保障制度；1984 年比利时缩小了公务员、雇员和自雇者之间的养老金计算差异，1985 年西班牙将多个养老保障制度统一起来覆盖不同群体，1983 年美国把新雇佣的联邦政府公务员纳入社会保障体系中；1961 年起日本建立国民养老金制度，覆盖了所有老年居民。

（五）社会保障对经济发展的影响日益受到关注

社会保障制度模式的选择，离不开社会、文化、经济及政治因素的影响，其对经济发展的影响受到越来越多的关注。古典经济学认为自由竞争的市场能够实现最大化效率，因此主张政府不干预经济，而社会保障的出现改变了古典学派的统治地位。政府通过公共财政资助社会保障，或者通过公共权力干预经济主体参与社会保障，这些都会给经济带来影响。

首先，社会保障筹资会影响经济主体的储蓄行为。社会保障的现收现付制和基金制对储蓄率的影响效果不同，新古典学派因为基金制能够提高储蓄率，而主张实行基金制改革。费尔德斯坦（Feldstein，1974）将现收现付制对储蓄的影响分为两种作用力相反的效应：一是"挤出效应"，即人们可以从公共养老金计划中获得养老金收益，就可能减少用于退休后生活的储蓄，即现收现付制对个人储蓄有"挤出效应"；二是"诱致退休效应"，由于人们可以在退休后得到一笔非劳动收入，闲暇的机会成本降低，可能会诱使人们提前退休，为了保障退休后的生活，人们增强了在工作期间的储蓄。费尔德斯坦认为正是社会保障的"挤出效应"大于"诱致退休效应"，造成了美国 20 世纪六七十年代储蓄率持续走低，影响了经济增长速度。

其次，社会保障的待遇给付影响经济主体的劳动供给决策。西方的一些学者在研究中发现，由于养老保险制度强制地将年轻时的收入部分地转移到年老时，使闲暇的机会成本降低，老年劳动力会选择较早退休。此外，退休决策是接近退休年龄的人在评估了未来的工资和养老金收益后,按照一生预期收入或效用最大化的原则确定的,因此养老保险收益与退休年龄之间负相关。虽然也有一些学者的研究并没有发现社会保障促使提前退休或者养老金增长对提前退休趋势的作用很小,但大多数人还是认为社会保障与提前退休有着密不可分的关系。

　　社会保障的筹资模式和给付模式对经济发展产生或多或少的影响,加之对财政承受力的要求越来越高,许多国家不得不开始着手对社会保障制度的改革,以适应社会保障与复杂的人口、社会、经济等环境因素的相互影响。[①]

二、全球社会保障制度改革的主要内容

　　为了摆脱社会保障发展的困境,西方发达国家从 20 世纪 70 年代末进入社会保障的改革和调整时期。该阶段,以英国保守党政府 1979 年率先改革社会保障制度为标志。

　　一些发达国家开始对社会保障进行调整和改革,重点是开源节流、增收节支,有的国家对原有的制度进行参数调整,有的国家则是对原有制度进行改革。

(一)参数调整

　　参数调整是不改变原有制度模式,仅对原有制度中的个别指标进行修改。例如,为了应对人口老龄化带来的支付危机,实施现收现付社会保障制度的国家,着力调整原有筹资比例和给付水平,通过"开源节流",缓解社会保障基金入不敷出的压力。

　　在"开源"方面,有的国家采取提高缴费率,扩大缴费对象,或者提高缴费上限,扩大缴费基数,或者开征新的税种,如征收社会保障收入所得税,增加收费项目,以扩大社会保障基金来源。法国、英国、荷兰等国家提高了社会保险缴费率;美国将缴费收入上限由 1950 年的 3 000 美元调整到 1999 年的 72 600 美元,并自 1984 年开始对收入超过一定标准的公共年金领取者开征所得税以补充社会保障基金。

　　在"节流"方面,一些国家通过修改计发基数、严格待遇领取资格、调整社会保障条件以缩小保障范围、延迟退休年龄、提高领取养老金的年龄等手段,减少社会保障支出。法国将养老金计发基数由在职期间收入最高的 10 年改为 25 年;德国将养老金与毛工资挂钩调整为与净工资挂钩;西班牙将获得失业津贴的缴费期由原来的 6 个月延长至 12 个月;德国将退休年龄延长至 65 岁,英国也提出将女性退休年龄由 60 岁逐渐延长至 65 岁;意大利将享受养老金的资格由参保 15 年调整为 20 年;许多国家都改变了原来单一缴费的做法,引入个人缴费机制,提高个人在医疗等方面的自付比例,以此抑制社会保障基金支出的过快增长。

(二)制度变革

　　制度变革是指抛弃原有制度,在社会保障筹资、给付、财政责任等方面建立新的模式。

---

①　许琳.社会保障学:第 2 版[M].北京:清华大学出版社,2012.

1. 实行社会保障制度的"私营化"和"资本化"

所谓私营化,就是改变社会保障全部由国家包下来的办法,政府尽量缩小干预社会保障的范围和项目,把这些项目交由私营机构、非政府组织、工人合作社和其他社会团体承担。英国、丹麦、比利时、德国、瑞典等国家相继采取了这些措施。它还包括让私人企业在社会保障管理中发挥作用;鼓励发展商业性保险;提倡企业自办保险等。社会保障的"私营化"是社会保障制度改革的一种模式,它既包括建立保障基金个人账户,由受保者个人预先为自己积累保障金的办法来减轻政府的社会保障负担,也包括政府公共部门的集中垄断性管理转为私人基金公司的分散的竞争性管理。所谓"资本化",主要是为了解决养老金的资金储备问题,即基金投资以实现保值增值问题。

2. 部分基金制的探索

现收现付制采取"以支定收"原则,在财务上做到当期收入全部用于当期支出,当期收支平衡。人口老龄化迫使现收现付制国家不得不持续提高缴费率,以应对庞大的开支,高缴费率造成在职人口的不满情绪,带来"代际矛盾"。一些国家未雨绸缪,开始在现收现付制度中留有结余,用丰裕年度的资金填补亏空年度的缺口。

3. 基金制的实践

智利的养老保险制度从 1981 年开始实行基金制筹资模式和私营化管理模式,养老保险资金来源于雇员和雇主缴费,设立个人账户,账户基金由所有人在政府制定的退休基金管理公司中自由选择,政府只承担最低退休金的兜底责任。在后来的十多年间,智利资本市场高额收益率使养老基金积累规模不断扩大,不仅为退休者提供充足的养老金,也通过提高国内储蓄率促进国民经济的发展。智利的成功,引发了拉美国家和东亚国家(地区)基金制改革的浪潮,一些实施现收现付制的国家也开始探索通过个人账户基金积累的方式实现养老金的持续给付。与智利等拉美国家不同,东亚国家(地区)在集体主义观念的影响下,选择了政府集中管理的模式,对社会保障基金进行投资运营。

4. 补充制度的发展

一些国家开始尝试建立多层次的社会保险,推出强制性企业年金和自愿性个人养老储蓄,用于补充国家提供的基础保障,提高待遇水平。建立国家基本保险、企业补充保险和个人商业性储蓄保险等多层次的社会保险体系成为改革的趋势。中国从 20 世纪 80 年代中后期开始改革养老保险制度,引入个人缴费和个人账户。具有私有产品性质的个人账户尽管是在基本养老保险制度层面上,但是对财政兜底的基础养老保障具有补充作用。英、法等国在 20 世纪 70 年代时 GDP 增长率保持在 2.6%～4.6%,而社会保障支出增长率为 5.9%～9.6%,超过前者一倍多。80 年代以来,各国通过立法以及相应的税收优惠政策大力刺激企业年金的发展,弥补国家社会保障支出的不足。企业年金进入一个"黄金发展期"。例如,1987—1995 年,英国企业年金规模从 2 700 亿英镑增长到 5 750 亿英镑,翻了一番。

三、近年来全球社会保障制度改革的新动态

（一）高收入国家社会保障改革的新动态

以欧洲福利国家为代表的高收入国家在社会保障方面一直处于全球领先地位，其社会保障项目最全、覆盖面最广、保障水平最高、财政投入最多。金融危机爆发之后，欧洲福利国家普遍采取了经济刺激政策，并将社会保障作为重要的刺激领域，加大了社会保护性投入。从 2010 年起，伴随着欧洲主权债务危机的爆发，欧洲国家的政府财政陷入困境，在这种情况下，欧盟整体采取经济紧缩措施，欧洲国家反过来用减赤字、稳财政的政策取代了先前的经济刺激政策，逐步缩小公共开支在 GDP 中的占比。在此背景下，社会保障支出被削减，福利扩张政策被福利紧缩政策取代。[①] 主要通过提高缴费率、延长缴费年限、扩大征缴范围和上调税费等实现"开源"；通过严格社会保障待遇领取资格，降低社会保障收益或待遇，加强监管，杜绝道德风险，精简机构，提高管理水平和效率等实现"节流"。

在开源节流的同时，高收入国家普遍对社会保障特别是养老保障制度进行了结构性改革，建立多支柱的保障体系。一方面，鼓励、支持、推动发展各种非公有的社会养老资源和方式，使养老责任在国家、企业、个人和家庭等行为体之间分摊，以减轻政府的财政压力；另一方面，使养老模式更加灵活，以适应非全职就业、兼职就业、小微就业等灵活就业方式的不断涌现，从而更好地化解老龄化、全球化和信息化时代产生的各种新风险，应对新挑战，确保养老保障的可持续。

（二）中等收入国家社会保障改革的新动态

近年来，不少中等收入国家，特别是新兴工业化国家，在社会保障领域的发展趋势是福利扩张，即拓展既有的社会保障体系，加大在健康、教育、就业、养老、住房等领域的投入，扩大社会保障的覆盖面，从而拉动内需、提振经济，以社会保障建设为契机促进全面增长，促使经济走上可持续发展之路。2000 年之后，很多中等收入国家都实现了相对较高的经济增长率，拓宽了国家的财政空间和收入基础，加强了相关机构的执行能力，为大力拓展社会保障覆盖范围创造了条件。从 2000 年起，阿根廷、巴西、印度、中国、印度尼西亚、墨西哥、南非等国均对各自的社会保障制度进行了大力拓展。中国、巴西等成为中等收入国家社会保障制度扩张的主要推动力。[②]

（三）低收入国家社会保障改革的新动态

低收入国家在社会保障领域的普遍状况是社会保障制度十分不完善，呈现出"小范围、临时性、应急性、实验性、水平低"等特点，缺乏普惠性和长期性，养老和医疗保险等缴费型项目（即与就业相关的社会保险）只覆盖了以公职人员为主的正规就业人口，由于这部分人往往占人口的少数，所以覆盖率十分有限。其余人口，即构成人口大多数的没有正

---

① 周弘，彭姝祎.国际金融危机后世界社会保障发展趋势[J].中国人民大学学报，2015(3)：26-34.
② 周弘，彭姝祎.国际金融危机后世界社会保障发展趋势[J].中国人民大学学报，2015(3)：26-34.

规雇佣关系的人员，则主要通过零星的非缴费项目来获得一些暂时性救助，这些非缴费性项目构成了一个保障水平较低的临时性的社会安全网。

近年来，低收入国家通过扩大临时性安全网，将有限的财力、人力、物力集中用于为特困人口等特定的人群改善健康、教育状况等，以促进实现联合国千年发展目标的减贫目的。相当一部分低收入国家大幅度提高了社会保障支出在国内生产总值中的占比。同时，着力建立最低限度的、可行的基本保障。①

第二节　中国社会保障制度改革

一、中国社会保障制度改革历程（1986年至今）

1986年开始，中国社会保障制度进入了改革阶段。我国社会保障制度改革历程根据不同时期的社会保障制度改革目标、重点和重大政策举措，可划分为改革探索、制度框架初步形成与统筹城乡发展三个阶段。

（一）1986—1992年的改革探索时期

这一时期，我国经济体制改革的核心是转变企业经营机制、增强企业活力，实行以承包为主的多种形式的经济责任制。在这种改革背景下，社会保障改革的指导思想定位于服务企业改革的需要，国家把社会保障改革作为企业改革的配套措施来进行，以单项制度改革为突破口。②

在改革步骤上，首先从改革城镇企业养老保险制度和建立失业（待业）保险制度入手，再随着有关企业改革政策的出台，陆续制定了其他相关的社会保障改革措施。在养老保险方面，1984年，国家在全民和集体所有制企业开始了退休费用社会统筹的试点；1986年4月第六届全国人民代表大会第四次会议通过的《国民经济和社会发展第七个五年计划》在我国首次使用了社会保障的概念。1986年7月国务院颁布了《国营企业实行劳动合同制暂行规定》，在全国范围内推行劳动合同制，明确规定合同职工退休养老进行社会统筹，并由企业和职工分担缴纳保险费，个人缴费制度逐步建立，大大推进了我国职工社会保障的社会化步伐。

1991年，国务院发布了《关于企业职工养老保险制度改革的决定》，实行基本养老保险、企业补充养老保险和职工个人储蓄性养老保险相结合的养老保险制度，基本养老保险费用由国家、企业和个人共同负担，实行社会统筹，先由市、县级统筹再逐步过渡到省级统筹。

在失业保险方面，1986年为了配合国营企业劳动合同制，国务院颁布了《国营企业职工待业保险暂行规定》，首次在我国建立了企业职工待业保险制度；1993年国务院修订

---

① 周弘，彭姝祎. 国际金融危机后世界社会保障发展趋势[J]. 中国人民大学学报，2015(3)：26-34.

② 汪泽英，何平. 我国社会保障制度改革30年成就与发展[EB/OL]. 人民网，http://acftu.people.com.cn/GB/67584/8317393.html.

了该规定,发布了《国有企业职工待业保险规定》,进一步扩大了待业保险的覆盖范围,提出由企业缴费建立待业保险基金,用于保障待业职工的基本生活。

(二)1993—2004 年的制度框架初步形成时期

1992 年,党的十四大提出我国经济体制改革的目标是建立社会主义市场经济体制。1993 年,党的十四届三中全会通过的《中共中央关于建立社会主义市场经济体制若干问题的决定》,把建立社会保障制度作为社会主义市场经济基本框架的五个组成部分之一,明确了我国社会保障体系的基本内容。随后,城镇社会保障制度改革按照党的十四届三中全会确定的目标、任务和基本原则进行,重点是养老保险、医疗保险和失业保险制度,目标是建立一套适应社会主义市场经济要求的社会保障制度。

在养老保险方面,1995 年,国务院发布了《关于深化企业职工养老保险制度改革的通知》,基本养老保险实行社会统筹与个人账户相结合的制度模式并在全国试点,费用由企业和个人共同负担。在医疗保险方面,1995 年在江苏省镇江市、江西省九江市进行试点,探索建立社会统筹与个人账户相结合的医疗保险制度;1996 年试点扩大到 38 个城市。在工伤保险方面,1996 年,原劳动部发布了《企业职工工伤保险试行办法》,规范了工伤保险的认定条件、待遇标准和管理程序,建立工伤保险基金。1994 年,原劳动部颁布了《企业职工生育保险试行办法》,对生育保险的实施范围、统筹层次、基金筹集和待遇支付等进行规范。

1997 年以来,我国社会保障改革步伐加快,国务院于 1997 年发布了《关于建立统一的企业职工基本养老保险制度的决定》,统一了城镇企业职工基本养老保险制度;1998 年发布了《关于建立城镇职工基本医疗保险制度的决定》,明确了基本医疗保险制度的模式和改革方向;1998 年在原劳动部基础上组建劳动和社会保障部,将原来分散在多个部门的社会保障工作合并到一个部门,便于管理和监督;1999 年发布了《失业保险条例》,进一步明确了覆盖范围、筹资办法、缴费比例、享受条件和保障水平。同年,国务院颁布了《城市居民最低生活保障条例》和《社会保险费征缴暂行条例》,进一步规范了城市贫困居民社会救助和社会保险费征缴工作;2004 年颁布了《工伤保险条例》,进一步明确了覆盖范围、筹资办法、缴费比例、享受条件和保障水平。2000 年国务院颁布了《关于印发完善城镇社会保障体系试点方案的通知》,并在辽宁省试点,探索社会保障制度从单项制度推进向系统建设转变、以覆盖国有企业为主向以覆盖城镇从业人员转变的经验。2003 年国家实施新型农村合作医疗制度。

到 2004 年年底,以养老保险、医疗保险、失业保险和城市居民最低生活保障制度为主要内容的、适应社会主义市场经济基本要求的社会保障体系框架初步形成。[①]

(三)2005 年以后的城乡社会保障制度统筹发展时期

2005 年以来,《中共中央国务院关于推进社会主义新农村建设的若干意见》等文件的

---

① 汪泽英,何平.我国社会保障制度改革 30 年成就与发展[EB/OL].人民网,http://acftu.people.com.cn/GB/67584/8317393.html.

出台,标志着我国经济社会进入以人为本、落实科学发展观和统筹城乡发展的时期。在这一大背景下,我国社会保障制度发展进入统筹城乡、全面覆盖、综合配套、统一管理的阶段。2005 年国务院颁布了《关于完善企业职工基本养老保险制度的决定》,实现养老保险覆盖范围由职工向城镇灵活就业人员的拓展,改革养老金计发办法,强化激励约束机制,建立长效机制。2006 年,国务院颁布了《国务院关于解决农民工问题的若干意见》,国务院办公厅转发《劳动保障部关于做好被征地农民就业培训和社会保障工作指导意见的通知》,推进农民工和被征地人员社会保障制度建设。2007 年国务院颁布了《国务院关于在全国建立农村最低生活保障制度的通知》《国务院关于开展城镇居民基本医疗保险试点的指导意见》,全国建立兜底性的城乡最低生活保障制度,同时将医疗保险由职业人群拓展到城镇非职业人群。[①] 2009 年中央出台《中共中央国务院关于深化医药卫生体制改革的意见》,提出深化医药卫生体制改革的总体目标是建立健全覆盖城乡居民的基本医疗卫生制度,为群众提供安全、有效、方便、价廉的医疗卫生服务。要加快建立和完善以基本医疗保障为主体,其他多种形式补充医疗保险和商业健康保险为补充,覆盖城乡居民的多层次医疗保障体系。2009 年在全国开展新型农村养老保险试点,政府兜底的农村养老保险从无到有。2010 年《社会保险法》颁布。2011 年城镇居民养老保险试点推行,2014 年新型农村养老保险与城镇居民养老保险合并实施。同年,《社会救助暂行办法》颁布并实施。2015 年 1 月国务院出台《关于机关事业单位工作人员养老保险制度改革的决定》,使养老保险的双轨制得以终结。2015 年 8 月国务院办公厅印发《关于全面实施城乡居民大病保险的意见》,提出在 2015 年年底大病保险覆盖所有城乡居民基本医保参保人群,大病医保支付比例应达到 50% 以上,这是对全民医保制度的完善。2016 年《中华人民共和国慈善法》颁布并实施。同年国务院颁布行政法规《全国社会保障基金条例》。

二、中国社会保障制度的基本框架

(一) 中国社会保障制度的基本方针"全覆盖、保基本、多层次、可持续"

1993 年中国共产党第十四届三中全会通过的《中共中央关于建立社会主义市场经济体制若干问题的决定》把社会保障制度纳入社会主义市场经济体制中,并明确指出:"建立多层次的社会保障体系……社会保障体系包括社会保险、社会救济、社会福利、优抚安置和社会互助、个人储蓄积累保障。"党的十七大报告明确提出"以社会保险、社会救助、社会福利为基础,以基本养老、基本医疗、最低生活保障制度为重点,以慈善事业、商业保险为补充,加快完善覆盖城乡居民的社会保障体系"。党的十八大报告指出,社会保障是保障人民生活、调节社会分配的一项基本制度。要坚持全覆盖、保基本、多层次、可持续方针,以增强公平性、适应流动性、保证可持续性为重点,全面建成覆盖城乡居民的社会保障体系。

"全覆盖、保基本、多层次、可持续"成为中国社会保障制度的基本方针。"全覆盖"是

---

① 汪泽英,何平. 我国社会保障制度改革 30 年成就与发展[EB/OL]. 人民网,http://acftu. people. com. cn/GB/67584/8317393. html.

保障对象覆盖城乡全体居民;"保基本"强调的是社会保障水平与中国经济发展水平相一致,保障城乡居民的基本生活;"多层次"是政府提供基本层次的保障而市场提供更高层次的保障,政府、社会、企业、家庭、个人、市场共同作为社会保障的主体,提供层次多样化的保障;"可持续"是要求在长期内社会、经济、社会保障制度能够负担得起社会保障的支出,制度可以持续长久运转。

(二)中国社会保障制度改革取得的成就

从1986年中国社会保障制度改革至今,经过几十年不懈努力,中国社会保障制度已经从计划经济时代的国家—单位保障制转变为政府主导、责任分担、社会化、多层次的适应社会主义市场经济要求的逐步走向成熟、定型的新型的社会保障制度。

1. 社会保障制度建设全面推进

中国已建立了覆盖全体公民的养老、医疗保险制度,失业、工伤、生育保险制度不断完善,城乡社会救助体系基本形成,社会福利事业稳步发展。

中国普遍性养老金制度由职工基本养老保险、机关事业单位工作人员基本养老保险和城乡居民基本养老保险三大制度组成,能够覆盖所有适龄人口,中国在"十二五"期间全面进入了养老金制度全覆盖的时代。

医疗保险制度由城镇职工基本医疗保险、城镇居民基本医疗保险和新型农村合作医疗三大制度组成,现已合并为城镇职工基本医疗保险和城乡居民基本医疗保险两大制度,在"十二五"期间已覆盖了全国95%以上的人口,实现了基本医疗保险制度覆盖全民的目标。此外,城乡居民大病保险制度也在全面推进,对全民医保制度进行了完善。

失业、工伤、生育保险不断完善。2016年6月,人力资源和社会保障部印发了《关于开展长期护理保险制度试点的指导意见》,选取了15个首批长期护理保险的试点城市。2017年10余个城市启动了长期护理保险试点。

2014年《社会救助暂行办法》颁布并实施,正式确立了中国综合型的社会救助制度。"托底线、救急难、可持续"作为社会救助工作的基本原则,明确了以最低生活保障与特困人员供养制度、受灾人员救助以及医疗救助、教育救助、住房救助、就业救助和临时救助为主体,以社会力量参与为补充的社会救助体系框架。2015年国务院决定建立临时性的急难救助,使综合型社会救助制度进一步健全。

社会福利事业稳步发展。在老年福利方面,2013年国务院发布了《关于加快发展养老服务业的若干意见》,标志着养老服务业进入全面发展时期。以居家养老为基础、社区养老为依托、机构养老为补充、医养相结合的养老服务体系正在形成。已有20多个省份建立了高龄老人津贴制度和生活困难老人养老服务补贴制度。截至2016年年底,全国享受高龄补贴的老年人有2 355.4万;享受护理补贴的老年人有40.5万;享受养老服务补贴的老年人有282.9万。[①] 在儿童福利方面,2014年民政部印发了《关于进一步开展适度

---

① 民政部. 2016年社会服务发展统计公报[EB/OL]. 民政部网站, http://www.mca.gov.cn/article/zwgk/mzyw/201708/20170800005382. shtml.

普惠型儿童福利制度建设试点工作的通知》，对扩大儿童福利由补缺型向适度普惠型转变，建立健全惠及所有儿童的儿童福利制度和服务体系有重要意义。在残疾人福利方面，2015 年国务院印发了《关于全面建立困难残疾人生活补贴和重度残疾人护理补贴制度的意见》，从 2016 年 1 月 1 日起在全国实施困难残疾人生活补贴和重度残疾人护理补贴制度，这是国家层面创建的残疾人专项福利补贴制度。在住房福利方面，2013 年由住建部联合财政部、发改委发布通知，从 2014 年起各地公共租赁住房和廉租房实行并轨，统称为公共租赁住房，这将有助于优化保障性住房的资源配置，是改善住房保障公共服务质量、完善中国住房保障体系的重要举措。①

截至 2017 年 5 月，全国统一标准的社会保障卡持卡人数已经超过 10 亿，而且实现了发行省份全覆盖。②

延伸阅读：第三代社会保障卡试点在即，手机就可完成医保结算

2016 年国际社会保障协会（ISSA）第 32 届全球大会将"社会保障杰出成就奖"（2014—2016）授予中华人民共和国政府。这不仅是一项非常重要的国际荣誉，而且会促进世界各国关注、重视、借鉴中国社会保障改革与发展的经验。

2. 社会保障法制建设取得重大进步

国务院 1999 年颁布了《失业保险条例》《城市居民最低生活保障条例》《社会保险费征缴暂行条例》，2003 年颁布了《工伤保险条例》（2011 年修订）。《中华人民共和国社会保险法》在 2010 年 10 月 28 日第十一届全国人民代表大会常务委员会第十七次会议上高票通过，并于 2011 年 7 月 1 日起实施。该法对养老保险全国统筹、养老和医疗保险关系的转移、社会保险费强化征收以及社会保障基金监管做出了明确规定，对于健全和完善我国社会保险事业具有重大意义。但还存在许多需要进一步解决的问题，包括由现收现付制转向部分基金制带来的转轨成本问题、社会保险覆盖面进一步扩大问题、统筹城乡养老保险制度问题以及社会保险制度对经济社会的影响等。

2012 年《军人保险法》通过并实施，弥补了《社会保险法》中对军人保险规范不足的缺憾，为维护军人社会保险权益、构建具有中国特色的军人保险制度提供了法律依据。

除此之外，《老年人权益保障法》《残疾人保障法》《军人抚恤优待条例》《工伤保险条例》等法律、法规相继重新修订，《社会救助暂行办法》《慈善法》《全国社会保障基金条例》颁布并实施，使社会保障法制建设向前迈进了一大步。

三、中国社会保障制度面临的问题与挑战

必须看到，由于受到多种因素的制约，我国社会保障体系建设仍然处于滞后状态，并面临必须妥善应对的诸多问题与挑战。

① 郑功成.中国社会保障："十二五"回顾与"十三五"展望[J].社会政策研究，2016(1)：77-97.
② 新华社.我国社会保障卡持卡人数已达 10 亿人[EB/OL].http://news.xinhuanet.com/2017-05/25/c_1121036712.htm.

（一）中国社会保障改革与制度建设中存在四大问题[①]

中国社会保障学会会长郑功成教授撰文分析了我国社会保障改革与制度建设存在的以下问题。

1．社会保障发展理念出现迷雾

一方面，一些人没有正视中国社会保障供给总量依然不足、保障水平总体依然偏低、保障权益结构依然失衡等客观事实，而是渲染所谓"福利病""福利国家病""福利陷阱"和社会保险财政崩溃论调，主张限制甚至削减公共福利、基本养老保险采取大账户制、社会医疗保险实行商业保险化等，这些主张可能动摇社会保障互助共济与公益制度的根基，背离国民共享发展成果和走共同富裕道路的国家发展取向。另一方面，公众对社会保障制度的期望越来越高，不仅要求持续提高养老金、医保等社会保障待遇，而且要求免费医疗、普遍性福利的呼声高涨，一些地方亦将福利项目作为短期政绩工程。在反福利与泛福利思潮并存且各有市场的条件下，必然直接影响人们对社会保障制度的认识与评价，也会对制度变革产生复杂的影响，还会掩盖现行制度安排中的问题。

2．缺乏科学的顶层设计

首先，宏观层面缺乏对完整社会保障体系的顶层设计。在政策层面迄今仍未见到对整个社会保障体系发展目标及应持发展理念的清晰界定，仍未见到对社会保障体系及其主要制度安排的结构与功能的合理定位。以社会救助、社会保险、社会福利三大基本制度体系为例，必须有合理的功能定位与责任分工，从而必须站在超越上述单一制度体系之上的视角来通盘考虑；再以多层次保障体系而论，也必须通盘考虑政府主导的法定保障制度与市场机制、社会机制主导的补充保障之间的合理分工与协同，既要确保社会保障体系的物质基础通过对市场机制、社会机制的利用不断壮大，又不能违背市场规律与社会组织运行规律。中国多层次体系建设提出了多年并采取了多种举措，但因缺乏顶层设计与协同推进，迄今仍是停留在纸面上的空中楼阁。其次，中观层面缺乏对基本社会保障制度类别的顶层设计。以老年保障为例，现实中就缺乏对老年人的经济保障、服务保障、精神保障的统筹考虑与顶层设计，养老服务、老年护理及关乎老年人尊严的文化服务、社会参与、临终关怀、殡葬事业发展的滞后，正在日益影响着数以亿计老年人的生活质量。再次，微观层面对各个社会保障项目的顶层设计仍然欠缺。养老保险、医疗保险、最低生活保障等重要保障项目都采取了各地试点先行、渐次推进的策略，也均留下了"摸石头过河"的深刻痕迹，存在责任失衡、层次不清晰、管理体制与经办机制欠合理、与相关制度之间缺乏协同等缺陷，这些缺陷均涉及复杂的利益关系。儿童福利、残疾人福利等项目更是还未有过系统考虑与设计。因此，"十三五"期间的社会保障顶层设计任务异常艰巨。

[①]　郑功成.中国社会保障发展报告·2016[M].北京：人民出版社，2016.

3. 公平性不足与效率不高并存

一方面,尽管社会保障在"十二五"期间已初具普惠全民的特色,但公平性不足仍是各项社会保障制度的共性。养老金待遇在机关事业单位与企业退休人员之间的差距依然巨大,医疗保险的城乡分割、群体分割背后实质上是待遇差异,以最低生活保障为核心的社会救助制度在城乡之间、地区之间差异偏大,即使较为单纯的政府救灾同样在灾种之间、受灾地区之间、灾民之间存在差异,这些差异带来的结果就是社会保障制度并不公平,使其在解决一些社会问题的同时,亦引起部分群体的不满。除了社会保障权益存在不公现象,承担义务方面亦具有不公平性。此外,社会保障管理体制尚未完全理顺,经办机制分割,亦造成了行政资源的浪费。因此,制度欠公平与缺乏效率,是必须引起高度重视并需要认真应对的重大问题。

4. 责任不清与责任失衡

现行社会保障制度几乎都未能切实厘清主体各方的责任,政府责任的边界均缺乏明确界定,中央政府与地方政府的责任还没有明确划分,可供市场主体与社会组织作为的空间具有不确定性。这种状态带来的结果,就是政府的责任与压力会持续加重,而市场主体、社会力量却又无法顺利进入并发挥应有的作用。最典型的莫过于灾害保障,在许多国家担纲主力的商业保险在我国自然灾害损失补偿中几乎可以忽略不计。在现行制度的责任分担中,养老保险的单位缴费率为 20%、个人为 8%,医疗保险的单位缴费率为 6%、个人为 2%,反映的是单位责任大、个人责任小;在城乡居民医保中,政府补贴相当于个人缴费的 3 倍以上,反映的是政府责任大、个人责任小;在社会救助中,中央政府承担着主要责任,地方政府责任小。这种责任分担失衡的格局,必然动摇社会保障制度发展的理性,很容易产生压缩福利与扩张福利的极端取向。

(二)中国社会保障制度面临的挑战

中国社会保障制度目前还面临人口老龄化、地区发展不平衡、流动人口规模巨大、就业形式多样化、社会保障需求刚性增长与政府财力增长减缓的矛盾等严峻挑战。中国社会保障制度改革的任务还远未完成。

2006 年中国共产党十六届六中全会从构建社会主义和谐社会的战略高度,明确提出到 2020 年建立覆盖全民的社会保障体系。2007 年党的十七大报告再次提出加快建立覆盖城乡居民的社会保障体系,这标志着中国社会保障制度建设进入了一个新的历史阶段。党的十八大报告提出,要统筹推进城乡社会保障体系建设,坚持全覆盖、保基本、多层次、可持续方针。2017 年 10 月党的十九大报告指出:"按照兜底线、织密网、建机制的要求,全面建成覆盖全民、城乡统筹、权责清晰、保障适度、可持续的多层次社会保障体系。"

到 2020 年,中国政府要在一个十几亿人口的大国实现人人有保障。实现新型社会保障体系的成熟、定型,这个任务十分艰巨,需要更多的智慧和付出更多的努力。

本章小结

　　本章主要介绍了全球社会保障制度改革背景、改革的主要内容，分析了中国社会保障制度改革的历程、社会保障制度改革取得的成就、现行社会保障制度的基本框架、社会保障制度存在的问题与面临的严峻挑战。

自 测 题

一、单项选择题

1. 从全球社会保障制度改革的背景看，社会保障财务支出增加的直接原因是（　　）。

    A. 经济增长速度放缓　　　　　　　　B. 对福利国家的批评

    C. 社会保障覆盖面过小　　　　　　　D. 人口老龄化

2. 中国社会保障制度进入改革阶段的年份是（　　）。

    A. 1978 年　　　　B. 1986 年　　　　C. 1993 年　　　　D. 2005 年

二、多项选择题

1. 从参数调整来看，全球社会保障制度改革的主要内容包括（　　）。

    A. 提高缴费率　　　　　　　　　　　B. 扩大缴费对象

    C. 扩大缴费基数　　　　　　　　　　D. 延迟退休年龄

    E. 开征新的税种

2. 中国社会保障制度的基本方针是（　　）。

    A. 全覆盖　　　　B. 保基本　　　　C. 多层次　　　　D. 多主体

    E. 可持续

3. 中国社会保障制度面临的挑战主要有（　　）。

    A. 人口老龄化　　　　　　　　　　　B. 地区发展不平衡

    C. 流动人口规模巨大　　　　　　　　D. 就业形式多样化

    E. 社会保障需求刚性增长与政府财力增长减缓的矛盾

三、简答题

如何认识目前中国社会保障改革与制度建设中存在的主要问题？

案例

第十五章
社会保障的发展趋势

【学习目标】

通过本章的学习,读者应当掌握社会保障的未来发展趋势;理解积极社会保障政策、多支柱社会保障体系、"互联网+"社会保障、全球化社会保障潮流的背景、内容及特征;明确我国社会保障未来的发展之路。

【导读案例】

以"在世界范围内,通过技术和管理手段的提升,促进各国社会保障事业的发展,在社会正义和公平的基础上,推动人类社会和经济条件的改善"为宗旨的国际社会保障协会(ISSA),成立于1927年10月4日,在社会保障领域是世界上规模最大、代表性最广泛的国际组织。其会员主要是各国社会保障经办机构和部分国家的政府机构,目前共有来自世界157个国家的327个会员机构。2016年11月14日至18日,国际社会保障协会第32届全球大会在巴拿马城召开,来自150多个国家的逾千名社会保障管理者、专家和从业人员会聚一堂。

国际社会保障全球大会是ISSA每三年一次的旗舰活动,规模大、内容多,是世界社会保障领域的盛会。在此次全球大会上,ISSA基于其专业研究和会员机构提供的数据,提出全球社会保障在不断变化的世界中面临的十大挑战——实现全覆盖、生命周期全方位的社会保障、人口老龄化、青年就业、劳动力市场和数字经济、健康和长期照护、突发危险和事件、移民保护、技术进步和更高的公众期待。面对十大挑战,社保机构要如何适应和创新?此次大会通过5次全会、涉及8个议题的2次平行会议、1次交互会议和1次峰会实现充分的交流探讨,其成果将成为ISSA提出未来三年指导原则的依据。

扩大社会保险覆盖面是这次全球大会的热点议题。国际劳工组织社会保障司司长欧迪思女士在开幕式致辞中谈到,在联合国2015年后发展议程中,提出到2030年实现全球社会保障全覆盖的目标。作为人口大国的中国短时期内创造了社保基本全覆盖的奇迹,中国经验值得学习和借鉴。

"转变生活,塑造社会"是第32届国际社会保障全球大会的主题。ISSA主席斯杜威先生在开幕式致辞中表示,追求社会保障卓越管理是ISSA的目标,作为世界社保的管理者,在当今世界发展变化迅猛之际不能停步,要积极寻找各种挑战的应对之策,分享各国社会保障管理经验与创新手段,以共同推进人类社会保障的进程;同时,我们的目光还要更加开阔,不能仅仅停留在社会保障本身,要探讨社会保障对社会、经济的积极影响,要着眼于如何通过完善的社会保障去改变生活，从而塑造社会。

（资料来源：中国社会保障学会.（2016-11-17）. http：//www. caoss. org. cn/1article. asp？id＝1146.）

思考：该案例体现了社会保障未来的哪些发展趋势？

第一节　积极社会保障政策

积极社会保障是相对于消极社会保障而言的。所谓消极保障，是指以国家干预为主，不注重福利接受者的责任；奉行普遍性保障观念，注重社会保障覆盖面；保障方式以具体物质性救济为主。积极社会保障则是指一个强调"权责统一"原则，主张促进贫困群体及个人的能力建设，扩大就业参与、建立社会投资型福利国家、重视公共服务与事前预防风险的保障体系。它鼓励人们主动积极地融入劳动力市场去发挥自身的劳动价值，摆脱贫困和社会排斥，从而获得有尊严的社会保障。"无责任即无权利"是其基本原则。

一、积极社会保障的时代背景

（一）经济全球化

经济全球化及其带来的贸易自由化加速了资本和劳动力的自由流动，对传统福利国家的存在基础造成了巨大的冲击，主要体现在以下两个方面。

1. 资本流动

企业资本的流出减少了福利国家社会保障资金的来源。20世纪90年代，知识经济和跨国公司的迅速崛起标志着经济全球化的日益加深。知识经济的迅速发展把人类推进了信息化时代，由跨国公司推动的生产国际化日益主导国际生产格局，投资重点随之转移[①]。在利润的导向下，福利国家的大量资本自然性地远离对劳动征税很重、劳动力受到严密保护的本土，而转向劳动密集型国家，即那些对劳动力征税较低、为吸引外资而向外来投资者给予税收优惠的发展中国家[②]。企业资本的外流跨出了民族国界，从而打破了以往政府、企业和个人间的社会保障关系。资本的流出，造成福利国家税收来源流失，社会保障财政来源减少。同时，资本的流出还造成劳动机会的流失，从而导致本土的就业压力逐步加大，失业人数逐渐增加，进而导致社会保障支出增加，国家财政压力增大。

2. 劳动力流动

劳动力的跨国流动表现在从劳动力成本低、劳动保护差的发展中国家流向劳动保护较为严格、社会福利制度相对完善的高福利国家。这样一来，本来就面临劳动机会减少的福利国家的劳动力市场又进入了更多的劳动力，就业竞争更加激烈，本国人口失业率更高，需要领取救济金的失业者更多，财政压力进一步增加。企业也需要以高福利为条件吸

---

① 王学东，陈林. 九十年代西欧社会民主主义的变革[M]. 北京：中央编译出版社，1999：17.

② 张世鹏，殷叙彝. 全球化时代的资本主义[M]. 北京：中央编译出版社，1998：8.

435

引劳动力，企业成本也随之增加。

由此，经济全球化中资本和劳动的流动使福利国家社会保障资金一方面"来源减少"，另一方面却"支出剧增"。同时，在经济发展到一定程度、社会保障目标由保障人民基本生存向提高人民生活水平转变时，许多国家必然面临财政收入与社会保障需求难以均衡的困局，单纯依靠增加税收支撑社会保障支出的传统福利模式难以为继。

（二）人口老龄化

人口老龄化是当今世界普遍面临的社会问题。目前，全世界 60 岁以上老年人口总数已达 6 亿，60 多个国家的老年人口达到或超过人口总数的 10％，进入了人口老龄化社会行列[①]。据美国人口调查局统计报告，到 2040 年，65 岁以上人口将达到 13 亿，老年人比例将提高 14％[②]。

人口老龄化意味着老年人口在总人口中比例的增加，劳动适龄人口在总人口中比例的减少。劳动适龄人口是创造社会财富的主力军与缴纳社会保障的主体，该群体的数量减少不仅会导致"人口红利"降低与经济增速放缓，更直接减少了社会保障资金来源，对传统社会保障政策提出了严峻的挑战。而社会保障各项费用的重要受益者——老年人口的数量与比重则不断增加。

除了年老带来的养老金需求以外，老年群体的医疗需求也对社会保障造成了沉重压力。在老年阶段，个体的生理功能呈现不可避免的衰退甚至丧失，更容易罹患一些严重而又难以治愈的慢性疾病，如高血压、糖尿病、阿尔茨海默症等，其带来的经济负担也是不容忽视的。以中国为例，据 1993 年和 1998 年国家卫生服务调查，0～4 岁城市居民每年住院费用为 817 元，10～19 岁增加到 2 244 元，40～49 岁为 4 577 元，65 岁以上则增加到 5 096 元[③]。可见，医疗费用负担随年龄增加而迅速加重，老年人需要消耗更多的医疗资源。并且，面临沉重养老压力的劳动者往往会限制其发展性消费，减少教育支出，更容易面临疾病、失业等风险，也不利于未来家庭经济境况的改善。对于已经失业的劳动适龄人口，则直接挤占其失业福利，降低生活水平，这些情况实际上又会反过来增加国家社会保障体系的压力。

随着时代的发展和人民生活水平的总体提高，社会保障的关注层面也开始涉及老年人精神保障问题。相对于中青年人，老年人更可能遭遇生活的重大打击，如家庭成员分居、经济困难、自身疾病、配偶疾病或死亡、子女问题等，他们常感到孤独、寂寞、悲观，或表现为沉默、孤僻、暴躁等，更加容易产生心理问题，危害其精神健康，给个人、家庭与社会带来一定程度的危害，同样不利于社会保障水平的提高。

---

① 中国百科网. 人口老化的基本内容[EB/OL]. (2016-08-11)[2017-01-20]. http：//www. chinabaike. com/z/shenghuo/kp/2016/0811/5666121. html.

② 戈丽娜. 全球 65 岁以上人口 2040 年将超 13 亿[EB/OL]. (2009-07-21)[2017-01-20]. http：//www. cncaprc. gov. cn/contents/37/21506. html.

③ 价值中国网. 人口老龄化[EB/OL]. (2009-03-16)[2017-01-20]. http：//www. chinavalue. net/Wiki/%E4%BA%BA%E5%8F%A3%E8%80%81%E9%BE%84%E5%8C%96. aspx.

（三）风险人为化

以往人们面临的风险主要来自外部世界,如地震、泥石流等自然灾害或是生老病死等。随着人类活动频率的增多、活动范围的扩大,其决策和行动对自然界的影响力大大增强,风险结构逐渐向人为主导转变,如越来越具摧毁性的环境污染、战争、经济危机等。

风险人为化表现在以下两个方面:①风险无时不有无处不在。传统社会生活中,尽管也存在不可抗拒的外部风险,但并不是无时不有无处不在的。相对一段时间和相对一些地点而言,人们的生活是较为稳定的,即便处在高风险地带的人也可以选择向风险较小的区域迁移,例如历史上多次旱涝灾害引发的群体性人口流动。而在现代生活中,无论财富多寡、能力高低、距离远近,只要处在人与人联系的社会网络之中,人们就必须时时刻刻面对各种可能的风险,且在社会生活中,各种人为不确定因素还在不断增加。②人为风险无法计算。早期的外部风险具有可计算性,在可计算的基础上社会保险得以产生发展。英国社会学家吉登斯说,当某个人走入汽车的时候,我们是可以计算出这个人发生事故的可能性的。这是保险精算的预测,是长期以来风险产生的可能性。但被人类生产生活方式制造的风险却并非如此,我们完全不知道风险的大小,而且在很多情况下直到很晚我们也不能确切地知道这种风险的大小[1]。例如,1986 年乌克兰切尔诺贝利核电站事故、2008 年金融危机等,这些都是人们不能预测的,不管是现在还是将来带给人们的影响也是难以计算的。再如,2003 年世界 20 多个国家遭遇了 SARS 侵袭,人们的生命安全受到很大的威胁,整个世界处于一种恐慌之中,人们无法确定哪里是安全之处,也不知道这种威胁什么时候结束[2]。

总之,现代社会的风险往往呈现影响范围广、程度深、时间长的特点,靠事后补救经常会产生重大的损失。尽管很多风险难以预知,但我们可以根据以往的经验建立起应对某种类型风险的事前预防机制,社会保障亦是如此。与其等到个人已经失业、患病、失学以后再进行救济补助,不如在危机产生以前积极地提供广泛性的维护保障。

尽管社会发展面临各种新的局势,但推动经济增长仍然是众多发展目标中至关重要的一项。当前,社会保障最明显的趋势正是把经济发展和社会发展联系起来,强调积极社会保障政策与国民经济发展互为因果的关系,这也在各国的实践运用中得到了充分的体现。

二、积极社会保障的内容

（一）权责统一

传统社会保障把社会保障看作人们的绝对权利,不需要付出任何条件即可享有。积极社会保障则主张权利与义务相统一,要求在人们获得权利的同时也必须履行一定的责

---

① 安东尼·吉登斯.失控的世界:全球化如何重塑我们的生活[M].周红云,译.南昌:江西人民出版社,2001:25.

② 孙洁.英国的政党政治与福利制度[M].北京:商务印书馆,2008:134.

任和义务。国家有责任为每一个需要帮助的人提供必要的帮助,但这并不代表需要帮助的人就可以消极地等着国家救助,而不去积极地寻找工作,也不代表国家必须提供直接的物质帮助①。因此,福利给付就从公民权转向了契约性的义务②,这种转变主要体现在社会保障由传统的安全网式的保障制度转变为工作福利制度(workfare)。

工作福利制度将福利收益与工作绑定,特别是那些与健康、教育、培训等相关的社会保障服务③。简单来说,工作福利并不把救济金以具体现金发给受助者,而是通过建设劳动力市场、发展公共服务、提供职业培训等鼓励其积极就业与自主创业,劳动者在履行自身义务的基础上才能享受政府提供的各项社会保障。这不仅有利于受助者提高就业能力,促进市场发展,还能够减少福利依赖,降低政府社会保障支出。

工作福利的原则最早在凯恩斯的充分就业和贝弗里奇的国民最低保障理念中就有所体现,但真正实施则开始于美国里根政府时期。1981年美国联邦政府通过有关立法后,工作福利制度才真正成为一项在各州得到实施的政策,到1986年美国已经有29个州实施了不同形式的工作福利政策。20世纪90年代,英国新工党政府也开始放弃以往的"福利国家"理念,转而效仿美国的工作福利模式。在这一时期,其他发达国家也开始从对保障对象无条件提供资助到强调受助者义务和条件的社会支持政策转变,越来越多的国家要求受益者参加工作并以此作为条件来享有社会保障。例如,法国1997年立法后开始重新实施一项青年资助计划,为有劳动能力的青年获取社会资助规定了强制性的工作考核量;丹麦1998年开始实施积极社会政策法框架下的促进就业计划,将参与工作和享受救济联系起来。德国的工作岗位创造方案以相关立法框架为基础,不再只是向失业者提供社会救助,而是尽可能为青年失业者创造工作岗位④。

从众多国家关于工作福利的实践中我们可以看出,该制度的前提在于相信工作能培养出更负责任的个人,从而使人们的生活状况切实得以改善,普遍以公民权为基础的社会保障由此越来越倾向于对个人责任的强调。

(二)人力资本

传统福利国家以经济发展为首要目标,认为社会政策只是用来处理经济政策带来的社会问题,并不是经济战略中的支撑条件,因此,社会政策通常表现为手段性、附属性和修补性⑤。福利国家所提供的社会保障也往往是一种物质财富的消极给付,重点在于对贫困对象的救济帮助,而没有充分认识到社会大众创造财富的能力。例如,18~19世纪英国通过工业革命实现了经济的巨大增长,但伴随着财富的积累、贫富差距扩大以及"圈地

---

① 杨玲."第三条道路"与福利国家改革[J].长白学刊,2004(4):22-25.

② 姚建平.中国城市工作贫困者:问题的形成、群体特征与积极社会政策[J].社会保障研究,2011(1):121-133.

③ 干咏昕.建构积极的中国老年社会福利服务政策:实践与困境[J].内蒙古师大学报(哲社汉文版),2013(5):87-90.

④ 葛道顺.褒贬不一的西方工作福利制度[N].中国劳动保障报,2005-05-18(2).

⑤ 张秀兰,徐月宾.发展型社会政策及其对我们的启示[C].//杨团,张秀兰.当代社会政策研究:"第二届社会政策国际论坛"文集.北京:中国劳动社会保障出版社,2006.

运动"的影响,城市里的流浪、失业和贫困现象剧增。在这种情况下,英国政府于 1601 年颁布了《济贫法》。后来,英国政府又颁布了《济贫法修正案》。但经过大规模福利支出带来的财政危机之后,特别是 20 世纪晚期在全球化的冲击之下,人们开始反思经济政策与社会政策之间的关系,发展规划者愈加清楚地认识到非常有必要将社会分析、社会政策系统性地融入发展政策设计和实施的主流中去①。由此,发展型社会政策(social policy for development)被逐渐提出。这种社会政策观将社会政策看成一种社会投资行为,重视投资尤其是人力资本的投资能带来长期收益的社会资产。

一般认为,人力资本(human capital)是指劳动者因受到教育、培训、实践经验、迁移、保健等方面的投资而获得的知识和技能的积累,可以为其所有者及企业带来工资或利润等收益,亦称为"非物力资本"。随着知识经济的发展,人力资本的增值空间与能力日益凸显,人们也开始关注这一资本的培育问题。首先,人力资本的价值实现离不开成熟的劳动力市场环境,因此需要完善就业促进制度与宏观调控机制;其次,人力资本的价值提高需要通过教育和培训来实现。发展职业培训与提倡终身教育,有利于提高劳动力在市场上的适应力与创造力,推动技术创新与经济发展。因此,要注重运用各项社会保障服务推进人力资本的提升。

积极福利学家吉登斯说:"一个社会如果把老年人归入退休者群体,从而把他们同社会中的大多数隔离开来,那么它不是一个包容性的社会。"②在人口老龄化的时代背景下,老年人的人力资本价值更是不容忽视。世界卫生组织明确表明,应从生命规划、人力资源、社会资本、继续社会化等方面着手,向老年人提供各项服务,承认老年人是社会和发展的贡献者,提升老年人的健康和参与,促使老龄化与经济协调发展③。因此,弹性退休年龄、缴费式养老保险、健康老龄化、积极老龄化等成为积极社会保障的重要举措和理念。

(三)风险预防

传统社会保障政策被动地承受经济、社会发展的后果,将风险视为无法避免的消极因素。当人们遇到外部风险,如地震、泥石流等自然现象带来的人身性命或是财产危害时,国家为他们提供物质性补偿救济。随着风险日益人为化,顺应时代要求的积极社会保障认为应当主动面对风险,看到风险当中蕴藏的机会并加以管理。社会保障也不再局限于直接的现金补贴或是成本浩大的公益项目,从单纯的消费品转为可以带来巨大收益的投资产品。

在经济全球化、贸易自由化的背景下,企业为了应对激烈的市场竞争,开始采用更加灵活的员工雇佣方式,如派遣员工、约聘员工、特约员工、兼职人员和时薪人员等方式,甚至通过不断的并购、重组、裁员来降低自身成本、增强企业竞争力。在快速发展的信息和技术社会中,普遍的终身的就业较以往更加困难,人们时刻面临失业乃至贫困的风险,因

①　安东尼·哈尔,詹姆斯·梅志里.发展型社会政策[M].罗敏,等,译.北京:社会科学文献出版社,2006:2.
②　安东尼·吉登斯.第三条道路:社会民主主义的复兴[M].郑戈,译.北京:北京大学出版社,2000:125.
③　于咏昕.建构积极的中国老年社会福利服务政策:实践与困境[J].内蒙古师范大学学报(哲社汉文版),2013(5):87-90.

此劳动者需要接受高质量的终身教育或者培训，以使自身在市场上更具适应性和竞争力，防止个人失业和贫困，从源头上降低贫困风险。通过保障理念的转变，个人进入市场的能力、机会与主观能动性得以改善，公民的公共道德自然而然得到提升，福利依赖现象也可以从根本上得到缓解。

人口老龄化也带来了巨大的社会及经济风险。在世界人口老龄化快速发展进程中，全球慢性病发病率、致残率和死亡率剧增以及由此所造成的健康损害、生活质量低下和医疗耗资已成为世界各国面临的重大公共卫生问题，"健康老龄化"成为应对这一风险的重要举措。通过构建"医养结合"的养老保障体系、实施针对性的医疗卫生计划及素养提升计划、提倡养老准备、发展社区养老与老年心理健康咨询、加强老年宜居环境的建设，有利于改善老年人的身心互动状况，提高老年人健康水平，降低因病致贫的风险，减少社会保障支出。

此外，通过投资成本效益较高的社会计划（缴费式的社会保险计划、家庭计划、医疗卫生计划等）、建设公共服务设施、促进社会网络的生长，有利于实现对风险的"早期识别""重视预防"和"上游干预"，增强人们规避风险的能力，由此不但降低了风险的危害程度，甚至在某些时候还可以实现由风险到机遇的转变。

（四）多元主体

福利国家保障政策过度强调政府的作用，将自上而下的政府管制作为管理社会保障的主要工具，为公民构建了"从摇篮到坟墓"的福利网，网络式的福利贯穿一生且无所不包。这种模式在给个人带来了众多保障的同时大幅增加了国家的财政支出，使国家必须依靠提高税收来支撑保障，而税收的增加又抑制了人们工作的积极性。当依靠失业福利带来的经济收入甚至高于辛勤工作时，人们情愿依靠福利来生活，产生了"为了摆脱贫困而依赖贫困"的矛盾现象，容易产生"政府失灵"。理论界集中地批评了长期以来居于主导地位的主张国家干预的凯恩斯—贝弗里奇模式，社会福利支出作为形式上最明显、逻辑上最直接的原因被污名化，政府部门举办公共社会福利的模式受到了根本性冲击。人们开始注重政府、市场、社会的相互补充与相互配合。

在理论与实践的影响下，积极社会保障政策倡导政府权力下放和福利多元主义，以帮助解决市场失灵和政府失灵的问题。正如吉登斯所说："国家在经济生活中继续扮演着一个根本性的角色，寻求创造宏观经济的稳定性，它不能取代市场，也不能取代社会，但却需要对两者进行干预"[①]。因此，在社会保障事业建设中，政府需要坚持"有所为、有所不为"原则，在发挥自身宏观调控作用的同时也要重视发挥个人、家庭、企业单位、第三部门等政府之外的作用，与外部伙伴建立合作关系，共同担负起社会保障资金筹集与社会风险承担的责任。

在积极社会保障的责任主体中，以营利为目的的企业同样扮演着重要的角色。企业是国民经济的细胞，其生产和经营决定着我国社会经济活动的生机和活力。通过合理合法地为劳动者提供就业岗位、职业培训、进修机会等，企业不仅实现了自身的生存发展，客

---

① 安东尼·吉登斯.第三条道路：社会民主主义的复兴[M].郑戈，译.北京：北京大学出版社，2000：75.

观上也促进了社会人力资本的提高与劳动力市场的发展。实际上,在科技水平对经济发展的引领作用日益凸显的今天,人力资本已经成为衡量企业核心竞争力的重要指标,企业也愈加重视对人力资本的维护与发展。因此,国家仍然需要加强宏观调控,健全市场机制,在技术创新和税收方面给予企业支持①。

　　总之,积极社会保障通过调整国家、社会、个体之间的福利关系,实质上进一步调整了国家与个人之间的责权关系,在政府财政负担减轻的基础上仍能借助多元力量支持社会保障持续发展,各方主体的价值得到了充分认可与发挥,有利于增强公民个人责任感,激发企业和社会的活力,形成良好的社会保障与社会发展格局。

第二节　多支柱社会保障体系

一、多支柱社会保障体系概述

　　多支柱社会保障体系经历了由三支柱向五支柱转变的过程。

（一）三支柱养老保障体系

　　作为养老保障中的关键议题——养老金制度,国际货币基金组织曾为其设立三大主要目标:一是防止老无所养;二是拉平一生中消费支出的分布;三是保险功能,即为寿命特别长的人提供养老生活保障。伴随人口老龄化的加速,公共养老金支付危机不断加剧,世界各国的养老金体系都存在巨大的财务困难,养老金制度的这三大主要目标难以继续。关于如何处理这种困难,国际上通常有三种做法:从公共税收给予补贴;寻求增收节点;实行根本改革。以往发达国家由于政府财政实力相对雄厚,通常采用第一种方案,但随着时间的推移,越来越多的国家认识到只有进行根本性改革才能实现包括养老在内的社会保障体系可持续发展②。

　　在这种背景下,世界银行在 1994 年的题为《防止老龄危机,保护老年人及促进增长的政策》的报告中,提出了关于养老保险的三支柱模式③。

　　第一支柱:公共养老保险,由政府主导并强制执行,普及程度高。大部分国家采用现收现付的筹资模式,核心特征是通过代际转移筹资为老年人提供一定水平的长寿保险,属于社会保险范畴。

　　第二支柱:企业补充养老计划,是一种完全积累制的私人管理的养老金计划,可以强制执行也可以自愿实施。养老金的运营管理市场化,享有税收优惠。通过"以收定支"将养老金待遇水平与在职时缴费联系,不存在代际转移。

　　第三支柱:主要是个人储蓄性养老计划,为那些想在年老时得到更多收入及保险的

人提供额外保护。一般由商业保险公司办理,个人自愿投保,灵活性较高。政府给予税收
优惠,鼓励人们把钱存进养老金储蓄账户。

虽然关于养老保障政策的具体设计问题,世界银行与国际劳工组织持有不同的观点,
但在必须通过多支柱养老保障体系来谋求老年人收入稳定,应对可能的各种风险这一点
上,二者的认识是相同的[①]。经济合作与发展组织及国际货币基金组织也提出了类似的
三支柱模式,许多国家开始在实践中应用这一模式。学者们通过对这部分国家的研究发
现,由于机会成本、收入状况等原因,贫困群体并没能受惠于政府的养老金计划[②],导致养
老金保障体系覆盖率的下降[③]。同时,三支柱模式下仅工作稳定的劳动者才能得到较高
的养老金给付,就业不稳定的工人可能面临给付不足的问题,社会成员的收入差距再次扩
大[④]。此外,三支柱模式在理论层面同样受到了一些质疑。国际劳工组织指出三支柱使
养老金制度暴露在投资风险之中[⑤];布鲁克斯(Brooks)设计了人口老龄化的养老保障模
型,模拟结果表明未来养老基金市场运营利率将会下降[⑥]。

（二）五支柱养老保障体系

经过多年的争论,世界银行也开始反思"三支柱"模式的缺陷,认为需要深入探讨养老
金改革的策略选择[⑦]。约翰内斯(Johannes)指出,养老保险应该由包括国家、市场、成员
所在的单位和家庭在内的四个主要提供者供给,并且指出了多方联合供给的可行性[⑧]。
迈克尔(Michael)认为发展中国家不仅应该有强制性养老保险,还必须通过财政转移支付
来保护最贫困人群的老年生活[⑨]。因此,世界银行在 2005 年提出了"五支柱"的改革思
想,核心是在原有三支柱基础上,增加了零支柱和第四支柱[⑩]。

零支柱是非缴费型养老金计划,旨在消除老年贫困,为终身贫困者和没有资格领取正

---

① 高山宪之. 全球养老保障制度最新争论与改革动向[C]. 中国社科院经济研究所经济研究参考资料,2003(4):
56-67.

② HOLZMAN R,PACKARD T. World Bank Conference:New Ideas about Old Age Security,1999[C]. New
York:World Bank,1999.

③ JORGE H B. The Chilean Pension System:A Review of some Remaining Difficulties after 20 Years of Reform
[C]. International Seminar on Pensions. Tokyo:Hitotsubashi University,2001:69-81.

④ FABIO B. Social Protection in Latin America:The Challenges of Heterogeneity and Inequity [J].
International Social Security Review,2005,58(7):3-13.

⑤ BEATTIE W M. A Risk Strategy:Reflections on the World Bank Report Averting the Old Age Crisis [J].
International Social Security Review,1995,48(7):3-4.

⑥ BROOKS R. What will Happen to Financial Markets When the Baby Boomers Retire [J]. IMF Working,
2000,18(2):131-135.

⑦ 张熠."应对老龄化挑战:构建可持续发展养老金体系"国际培训班观点摘登[J]. 亚太财经与发展中心工作
简报,2007(8):8-11.

⑧ JOHANNES J. Social Security Systems in Low-Income Countries:Concepts,Constraints and the Need for
Cooperation [J]. International Social Security Review,2000,53(4):3-24.

⑨ MICHAEL S. Individual Accounts in Social Security:Can They be Progressive [J]. International Journal of
Social Welfare,2003,76(12):97-107.

⑩ 世界银行. 21 世纪的老年收入保障:养老金制度改革国际比较[M]. 北京:中国劳动社会保障出版社,2006:
10-12.

式养老金的退休者提供最低水平的保障。零支柱是任何完备的退休制度必不可少的一部分，应该是普惠型的国民养老金形式。第四支柱是指家庭内部对老年人的非正式支持，如家庭内转移支付及赡养、医疗和住房方面的服务等。

相较于三支柱，五支柱模式主要有如下变化：第一，进一步关注基本收入对弱势老年群体的保障作用，通过零支柱提高普惠程度，将社会保障扩大到所有老年人口；第二，认识到自愿性支柱能有效补充基本养老金，进一步满足养老保障需求。因此，在这一富有时代特色的养老模式出现后，许多国家开始改革本国养老金制度，实施各具特色的多支柱养老保障体系，如英国、瑞典、东欧国家及东亚国家。尽管"多支柱"模式最早是基于养老金支付问题提出的，但其中蕴含了在整个社会保障领域都可以广泛应用的保障理念。

1. 社会公平

社会公平是多支柱体系的原则，也是解决社会保障问题最重要的原则。零支柱和第一支柱的公共社会保险目标是解决对象人群的贫困问题，提供各种风险保障，着力提高普惠程度，尽量为所有公民提供最基本的保障，体现了社会公平原则。19世纪80年代，德意志帝国议会保险三法的颁布实施，使国家对民众生存状况的保障由社会救助发展到了社会保险，开启了社会保障制度化的历程，标志着人类历史上以社会保险为核心内容的现代社会保障制度由此产生[1]。直到今天，社会保障体系的改革也都离不开中央政府的主导。中央政府主要通过实施社会保险制度、社会救助制度来缩小社会成员间发展程度的差距，为不同民族、不同性别、不同地区、不同职业的公民提供最基本的生活保障，目的仍是最大限度地维护阶级范围内的公平性。

2. 经济效率

第二、第三支柱通过发挥市场机制在社会保障领域中的作用，尤其鼓励商业保险积极全面参与多支柱、多层次社会保障体系建设，能够发挥市场机制的效率优势，这不仅可以促进资本积累和金融市场的发展，由此带来的经济增长也使公共支柱的筹资更加容易，从而减少人们对第一支柱的依赖[2]。而且，多重支柱的方案能够较好地解决社会保障的资金来源、基金运用和效率问题[3]。

3. 责任共担

多支柱的社会保障体系强调五大支柱之间相互补充，倡导国家、企业、家庭和个体共同承担保障责任，由各支柱分别负责不同的保障项目与筹资方式，将社会公平与效率、政府与市场、社会保障责任和个人保障责任有机结合，减少了以往社会保障力量格局过于单一所面临的各种风险，有利于更加灵活完整地解决社会保障问题。

①　史伯年. 社会保障概论[M]. 北京：高等教育出版社，2004：24.
②　董克用，孙博. 从多层次到多支柱：养老保障体系改革再思考[J]. 公共管理学报，2011，8(1)：1-9.
③　《中国农村人身保险市场研究》课题组. 发挥商业保险优势，探索建立"多支柱的农村社会保障体系"
[EB/OL]. (2016-04-19)[2017-02-6]. http://bx.cass.cn/cbw/bxyjjfzlt/200604/t20060419_2154903.shtml.

二、多支柱模式理论基础

(一)公共产品理论

社会保障制度是一种公共产品,既可以由政府提供,也可以由市场提供。1954 年萨缪尔森首先讨论了市场机制无法有效解决具有外部性的公共产品的资源配置问题,并给出了政府供给的效率条件。此后人们普遍认为公共产品应该由政府提供。但是,政府供给也存在"政府失灵"的现象。因此,新自由主义经济学派的代表人物科斯(Coase)、林达尔(Lindahl)、纳什(John Forbes Nash)等经济学家从不同的角度重新审视市场提供公共品问题,相应给出了非政府供给的效率解。现代公共产品理论普遍认为,政府提供的公共产品应通过收入再分配促进社会公平,而非政府提供的公共产品能更好地增进制度供给效率即提高管理效率。因此,通过多支柱社会保障体系,既能促进公平,又能提高效率,促进社会保障资源这一公共产品的合理配置,增进个人福利和社会福利[1]。

(二)福利多元主义理论

通过多个部门供给福利是福利多元主义理论的核心观点,也正是多支柱社会保障体系的核心理念。福利多元主义理论在对社会保障制度的批判危机中应运而生,并为福利国家后改革时代的福利供给提供了良好的分析框架,在 20 世纪 80 年代成为社会政策研究新的理论范式[2]。1978 年,英国的沃尔芬德委员会在《沃尔芬德报告——志愿者组织的未来》(*The Future of Voluntary Organizations*)中主张把志愿组织也纳入社会福利提供者行列,将福利多元主义运用于英国社会政策的实践[3]。罗斯是开启福利多元主义研究的学者之一,他提出了社会总福利模型:TWS(社会总福利)＝ H(家庭提供的福利)＋ M(市场提供的福利)＋ S(国家提供的福利),也就是将社会总体福利看作由家庭、市场和国家三个截然不同的社会制度所提供的共同的、或补充或竞争的福利混合产物。因此说国家在社会福利供给中并非是具有极权地位的垄断者,财政福利与货币福利也并非福利供给的唯一内容,要真正地充分考虑这三个社会制度在福利供给方面的贡献[4],也就是要多元供给福利。

(三)合作治理理论

格里·斯托克(Gerry Stoker)指出在目前流行的各种治理概念中,治理意味着一系列来自政府,但又不限于政府的社会公共机构和行为者;在涉及集体行为的各个社会公

---

① 孙静.多支柱养老社会保障的责任分担机制研究[J].财政研究,2005(7):48-50.

② 彭华民,黄叶青.福利多元主义:福利提供从国家到多元部门的转型[J].南开学报(哲学社会科学版),2006(6):40-48.

③ WOLFENDEN J,TRUST I,TRUST C. The Future of Voluntary Organizations:report of the Wolfenden Committee [M]. London:Croom Helm,1978:9-14.

④ ROSE R. Common goals but different roles:The state's contribution to the welfare mix [C]// ROSE R, SHIRATORI R. The Welfare State:East and West. New York:Oxford University Press,1986:13-39.

共机构之间存在权力依赖；参与者最终将形成一个自主的网络[①]。可以说合作治理即为一种基于多中心协同的集体行动。这种集体行动要求政府弱化自身管制职能，将权力归于社会，将终极权威分散于社会，鼓励社会力量参与公共治理，从而打破自上而下的链条式资源分配方式，建立多中心、多向度的协同治理的网状模式。在多中心协同合作治理过程中，许多独立的要素能够相互调适，在一个一般的规则体系之内归置其相互之间的关系[②]，各多元主体依据集体行动规则行动，在追求自身合法利益的同时协作达成共同公共利益。因此，合作治理必将促进整个社会福利的增进，个体在此过程中也将获得越来越多的收益。

（四）新公共管理理论

新兴的公共管理范式为社会保障制度的"混合供给"提供了技术和管理上的支持[③]。从 20 世纪 80 年代开始，在世界公共部门内开展了突出市场价值、强调效率与效能的新公共管理运动。在这种背景下，公共部门管理理论与实践不断演进、创新，政府治理与社会保障制度走上了变革之路。而公共选择理论和新制度经济学理论等研究对公共管理的渗透和融合是社会保障走向多元参与的重要理论基础。

三、多支柱社会保障体系的制度优势

（一）现收现付制和完全积累制融合

在多支柱社会保障体系中，不再谋求将现收现付与完全积累融合在一个制度内，而是第一支柱采取现收现付制，通过全体劳动者互助共济，保障福利享受者的基本生活，体现现收现付制的社会再分配优势；第二支柱采取完全积累制，通过劳动者自我积累，提高生活水平，体现完全积累制的激励功能。同时，由于第一支柱和第二支柱完全分开，第一支柱由公共保险经办部门负责管理，第二支柱所有权归个人所有，由独立的基金机构负责运营管理，从而避免了个人账户空账运行，满足了完全积累制功能发挥的条件。

（二）满足不同群体的社会保障需求

在多支柱体系中，零支柱以低收入者和非正式就业者为目标群体，旨在防止贫困，能够弥补第一支柱和第二支柱对低收入群体覆盖不足的缺陷。第一支柱和第二支柱以正式就业者为主要目标，提供与职业相关联的社会保障。其中，第一支柱强调的是实现一定程度的收入再分配，第二支柱则是要使目标群体生活水平比单独第一支柱下的生活水平有所改善，第三支柱着眼于中高收入者更高水平的保障问题。因此，各个支柱共同构筑了不同水平的防范风险的社会安全网，满足了不同群体的社会保障需求。

---

① 格里·斯托克，华夏风. 作为理论的治理：五个论点[J]. 国际社会科学杂志（中文版），1999，01：19-30.
② 迈克尔·麦金尼斯. 多中心体制与地方公共经济[M]. 上海：三联书店，2000：95.
③ 格里·斯托克，华夏风. 作为理论的治理：五个论点[J]. 国际社会科学杂志（中文版），1999，01：19-30.

(三)优化以往体系

多支柱的社会保障体系并非是对以往体系的颠覆性重建,而是在已有基础上的推进和深化。因此,多支柱模式充分考虑了与现有模式的衔接和过渡。以养老保障为例,多支柱体系中的普惠制养老金和个人养老储蓄计划属于新建制度,对于现有养老保险体制没有结构性影响;第一支柱的基本养老金由目前基本养老保险的社会统筹部分转化而来,两者同样实施现收现付模式,因此,无须结构性调整,就能满足新制度的第一支柱的要求;第二支柱的职业年金计划由基本养老保险的个人账户部分与企业年金合并而来,而且考虑到现有的政策,职业年金中仅将个人账户部分规定为强制实施,企业年金部分仍然采取自愿模式。这样的体系架构尽量保持了与现有制度的衔接,尽可能多地保留了现有制度的基本经验,这能有效降低改革的阻力,实现两者顺利过渡,循序渐进推进平稳改革①。

四、我国多支柱养老模式的发展趋势

我国目前存在多支柱养老模式,社会保险和商业保险都是我国社会保障体系的重要组成部分。当前,我国人口众多,尤其是农村人口弱势群体数量巨大,各地区发展差异巨大,各级政府财力有限。受这些条件的限制,我国社会保障体系中的社会保险必然是广覆盖、保基本,用来满足国民的基本保障需求。事实证明,我国社会保险在覆盖民众基本保障需求方面颇有建树。

基本线上的保障属于更高层次的保障要求,应当通过商业保险等手段实现,商业保险也正在社会保障建设事业中发挥着越来越大的作用。近些年来,保险业积极参与国家社会保障体系建设,为城乡居民提供了养老、医疗、意外伤害、财产损失等多方面的保障。截至 2015 年年末,专业养老保险公司企业年金缴费 874.2 亿元,企业年金受托管理资产共计 4 168.8 亿元。2016 年全国保费收入 3.10 万亿元,同比增长 27.50%,增速创 2008 年以来新高。寿险业务实现原保险保费收入 17 442.22 亿元,其中健康险业务高速增长,实现原保险保费收入 4 042.50 亿元②。相对于社会保险,商业保险在长期激烈的竞争环境中形成了以下优势:①保险服务优势。保险业由一批熟悉保险市场特点的专业人才队伍构成,在投保、理赔、资金管理等一系列环节都能提供相对高效率和专业化的服务。②风险管理优势。保险业在长期的竞争中,注重在产品开发、成本控制、理赔和服务等方面采用多种科学方法进行风险管理,积累了大量的经验,在风险管理意识、经验、手段等方面具有优势。③资产运营优势。充分利用不同的金融产品,使公司保险资产增值是保险公司追求其自身价值最大化的一个必然选择,能够满足更高层次更多内容的人身保险需求③。

因此,在发挥政府自身统筹规划、制定政策、筹集资金和行政监管等职能的同时,更要

---

① 董克用,孙博.从多层次到多支柱:养老保障体系改革再思考[J].公共管理学报,2011,8(1):1-9.
② 李致鸿,杨崇.养老保险公司受托管理企业年金资产达 4169 亿[EB/OL].(2016-01-29)[2017-02-06].http://m.21jingji.com/article/20160129/herald/fbf931bb07da75126fc1ca2451b6d428.html.
③ 《中国农村人身保险市场研究》课题组.发挥商业保险优势,探索建立"多支柱的农村社会保障体系"[EB/OL].(2016-04-19)[2017-02-06].http://bx.cass.cn/cbw/bxyjjfzlt/200604/t20060419_2154903.shtml.

鼓励商业保险满足人们更高水平的保障需求,形成抗风险能力更强的多支柱的社会保障体系。

第三节　"互联网＋"社会保障

一、"互联网＋"社会保障的时代背景

在全球新一代科技革命和产业变革中,互联网技术不仅改变了人类的生产、生活方式,也在不断影响政府治理的理念和方式。2015 年 7 月 4 日国务院出台的《关于积极推进"互联网＋"行动的指导意见》无疑是对信息社会需求的积极回应。《互联网＋:跨界与融合》中将"互联网＋"定义为"构建互联网组织,创造性地使用互联网工具,以推动企业和产业进行更有效的商务活动"①。由此可以看出,互联网是技术工具和信息传输渠道,而"互联网＋"则是一种能力。不断深入认识和实现这种能力的价值,将会为社会各领域的发展提供新的契机。

在社会保障领域,政策制定与规划管理涉及人社、民政、财务等多个政府部门,资金筹集涉及政府、市场、社会,业务经办涉及多种机构和社会组织,服务对象几乎覆盖全体国民。在这样复杂的关系网络中,仅仅依靠政府自上而下的"科层制"是无法实现信息对称与高效管理的,人们必须重新寻求新的治理方式。社会保障的基本属性之一是"连接",即通过"连接"人员进行互助共享,以更好地应对现代社会各种可能的风险。而互联网的基本属性也是"连接",即通过连接现代社会中所有的信息、物资与人员,提高办事效率,实现许多以往不可能实现的事情。正是这种"连接"的内在属性,使社会保障事业与互联网具有很强的契合性,因此互联网技术天然地可以运用于社会保障事业的建设。随着产业结构调整与城市化的发展,社会成员就业、居住的流动性大大增强,对社会保障适应流动性提出了更高的要求,社会保障就更需要借助"互联网＋"来完善社会保障体系②,提升社会保障服务的效率化与精准化。

"互联网＋"社会保障的本质在于实现社会保障的信息化。关于这一点,国外学者的研究相对较早。早在 1960 年,麦卡锡就认为计算能力将来会成为一种共用产品被人们所普及,继而微软等行业巨头不断推动计算机、互联网的进步。谷歌于 2007 年提出"云计算"概念,再一次在数据急剧扩张的时代更新了计算技术。21 世纪初,霍姆斯(Holmes)在《电子政务》一书中提出"Web"在公共政策民主化、提升公共服务质量中起到了推动器的作用,推进了政府部门包括社会保障机构的信息化建设③。霍斯金斯(Hoskins)等在《21 世纪初的社会保障》一书中提出,对于社会保障机构而言,引进新信息技术的目的是降低自身运营成本并为被保人群提供高水平的服务④。在实践层面,传统社会保障服务

---

① 陈灿,曹磊,郭勤贵,黄璜.互联网＋:跨界与融合[M].北京:机械工业出版社,2015:1-2.
② 严新明,童星.互联网对社会保障的贯通和提升研究[J].中国行政管理,2016(11).
③ HOLMES D. Egov: E-Business Strategies for Government[M]. London: Nicholas Brealey Publishing,2001.
④ HOSKINS D D, DOBBERNACK D, KUPTSCH C. Social Security 21st. Century: Topical Issues & New Approaches[M]. New Jersey: Transaction Publishers,2001.

模式主要采取人力,面对庞大的数据资料,往往只能选择手工记录并以实物形式保存。随着时间的推移,需保存的资料日益浩繁,难以管理与调用,一旦丢失,更会造成不可补救的损失。从互联网诞生以来,其连接信息、人员、物资、服务等资源的范围不断扩张,功能不断拓展。"互联网+"社会保障成为新时期社会保障发展的重要趋势。

二、我国"互联网+"社会保障管理

我国幅员辽阔,社会网络各节点之间的信息共享在以往缺乏技术支持的条件下难度较大。从地域上说,社会保障各系统分片运作,统筹层次低,转移接续困难,异地就医操作麻烦等问题,存在碎片化的特点。从结构上说,社会保障特定资源的服务对象不够精准,配置不够合理,有很多需要被保障的群体存在被忽略的可能性。此外,早期社会保障建设缺乏信息技术的支撑,需要投入大量的人力、物力,无形中给社会保障的管理和运行增加了成本,因此,社会保障作为关乎民生的重大制度安排,有着重要的发展需求与潜力。而网络时代又为社保的转型发展提供了技术基础,"互联网+"社会保障的模式正大有可为。首先,"互联网+"社会保障可以增强信息共享能力、减少信息不对称,提高效率并降低成本。其次,"互联网+"社会保障将会使社会保障走向更高统筹层次,实现社会保障基金的规模效应,拓展社会保障基金的增值和升值空间,提高社会保障的保障能力[①]。因此,我国需要建成"互联网+"社会保障,通过互联网来实现社会保障资源的连接与信息的共享,促进社会保障的良好运行。

(一) 我国"互联网+"社会保障管理现状

我国关于社会保障信息化的研究始于 2000 年。由于社会保障信息化的研究处于多学科交叉点,所以国内学者一方面从计算机专业角度出发重点研究社会保障信息化平台构建,另一方面从社会保障专业出发重点研究如何利用信息化对社保信息进行统一管理[②]。

英国演化经济学家卡萝塔·佩蕾丝认为,每一次大的技术革命都形成了与其相适应的技术——经济范式。这个过程会经历两个阶段:第一阶段是新兴产业的兴起和新基础设施的广泛安装;第二阶段是各行各业应用的蓬勃发展和收获(每个阶段各 20～30 年)[③]。我国互联网第一阶段已经得到了快速的发展,基础网络的可及性和移动网络设备(如电脑、智能手机、智能手表等)的可得性都大大加强,这为我国进入互联网第二阶段奠定了良好的基础,亦为充分发挥互联网在社会保障中的作用奠定了良好的基础。

实践上,自 20 世纪 80 年代以来,我国的社会保障建设开始走向办公自动化和信息化,并产生了一些新的特点。社保工作人员可以利用现代网络技术管理庞杂的社保数据,

① 雷咸胜."互联网+"社会保障[EB/OL].(2015-07-08)[2017-02-15].http://www.clssn.com/html/node/131974-1.htm.

② 郜凯英,杨宜勇.中国互联网+社会保障信息系统构建——基于大数据挖掘视角[J].经济与管理研究,2016,37(5):83-89.

③ 高红冰.中国为什么会出现"互联网+"热潮[N].中国青年报,2015-04-13(2).

并及时向公众发布社保资源信息,实现由人工向自动化处理数据的转变。而参保人员也可以通过社保的网络平台进行个人业务申报、信息填写等各项工作,并随时查询个人的社保情况,社保服务的便民程度再一次提高。2002年年底开始启动的金保工程就是一个很好的例子。金保工程是利用先进的信息技术,以集中管理的数据中心为基础,以覆盖全国、联通城乡的信息网络为依托,支持人力资源与社会保障业务经办、公共服务、基金监管和宏观决策等核心应用的安全、高效且全国统一的人力资源和社会保障电子政务工程。该工程开展十多年以来,全国大多数地市人社部门都开通了网上服务,注册用户总数达到8 660万人,12333电话咨询实现地市级全覆盖。2015年,群众网上查询、办理业务总量达到8.94亿笔,12333群众来电总量达到9 028万次,向群众发送服务短信1.43亿条①。我国人社部于2016年11月发布了《“互联网＋人社”2020行动计划》,计划包括:为每个人构建“人社电子档案袋”;社保卡加载支付功能,支持各类缴费和待遇享受应用;参保缴费、职业培训、调解仲裁等事务都可以实现网上办理,变“群众跑腿”为“信息跑路”。由此可见,我国“互联网＋”社会保障的时代已经到来。

在方便群众办事的同时,人社部门汇集涵盖了各类人员全生命周期的大数据,社保管理机构和经办机构工作量激增,管理压力更加沉重。同时,我国互联网技术蓬勃发展。截至2015年1月,我国互联网用户超过6.49亿,其中手机网民规模达5.57亿,渗透率高达85.8%,远远高于全球58%的平均渗透率②。面对机遇与挑战并存的现实,探索如何加强互联网与社会保障的结合程度,利用互联网创新社会保障信息化管理,进一步发挥“畅通信息、贯通业务、整合资源、便利群众”③的效果显得尤为迫切。

(二)我国“互联网＋”社会保障中的问题

目前我国的“互联网＋”社会保障建设还存在社会保障信息化意识有限、社会保障数据存储难度较大、社会保障信息安全水平不足等现实问题。

1. 社会保障信息化意识有限

我国社会保障领域的很多项目没有通过互联网技术实现资源的整合,还停留在以往的分割状态。例如,许多地方仍然认为居家养老、社区养老、机构养老应当是相互独立、平行运作的养老服务模式。但在现代社会,单纯采取其中任何一种养老模式都存在无法忽视的弊端。机构养老使老年人的生活脱离家庭和社区,容易造成与社会的隔绝;居家养老增加了子女的负担;社区养老也存在资源有限的问题。因此,社会化养老服务应当形成以居家为基础、以社区为依托、以上门服务和社区日托为主要形式,并引入养老机构专业化服务的社会化养老模式,可称之为“社区居家养老”④。

① 人力资源社会保障部.打造“互联网＋人社” 助推政务服务升级[EB/OL].(2017-01-10)[2017-02-10]. http://www.gov.cn/zhengce/2017-01/10/content_5158478.htm.
② 马化腾,等.互联网＋:国家战略行动路线图[M].北京:中信出版社,2015:98.
③ 严新明,童星.互联网对社会保障的贯通和提升研究[J].中国行政管理,2016(11).
④ 童星.发展社区居家养老服务应对老龄化[J].探索与争鸣,2015(8).

2．社会保障数据存储难度较大

我国社会保障已实现了制度上覆盖全体国民的目标，参与五项基本社会保险的总人数迅速增加。2015 年参加五大险种的人数总共有 290 517 万（按险种计算，参加多种险种的人会被重复计算），较 2009 年增长了 56.63%。2009—2015 年，基本养老保险的参保人数增长了 264.47%，城镇基本医疗保险的参保人数增长了 69.34%，失业保险、工伤保险、生育保险分别增长了 36.26%、43.69% 和 63.38%。参保人数的迅速增多无疑给各地的数据库以及经办平台带来巨大的压力。新农保、新农合的覆盖产生庞大数据的处理困难问题、农民工重复参保或两边都无法参保的现象都与数据库建设不完善、相关技术不成熟，不能实现全国、全省联网共享有关①。

3．社会保障信息安全水平不足

社会保障信息记录了个人的生老病死及就业信息，在加载金融功能后，甚至记录了人们的消费与财产。而目前社会保障信息安全建设水平在基础设施、应用服务、规范标准、信息安全四大指标中最弱，系统入口复杂繁多、非专业人员操作错误、非法入侵等都可能造成信息泄露或损坏②。因此，为保证数据安全，需要建立一套较为完整的数据安全解决方案，对数据的处理及存储进行实时校验、事件记录和备份。

（三）我国"互联网＋"社会保障的发展策略

在大数据与云计算的新技术变革中，我国与发达国家间的差距并非很大。我国应该抓住机遇，厘清大数据时代带来的机遇与弊端，构建中国"互联网＋"社会保障信息系统。

1．完善社会保障信息系统建设

参保人数激增带来更加庞杂的数据，需要强大的技术平台去储存处理、分析预测，云计算就满足了这一要求。中国目前开发使用的社会保险管理信息系统核心平台三版主要包括业务管理与业务经办两大模块、参保关系与基金收支两条主线，较二版完善了相关业务在全国范围内的规范统一。但业务数量激增导致的各类数据的大量集聚对社会保障信息系统平台的存储和处理分析提出了更高的要求，采用云计算构建的社会保障信息平台与一般信息系统大体构成基本相同，分为三层，即基础设施层、信息平台层和应用服务层。与其他技术构建的信息系统比较，云计算构建出的三层架构最大的优势在于公共云与私有云的信息共享，以此达到信息资源利用最大化，实现社会保障管理信息化的科学可持续发展。

2．加强社会保障宏观决策支持

我国建设社会保障广覆盖的目标已基本实现，正朝着打破社保碎片化，推进城乡统

---

① 郜凯英,杨宜勇.中国互联网＋社会保障信息系统构建——基于大数据挖掘视角[J].经济与管理研究,2016,37(5)：83-89.
② 同上.

筹、企业职工与机关事业单位并轨,提高统筹层次的一体化的社会保障迈进。在社会保障广泛惠及人民的同时,相关数据激增,如何通过这些数据进一步为决策分析提供参考支持成为引发人们关注的问题。我国应当建立统一标准的社会保障信息化平台,收集数据并通过统一的数据库集中存储管理,借助各种分析研究模型与方法,对收集的海量数据进行加工提炼与分析预测,从而使决策更加科学高效,在推动社会保障制度顶层设计的同时不断发展其优势。

3. 完善社会保障信息安全措施

社会保障信息化建设覆盖面广,不仅连接各级社保部门,也连接医疗机构、药店和诸多自助服务终端,再加之将来社会保障卡的发展趋势是"卡证合一",即身份证和社会保障卡合二为一且加载金融功能,所以社会保障信息安全的风险极大,增强防控能力非常必要。社保系统按建设要求是与互联网物理隔离的,首先要考虑的是操作人员的身份认证、应用入口和各级数据库入口,要严格设置认证方式,以此增强操作人员的安全责任感,防止操作人员误操作、恶意篡改等行为造成数据损失。其次在数据存储方面,要按照人社部统一标准建设数据机房中心和数据库服务器以及完备的备份恢复系统,定期对备份数据进行恢复测试,保障数据的安全性和可恢复性[①]。

4. 建设社会保障网络人才队伍

社会保障信息化建设需要员工在熟悉社会保障各个险种业务的基础上掌握一定的信息技术。尤其对于管理层来说,更加需要运用数据进行分析决策,这就要求社会保障信息化管理人才队伍必须具备社会保障专业知识、数据分析能力、相关计算机操作技术与信息安全意识。因此不仅应对原有员工进行相关技术培训并考核,还要引进符合相关要求的人才。还可以推动高校和社会培训机构建设互联网技术复合型人才实训基地,开展互联网技术复合型人才专项培训,综合发力建立一支高素质、高技能的复合型专业人才队伍。同时,还应注意对社会保障高素质人才的利益保障,鼓励其长期服务于社会保障事业的发展。

5. 提高社会保障服务惠民程度

借助互联网的技术优势与资源优势,扩大社保覆盖范围,提升经办服务水平,可以通过发挥互联网高效便捷、精准定向的信息传播优势,引导参保对象根据家庭人员构成、健康状况、收入水平等,选择层次化的社会保障,拓宽社保覆盖面;推动开展基于互联网的权益记录查询、参保登记、缴费结算、待遇支付等服务,为群众提供便捷、精准的服务;改进医保结算机制,支持线上与线下结合的医疗服务;基于大数据分析应用,实现医疗服务监控和绩效评估,完善社保反欺诈机制,提升基金风险防控能力;拓展社保卡业务功能,增加持卡人的用户体验度等。此外,还应积极拓宽人社工作业务与互联网应用等方面的

---

① 邰凯英,杨宜勇.中国互联网+社会保障信息系统构建——基于大数据挖掘视角[J].经济与管理研究,2016,37(5):83-89.

创新,打造"互联网＋"劳动监察、"互联网＋"仲裁、"互联网＋"基金监督等,做好各项服务管理工作,促进各项权力合法运行,保障广大人民群众的基本权益,维护社会和谐稳定①。

总之,中国需要在目前的社会保障信息化建设基础上,运用云计算等现代化信息技术完善技术平台、加强宏观决策系统以及安全防护系统的建设,培养一支专业的社会保障复合型人才队伍,不断提高社会保障服务的便民程度,才能真正利用互联网提升社会保障服务整体水平,满足现代多样化的社会保障需求。

第四节　社会保障全球化

一、社会保障全球化的时代背景

现代社会保障制度产生于经济全国化的时代。在经济要素全国化流动条件下,国家通过社会保障制度在全国范围内对社会资源实行再分配②。而新的时代,经济由全国化走向全球化,社会保障的资源环境发生了重大变化。

首先,全球化促生了更开放的国际市场,引发了更加快速和全面的跨越国界的资本流动,进一步推动了劳动力的国际市场流动,带动了职业福利的全球化。在瞬息万变的国际市场上,传统权威组织影响资源流向的能力有所削弱。即使在它们各自的国家内,由于生产方式在信息时代的分散化、小型化和家庭化,电脑和网络正在取代人和人之间的直接接触,挑战着传统的社会动员方式③。这使得主权国家对内部事务的控制力较以往有所下降④,广泛的私有化改革受到推崇。

其次,在全球化的背景下,跨国公司成为国际贸易的决定性主体,跨国公司的贸易额已经占据全球贸易额的80%以上⑤,大约1/3的世界贸易成为公司内部贸易⑥。这样一来,跨国公司更易操纵内部交易商品的价格,使在高税收国家的子公司账面亏损,低税收国家或无公司税国家的子公司账面盈利,这样跨国公司减少了税收支出,相关国家则面临税收的损失。虽然一些国家采取罚款、严格的保证措施等防止跨国公司将盈利转移到他国以逃税,但这可能导致投资流向海外。例如,由于德国政府试图对居民利息征收代扣所得税,导致大量资金流向邻国卢森堡⑦。此外,随着政府逐步退出生产领域,私人部门承担了主要的生产活动。一国或地区不得不依靠私人资本作为经济发展的主动力,而资本又可在国际范围内自由流动。为了吸引外资,一些国家只能采用税收减免、补贴等方式,

① 杨光辉.关于"互联网＋社会保障"工作创新的建议[EB/OL].(2016-11-15)[2017-02-20].http://www.clssn.com/html1/report/17/2764-1.htm.
② 周弘.社会保障制度能否全球化[J].世界经济,2002(8):3-9.
③ 周弘.社会保障制度能否全球化[J].世界经济,2002(8):3-9.
④ 林菁.全球化与国家社会保障职能的变动——中国加入WTO对社会保障政策的双重影响[J].教学与研究,2011(11):14-21.
⑤ 杨瑞法,杨颢,于泓.跨国公司顺差链:世界贸易被严重伪装[EB/OL].(2005-04-30)[2017-01-20].http://finance.sina.com.cn/j/20050430/00331564186.shtml.
⑥ R.米什拉.社会政策与福利政策——全球化的视角[M].北京:中国劳动社会保障出版社,2007.
⑦ R.米什拉.社会政策与福利政策——全球化的视角[M].北京:中国劳动社会保障出版社,2007.

使得国家的税收流失①。因此,全球化时代是一个经济自由化和社会个体化的时代,在这两者的双重作用冲击下,社会福利的传统政治道德基础正在被瓦解②。但这并不代表国家将减少社会保障开支或放弃社会保障的职能,相反,在经济全球化的背景下,国家应当对社会保障给予更深刻的认识与重视。原因主要有以下几点:①经济全球化增强了国家乃至个体之间的经济相关性,世界上任何一个地方的经济变化都可能影响遥远国度里的人民,历史上的数次金融危机已经充分证明了这一点。彼此经济联系程度的强化也使经济不安定因素增加,个体在庞大的经济风险与复杂的市场形势面前显得尤为脆弱。由此,社会保障比以往任何时候都更为必要,人们对社会保障的需求空前加强。②社会精英阶层往往已经掌握较多的社会资源,在强调资源价值的全球化背景下有着更强的主导性,更容易不断获取新的社会资源。而本就缺乏资源的社会底层在其弱势地位的影响下更加难以保有资源,从而产生社会保障领域的"马太效应",对国家的社会保障提出了新的挑战。目前,在经济合作与发展组织国家中,有 $5\%\sim10\%$ 的居民是没有公民身份的"黑户"③,因而无法享受任何福利待遇。大批没有流入发达国家的流动人口是世界上最为脆弱的群体,他们所面临的不仅是收入的风险,还有生命安全问题,他们需要的是最基本的生活资料和生存条件,却不得不时刻面临瘟疫的肆虐、自然环境的恶劣以及一切资源要素的匮乏。社会保障在此刻也显得尤为重要。③根据社会契约学说,国家有责任和义务为在全球化中失利的人群提供更有效和规范的社会保障,因为社会保障的基本意义就在于为个人提供不受市场波动的基本生活保障。为了维护国家政权的合法性和维护社会稳定,国家必须扩大最基本社会保障项目的覆盖面,规范社会保障机制,通过协调社会利益促进公平,确保全球化中不具备任何资本优势的社会底层民众仍有可维系的、较稳定的基本生活保障④。④20 世纪 80 年代,跨国公司的主要行为方式还是接受驻在国的各项规章制度,尽快地融入当地社会⑤。20 世纪 90 年代以后,以世界贸易组织和国际劳工组织为代表的一些国际组织以其贸易公平原则和人权原则为由对一国社会福利和劳工标准执行的严格监督以及来自贸易交换方的压力,也成为迫使国家提高或至少维持国家社会保障标准的一个动力。

二、社会保障全球化的内容

　　全球化是无法阻挡的世界潮流,而这一背景下的社会保障需求不分国界地空前强化,依靠单个国家的力量已无法满足人民的社会保障需求。因此,采取跨国行动,实施社会保障问题的全球治理已成为时代的必然要求。实际上,社会保障政策的全球治理已露端倪,

---

① 李俊. 从国家社会保障走向社会保障全球治理的制度分析[J]. 商业经济研究,2011(12):97-99.
② GILPIN R. The Political Economy of International Relations[M]. Princeton:Princeton University Press,1987.
③ 周弘. 社会保障制度能否全球化[J]. 世界经济,2002(8):3-9.
④ 林菁. 全球化与国家社会保障职能的变动——中国加入 WTO 对社会保障政策的双重影响[J]. 教学与研究,2011(11):14-21.
⑤ GILPIN R. The Political Economy of International Relations[M]. Princeton:Princeton University Press,1987.

世界正举步维艰地朝着实现统一的全球社会政策目标迈进①。

为了实现社会保障的全球化，在全球范围内开展社会保障管理与服务显得尤为重要，这就需要在全球化的责任引导下，由相应的全球化组织推动全球化福利标准的践行。

（一）全球化社会责任

著名社会政策专家迪肯（Decon）提倡从政治高度关注"全球社会责任"，而且必须从目前的自由主义全球政治向对社会负责任的全球政治转变。要实现这种转变，应按照下列思路和实际步骤进行政策调整：①从保障人权到保障社会权利，从提出宣言到具体实施；②让国际发展合作朝着制定目标或监控进度方向发展；③逐步保证全球最低劳工标准、社会和健康标准的实施；④逐步建立对社会负责任的投资和商务方面的操作规程；⑤出台适用全球经济部门的全球社会政策管理条例；⑥逐步扩大实施社会标准的地区范围②。

在世界银行和国际发展共同体内部及其周围的思想理论界，有一群占主导地位的精英们赞成下列意见：①全球宏观经济管理需要关注全球化的社会后果；②全球公民渴求的一系列社会权利和赋权（通过让工作者更多地参与控制他们工作的决策权）能够跟上时代的发展；③国际发展合作主要集中在帮助各国满足人们基本的社会需要上；④加速债务减免，以便有更多的资金用于消除贫困；⑤贸易全球化需要制定全球劳工和社会标准；⑥要实现对社会负责任的发展，表现出色的政府是必不可少的基本条件③。

（二）全球化治理主张

20 世纪 90 年代以来，全球性的治理运动主张用治理替代统治，因为无论是市场还是政府在配置资源时都存在失灵的可能，治理可以对二者的失灵现象有所弥补。而良好的治理——善治（good governance）就是使公共利益最大化的社会管理过程。善治的本质特征在于它是政府与公民对公共生活的合作管理，是政府、市场、社会的一种新型关系。在现实生活中，具体表现为政府与各种形式的非政府组织（NGO）、志愿团体、协会、企业等主体的合作。基于这样的理念，在全球社会保障改革的热潮中出现了诸多新的策略与方案，如去机构化（deinstitutionalization）、去科层化（debureaucratization）、市场化（marketization）、商品化（commercialization）、契约外包（contracting out）及民营化（privatization）和社区化（communitization）等方案④。这些主张都强调应当充分调动市场和社会的力量来实施各项社会保障，而不是将政府作为责任的唯一承担者。由此形成的"福利多样化"和"福利社区化"的两大改革取向获得广泛支持。从这个意义上讲，在全球范围内的治理运动有助于我们深化对社会保障制度的宗旨、目标、手段和途径等的认识，

---

① 黄匡时. 社会保障的全球化困境及其治理[J]. 新视野，2009（1）：86-88.

② DEACON B. Socially Responsible Globalization：The Challenge for Social Security[M]// ISSA. Social Security in the Global Village. New Brunswick：Routledge，2002.

③ 林闽钢. 走向全球化中国社会保障制度改革[M]. 北京：中国商业出版社，2001：1-10.

④ 林闽钢. 走向全球化中国社会保障制度改革[M]. 北京：中国商业出版社，2001：1-10.

在更深层次上促进社会保障制度全球性的发展[①]。

(三) 全球社会管理服务组织

目前,与社会福利政策有关的全球社会管理组织主要是政府间组织,基本可以分为经济政策管理类组织和社会政策管理类组织。以经济政策管理为重点的全球组织,如国际货币基金组织、世界银行、经济合作与发展组织和世界贸易组织等,不仅通过制定经济全球化规则对全球社会保障政策施加影响,而且通过对发展中国家经济活动进行监控、发放贷款和安排金融援助对其社会福利政策施加影响。社会政策管理类组织主要是联合国及其附属机构,这类国际组织主要从人权的立场参与制定跨国社会福利政策,提升劳工权利,促进社会福利。例如,联合国 1996 年采用的《经济、社会和文化权利国际公约》包含一系列广泛的权利,如"工作权利、维持基本生活水平的权利、获得包括社会保险在内的社会保障的权利以及得到公正、良好的工作环境的权利等",其中每一种权利都有充分详细的论述[②]。20 世纪 90 年代初,有 100 多个国家批准了这个公约[③]。国际劳工组织关心的是保护工人权利并改善他们的工作条件,主权国家在加入组织协定后就有了法定义务,并需要定期就义务履行情况向国际劳工组织进行汇报。此外,一些区域性政府组织如欧盟参与了跨国社会福利和劳工问题的管理与协调。

在参与全球社会服务方面,国际红十字会、全球治理委员会、牛津饥荒救济委员会等国际非政府组织,广泛参与了国际社会领域的福利服务。目前,有数百个志愿者援助组织在全球范围内开展活动,它们从政府、国际组织、企业和个人那里募集资金,然后通过各种渠道进行转移分配,用以提供人道主义援助、开展扶贫助学及其他国际性紧急援助活动。尤其是 20 世纪 90 年代以来,发展中国家从事管理与发展的非政府组织相当活跃。据估计,20 世纪 80 年代初发展中国家的非政府组织所服务的人约有 1 亿,其中 6 000 万在亚洲,2 500 万在拉丁美洲,1 200 万在非洲。而据联合国开发计划署在 1993 年的《人文发展报告》中估计,20 世纪 90 年代初发展中国家非政府机构服务的对象已达到 2.5 亿人。

(四) 基本社会福利标准

只要各国在关于社会福利标准和工作条件方面未能协调一致,那么相互之间的经济竞争就是一种扭曲的竞争[④]。在扭曲竞争中,社会倾销(social dumping)是一种常用的手段。社会倾销也称作福利倾销,或劳动力倾销,是指国家通过降低社会福利和就业保护水平增长幅度或防止该水平上升等手段,降低劳动力成本,从而提高本国经济竞争优势。在激烈的市场经济竞争面前,一些国家可能会提高对经济效率的关注度,将精力更多地投入经济增长点上,从而采取社会倾销行为。因此,首先需要在世界范围内建立一套被广泛认

---

① 曹永森. 全球化视野下的中国社会保障制度的改革与选择[J]. 行政论坛,2005(2):82-86.

② BUERGENTHAL T. International Human Rights in a Nutshell [M]. Rochester, NJ: Social Science Electronic Publishing,2002.

③ BILDER B. An Overview of International Human Rights Law[M]. Rochester, NJ: Social Science Electronic Publishing,2010.

④ 罗兰德·斯哥. 地球村的社会保障[M]. 北京:中国劳动社会保障出版社,2004.

可的社会福利标准,要求任何国家都不能实行社会倾销政策。其次,可提供一个与经济标准相联系的自动上升的社会福利标准。当社会在经济上有了发展之后,生活在这一社会的民众的福利标准也应当相应上升。此外,还可以限制发达工业化国家社会福利标准的下滑,减少社会福利"竞争性节俭"现象的出现。

更为重要的是,这套基本的社会福利标准是切实可行的。在工业化发展较为成熟的国家,公众对保留及发展社会保障事业存在广泛的共识,因此达成这样一个社会福利宪章应该不会太难。至于不发达国家,建立一个与经济发展水平和国家能力基础相适应的劳工权利和最低标准也是有可能实现的①。例如,1952年国际劳工组织通过了《社会保障最低标准公约》(102号),在各国实践中得以印证。

三、社会保障全球化行动与我国发展

联合国及其附属机构继续为全球讨论社会福利和人道主义问题提供论坛,并不断推动贫穷、社会保障和社会公正等问题受到世界的关注。近年来,已有一些为一系列问题而举办的特别会议或首脑峰会,如儿童(1990)、发展(1992)、人口(1994)、社会发展(1995)和妇女(1996)等问题。在对这些问题进行充分讨论之后,联合国提出了全球性行动的建议。国际劳工组织和国际人权联合会等国际组织也通过各自的职能发挥,在跨国制定并落实劳工权利和社会权利等方面取得了一些成绩。例如,国际劳工组织对北美自由贸易区协定的抗议促成了一项对所有成员国的承诺,即全力执行既存的劳工立法②。

总的来说,社会保障政策的全球化行动已经得到迅速发展,不仅为社会保障的全球治理提供了良好的前提,而且正在实际影响着诸多国家的社会保障政策。首先是形成全球管理并推动现存国际政府间组织改革的运动已缓慢地聚集力量③④,人们开始认识到需要使国际政府间组织变得更有代表性、更民主、更可靠、更有效,这样他们采取的国际协调才具有相对稳定性和持续性。其次是在经济领域和非经济领域的国际政府组织之间形成决策分裂,几乎没有协调,这种状况令人不满且需要改革,诸如世界银行甚至国际货币基金组织等机构开始认识到"社会福利"层面在发展中的重要性⑤。最后,全球公民社会由广泛的非政府组织、教派和社会运动组成,它们正积极参与环境、发展和社会公正等全球问题⑥⑦。

我国改革开放四十余年,加入WTO已有十余年,日益开放的对外经济对国家社会保障政策产生了毋庸置疑的影响。正如中国发展研究基金会秘书长卢迈先生所说的那样,

---

① 黄匡时.社会保障的全球化困境及其治理[J].新视野,2009(1):86-88.

② R.米什拉.社会政策与福利政策——全球化的视角[M].北京:中国劳动社会保障出版社,2007.

③ Our Global Neighborhood: The Report of the Commission on Global Governance[M]. Oxford: Oxford University Press,1995.

④ DECON B. Global Social Policy[M]. London: Sage,1997:89,205-209.

⑤ DECON B. Global Social Policy[M]. London: Sage,1997:64,68-70.

⑥ DECON B. Global Social Policy[M]. London: Sage,1997:211-213.

⑦ Our Global Neighborhood: The Report of the Commission on Global Governance[M]. Oxford: Oxford University Press,1995:235-260.

中国目前对社会保障项目的指导思想是坚持以市场为导向，以市场调节为基础而不是取代市场的功能，个人、家庭、社区和企业的责任仍是基础性的，政府政策仅是在此之上提供补充性的保障[①]。

面对社会保障全球化，中国应当在立足国情的基础上进一步做出响应。第一，要认清全球化对我国社会保障的冲击，意识到缺乏贸易管制的全球化对我国社会保障制度的负面影响，循序渐进地融入全球化。第二，要充分意识到社会保障政策的经济和社会发展功能，促进积极社会保障政策的实施。第三，在社会保障政策选择上要坚持公平原则，更关注弱势群体的社会保障[②]。第四，推动社会保障的多支柱化，建立较为完善的社会风险共担机制。第五，不断增强"互联网＋"社会保障的能力，提高社会保障的综合发展水平。第六，作为经济全球化的重要参与力量，中国政府应积极参与社会保障的全球化治理，加强国际合作，鼓励其他发展中国家承担各自的责任与义务。

总之，全球化给我国社会保障制度改革带来难题的同时也提供了契机，我国政府应在顺应全球化趋势的前提下，在公平和风险共担的原则下循序渐进，发展更加积极的社会保障政策，平衡并兼顾世界市场与本国经济、全球化与本地化、经济发展与社会保障、资本收益与劳动者权益间的关系[③]。

本章小结

本章主要介绍了积极社会保障政策、多支柱社会保障体系、"互联网＋"社会保障、全球化社会保障等的发展趋势。

自测题

一、判断题

1. 积极社会保障强调"权责统一"原则。　　　　　　　　　　　　　（　　）
2. "多支柱"模式最早提出是基于养老金支付问题。　　　　　　　　（　　）
3. 经济全球化背景下国家将减少社会保障开支。　　　　　　　　　（　　）

二、单项选择题

1. 积极社会保障的特征不包括（　　）。
   A. 重视人力资本　　　　　　　　　B. 强调风险预防
   C. 鼓励主体多元　　　　　　　　　D. 注重控制成本
2. 多支柱模式的理论基础不包括（　　）。

---

① 卢迈.重构中国福利体系[J].财经,2008(6)：32.
② 黄匡时.社会保障的全球化困境及其治理[J].新视野,2009(1)：86-88.
③ 童星.全球化视野下的社会保障制度改革[J].电子科技大学学报(社会科学版),2013(2)：1-4.

A. 公共产品理论　　　　　　　　　B. 新公共管理理论

C. 社会契约理论　　　　　　　　　D. 福利多元主义理论

三、多项选择题

1. 社会保障发展趋势包括（　　　）。

　　A. 积极社会保障　　　　　　　　B. 多支柱社会保障

　　C. "互联网＋"社会保障　　　　　D. 全球化社会保障

2. 养老保险的三支柱模式包括（　　　）。

　　A. 公共养老保险　　　　　　　　B. 非缴费型养老金计划

　　C. 企业补充养老计划　　　　　　D. 个人储蓄性养老计划

3. 多支柱社会保障体系的制度优势包括（　　　）。

　　A. 实现现收现付制和完全积累制的融合

　　B. 功能清晰，满足不同群体的社会保障需求

　　C. 对以往体系的优化和改善

　　D. 主体比较单一

4. 推进我国"互联网＋"社会保障事业的策略包括（　　　）。

　　A. 完善社会保障信息系统建设

　　B. 加强社会保障宏观决策支持

　　C. 完善社会保障信息安全措施

　　D. 建设社会保障网络人才队伍

案例

参 考 文 献

[1] 安东尼·吉登斯.超越左与右——激进政治的未来[M].李慧斌,杨雪东,译.北京:社会科学文献出版社,2000.

[2] 安东尼·哈尔,詹姆斯·梅志里.发展型社会政策[M].罗敏,等,译.北京:社会科学文献出版社,2006.

[3] 安东尼·吉登斯.第三条道路:社会民主主义的复兴[M].郑戈,译.北京:北京大学出版社,2000.

[4] 安东尼·吉登斯.失控的世界:全球化如何重塑我们的生活[M].周红云,译.南昌:江西人民出版社,2001.

[5] 阿玛蒂亚森.以自由看待发展[M].北京:中国人民大学出版社,2002.

[6] 埃斯平·安德森.福利资本主义的三个世界[M].北京:商务印书馆,2010.

[7] 巴巴利特.公民资格[M].台北:台湾桂冠图书公司,1991.

[8] 贝弗里奇.贝弗里奇报告——社会保险和相关服务[M].北京:中国劳动社会保障出版社,2008.

[9] 彼得·欧伯恩德,等.卫生经济学与卫生政策[M].钟诚,译.太原:山西经济出版社,2007.

[10] BUERGENTHAL T. International Human Rights in a Nutshell[M]. Rochester, NY: Social Science Electronic Publishing,2002.

[11] 仇雨临.医疗保险[M].北京:中国劳动社会保障出版社,2008.

[12] 仇雨临,孙树菡.医疗保险[M].北京:中国人民大学出版社,2001.

[13] 仇雨临.员工福利管理:第2版[M].上海:复旦大学出版社,2010.

[14] 曹信邦.中国失能老人长期护理保险制度研究:基于财务均衡的视角[M].北京:社会科学文献出版社,2016.

[15] 陈灿,曹磊,郭勤贵,黄璜.互联网＋:跨界与融合[M].北京:机械工业出版社,2015.

[16] 陈红霞.社会福利思想[M].北京:社会科学文献出版社,2002.

[17] 陈银娥,潘胜文.社会福利[M].北京:中国人民大学出版社,2004.

[18] 陈良瑾.社会救助与社会福利[M].北京:中国劳动社会保障出版社,2005.

[19] 丁建定,魏科科.社会福利思想[M].武汉:华中科技大学出版社,2005.

[20] 丁建定.社会福利思想[M].武汉:华中科技大学出版社,2005.

[21] 丁建定.社会保障概论[M].上海:华东师范大学出版社,2005.

[22] 蒂特马斯.社会政策十讲[M].江绍康,译.长春:吉林出版集团有限责任公司,2011.

[23] 邓伟志,李一.中国社区建设的实践与探索[M].杭州:浙江教育出版社,2009.

[24] DECON B. Global Social Policy[M]. London:Sage,1997.

[25] DEACON B. Socially Responsible Globalization: The Challenge for Social Security[R]. New Brunswick: International Social Security Association,2002.

[26] 傅华,叶葶葶.临床预防服务[M].上海:复旦大学出版社,2004.

[27] GLADSTONE F J. Voluntary Action in a Changing World, National Council of Social Service Policy Planning Unit[M]. London: Bedford Square Press,1979.

[28] 郭士征.社会保障学[M].上海:上海财经大学出版社,2004.

[29] 国际劳工局社会保障司.社会保障导论[R].日内瓦,1989.

[30] 高山宪之.全球养老保障制度最新争论与改革动向[C].中国社科院经济研究所经济研究参考资料,2003.

[31] GOODMAN R,PENG I. The East Asian Welfare States: Peripatetic Learning,Adaptive Change,

and National Building[M]// ESPING A G. Welfare States in Transition：National Adaptations in Global Economics. London：Sage,1996.

[32] GILPIN R. The Political Economy of International Relations[M]. Princeton：Princeton University Press,1987.

[33] 胡勇.农村社会保障体系研究[M].北京：中国农业出版社,2009.

[34] HOLZMAN R，PACKARD T. World Bank Conference：New Ideas about Old Age Security, 1999[C]. New York：World Bank,1999.

[35] HOLMES D. Egov：E-Business Strategies for Government [M]. London：Nicholas Brealey Publishing,2001.

[36] HOSKINS D D,DOBBERNACK D,KUPTSCH C. Social Security 21st. Century：Topical Issues & New Approaches[M]. New Jersey：Transaction Publishers,2001.

[37] 贾俊玲.劳动法和社会保障法：第 2 版[M].北京：中国劳动社会保障出版社,2012.

[38] JORGE H B. The Chilean Pension System：A Review of some Remaining Difficulties after 20 Years of Reform[C]. International Seminar on Pensions. Tokyo：Hitotsubashi University,2001.

[39] JONES C. The Pacific Challenge：Confucian Welfare States[M]// JONES C. Perspectives on the Welfare State in Europe. London and New York：Routledge,1993.

[40] 科林·吉列恩,等. 全球养老保障——改革与发展[M]. 北京：中国劳动社会保障出版社,2002.

[41] 李秉勤.欧美福利制度挑战、改革与约束[M].北京：中国社会出版社,2011.

[42] 刘昌平.可持续发展的中国城镇基本养老保险制度研究[M].北京：中国社会科学出版社,2010.

[43] 卢梭.社会契约论[M]. 何兆武,译.北京：商务印书馆,2003.

[44] 林义.社会保险制度分析引论[M].成都：西南财经大学出版社,1997.

[45] 林义.社会保险[M].北京：中国金融出版社,1998.

[46] 梁琴,钟德涛.中外政党制度比较[M].北京：商务印书馆,2000.

[47] 李珍.社会保障理论[M].北京：中国劳动社会保障出版社,2007.

[48] 李珍.社会保障概论：第 2 版[M].北京：中国劳动社会保障出版社,2007.

[49] 罗尔斯.正义论[M].北京：中国社会科学出版社,2009.

[50] 林闽钢,鲁全,童文莹.现代社会保障通论[M].北京.中国社会科学出版社,2014.

[51] 林闽钢.走向全球化的中国社会保障制度改革[M].北京：中国商业出版社,2001.

[52] 黎建飞.社会保障法：第 5 版[M].北京：中国人民大学出版社,2015.

[53] 林嘉 .劳动法和社会保障法：第 4 版[M].北京：中国人民大学出版社,2016.

[54] 罗云力.西方国家的一种新治理方式[M].重庆：重庆出版社,2003.

[55] 梁万年.社区卫生服务管理[M].北京：人民卫生出版社,2001.

[56] 罗兰德·斯哥.地球村的社会保障[M].北京：中国劳动社会保障出版社,2004.

[57] 林艳.发达国家和地区老年人 LTC 发展历程及中国之借鉴[C].全国老年照护服务高峰论坛论文集,2010.

[58] 迈克尔·麦金尼斯.多中心体制与地方公共经济[M].上海：三联书店,2000.

[59] 马化腾,等.互联网＋：国家战略行动路线图[M].北京：中信出版社,2015.

[60] 尼古拉斯·巴尔,大卫·怀恩斯.福利经济学前沿问题[M].北京：中国税务出版社,2000.

[61] Our Global Neighborhood. The Report of the Commission on Global Governance[M]. Oxford：Oxford University Press,1995.

[62] 齐海鹏.社会保障教程[M].大连：东北财经大学出版社,2006.

[63] 任正臣.社会保险[M].北京：社会科学文献出版社,2001.

[64] R. 米什拉.社会政策与福利政策——全球化的视角[M].北京：中国劳动社会保障出版社,2007.

[65] R. 米什拉.资本主义社会的福利国家[M].郑秉文,译.北京：中国劳动社会保障出版社,2004.

[66]　ROSE R. Common goals but different roles：The state's contribution to the welfare mix［C］//ROSE R，SHIRATORI R. The welfare state：East and West（13～39）. New York：Oxford University Press，1986.

[67]　孙光德.社会保障概论［M］.北京：中国人民大学出版社，2005.

[68]　孙洁.英国的政党政治与福利制度［M］.北京：商务印书馆，2008.

[69]　塞缪尔·亨廷顿.变化社会中的政治秩序［M］.上海：上海人民出版社，2008.

[70]　宋明岷.社会保障基金管理：理论实践与案例［M］.上海：复旦大学出版社，2012

[71]　孙光德，董克用.社会保障概论［M］.北京：中国人民大学出版社，2004.

[72]　沙依仁.社会科学是什么［M］.北京：世界图书出版社，2006.

[73]　世界银行.防止老龄危机［M］.北京：中国财政经济出版社，1996.

[74]　世界银行.21世纪的老年收入保障：养老金制度改革国际比较［M］.北京：中国劳动社会保障出版社，2006.

[75]　史伯年.社会保障概论［M］.北京：高等教育出版社，2004.

[76]　孙光德.董克用.社会保障概论：第4版［M］.北京：中国人民大学出版社，2012.

[77]　SPRADLEY B W，ALLENDER J A. Community health nursing：Concepts and practice［M］. 4th ed. Philadelphia：Lippincott，1996.

[78]　童星.社会保障理论与制度［M］.南京：江苏教育出版社，2008.

[79]　童星，等.社会保障国际比较［M］.北京：科学出版社，2011.

[80]　唐钧.市场经济与社会保障［M］.哈尔滨：黑龙江人民出版社，1995.

[81]　王小万，刘保平.卫生保健经济学［M］.北京：国防科技大学出版社，1998.

[82]　威廉·科克汉姆.医学社会学：第7版［M］.杨辉，等，译.北京：华夏出版社，2000.

[83]　武新，刘华锋.社会保障概论［M］.北京：中国劳动社会保障出版社，2007.

[84]　王延中.中国老年保障体系研究［M］.北京：经济管理出版社，2014.

[85]　李未柠，王晶.互联网＋医疗——重构医疗生态［M］.北京：中信出版社，2016.

[86]　李继坪.社区护理［M］.北京：人民卫生出版社，2000.

[87]　吴鸣.大国策：通向大国之路的中国社会保障发展战略［M］.北京：华文出版社，2009.

[88]　王学东，陈林.九十年代西欧社会民主主义的变革［M］.北京：中央编译出版社，1999.

[89]　WALKER A，WONG C K. East Asian Welfare Regimes in Transition：From Confucianism to Globalisation［M］. Bristol：The Policy Press，2005.

[90]　WOLFENDEN J，TRUST I，TRUST C. The Future of Voluntary Organizations：report of the Wolfenden Committee［M］. London：Croom Helm，1978.

[91]　许琳.社会保障学［M］.北京：清华大学出版社，北京交通大学出版社，2005.

[92]　许琳.社会保障学：第2版［M］.北京：清华大学出版社，2012.

[93]　萧伯纳.费边论丛［M］.上海：三联书店，1958.

[94]　伊·勒·伍德沃德.英国简史［M］.上海：上海外语教育出版社，1990.

[95]　杨燕绥.社会保障管理［M］.北京：人民出版社，2015.

[96]　杨燕绥.社会保障法［M］.北京：人民出版社，2012.

[97]　杨燕绥，阎中兴.政府与社会保障——关于政府社会保障责任的思考［M］.北京：中国劳动社会保障出版社，2007.

[98]　杨翠迎.社会保障学［M］.上海：复旦大学出版社，2015.

[99]　郑功成.社会保障学［M］.北京：中国劳动社会保障出版社，2005.

[100]　郑功成.社会保障概论［M］.上海：复旦大学出版社，2005.

[101]　郑功成.社会保障学——理念、制度、实践与思辨［M］.北京：商务印书馆，2008.

[102]　郑功成.中国社会保障改革与发展战略（养老保险卷）［M］.北京：人民出版社，2011.

[103] 郑功成. 中国社会保障发展报告·2016[M]. 北京：人民出版社,2016.

[104] 翟绍果,王佩. 社会保障科学发展的文化阐释[C]//第三届中国社会保障论坛论文集. 北京：中国劳动社会保障出版社,2008.

[105] 周绿林. 医疗保险学[M]. 北京：人民卫生出版社,2003.

[106] 张肖敏. 医疗保险基本理论与实践[M]. 香港：世界医药出版社,1999.

[107] 张民省. 社会保障学[M]. 太原：山西人民出版社,2009.

[108] 张世鹏,殷叙彝. 全球化时代的资本主义[M]. 北京：中央编译出版社,1998.

[109] 钟仁耀. 社会救助与社会福利[M]. 上海：上海财经大学出版社,2013.

[110] 张秀兰,徐月宾. 发展型社会政策及其对我们的启示[C]//杨团,张秀兰. 当代社会政策研究：“第二届社会政策国际论坛”文集. 北京：中国劳动社会保障出版社,2006.

[111] 鲍闯. 论中国特色退役军官安置制度建设的成就、困难与对策[J]. 经济与社会发展,2015(4).

[112] 白维军,童星. 论我国社会保障服务的理念更新与体系构建[J]. 中州学刊,2014(5).

[113] BRIGGS A. The Welfare State in Historical Perspective[J]. European Journal of Sociology,1961(2).

[114] BILDER B. An Overview of International Human Rights Law[J]. Social Science Electronic Publishing,2010(1).

[115] BEATTIE W M. A Risk Strategy：Reflections on the World Bank Report Averting the Old SENA. Why Health Equity? [J]. Health Economics,2002(8).

[116] 陈利群. Orem 自理理论在构建多层次老年护理服务体系中的应用[J]. 现代护理,2007(3).

[117] 曹永森. 全球化视野下的中国社会保障制度的改革与选择[J]. 行政论坛,2005(2).

[118] 陈景庆. 国家干预主义与经济自由主义：理论、实践及影响[J]. 辽宁行政学院学报,2011(3).

[119] 陈友华. 居家养老及其相关的几个问题[J]. 人口学刊,2012(4).

[120] 曹原. 国家医疗管理服务指导中心成立[J]. 中国医院院长,2015(4).

[121] 仇雨临,周雯. 发展社区医疗服务是完善基本医疗保险制度的必然选择[J]. 中国社会保障,2006(11).

[122] 陈莉,李东福. 日本中小企业创业支持机制研究[J]. 现代日本经济,2009(6).

[123] 陈雷. 中国机构养老服务从补缺型迈向民享型与发展转变[J]. 现代经济探讨,2016(1).

[124] 陈文,吴凡,应晓华. 社区基本预防服务的成本测算[J]. 中国卫生经济,2003(1).

[125] 蔡莉,单标安. 中国情境下的创业研究：回顾与展望[J]. 管理世界,2013(12).

[126] 崔祥民,梅强. 产业集群内创业者社会资本、信任与创业融资[J]. 软科学,2010(11).

[127] 陈学诗. 心理卫生应与社区精神卫生相结合[J]. 上海精神医学,2002(3).

[128] 陈蕾,杨凤翔,冯晓敏,等. 老年社区护理服务模式研究进展[J]. 护理研究,2014(8).

[129] 程楠. 2016 中国长期护理调研报告[J]. 中国社会组织,2017(3).

[130] CARLO Z. Home care and short-run nursing homes：organizational aspects of their integration with oncological organizations[J]. Critical Reviews in Oncology/ Hematology,2001(39).

[131] 丁建定,何二毛. 论中国社会福利制度类型的完善[J]. 贵州社会科学,2015(6).

[132] 董克用,孙博. 从多层次到多支柱：养老保障体系改革再思考[J]. 公共管理学报,2011(1).

[133] 邓宝山. 认识创业要素 定位创业服务[J]. 中国劳动,2015(3).

[134] 杜伊沁. 法国推进公共服务体系建设的主要做法[J]. 当代世界,2012(1).

[135] ERNST E. Exercise for female osteoporosis[J]. Sports Med,1998(25).

[136] 傅华,李洋,朱凯旋. 当今预防医学与公共卫生的两大里程碑：临床预防服务和社区预防服务[J]. 中国慢性病预防与控制,2003(3).

[137] 方青. 从“集体保障”到“社会保障”——中国农村社会保障 1949－2000 [J]. 当代中国史研究,2002 (1).

[138] 方菲.从极端到理性的回归——西方社会保障理念嬗变及其道路选择[J].天府新论,2009(1).

[139] 范娟娟,孙东雅.公共财政视角下长期护理保障的国际比较及对我国的启示[J].中国卫生经济,2012(3).

[140] 弗朗思·佩宁斯.欧洲社会保障法的发展历程研究[J].李广厦,译.温州大学学报(社会科学版),2016(5).

[141] FABIO B. Social Protection in Latin America：The Challenges of Heterogeneity and Inequity [J]. International Social Security Review,2005(7).

[142] 郭风英.城市社区居家养老服务多元供给机制探析[J].经济研究,2010(11).

[143] 邴凯英,杨宜勇.中国互联网+社会保障信息系统构建——基于大数据挖掘视角[J].经济与管理研究,2016(5).

[144] 高红冰.中国为什么会出现"互联网+"热潮[N].中国青年报,2015-04-13(2).

[145] 干咏昕.建构积极的中国老年社会福利服务政策：实践与困境[J].内蒙古师大学报(哲社汉文版),2013(5).

[146] 葛道顺.褒贬不一的西方工作福利制度[N].中国劳动保障报,200-05-18(2).

[147] 惠康,任保平.西方经济学国家干预理论的述评[J].西安邮电学院学报,2007(7).

[148] 胡杰容.公民身份与社会平等——T. H. 马歇尔论公民权[J].比较法研究,2015(2).

[149] 侯海元.关于我国医疗社会保险制度的思考[J].兰州交通大学学报,2006(2).

[150] 侯淑肖,尚少梅,王志稳,等.老年人长期照护发展现状和思考[J].中国护理管理,2010(2).

[151] 韩克庆.养老保险中的市场力量：中国企业年金的发展[J].中国人民大学学报,2016(1).

[152] 黄小新,姚金兰,朱炜,孟美美.国内外老年社区护理的现状及发展[J].齐鲁护理杂志,2017(5).

[153] 胡宏伟,李延宇,张澜.中国老年长期护理服务需求评估与预测[J].中国人口科学,2015(3).

[154] 黄立娟.人口老龄化背景下养老服务体系研究[D].上海：上海交通大学,2010.

[155] 黄匡时.社会保障的全球化困境及其治理[J].新视野,2009(1).

[156] 黄清峰,石静,蔡霞.建国60年中国社会保障制度变迁路径分析——基于新制度经济学视角[J].社会保障研究,2010(3).

[157] 季晓鹏,王志红.我国城市家庭护理服务模式的现状与分析[J].解放军护理杂志,2007(12).

[158] 家康.德国的长期照料服务体系[J].中国社会导刊,2008(11).

[159] JOHANNES J. Social Security Systems in Low-Income Countries：Concepts, Constraints and the Need for Cooperation [J]. International Social Security Review,2000(4).

[160] 柯亮.社会保障服务主体探析[J].华中农业大学学报(社会科学版),2008(1).

[161] 刘旭蕊.西方自由主义经济思想的演进及对经济发展的影响[D].昆明：云南财经大学,2011.

[162] 刘灿.经济自由主义和国家干预：一个基于经济思想史的理论回顾[J].福建论坛(人社版),2009(12).

[163] 林伟星.国家干预与经济自由：基于美国经济史的考察[J].东岳论丛,2008(1).

[164] 陆学艺.当代中国社会结构变动中的社会建设[J].甘肃社会科学,2010(6).

[165] 罗杰·汉森.地区一体化：十年理论努力的回顾[Z].欧洲共同体资料,1989(3).

[166] 李倩.关于生育与医疗保险制度整合的思考[J].天津社会保险,2016(2).

[167] 卢纯佶,程琳敏.生育保险与基本医疗保险合并实施的思考[J].中国人力资源社会保障,2016(12).

[168] 李永捷.中国就业服务体系的构建研究[D].成都：电子科技大学,2008.

[169] 李文婧,卢祖洵.我国健康体检现状与思考[J].中国卫生事业管理,2008(5).

[170] 黎建飞,侯海军.构建我国老年护理保险制度研究[J].保险研究,2009(11).

[171] 雷晓康,冯雅茹.社会长期护理保险筹资渠道：经验借鉴、面临困境与未来选择[J].西北大学学报(哲学社会科学版),2016(5).

[172]　龙玉其.国外职业年金制度比较与启示[J].中国行政管理,2015(9).

[173]　刘颖,仲来福.综合医院开展临床预防服务的可行性[J].医学与哲学(临床决策论坛版),2006(11).

[174]　吕学静,康蕊.事业单位职业年金制度构建分析[J].老龄科学研究,2014(10).

[175]　李敏,任小红,肖友平,等.国内外一级护理内容概览[J].解放军护理杂志,2009(5A).

[176]　刘云娥,吕伟波,王志红.国外家庭护理服务内容的现状与启示[J].中华护理杂志,2009(7).

[177]　刘腊梅,周兰姝,吕伟波.我国老年家庭护理服务的利用情况及现状分析[J].护理研究,2007(8).

[178]　娄成武,郑红.社区医疗服务政府治理的期权模式[J].中国软科学,2010(8).

[179]　李彩福,李春玉.我国社区老年护理现状及展望[J].护理研究,2008(17).

[180]　李翌萱.对我国机构养老模式发展问题的思考[J].社会工作,2009(7).

[181]　栾文敬,李响.社会工作介入机构养老服务的角色分析[J].社会工作,2014(5).

[182]　廖鸿冰,李斌.我国社区居家养老模式的理性选择[J].求索,2014(7).

[183]　卢迈.重构中国福利体系[J].财经,2008(6).

[184]　李俊.从国家社会保障走向社会保障全球治理的制度分析[J].商业经济研究,2011(12).

[185]　林菁.全球化与国家社会保障职能的变动——中国加入 WTO 对社会保障政策的双重影响[J].教学与研究,2011(11).

[186]　LUDMILA M,STAWOMIR C. Functioning of family nursing in transition：an example of a small town in Poland. Are there any benefits for patients[J]. Health Expectations,2004(7).

[187]　孟庆国,胡鞍钢.消除健康贫困应成为农村卫生改革与发展的优先战略[J].中国卫生资源,2000(6).

[188]　马弋锝.论我国多层次老年护理保障机制建设[D].上海：华东师范大学,2007.

[189]　马煜.社会保障法的比较借鉴和立法建构[D].大连：辽宁师范大学,2004.

[190]　马雷克·戈拉,米哈伊·茹特科夫斯基.探索养老金改革之路：波兰多支柱的社会保障体系[J].经济社会体制比较,2000(1).

[191]　马歇尔.公民资格与社会阶级[J].刘继同,译.国外社会学,2003(1).

[192]　MACIOSEK M V,COFFIELD A B,EDWARDS N M. Priorities among effective clinical preventive services：results of a systematic review and analysis[J]. Am J Prev Med,2006(1).

[193]　MILLER D. What's Left of the Welfare State？[J]. Social Philosophy and Policy,2003(1).

[194]　MICHAEL S. Individual Accounts in Social Security：Can They Be Progressive[J]. International Journal of Social Welfare,2003(12).

[195]　彭华涛,王敏.创业企业社会网络形成的试错机理研究综述[J].科技进步与对策,2010(12).

[196]　彭华民,黄叶青.福利多元主义：福利提供从国家到多元部门的转型[J].南开学报(哲学社会科学版),2006(6).

[197]　彭玮,刘连英,张成,等.浅析健康服务业发展的思考及启示[J].卫生软科学,2017(2).

[198]　潘文.上海市长期护理保险(LTCI)发展模式研究[D].上海：上海工程技术大学,2012.

[199]　PASTOR D K. Home sweet home：a concept analysis of home visiting[J]. Home Health Nurse,2006(6).

[200]　秦侠,胡志,江启成,等.预防服务标准范围界定(二)[J].中国公共卫生管理,2000(3).

[201]　石娅.国家干预主义：理论与实践[D].成都：西南财经大学,2006.

[202]　孙洁.论社会长期护理保险的目标与功能[J].中国医疗保险,2017(3).

[203]　孙静.多支柱养老社会保障的责任分担机制研究[J].财政研究,2005(7).

[204]　宋福兴.健康保险在新时代大有作为[N].中国保险报,2014-09-03.

[205]　童星.发展社区居家养老服务应对老龄化[J].探索与争鸣,2015(8).

[206] 童星.全球化视野下的社会保障制度改革[J].电子科技大学学报(社会科学版),2013(2).

[207] 王志伟.论经济自由主义的意义与局限[J].人民论坛·学术前沿,2015(4).

[208] 王毓槐.国家干预主义理论的发展演进[J].当代经理人,2006(21).

[209] 吴水洁.析马歇尔的社会权利与公民权利矛盾[J].争鸣与探讨,2007(4).

[210] 王彩波,李艳霞.西欧福利国家的理论演变与政策调整[J].教学与研究,2003(11).

[211] 王玉沫,刘培松,谷月,等.老年人长期护理保险的研究[J].医学与哲学,2016(17).

[212] 王培培,李文.PPP模式下社会养老服务体系建设的创新与重构[J].理论月刊,2016(8).

[213] 王弟海,龚六堂,李宏毅.健康人力资本、健康投资和经济增长——以中国跨省数据为例[J].管理世界,2008(3).

[214] 王文娟,付敏."健康中国"战略下医疗服务供给方式研究[J].中国行政管理,2016(6).

[215] 王娟娟.上海老年护理院现状分析与发展前景探讨[J].中国卫生资源,2005(1).

[216] 王石泉.中国老年社会保障制度与服务体系的重建[D].上海:复旦大学,2004.

[217] 汪连杰.哈耶克的社会保障思想及其当代价值研究[J].经济与管理评论,2017(7).

[218] 王鸿勇.不同医疗费用支付方式的利弊分析及适宜制度选择[J].国外医学:卫生经济分册,1998(1).

[219] 王曼莉.加快发展护理院 完善医疗服务体系[J].中国护理管理,2011(6).

[220] 王桥.我国养老服务业发展进程、存在的问题及产业化之路[J].湘潭大学学报(哲学社会科学版),2015(6).

[221] 王新.促进大学生就业创业的国外经验及借鉴[J].教育与职业,2015(7).

[222] 武学慧,唐幼纯,王维.上海市老年长期护理(LTC)需求实证分析[J].劳动保障世界(理论版),2010(10).

[223] 吴凌放.关于为老医疗护理服务的思考[J].中国卫生资源,2014(3).

[224] 许琳.论中国当代慈善事业参与主体[J].西北大学学报(哲学社会科学版),2000(3).

[225] 许琳,张艳妮.我国残疾人社会保障的现状与问题研究[J].西北大学学报(哲学社会科学版),2007(6).

[226] 夏清华,易朝辉.不确定环境下中国企业创业支持政策研究[J].中国软科学,2009(1).

[227] 许爱花.社会工作视阈下的机构养老服务[J].江淮论坛,2010(1).

[228] 薛梅,陈蓉秀,孟宝珍.加强专科护士培养 提升护理服务水平[J].中华护理教育,2011(2).

[229] 邱仁宗.护理伦理学:国际的视角[J].中华护理杂志,2000(9).

[230] 杨成洲,余璇,YANG Cheng-zhou,等.德国长期照护保险制度:缘起、规划、成效与反思[J].中国卫生政策研究,2015(7).

[231] 杨磊.盘点长期护理险之试点"模式"[J].金融博览(财富),2017(4).

[232] 尹传政.当代中国的优抚制度研究[D].北京:中共中央党校,2013.

[233] 严新明,童星.互联网对社会保障的贯通和提升研究[J].中国行政管理,2016(11).

[234] 严书欢,林枫,周绿林,等.老年人老年护理服务需求影响因素及对策研究[J].中国全科医学,2015(15).

[235] 杨玲."第三条道路"与福利国家改革[J].长白学刊,2004(4).

[236] 姚建平.中国城市工作贫困者:问题的形成、群体特征与积极社会政策[J].社会保障研究,2011(1).

[237] 尹蔚民.促进就业创业(学习贯彻党的十八届五中全会精神)[N].人民日报,2015-12-15.

[238] 杨灼芳,梁丽辉.体育锻炼对身心健康的影响及其机制[J].北京体育大学学报,2011(6).

[239] 余凤英,李祥华.英国社区护理发展现状[J].中华护理杂志,2000(12).

[240] 杨左军.介绍日本老年护理服务的形式[J].中华护理杂志,2003(4).

[241] 于卫华,李志菊.社区老年慢性病家庭护理干预效果分析[J].护士进修杂志,2001(7).

[242]　云景,武杰.构建复杂适应的创业支持系统[J].系统科学学报,2007(7).

[243]　翟绍果.社会保障财产权的保护研究[J].北京劳动保障职业学院学报,2008(2).

[244]　翟绍果,许琳,张玉琼.慈善事业的体系要素与治理机制研究[J].中国民政,2015(3).

[245]　翟绍果,杨竹莉.乡土文化变迁与农村养老保障演进思考——以来自关中C村的质性研究为例
[J].社会保障研究(京),2014(1).

[246]　翟绍果,马丽,万琳静.长期护理保险核心问题之辨析:日本介护保险的启示[J].西北大学学报
(哲学社会科学版),2016(5).

[247]　张伟兵.发展型社会政策理论与实践——西方社会福利思想的重大转型及其对中国社会政策的
启示[J].世界经济与政治论坛,2007(1).

[248]　张小娟,朱坤.日本长期照护政策及对我国的启示[J].中国卫生政策研究,2014(4).

[249]　郑传锋.军人社会保障体系确立与展望[J].中国社会保障,2009(10).

[250]　张兰云.日本的老年护理设施[N].中国社会报,2006-09-11.

[251]　职业年金制度研究课题组.社会养老保险改革进程中的职业年金制度探索[J].中国高等教育,
2014(10).

[252]　朱必祥,朱妍.基于人力资本投资视角的员工健康管理问题初探[J].南京理工大学学报(社会科
学版),2013(5).

[253]　朱海龙.智慧养老:中国老年照护模式的革新与思考[J].湖南师范大学社会科学学报,2016
(3).

[254]　郑功成.中国社会福利的现状与发展取向[J].中国人民大学学报,2013(2).

[255]　郑功成.社会保险法:我国社会保障法制建设的里程碑[J].中国劳动,2011(1).

[256]　郑功成.中国社会保障:"十二五"回顾与"十三五"展望[J].社会政策研究,2016(1).

[257]　郑月菊.家庭护理模式的应用现状与研究进展[J].实用医技杂志,2012(11).

[258]　张熠."应对老龄化挑战:构建可持续发展养老金体系"国际培训班观点摘登[J].亚太财经与发
展中心工作简报,2007(8).

[259]　周弘,彭姝祎.国际金融危机后世界社会保障发展趋势[J].中国人民大学学报,2015(3).

[260]　周弘.社会保障制度能否全球化[J].世界经济,2002(8).

[261]　朱燕.西方国家社会福利政策变迁及其对我国的启示[D].南京:南京师范大学,2008.

[262]　张莎.由"补缺型社会福利"向"普惠型社会福利"转变[D].南昌:江西财经大学,2012.

[263]　周弘.社会保障制度能否全球化[J].世界经济,2002(8).

[264]　张巍.论我国基本社会保障服务的发展与完善[J].贵州社会科学,2013(9).

[265]　张开宁,李军,刘湘源,唐松源.贫困人口的健康服务:人口与发展的一个新领域[J].市场与人口
分析,2001(5).

[266]　张艳,樊一阳,秦锦义.SBA视角下美国的创业扶持体系分析及启示[J].科技和产业,2016(3).

[267]　赵海.创业环境与社会发展[J].理论导刊,2003(12).

[268]　世界卫生组织.1978年《阿拉木图宣言》[EB/OL].世界卫生组织网站.http://www.who.int/
topics/primary_health_care/alma_ata_declaration/zh.

[269]　中华人民共和国民政部.社会服务统计季报(2017年1季度)[EB/OL].民政部网站.http://
www.mca.gov.cn/article/sj/tjjb/qgsj/170502/201705051153.html.

[270]　中华人民共和国民政部.《2011—2015年社会服务发展统计公报》[EB/OL].民政部网站.http:
//www.mca.gov.cn/article/sj/tjgb/.

[271]　国家统计局.慈善蓝皮书:中国慈善发展报告(2016)[EB/OL].统计局网站.http://www.
stats.gov.cn/tjsj/tjgb/rkpcgb/.

[272] 全国社会保障基金理事会.中国养老机构发展研究报告[EB/OL].全国社会保障基金理事会网站. http：//www. ssf. gov. cn/cwsj/ndbg/.

[273] 凤凰网.我国老年人口已超过 2 亿[EB/OL]. http：//news. ifeng. com/a/20170427/51008480_0. shtml.

[274] 老龄委.中国人口老龄化发展趋势预测研究报告[EB/OL].中国网. http：//www. china. com. cn/chinese/news/1134589. htm.

[275] 世界卫生组织：全民健康覆盖[EB/OL].世界卫生组织网站. http：//www. who. int/mediacentre/factsheets/fs395/zh/.

[276] 中国中医药网：世界著名体检机构介绍[EB/OL].医药网. http：//news. pharmnet. com. cn.

[277] 中华人民共和国国家卫生和计划生育委员会.2013 中国卫生统计年鉴[EB/OL].卫计委网站. http：//www. nhfpc. gov. cn/htmlfiles/zwgkzt/ptjnj/year2013/index2013. html.

[278] 中华人民共和国国家卫生和计划生育委员会：医政医管局主要职责[EB/OL].卫计委网站. http：//www. nhfpc. gov. cn/yzygj/pzyzz/lm. shtml.

[279] 世界卫生组织.医疗与康复[EB/OL].世界卫生组织网站. http：//www. who. int/disabilities/care/zh/.

[280] 中华人民共和国中央人民政府.中国发布第二次全国残疾人抽样调查主要数据公报[EB/OL].中央政府网站. http：//www. gov. cn/jrzg/2007-05/28/content_628517. htm.

[281] 新华网.我国各类康复服务机构达 8 万多个[EB/OL]. http：//news. xinhuanet. com/local/2012-09/30/c_113262342. htm.

[282] 新华网.中国医改联合研究报告发布,提出八项改革建议[EB/OL]. http：//news. xinhuanet. com/politics/2016-07/22/c_1119266591. htm.

[283] 世界卫生组织.世卫组织总干事在国际护士大会上的讲话[EB/OL].世界卫生组织网站. http：//www. who. int/dg/speeches/2015/international-conference-nurses/zh/.

[284] 上海市老年学学会.美国长期照料服务体系考察报告[EB/OL].上海老年学会网站. http：//www. shanghaigss. org. cn/news_view. asp? newsid＝4832.

[285] 中华人民共和国卫生和计划委员会.关于优质护理服务工作进展情况的通报[EB/OL].卫计委网站. http：//www. nhfpc. gov. cn/xxgk.

[286] 杨光辉.关于"互联网＋社会保障"工作创新的建议[EB/OL].中国劳动保障新闻网. http：//www. clssn. com/html1/report/17/2764-1. htm.

[287] 雷咸胜."互联网＋"社会保障[EB/OL].中国劳动保障新闻网. http：//www. clssn. com/html/node/131974-1. htm.

[288] 李致鸿,杨崇.养老保险公司受托管理企业年金资产达 4169 亿[EB/OL].21 财经网. http://m. 21jingji. com/article/20160129/herald/fbf931bb07da75126fc1ca2451b6d428. html.

[289] 杨瑞法,杨颖,于泓.跨国公司顺差链：世界贸易被严重伪装[EB/OL].新浪财经. http：//finance. sina. com. cn/j/20050430/00331564186. shtml.

[290] 《中国农村人身保险市场研究》课题组.发挥商业保险优势,探索建立"多支柱的农村社会保障体系"[EB/OL].中国社会科学网. http//bx. cass. cn/cbw/bxyjjfzlt/200604/t20060419_2154903. shtml.

[291] 中国百科网.人口老化的基本内容[EB/OL]. http：//www. chinabaike. com/z/shenghuo/kp/2016/0811/5666121. html.

[292] 戈丽娜.全球 65 岁以上人口 2040 年将超 13 亿[EB/OL].全国老龄委网站. http：//www. cncaprc. gov. cn/contents/37/21506. html.

[293] 价值中国网.人口老龄化[EB/OL]. http：//www. chinavalue. net/Wiki/％E4％BA％BA％E5％

8F％A3％E8％80％81％E9％BE％84％E5％8C％96. aspx.

[294] 汪泽英,何平. 我国社会保障制度改革 30 年成就与发展[EB/OL]. 人民网. http：//acftu. people. com. cn/GB/67584/8317393. html.

[295] 民政部. 2016 年社会服务发展统计公报[EB/OL]. 民政部网站. http：//www. mca. gov. cn/article/zwgk/mzyw/201708/20170800005382. shtml.

教师服务

感谢您选用清华大学出版社的教材！为了更好地服务教学，我们为授课教师提供本书的教学辅助资源，以及本学科重点教材信息。请您扫码获取。

≫ 教辅获取

本书教辅资源，授课教师扫码获取

≫ 样书赠送

公共管理类重点教材，教师扫码获取样书

 清华大学出版社

E-mail: tupfuwu@163.com
电话：010-83470332 / 83470142
地址：北京市海淀区双清路学研大厦 B 座 509

网址：http://www.tup.com.cn/
传真：8610-83470107
邮编：100084